Guilherme Barros da Luz

A Linguagem do Universo

1ª edição / Porto Alegre-RS / 2018

Revisão: Sandro Andretta e Marcio Coelho
Coordenação editorial: Maitê Cena
Produção editorial: Jorge Meura
Assessoramento gráfico: André Luis Alt

Dados Internacionais de Catalogação na Publicação (CIP)

L979l   Luz, Guilherme Barros da
       A linguagem do universo. / Guilherme Barros da Luz. – Porto
Alegre: BesouroBox, 2018.
      472 p. ; 16 x 23 cm

      ISBN: 978-85-5527-096-3

      1. Literatura brasileira. 2. Memórias. 3. Espiritualidade. 4. Adultos
índigo. I. Título.

CDU 821.134.3(81)-9

Bibliotecária responsável Kátia Rosi Possobon CRB10/1782

Direitos de Publicação: © 2018 Edições BesouroBox Ltda.
Copyright © Guilherme Barros da Luz, 2018.

Todos os direitos desta edição reservados à
Edições BesouroBox Ltda.
Rua Brito Peixoto, 224 - CEP: 91030-400
Passo D'Areia - Porto Alegre - RS
Fone: (51) 3337.5620
www.besourolux.com.br

Impresso no Brasil
Dezembro de 2018

AGRADECIMENTOS

Gostaria de honrar e agradecer ao único responsável por tudo em nossa existência e, consequentemente, por este livro: o nosso Infinito Criador, a Fonte de tudo que foi, é e será! Alguns chamam de Deus, outros de Luz, outros de Infinito! Independente do nome atribuído, não há nada além d'Ele! Tudo é Ele!

Exatamente por tal razão constam, na parte superior de cada página, as iniciais "bsD", que significam "bendito seja Deus", como forma de em tudo honrar a Presença Divina.

Agradeço profundamente ao Infinito na forma de meu pai, José Luiz, de minha mãe, Maria Lúcia, de meu irmão, Luís Felipe, e, mais recentemente, de minha amada sobrinha, Sarah, por compartilharem comigo esta jornada de evolução. Sou extremamente grato a todas as pessoas com quem convivi, convivo e conviverei, pois de alguma forma estamos sempre aprendendo uns com os outros, e ensinando uns aos outros, nesta vida e em outras, nesta ou em outras dimensões. Não existe acaso! Tudo é perfeita sincronicidade Divina!

Agradeço também a Silvia Mansilha e Roberta Marins, pela contribuição inicial na produção e concretização deste livro.

Agradeço, especialmente, a quem está lendo, pela oportunidade de poder compartilhar!

SUMÁRIO

Introdução 13

Capítulo 1 - A primeira encarnação 17
A montanha 18
Primeiros anos 19
O início no basquete 22
Saindo de casa 27
Os bastidores da vida de atleta 37
A mudança para os Estados Unidos 38
Uma nova aventura 44
A vida na Itália 46
Idas e vindas – Brasil e Itália 47
O retorno definitivo ao Brasil 48
A vida em São Paulo e o começo do fim 50
O processo de reabilitação física 52
Mais cirurgias e escuridão 54
O retorno às quadras e o fim da carreira esportiva 59

Capítulo 2 - A transição 61
Nova fase 62

Entrada na psicologia 65

Muitas dúvidas. 68

Rumo ao oriente 69

Experimentos pessoais e condicionamentos 71

Aprofundando a busca. 73

Algumas sincronicidades. 77

Vipassana 78

Chegando no fundo do poço – Praia do Rosa. 79

2012: Um ano-chave 82

A sombra do guru iluminado 83

A descoberta do índigo. 86

Rótulo índigo. 91

Massa crítica e o campo 96

Um chamado. 100

Curso de registros akáshicos e primeira leitura 103

"Abrindo os olhos" para os registros akáshicos 109

Espaço de Luz 110

Capítulo 3 - A segunda encarnação **113**

Tantra yoga 114

Chakras e glândulas endócrinas 117

Kundalini. 126

A consciência concreta e palpável de deus. 129

Mergulhando no processo: uma nova encarnação. 133

Estados e estágios de consciência 135

Abertura de um novo estágio de consciência. 137

Aprofundamento no tantra yoga. 139

O mestre Shrii Shrii Anandamurti e o yoga de oito passos 145

De volta a Porto Alegre 149

As camadas da mente 152

Laboratório pessoal. 155

Primeiros contatos com Kryon 157

Expansão da energia e novos conhecimentos 164

Seres de luz e a malha cósmica 166

A Malha de Calibração Universal® 168

EMF Balancing Technique® 170

Novos experimentos pessoais 171

Mais uma batalha e integração 172

A "saudade" de Casa com "c" maiúsculo 178

O término 181

Nova trilha. 182

Grupos de autoconhecimento. 184

Capítulo 4 - A nova energia **189**

A convergência harmônica 190

As 12 camadas do DNA 192

Karma x lição de vida 197

Cura Reconectiva® e Reconexão® 199

Decisão de seguir adiante 203

Voltando no tempo – ligação com educação. 207

O ser humano e sua conexão com o mundo 211

O cerne da educação 213

De volta às calibrações na nova energia e o caminhar no planeta . . . 216

Lemúria 218

A energia de Gaia 221

Havaí 222

Os nodos e os nulos do planeta 226

Voltando mais uma vez no túnel do tempo: outros aprendizados . . . 232

A liberação do karma: programações e implantes 237

Solicitação do implante neutro 241

Mais desafios 243

Autorrespeito 252

Julgamento x discernimento. 253

Novos rumos, novos ares 255

Viagem a Israel – ativação profunda do DNA. 257

Jesus Cristo 261

Monte das Bem-Aventuranças 264

Visão metafísica sobre Jesus Cristo 274

Experiências no Monte Carmelo e Safed – profeta Elias 278

Sabedoria espiritual dos judeus. 280

Retorno de Israel – início de uma nova etapa 290

Capítulo 5 - A terceira encarnação **297**

Ego espiritual 298

Amor e sexo 301

Maior ato compassivo. 305

As "subidas" na prática meditativa 308

Experiências energéticas e a manifestação da Kundalini 312

A química hormonal da evolução 315

Padrões respiratórios. 319

Forças escuras. 320

Informações das plêiades sobre as forças escuras 325

Sombra coletiva 327

Forças da luz 335

Anjos e arcanjos 340

Seres multimensionais 343

Leitura de registros akáshicos e previsões de futuro. 344

A expansão e novas percepções 351

Percepção do tempo 352

Silêncio absoluto 354

Capítulo 6 - Novas conexões **361**

Mais uma viagem no tempo 362

Escritos originais 366

Alimentação sutil 370

Ciência e espiritualidade na alimentação. 374

Campos energéticos organizadores sutis (CEOS) 378

Propriedades cristalinas do corpo 379

Transcendência e a nutrição espiritual 381

Escolhas pessoais e seus efeitos 382

Sentindo a vibração do universo 384

A peça faltante 389

Deus Infinito 392

A criação do universo – Kabbalah 394

O processo de ocultação da Luz ou ordem encadeada da criação 396

O desejo 400

Ligação 401

A expansão do conhecimento com outros autores e sábios 402

Trazer o céu para a terra 404

Capítulo 7 - Integração **409**

De volta ao dia a dia 410

A segunda viagem para Israel 411

Aprendizados da dualidade 415

Visão, cognição, experiência, vivência, consciência do que

chamamos de Deus 420

Tudo É 427

A prática espiritual de olhos abertos: o aprendizado dos atributos

divinos de mestria 430

Caminhos, tradições e linguagens 437

Diversos trabalhadores da luz, diversas funções 444

Diversos grupos, diversas funções, diversas nações 446

Todos membros de um mesmo time 457

A "batalha" contra a escuridão: o início do fim da escuridão 459

Capítulo 8 - O ingrediente mais importante **463**

Referências 467

INTRODUÇÃO

É com extrema alegria que compartilho algumas histórias pessoais de um adulto índigo, que resolveu descobrir mais sobre quem era e sobre o verdadeiro propósito de estar aqui na Terra. Gostaria que a leitura deste livro fosse encarada como uma conversa entre amigos, em que conto informalmente algumas experiências de uma caminhada de despertar nesta Nova Energia planetária. Este livro não pretende evangelizar ou convencer ninguém, tampouco demonstrar o que deve ser feito ou trilhado para se conectar com o nosso Ser Interior, o Divino que habita em todos nós. Se alguma pequena parte do livro tocar o seu coração, ou simplesmente despertar o desejo de buscar Algo Maior na sua vida, ele já cumpriu com sua função. Se uma pessoa ler e refletir sobre seu papel no mundo e engajar-se num processo de reflexão e transformação, já me sentirei totalmente satisfeito.

O livro tem, na sua origem, a necessidade de compartilhar experiências pessoais ou até mesmo algumas experiências arquetípicas, para que se possa compreender, relacionar, descobrir ou se identificar com alguns dos acontecimentos aqui narrados. Não é minha intenção que o leitor ou leitora se detenha em detalhes da jornada e, sim, que possa refletir sobre alguns aspectos na sua própria vida e propósito. Apesar de estar contando minha história e utilizar o pronome "eu" para facilitar a comunicação de ideias, gostaria de ressaltar que, neste momento pessoal, este pequeno "eu" simplesmente está a serviço de um "Eu Maior". Em outras palavras, o pequeno "eu" é apenas um veículo de comunicação por onde O Infinito se manifesta. Portanto, não há qualquer identificação ou apego a este pequeno "eu". Simplesmente uma honra por seu papel, que também é Divino.

Sugiro que, ao ler este livro, o leitor ou a leitora separe um caderninho e uma caneta para que possa fazer anotações sobre a sua jornada pessoal. Então, poderá ter *insights*, lembranças, ideias e revelações ao se abrir para a possibilidade de uma comunicação multidimensional consigo mesmo. Ler de coração aberto, mesmo não concordando com alguns pontos, com certeza permitirá aprender mais sobre si mesmo. O Universo está a todo momento conversando conosco em uma linguagem de energia, em que todos os pensamentos, palavras e ações fazem parte deste sistema de comunicação interdimensional.

Acredito que todos nós, como humanidade, entraremos em uma busca mais profunda e passaremos em algum momento por caminhos semelhantes, mas ao mesmo tempo totalmente diversos. A linguagem pode ser diferente, o imaginário que nos cerca pode não ser igual, mas a direção do destino é a mesma, afinal não há outro Lugar a ir! Todos caminhamos para nossa completa Realização, Felicidade e Bem-aventurança. Este é o desejo da Fonte de toda a Criação!

A forma como o caminho se apresenta, bem como o momento no qual ele aparece, tem relação com a história de alma de cada um, assim como a lição de vida a aprender. Por mais que, na origem, todas as almas venham da mesma Fonte, chamada Criador, e que todos possuam a chama divina dentro de si, no caminho da emanação até o reino da matéria em que vivemos há muitos fatores que contribuem para a manifestação de seres humanos muito diferentes, com diferentes crenças e desafios. Alguns humanos podem até aparentar não possuírem qualquer contato com a parte divina da alma, e mesmo em alguns seres humanos que estão em contato, a alma pode se manifestar em diversos graus.

Assim como as almas se manifestam em diferentes níveis e carregam dentro de si propósitos e correções individuais variados, o caminho do relembrar da Essência, de marchar da involução à evolução, de voltar para dentro do Criador, se manifesta com diversidade. Se há aproximadamente 7,12 bilhões de habitantes no Planeta Terra, é bem provável que haja 7,12 bilhões de caminhos e formas de viver e realizar o Infinito/Deus/Alma. São 7,12 bilhões de maneiras que o Criador escolheu para experienciar Ele mesmo, e isso falando apenas deste Planeta, nesta dimensão. A vida em si tem um Propósito Último (um Sentido além do que podemos conceber racionalmente), mas como cada um atingirá esse objetivo é singular e único, pois não há um ser humano igual ao outro em todo o planeta. Que perfeição!!! Que milagre!!!

O propósito deste livro não é mostrar um caminho determinado ou dizer exatamente como sucede um processo de despertar nesta Nova Energia planetária, mas dividir experiências pessoais, percepções e compreensões para que pessoas que estejam passando por algo similar possam encontrar algum conforto e perceber que não estão sozinhas, desorientadas ou até mesmo achando-se mentalmente perturbadas. Assim como você, leitor ou leitora, há outras pessoas pelo planeta vivenciando essa evolução e realização do Ser. Somos vários e, ao mesmo tempo, Um. Ninguém deve ter vergonha ou medo do que possa estar passando agora. Há muito mais do Infinito Desconhecido que está sendo revelado. Existem novos caminhos e novas aberturas! Honremos nosso passado, ele foi necessário para que chegássemos até aqui, mas, ao mesmo tempo, libertemo-nos dele, pois o Infinito deseja dar-nos muito mais Alegria e Plenitude.

Resolvi dividir o livro em três grandes partes, que chamei de três encarnações na mesma vida, pois a transformação da consciência foi tamanha que realmente senti o nascimento de um novo ser, outra parte da alma assumindo o volante do meu veículo chamado corpo, enquanto a energia da vida anterior era deixada para trás. A cada vida aprofundo mais os assuntos espirituais e as reflexões sobre a existência. Escolhi começar com a descrição de alguns eventos da infância e adolescência aparentemente irrelevantes, mas que no final farão mais sentido. Assim sendo, será possível contextualizar todo o *background* de um ser humano comum com a transformação positiva que pode vivenciar.

Para mais fácil compreensão, resolvi anexar ao livro partes teóricas/filosóficas resumidas e simplificadas, ligadas às tradições espirituais e à ciência. Se maior for a curiosidade sobre os conhecimentos, no final do livro indico algumas leituras para aprofundamento. Vale frisar que há muito mais conhecimento e sabedoria do que indicado neste livro. No primeiro manuscrito, eu tinha colocado também exemplos de práticas meditativas, intenções, respirações e alinhamentos energéticos que havia experienciado. No entanto, percebi que ficara muito extenso para uma primeira edição. Se for da vontade de nosso Criador, em breve estarei compartilhando num próximo livro algumas práticas ligadas à Nova Energia planetária, para que sejam compartilhadas por outros canais, assim como recebidas pelo autor durante seu próprio processo de descobrimento interior.

Gostaria também de ressaltar que algumas palavras no meio de algumas frases estarão com letra maiúscula, como, por exemplo, "Amor" ou "Silêncio". Isso indicará uma forma de manifestação do Infinito/Deus/Luz. Portanto, no caso do Amor ou do Silêncio, estaremos falando de um Amor ou de um Silêncio que transcende nossa compreensão racional, o Amor e o Silêncio de Deus.

Convido você, leitor ou leitora, a abrir o seu coração e dizer sim a mais um degrau no nosso caminho evolutivo conjunto como humanidade. Temos muita ajuda de todos os lados. O Universo está comunicando exatamente isso! Estamos na frente de um elevador para ascender a um novo nível de Amor, Liberdade e Paz. Basta darmos o passo de entrada, pois a porta está escancaradamente aberta!

No Amor, pelo Amor, com Amor, para o Amor,
Guilherme Barros da Luz

Capítulo 1
A PRIMEIRA ENCARNAÇÃO

A MONTANHA

Foi por isso que você me trouxe para o alto do Monte Cinco? Para que pudesse ver Israel? Para que pudesse ver o vale, a cidade, as outras montanhas, as rochas e as nuvens? O Senhor costumava mandar seus profetas subir as montanhas para conversar com Ele. Eu sempre me perguntei por que fazia isto, e agora entendo a resposta: quando estamos no alto, somos capazes de ver tudo pequeno. Nossas glórias e nossas tristezas deixam de ser importantes. Aquilo que conquistamos ou perdemos fica lá embaixo. Do alto da montanha, você vê como o mundo é grande, e os horizontes são largos. (...)

Elias ficou na montanha até o final dos seus dias. Conta a Bíblia que certa tarde, quando conversava com Eliseu – o profeta que nomeara seu sucessor –, um carro de fogo, com cavalos de fogo, os separou um do outro; e Elias subiu aos céus num rodamoinho.

(*O Monte Cinco* – Paulo Coelho)

Quando li o trecho deste livro pela primeira vez, com 24 anos de idade, eu não tinha a mínima noção do que a vida guardava para mim num futuro próximo. Mas em breve estaria sendo chamado para o alto de uma grande montanha para encontrar Deus. Esta linda montanha se chamava Alma. Na base, olhando para cima, parecia amedrontador o fato de ter que subir toda ela, correndo diversos riscos ao longo do caminho. Parecia impossível! Será que eu conseguiria enfrentar todos os desafios e provas? Só sabia que, em algum momento, antes de vir para esta vida, me propus a esse desafio inevitável. Será que aprenderia as lições? Não sabia responder essas perguntas. Mas tinha certeza que eu queria conversar com Deus! Queria escutá-Lo! Queria conhecê-Lo! E, para isso, tinha que ir no âmago do meu Ser, para minha Essência, na raiz de minha Alma.

E você? Já foi chamado ou subiu no alto de uma montanha para encontrar sua Essência? Está pronto para subir a montanha da sua Alma e encontrar o Infinito?

Não há tragédia, mas o inevitável. Tudo tem sua razão de ser: você só precisa saber distinguir o que é passageiro, do que é definitivo.
— O que é passageiro?, perguntou Elias.
— O inevitável.
— E o que é definitivo?
— As lições do inevitável.
(*O Monte Cinco* – Paulo Coelho)

O meu desejo, a partir do relato de parte de minha vida na forma deste livro, é de que você possa lembrar o seu caminho de reencontro com a sua própria Alma! Que você tenha sucesso!

PRIMEIROS ANOS

Não me recordo de muitos eventos de quando era bem pequeno, e é mesmo muito difícil lembrar a idade sobre certos fatos ocorridos. Eu era muito "na minha", bem silencioso, muito mais introspectivo. Não era muito de falar em casa, apreciava mais o silêncio. O que talvez até incomodasse alguns familiares que gostavam de falar muito. Até hoje é uma característica bem marcante minha, gosto muito do silêncio, de falar somente o necessário. Lembro-me, entretanto, de ser acompanhado por uma sensação de inquietude interior muito grande, tinha uma mente muito questionadora. Uma espécie de menino "fora do mundo". Uma sensação sempre esteve presente, desde cedo na infância, de que algo estava faltando, mas não tinha ideia alguma do que era.

Minha mãe contou-me algumas histórias de quando era pequeno. Como quando eu estava sentado na grama da fazenda, indo em direção a fezes de ovelha, achando que eram bolinhas de chocolate... ou de tomar escondido quase meia cartela de aspirina infantil, porque gostava do gostinho do remédio na boca. Talvez seja por isso que não tive quase dores de cabeça na infância. Ela falava que eu não gostava muito de bico (chupeta) e que, na verdade, amava andar com uma mamadeira com coca-cola pendurada na boca. Lembro-me também de falar que, quando crescesse, não queria servir o exército nem ir para o quartel. Não porque pensava muito em guerras, e sim porque eles só serviam suco de uva no almoço, do que eu não gostava. Minha mãe levou-me em um ortopedista porque eu tinha as pernas chamadas de "tesoura", as tíbias eram um pouco tortas para fora. O médico sugeriu a ela que eu colocasse botas ortopédicas e não me inscrevesse em esportes, pois seria provável que não conseguisse fazer nada. Lógico que ela pediu outras opiniões e colocou-me no futebol e na natação. E, no curso do tempo, minhas pernas naturalmente tomaram o formato contrário ao de tesoura, permitindo-me viver tudo que viveria posteriormente no mundo dos esportes.

Algumas das lembranças mais marcantes desse período são os Natais na casa da minha avó paterna. Lembro-me de, no início, ter até medo do Papai Noel, achava ele meio louco por usar roupas de inverno no calorão de Porto Alegre, porque ele suava demais. Apesar de o Natal ser uma data em que se recebia muitos presentes, comia-se muito e encontrava-se familiares, nunca foi um momento de extrema alegria para mim. Eu sentia uma certa tristeza, uma melancolia natalina. Não entendia muito bem, como criança, o seu significado. Claro, era o nascimento de Jesus Cristo, mas já sentia também que ele tinha morrido e sido crucificado, pois essa era a imagem que se via na maioria dos lugares e das igrejas. O que, para mim, não fazia muito sentido, pois não era a única coisa que ele tinha feito, nem era a única e mais feliz parte da vida; e, no entanto, assim ele era lembrado. Não fazia sentido, então, as famílias reunindo-se, distribuindo um monte de comida, presentes... E aquelas pessoas que não tinham como comprar presentes? Ou aquelas que não podiam passar o Natal com as suas famílias?

Estava dentro do carro com a minha família, indo para mais um Natal na casa da minha avó paterna. No trajeto, vi um ônibus passar e senti que aquele motorista estava trabalhando e não iria passar o Natal com sua família. E o porteiro do prédio onde morava a minha avó também trabalhava na noite natalina. Ele não teria Natal? Que Natal é esse? Quantas crianças também não podiam receber presentes? Esse era meu pensamento de criança. Muitas vezes, eu ia para a sacada da minha avó, no lado onde tinha a mesa com o banquete natalino. Ficava ali observando, olhava todos os prédios, todas as luzes, pessoas passando, e ao mesmo tempo via, por exemplo, passar na rua um senhor com uma carrocinha lá embaixo, bem ao longe... Aquilo me fazia doer o coração. Algumas vezes, várias vezes, para dizer a verdade, sem a minha família saber, eu chorava na sacada. De alguma forma, eu sentia ali o "outro lado" do Natal naqueles dias. Amor seria só dar presentes para familiares?

Batizado na Igreja Católica, fiz a primeira comunhão na Igreja do Menino Deus, em Porto Alegre. Costumava ir na missa com minha família todos os finais de semana. Eu não gostava de ir na igreja todo domingo, achava muito chata toda aquela repetição. Não conseguia entender algumas coisas e me questionava internamente. Pensava: "Por que colocam uma estátua de Jesus crucificado, sofrendo, em todas as igrejas? Não existiria nenhuma outra lembrança de Jesus? Ele não tinha feito mais nada a não ser morrer na cruz?". E aquelas imagens em que ele está irradiando amor do coração? Estas, sim, faziam muito mais sentido para mim. Tive uma educação religiosa católica, tanto nas escolas que frequentei quanto em casa. Meus pais me colocaram na catequese, onde fui todas as semanas durante dois anos. Eu não gostava muito de participar, achava um tédio, na real, mas tinha curiosidade e medo com relação ao sabor da hóstia. Como eu ia saber se iria gostar daquilo? Eu não gostava de comer qualquer coisa, era muito chato para comida. Era um parto para me fazer comer. Se eu não gostasse do cheiro da comida, não comia. Interessante de perceber que alguns alimentos, desde pequeno, eu não tolerava, e muitos desses alimentos, posteriormente, fui aprender que não eram benéficos para a mente e para a meditação, de acordo com a Yoga, a Ayurveda e outras tradições espirituais.

Uma aula em particular de catequese me marcou. Falando sobre a *Oração do Credo*, que é geralmente logo após o sermão do padre na igreja (que achava a pior parte da missa – o que mais gostava era do *Pai-Nosso* e de saudar uns aos outros, assim como o *Cordeiro de Deus*, até porque já estava quase no final da missa). A catequista perguntou em quantas coisas cremos na *Oração do Credo*. Eu respondi que somente em Deus Pai e em Jesus Cristo, e ela "abriu" meus olhos dizendo que todas as partes da oração consistiam em credos.

Creio em Deus Pai Todo-Poderoso, criador do céu e da terra. E em Jesus Cristo, seu único Filho, Nosso Senhor, que foi concebido pelo poder do Espírito

Santo, nasceu da Virgem Maria, padeceu sob Pôncio Pilatos, foi crucificado, morto e sepultado, desceu à mansão dos mortos, ressuscitou ao terceiro dia, subiu aos Céus, está sentado à direita de Deus Pai Todo-Poderoso, donde há de vir a julgar os vivos e mortos. Creio no Espírito Santo, na Santa Igreja Católica, na comunhão dos santos, na remissão dos pecados, na ressurreição da carne, na vida eterna.

Amém.

Eu não acreditava na "Santa" Igreja Católica, nunca me soou bem internamente. Não conseguia rezar essa parte com vontade. E como poderia alguém nascer de uma virgem? Pôncio Pilatos, para mim, era um lugar! E se Jesus era o único filho, por que ele nos chamava de irmãos e irmãs? E a confissão, então? Se eu tinha aprendido desde pequeno que poderia rezar diretamente para o "Papai do Céu", por que eu precisaria de um intermediário para perdoar meus pecados? Não bastaria Deus saber do meu arrependimento? Por que eu teria que contar as minha coisas para um homem totalmente estranho? Ele não era um ser humano como eu? Diversos questionamentos para uma mente de criança. Mas, no fundo, eu só queria jogar futebol com meus amigos. Brincar, fazer esporte. Colecionar camisas de futebol e de basquete. Jogar jogos e *videogame* nos finais de semana. Enfim, ser criança!

O INÍCIO NO BASQUETE

Aos 6 anos de idade, eu e meu irmão entramos na escolinha de basquete Celso Scarpini, um ex-jogador da seleção brasileira profissional. Lá comecei a jogar e continuei até os 10, 11 anos. Jogava futebol ao mesmo tempo, amava jogar futebol, jogava campeonato pela escola, e também fazia escolinha no Bráulio, um ex-jogador de futebol profissional. Na verdade, o futebol era a minha paixão, muito mais do que o basquete. Queria virar jogador profissional, sonhava com futebol, dormia de chuteiras ou com tênis de futebol de salão.

Quando nos mudamos para nossa casa no bairro Menino Deus, em Porto Alegre, meu pai construiu uma pequena quadra de esportes. Eu e meu irmão jogávamos futebol, basquete, tênis e "praticávamos" artes marciais, como boxe, *muay thai*, karatê, porque sempre brigávamos. Não tinha um esporte ou jogo que não acabasse em briga ou discussão. Geralmente eu apanhava e saía chorando, porque eu era bem menor do que ele, três anos e meio de diferença. Quase sempre acabava o jogo por agressão de alguma parte. Sempre um de nós implicava com o outro... coisas de irmãos. Não preciso dizer que não acabava nada bem. Acho que, desde de pequeno, tive desafios interessantes. Sempre me puxando para um nível acima.

Com 10 para 11 anos, fui jogar um campeonato estadual em Santa Maria. Apesar de a escolinha do Celso Scarpini ser muito fraca, comparada a grandes clubes do estado, como União, SOGIPA e Santa Maria (demais times participantes), fui escolhido como jogador destaque de minha equipe, pois tinha sido um dos cestinhas do quadrangular. Isso rendeu-me um convite para ir jogar na SOGIPA. O convite primeiro partiu do Seu Zé (roupeiro do time, que chamava todo mundo de "Pateta") e, se não me engano, depois, o Pena, que era técnico da categoria mini, conversou com meus pais na arquibancada do ginásio.

No ano seguinte, fui jogar na SOGIPA com o técnico João Willi, da categoria de minibasquete (professor do Colégio Israelita – claramente vejo hoje, aqui, a minha primeira ligação e aprendizado com o povo judeu). Logo no primeiro ou segundo mês de treinos, o Pitu, que se tornou um grande amigo posteriormente, era na época jogador do profissional e técnico da categoria do mirim pré-infantil e infantil, onde conheci meus melhores amigos da SOGIPA, começando com Paulinho, Bernardo, Joãozinho, Gabriel.

Comecei a destacar-me um pouco mais e, nesse mesmo período de 11 para 12 anos de idade, fui convocado para a minha primeira seleção gaúcha, com o técnico uruguaio Larralde. Treinamos no Ginásio do Tesourinha, em Porto Alegre, e em outros lugares também, e eu acabei sendo um dos dois últimos cortes, sendo o único convocado da categoria abaixo (mini). Ele deu preferência a um jogador que era um ano mais velho na época, o Luís Fernando, que jogava no Corinthians de Santa Cruz do Sul. Foi uma das minhas primeiras tristezas no esporte, mas o que percebi, posteriormente, era que, quando eu tinha alguma derrota, aquilo gerava mais energia interna para atingir meus objetivos, que na época eram todos ligados ao basquete.

Foi bem dolorido para mim. Acho que todas as quedas que tive sempre me serviram como um motor de motivação para continuar e lutar um pouco mais. Sempre acreditava na superação. Então, sempre treinava um pouco mais, sonhava o tempo todo. O sonho de virar jogador profissional da NBA já me alimentava.

Nessa fase, tomei conhecimento do livro *O Tao do Esporte*. Era um primeiro contato concreto com o conhecimento espiritual, sem nem saber do que se tratava. O livro continha muitas visualizações, afirmações, programação neurolinguística (PNL) e reflexões sobre os princípios do Taoísmo adaptados ao esporte, o que poderia me auxiliar nas quadras. Entre as visualizações que mais fazia, uma delas servia para terminar com o medo do fracasso e o medo do sucesso, alguns dos medos que atingem muitos atletas, inclusive eu na época.

Assim como o tumulto da tempestade traz a chuva benfazeja, que permite à vida florescer, também nos assuntos humanos os períodos de progresso são precedidos por tempos de confusão. O sucesso chega para os que conseguem ser firmes durante a tempestade. (I Ching n.3)
(*O Tao do Esporte* – Chungliang Al Huang & Jerry Lynch)

Uma visualização que me marcou muito foi a de confiança. Nessa visualização, a indicação era para imaginar-me extremamente autoconfiante sobre minha capacidade de atuação. Em estado de relaxamento, era para me lembrar de uma época em que me sentia confiante sobre meu desempenho. Poderia ter sido em um treino ou no auge de uma competição. Era para me sentir unido ao esporte, meu jogo sendo uma extensão de minha grandeza interior; sentir o otimismo e a alegria de atuar com perfeição. Daí, associar essa sensação a uma âncora, como um círculo formado pelos dedos indicador e polegar, o que se tornou o meu primeiro *mudra*! Esse era meu ponto de referência para sensação de confiança no jogo. Era para utilizá-lo sempre nos momentos de enfraquecimento da confiança. No final da visualização, era para me ver calmo e confiante, entrando em quadra e desempenhando o que eu sabia que podia. A capacidade de atuar num estado de total confiança em minha capacidade de atuar bem, sob quaisquer circunstâncias.

Além disso, havia algumas afirmações para mentalizar e expressar junto com a âncora: "calmo e confiante, jogo melhor"; "não importa o placar, jogo muito bem". Não é necessário dizer que utilizava diversos momentos de vários jogos, tanto pela escola quanto pelo clube Sogipa. Às vezes, sem nem perceber, estava fazendo o círculo com os dedos e aquilo foi-se incorporando na minha rotina de jogos e, principalmente, nos momentos finais e decisivos, como lances livres no final de partidas disputadas. Com certeza, já entrava em contato com o poder da mente e o quanto poderíamos treinar para conseguir o que objetivamos.

Minha mãe já falava que era para me imaginar treinando arremessos e fazendo cestas, que aí teria um resultado concreto, pois dizia que a mente não diferenciava o "real" do imaginado. Ela comentava que talvez eu nem precisasse treinar tanto se conseguisse fazer isso acreditando totalmente. Tinha entrado em contato concreto com o trabalho mental, o poder do pensamento e da mente, e como poderíamos explorar mais nosso potencial a partir do controle da mente.

Os anos passaram-se e eu permanecia jogando na Sogipa, sempre duas ou até três categorias acima da minha idade. Comecei a sentir o gosto do sucesso e despontar no cenário do basquete gaúcho, com o acúmulo de títulos estaduais e convocações para seleções gaúchas. Aos 14 anos de idade, fui convocado para uma seleção da região Sul, jogando em Rio Claro (SP), com várias seleções de outros estados. Recebi minha primeira proposta para jogar em São Paulo, o centro do basquete no país. A equipe que mais me assediou foi o Dharma/Yara, de Franca (que ironia do destino... o Dharma estava me chamando para sair de casa e ir paro mundo), um time forte e repleto de craques da seleção brasileira. E nas categorias de base deles havia jogadores como o Kaçamba (Daniel Campos) e o Renato (jogador de Rio Preto, um dos melhores laterais da sua geração). O problema é que eu tinha apenas 14 anos e já queria sair de casa, voar longe, como mencionei antes, não tinha o *chip* de tanto apego familiar, não tinha o medo de desbravar. Meu pai e minha mãe não deixaram, por óbvio. Imaginem só, um adolescente de 14 anos já querendo sair de casa e fazer sua vida!

Sempre tive muita honra, amor e respeito pela minha família. A questão é que entendia ter nascido com um "*chip*" diferente, meio cidadão do mundo, uma preparação interna no meu DNA. Essa sensação de conexão familiar sem amarras faria mais sentido para mim no futuro, quando internamente me liberei da família pessoal e passei a enxergar e pertencer à família humanidade, e posteriormente à família Universal. Isso não quer dizer que havia deixado minha família para trás, pelo contrário, honrava muito mais meus familiares de sangue, para além do físico! E também sabia que o verdadeiro aprendizado espiritual estava nos alicerces invisíveis da "luta" em casa.

Se formos relacionar com a astrologia, essa é uma das características também do signo de Sagitário, que gosta de viajar, de se aventurar em novos desafios, principalmente os que têm sabor de "impossível". Meu lema sagitariano sempre foi "o impossível só é impossível até que alguém prove o contrário". E para quem será impossível, quando o Criador de tudo está dentro de nós? Quem teria coragem de estabelecer limites ao Infinito e Sem Limites? Somente nosso próprio ego, nossa própria mente distorcida. Mas vamos por partes, chegaremos a esse assunto em breve.

Lembro-me de uma viagem de ônibus de volta de Rio Claro (SP) para Porto Alegre, quando escutava a música *Pensamento*, da banda Cidade Negra, e me animava (otimismo, outra característica sagitariana) em buscar meus sonhos e tornar-me um jogador de basquete profissional. As músicas sempre serviram em diversos momentos como veículo de mensagens, bastava ficar atento. É impressionante como o Universo constantemente utiliza diversos meios para falar conosco e o quanto não prestamos atenção a todas as sincronicidades e mensagens.

Apesar de o meu ego entender uma parte mais superficial da música, tenho certeza que minha alma já escutava mensagens mais profundas, mensagens ligadas à realização de quem verdadeiramente somos.

Custe o tempo que custar
Que esse dia virá
Nunca pense em desistir, não
Te aconselho a prosseguir
O tempo voa, rapaz
Pegue seu sonho, rapaz
A melhor hora e o momento
É você quem faz
Faça por onde e eu te ajudarei

No ano seguinte, participei de um campeonato nacional de seleções de estados pelo Rio Grande do Sul, em Matão, no interior de São Paulo. O campeonato era de uma categoria com atletas até dois anos mais velhos que eu. Tive uma boa atuação, ainda como coadjuvante na equipe, e conseguimos a terceira colocação. O mais interessante do campeonato foi que, dos 12 atletas convocados, cinco eram da Sogipa. Pelo entrosamento que existia entre esses jogadores, quando estavam em quadra juntos, a seleção tinha o melhor rendimento coletivo. Era interessante de ver que, mesmo tendo vários outros jogadores talentosos no elenco, quando um grupo se une por um objetivo comum e se sintoniza, o resultado ou consequência é muito mais do que a simples soma das partes. Na época, o técnico da seleção do estado de São Paulo era o Ênio Vecchi, que posteriormente seria o técnico da seleção brasileira na minha própria categoria de idade. O fato de eu ter desempenhado um bom campeonato garantiu minha convocação para a seleção brasileira da minha idade.

Logo após o campeonato de seleções estaduais, fui convocado para a seleção brasileira de basquete na categoria cadete.

Joguei no campeonato sul-americano no Peru, mas perdemos na final para a seleção da Argentina! Na seleção da Argentina jogavam o Luis Scola e o Andrés Nocioni, que posteriormente foram contratados para jogar na liga americana (NBA). Foi uma grande tristeza para mim termos perdido aquele campeonato. Lembro que chorei a noite inteira sentado no corredor do hotel, conversando com meu companheiro de quarto Márcio Cipriano (hoje músico e *Coach*), Rodrigo Viegas e Daniel Campos (um grande amigo, que hoje trabalha também com desenvolvimento humano). Era simplesmente inacreditável. Ganhávamos até o final do jogo e, nos últimos segundos, tudo virou. Lembro-me de falar por telefone com meu pai e ele ter comentado de sentir a minha dor... estava presente no campo quântico de forma notável; quando queremos, podemos acessá-lo.

No final do ano de 1995, o ex-jogador da Sogipa Rogério Klafke, que integrava a seleção brasileira adulta, e o Evandro Saraiva comentaram com o técnico Hélio Rubens Garcia sobre mim e me indicaram para o elenco do time Cougar/Franca. Essa indicação resultou em um convite para jogar lá, na capital nacional do basquete. Então, com 16 anos de idade, saí de casa para me aventurar pelo mundo. Você se lembra dos seus primeiros sonhos? O que aconteceu com aquela criança ou adolescente idealista que sonhava com algo a mais?

SAINDO DE CASA

Meu pai acompanhou-me na viagem. Honrava muito a sua presença. Ele sempre foi um pilar na nossa família, um pilar de suporte. Ele relata que quando voltou sozinho para Porto Alegre, sentiu muita tristeza e chorou muito no ônibus de Franca a Ribeirão Preto. Imaginem só, deixar um filho de 16 anos no outro lado do país, sozinho, não é uma tarefa nada fácil para nenhum pai ou mãe. Minha mãe também ficou em Porto Alegre e sentiu muito a minha partida. Sempre que passava pelo meu quarto vazio em casa, sentia um aperto muito forte no peito, e contou-me posteriormente que chorou muito nas primeiras semanas. Não consigo imaginar como teria sido o sentimento de ninho vazio de uma mãe e um pai que amam e honram tanto seus filhos. Diversos medos e inseguranças deveriam vir à mente. No entanto, eu estava entregue nas mãos de pessoas muito éticas e honradas, toda a família de Hélio Rubens Garcia (lenda do basquetebol do Brasil), assim como de Rogério Klafke, Helinho, Demétrius, entre outros. Eu continuava amparado por um ambiente familiar com muitos valores.

Antes disso, gostaria de falar do meu carinho pelo Rogério Klafke, para mim um dos melhores jogadores da história do Brasil e da América do Sul. Eu costumava passar e recolher bolas nos treinamentos de arremessos do Rogério quando ele ia de férias para Porto Alegre (uma espécie de gandula). Saía do colégio Rosário para ir na Sogipa, muitas vezes sem almoçar, só para treinar com ele. Tive esse grande exemplo de caráter, dedicação, persistência e resiliência na minha vida. Foi pelas muitas conversas com ele que aprendi muitas coisas sobre o esporte e sobre a vida, era como um irmão de alma para mim. Tempos depois, quando mudei-me para Franca, ele foi como um "padrinho", assumindo as vestes de um irmão mais velho, protegendo-me e colocando-me sob a sua asa, sempre com muita ética e retidão de caráter.

Passava bastante tempo com ele e com a mãe dele, quando ia visitá-lo. Lembro-me de me sentir triste diversas vezes, após os treinos, por não ter desempenhado como eu gostaria, ou por ter levado algum "xingão" do técnico Hélio Rubens, que era bastante exigente com os jogadores mais novos, e o Rogério sempre vir com alguma palavra ou gesto de positividade e otimismo. Às vezes, dicas emocionais, táticas ou técnicas para melhorar no treino, ou simplesmente me falando para eu "ligar o botão do foda-se" e jogar do jeito que eu quisesse, livre, sem me preocupar. Sempre tinha alguns minutos para conversar com ele após os treinos, pois muitas vezes voltava de carona com ele para casa. Geralmente ia a pé para o ginásio mais cedo, pois tinha treino com o juvenil antes do profissional, ou de bicicleta, que normalmente carregava nos braços pela janela do carro voltando para casa, o que hoje seria totalmente proibido. Naquela época, já treinava o dia inteiro e já tinha convencido meus pais a me deixarem estudar à noite no Colégio Objetivo. O estudo sempre foi uma preocupação dos meus pais na minha educação.

Antes de decidir ir para o Franca, peguei uma carona com o Rogério depois de um treino na Sogipa. Estava conosco também o Rogério Zeimert, outro grande amigo que se mostrou muito importante em São Paulo no futuro, quando passei por momentos difíceis de lesões. No carro estava tocando uma música chamada *Water Runs Dry*, do grupo Boyz II Men. Eu ainda estava em dúvida sobre meu futuro, mas quando escutei a música no carro, soube que era o momento de ir. Ali, naquele momento, já aprendia com as sincronicidades. Sempre aprendi muito ao observar os outros ou até mesmo simplesmente observando a vida. A música em si não dizia respeito ao que eu estava passando, era uma música sobre relacionamentos. No entanto, eu sabia que uma parte da letra dizia respeito ao que eu tinha que decidir. Eu não podia esperar mais, era o momento de sair para a aventura!

Não espere até que a água corra e seque
Nós poderíamos assistir a nossas vidas inteiras passarem por nós
Não espere até que a água corra e seque
Nós faremos o maior erro de nossas vidas

Em fevereiro de 1995, fiz as malas e embarquei em busca do meu sonho. O problema é que ainda não podia jogar porque precisava recuperar totalmente o fígado, pois tive hepatite e não poderia correr o risco de ficar com alguma sequela. Quando finalmente voltei a treinar, fiquei com dores por todo o corpo; lógico, porque ainda não estava totalmente pronto. Dois ou três meses depois, já estava treinando com a equipe profissional.

Eu estudava no Colégio Objetivo pela manhã, e lá lentamente fui voltando para as atividades na Fisiocenter (Centro de Reabilitação Fisioterápica), com o Edu. Mais do que um grande fisioterapeuta, o Edu era um grande amigo, uma alma extremamente evoluída (apesar de eu não ter consciência disso na época) e uma pessoa pela qual guardo muito carinho. O Edu era uma pessoa íntegra, que enxergava o ser humano antes do ser jogador. Os jogadores costumavam procurar ele para conversar e acabavam por encontrar soluções lúcidas para suas questões pessoais, alguns deles nem se davam conta disso. Mas eu percebia aquilo com muita profundidade. Minha alma ficava em paz quando estava perto dele. No banco de reservas, durante os jogos do time profissional, eu gostava de sentar ao lado dele, sentia-me bem. É impressionante que, no mundo dos esportes, os que levam as láureas são os jogadores ou os técnicos, porém o diferencial e o suporte de uma equipe podem estar em seus bastidores, com pessoas como um fisioterapeuta ou um roupeiro, que podem ser a liga de uma equipe. Isso já me ensinava que não há nada no mundo que não seja importante. Tudo tem uma razão de ser e um porquê de existir. Muitas coisas que parecem tão insignificantes e pequenas podem conter o que há de mais nobre e honrado no planeta.

Eu sempre fui muito fominha para treinar. As minhas férias, quando era mais novo, eu passava inteiras no ginásio, desde os tempos da Sogipa. Era o primeiro a chegar e o último a sair, sempre queria ficar mais perto dos profissionais, aprender com os mais velhos. Lembro-me de um ano em que minha família não foi para a praia e eu fiquei treinando as férias inteiras. Minha dedicação sempre deu resultados e, justamente por isso, eu acabava jogando com os profissionais, apesar da pouca idade. Eu era extremamente dedicado aos treinos, sempre chegava antes para arremessar, e ficava após o treino. Eu tinha o exemplo do Rogério Klafke, que na época era o melhor ala do Brasil. Outro exemplo para mim era o chamado "Mão Santa", Oscar Schmidt. Quando o chamavam de "Mão Santa", ele costumava dizer: "Mão Santa nada, mão treinada". Nunca me esqueci disso e tomei como exemplo para minha vida. Se você quer realmente algo, deve lutar por isso, ter disciplina e resiliência. Algo que seria extremamente importante, posteriormente, na caminhada espiritual.

Ainda em Franca, fui convocado para a seleção paulista de várias categorias e idades. Com isso, acabei jogando três anos consecutivos pela seleção paulista, sagrando-me três vezes campeão brasileiro. Nessa época, fui convocado para a seleção juvenil brasileira, uma categoria acima da minha idade, mas fui cortado.

Sempre fui muito disciplinado no esporte e muito cuidadoso com minha saúde. Recebi uma educação muito boa e criteriosa, o que me afastou de drogas e outras coisas que não combinavam ou não eram benéficas para mim no esporte e na vida. Sempre tive uma repulsa em relação às drogas, alguma sabedoria ainda não tinha aflorado para a consciência, mas não vibrava comigo.

Minha primeira experiência com bebida ocorreu aos 17 anos, geralmente considerado tarde para maioria dos jovens hoje em dia. Antes disso, nunca tinha bebido. Lembro-me de ter ido num bar/balada em Franca, chamado Picanha na Tábua. Lá estavam reunidos diversos jogadores das duas equipes de Franca e do Palmeiras: entre eles, Helinho, Demétrius, Rogério, Vanderlei e outros. Todos estavam de folga e não haveria treinos nos dois dias seguintes, nem jogos tão cedo. E eles começaram a tomar muitos copos de cerveja. Todos sabiam que eu não bebia e nunca forçaram para que eu bebesse. Só que, naquele dia, eles pediram um número de copos de cerveja e veio um a mais, o que levou o Demétrius a colocá-lo na minha frente, dizendo: "Se te der vontade, está aí". E deu uma gargalhada. Na verdade, ele sabia que eu não tomava e que provavelmente não tomaria. E o copo ficou parado na minha frente, esquentando por um bom tempo. Não tinha vontade nenhuma de beber, não gostava nem do cheiro da bebida. No entanto, depois de meia hora, peguei o copo e virei. "Nossa, que gosto terrível!", pensei. Ninguém havia percebido, até que: "Tu bebeste? Não! Jogou fora!". O Rogério, então, olhou embaixo da mesa e não tinha nada molhado. "BAH!!!!! O Gui bebeu!!!" Perguntaram se eu estava sentindo alguma coisa diferente, e eu disse que não. Os guris disseram, então, que como era a minha primeira vez, eu deveria sentir, me incentivaram a beber mais um pouco. Acabei tomando de três a quatro copos. Ainda não sentia nada, apenas vontade de fazer xixi. Eles me aconselharam a segurar bastante o xixi na primeira vez, porque aí já acostuma a bexiga para o futuro. Não aguentei e fui ao banheiro. Quando levantei da mesa, me senti um pouco tonto. Todos riram e disseram: "Agora pegou!". Depois dessa experiência, não tive o costume ou mesmo vontade de beber. Só fui ingerir bebida alcóolica novamente numa folga de carnaval com os amigos, em Franca.

Pouco tempo depois, em 1998, eu conheci uma pessoa maravilhosa, uma professora que chamaremos de "V". Lembro que nos conhecemos mais ou menos na época da Copa do Mundo. Eu me apaixonei e namorei a "V" por um longo período. Ela foi uma das namoradas de que mais gostei na vida, tive memórias marcantes com ela, talvez por ter sido no tempo de adolescência... nunca esquecemos um amor da adolescência. Todos os hormônios à flor da pele, causando uma enxurrada de emoções. Tempos depois, na faculdade de Psicologia, fui estudar que nosso cérebro sempre tem tendência a guardar memórias que contenham um conteúdo emocional. Deve ser por isso que sempre guardei memórias de carinho e de amor pela "V". Ela vinha de uma família católica praticante e, com isso, acabei voltando a frequentar a missa. Lembro que, no início, para mim, foi bem desafiante, pois ela já tinha um filho de um namorado anterior. Eu tinha 18 anos, ainda me preocupava muito com o que os outros pensavam. Foi um período de crescimento psicológico gigante, pois, de jovem "aborrecente", eu tinha me tornado quase um pai! Óbvio que nada substituía o verdadeiro pai dele, no entanto, creio que minha presença naquela época foi muito importante tanto para a criança quanto para mim.

Não costumávamos sair à noite para bares ou algo do gênero, nos divertíamos com coisas simples, como um almoço na chácara de amigos ou simplesmente assistir a filmes juntos. Uma lembrança que tenho daquela época, numa tarde antes de um jogo do profissional, é que discutimos por um determinado assunto (provavelmente, alguma coisa boba de insegurança no relacionamento) e ficamos sem falar um com o outro. Durante o jogo, fiquei com a cara fechada o tempo inteiro, sem nem olhar para ela, o que geralmente fazia em alguns momentos de intervalo na partida. Ali, estava tendo a experiência de quanto os fatores pessoais extraquadra podem afetar na performance de um jogador. A maioria das pessoas vai a um estádio ou ginásio esportivo para torcer para seu time, cobrando dos jogadores como uma "máquina humana", como se fossem seres não portadores de sentimentos ou de uma vida como qualquer outra pessoa. Lembro-me de alguns torcedores falarem que essa era a profissão do atleta, e que ele tinha que separar seus problemas de seu trabalho. Mas minha pergunta era, e continua sendo: como se pode fragmentar uma pessoa dessa forma? Mesmo com um ótimo treinamento mental, aquela marca está ali, presente no subconsciente, e interferindo num nível que vai do sutil ao totalmente visível. É justamente por isso que instituições ou equipes que se dedicam ao cuidado emocional de seus profissionais têm os melhores resultados, assim como uma maior dedicação e engajamento por parte de seus profissionais.

Quando completei 18 anos, Dexter Shouse, um jogador americano com passagem pela NBA, veio jogar no Brasil, na equipe de Franca (1998). O Dexter dizia que alguns jogadores talentosos mais jovens deveriam ir jogar o campeonato universitário americano, uma ponte para a liga mais forte do mundo, a NBA. A partir daí, ele começou a colocar-nos em contato com várias universidades nos Estados Unidos, algumas ofereciam bolsas, mas acabei não entendendo muito bem como tudo funcionava, pois ele não explicava como era a sistemática de ingresso e as regras do processo. Normalmente, as universidades americanas convidam para uma visita ao *campus* e um primeiro contato com a equipe, para ver se gosta ou não e se quer assinar a carta de intenção de entrada. Acabei não comparecendo na visita da Auburn University, pois naquela época eu já jogava bastante tempo na equipe adulta. Deixei um pouco de lado, mas lembro-me de algumas universidades virem visitar o Brasil e observar nossos jogos em São Paulo. Os técnicos da Auburn University vieram duas vezes ao Brasil, gostaram muito, mandaram a carta para fazer a visita com tudo pago. Como estava viajando para jogar (jogávamos o campeonato brasileiro e também o sul-americano, às vezes passávamos semanas viajando), quando recebi a carta com todos os dados, já havia perdido a oportunidade. Eles também não conseguiram me contatar por telefone, pois naquela época não havia a cobertura de celulares que há hoje em dia.

No mesmo ano, durante o segundo turno do campeonato brasileiro, saí diversos jogos de titular, com muitos minutos em quadra. Isso rendeu-me também uma convocação para a seleção brasileira adulta de novos (a chamada seleção B). O técnico da seleção era o Guerrinha, ex-armador da seleção nacional na época do Oscar Schmidt, um grande jogador e técnico. Jogamos diversos amistosos e torneios em Angola e no México. Eu havia decidido que não iria para as universidades norte-americanas e que permaneceria no Brasil, já que não tinha dado certo ir para a Auburn University. Escolhi jogar a temporada em Franca mesmo e comecei até a procurar um novo apartamento para morar, um lugar mais confortável para receber minha namorada e seu filho. Na minha cabeça, já estava tudo se desenhando: ficaria ali em Franca e logo me casaria. Antes de comunicar minha permanência na equipe, fui informado de que teria muitas oportunidades nela e que seria um ano para despontar.

Durante a pré-temporada, fomos para Córdoba, na Argentina, para jogar um torneio com algumas equipes europeias. Enquanto estava lá, outros técnicos norte-americanos entraram em contato comigo mais uma vez, por telefone. Dessa vez, foi a Furman University. Por meio da Auburn University, eles ficaram sabendo de mim. E dessa vez aceitei o desafio. Lembro-me de perguntar qual era a conferência e divisão da universidade. Quando confirmaram que era de primeira divisão e que estavam recrutando diversos jogadores estrangeiros, aceitei, foi algo muito intuitivo, não havia dúvidas na minha mente. Tinha um sonho de jogar na NBA e achei que o melhor caminho seria pela NCAA, o campeonato universitário americano, que é considerado como porta de acesso para a liga profissional americana. Estava prestes a realizar um sonho: jogar basquete nos Estados Unidos!

Então chegou o momento de comunicar ao pessoal do Franca Basquete minha decisão de jogar nos Estados Unidos. Lembro que o processo em si foi bem doloroso, pois não recebi o apoio e o incentivo que achava que teria de alguns de meus colegas e amigos. Muito pelo contrário, escutei várias palavras negativas e contrárias. Mesmo assim, decidi não escutar muito e fui atrás do meu sonho no momento. Muitos diziam que eu estava cometendo o maior erro da minha carreira, já que este seria um ano de maior revelação, visto que alguns jogadores titulares da equipe tinham se transferido para o Vasco da Gama. Mas aquilo não entrava na minha cabeça. Como poderia ser um erro jogar um campeonato nos Estados Unidos, uma liga de onde saíam em média uns 50-60 jogadores para equipes da NBA e da Europa? Além de tudo, poderia estudar e me formar, o que em Franca era bem mais difícil, devido à quantidade de jogos e viagens. Eu faltava a muitas aulas na Universidade de Franca quando tentei cursar por um ano o curso de Direito, que particularmente odiei, e depois o de Jornalismo, que acabei escolhendo por poder conciliar com os treinos.

Minha experiência em Franca foi muito boa para a formação do caráter, para a experiência da ética, atitude de trabalho, persistência, onde pude viver na prática o que me inspirava em outros atletas, desde Oscar, com sua metodologia de treino, mas principalmente com o Rogério Klafke. Ambos sempre me ensinaram que os resultados são consequência do trabalho duro, de correr atrás dos objetivos com persistência e disciplina. E tive a sorte de passar por vários técnicos que foram pessoas de muito caráter, desde Pitú, Bira, João Willi, Kauim, e depois também com Hélio Rubens, todos pessoas muito sábias e com princípios éticos fortes.

Lembro-me também de, na época, começar a entrar em contato com assuntos de espiritualidade. Na adolescência lia muitos livros do Paulo Coelho, algo neles me tocava profundamente. Claro que devorava ao mesmo tempo biografias e livros de atletas que me motivaram e inspiraram no esporte. Porém, um dos livros que mais me marcou foi *O Alquimista*, sobre o qual posso dizer que foi o primeiro livro a abrir-me para uma busca espiritual, que ainda estava disfarçada de basquete. Li essa obra aos 15 anos e tinha algo que me chamava, um chamado de alma... um livro que recebi das mãos da minha amada mãe. Ela sempre foi um anjo em minha vida, atuando como uma mensageira do Cosmos no meu direcionamento de vida. Ela representou um farol de luz, pois estava engajada seriamente na sua própria evolução pessoal e desenvolvimento espiritual. E como sempre fui muito aberto para todos os conhecimentos, eu recebia de braços abertos. Ainda não compreendia a profundidade de tudo aquilo que chegava às minhas mãos, mas isso não importava tanto, pois muitas coisas ficavam registradas no meu campo pessoal, no meu DNA e nas minhas células. Muito tempo depois, pude acessar a ligação que tínhamos, que era muito mais profunda do que simplesmente relação de mãe e filho, era uma conexão de alma de várias vidas anteriores em outras civilizações planetárias, assuntos que serão cobertos mais adiante no livro. Na verdade, nunca contei ou comentei com ela sobre essa ligação de vidas passadas, mas no fundo sei que ela percebe isso.

Nesse lindo livro, lembro-me de uma passagem que permaneceu comigo durante boa parte da minha jornada de relembrar. O livro conta a história de um pastor da Andaluzia que viaja para o deserto egípcio em busca de um tesouro enterrado nas Pirâmides. O que começa como uma jornada para encontrar bens materiais torna-se uma descoberta das riquezas que escondemos dentro de nós mesmos. Reproduzo ela aqui para vocês, pois está conectada com tudo que virá posteriormente:

— Então, para que devo escutar meu coração?

— Porque você não vai conseguir jamais mantê-lo calado. E mesmo que finja não escutar o que ele diz, ele estará dentro do seu peito, repetindo sempre o que pensa sobre a vida e o mundo.

— Mesmo que ele seja traiçoeiro?

— A traição é o golpe que você não espera. Se você conhecer bem seu coração, ele jamais conseguirá isto. Porque você conhecerá seus sonhos e seus desejos, e saberá lidar com eles.

"Ninguém consegue fugir do seu coração. Por isso é melhor escutar o que ele fala. Para que jamais venha um golpe que você não espera". (...)

— Meu coração tem medo de sofrer – disse o rapaz para o Alquimista, uma noite em que olhavam o céu sem lua.

— Diga para ele que o medo de sofrer é pior do que o próprio sofrimento. E que nenhum coração jamais sofreu quando foi em busca de seus sonhos, porque cada momento de busca é um momento de encontro com Deus e com a Eternidade.

"Cada momento de busca é um momento de encontro", disse o rapaz ao seu coração. "Enquanto procurei meu tesouro, todos os dias foram dias luminosos, porque eu sabia que cada hora fazia parte do sonho de encontrar. Enquanto procurei este meu tesouro, descobri no caminho coisas que jamais teria sonhado encontrar, se não tivesse tido a coragem de tentar coisas impossíveis aos pastores".

Então seu coração ficou quieto por uma tarde inteira. De noite, o rapaz dormiu tranquilo, e quando acordou, o seu coração começou a lhe contar as coisas da Alma do Mundo. Disse que todo homem feliz era um homem que trazia Deus dentro de si. E que a felicidade poderia ser encontrada num simples grão de areia do deserto, como o Alquimista havia falado. Porque um grão de areia é um momento da Criação, e o Universo demorou milhares de milhões de anos para criá-lo. "Cada homem na face da Terra tem um tesouro que está esperando por ele", disse seu coração. Nós, os corações, costumamos falar pouco destes tesouros, porque os homens já não querem mais encontrá-los. Só falamos dele para as crianças. Depois deixamos que a vida encaminhe cada um em direção ao seu destino. Mas, infelizmente, poucos seguem o caminho que lhes está traçado, e que é o caminho da Lenda Pessoal, e da felicidade. Acham o mundo uma coisa ameaçadora – e por causa disto o mundo se torna uma coisa ameaçadora.

"Então nós, os corações, vamos falando cada vez mais baixo, mas não nos calamos nunca. E torcemos para que nossas palavras não sejam ouvidas: não queremos que os homens sofram porque não seguiram seus corações".

– Por que os corações não contam aos homens que devem continuar seguindo seus sonhos? – perguntou o rapaz ao Alquimista.

– Porque, neste caso, o coração é o que sofre mais. E os corações não gostam de sofrer.

O rapaz entendeu seu coração a partir daquele dia. Pediu que nunca mais o deixasse. Pediu que, quando estivesse longe de seus sonhos, o coração apertasse no peito e desse o sinal de alarme. O rapaz jurou que sempre que escutasse este sinal, também o seguiria.

Naquela noite conversou tudo com o Alquimista. E o Alquimista entendeu que o coração do rapaz havia voltado para a Alma do Mundo.

Ninguém consegue fugir do seu coração. Por isso é melhor escutar o que ele fala. Para que jamais venha um golpe, que você não espera.

(*O Alquimista* – Paulo Coelho)

Os livros do Paulo Coelho me auxiliaram muito num despertar inicial, tenho certeza que ajudam muitas pessoas no mundo inteiro. Provavelmente, na época, talvez nem entendesse o que o livro estava abordando em relação à espiritualidade, mas sempre tocava em algum aspecto da minha caminhada. É impressionante de ver como alguns entendidos criticavam o estilo literário de Paulo Coelho. Quando o olhar está no aparente do aparente, deixamos de perceber as belezas mais profundas da existência. Para mim, não importava o estilo literário, mas sim como algumas partes do livro penetravam meu coração, tocavam arquetipicamente minha alma. Naquele momento de leitura, alguma parte do meu ser tinha tomado a decisão de escutar sempre o coração. E se, por algum acaso, eu me perdesse no caminho e não o escutasse, pedi que ele me enviasse sinais mais fortes, que até gritasse se fosse necessário. Precisava viver minha Lenda Pessoal! Mal sabia eu que seria "sacudido" por Deus. Mas antes de nos aprofundarmos nessa questão, vamos falar um pouco sobre a vida e o dia a dia de um atleta.

OS BASTIDORES DA VIDA DE ATLETA

Um lado que não chega a ser muito mencionado nos esportes são os bastidores, principalmente com relação a mulheres. Quando você é um atleta, tem a oportunidade de se relacionar com muita gente, de outros esportes, da mídia, com fãs e muitas pessoas que se conhece no dia a dia. Claro que tudo isso acaba gerando uma oferta gigantesca! Para um jovem, é muito difícil controlar as suas necessidades e desejos. E no meio esportivo, quanto mais, melhor, este era o lema. Quem pegava mais era mais respeitado entre os companheiros e o time, pois haveria história para contar, assim como pelo que se gabar. Sem contar que muitas pessoas se aproximam pelo que o atleta representa e não por quem ele realmente é.

Claro que, nessa grande oferta, também aparecem algumas pessoas que realmente querem conhecer o atleta como pessoa, com interesse pelo ser humano que está por trás de uma imagem. Eu era extremamente tímido na pré-adolescência e primeiros anos da adolescência. Não sabia como chegar nas mulheres e conversar na tentativa de ficar com alguém. Também me achava meio feio e não tinha confiança quando saía em festas ou baladas.

Isso mudou muito quando cheguei em Franca. Eu andava com alguns jogadores mais velhos, e logo logo fiquei conhecido também como o "Guilherme do Franca Basquete", o que despertou o interesse de muitas meninas. Com isso, comecei a me sentir mais autoconfiante não só para ficar com meninas do colégio, mas também com mulheres mais velhas, fãs do esporte. Na época não sabia, mas era uma autoconfiança totalmente ilusória. Uma autoconfiança apegada a imagens que eu criava de mim mesmo ou de crenças baseadas em aparências. Uma autoestima sem núcleo, baseada em comparação com outros, que variava dependendo do que acontecia comigo ou de como me sentia, muito longe de um sólido amor-próprio.

Minha primeira experiência mais impactante, com 16 anos de idade, foi na casa de um dos jogadores mais velhos da equipe. Ele havia chamado quatro mulheres para jantar. Éramos quatro jogadores e quatro mulheres, todas com mais de 30 anos. Fiquei com uma delas, o que para mim foi incrível! Eu tinha 16 anos de idade e, de repente, estava na cama com uma mulher divorciada de mais de 35 anos, num quarto de uma casa que não conhecia. Longe de mim ser um santo, tinha tido algumas experiências interessantes antes disso, mas o contexto me marcou muito. Como se eu estivesse atravessando um ritual de passagem para um novo mundo adulto:

o do desejo, da conquista, da sexualidade, da busca por mais prazer. Do desejo de querer mais e mais... tinha gostado... me sentia forte, poderoso.

O que pode soar estranho para você, que está lendo agora, é que, no fundo, eu sempre busquei e acreditei na existência de "almas gêmeas". Toda vez que buscava uma mulher para me relacionar, acreditava que poderia ser minha alma gêmea. Sabia que havia no mundo uma mulher reservada para caminhar comigo nesta existência. Mesmo quando comecei a explorar mais esse lado do prazer carnal, no meu subconsciente aquela imagem ou energia permanecia. Óbvio que conheci algumas pessoas com quem me relacionei mais profundamente. No entanto, observando hoje, percebo que não estava nem perto de um amor autêntico. Talvez, naquele momento, era o máximo que eu poderia dar e receber. Interessante frisar que a maioria das namoradas tinha alguma forma de prática religiosa ou espiritual e eram pessoas de muito brilho interior, algo que me magnetizava.

Posteriormente, ressignifiquei todo o conceito e vivência com relação a almas gêmeas... realmente, era muito mais do que eu sentia, mas que já estava presente no meu campo pessoal. Hoje percebo como tratava o sexo feminino muitas vezes como um objeto, um desafio que, ao ser conquistado, perdia a graça... e ia para uma nova conquista. Nesse processo, era como se deixasse de lado a minha essência e a essência da pessoa, simplesmente querendo uma satisfação do ego que era totalmente momentânea e que, no fundo, era carregada com uma falta desde o início, pois acoplado na sensação de conquista e de poder de ego estava o vazio de significado e distanciamento do caminho da alma. E quantas vezes não tratamos homens e mulheres como objetos de nosso próprio consumo? Um amor utilitário. Na época, era pelo sexo, pela conquista. Muitos homens têm essa visão das mulheres até hoje. E, também, quantas mulheres não utilizam os homens? Talvez não para sexo, mas para seu consumo, sua segurança, no fundo buscando, quem sabe, um "tapa-buraco" para suas próprias angústias e ilusões internas.

A MUDANÇA PARA OS ESTADOS UNIDOS

Quando me mudei para os Estados Unidos, ainda namorava a "V". Foi bem doloroso para mim, pois estávamos quase indo morar juntos, num apartamento em Franca, interior de São Paulo. De repente, vi-me nos

Estados Unidos, num relacionamento a distância. Óbvio que não foi fácil. Mantinha contato via ICQ, um *messenger* de computador (na época, não existia Skype, WhatsApp ou algo do gênero). Quando cheguei nos Estados Unidos, nem celular eu tinha... pois é, vivíamos sem celular. O namoro durou mais de um ano, no entanto a distância e a falta de contato foram enfraquecendo nossa relação.

Nos Estados Unidos, percebi toda uma atmosfera muito interessante para mim. Nunca tinha visto uma estrutura tão profissional na minha vida. Nenhum clube de basquete brasileiro tinha aquela estrutura toda oferecida para seus atletas. Eram pelo menos três ginásios para treinar, uma sala de musculação só para atletas, outra sala de musculação gigantesca para os alunos, um refeitório com abundância de comidas a todo tempo disponível, salas de vídeo, vestiários com carpete, televisão, armários para cada atleta... algo simplesmente incrível! Respirava esporte, espírito de equipe e aprendizado. Construí uma família de amigos no tempo em que fiquei lá. Lembro-me do técnico principal, chamado *Coach* Larry Davis, uma pessoa por quem tenho um carinho muito especial, que sinto muito presente dentro de mim, extremamente ética e acolhedora. Outros técnicos da equipe, como *Coach* Kenny Potosnak, *Coach* Niko Medved, Dimitrious Kyriakou, Mike Shedd, Mike Jones, Chris Keeling, foram pessoas com quem aprendi muito mesmo, um processo de amadurecimento gigante para vida. Todos me ensinaram muitos valores, além da ética e da importância do trabalho em equipe.

Dos quatro anos que joguei nos Estados Unidos, acabei sendo três anos capitão do time. Estava sempre em busca da superação, quebrando recordes e treinando mais do que qualquer outro companheiro de equipe. Musculação para ficar cada vez mais forte e preparado, muitos treinos de arremessos. Minha vida era totalmente dedicada à melhora do meu desempenho no basquete. E estava disposto a fazer o possível e o impossível para atingir meu objetivo.

Nosso técnico Larry Davis sempre prezava muito o trabalho em equipe, o respeito ao outro, pensar na equipe antes de qualquer coisa. Isso criou um ambiente de responsabilidade, de senso coletivo de respeito um ao outro e de superação dos limites pessoais. Foi nesse período que cheguei à conclusão de que muitos dos limites que achava que tinha eram impostos pela minha própria mente. Se mudasse minha mente e meu pensamento, meu corpo respondia e eu poderia ir cada vez mais além. Interessante que, quando cheguei por lá, fiquei surpreso com a intensidade dos treinos físicos. E, nesse ponto, meu técnico foi um grande professor, ensinando-me a quebrar limites interiores. No meu primeiro Natal nos Estados Unidos, minha família e minha namorada não puderam me visitar, eu iria passar sozinho nos dormitórios da Universidade, já que a maioria dos alunos ia para casa de folga. Alguns jogadores estrangeiros recebiam a visita de seus familiares também. E acabei passando o Natal com a família de meu técnico em Minnesota. Lembro que, no primeiro ano nos Estados Unidos, acordava alguns dias bem e outros não, mais feliz ou mais triste, e isso afetava muito a minha forma de treinar. O curioso é que nosso técnico disse-me que os companheiros de time observavam meu estado de espírito e, dependendo de como estava emocionalmente, o treino da equipe refletiria aquele estado emocional, já que eu era o armador e um dos líderes da equipe. Naquele Natal, ele presenteou-me com um quadro, que carregava comigo por todos os lados e lia todas as manhãs quando acordava. Já estava tendo profundas lições de espiritualidade. O quadro dizia o seguinte:

A ESSÊNCIA DE UM NOVO DIA

Este é o início de um novo dia. Você recebeu esse dia para usar como você quiser. Você pode desperdiçá-lo ou usá-lo para o bem. O que você faz hoje é importante porque você está trocando um dia de sua vida por isso. Quando amanhã chegar, este dia terá ido para sempre; em seu lugar é algo que você deixou para trás... deixe ser algo bom.

Depois desse dia, sempre procurei ir aos treinos pela manhã com o máximo de entusiasmo possível. Nossa rotina de treinos era muito forte, tínhamos dois a três treinos por dia, fora a musculação. Adicionem a isso 3-4 horas de aula e mais 2-3 horas de estudos. Lembro-me de ir para a biblioteca da Universidade à noite para estudar em cabines para tanto apropriadas. Levava meu Discman com o CD de Mozart dentro, chamado *Eine Kleine Nachtmusik*. Aqueles sons me ajudavam a concentrar depois de um dia muito cansativo. Simplesmente sempre amei e continuo amando Mozart. Para mim, era como se fosse o som tocado por Deus, e de certa forma era.

Às vezes, pensava que o dia poderia ter umas 28 horas, tudo ficaria mais fácil. Nossos treinos pela manhã eram às 5:30, tínhamos que estar no ginásio às 5:00. Isso significava acordar às 4:30. Algumas vezes, antes de começar o treino, combinava com o outro armador da equipe, Paul Foster, de fazer alguma coisa para animar os outros jogadores. Ligávamos o som do ginásio no máximo volume e corríamos girando a camisa e gritando que nem loucos para acordar o restante da equipe. Era muito divertido e ao mesmo tempo surtia efeito em toda a equipe. Antes de diversos jogos, inventava alguma coisa para motivar todo o time. Lembro-me de várias vezes raspar toda a cabeça no vestiário, falando que estava indo para a "guerra" e perguntando quem iria comigo. E alguns raspavam também todo cabelo da cabeça. Havia um senso de amizade e unidade muito forte. Esse espírito de equipe era muito incentivado pelos nossos treinadores, era-nos ensinado um grande senso de responsabilidade, pois tudo que fazemos reflete em todos os outros, principalmente num esporte coletivo. Se um jogador negligenciava algo, todo o time pagava pelo ato. Por isso, quando algum jogador chegava atrasado no treino, toda a equipe sofria as consequências na próxima manhã e tínhamos que fazer mais treinos físicos cedo. Quando um jogador faltava à aula sem justificativa, os técnicos ficavam sabendo e todo o time era punido. Muitas vezes, todo o time corria em arquibancadas carregando peso nas costas, e eles colocavam uma cadeira para o atleta que tinha faltado à aula ficar assistindo. Não preciso dizer como se sentia esse jogador e o resto da equipe, mas afirmo que foi nesses treinos desafiantes que aprendi o quanto podemos mais do que acreditamos.

Hoje percebo como um grande processo de aprendizado e construção para tudo que viria depois. Percebo o quão imbuída de espiritualidade estava toda a minha vivência nos Estados Unidos. E tudo aquilo me motivava mais e mais para continuar buscando meus objetivos ou, pelo menos, o que eu achava que eram meus objetivos na época, pois com o passar do tempo a vida foi mostrando que queria algo bem diferente de mim e que, para isso, estava sendo preparado para a verdadeira batalha da existência.

Essa vontade de ir além expandiu minha mente para outras leituras. Lembro-me de ler livros do Dr. Brian Weiss. Tinha um chamado *Meditando com Brian Weiss*, onde aprendi algumas visualizações que costumava fazer antes de todos os jogos. Era uma sensação de relaxamento profundo, o que me auxiliava na concentração e centramento para as partidas. Minha mãe também me enviava algumas afirmações e orações de proteção. O contato com a espiritualidade foi abrindo caminho e intensificou-se muito a partir do terceiro ano nos Estados Unidos (2001-2002). Frequentei igrejas católicas, batistas e até participei de encontros dos Atletas em Ação (Atletas de Cristo). Era muito forte a sensação nesses encontros, quando cantávamos a música *Open the eyes of my heart Lord*.

Abra os olhos do meu coração, Senhor
Abra os olhos do meu coração
Eu quero te ver
Vê-Lo exaltado em majestade
Brilhando na luz da Sua glória
Derramando Seu poder e amor
Enquanto cantamos santo, santo, santo
Santo, santo, santo
Eu quero Te ver

Em alguns encontros ficava emocionado, sentia meu coração tocado. Mas aquilo não permanecia por muito tempo. Mesmo com essas experiências, percebia que tinha mais para descobrir, para desvendar. Já lia alguma coisa sobre Budismo, sobre o controle da mente sobre o corpo, e já não conseguia mais entrar em certas caixas e limitações, que são geralmente impostas por doutrinas religiosas. Claro, sempre com muito respeito pelo que as outras pessoas estavam vivendo, mas eu, Guilherme, não conseguia me encaixar num conceito pronto do que é certo ou errado na busca pela espiritualidade. Naquela época, já meditava bastante, geralmente por meditações guiadas. Comecei a experienciar mais meditações silenciosas quando comecei a frequentar, nos dias de folga, aulas de Yoga na Universidade. Além disso, visitei umas duas ou três vezes um centro budista em Greenville (South Carolina). Ninguém sabia disso, ia à noite após o treino. Chamava-se Carolina Buddhist Vihara. Foram momentos muito importantes para me abrir para outras formas de ver o mundo.

Meu sonho era jogar na NBA, a liga profissional mais desejada por atletas do basquete mundial, mas ainda tinha alguns bloqueios em relação a minha autoconfiança, autoestima e até mesmo performance. Algumas coisas eu conseguia desempenhar no treino, mas quando chegava na quadra, me segurava, ficava com o freio de mão puxado. Sabia que não era nada fora, mas dentro de mim, que bloqueava. Colecionava vários recordes de arremesso nos treinos, mas nos jogos, por algum motivo, eu não estava tendo um percentual muito alto, o que fazia com que o sonho de jogar na NBA ficasse mais difícil, pois, na época, para um branco jogar na NBA, tinha que ter um alto percentual nos arremessos de três pontos. Sim, existem alguns preconceitos dentro do esporte para todos os lados.

Nesse tempo tive algumas oportunidades de treinar com jogadores e equipes da NBA durante o período de férias, uma delas em Houston

(Texas). Fui junto com o Karim Souchu (um grande amigo, ex-integrante da seleção francesa e companheiro de equipe) para o Camp preparatório para jogadores que tinham chance de entrar na NBA, em Houston. O centro de treinamento era do John Lucas, ex-técnico do San Antonio Spurs, e de outro assistente técnico do Dallas Mavericks. No grupo de treinamentos estavam Steve Francis, Penny Hardaway, Chris Andersen, Emeka Okafor, Michael Wright, entre outros, todos jogadores que estavam na NBA ou acabaram assinando contratos. E fui muito bem nos treinos, o que despertou interesse de algumas equipes na época. Entre elas, o New Jersey Nets, que até mesmo enviou uma carta para o nosso técnico da Universidade, falando que estavam observando e acompanhando o nosso progresso, pois ainda estávamos no segundo ano de quatro possíveis para jogar no basquete universitário.

Outra experiência foi no ano seguinte, em Sacramento (Califórnia). Fiquei na casa de Bobby Jackson, jogador do Sacramento Kings, e ia treinar com ele no ginásio e com outros jogadores como Chris Webber, Peja Stojacovic e Vlade Divac, um sérvio que era uma lenda no basquete mundial. Porém, um dia antes de ir para lá, sofri uma distensão no músculo da virilha. Mesmo assim, pensei: "Vou tentar, já tenho a passagem comprada, não vou desistir agora". Fui fazer um treino coletivo com alguns jogadores que estavam se preparando para a pré-temporada, e piorou o negócio. Numa jogada mais brusca, senti que abriu mais, ficou muito roxo e não conseguia andar! Assim, fiquei na casa do Jackson alguns dias, sem conseguir treinar. Simplesmente curtindo a vida de NBA sem jogar basquete. Aprendendo sobre os bastidores e sobre o alto nível dos treinamentos.

Durante minha permanência nos Estados Unidos, tive diversos aprendizados que ficaram até hoje dentro de mim, aberturas de novos horizontes, num processo de solidificação muito grande. No tempo em que estive lá, pude crescer muito intelectualmente, fisicamente e psicologicamente. Em quatro anos, consegui me formar em Health and Exercise Science (Bacharel em Ciência da Saúde e do Exercício), que posteriormente foi validado com Bacharelado em Educação Física pela UFRGS, no Brasil.

Como o esporte nos Estados Unidos está atrelado aos estudos (algo que deveria ser no mundo inteiro) e a minha universidade era muito respeitada e conhecida pelo nível de ensino, tive que me dedicar bastante aos estudos. O que foi uma surpresa para meus técnicos, visto que eles estavam acostumados com atletas e estes, em geral, tinham fama de não se concentrarem tanto em estudar, ficando muito focados no esporte em si. Nos anos de 2001, 2002 e 2003, fui laureado por excelência acadêmica no Hall de Honra da Southern Conference como estudante-atleta. Para entrar nesse Hall de Honra, o aluno precisava ter uma média anual de notas acima do conceito B, que equivaleria mais ou menos à nota 9 de 10. Fui também reconhecido pelo Departamento de Assuntos Multiculturais da Furman University, por ter completado o curso de estudo, servindo como modelo para americanos (2003).

Com relação às conquistas pelo basquete, apesar de sentir que poderia ter produzido melhor no quesito de percentual de arremessos de três pontos, fui o único jogador da história da Southern Conference a chegar à marca de 1.000 pontos, 600 assistências, 200 bolas recuperadas e 500 rebotes na carreira. Sendo também, em duas temporadas, escolhido para a Seleção da Southern Conference como um dos destaques. No ano de 2003, fui o líder nas estatísticas no quesito de assistências no campeonato. Naquele mesmo ano, a National Strength and Conditioning Association (NSCA), órgão gerenciador responsável por condicionamento físico nos Estados Unidos, selecionou-me como All-American Athlete, uma espécie de Seleção de todos os Estados Unidos, como um dos destaques na modalidade de basquetebol em musculação e preparação física. Isso rendeu uma foto no mural de honra da sala de musculação da Universidade, que está lá até hoje. Com a equipe que nosso técnico formou, conseguimos retornar à elite da conferência e até mesmo chegar à final do campeonato, algo que não acontecia há mais de 18 anos. Mas, você pode estar pensando, qual o motivo de falar sobre todos esses títulos e prêmios? Para que você perceba tudo que teve que ser deixado para trás para que a verdadeira essência da alma pudesse se manifestar!

UMA NOVA AVENTURA

Em 2003, meu último ano nos Estados Unidos, era o momento de decidir onde continuaria minha carreira profissional. Foi um momento de extrema ansiedade. No final da temporada, fui para Houston a pedido de meu empresário, uns 15 dias antes de acabarem as aulas na Universidade; até fiz as provas de final de trimestre antes dos outros alunos. Os professores ajudaram-me no processo, compreendendo a oportunidade que me estava sendo oferecida, e que aquilo era o futuro que eu tinha escolhido. No final, nem em minha formatura eu estive presente. Já tinha decolado num novo voo, numa nova aventura.

Um dia antes de ir para Houston, num treinamento com alguns companheiros, torci meu pé. "Não é possível!", pensei. Mais uma vez, um dia antes de um momento importante para minha carreira, me lesionei. Ficou uma bola de inchado! Acabei indo para Houston mesmo assim. Fiz algumas sessões de fisioterapia, mas treinei com muita dor. Só conseguia pensar que haveria vários olheiros lá, e precisava dar tudo de mim. Em um dos treinos, acabei torcendo o outro pé, tinha algo me segurando, me mostrando outra rota, mas que eu não estava percebendo ainda. Não tinha a mínima ideia do que se tratava e do que o Universo me comunicava. Para falar bem a verdade, nem pensava muito nesse aspecto espiritual da questão. Simplesmente via como um desafio a ser ultrapassado para chegar a minha meta de jogador da NBA.

Tive que voltar para o Brasil para fazer fisioterapia nos tornozelos. Desenvolvi um quadro de sinovite, uma inflamação na articulação do tornozelo. Estava muito contrariado, e cheio de orgulho interno. Na minha cabeça, era inconcebível voltar a jogar no Brasil, depois de ficar tão perto da NBA! Se eu não conseguisse voltar para os Estados Unidos, queria jogar na Europa, em ligas fortes, como da Itália, Espanha, Grécia e França. Claro, apareceram propostas de outros países, como Líbano, Hungria, Bulgária, com salários muito altos, e também propostas do Brasil. Só que essas portas que estavam abertas não me interessavam. Nem um pouco.

No meu último ano nos Estados Unidos, tinha conversado com dois empresários brasileiros de uma grande agência de jogadores europeus, além de alguns empresários americanos. Para esses dois empresários brasileiros da agência europeia, eu já estaria acordado com eles. No entanto, nunca acertei nenhum contrato ou algo do gênero. Desconfiava um pouco deles, porque tinham entrado em contato uma só vez, repletos de promessas, e depois nunca mais me ligaram!

Como estava ansioso para voltar a jogar (lembrem-se: em qualquer lugar, menos no Brasil!), ajustei acordo verbal com um empresário espanhol, que fechou uma proposta na primeira divisão da Itália, uma das ligas mais fortes do mundo. Tão logo acertei com o clube, aqueles empresários brasileiros ligaram, falando que tinham uma proposta do Benneton Treviso, da Itália. No fundo, não sabia se era verdade ou se estavam fazendo aquilo só porque assinara com outro clube, chamado Reggio Calabra, localizado no sul da Itália. De qualquer forma, estava indo para uma forte equipe, o mesmo time em que muitos dos craques da seleção argentina iniciaram suas carreiras na Europa: Manu Ginobili, Leandro Palladino e Alejandro Montecchia. Via aquilo como um ótimo sinal para minha carreira.

A VIDA NA ITÁLIA

No entanto, quando cheguei à Itália e apresentei-me ao clube, não era nada do que parecia! O time enfrentava dificuldades financeiras e acabei emprestado para outro clube! Fui emprestado para o Eurorida Scafati, situado numa cidade entre Nápoli e Salerno, grudado em Pompeia. Como tinha contrato de dois anos em Reggio Calabria, eles podiam me negociar para outra equipe, e foi o que fizeram, com minha concordância, pois estava também com salários atrasados. Fiquei lá algum tempo, mas não me adaptei bem. Morava na cidade de Pompeia, bem ao lado de um vulcão inativo, chamado Vesúvio. Lembro-me de uma noite acordar achando que o vulcão estava entrando em erupção; coloquei a roupa rápido, peguei meu passaporte e algumas coisas e dirigi-me para o carro rapidamente. Quando cheguei lá embaixo, vi que eram fogos de artifício de uma festa tradicional local.

Nessa equipe havia vários problemas internos que eu nem imaginava antes de chegar; havia uma rixa interna de jogadores italianos contra americanos. Imagina só, tinha todo um ambiente familiar e de acolhimento nos Estados Unidos e, de repente, vi-me num ambiente psicologicamente hostil, extremamente competitivo (mesmo dentro da equipe), no meio de um conflito entre jogadores, com problemas de adaptação na cidade, de relacionamento conturbado com o técnico, num clube muito confuso, e ainda por cima com fascite plantar, uma dor embaixo do pé que não dá nem para andar direito. Para levantar à noite e fazer xixi, tinha que alongar o pé e aquecê-lo, senão era quase impossível. Realmente, a vida de atleta não é nada fácil. Não me lembro de muitos períodos em que joguei sem dor. A questão é que os atletas se acostumam a jogar com dor. Então, perdi totalmente a vontade de jogar naquela equipe, entrando num estado de desânimo, com muita vontade de voltar para o Brasil e me reenergizar.

IDAS E VINDAS – BRASIL E ITÁLIA

Através do contato de um membro da Confederação Brasileira de Basquete, recebi um convite para jogar no Flamengo. Parecia uma proposta interessante, mas eu não conhecia muita gente, precisava de um ambiente mais familiar, acolhedor, pois era o que desejava naquele momento. Então, soube que a Ulbra-RS também estava interessada, pois tinha formado um time de basquete no sul, e imaginei que seria melhor para mim, mais perto de casa e da minha família em Porto Alegre. E sabia que seria temporário, pois teria que voltar para Reggio Calabria no ano seguinte para cumprir meu contrato.

Naquele momento, tudo que eu ansiava era por uma referência positiva e de acolhimento amistoso, depois da experiência ruim que tive na Itália. Abdiquei de salário e bônus em Scafati para que eles me liberassem antes do final do campeonato e para que pudesse ser inscrito no segundo turno do campeonato brasileiro, antes de fechar a janela de inscrições da Confederação Brasileira de Basquete.

Quando cheguei no Brasil, fiquei surpreso que a Ulbra tinha se transferido para Torres, já que sua sede era normalmente em Canoas, uma cidade do lado de Porto Alegre. De qualquer forma, Torres era muito perto de minha cidade natal, onde estava toda a minha família e amigos. Mas eu estava tranquilo, afinal restavam somente dois a três meses de campeonato. Foi muito bom estar em Torres, onde joguei quase o segundo turno todo do campeonato com um técnico muito meu amigo, assim como o supervisor da equipe. Conheci muita gente legal e tive a oportunidade de me destacar como jogador. Como resultado pelo esforço, dedicação e performance, recebi convites para jogar em vários times do Brasil. No entanto, tinha que voltar para a Itália e cumprir meu contrato, nem cogitava pagar a multa rescisória. Fui informado de que a situação financeira da equipe tinha melhorado.

Acertei meu retorno para o Reggio Calabria por pouco tempo. No final, chegando lá, o clube estava numa situação financeira parecida com a do ano anterior. Pouco antes de voltar para a Itália, no entanto, tive que operar o tornozelo, pois ainda sofria com dores das sequelas das torções que sofrera. Fiz a cirurgia em Porto Alegre e, na mesma época, fui convocado para a Seleção Brasileira; mas obriguei-me a pedir dispensa para tratar da recuperação do tornozelo. O Universo funciona de formas que são incompreensíveis para nós, humanos, em certos momentos, e já me havia enviado várias mensagens de que teria que trilhar um caminho um pouco diferente. O Universo vai comunicando-se a todo momento, vai jogando pedrinhas e pedrinhas para avisar-nos sobre nosso rumo. Mas, como não o escutamos, acaba jogando um bloco de concreto na cabeça! Eu ainda estava sentindo as pedrinhas.

O RETORNO DEFINITIVO AO BRASIL

Decidi voltar para o Brasil de vez. Tinha proposta para jogar em alguns clubes, porém retornei ao Franca Basquete, no segundo turno do campeonato paulista e *playoffs*. Foi um período muito bom, de muita alegria. O time era muito coeso, dentro e fora da quadra. Nós nos divertíamos nos treinos e também depois. Quando não havia treino no dia seguinte, nos reuníamos e fazíamos churrascos e festas com muita gente. Foi um período também de muitos relacionamentos com mulheres diferentes. A procura tinha aumentado muito, pois agora estava mais velho e era um dos destaques da equipe.

Algo muito importante a ser revelado é que fiz um laço de amizade com um ser humano especial, um irmão de alma, chamado Gustavo Cantarelli, o "Gaúcho". Com certeza, ele sempre me compreendeu e esteve presente em momentos importantes da minha vida. Era uma pessoa que conversava sem julgamento algum. Tínhamos conversas muito profundas sobre a vida, mulheres, espiritualidade, Deus etc. Depois que parei de jogar, nossa relação estreitou-se, pois eu tinha voltado para Porto Alegre e ele já estava morando por lá.

Voltando ao campeonato, perdemos na final para o Winner Limeira, numa série melhor de 5 jogos, e começamos vencendo por 2 a 0. Eles viraram e nos ganharam por 3 a 2. Foi extremamente decepcionante, tanto para equipe quanto para a torcida. Resolvi renovar o contrato com a equipe, que perdeu muitos de seus melhores jogadores. Sentia-me muito bem lá na cidade, gostava bastante do treinador, pois ele já tinha sido meu companheiro de equipe e tinha muita abertura para trabalho espiritual, assim como preparação mental e até meditação. O treinador era o Chuí, ex-integrante da seleção brasileira de basquete e um dos maiores cestinhas do clube e do Brasil. Quando joguei em Franca na primeira vez, de 1996 a 1999, ele foi meu companheiro de time e até mesmo companheiro de quarto em algumas viagens. O Chuí já meditava todas as manhãs antes dos jogos. Lembro-me de acordar pela manhã e ele sentado na beira da cama, em silêncio, meditando. Naquela época, eu já meditava da minha forma, lia vários livros que minha mãe mandava, estava me abrindo mais para o contato com a espiritualidade.

O técnico Chuí fazia até sessões de Reiki no time, o que era raro no quadro nacional de treinadores no Brasil. Ele também incentivava algumas meditações, e aquilo fez com que eu mergulhasse mais profundamente nessas práticas, retomando-as no dia a dia. Durante a estadia que tive na Europa, continuava com a leitura de livros ligados à espiritualidade.

De volta à cidade de Franca, eu ainda não praticava meditação todos os dias, fazia mais um relaxamento guiado deitado, mas não era exatamente meditação formal; porém, sempre buscava formas de melhorar o equilíbrio mental. Minha mãe começou a enviar diversos livros, como *O poder do agora*, de Eckhart Tolle, *O poder do pensamento pelo yoga*, de Swami Sivananda, *Cestas sagradas*, de Phil Jackson, *A semente da vitória*, de Nuno Cobra, *O poder da Kabbalah*, de Yehuda Berg, entre outros ligados à espiritualidade e ao funcionamento da mente. Lembro-me particularmente de um livro que expandiu muito o meu conhecimento, chamado *Conversando com Deus – um diálogo sobre os maiores problemas que afligem a humanidade*, de Neale Donald Walsch. Eram três volumes, que devorei rapidamente. Tudo fazia muito sentido ali, fechava muito com o que pensava na época e que não tinha encontrado anteriormente.

Antes dos jogos, eu tinha um ritual cabalístico de orações para proteção que minha mãe havia me mandado por escrito numa carta pelo correio. Cheguei a bordar letras hebraicas nas minhas meias de treino e de jogo para trabalhar aspectos pessoais. Naquele tempo, não tinha verdadeira noção da sacralidade das letras hebraicas, nem das energias que realmente estavam representando, tampouco da profundidade da sabedoria da Kabbalah, da Yoga e de outras correntes espirituais.

Essas leituras e novas práticas foram abrindo o caminho, mas a minha mente ainda estava totalmente focada na seleção brasileira, em ser o melhor armador que poderia ser, ter sucesso, ser mais conhecido, ganhar campeonatos, voltar para um time bom na Europa e, posteriormente, ir para a NBA. Na cabeça, todo o caminho já estava demarcado. Tudo aquilo meu ego desejava, todas essas coisas ilusórias. Estava jogando em Franca, fui muito bem individualmente no campeonato, tornando-me um dos destaques nas estatísticas. No final da temporada, enquanto não tinha acertado ainda contrato com algum clube, quase todos os times da primeira divisão do campeonato brasileiro (menos dois clubes) acabaram me sondando ou fazendo proposta para assinar com eles.

Nesse ínterim, fiquei mais inclinado para três equipes: Telemar do Rio de Janeiro (era o atual campeão brasileiro), Araraquara (time muito forte do interior de São Paulo) e Brasília (equipe que oferecia o salário mais alto de todos). Foi então que o Paulistano me ligou, pois estava montando uma equipe forte. Buscaram diversos jogadores que se destacaram em outras equipes durante aquele campeonato e vários já tinham assinado com o clube: Renato Lamas, Alemão (Ricardo Probst), Shammel (um dos melhores americanos que já passou pelo Brasil), Janjão (ex-pivô da seleção brasileira), entre outros. Só faltava um armador para completar a equipe. Então, dois jogadores amigos meus me ligaram, o Renato e o Ricardo. Acabei assinando com o Paulistano. Na época, o técnico da equipe era o José Neto, que era assistente do técnico Lula da seleção brasileira e do time de Ribeirão Preto. O time estava muito bom, estava no auge, na ponta dos cascos, e isso alimentava ainda mais o meu ego. Eu estava no auge da carreira esportiva, com 25 anos de idade, recebendo um altíssimo salário, jogando muito bem, num clube muito estruturado, morando no bairro Jardins na capital de São Paulo, tendo tudo que eu desejava. O que eu poderia querer mais?

A VIDA EM SÃO PAULO E O COMEÇO DO FIM

Tinha conhecido uma vida que muita gente desejava. Fazer o que gosta, ganhar para isso, e ainda ser reconhecido. Mal sabia eu em que ilusão e sofrimento tinha me metido.

Além disso, quando não tinha treinos ou jogos no dia seguinte, saía para a balada com alguns amigos que jogavam em outros clubes da região e do meu próprio clube. Um deles é um grande amigo e irmão, chamado Felipe Sarno. Desenvolvemos uma amizade muito verdadeira. Posteriormente, ele foi um dos que ficou do meu lado quando o Universo resolveu jogar um bloco de concreto sobre minha cabeça.

Nós saíamos à noite para os lugares mais badalados de São Paulo, conhecendo muita gente famosa, atrizes, modelos, atletas de outros esportes etc. Muitas vezes, fechamos camarotes junto com as meninas do vôlei de outros clubes profissionais, com bebida à vontade. Realmente, estava vivendo no auge da ilusão, no auge do ego, no auge da persona, uma máscara que havia construído para mim, mas da qual ainda não me dera conta. O interessante de notar era que, internamente, sentia um desconforto, algo não estava bem dentro de mim. Sempre sentia um vazio muito grande depois de festas, e até mesmo após ganhar jogos, e aquilo me incomodava. No entanto, quanto mais eu sentia esse vazio, mais buscava coisas fora de mim para suprir a falta: mais mulheres, mais títulos, mais vitórias…

Até que, no dia 13 de dezembro de 2005, dois dias depois do meu aniversário e da minha foto ter saído em um quarto de página do Esporte da *Folha de São Paulo*, num jogo de quartas de final do campeonato paulista contra a Limeira, no minuto final, eu fiz uma jogada de infiltração na defesa adversária, abrindo a passada para fazer uma bandeja, e no primeiro passo torci meu joelho direito. Nossa, nunca senti tanta dor na minha vida. Eu até mesmo escutei um barulho como se tivesse quebrado um pedaço de madeira. Fui direto ao chão e chorava de espernear. Não via mais nada.

Depois do jogo, não tinha ideia da seriedade do que tinha ocorrido e do tipo de lesão que era. Eu estava com tudo pronto para passar o Natal em casa. Tinha até comprado um automóvel Audi novo e iria buscar meu carro em Porto Alegre durante os cinco ou seis dias de folga que teríamos.

Todos os meus planos mudaram! No outro dia, fui ao médico da equipe e ele me disse que eu havia rompido o ligamento cruzado anterior do joelho direito e que também tinha uma lesão no menisco. Eu teria que ser operado e ele me pediu uma ressonância magnética para confirmar o diagnóstico. Não deu outra! Tinha realmente rompido os ligamentos do joelho e precisava passar por uma cirurgia que tinha uma recuperação média de seis a oito meses até voltar às quadras.

Realmente, o Universo tinha decidido jogar um bloco de concreto na minha cabeça. E bem no momento em que estava jogando melhor na minha carreira e com mais confiança. Após decidir com quem eu seria operado, marcamos a cirurgia para o meio de janeiro, pois o joelho precisava desinchar um pouco. No fundo, eu não estava tão preocupado, porque sabia que me recuperaria para retornar logo às quadras. Peguei minhas coisas, embarquei num voo para Porto Alegre e passei o Natal com minha família e amigos.

Engraçado que nem meu carro novo eu podia dirigir. Mesmo assim, minha ficha não tinha caído totalmente. Eu não tinha ideia do que viria pela frente, dos desafios que iria enfrentar. Aproveitei o Natal para sair com os amigos e acabamos nos divertindo em um camarote em uma balada de

Porto Alegre, com bebida à vontade e muitas mulheres. Para completar, nesta noite conheci uma mulher linda, com quem me relacionei por um tempo. Ela foi trabalhar na televisão e até posou nua para uma revista muito conhecida no Brasil. Realmente, não tinha me caído a ficha ainda.

O PROCESSO DE REABILITAÇÃO FÍSICA

Fiz minha cirurgia em janeiro de 2006 com o médico escolhido. Comecei minha reabilitação no Reffis, departamento de fisioterapia e preparação física do São Paulo Futebol Clube. Ficava o dia inteiro lá. Chegava pelas 8:30 da manhã e saía às 17 horas. Era um trabalho de reabilitação bem intenso. O único dia de folga era aos domingos. Depois dos três primeiros meses, nos sábados à noite, aproveitava para sair com amigos. Estava vivendo ainda o auge do ego.

Passaram-se seis meses e o joelho não melhorava, ainda tinha muitas dores. Isso obrigou-me a investigar mais, fazer inúmeros exames, buscar explicações e alternativas. Depois de oito meses de reabilitação, de inúmeras infiltrações com corticoides, ácido hialurônico e até plasma rico em plaquetas, por indicação dos fisioterapeutas do São Paulo, decidi procurar outro médico para consultar uma opinião diferente. O escolhido foi o Dr. Renê Abdala, um grande ortopedista de São Paulo. Fiz novos exames (já tinha uma pilha de ressonâncias, raios X e ultrassons) e ele me disse que havia um "buraco" no tendão patelar, que ali não havia cicatrizado. Ele me expôs o que poderiam ser as causas disso, ficando tudo claro para mim. Não entrarei nos detalhes por não ser tão relevante para o livro e poder envolver outras pessoas. O Dr. Renê Abdala falou-me que a primeira opção seria uma nova cirurgia, uma artroscopia para estimular a recuperação do tendão que não melhorava. Se não desse certo, eu talvez tivesse que fazer a reconstrução do tendão patelar inteiro e isso representaria pelo menos mais nove meses longe das quadras. Seria a mesma cirurgia que o Ronaldo Nazário, da seleção brasileira de futebol, tinha feito. No processo de fazer a cirurgia, ele constatou e confirmou qual teria sido a razão da não recuperação. Algo não estava como o esperado.

Fiz a artroscopia, que normalmente se volta a jogar em um ou dois meses, mas acabei voltando a treinar somente três meses depois, e ainda com um pouco de dor. O trabalho dos fisioterapeutas do São Paulo Futebol

Clube foi excelente, propiciando-me recuperar a musculatura completamente, o que não havia acontecido antes. Ainda tinha dores para treinar, mas não eram tão intensas quanto antes. Falavam que era uma dor residual e que, com o tempo, iria diminuindo. Voltei a jogar com dor no segundo turno do brasileiro de 2007, depois de um ano e meio longe das quadras. Treinava todos os dias, de manhã e à tarde, e sentia a perna não operada muito cansada sempre. Eu compensava todo o peso nela, protegia ainda a operada. Aos poucos, fui acostumando, mas ainda sentia dor no joelho operado. A vontade de jogar era tão grande que tentava superar isso. Sabia que precisava de paciência até voltar ao normal.

Nas quartas de final do campeonato brasileiro, no jogo contra o Minas Tênis Clube, em Belo Horizonte, no final da partida saltei numa infiltração na defesa adversária e, ao cair no chão, torci o outro joelho, agora o esquerdo! Escutei um estalo mais forte que o da primeira lesão. Depois do jogo, perguntei para o Mãozão (pivô do Minas) se ele tinha me batido no lance. Ele comentou que não, o que confirmei no vídeo depois. Achei que tivesse tomado uma pancada na lateral do joelho. Mas não foi nada disso, alguma coisa tinha rompido com muita força dentro da articulação.

Naquele mesmo dia, antes do jogo, o joelho que tinha operado a primeira vez estava doendo muito. Lembro-me de passar vários dias na fisioterapia com o Filomeno, nosso fisioterapeuta do time e grande profissional de São Paulo. Tomava anti-inflamatórios diariamente, colocava emplastos e muitas pomadas. Torci o joelho esquerdo e, após novos exames, descobri que teria que fazer a cirurgia de reconstrução do cruzado novamente, só que agora na outra perna. Daí, sim, a angústia começou a crescer. Teria que ficar pelo menos mais seis meses longe das quadras, e recém havia voltado à ativa. Não era possível! Era um golpe muito forte que eu estava recebendo. Eu me perguntava o porquê todos os dias!!! O que eu tinha feito de errado? Por que Deus estaria me punindo daquele jeito? Eu não conseguia entender!

Posso dizer que meus amigos foram muito importantes nesse momento, principalmente o Rogerinho Zeimert, a Luciana Machado, o João Soares e o Felipe Sarno. Não sei o que teria acontecido comigo se não tivesse o suporte dessas quatro pessoas no período em que estive no fundo do poço. Foi um momento de profunda tristeza e depressão. Os quatro, cada um do seu jeito, tinham corações enormes e me auxiliaram muito. Eu fui testemunha de quão impressionante é o poder do ser humano quando manifesta uma ação compassiva. Mesmo sem perceber, aquilo gera uma onda de transformação muito além do que nossa mente limitada pode entender.

MAIS CIRURGIAS E ESCURIDÃO

Voltando à cirurgia, fui direto ao Dr. Renê Abdala. Fiz nova reabilitação no Reffis do São Paulo Futebol Clube. Mais uma vez, estava na rotina de segunda a sábado, das 9 às 17 horas. No processo de reabilitação do joelho esquerdo, meu joelho direito ainda incomodava, doía mais do que o último operado. Eu não aguentava mais. Comecei a me questionar sobre tudo mesmo! Questionar Deus o tempo inteiro! Mas não obtinha nenhuma resposta! Qual seria a razão de todo aquele sofrimento? O que eu teria feito de errado? Eu me considerava uma boa pessoa, não sacaneava ninguém. Óbvio que não era perfeito e que tinha muitas falhas, mas com certeza fazia muito mais bem do que mal aos outros, em relação aos quais sempre tive um grande senso de preocupação. Não gostava de ver ninguém sofrer e fazia o que podia para auxiliar quem estivesse sofrendo. Mas, naquele momento, era eu, no meio do furacão, que estava realmente sofrendo. Tinha uma dor imensa dentro de mim, queria arrancá-la do peito e continuar vivendo. Buscava conforto na literatura espiritual, mas nada parecia funcionar. E a possibilidade de não voltar mais a jogar começou a entrar na minha mente, tinha muitos pensamentos com relação a isso. Padecia de uma extrema angústia e se agravava a minha insegurança, na medida em que a possibilidade de concretizar os sonhos de infância estava indo por água abaixo. E não via uma razão plausível para aquilo. Busquei os melhores médicos, os melhores fisioterapeutas, a melhor alimentação esportiva, dedicava-me diariamente e não melhorava. Comecei a perder a única coisa que me mantinha firme, minha esperança!

Na época, estava namorando uma pessoa e já morando com ela em São Paulo. Ela percebeu minha situação e como aquilo estava afetando também nosso relacionamento. Então, sugeriu que eu fosse à procura de uma psicóloga em São Paulo, alguém especializado em psicologia do esporte talvez pudesse me ajudar. No fundo, eu procurei a profissional não porque de fato quisesse, mas porque ela insistiu muito. E o mais interessante foi ter-me dado conta, nessa mesma psicóloga, na qual fui somente dois meses, que não gostava realmente da minha namorada ao ponto de ter um relacionamento duradouro com ela. Ironia do destino.

De qualquer forma, eu estava extremamente irritado o tempo inteiro, tudo me incomodava, tudo me irritava! É interessante notar que a maioria dos homens, quando em depressão, não demonstra muitos sinais de choro ou tristeza como uma mulher geralmente manifesta, mas o faz por meio de outros comportamentos, como irritabilidade, ansiedade etc. Infelizmente, também vivia em uma máscara de como os homens deveriam se comportar em certas situações. E essa forma de agir vamos aprendendo desde pequenos e perpetua-se por gerações… "homens não choram, homens devem ser fortes". Podem ter certeza de que vivia minha máscara muito bem vivida, mas para algum lugar aquela energia psíquica tinha que ir.

Comecei a esperar toda a semana pelo sábado à noite, quando poderia me divertir, desopilar um pouco e deixar de lado por um tempo tudo que estava acontecendo comigo. Saía para a balada aos sábados com meus amigos. Comecei a beber mais, geralmente vodka com Red Bull, pois nunca gostei do sabor do álcool. O Red Bull tirava o sabor da vodka e, além disso, me mantinha bem acordado até umas 6 da manhã! Bebia bastante, mas somente nos sábados mesmo.

Geralmente, as festas incluíam muitas mulheres, bebida, sexo... muita ilusão e aparência. Lembro-me de muitas vezes já sentir o vazio daquilo logo ao voltar para casa. Muitas vezes, voltava até chorando, me perguntando o que eu estava fazendo com a minha vida. Interessante que, aparentemente, eu tinha tudo. Tinha dinheiro, morava muito bem, tinha uma certa fama, transava muito e quando queria, ficava com mulheres lindas... mas minha alma sabia que eu não tinha nada. Lembro-me de uma música em particular, que me tocou muito no momento: *Where The Streets Have No Name*, do U2. Sempre gostei muito das músicas deles, faziam-me sentir intensamente. Convido a buscar essa música na internet e escutá-la ao ler sua tradução. A letra falava muito sobre o meu sentimento do momento..

Where The Streets Have No Name - Onde as ruas não têm nome (U2)
Eu quero correr, eu quero esconder
Eu quero derrubar as paredes
Que me seguram por dentro
Eu quero alcançar
E tocar a chama
Onde as ruas não têm nome
Eu quero sentir a luz do sol no meu rosto
Eu vejo a nuvem de poeira
Desaparecer sem deixar pista
Eu quero me abrigar
Da chuva ácida
Onde as ruas não têm nome (...)

Parecia que a música estava falando sobre a minha situação de querer livrar-me do que estava acontecendo comigo. Mas, no fundo, para mim, essa música queria dizer muito mais, e minha alma sabia disso! Com o tempo, percebi que muitas das letras do U2 carregavam uma mensagem espiritual, por isso me identificava tanto. Vocês podem perceber na letra acima que ele fala de um lugar onde as ruas não têm nome, para além dos conceitos, para além da mente, para além da dualidade... um lugar onde o sol bate no nosso rosto, mas somente derrubando as paredes que seguram nosso coração. Minha alma sabia que eu só poderia ir lá com você... e esse Você era Deus, o Infinito. Sentia que o Você era esta Força Maior que está por trás de tudo, mas que ainda era uma crença interna, não uma vivência consciencial. Outra música preferida era *Walk On*, que dizia o seguinte: "*A única bagagem que você pode trazer, É tudo o que você não pode deixar para trás*".

Minha alma sabia que a única bagagem que eu poderia trazer era tudo o que não poderia deixar para trás. Mas ainda estava apegado! Apegado a uma imagem, apegado a quem achava que era, a todas as máscaras que tinha criado pra mim. O que tinha que fazer era deixar para trás e andar em frente. O que planejava para minha vida era totalmente diferente do que a vida esperava de mim! Mas não tinha ainda me dado conta disso. E para arrumar uma mala para ir a um lugar onde nenhum de nós esteve, esse local tinha que ser acreditado para ser visto, e eu não conseguia ver nada na minha frente. No fundo, minha alma queria um Lar, voltar para Casa, mas este Lar era muito mais do que o meu ego e consciência poderiam imaginar.

Para completar a situação, o clube que eu jogava resolveu suspender meus pagamentos, fiquei em São Paulo por alguns meses sem receber e bancando todas as minhas despesas, que não eram poucas para quem morava no bairro Jardins. Naquele momento, sentia-me completamente abandonado, mas não admitia para ninguém. Não podia nem frequentar os treinos da equipe para falar com alguns jogadores. Até mesmo para o clube para o qual suei a camisa eu já não servia mais. Comecei a perguntar-me para o que eu servia então. Sentia muita raiva e tristeza. Sentia-me um lixo, totalmente descartável! Tudo que eu achava que era e o que valia estava sendo jogado na descarga da privada. Mas parecia que eu estava indo junto pela privada, pois a máscara estava grudada, presa no meu rosto e em todo o meu corpo!

Resolvi entrar na justiça e voltar a Porto Alegre, para continuar o tratamento perto dos meus familiares. Necessitava um apoio familiar e meus pais sempre estiveram presentes quando precisei. E dessa vez não foi diferente, fui acolhido em casa com muito amor, apesar do meu coração bloqueado para sentir a totalidade desse amor que me estava sendo oferecido.

Em Porto Alegre, procurei um dos maiores especialistas em joelho do Brasil, o Dr. Luiz Roberto Stigler Marczyk. Chegando lá, ao me ver com uma pilha de exames, ele já se compadeceu. Escutou toda a minha história e depois me examinou. Ele foi sempre muito atencioso, acolhedor, e fiquei muito surpreso com seu respeito e capacidade empática. Ele me disse que a solução para meu joelho direito seria fazer a reconstrução do tendão patelar e aproveitar para tirar um cisto que tinha se formado no joelho da perna esquerda. Aquilo, para mim, foi mais um tiro no peito. Se tinha caído um bloco de concreto na minha cabeça antes, agora caía todo o andar de um prédio! Mas que outra alternativa eu teria, a não ser fazer essa nova cirurgia? O Dr. Marczyk foi tão compreensivo que me cobrou um valor muito baixo para fazer a cirurgia, e era extremamente positivo. Ele afirmava com muita ênfase que eu voltaria a jogar em breve, que precisava ter paciência. Sou muito agradecido pelo contato que tive com ele. Lembro-me de estar na sala do pré-operatório do Hospital de Clínicas para fazer minha quarta cirurgia de joelho, que dessa vez seria nos dois joelhos ao mesmo tempo, e havia outras pessoas esperando para suas cirurgias. A maioria delas senhoras de mais idade. Quando o Dr. Marczyk entrou na sala perguntou em voz bem alta: "Onde está aquele rapaz que vai fazer a operação de mudança de sexo?", não falou num sentido preconceituoso, e sim no sentido de brincadeira... naquele momento, todas as senhoras me olharam com uma cara e totalmente apavoradas!! Fiquei todo vermelho e comecei a rir... logo ele veio e começou a falar sobre o joelho e a cirurgia. Ele era muito alto astral... um médico que não tinha perdido a humanidade.

Durante o processo de recuperação, procurei até um psiquiatra. Estava ainda muito desanimado. Sentia-me, como dizia um amigo, como a "merda da mosca da merda do cavalo do bandido". Era pior que a merda do cavalo, era como a merda da mosca! O psiquiatra me receitou um antidepressivo, que graças a Deus não tomei. Alguma coisa dentro de mim dizia que aquilo não resolveria a causa do meu problema, somente atacaria um sintoma. E eu não precisava tapar um buraco momentaneamente, tinha que resolver a raiz da questão. Eu sabia que a química não resolveria um problema que tinha sido criado dentro de mim, e que somente acessando este lugar é que eu poderia encontrar a solução.

Naquele momento, continuei fazendo o tratamento fisioterápico indicado, mas também me permiti mais folgas, mais férias, viver um outro lado da vida que parecia ser bom, mas que com o tempo mostrou-se o que realmente era e representava. Fui para festas de ano-novo em Punta del Este (Uruguai) e também para o carnaval em Jurerê Internacional (Santa Catarina). Acho que não preciso entrar em muitos detalhes de como são as festas e *shows* nesses lugares. O que posso dizer é que era muita aparência, bebida, música e desejo, principalmente sensórios. O que no início parecia uma diversão, algo que tapava um buraco, na verdade, com o tempo, foi se mostrando como criador de um buraco ainda maior!

Nesse meio-tempo, em Porto Alegre, meu pai precisou colocar pontes de safena no coração, pois suas artérias estavam quase totalmente bloqueadas. Ele poderia ter tido um ataque cardíaco fulminante a qualquer momento. Mas não era isso exatamente que a vida queria para ele, ainda havia muito o que fazer. Acompanhei-o nos exames e em muitos dias na recuperação da cirurgia. Comecei a entender um pouco mais da sincronicidade de estar em Porto Alegre naquele momento; simplesmente não existe apenas coincidência, tudo está conectado.

Logo depois que ele se recuperou e saiu do hospital, um amigo convidou-me para ir para Campos do Jordão, no interior de São Paulo, para passar um feriadão. Era uma cidade conhecida por grandes festas. Eu e o amigo fomos para uma casa com cinco amigas. Numa das festas, uma das pessoas falou que tinha levado LSD, uma potente substância alucinógena. Já havia lido a respeito, mas nunca senti vontade de usar. Sabia até mesmo que algumas pessoas usavam para ter "experiências espirituais". Naquele momento, junto de pessoas de confiança, resolvi experimentar pela primeira vez. Nunca tinha experimentado nada além de álcool. Depois de tomar, todos os meus sentidos ficaram muito aguçados, cores, sensações, percepções. Sentia minha boca seca e bebia bastante água. No entanto, o que mais se ressaltou foi que nós três, que tínhamos tomado, rimos de gargalhar a noite inteira. Cheguei a sentir cãibras no abdômen de tanto rir. Realmente estava em outro mundo, outra realidade. Fomos para a casa que havíamos alugado, rindo que nem loucos no carro. Até que o efeito passou... e o rebote veio com tudo! Aquele vazio gigantesco crescente dentro de mim, um buraco quase sem fim. Lembro-me de ir para dentro do carro do meu amigo na garagem, e comecei a chorar sem parar. Rios de lágrimas escorriam dos meus olhos. O que eu estava fazendo com a minha vida? Qual era o sentido de tudo aquilo? Lembro-me de que uma das amigas veio para dentro do carro conversar comigo para me ajudar, uma pessoa que posteriormente acabei namorando. Mas naquele momento não havia muito o que fazer. Tinha acessado o fundo do poço. Pelo menos, eu achava que era o fundo, mas ainda viria mais coisa pela frente.

O RETORNO ÀS QUADRAS
E O FIM DA CARREIRA ESPORTIVA

Voltei para Porto Alegre e passaram-se mais alguns meses de recuperação, até que, em março de 2008, resolvi voltar para São Paulo, para concluir a recuperação. Conversei com o presidente da Confederação Brasileira de Basquete e com os fisioterapeutas do São Paulo Futebol Clube e consegui retornar para lá para terminar o tratamento.

Na medida do possível, com todas as limitações e dores que eu tinha, recuperei-me para voltar a jogar logo antes do início da temporada 2008/2009. Jogaria o primeiro NBB pela equipe de Franca, uma das mais tradicionais do país. Depois de três anos, estaria voltando para jogar uma temporada completa, nem acreditava. E mais ainda, grandes amigos meus estavam jogando lá!

Joguei a temporada 2008/2009 pelo Franca Basquete. Um período muito duro para mim, pois minha musculatura estava desacostumada com a carga forte de treinamentos. Eu treinava todos os dias ainda com dor nos joelhos, e também comecei a sentir uma dor no quadril. Já não tinha tanta paciência para gritos, cobranças e torcida exigindo performance. No início foi tudo bem, estava readaptando-me, voltando aos poucos. Comecei a ter diversas lesões musculares, o que me prejudicou na equipe e no tempo que ficava em quadra. Já não tinha mais o mesmo prazer em jogar. Muita coisa havia perdido o sentido. No último mês de jogos, contava os minutos para acabar a temporada. Voltei a questionar o sentido de tudo aquilo. Minha carreira como jogador de basquete tinha terminado exatamente onde comecei no cenário nacional.

Capítulo **2** A TRANSIÇÃO

NOVA FASE

Abandonei as quadras como jogador profissional e decidi abrir uma empresa de Gestão e Marketing Esportivo com meu amigo e irmão "Gaúcho". Organizamos torneios, acampamentos de treinamento para jovens, eventos sociais ligados ao basquete, projetos sociais e tínhamos o sonho de montar uma equipe competitiva e forte em um dos clubes de futebol de Porto Alegre. Eu também tinha enviado meu currículo para algumas Universidades nos Estados Unidos e sido aceito para um mestrado na Cleveland State University. Na realidade, continuava tentando me segurar à imagem antiga de jogador de basquete que tinha. "Quem é o Guilherme? O Guilherme é jogador de basquete. E agora, quem seria o Guilherme? O Guilherme é um ex-jogador de basquete que será gestor ou técnico de basquete". Eu ainda tinha no que me segurar. E esse era o plano. Pelo menos, eu achava que era o plano. Ainda não tinha aprendido que, quanto mais fazia planos, mais o Universo mostrava-me que esperava algo diferente de mim.

Devido à atual conjuntura, achei necessário me aprimorar na área de gestão esportiva e prestei vestibular para o curso de Administração em algumas universidades de Porto Alegre. Mesmo há muito tempo sem estudar, passei em todos os vestibulares que fiz. Sentia, no entanto, que aquilo não era o que realmente queria. Cada vez questionava-me mais: "Quem sou eu?

Por que estamos aqui? Qual o propósito da nossa existência? O que me faz realmente feliz?".

Nos últimos anos, tinha lido muita coisa sobre espiritualidade, assistido a muitas palestras e colocado a meditação como uma prática na minha vida, não diária ainda, mas bem frequente. Conversava com meu amigo Gaúcho sobre como eu estava me distanciando da imagem de jogador de basquete. O problema era que não tinha nenhuma ideia de quem realmente era, mas sabia que, para descobrir, teria que desconstruir quem eu achava que era e retirar todas as falsas máscaras que tinha grudado no meu corpo. Era uma armadura!

A partir de 2009, minha sensibilidade com relação a ambientes e pessoas aumentou. A percepção concreta de pontos de energia dentro do meu corpo ficava muito latente sempre que meditava, principalmente muita pressão na área da testa entre as sobrancelhas, o chamado "terceiro olho". E aquela pressão estava muito presente sempre, assim como sensações em outras partes do corpo. Nada comparado com o que viria a sentir ou experienciar num futuro próximo; no entanto, eram abertas portas de percepção que estavam anteriormente lacradas.

Aos poucos, fui-me afastando da empresa, até que resolvi prestar vestibular para psicologia na PUCRS. Foi algo extremamente intuitivo. Creio que foi uma das primeiras vezes que não planejei algo. Simplesmente me inscrevi, passei no vestibular e comecei a cursar psicologia. A mente humana sempre foi algo que me interessou e achei que a psicologia também poderia me ajudar a encontrar mais respostas, assim como ajudar outras pessoas a encontrarem suas respostas. Sabia que queria trabalhar na vida ajudando pessoas. Em relação a isso, eu tinha certeza.

No livro *O despertar de uma nova consciência*, Eckhart Tolle traz uma definição muito interessante de ego, ou a identificação pela qual eu estava passando naquele momento da minha vida.

A maioria das pessoas está tão identificada com a voz dentro da própria cabeça – o fluxo incessante de pensamento involuntário e compulsivo e as emoções que os acompanham – que podemos dizer que esses indivíduos estão possuídos pela mente. Quem se encontra inconsciente disso acredita que aquele que pensa é quem ele é. Essa é a mente egoica. Chamo-a de egoica porque existe uma percepção do eu, do ego, em todos os pensamentos – lembranças, interpretações, opiniões, pontos de vista, reações, emoções. Isso é inconsciência, espiritualmente falando. O pensamento, o conteúdo da mente, é condicionado pelo passado:

pela formação, pela cultura, pelos antecedentes familiares, etc. O núcleo central de toda a atividade mental consiste em determinados pensamentos, emoções e padrões reativos repetitivos e persistentes com os quais nos identificamos com mais intensidade. Essa entidade é o próprio ego."

(*Um novo mundo: o despertar de uma nova consciência* – Eckhart Tolle)

Ou seja, o ego e sua área de atuação são a superfície! E eu estava muito "agarrado", naquele momento, a quem eu achava que era, a minha identificação como jogador de basquete, como se não houvesse um outro Guilherme além desse.

Eckhart Tolle também traz o ensinamento que trata de outro bloqueio para a evolução espiritual e humana. É o "corpo de dor". Ele afirma que, para a maioria das pessoas, os pensamentos são automáticos, repetitivos e involuntários. Você já deve ter percebido que, de fato, não pensamos, o pensamento acontece em nós, como se a voz na nossa cabeça tivesse vida própria. Você já sentiu isso? Faz sentido para você? Pois Tolle alerta que a maioria de nós vive à mercê dessa voz, somos "possuídos pelo pensamento". Então, o que aconteceria se esses pensamentos estão enraizados no passado e nossas emoções são as reações do corpo ao que essa voz diz dentro da nossa cabeça? Muita confusão, caos mental, como se pode imaginar. Eckhart Tolle lembra que *"quase todo corpo humano se encontra sob grande tensão e estresse, mas não porque esteja sendo ameaçado por algum fator externo – a ameaça vem da mente"*.

Agora, reflita comigo. O que seria uma emoção negativa? O que é tóxico para você? Para seu equilíbrio, harmonia? Tolle cita algumas:

Medo, ansiedade, raiva, ressentimento, tristeza, rancor ou desgosto intenso, ciúme, inveja – tudo isso perturba o fluxo da energia pelo corpo, afeta o coração, o sistema imunológico, a digestão, a produção de hormônios, e assim por diante. (...) Uma emoção que prejudica nosso corpo também contamina as pessoas com quem temos contato e, indiretamente, por um processo de reação em cadeia, um incontável número de indivíduos com quem nunca nos encontramos. Existe um termo genérico para todas as emoções negativas: INFELICIDADE. (...) E justamente por causa da tendência humana de perpetuar emoções antigas, quase todo mundo carrega no seu campo energético um acúmulo de antigas dores emocionais, que chamamos de "corpo de dor".

O "corpo de dor" não consegue digerir um pensamento feliz. Ele só tem capacidade para consumir os pensamentos negativos porque apenas esses são compatíveis com seu próprio campo de energia. Não é que sejamos incapazes de deter o turbilhão de pensamentos negativos – o mais provável é que nos falte vontade de interromper seu curso. Isso acontece porque, nesse ponto, o "corpo de dor" está vivendo por nosso intermédio, fingindo ser nós. E, para ele, a dor é prazer. Ele devora ansiosamente todos os pensamentos negativos.

(*Um novo mundo: o despertar de uma nova consciência* – Eckhart Tolle)

Tem como deixarmos o nosso "corpo de dor" e vivermos de forma plena, em outra vibração? Sim! Para Tolle, por meio da presença consciente, rompemos com a identificação do "corpo de dor". "Ao passo que quando não nos identificamos mais com ele, o 'corpo de dor' torna-se incapaz de controlar nossos pensamentos e, assim, não consegue se renovar, pois deixa de se alimentar deles. Na maioria dos casos, ele não se dissipa imediatamente. No entanto, assim que desfazemos sua ligação com nosso pensamento, ele começa a perder energia. A energia que estava presa no "corpo de dor" muda sua frequência vibracional e é convertida em "Presença".

ENTRADA NA PSICOLOGIA

Comecei a cursar psicologia em março de 2010. Minha mãe já era psicóloga e tinha me ajudado a abrir um pouco a cabeça sobre a psicologia ensinada na universidade. Eu sabia que algumas teorias estavam baseadas num paradigma mecanicista e eram um pouco limitadas. Não quero dizer que não servem para algo, pois com certeza auxiliam algumas pessoas com dificuldades emocionais. No entanto, muitas das linhas de psicologia focam numa fatia muito pequena da vida e do ser humano, colocando-o dentro de uma caixa pré-moldada da teoria. Porém, a própria teoria foi moldada e desenvolvida por uma limitada mente humana, baseada num paradigma científico que muitas vezes nem os reais cientistas acreditam, aqueles que fazem ciência de verdade, uma ciência que está sempre buscando explicações e não se prende a dogmas, até mesmo dogmas científicos.

Logo que entrei na faculdade, até me surpreendi. Alguns professores tinham a cabeça muito aberta. E como não poderia haver? Creio que o primeiro quesito para se entrar na psicologia é saber o quão limitada a psicologia é. A mente humana é extremamente complexa, é literalmente um Universo. Quando se tem essa consciência, naturalmente um sentimento de humildade em não ter explicações para tudo brota dentro da pessoa. Alguns professores falavam muito sobre espiritualidade e sobre algo além da mente. Lembro-me de uma professora mostrar-nos um documentário, que já tinha visto antes, chamado *Quem Somos Nós*. Pensei comigo: para mostrar um documentário desses na faculdade, é porque deve ter alguma busca um pouco além do que a ciência "comprova", ou pelo menos acha que comprova.

Eu estudava todas as linhas teóricas da mesma forma, com a mesma intensidade. Queria saber mais, queria descobrir mais. E utilizava-me como laboratório para todas elas. Foi um período de mergulho intenso dentro de mim. Costumava ler todas as leituras recomendadas na bibliografia, as mandatórias e as complementares, mas o que geralmente fazia era buscar o livro do autor original da ideia ou teoria, para poder tirar as minhas próprias conclusões sobre o assunto.

Já tinha a noção de que certos conteúdos passam pelo imaginário de uma pessoa e que esta coloca seu viés e percepção ao ensinar aquele assunto. Li a maioria dos livros de Freud, quase a coleção completa. Li muito de Winnicot, Anna Freud e os mecanismos de defesa do ego, Reich, Melanie Klein, Eric Berne, Karen Horney, Lacan, entre outros mais contemporâneos da psicanálise.

Na linha de psicologia cognitiva e comportamental, primeira, segunda e terceira ondas, muitas leituras de Jeffrey Young, Aaron Beck, Albert Ellis, John B. Watson (que depois descobri que tinha estudado na Furman University, onde estudei, e que o laboratório de psicologia era nomeado em sua homenagem), B. F. Skinner, Arthur Freeman, Robert L. Leahy, Albert Bandura, Gordon Allport, Allan Marlatt, Sarah Bowen, Lewis R. Goldberg, Steve Hayes, entre outros. Neurociência também me fascinava. Outras leituras, que não se encaixavam em algumas linhas específicas: Edgar Morin, Zigmunt Baumman, Michel Foucault, Deloures, Martin-Baró, entre outros.

Na psicologia educacional, muitas leituras de Piaget, Vygotsky, Erik Erikson, John Bowlby, Howard Gardner, entre outros. Na psicologia positiva, de Martin Seligman, Sonja Lyubomirsky, Dacher Keltner, Paul Ekman, Daniel Goleman, John Kabbat-Zinn, Abraham Maslow, Kristin Neff, Daniel Siegel, muitos pesquisadores ligados ao Greater Good Science Center, na Universidade da Califórnia. Nas linhas humanistas: Fritz Pearls, Viktor Frankl, Carl Rogers, William James, Violet Oaklander, entre outros.

E, claro, Carl Gustav Jung, que não se encaixava em nenhuma das linhas estudadas. Li quase todas as obras de Jung; eram as de que mais gostava e tinha verdadeiro prazer em ler. Consistia um profundo processo de autoconhecimento mergulhar nas obras de Jung e, ao mesmo tempo, fazer as ligações com tudo que tinha lido ou entrado em contato sobre espiritualidade. Ele era um dos poucos que mencionava algo que a maioria não mencionava: a Alma/Self! Sabia que Jung tinha ido além da periferia normal da psicologia, estabelecendo conceitos psicológicos que transcendem a mente humana. Algo que me intrigava era que poucas linhas falavam de algo além da mente, que na verdade era a base de toda existência. Ao mesmo tempo, conseguia perceber como cada uma delas tinha seu papel no todo. Foram anos de muitos estudos e leituras, durante os quais passava dias e noites lendo, em casa, nos intervalos, até mesmo fazendo bicicleta na academia. Dei-me conta do quanto tinha estudado de psicologia somente no dia da minha formatura. Fui pego de surpresa recebendo um prêmio da PUCRS como melhor média de notas entre todos os formandos daquele ano. Realmente sempre quis saber mais, tinha amor ao aprendizado.

Quem averiguar com mais profundidade, vai perceber que grande parte dos teóricos de psicologia provavelmente bebeu muito conhecimento de tradições espirituais profundas, pois suas teorias reproduzem o que linhas ancestrais já mencionavam. Podemos pegar as linhas cognitivas absorvendo partes do Budismo, não somente com relação aos nossos pensamentos, mas atualmente com a "terceira onda da Terapia Cognitivo-Comportamental". É fácil de notar também que Freud buscou muitos conceitos de Kabbalah, já que tinha uma família de origem judaica. No entanto, provavelmente queria que sua teoria fosse aceita como válida pela ciência da época e limitou muito de seus conceitos, até porque ele pessoalmente tinha diversas limitações psíquicas. Ele interpretou conceitos da tradição milenar cabalística a partir do seu nível de consciência, que no fundo não conseguia captar nem de perto a profundidade do que os místicos judeus abordavam.

Ao falar das linhas humanistas, não precisamos nem mencionar isso, pois os próprios autores confirmam em seus escritos. Um grande autor que consegue integrar bem esses conhecimentos é Ken Wilber, que menciona que cada linha de psicologia serve para um certo desenvolvimento de consciência, ou seja, um espectro. Dependendo do momento da vida e do desafio que a pessoa está experienciando, ela pode se beneficiar com alguma linha em específico. No entanto, para mim, algo que não menciona ou leva em consideração a Alma e o Infinito, não fazia sentido. Outro aspecto que, para mim, era importante dizia respeito à reencarnação. Como alguém poderia chegar a alguma raiz de algum problema voltando no passado, quando este passado vai *ad infinitum*?

Eu percebia a responsabilidade que tem um psicólogo e a profunda necessidade de se trabalhar pessoalmente, de se autoconhecer. Era notório perceber como um paciente pode passar por um processo de terapia em que muitas crenças falsas acabam sendo inseridas no seu imaginário e acaba vivendo por elas. O pior, muitas vezes, pode ser a interpretação de algum conteúdo do paciente. Este material passa pelo imaginário e crivo do terapeuta, com suas vivências pessoais, com suas experiências, e ele pode acabar transferindo suas interpretações equivocadas para o seu cliente. Por isso, dizem que um terapeuta nunca poderá levar o cliente além do nível de consciência em que ele se encontra. E aí mora um grande perigo.

MUITAS DÚVIDAS

No primeiro semestre de 2010, eu ainda não estava 100% certo de minha decisão em largar o basquete. Sempre ficava uma vozinha na minha cabeça, dizendo: "Você tem que tentar de novo, volte a jogar, talvez só precise dosar um pouco mais nos treinos". Era muito difícil abandonar uma máscara que usei a vida inteira, ainda estava identificado com a persona "Guilherme, jogador de basquete". Mesmo estando no primeiro semestre de psicologia, ainda trabalhava com organização de eventos ligados ao basquete no Rio Grande do Sul, na empresa que tinha com o amigo Gustavo Cantarelli, o Gaúcho. Organizamos diversos torneios, treinamentos para crianças e adolescentes, e alguns eventos beneficentes. Um desses eventos era o Basquete Solidário, que era um jogo beneficente com jogadores profissionais em atividade e ex-jogadores do Estado.

Procurávamos preferencialmente atletas gaúchos e completávamos com técnicos e jogadores famosos no cenário nacional. Eu ainda atuava nesses jogos, que ocorriam uma ou duas vezes por ano. Não precisava treinar tanto e conseguia manter um certo nível para poder jogar com algumas estrelas. Depois de um desses eventos, comecei a amadurecer a ideia de tentar voltar a jogar. Fazer uma boa preparação física e fisioterápica, e jogar em um time que não participava de tantos jogos no ano, junto com um técnico compreensivo e flexível. Continuava fugindo de mim mesmo, ainda estava preso na "armadura" que construíra e isso me separava mais ainda da minha essência, de quem eu realmente era.

Entrei em contato com o técnico da equipe de Joinville, o Alberto Bial, e conversei com ele durante meia hora, mais ou menos. Estávamos no mês de maio e os treinamentos para a próxima temporada começariam em julho ou agosto, quando jogaríamos o campeonato catarinense e o NBB, o campeonato brasileiro. Como tínhamos o contato pelos jogos beneficentes, ele ainda sabia como eu estava jogando, e fechamos um acordo por palavra para eu voltar a jogar na temporada seguinte. No momento, fiquei muito entusiasmado com a possibilidade. Já tinha programado tudo, iria trancar a faculdade e tentar mais uma vez, ver se meus joelhos e quadril ainda suportavam uma carga de treinamento. Tinha alguns meses para me preparar. Mas o que parecia mágico começou a se transformar num peso interno. Minha alma não deixaria que fugisse mais uma vez do meu verdadeiro caminho de vida, de descobrir quem realmente era. Comecei a treinar mais forte diariamente, além de continuar com minhas meditações e estudos de psicologia e espiritualidade. Mas alguma coisa dentro de mim dizia que tinha algo errado com aquilo, parecia uma "coceirinha" dentro do coração, um aperto no peito. No fundo, eu sabia que não seria o melhor para minha alma, mas meu ego ainda se apegava à antiga imagem do Guilherme e era muito difícil abandonar o que fui a minha vida toda.

RUMO AO ORIENTE

Nesse meio-tempo, uma luz surgiu dentro de mim. Resolvi fazer uma viagem sozinho com o intuito de refletir e meditar, realmente, para o autoconhecimento. Queria aproveitar o mês de férias da faculdade de psicologia para consolidar o caminho que estava escolhendo trilhar nos próximos meses. Comprei uma passagem e fechei um pacote de viagem para lugares que sempre quis conhecer, que talvez pudessem me ajudar a trazer uma luz na minha jornada. Além disso, teria bastante tempo para ficar só comigo mesmo e isso ajudaria muito no processo. Fiz minhas malas, peguei meus livros e caderninho de anotações e fui para o Egito, Índia, Nepal e Tibet. Foi uma viagem maravilhosa, de muita reflexão e aprendizado. Fui com o intuito também de conhecer ou encontrar algum lugar onde eu pudesse passar um tempo meditando e aprofundando as práticas num futuro próximo.

Na época, tinha muita afinidade com o Budismo, achei que no Nepal ou na Índia encontraria um centro de meditação onde poderia organizar-me e viver por um tempo. Mas, ao invés de encontrar algum lugar para meditar, a viagem mostrou-se um profundo confronto com algumas sombras, principalmente com a sombra da identificação de Guilherme como jogador de basquete. Ainda estava muito preocupado pensando em como as pessoas me viam, o que elas achariam de mim se eu não jogasse mais basquete ou não estivesse ligado ao esporte. "Eu não seria ninguém", esse era meu pensamento; não teria valor se não fosse bem-sucedido em algo que desse alguma evidência.

Conheci lugares magníficos, templos maravilhosos, e aprendi muito sobre as culturas locais, mas teve um outro lado também. Aproveitei para sair em algumas festas na Índia e no Egito, onde conheci mulheres de outros países. Dentro de mim habitavam duas energias, uma puxando para o caminho da alma, e outra para os prazeres sensórios. Todo esse processo deu-me oportunidade de perceber um pouco mais sobre essas duas forças dentro de mim, esses dois opostos.

Gostaria de compartilhar uma lembrança da viagem que me marcou muito, pois foi uma tomada de consciência muito importante na trajetória, que ajudou a libertar-me de uma prisão interna em que me tinha colocado. No Egito, eu contratei uma empresa para fazer um cruzeiro pelo Rio Nilo, onde viajávamos com tranquilidade e íamos parando em cada cidade com lugares históricos, pirâmides ou templos para visitar. Quando cheguei no cruzeiro, percebi que eu era a única pessoa que viajava sozinha, o restante do grupo eram casais ou famílias. Até aí, tudo bem, pois realmente tinha um propósito o que eu estava fazendo. Até chegar o horário do primeiro almoço. Ao chegar no local reservado para as refeições, percebi que todas as mesas estavam reservadas com plaquinhas com os nomes dos turistas. Procurei minha plaquinha e percebi que eu tinha sido colocado em uma mesa sozinho. Todas as pessoas estavam juntas em seus grupos e eu, numa mesa sozinho. Comecei a perceber pensamentos invadindo minha mente, como "Nossa, o que pensarão de mim? Vão achar que eu estou triste, sozinho e solitário? Vão sentir pena de mim!". Eu estava mais preocupado com o que os outros estavam pensando de mim do que aproveitando aquele bom momento. De repente, parei e percebi que ninguém me olhava, não estavam nem aí para mim. Cada um estava cuidando de seu próprio umbigo e provavelmente pensando sobre suas próprias questões. Isso foi incrível, pois pude perceber o que acontecia em outras áreas de minha vida, com muitas pessoas na sociedade. Foi importante perceber que pensava sobre o que os outros poderiam estar pensando de mim e tentava moldar-me para satisfazer aquela imagem ilusória da minha mente. Percebi todas as vezes que me preocupei ou tomei decisões com base nesses pensamentos ilusórios. Também percebi que a maioria das pessoas pensa apenas sobre si mesma em grande parte do dia. Foi muito libertador, pois não estava batalhando com o exterior, estava travando uma batalha interna, com todas as minhas falsas identificações, tudo o que defendia e que achava que o Guilherme era. Com quantas "máscaras" nos identificamos? Quantas limitações nos impomos?

A partir desse momento, comecei a ficar mais consciente dos meus processos mentais, me auto-observando constantemente e experimentando outras formas, sem esperar qualquer tipo de aceitação ou reconhecimento. Bom, como se pode imaginar, não voltei a jogar profissionalmente. Escrevi um texto e comuniquei ao técnico Alberto Bial, de Joinville, sobre o caminho que estava escolhendo trilhar e ele foi extremamente compreensivo, pois é uma pessoa diferenciada, que realmente vê o ser humano na sua frente antes de ver o atleta. Naquele momento, uma das minhas máscaras estava começando a desgrudar-se do meu corpo e, com ela, muitas outras começaram a cair. Jiddu Krishnamurti, um grande mestre indiano, estava certo: eu tinha sido condicionado durante toda a minha vida e identificava-me com um falso Guilherme, identificava-me com a imagem que tinha criado para mim mesmo e para os outros.

EXPERIMENTOS PESSOAIS E CONDICIONAMENTOS

Comecei a me experimentar na faculdade de psicologia. No primeiro e segundo semestres, estava em uma turma onde era um dos mais velhos, pois a maioria recém tinha se formado no ensino médio. Resolvi transitar em outras turmas, ver novos horizontes e conviver com outras pessoas. Comecei a me auto-observar, ver o que falava, quando falava, quais comentários fazia, por que fazia etc. Passei também a praticar muito mais a escuta, como o grande psicólogo Carl Rogers ensinava. Minha cabeça sempre foi muito crítica e comecei a perceber que as pessoas não conversavam realmente. Não havia diálogos, simplesmente monólogos, na maioria das vezes. Quando juntava um grupo, cada um falava de si ou esperava a sua vez para falar algo que tinha feito ou visto. Comecei a fazer o exercício de não falar de mim. De tentar não utilizar a palavra "eu" nas conversas. Tentava estar presente para o que aquela pessoa estava falando e, a partir daí, estabelecer um diálogo em comum que fosse produtivo para ambos. Outra experiência que também fiz foi a de começar a falar algo e, daí, perceber que a pessoa não estava prestando atenção ou simplesmente cortava para falar algo de si. Eu parava de falar. E o interessante era que, na maioria das vezes, a pessoa nem se dava conta de que eu tinha parado de falar, não estava nem aí para o que eu estava falando. Aprendi muito sobre mim, sobre como eu gostaria de ser tratado e como gostaria de tratar as pessoas. Comecei a aprender a escutar... escutar os outros e a mim mesmo. E isso só foi possível pela prática de meditação.

Percebi, então, os meus condicionamentos, observava todos os pensamentos e via que uma pequena imagem se transformava, muitas vezes, em uma bola de neve de imagens e pensamentos, separando-me do momento presente. Entrei em processo profundo de libertação de condicionamentos: roupas que eu usava, jeito que agia, identificações que tinha. Simplesmente parei de falar que fui jogador de basquete, já não tinha mais tanta identificação com isso. Não estava totalmente livre, mas ser jogador de basquete não me definia mais. Não tinha uma definição específica ainda, e nem queria ter. Queria libertar-me de todas as definições. Sabia que originalidade não dizia respeito a ser diferente ou fazer escolhas "minhas". Originalidade dizia respeito a manifestar a essência única de minha alma, isso seria original.

Comecei a perceber muito mais a linguagem corporal das pessoas, como o corpo fala, e fala muito. Posições de pernas e braços, olhares, toques em outras partes do corpo, cruzar os braços... podemos aprender muito sobre nós mesmos e os outros.

Experimentei com roupas que usava, o porquê de utilizar certas roupas. Percebia como me sentia quando estava com uma roupa de marca ou quando não estava. Percebia como as pessoas interagiam comigo dependendo da roupa que eu usava. No armário, certas roupas estavam separadas em pilhas como "para ficar em casa" ou "roupas para sair". Comecei a pegar minhas melhores camisetas e colocar para dormir. E saía à noite com aquela camiseta branca básica e um tênis de lona All-Star. Estava disposto a quebrar alguns condicionamentos internos. Percebia como minha mente encarava os dias de forma diferente, dependendo do dia que era. Se fosse segunda, era de um jeito; sexta, de outro; sábado, de outro. Dependendo do rótulo que colocava, meu dia tornava-se mais positivo ou negativo.

Comecei a não dar bola para que dia era, simplesmente acordava e falava para mim mesmo: "Que dia é hoje? É hoje!". E isso mudou completamente a forma como encarava a semana. A mente foi ficando cada vez mais no presente. E, no presente, poderia começar a verdadeiramente escolher com livre-arbítrio. Ainda não era uma total sensação de perda ou extinção do tempo linear, o que posteriormente aconteceu. Mas serviu como um bom treino e uma boa prévia. Foi realmente libertador.

APROFUNDANDO A BUSCA

Em 2010 e parte de 2011, tive a oportunidade de frequentar a Nova Acrópole em Porto Alegre, um curso de filosofia à maneira clássica, baseado na sociedade Teosófica, fundada por Helena Petrona Blavatsky. Os objetivos dessa filosofia e da escola são basicamente (*site* da Nova Acrópole):

1°) Formar um núcleo da Fraternidade Universal da Humanidade sem distinção de raça, credo, sexo, casta ou cor;

2°) Encorajar o estudo de Religião Comparada, Filosofia e Ciência;

3°) Investigar as Leis não-explicadas da Natureza e os poderes latentes no homem.

Lembro que, na época, um amigo convidou-me para participar desse curso, onde poderia ter acesso a muitos conhecimentos espirituais, mas principalmente dos filósofos da antiguidade, tanto da Grécia quanto do Oriente. Nessa época, eu já meditava diariamente, estudava e estava frequentando a faculdade de psicologia há um ano. Estava estudando principalmente livros de Carl Jung, Paramahansa Yogananda e Jiddu Krishnamurti, entre outros do budismo, como Tich Nhat Hanh, textos dos sutras e também de mestres da linha Zen, como D. T. Suzuki.

Fiz o primeiro curso, era muito interessante, mas tinha um senso de quero mais! Naquele momento, achava que ficava muito na teoria, com pouca prática, principalmente de meditação e outras dinâmicas, o que acabou provocando meu afastamento. Voltei pouco tempo depois, por convite desse mesmo amigo, para fazer o curso de Introdução à Sabedoria do Oriente, considerado uma segunda etapa. Posteriormente, fiz também outro sobre psicologia profunda, mas o de Introdução à Sabedoria do Oriente foi muito importante em um determinado aspecto para mim, entrar em contato com os conhecimentos de Helena Petrona Blavatsky. Ela era uma mística russa que estudou profundamente as tradições espirituais, recebia informações de outras dimensões, principalmente sobre a evolução no planeta Terra e todas as raças que passaram e passarão por aqui. Ela escreveu diversos livros sobre a sabedoria milenar e esotérica, trazendo muito forte à tona a prática do budismo esotérico, fazendo também um estudo comparativo de todas as práticas espirituais e religiões, canalizando muita informação sobre a evolução do ser humano, as várias raças, em que momento estávamos e o que ainda tínhamos que evoluir como humanidade.

Essa experiência abriu muito o horizonte para mim, apontou para o conhecimento da pirâmide septenária, que tem um paralelo com as camadas da mente (Yoga), as camadas do homem para sua evolução, diretamente ligado também aos reinos budistas. E aquilo foi extremamente importante para que eu percebesse a conexão e a ligação do conhecimento esotérico e como era importante lapidar cada camada do nosso Ser: camada física, energética, instintiva, emocional, psicológica, intuitiva e além. Entrei em contato com aquilo e continuei ali, tinha uma boa consciência de serviço, de trabalho voluntário, mas considerava um trabalho bem teórico, mais voltado à mente racional, trabalhando somente algumas camadas da mente, das quais falaremos adiante. Só que todo ser humano precisa ir além da mente, até para compreender a própria mente, e existem muitas práticas ou métodos ensinados por vários mestres da humanidade para isso. Naquele momento, ali na Nova Acrópole, esses exercícios para ir além da mente não eram tão enfatizados. Conversei com um dos diretores e fiz algumas sugestões para complementar o trabalho. Por meio dos ensinamentos de Blavatsky, de mestres do Yoga e de Krishnamurti, entendia e pressentia que, pela meditação, podemos atingir outros estágios e ir além da periferia da camada racional, do ego.

Estava lendo muito Krishnamurti, e ele estimulava muito a busca pessoal, sem mestre ou guru. Naquela época, interpretei dessa forma, de não ter nenhum guru, ainda numa interpretação equivocada do que significava guru ou mestre espiritual, uma interpretação bastante egoica. Sou profundamente grato pelos aprendizados que tive lá e que ainda estão dentro de mim. Para muitos, Blavatsky era considerada louca, mas para mim e outros ela era um ser muito especial para a humanidade, e foi pelo canal da Nova Acrópole que entrei em contato com os mesmos nesta vida.

Resolvi continuar minha caminhada apoiado em meus próprios pés, pelo menos era o que meu ego achava, construindo meu próprio caminho. Foi uma fase de muito estudo, meditação, principalmente na linha do

Budismo e Kriya Yoga. Pedi as lições da SRF (Self Realization Fellowship), que Paramahansa Yogananda tinha deixado como legado para fazer todos os dias. O método consistia em partes com energização do corpo, posturas de Yoga, meditação, orações e devoção. Comecei a praticar todos os dias e frequentar o centro deles aqui em Porto Alegre.

Alguns dos conhecimentos que recebi naquela época ampliaram minha lapidação pessoal do que é o Prana, a energia vital etc. Bebi na fonte dos livros de Blavatsky, nas páginas da autobiografia de Paramahansa Yogananda, como também nos livros que apontam a união do Yoga com o bem-estar e a saúde. Compartilho alguns conhecimentos aqui, pois serão importantes para a compreensão do que acontecerá mais adiante.

O Prana, ou Força Vital, é o "sopro de Deus em Adão", o sopro de vida que existe em todo o Universo e em todos os seres vivos. Dependendo de como cuidamos do nosso corpo, de como alimentamos nossa mente, nossa alma, dos nutrientes que ingerimos, temos a capacidade de viver com mais ou menos Prana, mais ou menos Energia Vital. As práticas milenares da Yoga ensinam, por meio de técnicas de respiração, meditação e exercícios corporais, a aumentar a produção de energia vital, ou de Prana, no nosso organismo. O Prana é a Energia Universal única que todo o Universo pulsa. Tudo que está vivo tem Prana. Para os chineses, o Prana é equivalente ao *chi*, o "campo de força vital" invisível, com fluxo constante e pulsação rítmica, que regula nossas funções vitais. Tudo está ligado!

Pela foto Kirlian (guarde esse nome, voltaremos mais tarde a isso), conseguimos visualizar parte dessa energia vital nos circundando e como ela está se manifestando no campo energético. As cores e o formato dessa energia vital mudam conforme o estado emocional. Cientistas também descobriram que o nosso campo energético é imediatamente alterado pela energia que nos cerca: identifica sentimentos das pessoas ao nosso redor. Nosso campo de energia interage com os campos energéticos das máquinas, do Sol, da Lua, dos planetas, dos trovões, dos sons, dos ventos, das marés, das estações etc. Perceba como é importante trabalhar nosso Prana e nosso campo energético para uma vida mais equilibrada e realizada!

No Yoga, os três principais canais de circulação de Prana são: Ida, Pingala e Sushumna. Ida diz respeito ao lado direito do cérebro, ao lado esquerdo do corpo e termina na narina esquerda. Pingala diz respeito ao lado esquerdo do cérebro, ao lado direito do corpo e termina na narina direita. Ambos têm origem na base da coluna vertebral. Em algumas práticas, a respiração de narina alternada equilibra o Prana que flui dentro do corpo.

Em textos mais antigos, o número total de nadis (condutos ou canais) no corpo humano é indicado como 72.000! É especialmente pela respiração que nosso corpo prânico ou bioplasmático capta o Prana cósmico, para carregar suas baterias (chakras ou centros de energia) e fazê-lo circular pelos condutos ou canais (nadis). Cada vez que inspiramos, absorvemos Prana; cada vez que expiramos, o distribuímos pelos vários órgãos do corpo sutil, através de condutores especiais chamados nadis, de certa forma uma espécie de nervos prânicos.

O mais importante é o fato de a respiração nasal permitir o fluxo de energia vital por dois canais, Ida e Pingala, que têm suas terminações no nariz. A circulação de Prana se faz assim: pela narina direita, terminal do nadi Pingala, penetra a corrente positiva – HA. Depois de dinamizar e alimentar os chakras (acumuladores e transformadores de energia), sai pela narina esquerda, onde termina o nadi Ida. Já a corrente negativa faz exatamente o oposto: entra pela narina esquerda e sai pela direita. Ambos os nadis, Ida e Pingala, que começam um em cada narina, vão se fundir no chakra raiz (Muladhara), localizado na base da coluna vertebral e onde reside uma energia potentíssima, chamada Kundalini, ou energia espiritual. (Anandamitra, 2008; Hemógenes, 2014, Paramahansa Yogananda, 2015)

Parece difícil de compreender num primeiro momento, mas é extremamente simples. Pela respiração correta, permitimos a entrada de cada vez mais Prana no nosso organismo, e quanto mais Prana ou Energia Vital, mais dispostos e saudáveis nos sentimos fisicamente, emocionalmente e energeticamente. A respiração correta, feita inalando pelo nariz, gera inúmeros benefícios para a saúde. Permite que o ar seja filtrado da maneira adequada, reduz o trabalho do coração de eliminar as toxinas metabolizadas pelos tecidos e transportar oxigênio, gera menos desgaste no corpo, menos esforço cardíaco, pressão arterial baixa, relaxamento geral dos nervos e do corpo. Além disso, a respiração correta utiliza o pulmão em toda a sua capacidade. Quando respiramos pela boca, não renovamos totalmente o ar. Nossos pulmões possuem uma capacidade volumétrica de 5 litros de ar. Com a respiração bucal, apenas 3 litros são renovados. Faça a conta!

A respiração dirigida pelo pensamento controlado pela vontade é uma força vitalizadora e regeneradora que pode ser utilizada conscientemente para se autodesenvolver, curar muitas enfermidades incuráveis e para muitos outros fins úteis. Para os iogues, se souber controlar as pequenas ondas de Prana, que operam através da mente, então conhecerá o segredo de como dominar o Prana universal.

ALGUMAS SINCRONICIDADES

Também assisti a quase todas as palestras de Krishnamurti disponíveis, li muitos livros dele. Entrei em um processo muito profundo de libertação de condicionamentos da minha mente racional. A partir da observação dos processos mentais, percebi padrões arraigados em minha consciência, assim como conteúdos de crenças muito profundas com relação a mim mesmo e ao mundo. E percebia o quão falsas ou apreendidas, adquiridas, eram elas. Notei também que essas imagens poderiam ser desta ou até mesmo de outras vidas. Não vinham como uma memória, que no momento pensava que era, mas sim como imagens conceituais, que serão abordadas posteriormente.

Voltando um pouquinho no tempo, tive a oportunidade de entrar em contato, pela primeira vez, com a Dra. Susan Andrews, do Instituto Visão Futuro, em 2010. Já tinha vontade de conhecer o Instituto e, como eles ofereciam uma pós, resolvi esperar cerca de dois anos para coincidir com a conclusão da formação acadêmica em psicologia (PUCRS), para poder utilizar o curso como pós-graduação, já que meu diploma da primeira formação acadêmica nos Estados Unidos ainda não estava revalidado no Brasil.

Percebi depois uma sincronicidade perfeita (ainda não tinha consciência da profundidade que é a sincronicidade do nosso Universo), pois em janeiro de 2013 eu estava mais preparado, com mais "bagagem" para tudo que viria acontecer. Antes, porém, tive a oportunidade de conhecer a Dra. Susan. Senti nela uma figura extremamente centrada e amorosa, mas naquele congresso com uma abordagem extremamente científica. Quando Susan falava sobre ciência, não demonstrava muito o lado espiritual dela, profundamente ligado à filosofia do Tantra Yoga de Shrii Shrii Anandamurti. Nessa oportunidade, a palestra não chegou a me tocar muito, mas no fundo sabia que eu queria conhecer.

O que mais me tocou no Congresso Transpessoal foi uma palestra dos "Doutores da Alegria", os palhaços que auxiliam muito as pessoas nos hospitais, hospícios e casas geriátricas, por meio do riso, do amor, da escuta e da empatia. Essa palestra tocou-me profundamente, não pelo conteúdo em si, mas por sua energia e propósito. Ficou claro que, independente do que faça ou do que manifeste, se a pessoa colocar o coração e a intenção de compartilhar e de auxiliar em reduzir o sofrimento de outro ser, vai fazer valer a sua vinda aqui neste plano. O que quero deixar claro aqui é que não é o que a pessoa faz, mas COMO realmente ela faz. O mundo precisa de mais ações! Sempre que assisto a palestras ou filmes em que alguém se "entrega" para ajudar outro, faz um esforço ou algo "fora de si" para auxiliar a tirar o sofrimento dos outros, isso me toca profundamente.

A lição que aprendi, seja fazendo a coisa mais simples ou mais complexa: a intenção e a ação são as formas mais importantes. Eu ainda não tinha a noção da profundidade disso; somente depois, com as canalizações de Kryon e com os ensinamentos do Rebe Lubavitch da Kabbalah/Chassidut, é que tudo foi fazendo mais sentido, assuntos que também abordaremos mais adiante. Nosso propósito é exatamente aqui! Neste plano! Em todos os nossos pensamentos, palavras e ações todos os dias. Precisamos fazer a Luz manifestar-se aqui, este é o plano Divino.

VIPASSANA

Nessa época também fui para o Rio de Janeiro com uma amiga para fazer um retiro de silêncio (Vipassana) em São Miguel Pereira, tentando "buscar a iluminação". Só de lembrar disso, já começo a rir de mim mesmo: quanta pretensão, quanta arrogância e ilusão! Tentando entrar em maior contato comigo mesmo, fui buscar um lugar para meditar e ficar em silêncio, que no caso eram 10 dias de silêncio total. Antes disso, já meditava durante bastante tempo em casa, pois frequentava também o centro SRF, onde algumas meditações duravam até três horas. Antes de ir para lá, também pratiquei meditações mais longas em casa, meditações de duas a três horas, com alguns intervalos entre elas.

Chegando em São Miguel Pereira, recebemos as instruções de como proceder durante os dez dias em que estaríamos em silêncio total. Até aqui, tudo bem, e logo hospedei-me em um dos quartos com outras duas pessoas. Internamente, já não me senti bem com aquilo, pois já sentia as energias do ambiente sem distinguir conscientemente do que se tratava. Naquela época, não tinha noção, ou melhor, não tinha percepção de que eu era uma espécie de "esponja", absorvendo muito do que estava no campo de outras pessoas e ambientes.

Na primeira noite, não consegui dormir nenhum minuto. Foi uma noite terrível, passei todo o tempo revirando-me na cama. O quarto era muito pequeno, estávamos com nossos campos interagindo a noite inteira. Era uma pessoa quase grudada na outra. Com certeza, teve uma troca de energia muito grande. Outro aspecto que atrapalhou foi que eu estava acostumado a meditar sentado numa cadeira, pois tinha lido nos livros de Paramahansa Yogananda que isso não seria impedimento para atingirmos a autorrealização. Além disso, eu tinha problema no quadril e nos joelhos, herança da vida como atleta, e chegando lá todas as meditações eram sentadas no chão. Sentia muita dor, não conseguia ficar cinco minutos na posição no chão e com uma almofada pequena. Como eu ficaria o dia inteiro? De qualquer forma, fiquei no primeiro dia, mas estava me torturando.

Resolvi ir embora. Vi que não era o momento de vivenciar aquilo, já que o real motivo de estar lá ainda não condizia com o desejo da minha alma. Não estava fazendo aquilo somente por mim, dei-me conta também de que tinha até mesmo um certo "ego espiritual", ou seja, estava fazendo aquilo com base em uma imagem mental que tinha construído para mim mesmo, e estava mais preocupado em sustentar aquela imagem mental do que em seguir os caminhos ditados por minha essência.

Tive dois principais aprendizados durante essa vivência: o primeiro, de que era muito sensível em captar energia de outras pessoas; o segundo, de que poderia meditar sentado numa cadeira mesmo e que não era obrigado a meditar sentado no chão para "alcançar a iluminação", como foi ensinado por muitos mestres que passaram pelo planeta, embora frise que minha conclusão não invalida o que tenham ensinado. Sentia que, para mim, não era dessa forma e que não foi Infinito/Deus que havia designado como deveria ser feito ou não, e sim os homens. Posteriormente, entendi o quanto o evento foi importante para mim, pois percebi a questão de meditar com as solas dos pés firmes no chão, com a energia também fluindo pelos membros inferiores, saindo pela sola dos pés e trocando com a terra. Nada é por acaso! Muitas vezes, o que aparenta ser negativo no momento transforma-se em algo extremamente positivo.

CHEGANDO NO FUNDO DO POÇO – PRAIA DO ROSA

No Carnaval de 2012, fui convidado por alguns amigos da academia de musculação para ir para a Praia do Rosa, em Santa Catarina. Ainda não estava vivendo uma vida totalmente congruente com o que lia nos livros e com o que estava buscando. Estava cada vez mais expandindo a minha forma de ver e experienciar o mundo; no entanto, ainda tinha tendências instintivas inferiores que me puxavam para o lado mais superficial da vida. Pois bem, fomos para a praia com um grupo de amigos e conhecidos. Antes de ir para uma festa, fomos na casa de umas conhecidas de nossa amiga. Eles estavam fazendo churrasco e bebendo para sair depois. Eu já tinha diminuído bastante o consumo de carne vermelha, mas ainda não tinha parado totalmente. Resumindo a história, uma das mulheres achava que eu estava dando em cima dela e começou a me falar alguns insultos. O pior é que eu não estava dando em cima dela. Estava interessado em outra mulher, por ter um perfil mais quieto, humilde e simples. Bom, independentemente disso, fiquei muito brabo mesmo, saí da casa dela e fui com meus amigos para a festa. Na verdade, não queria mais ficar lá. Tinha cansado de tudo aquilo. Toda aquela repetição, toda aquela ilusão, toda aquela falsa alegria com sofrimento embutido! Chegava para mim!!! Não dava mais! Não consegui ficar mais na festa. Decidi voltar para a casa que alugamos, arrumei minhas coisas e saí de lá. Sabia que a mãe do meu afilhado morava em Itapema, que era perto dali. Achei que seria um lugar melhor para estar. Peguei meu carro e fui para lá, de madrugada, logo depois da festa. Estava completamente perdido!

Fui da praia do Rosa até Itapema chorando sem parar. Chorei como nunca tinha chorado em toda a minha vida. Realmente, ali tinha chegado no fundo do poço. Qual era o sentido de tudo aquilo? Por que todo este sofrimento? Quem era o Guilherme? O Guilherme não era ninguém! Não era nada! E tudo aquilo que havia aprendido sobre espiritualidade, para que servia?

Todas as máscaras tinham caído e não sobrava mais nada, não tinha no que me apegar ou me agarrar, e sabia isso! Eu intuía o que a alma desejava, já tinha conhecimento do que seria necessário fazer e, mesmo assim, tinha alguns comportamentos que não eram positivos naquele estágio da vida. O que mais pensava na viagem era que minha vida não fazia nenhum sentido. Talvez fosse meu momento de "partir" mesmo. Não posso negar que tive esses pensamentos. Tive, e muitos! No entanto, nunca conseguiria concretizá-los, para mim seria impossível fazer isso.

Cheguei em Itapema no amanhecer. Ao chegar na casa de minha amiga, não havia quartos disponíveis, pois ela estava cheia de convidados. Era Carnaval, lembram? Resolvi ir para um motel, onde tentei dormir um pouco, em vão. Lembro-me de ter chorado durante quase 30 minutos debaixo do chuveiro. Peguei o carro e voltei para Porto Alegre. Voava na estrada, tamanha era a minha vontade de estar em casa. Levei duas multas no caminho, por alta velocidade.

Quando finalmente cheguei em casa, meus pais não estavam. Foi bom, porque sentia necessidade de estar sozinho e me recompor. No dia seguinte, peguei minhas coisas e fui ao encontro dos meus pais, na fazenda da família, em Júlio de Castilhos, no interior do Rio Grande do Sul. Lembro-me de ter sido recebido com muito afeto e amor, e meus pais compreenderam que eu estava quieto, que não estava bem.

Olhando para trás, percebo que esse foi o momento em que mais me senti mal, em toda a minha vida. Saí para caminhar sozinho perto dos verdes campos e coxilhas, sem vontade de falar ou de ouvir alguém. Estava com raiva da vida, com raiva de tudo, um buraco no peito que não sabia o quanto mais iria aguentar. Estava caminhando na estrada de terra bem no horário do pôr do sol, com campos e plantações dos dois lados. Decidi pular a cerca e caminhar na vegetação, até me encontrar no meio de um vasto campo. Eu caminhava e conversava com Deus, olhando para o céu. *"Por que Tu estás fazendo isso comigo? O que Tu queres de mim? Já não basta? Já não foi suficiente?"* Fui para o meio de um grande gramado e comecei a gritar, xingando Deus. Estava desesperado! Estava extremamente triste e indignado!

Mas, de repente, olhei diretamente para o sol e seu brilho me colocou de joelhos no meio do campo! Comecei a pedir perdão por tudo que tinha feito, por todas as pessoas que porventura tivesse magoado e, acima de tudo, por tudo que tinha feito comigo mesmo e pelo que estava fazendo. O tempo parou! Naquele momento, decidi que tinha que mudar. Não poderia querer resultados diferentes na minha vida fazendo sempre a mesma coisa. É como se uma voz tivesse soprado no meu ouvido, dizendo: "Tu já sabes o que tens que fazer, basta começares a fazer". Naquele momento, decidi parar de comer carne vermelha, não beber mais, me dedicar mais às minhas práticas de meditação e me aprofundar nas leituras, pois jamais saberia o que Deus queria de mim se não parasse e O escutasse, esta era a minha direção.

Sentia que precisava me purificar, caminhar outra trilha. Olhei para os últimos raios do sol no céu dourado e refleti: "Deus, se Tu existes ou não, neste momento eu não tenho certeza, mas vou fazer de tudo para saber". E não havia outro lugar a procurar que não fosse dentro de mim mesmo. Minha nova jornada começou ali. Voltei para Porto Alegre e mudei totalmente meus hábitos; decidi que 2012 era o momento de dar um salto.

Sabia que, se continuasse fazendo sempre as mesmas coisas, nunca teria um resultado diferente, nunca saberia o que poderia ser. Se vivesse somente aquela realidade, não saberia o que poderia ser diferente. Antes achava que era feliz, mas no fundo não era, simplesmente não sabia o que era ser verdadeiramente feliz; se continuasse usando a mesma estrada para um lugar, iria acabar sempre no mesmo lugar. E minha vida assim poderia passar em branco, sem sentido e sem realização. Se quisesse alcançar algo que nunca tinha alcançado, precisava fazer algo que nunca tinha feito antes. E eu estava determinado!

2012: UM ANO-CHAVE

Ainda em 2012, fui fazer estágio voluntário em psicologia na área de dependência química do Hospital Psiquiátrico São Pedro, na unidade de desintoxicação. Foi um período extremamente difícil, mas de muito aprendizado. Minha sensibilidade estava crescendo cada vez mais, assim como minhas meditações. Já não estava mais bebendo, nem saindo tanto em festas. No entanto, ao trabalhar com dependentes químicos, percebi que até meus padrões de pensamento começaram a mudar. Alguns pensamentos que nunca tive começaram a invadir minha mente. Pensamentos ligados ao uso de drogas e coisas do gênero. Notei também que, à noite, meus sonhos haviam mudado muito. Comecei a perceber que não pensamos somente os nossos pensamentos, que estamos a todo momento trocando ondas eletromagnéticas de pensamento com os outros.

Notava também que algo estava presente no ambiente, só que não tinha certeza do que era. Sempre que entrava na ala do hospital, começava a sentir um cheiro característico no ar, e no início achava que era de lá mesmo. Quando passei a interagir com alguns pacientes usuários de *crack*, cocaína, maconha e álcool, percebi que o cheiro mudava muito. Não era o cheiro normal de pessoa, era algo totalmente diferente. Sentia vibrações estranhas no meu corpo e na cabeça. Inicialmente, achava que o cheiro que sentia vinha da exalação de alguma impregnação de remédios psicotrópicos, pois eles tomavam muitos. Perguntei a algumas colegas e percebi que elas não sentiam esse cheiro, que era terrível, quase insuportável. Na verdade, eu estava sentindo o cheiro de energias densas ou "entidades espirituais" que entravam e saíam das pessoas ali internadas. Mas isso só fui perceber e dar-me conta concretamente algum tempo depois. Havia um paciente em específico, que até tinha assassinado uma pessoa, muito ligado aos chefes do tráfico, que eu simplesmente não conseguia ficar perto. Não sabia de nada da vida dele ainda, mas tinha que sair de perto, pois era quase sufocante o odor. Depois me contaram sobre a ficha dele e realmente comecei a perceber que, quando um ser humano abre a porta por meio de hábitos nocivos, principalmente ligados à perda de consciência, como uso de álcool, drogas etc., várias energias densas ou grupos, que chamarei de escuros, começam a controlar sua vida parcial ou até totalmente. Mais tarde falarei sobre esse assunto com mais intensidade.

Mergulhei também nas leituras de Paramahansa Yogananda. Desde as lições em casa, comecei a praticar diariamente meditação e exercícios de Krya Yoga, além de orações. Passei a frequentar o centro SRF em Porto Alegre. Gostava muito de Paramahansa porque, em seus ensinamentos, ele trazia a união Oriente-Ocidente. União dos conhecimentos de Jesus com os conhecimentos da Índia, trazendo uma compreensão mais profunda dos próprios ensinamentos do grande mestre do Amor. Jesus talvez tenha sido muito mal compreendido na época em que veio, porque seus conhecimentos e seus ensinamentos estavam de acordo com a futura energia planetária, uma nova forma de fazer e de viver a espiritualidade, não considerando melhor ou pior, mas sim uma compreensão, uma abertura para além de seu tempo.

A SOMBRA DO GURU ILUMINADO

Durante a minha busca, frequentei também outro lugar em Porto Alegre onde se dizia haver um homem que já tinha alcançado a iluminação. Essa pessoa tinha convivido muitos anos com Osho (Rajneesh Chandra Mohan Jain), um famoso mestre indiano. Aproveitei para me aprofundar nos ensinamentos de Osho por meio de livros, meditações e palestras em vídeo. Inicialmente, gostei muito do discurso desse discípulo de Osho, mas alguma coisa não ressoava comigo, visto que não percebia tanta integridade nos seus ensinamentos, assim como nos do próprio mestre dele. Integridade no sentido de viver o que fala e não apenas discursar. Entendo que, muitas vezes, ele tinha a intenção de tentar quebrar o ego e a forma de pensar de algumas pessoas. No entanto, não percebi tanta amorosidade, respeito, tolerância e compreensão do nível de consciência das outras pessoas. Certa vez, fui jantar com todos eles e percebi que ele estava tendo relacionamento com duas mulheres ao mesmo tempo. Não quis julgar a pessoa, pois cada um escolhe como deseja viver sua vida e aprender aqui neste plano. Mas estava bem claro, para mim, que não percebia uma real compaixão com as duas. Talvez ele tivesse realmente transcendido algumas características em sua personalidade, mas era totalmente perceptível que elas sofriam com a situação e não tinham consciência do que as emaranhava. Estava tendo minha primeira lição de que liberdade não significa libertinagem! Simplesmente fazer tudo que se quer e expressar todos os instintos com a roupagem de espiritualidade não seria uma verdadeira liberdade. Era uma escravidão sutil, não somente de si mesmo, mas também das pessoas que controlava. Percebi como é possível, e até mesmo fácil, distorcer princípios espirituais para sustentar uma filosofia pessoal, em que conceitos espirituais são adaptados para sustentar ou explicar vontades próprias.

No processo de uma real elevação da nossa energia espiritual Kundalini, muitos desejos são diminuídos, muitas vontades somem e não estamos presos à imagem e ao desejo físico, principalmente. No referido jantar, vi que ele pediu dois hambúrgueres grandes de carne e tomou duas cervejas numa voracidade incrível. Quanto mais nos sutilizamos, percebemos que o álcool chama energias negativas e abre uma grande porta para a inconsciência. Além de fazer mal para si mesmo, que mensagem estava sendo passada para todas aquelas pessoas que o admiravam? Percebi que estavam hipnotizadas e totalmente controladas pelo "guru".

Também não recordo de algum mestre bater no peito, dizendo-se "iluminado". Isso parecia muito ego espiritual. Uma elevação espiritual, mas no entanto ainda distanciada de uma verdadeira e íntegra iluminação. Fiz um trabalho da faculdade de psicologia no seu centro, frequentando-o por bastante tempo e fazendo muitas observações detalhadas, e pude notar muitas pessoas num estado de dominação. A espiritualidade estava sendo distorcida, aquilo para mim não tinha uma pureza, não tinha um respeito à Luz e ao Dharma, era distorção para manter poder, controlar e alimentar ego espiritual.

No livro *Ao encontro da sombra*, Georg Feuerstein, no artigo "A sombra do guru iluminado", trata justamente desse ego espiritual, ainda não totalmente lapidado e integrado. Esperamos muitas vezes perfeição desses seres, quando muitos ainda podem cometer – e cometem – atos que são contraditórios à imagem idealizada por seus seguidores. Feuerstein afirma que *"alguns mestres 'perfeitos' são famosos por suas explosões de raiva, outros por seu autoritarismo. Em tempos recentes, inúmeros supergurus alegadamente celibatários viraram manchete por causa de relações sexuais clandestinas com suas seguidoras. Gênios espirituais — santos, sábios e místicos — não são imunes a traços neuróticos ou a ter experiências muito semelhantes aos estados psicóticos.*

Na verdade, mesmo adeptos aparentemente iluminados podem ser sujeitos a características de personalidade que a opinião consensual acha indesejáveis".

No artigo, Feuerstein lembra que a iluminação provoca a transcendência do hábito do ego, mas talvez não elimine a personalidade dos gurus. É justamente na personalidade que fica um dos pontos em que a sombra habita, quieta no seu cantinho. Os devotos, é claro, gostam de pensar que seu guru ideal está livre de vaidades e excentricidades, e que as aparentes peculiaridades destinam-se ao ensino. Mas um instante de reflexão mostra que essa ideia baseia-se em fantasia e projeção.

A autora Sandra Regina Santos aponta, em seu livro *Jung – um caminhar pela psicologia analítica*, que a sombra é a personificação de certos aspectos inconscientes da personalidade. Pode ser considerada o aspecto escuro da personalidade, o agregado de materiais reprimidos. Além dos aspectos negativos e rejeitados, a sombra pode possuir aspectos positivos e potencialidades que não foram utilizadas conscientemente. *"A sombra como um todo traz em si potencialidades, ela é 'bendita' porque é luz. Quanto mais estiver consciente da sombra, mais perto da luz da consciência estará o indivíduo, fortalecendo assim seu processo de individuação".* A individuação diz respeito, arquetipicamente, a tornar-se o que se é, ou seja, integrar a totalidade psíquica de si mesmo. Sendo assim, a sombra, seja ela negativa ou positiva, no final das contas, quando integrada e transformada, se revela numa ampliação maior do ser. Essa integração não é um evento definitivo, mas um processo que dura a vida toda. Tanto pode ocorrer antes da iluminação, auxiliando no próprio processo, como depois dela, ao se deparar com uma realidade maior do que a personalidade em si.

"A extirpação da identidade do ego na iluminação não termina os processos de atenção: ela apenas faz com que a atenção deixe de se fixar no ego. Além disso, o ser iluminado continua a pensar e a sentir, o que inevitavelmente deixa um resíduo inconsciente mesmo quando não existe nenhum apego interior a esses processos. A diferença importante é que esse resíduo não é considerado um obstáculo à transcendência do ego simplesmente porque esse é um processo contínuo na condição iluminada."

Feuerstein ressalta que muitas tradições espirituais se enraizaram no ideal vertical de libertação do condicionamento do corpo-mente. Isso quer dizer que eles enfocam somente aquilo que é concebido como o bem último — o Ser transcendental. Para ele, essa unilateralidade espiritual pode tirar de foco a psique humana. O indivíduo pode perceber suas preocupações pessoais como insignificantes e sua estrutura de personalidade passa a ser vista como algo a ser rapidamente transcendido, em vez de totalmente transformado. Não há como negar que todos os métodos de autotranscendência envolvem certo grau de autotransformação. No geral, isso não traz como consequência um forte esforço para trabalhar com a sombra e realizar a integração psíquica também.

Reproduzo aqui a relevante conclusão do artigo escrito pelo autor: *"ao contrário da transcendência, a integração ocorre no plano horizontal. Ela amplia o ideal de totalidade à personalidade condicional e às suas conexões sociais. Ainda assim, a integração só faz sentido quando a personalidade condicional e o mundo condicional não são tratados como oponentes irrevogáveis da Realidade última, mas sim valorizados como manifestações dela. Tendo descoberto o Divino nas profundezas de sua própria alma, o adepto precisa então encontrar o Divino em todas as formas de vida. Esta é, na verdade, a principal obrigação e responsabilidade do adepto. Ou, em outras palavras, tendo bebido na fonte da vida, o adepto precisa completar a obra espiritual e praticar a compaixão com base no reconhecimento de que todas as coisas participam do campo universal do Divino"*.

Estas últimas colocações de Georg Feuerstein faziam muito sentido para mim e passaram a me acompanhar. Era marcante notar a diferença de grandes mestres que lapidavam todas as camadas de seu ser e integravam isso na realidade do dia a dia, dos ditos "mestres" que transcendiam parte da realidade e passavam a negar o plano físico, assim como alguns de seus próprios conteúdos sombrios, e muitas vezes até transferindo-os para seus discípulos. Eu, particularmente, não ressoava com a ideia de um guru. Até porque o risco de encontrar "gurus" não realizados totalmente é muito grande, sem mencionar que é também alguém que está vivendo uma experiência humana, com todas as suas imperfeições e vieses. Buscava outra forma de viver a espiritualidade, ainda não sabia exatamente o que, e quando me deparei com as informações sobre os adultos índigo, comecei a ter mais pistas por onde andar para relembrar meu caminho de vida e de evolução pessoal.

A DESCOBERTA DO ÍNDIGO

Ingrid Cañete é psicóloga e escritora de Porto Alegre. Publicou vários livros sobre as novas gerações de crianças e jovens encarnados neste momento planetário, denominados de índigos e cristais. Almas que, de acordo com ela, possuem uma missão muito importante neste plano da Terra. Minha mãe e Ingrid são grandes amigas, e foi assim que entrei em contato com esses conhecimentos nesta vida. Em outubro de 2012, minha mãe resolveu fazer uma foto Kirlian (bioeletrografia) da aura dela, convidando-me a acompanhá-la e, quem sabe, fazer o mesmo. Lembram que mencionei a foto Kirlian (bioeletrografia) anteriormente? Pois agora chegou o momento de saber um pouco mais. De acordo com a pesquisadora Vânia Maria Abatte, em seu livro *Bioeletrografia*, *"é uma técnica que consiste em fotografar a energia vital que circunda o corpo físico. Essa energia vital é conhecida cientificamente de Corpo Bioplasmático, para os esoteristas de aura, para a física quântica de Biocampo. O objetivo destas fotos é detectar distúrbios psíquicos, espirituais e doenças físicas antes que estas se manifestem"*.

A foto Kirlian revelada foi uma nova descoberta em minha vida. Minha aura, meu biocampo emanam características da aura índigo! Também foi-me mostrado que estava um pouco desequilibrado com conflitos emocionais, tinha muita sensibilidade, fortes perdas energéticas, presença de "parasitas energéticos", energias extrafísicas sutis que interferiam de forma negativa na saúde em geral, assim como paranormalidade forte, dentre outras características.

Pouco antes disso, tinha entrado em contato com o livro da Ingrid, chamado *Adultos índigo*. Quando o li, identifiquei-me com muitas das características ali expressas. Era como se confirmasse praticamente todas elas, talvez deixando uma ou duas de fora, o que é bem índigo, segundo o próprio livro. O que significava isso? O que seriam uma criança ou um adulto índigo? O que teria a ver com evolução espiritual? Seria isso tudo verdade? Como tenho uma característica de me aprofundar em algo quando me interessa, fui atrás de mais informações e descobri outro livro sobre o mesmo assunto, *Crianças índigo*, de Lee Carrol e Jan Tober. Uma obra destinada aos pais, educadores, psicólogos e todos aqueles que convivem com essas crianças.

Conforme apontam Lee Carrol e Jan Tober, as crianças índigo apresentam um conjunto de características psicológicas incomuns, atributos e padrões de comportamento ainda não documentados ou classificados pela ciência. Essas características únicas fazem com que aqueles que interagem com elas – na maioria dos casos, os pais – tenham de se adaptar a circunstâncias diferentes, mudar e transformar seu tratamento a um tipo diverso de criação. Ignorar esses novos atributos pode trazer muito desequilíbrio para esta criança, principalmente num ambiente instável e insatisfatório. Eles apontam dez características comuns das crianças índigo, no entanto as manifestações podem ser muito variadas:

1) Vêm ao mundo com um sentimento de realeza (e frequentemente comportam-se como tal).

2) Têm a sensação de "merecer estar aqui" e surpreendem-se quando outros não compartilham esta mesma sensação.

3) A autoestima não é, para elas, um grande tema de preocupação; com frequência dizem aos pais quem elas são.

4) Têm dificuldade em aceitar uma autoridade absoluta (sem explicação ou sem alternativas).

5) Pura e simplesmente não farão certas coisas, por exemplo: custa-lhes esperar numa fila.

6) Frustram-se com sistemas que são apenas rituais e que não requerem criatividade.

7) Muitas vezes têm formas melhores de fazer as coisas tanto em casa como na escola, o que os torna rebeldes e desintegrados de qualquer sistema.

8) Parecem muito antissociais, a menos que se encontrem entre crianças semelhantes. Se não houver outros com o mesmo nível de consciência, tornam-se retraídos, sentindo que não há seres humanos que os entendam. A escola é o local onde lhes é muito difícil socializar.

9) Não respondem à disciplina de "culpa" (Espera que o teu pai chegue a casa e veja o que fizeste).

10) São tímidos em expressar o que precisam.

No livro *Crianças cristal*, Ingrid Cañete elabora com mais detalhes algumas características dos chamados índigos:

— Espírito guerreiro: romper sistemas, exigir revisão de valores, resgatar a verdade e integridade no planeta e na sociedade humana.

— Temperamento impetuoso: para poder cumprir a missão.

— Cor azul-índigo na aura: terceiro olho que regula intuição, clarividência, visão de energia e de espíritos.

— Sentem a presença de desonestidade, medo, mentira e manipulação e reagem negativamente a isso.

— Olhos enormes, profundos e penetrantes: leem nossa energia e alma.

– *São altamente telepáticos (comunicam-se de mente para mente sem precisar de palavras).*

– *Maturidade acentuada desde bebês.*

– *Conexão forte com outras dimensões: multidimensionais e interdimensionais.*

– *Hipersensíveis e com tendência a ter alergias desde bebês. Sentidos aguçados (audição, visão, tato).*

– *Comunicam-se em rede com outras crianças: por meio da malha cósmica (sistema de comunicação interdimensional existente em todo o Universo).*

– *São cooperativos e pensam nos outros antes de pensar em si mesmos.*

– *Amam a justiça e são capazes de tudo para corrigir uma injustiça.*

– *São íntegros e sempre lutam pela mudança, orientados por valores elevados.*

– *Alto grau de energia de alta qualidade que precisa ser bem canalizada.*

– *Hiperfoco: supercapacidade de concentrar atenção, confundida com déficit de atenção (DDA).*

– *Muito inteligentes: QI (coeficiente intelectual), QE (coeficiente emocional) e QS (coeficiente espiritual) elevados.*

– *Muito amorosos e carinhosos.*

– *Forte noção ou senso de missão aqui.*

– *Firmeza e certeza no que dizem e sobre o que desejam, o que pode soar como arrogância e teimosia.*

– *Memória de outras vidas e de outras dimensões.*

– *Facilidade e dom para escrever poesias.*

– *Leitura quântica.*

– *Dons, como o da cura, geralmente usando as mãos.*

– *São como esponjas: absorvem instantaneamente todo tipo de energia ao seu redor.*

– *Não se prendem a nenhuma religião específica, mas são de natureza altamente espiritualista, como eles mesmos se intitulam.*

Em seu livro *Adultos índigo*, lemos que *"os índigos vieram a este planeta com uma missão muito clara: serem PONTES entre a velha e a nova energia, entre os antigos e novos paradigmas. Eles chegaram realmente para incomodar, questionar, promover uma revisão de valores em nossa sociedade. Foram e estão sendo os agentes facilitadores do processo de transição para uma sociedade mais evoluída e avançada".*

No entanto, no meu ponto de vista, ela começa o livro com algumas características dos adultos índigo ainda não equilibrados, em processo de revelação de quem são e de seu verdadeiro propósito.

Existem quatro tipos gerais de índigo, cada um com o seu propósito. O primeiro é o humanista, aquele que está destinado a trabalhar com as massas. São os médicos, advogados, professores, comerciantes e políticos de amanhã. Eles servirão as massas, são muito hiperativos e extremamente sociáveis. O índigo conceitual está mais interessado em projetos do que em pessoas. Estes serão os engenheiros, projetistas, astronautas, pilotos e militares de amanhã. São crianças muito atléticas. São controladores. Este tipo de índigo tem tendência para a dependência, especialmente drogas, durante a adolescência. O índigo artista é muito sensitivo e o seu corpo é pequeno, embora nem sempre. Estão mais inclinados para a arte, são muito criativos, e serão os professores e os artistas de amanhã. A qualquer coisa que se dediquem, sempre estarão orientados para o lado criativo. Dentro do campo da medicina, serão cirurgiões ou investigadores; nas artes, serão atores. O quarto tipo é o interdimensional. São mais altos do que os outros tipos. Quando têm um ou dois anos de idade, você poderá dizer-lhes qualquer coisa, e eles responderão: "Sim, já sabia" ou "Sim, sou capaz de fazer" Ou "Não me aborreças". São eles que trarão novas filosofias e novas religiões a este mundo. Poderão tornar-se orgulhosos e vaidosos, porque são muito maiores e porque não se encaixam em nenhum dos três tipos anteriores.

Em *Adultos índigo*, Cañete cita Wendy Chapman, a primeira estudiosa do tema a ter elaborado e divulgado uma lista de 26 característica dos adultos índigo. Cito algumas delas:

• *São inteligentes, apesar de não terem tido as melhores notas.*

• *São muito criativos e apreciam fazer coisas.*

• *Sempre precisam saber por que, especialmente quando se pede a eles que façam algo.*

• *Tinham aversão ou detestavam grande parte do trabalho repetitivo e obrigatório da escola.*

• *Têm dificuldades em empregos com serviços supervisionados. Os índigos resistem à autoridade e ao sistema hierárquico de trabalho.*

• *Têm profunda empatia pelos outros, embora tenham uma intolerância à estupidez.*

• *Podem ser extremamente sensíveis emocionalmente, até chorando num piscar de olhos (sem defesas). Ou, então, podem ser o oposto, e não mostrar qualquer expressão de emoção (defesa completa).*

• *Podem ter problemas com a raiva.*
• *Frustração ou rejeição do tradicional "sonho" de carreira, casamento, filhos, casa com uma cerca branca etc.*

É importante salientar que, segundo Wendy Chapman, qualquer pessoa pode ter algumas dessas características, mas os adultos índigo têm a maioria ou todas essas 26 características, e aqui podemos incluir os jovens e adolescentes índigo. Tais características são citadas também por outros autores e, conforme pude pesquisar e constatar nos numerosos depoimentos que recebi, resumem bem as principais características dos adultos índigo.

RÓTULO ÍNDIGO

Num primeiro momento, essa identificação para mim foi muito boa, acalmou os ânimos, tranquilizou-me, deu-me um senso de pertencimento, até porque sentia muitas coisas mas não encontrava explicações sobre elas. Então, aquilo tinha sido como um bálsamo inicial e foi de grande auxílio, para identificar-me e sentir que não estava no caminho errado, simplesmente não estava completamente consciente da minha jornada, e que não precisava fazer coisas para me sentir "normal". Tinha uma repulsa interna pela chamada "normose", a conhecida doença de ser "normal", como apontavam Jean-Yves Leloup, Roberto Crema e Pierre Weil. A normose é definida como *"um conjunto de hábitos considerados normais pelo consenso social que, na realidade, são patogênicos em graus distintos e nos levam à infelicidade, à doença e à perda de sentido na vida"*. Segundo Roberto Crema, cada um de nós tem um potencial único e talentos diversos, mas para o "normótico" falta empenho em fazer florescer seus dons e potenciais, enterrando assim seus talentos, sua alma, com medo da própria grandeza, de brilhar a própria luz, fugindo da sua missão pessoal, coletiva e intransferível. Ele afirma que *"quando temos necessidade de, a todo custo, ser como os outros, não escutamos nossa própria vocação"*.

Não queria cair nessa armadilha novamente, já tinha vivido isso e não me preencheu nem me trouxe verdadeira felicidade. Minha alma não aceitaria mais ficar em segundo plano, não se manifestar e correr o risco de viver uma vida que não era dela, como Jung já dizia: *"Todos nascemos originais e morremos cópias"*. Ainda não sabia qual era exatamente o meu caminho, mas já sabia com certeza o que era total ilusão, o que não supria minhas necessidades de alma. Tinha vivido uma suposta vida que muitos almejam e se vangloriam, e tinha tomado a consciência de que muitas alegrias momentâneas tinham o sofrimento embutido nelas, eram alegrias passageiras e ilusórias. Queria buscar minha essência, meu Ser Interior e totalmente original e único, como cada ser humano pode ser e no fundo é, uma manifestação única e especial na Criação Divina.

Lembro que senti um paradoxo interno, pois quando comecei a libertar-me de rótulos pessoais, internos e externos, estava recebendo um novo rótulo, justamente o que os índigos não suportam! Por esse motivo, nunca falei para muita gente nem fiquei enfatizando muito, e até hoje tenho minhas reticências. Até porque minha compreensão sobre tudo isso ainda era muito limitada. Não tinha ideia de que nossa caminhada não estava "escrita em pedra" e de que, se "pertencíamos" a uma certa frequência, não necessariamente teríamos que permanecer nela. Posteriormente, percebi que todos temos o livre-arbítrio de escolher nossa jornada, de modificar nossa vibração, de modificar as características da nossa aura, tudo de acordo com nossas escolhas, persistência, dedicação, entrega e esforço. Podemos escolher não manifestar alguns atributos, assim como potencializá-los.

Algumas características apontadas anteriormente podem ser modificadas, lapidadas ou até mesmo transcendidas. Mas não tinha ainda introjetado que também tínhamos o livre-arbítrio de escolher não manifestar todo o nosso potencial, principalmente porque às vezes pode ser um pouco difícil fazer isso numa energia densa de dualidade, em que diversos são os estímulos distrativos que podem nos desafiar a sair do caminho da nossa alma. No entanto, se nos dedicarmos ao nosso trabalho pessoal, podemos dar verdadeiros saltos quânticos com relação a nossa manifestação, ampliando assim nosso canal para manifestar mais do Infinito neste plano. Não há um teto, não há uma regra de como se dá esse processo. Podemos a todo momento criar um novo trajeto e novas janelas de potenciais podem se abrir, se assim estivermos focados diariamente na nossa lapidação e transformação. Podemos escrever uma nova história, celebrar um novo "contrato" e superar até mesmo aquele que tínhamos nos proposto a viver antes de encarnar neste plano. O Infinito está nos dando oportunidades grandiosas neste momento planetário! Cabe a cada um utilizar o livre-arbítrio para servir-se da melhor forma possível para sua evolução e, consequentemente, para o bem maior de toda a humanidade.

Outra confirmação que recebi pela interpretação das fotos foi a de que realmente era uma espécie de "esponja", que absorvia muito as energias dos ambientes e das pessoas. No momento, achei terrível e queria saber como me "proteger", como fazer para bloquear essa tendência. Não compreendia ainda a verdadeira dimensão do fato, qual era a função disso, pois pensava que só me atrapalhava e desequilibrava. Isso fazia-me misturar muitas coisas, o que era meu e o que não era ligado às questões pessoais, ainda sem saber como lidar com tudo. Recebi recomendações de fazer alguns tipos de trabalhos para "limpar" o campo pessoal de energia, o que me serviu de algum auxílio temporário, mas não resolveu o que interpretava como um "problema". Algo dentro de mim sabia que tinha que aprender a forma de lidar com aquilo, como utilizar e qual seria a importância dessa capacidade. Uma verdade espiritual que sempre me foi concreta é que, se nos defrontamos com uma dificuldade, juntamente com a própria dificuldade já está implantada a solução para superá-la, basta que a acessemos em nosso interior. No princípio, também foi bem difícil lidar com falsidade e hipocrisia, pois percebia no campo um tipo de energia e emoção, mas através da boca da pessoa suas palavras eram outras. Isso criava obstáculos para encontrar autenticidade no contato ou na relação.

Posteriormente, tudo ficou mais claro e pude ver a dádiva disso e seu propósito, que faria parte de um serviço necessário à Criação. Aprendi que nós todos temos a capacidade de nos relacionarmos uns com os outros de uma forma muito mais profunda do que nos relacionamos, assim como podemos utilizar essa capacidade para nos conectarmos com compaixão e verdadeira empatia. Uma empatia que vai além de me colocar no lugar do outro, mas que significa experienciar concretamente as ondas vibracionais diretamente do coração e do campo de uma outra pessoa. Isso significa romper as fronteiras do meu e do não meu, e ao mesmo tempo ter a consciência da responsabilidade do que fazer com toda essa energia trocada. Não é uma questão de viver o que a pessoa está vivendo ou de se emaranhar em suas questões pessoais, mas de simplesmente entrar na energia do Infinito e deixar que ela atue naquilo que tiver que ser feito nesse encontro. Mas, para que isso aconteça com maior fluidez e eficiência, sem causar uma "baixa" no sistema de uma das pessoas, impõe-se uma forte "ancoragem ou aterramento" da própria energia, de modo a fortalecer essa conexão com o centro de baixo (60 cm abaixo dos pés), um centro da nossa anatomia energética que nos conecta com a energia da terra. A dádiva está disponível para aqueles que desejam ampliar a sua postura de autoapoio e autossuporte.

Antigamente, e até mesmo nos dias de hoje, quando havia ou há alguma troca de energia entre pessoas, uma delas "absorve" algo negativo ou denso do campo de outra pessoa ou ambiente, e essa energia geralmente era e pode ser "metabolizada" no corpo, nas emoções ou pensamentos daquela que absorveu. Essa pessoa pode experienciar diversos sintomas, como baixa energética, tristeza sem motivo ou evento aparente, dores no corpo, dores de cabeça, enjoo, sono, desânimo, pensamentos negativos, sensação de desvalor, bruxismo, pressão nas mandíbulas etc. A pessoa pode dar o "colorido" das experiências pessoais em uma vibração ou padrão de pensamentos que não é nem dela, pois estamos em constante contato com as vibrações dos pensamentos dos outros.

De acordo com o cabalista Rabino Philip S. Berg, em seu livro *Milagres, mistérios e a oração*, com base nos ensinamentos do Rabino Avraham Azulai, há dez áreas específicas do corpo que são portões ou entradas por onde Tumá (pacote de energia negativa ou caótica) pode se infiltrar no corpo e causar a deterioração do bem-estar interno e externo do indivíduo: cabeça, maxilar do lado direito, maxilar do lado esquerdo, axila direita, axila esquerda, região da garganta ou no coração onde há pelos (homens), coxa direita, coxa esquerda, área do órgão sexual e área das nádegas. Eu, particularmente, sentia principalmente na cabeça, no maxilar, na área do órgão sexual e no peito. Minha mandíbula ficava muito tensa e algumas vezes manifestava-se até como bruxismo durante a noite, e com o passar do tempo e o aumento da sensibilidade, começou a ficar bem mais nítida a concentração dessa energia na área da cabeça.

Como já mencionei, não é necessário o metabolismo dessas energias no próprio corpo físico, nas emoções e nos pensamentos. Temos a possibilidade, por meio do nosso profundo ancoramento e reconexão com a energia da terra, de transmutar ou reciclar essas energias em um chakra ou centro energético que fica a mais ou menos 60 centímetros abaixo dos pés, conforme explicado por Peggy Phoenix Dubro (voltarei a falar nisso mais tarde). A expansão da nossa anatomia energética é uma dádiva oferecida pelo Infinito para a nossa evolução e ascensão planetária. Um dos maiores desafios dos índigos e cristais consiste em restabelecer essa conexão com a energia da terra e, consequentemente, não se sentir um estranho caminhando no planeta. Outro aspecto é que somente pela construção de alicerces fortes os índigos e cristais poderão manifestar todo o seu potencial para atuarem como canais de uma energia extremamente robusta, amorosa e necessária nesses tempos de transformação. Se não há um ancoramento forte, o índigo ou cristal poderá passar toda a encarnação "voando por aí", e até mesmo buscando algum tipo de satisfação e preenchimento em drogas, álcool, sexo excessivo e outros comportamentos autodestrutivos. O trabalho da EMF Balancing Technique®, na minha própria experiência pessoal e de trabalho com outras pessoas, veio principalmente para auxiliar os seres humanos a restabelecer essa conexão com a energia da terra. É óbvio que a ativação da evolução da nossa anatomia energética pode propiciar muito mais do que somente esse ancoramento. Mesmo assim, é uma forma de fazer a transição da velha para a Nova Energia planetária de modo equilibrado e gradativo, com autoapoio e autossuporte, empoderando o humano. É a evolução do nosso sistema energético.

Cabe ressaltar que a informação em si pode ser proveitosa, mas não transforma nada nem manifesta nada. Nosso caminho de evolução pessoal necessariamente deve ser trilhado. Muitas das características que estão escritas são das potencialidades dos chamados índigos, ou até mesmo de alguns índigos desequilibrados, mas não de todo o potencial que o ser humano tem por meio do seu livre-arbítrio, tanto para o lado positivo quanto para o negativo, ou até misturando "bem e mal", luz e escuridão, se assim for de escolha nesta encarnação. Muitos chamados de índigo não conseguem expressar todo o potencial dessa energia ou vibração no planeta, que vai muito além das características acima citadas, pois a Energia Divina é infinita e, portanto, infinitas são as possibilidades de manifestação nesse plano, fato que, por si, quebra a linearidade de dar características comuns aos índigos ou cristais, pois todos nós, seres humanos, podemos mudar nossa frequência ou vibração, se assim desejarmos e nos esforçarmos. Tudo depende da utilização do livre-arbítrio em direção à Luz Infinita, ao Amor. Um chamado índigo que acessa o centro do seu Ser, a energia da Luz Infinita, automaticamente deixa de ser índigo ou se identificar com isso, pois vira uma manifestação ou canal para o Amor Infinito, que não pode ser colocado em nenhuma caixa, nem mesmo uma caixa espiritual de índigo ou cristal. E, nesse ponto, todos os seres humanos, índigo ou não índigo, cristal ou não cristal, têm a possibilidade de vibrar em frequências cada vez mais elevadas de suas essências. Por isso, prefiro falar muito mais na "Essência Dourada", que anima todos os seres humanos!

Para alguns, a identificação com o rótulo índigo apenas serve como mais uma fonte de alimento do ego: "Ah, eu sou índigo, eu tenho as respostas, eu sei de tudo, sei qual é a minha vibração e por que sinto isso e aquilo, porque sou sensível. E mais, esta é uma característica índigo, não tenho por que mudar, eu sou assim!". Muita confusão entre o poder de ser banhado pela energia do Amor e a reatividade egoica de um índigo desequilibrado. Muros e paradigmas não são quebrados com força física ou por imposição, e sim pela energia suave do Amor que atua de formas que a nossa mente não tem nem de perto a capacidade de entender. É um ativismo muito sutil, em que muitas vezes nenhuma bandeira sequer é levantada, nenhum comício feito, nenhuma manifestação pública realizada. Um índigo, sem estar em contato com sua essência amorosa, pode criar mais muros, ao invés de derrubá-los. A intenção é que até mesmo a negatividade se transforme, no entanto, a mensagem não chega ao coração dos outros se não sair direto do Amor do próprio coração, e para isso acontecer se fazem necessários uma lapidação e um confronto com sua própria sombra, com seu ego, o que geralmente separa o indivíduo de seu próprio coração. Um dos maiores desafios dos índigos e cristais diz respeito ao amor-próprio, um estado de Ser que vai além de qualquer atributo, além da autoestima. E por mais "elevada" que uma pessoa se ache, há sempre algo a mais para lapidar, não termina nunca! Há infinitas formas de aprender aqui na Terra! Pelo desequilíbrio e não contato com sua total frequência e potencial, alguns índigos podem se apegar a antigos sistemas de crenças e defendê-los com toda a sua força.

É lógico que são vários fatores que influenciam no processo. Depende do caminho da alma, da lição de vida, do karma, do que veio manifestar neste plano existencial, de escolhas todos os dias, da família, da escola, do que a alma se propôs, da persistência e do esforço etc. Percebo que muitas pessoas ficam felizes quando se identificam como índigos, mas, na verdade, muitas não conseguem concretizar e manifestar com toda a força o potencial que essa frequência pode ter no Planeta, pois estão desancoradas. Maior abertura não quer dizer manifestação. Não é um processo muito fácil lidar com a dualidade, aqui a densidade é grande e, às vezes, bem desafiadora para almas sensíveis e sutis, que já experienciaram em muitas vidas a Unidade, talvez em outros momentos planetários.

MASSA CRÍTICA E O CAMPO

Não é à toa que, para uma mudança de consciência, seja necessário o "acordar" apenas da massa crítica da humanidade, aproximadamente a raiz quadrada de 1% da população toda. Este é um fator decisivo para o grande despertar que não pode ser mais negado. Expondo de uma maneira simples, pela linguagem da física, a massa crítica é a quantidade mínima necessária para formar e manter uma reação em cadeia (nuclear). No nível macro, quando um número suficiente de seres humanos despertar para sua essência, uma reação em cadeia começará a acontecer e uma transformação da consciência global ocorrerá no planeta e, consequentemente, no Universo todo. Para as tradições espirituais esotéricas do planeta, isso é uma informação concreta, um fato há muito tempo, pois estamos todos conectados e os grandes mestres da humanidade já experimentaram, viveram e vivem isso. Para a ciência contemporânea, há diversas teorias de como isso poderia se dar. Tentarei expor de forma simplificada e resumida alguns desses conhecimentos que estão surgindo, os quais demonstram a união do conhecimento espiritual com o científico, um sinal de um estágio mais elevado de consciência planetária.

O biólogo e antropólogo Lyall Watson, em sua obra *Lifetide: The Biology of the Unconscious*, descreve o que hoje chamamos de fenômeno do "centésimo macaco". Primatólogos japoneses, que estiveram estudando os macacos na década de 1950, tinham-se deparado com um fenômeno surpreendente. Reproduzo aqui um texto de Owen Waters a respeito do assunto:

Em 1952, na Ilha de Koshima, os cientistas estiveram fornecendo batatas-doces que caíam na areia. Os macacos apreciam o sabor das batatas-doces cruas, mas achavam o sabor da areia desagradável. Uma macaca fêmea de 18 meses, chamada Imo, descobriu que poderia resolver o problema lavando as batatas em um riacho próximo. Ela ensinou este truque a sua mãe. Seus companheiros também aprenderam esta nova maneira e eles ensinaram também as suas mães. Entre 1952 e 1958, todos os jovens macacos aprenderam a lavar as batatas doces, tirando-lhes a areia, para torná-las mais agradáveis ao paladar. Somente os adultos que imitaram os seus filhos aprenderam esta melhoria social. Outros adultos continuaram a comer as batatas-doces com areia. Então, algo surpreendente aconteceu. No outono de 1958, um certo número de macacos Koshima estava lavando as batatas-doces – o número exato não é conhecido. Vamos supor que, quando o sol nasceu uma manhã, havia 99 macacos na Ilha de Koshima que tinham aprendido a lavar as suas batatas-doces. Vamos supor ainda que mais tarde, naquela manhã, o centésimo macaco aprendeu a lavar as batatas. Então, aconteceu! Naquela noite, quase todos na tribo estavam lavando as batatas-doces antes de comê-las. A energia adicional desse centésimo macaco, de algum modo, criou um avanço ideológico!

Mas percebam: Uma coisa mais surpreendente que foi observada por estes cientistas foi que o hábito de lavar batatas-doces tinha atravessado o oceano.

Colônias de macacos em outras ilhas e de grupos de macacos do continente, em Takasakiyama, começaram a lavar as suas batatas-doces. Portanto, quando um certo número crítico atinge a consciência, esta nova consciência pode ser comunicada de uma mente a outra.

Embora o exato número possa variar, este Fenômeno do Centésimo Macaco significa que quando somente um número limitado de pessoas tem conhecimento de uma nova forma, isto pode permanecer como patrimônio da consciência destas pessoas. Mas há um ponto em que, se somente uma pessoa se sintoniza com uma nova consciência, um campo é reforçado, de modo que esta consciência é assimilada por quase todos. (...)

O mecanismo para esta transferência de ideias funciona da mesma maneira que os macacos, para todos os seres sensíveis. Existimos em uma atmosfera global de consciência – um cinturão da mente. O cérebro humano está recebendo e transmitindo constantemente imagens e informações para e desta atmosfera mental em que estamos imersos. O cinturão da mente, também conhecido como inconsciente coletivo de Jung, não deixa de funcionar porque alguns céticos não gostam dos seus efeitos. Ele funciona da mesma forma, sempre, transmitindo informação de um indivíduo para outro, com base em sua frequência comum de consciência. Se os macacos progressistas tivessem uma nova ideia, assim também teriam outros macacos progressistas em outras ilhas. Eles ressoavam na mesma frequência de consciência.

As invenções, muitas vezes, ocorrem ao mesmo tempo pelos inventores que não estão em contato físico com o outro. Por exemplo, em 1941, Les Paul projetou e construiu a primeira guitarra elétrica de corpo sólido, exatamente quando Leo Fender, dos Instrumentos Musicais Fender, estava fazendo exatamente a mesma coisa.

Alguma vez vocês já tiveram uma ideia e, então, viram outras pessoas expressarem ou usarem esta ideia? Vocês provavelmente disseram: "Ei! Eu pensei nisto primeiro!". Bem, é assim que o cinturão da mente funciona. É uma atmosfera que vocês compartilham com todos os outros seres sensíveis, mas vocês entram em sintonia, especialmente, com os temas e frequências específicos da mente que mais lhes interessam." (Disponível em http://www.luzdegaia.net/ ser/infinito/centesimo_macaco.html.)

De acordo com a teoria do biólogo e bioquímico Dr. Rupert Sheldrake, em sua obra *New Science of Life*, este fenômeno poderia ser explicado pela Ressonância Mórfica. Por meio dela, as informações (e não a energia) propagam no interior do campo morfogenético um campo ordenador invisível que tem um poder causal e serve como matriz para a forma e o comportamento de todos os sistemas do mundo material, superando as barreiras de espaço e tempo. Os campos morfogenéticos são igualmente potentes à distância ou próximos e alimentam uma memória ou consciência coletiva. Alguns autores os associam com o inconsciente coletivo de Jung, uma camada muito profunda da nossa psique, o "lugar" dos arquétipos (fundamentos de experiências vividas pelo conjunto da humanidade e que se repetem constantemente). Esses campos levam informação e não energia. Todas as entidades no Universo estariam associadas a um campo morfogenético específico. Por exemplo, quarks, elétrons, átomos, moléculas, células, tecidos, órgãos, sistemas corporais, organismos, tribos, sociedades, ecossistemas, países, planetas, sistemas solares, galáxias etc. Todos possuiriam o seu campo morfogenético.

A autora Lynne McTaggart, em seu livro *O campo – a força secreta que move o Universo*, reuniu diversas teorias e pesquisas científicas que apontam para a existência de um campo quântico que nos mantém juntos na sua rede invisível, chamado pela física de Campo Ponto Zero. Seria onde mantemos um diálogo constante e instantâneo com todo o Cosmos e com tudo que nele existe.

No mundo quântico, campos não são mediados por forças, mas pela troca de energia, que é constantemente redistribuída em um padrão dinâmico. Essa troca constante é uma propriedade intrínseca das partículas, que não são mais que pequenos 'nódulos de energia' que brevemente emergem para voltarem a desaparecer no campo subjacente. De acordo com a teoria quântica, a entidade individual é transitória e não substancial. Partículas não podem ser separadas do espaço vazio que as circunda. Esse tipo de emissão e absorção de partículas ocorre não apenas entre fótons e elétrons, mas com todas as partículas quânticas do universo. O 'Campo Ponto Zero' é o repositório de todos os campos e toda a energia básica e todas as partículas – um campo de campos. Pode-se explicar tudo o que acontece no mundo quântico com a física clássica, desde que se leve em conta o Campo Ponto Zero. Essa é a grande descoberta de Harold Puthoff! (...)

Eles também descobriram que somos feitos do mesmo material básico. No nosso nível mais fundamental, seres vivos, incluindo os seres humanos, são pacotes de energia quântica que constantemente trocam informação com esse inesgotável mar de energia. Os seres vivos emitem uma radiação fraca, e esse é o aspecto mais crucial dos processos biológicos. Informações sobre todos os aspectos da vida, da comunicação celular à vasta gama de controles do DNA, se assentam na troca de informações no nível quântico. Mesmo nossas mentes, esse 'outro' nível supostamente considerado tão fora das leis da matéria, também operam de acordo com processos quânticos. Pensar, sentir – cada função cognitiva superior – têm a ver com informações quânticas pulsando simultaneamente através do nosso cérebro e do nosso corpo. A percepção humana ocorre em função da interação entre partículas subatômicas do nosso cérebro e o oceano quântico de energia.

Suas descobertas foram extraordinárias e heréticas. De um só golpe elas desafiam muitas das mais básicas leis da biologia e da física. O que eles provavelmente descobriram, não foi menos que a chave para todo o processo de informação e troca em nosso mundo, da comunicação entre as células à percepção do mundo em geral. Respostas às questões mais profundas em biologia, acerca da morfologia humana e a consciência viva. Aqui, no chamado espaço morto e vazio, possivelmente está a chave para a própria vida. Fundamentalmente eles trouxeram evidências de que todos nós estamos conectados uns com os outros e com o mundo na camada mais profunda do nosso ser. Através de experimentos científicos eles demonstraram que pode existir tal coisa como a força vital, fluindo através do universo – que tem sido, invariavelmente, chamada de consciência coletiva ou, como os teólogos a nomearam, o Espírito Santo.

A descoberta de Harold Puthoff não foi nenhuma verdadeira descoberta, mas uma situação que os físicos tinham como certa desde 1926 e que haviam descartado como 'imaterial'. Para o físico quântico era um aborrecimento a ser subtraído e dispensado. Para os místicos ou religiosos, era a ciência provando o miraculoso. Um oceano quântico de luz. Harold demonstrou, em um trabalho publicado na prestigiosa 'Physical Review', que o estado estável de toda a matéria depende desse intercâmbio dinâmico de partículas com a energia do Campo Ponto Zero, que a tudo sustenta.

UM CHAMADO

Portanto, voltando ao assunto da massa crítica, o número raiz quadrada de 1% da população poderia ser considerado muito pequeno se comparado com a população mundial, aparentando um desafio relativamente fácil. No entanto, pode ser considerado um número alto, pois não é uma tarefa fácil quando o campo de batalha se dá na dualidade do nosso planeta, onde escuridão e luz podem misturar-se e confundir-nos constantemente. Neste momento planetário, uma grande quantidade de seres evoluídos espiritualmente está encarnada, para que pelo menos a massa crítica desperte para a Consciência Superior Infinita dentro de Si, e dessa forma acarrete uma mudança em todo o campo quântico do Universo. Mas o fato de a pessoa ter um potencial de vibração elevada nesta encarnação não garante em nada o despertar para o seu verdadeiro propósito e transformação planetária. Energia ou poder sem Amor podem acarretar verdadeiros desastres. É bem provável que isso possa ter causado a destruição de civilizações anteriores na existência do planeta, mesmo sendo espiritualmente mais avançadas do que a nossa.

E, na verdade, quanto maior o nível de energia possível, maior o desafio ao ser humano, mais distrações podem aparecer no caminho, o que pode ser bem desafiante para os chamados índigos e cristais, ou para qualquer ser humano que se engaje nesse processo. Existem milhões vivendo neste momento no planeta para que alguns atinjam um grau elevado de consciência, auxiliando assim a criar a paz na Terra. A possibilidade é para todos, todos podem! No entanto, depende de cada ser humano, de suas escolhas diárias e da decisão pessoal de tomar as rédeas da sua vida e manifestar toda a sua Essência Amorosa neste plano, pois é exatamente aqui que sua alma escolheu estar, e com certeza era e é o melhor lugar para sua evolução. Porém, para que se concretize a evolução, é preciso um profundo mergulho dentro de si mesmo, com muita persistência e resiliência.

A sensibilidade do ser humano a energias vem aumentando, tanto à energia dos próprios processos mentais e emocionais, quanto às energias cósmicas que entram no planeta diariamente. Neste ponto, torna-se extremamente importante para uma pessoa sensível perceber e discernir quais são os conteúdos e emoções da própria sombra que têm que ser lidados (energias a serem liberadas e elaboradas), quais são os conteúdos de uma possível sombra coletiva e, por último, mas não menos importante, o que diz respeito a calibrações energéticas planetárias que estão ocorrendo neste momento. Percebo algumas pessoas atribuindo seu estado emocional negativo a possíveis entradas de energias planetárias, mas estão fechando os olhos para a própria sombra e para processos mentais que estão sendo colocados na mesa e vindo à tona para serem resolvidos neste momento.

A maioria das crianças está vindo com grande abertura para frequências elevadas, com novas configurações cerebrais; entretanto, a manifestação e o ancoramento dessas frequências estão sendo negativamente influenciados, principalmente pelo sistema de educação atual, pela energia da consciência coletiva, pelos condicionamentos familiares e culturais e pelas escolhas pessoais equivocadas. Muitos seres de Luz encarnaram antes para preparar o caminho dessas crianças, no entanto nem todos conseguiram realizar seu propósito. Muitos deles escolheram um caminho de total desconexão de si mesmos. Bloquearam seus corações o ponto de não terem nem um senso de propósito maior, um amortecimento da consciência no mundo material. Entretanto, outros aparentemente não atuam diretamente com energias ou "espiritualmente" como professores, mas em muitos segmentos da sociedade estão infiltrados importantes trabalhadores da Luz recuperando a ética e os valores humanos universais, quebrando o paradigma vigente. Eles podem mudar um sistema simplesmente por recuperarem a essência dos valores e atributos humanos positivos, que por um bom tempo pareciam ter sido esquecidos pela população mundial. Eles estão trazendo inovações tecnológicas que auxiliam com sustentabilidade no planeta, novas metodologias de ensino com resgate da ética universal, inteligência emocional e espiritual, nova visão para o sistema de leis, econômico e político. Trazem novos conhecimentos nas áreas da física e química com o intuito de utilização para o bem do ser humano. O fato de não sentirem ou trabalharem com terapias ou alinhamentos energéticos, ou até mesmo não estarem conscientes da divindade dentro deles, não os torna menos importantes no plano cósmico. Pelo contrário, cada peça do jogo é extremamente importante para que o plano divino se concretize.

Uma questão que sempre me guiou foi de perguntar diariamente o que poderia fazer para contribuir positivamente para essa mudança planetária. Como poderia atuar para melhorar esse canal, para servir como uma ponte dessas frequências de Amor e paz? Ou, se preferir a terminologia utilizada, como trabalhar diariamente para se manifestar no dia a dia como um ser humano equilibrado vibrando a frequência do Amor Infinito? Neste momento há uma batalha cósmica entre a luz e a escuridão, entre o amor e o medo, em que cada pensamento, palavra ou ação conta e ditará o rumo do nosso planeta e de todo o Universo! Dessa forma, me faço algumas perguntas constantemente. Até onde estou disposto a ir dentro do "buraco da minhoca"? O quanto desejo saber mais e revelar sobre mim mesmo e sobre o Universo? O quanto estou consciente do impacto de minhas ações nesta batalha cósmica que afeta todos os seres humanos? Estou realmente fazendo o máximo que posso com tudo o que me foi dado? Estou assumindo a responsabilidade que me toca? Os sábios cabalistas, com base nos ensinamentos do Zohar (Livro do Esplendor – Kabbalah), dizem que o homem deve ver sempre a si mesmo como se o destino do mundo dependesse dele. Devemos olhar o Universo diariamente como uma balança equilibrada, onde a nossa ação pode ser o voto decisivo, o grão que pode mudar para que lado a balança penderá.

Tomo a liberdade de me dirigir diretamente a todos os trabalhadores da Luz, estejam ou não conscientes da sua missão. Dirijo-me diretamente a você, que está lendo estas palavras e que sente pulsar em seu interior um propósito grandioso, um senso de missão aqui neste plano! Para que lado da balança você está contribuindo diariamente? Está alimentando a energia do amor ou do medo? Está criando paz ou guerra nos seus relacionamentos? Está feliz com a sua zona de conforto ou todo dia luta para sair dela e viver sua bem-aventurança?

Neste momento, dirijo-me diretamente à sua alma! Que as palavras que saem do meu coração toquem o seu coração. Convido você a assumir o seu papel nesta batalha e convoco-o a manifestar tudo aquilo que pode manifestar! Nós precisamos de mais de você! Nós precisamos de mais Luz e Amor! Não desista de si mesmo! Você sabe da sua importância no plano geral! Você veio para mudar o mundo! Você veio para trazer uma nova consciência! A grandiosidade não diz respeito a projetos extraordinários, a quantas pessoas o escutarão, ou ao que trará de inovações. O que há de mais grandioso a fazer é simplesmente dar vazão à sua Essência de Amor! Manifestar quem você realmente é! Exercer o atributo da bondade e da compaixão no dia a dia! Precisamos que você seja o grão na balança cósmica todos os dias, a toda hora, em todos os relacionamentos! Que neste momento você possa se abrir para receber toda a energia do Infinito necessária para superar todos os seus desafios. Convido-o a fechar os olhos por alguns instantes e perceber a energia amorosa do Criador dentro de você, que o escolheu para um propósito mais que especial: ser você!!! Neste Universo, você é Único!!!

CURSO DE REGISTROS AKÁSHICOS E PRIMEIRA LEITURA

No final de 2012, fiz uma leitura de registros akáshicos com uma terapeuta que veio de Los Angeles para Porto Alegre para dar o Curso de como ler os registros akáshicos, assim como para fazer atendimentos individuais na técnica. Particularmente, nunca gostei muito de "previsões" de futuro ou algo do gênero, havia algo dentro de mim que não queria saber nada sobre o futuro, pois poderia influenciar minhas decisões. Como a leitura de registros akáshicos não era bem uma previsão de futuro, resolvi experimentar. Tudo o que essa terapeuta trouxe estava baseado nos trabalhos de Linda Howe, a diretora e fundadora do Centro de Estudos Akáshicos nos Estados Unidos. Novamente, a indicação para fazer o atendimento e o curso veio de minha mãe e da autora Ingrid Cañete. Antes de relatar o ocorrido, é muito importante situar resumidamente o que significam akasha e registros akáshicos.

Definição de Akasha, de acordo com o *Glossário Teosófico* de Helena P. Blavatsky:

Âkâsha (Sánsc.) – [Espaço, éter, o céu luminoso] A sutil, supersensível essência espiritual, que preenche e penetra todo o espaço. (...) Na realidade, é o Espaço Universal em que está imanente a Ideação eterna do Universo em seus aspectos sempre em mudanças sobre os planos da matéria e da objetividade, e do qual procede o Logos, o pensamento expressado. Por esta razão declaram os Purânas que Âkâsha só tem um atributo, o som, posto que o som não é mais do que o símbolo decifrado do Logos, ou seja, o "Verbo" ou "Linguagem" no sentido místico (...) Todas as formas e ideias do Universo vivem nele. Não há coisa viva neste mundo que não seja precedida ou seguida de Âkâsha.

Monika Muranyi nos define, no livro *The Human Akash*, sobre os ensinamentos de Kryon por meio de Lee Carrol, que:

(...) o akasha humano pode ser definido como uma energia que representa 'tudo o que há'. Quando você passa pelo 'vento do nascimento' e dá sua primeira respiração, sua expressão única de vida (um termo usado para uma vida única) começa. Seu Akash pessoal é uma energia profunda que vem com você... em cada célula. O termo 'registro akáshico' é, portanto, um registro de tudo o que você já fez ou experimentou durante todas as suas vidas. No entanto, o conceito de akasha também representa o futuro – o potencial de tudo o que pode ser – suas futuras potencialidades não realizadas no planeta (vidas futuras). (...)

Os detalhes das muitas vidas que você pode ter vivido anteriormente podem não estar conscientes dentro de sua mente, mas todas essas experiências ainda estão com você agora, escondidas em seu akasha pessoal. Sua estrutura celular se lembra de alguma forma, e seu Eu Superior estava lá para tudo! (...)

Seu registro akáshico não empurra coisas lineares para o seu cérebro, como quem você era, onde estava, ou quando estava. Normalmente não há nomes, lugares ou datas com informações específicas. Em vez disso, seu akasha dá conceitos experienciais e emocionais. Experiências passadas que criaram medo, drama e resoluções emocionais inacabadas são entregues à sua consciência não como uma lembrança do que aconteceu, mas como disparador emocional desta vida.

Seus atributos akáshicos começam a explicar o inexplicável. Dentro de sua informação akáshica estão muitos atributos emocionais de todo negócio inacabado (relativo a sua lição de vida); informação do grupo cármico; todos os talentos e habilidades crescidos ao longo de muitas vidas; todo crescimento espiritual; e um registro quântico do que você fez, juntamente com a energia de todos os seus potenciais a vir. (...) Pense em todas aquelas vidas de sabedoria, conhecimento e aprendizado espiritual. Seu akasha é uma mina de ouro esperando por você para abrir a porta.

Muitos pensadores relacionam o akasha com o conceito de inconsciente coletivo de Carl G. Jung, mas, antes de falarmos nisso, vamos diferenciar com maior clareza o que Jung considerava parte do inconsciente pessoal e parte do inconsciente coletivo, assim como relembrar alguns de seus conceitos sobre a psique humana, retirados do livro *Um caminhar pela psicologia analítica*, de Sandra Regina Santos.

Para Jung, a psique humana é ambígua, representa a totalidade amalgamada dos contrários, sendo, ao mesmo tempo, inconsciente e consciente, buscando o equilíbrio desses opostos pela compensação. Jung entende a psique como a expressão de um funcionamento psíquico inconsciente, "genérico, humano, que está na origem não só das nossas representações simbólicas modernas, mas também de todos os produtos análogos do passado da humanidade" (O.C. vol. XVI/1-111). No entanto, cada ser humano tem a sua forma natural de vida dentro de si, forma irracional e racional. Essa forma de ser é preenchida com material imaginado apresentado pelos símbolos. As representações simbólicas remetem a psique a estados primitivos, que se exprimem por meio de imagens mitológicas, possibilitando o funcionamento conjunto entre o consciente, e aquilo que o perturba, com o inconsciente, que mantém os conteúdos primitivos.

A psique não é um recipiente de elementos recalcados e rejeitados pelo consciente e depositados no inconsciente. O inconsciente é autônomo, tem formas próprias que brotam de regiões profundas, desconhecidas, que, aos poucos, atingem a consciência (O.C., vol. XVI/1-125). Contudo, afirma Jung: "Existem certas constantes que não são adquiridas individualmente, mas existem a priori" (op. cit. -206). É nesse sentido que se utiliza do conceito de arquétipo, do grego arché (antigo) e typon (marca), que são padrões de imagens psíquicas do inconsciente comuns a toda a humanidade.

Quanto mais Jung percebe a imensidão da psique, mais se depara com a camada mais profunda, a qual denomina inconsciente coletivo. A psique coletiva, assim como a psique pessoal, contêm pares de opostos, tais como: as virtudes e os vícios, o "caráter moral do bem e do mal" e todas as demais díades. O ser humano é, a um só tempo, consciente e inconsciente. (...) Segundo Jung, o inconsciente apresenta duas camadas: o inconsciente pessoal e o inconsciente coletivo, ou suprapessoal. A camada mais superficial do inconsciente se constitui de lembranças perdidas ou reprimidas, de lembranças dolorosas e percepções sensoriais que não ultrapassaram o limiar da consciência por falta de intensidade de energia psíquica, sendo denominada inconsciente pessoal (O.C., vol. VII/1). Jung deixa claro quão difícil é a distinção dos conteúdos coletivos e pessoais, pois estão intimamente ligados.

Os conteúdos do inconsciente pessoal são reconhecidos em sonhos, sintomas ou fantasias, calcadas em reminiscências pessoais, geralmente de acolhimento ou desafeto de pai, mãe, amante etc. No entanto, o inconsciente pessoal e a consciência "brotam" do inconsciente coletivo, a camada mais profunda da psique, onde estão contidas todas as predisposições do vir a ser do ser humano, na forma de arquétipos.

O inconsciente pessoal vai até onde se estendem as recordações infantis mais remotas do indivíduo, enquanto o inconsciente coletivo representa a sedimentação da experiência multimilenar e é, portanto, uma figuração do mundo. Com o passar do tempo, foram-se definindo certos traços nesta figuração. Esses traços são denominados de arquétipos ou dominantes. Os conteúdos da camada mais profunda do inconsciente, ou seja, os arquétipos, são como formas vazias, estruturas não preenchidas até que o indivíduo as preencha com suas representações pessoais, em função de sua vivência. As imagens arquetípicas, em si, não são hereditárias, mas sim a capacidade de ter tais imagens. (O.C., vol. VII/1-102) (...)

Para Jung, além dos elementos pessoais do inconsciente, poderão surgir imagens divinas autênticas e primitivas, totalmente coletivas. "(...) o inconsciente contém não só componentes de ordem pessoal, mas também impessoal, coletiva, sob a forma de categorias herdadas, ou arquétipos. (O.C., vol. VII/2-220)

Jung considerava a psique não somente causal, ou seja, fruto de acontecimentos passados. Para ele, a psique é na sua maior parte "prospectiva" ou "construtiva", relacionando-se com o futuro e a evolução pessoal. É por isso que o Self, centro e totalidade da psique, envia mensagens a todo momento através de sincronicidades, pois provavelmente acessa dados de passado, presente e futuro do akasha. Para Jung, a psique era resultado e culminância de tudo aquilo que passou na vida do indivíduo, e de tudo que está por vir. Dizia ele: *"O princípio de causalidade investiga apenas de que maneira essa psique se tornou o que é agora, tal como hoje ela se apresenta. A perspectiva construtiva ou prospectiva, ao contrário, pergunta como se pode construir uma ponte entre esta psique e o seu futuro"*.

Voltando à minha experiência pessoal ligada ao acesso mais profundo das camadas da própria psique, hoje percebo um acesso muito maior a conteúdos impessoais. Até mesmo de civilizações anteriores, uma espécie de desbloqueio ou abertura de informações do campo, parte do inconsciente coletivo ou akasha. Na minha primeira leitura dos registros akáshicos através da técnica trazida por Linda Howe, muitas informações foram apresentadas em relação ao meu desafio de alma naquele momento, além de uma energia muito forte durante o processo. Algumas das informações se confirmaram, outras não. Mas, na grande parte, tudo fez sentido e achei que era uma técnica ou um trabalho muito positivo para evolução espiritual. Com o passar do tempo, com maior sensibilidade e expansão de consciência, pude perceber um outro lado da leitura dos registros akáshicos, não tão positivo para nossa evolução. O que no início pareceu de grande auxílio, posteriormente mostrou-se muitas vezes perigoso, algumas vezes até mesmo dispersivo, desfocado e desvirtuado, atrapalhando a caminhada evolutiva no médio e longo prazos. O que parecia ser algo lindo e maravilhoso vinha com alguns "pacotes" de surpresinhas para o futuro, grandes armadilhas do nosso ego e evolução pessoal.

Mesmo assim, relatarei aqui a informação que se confirmou da minha primeira leitura de registros akáshicos. A praticante fez todo o processo de abertura e começou a "canalizar" as informações. A energia se fez presente na sala. Apareceram imagens de três caminhos: do coração, da medalha e da estrela (todos muito simbólicos para mim). Eram as três opções de caminho naquele momento da jornada. Lembro a vocês que a praticante da leitura não teve nenhum contato comigo antes da sessão. Ela frisou que qualquer um dos caminhos que eu escolhesse seria o meu caminho e seria honrado. Com relação ao caminho do coração, eu encontraria uma pessoa que me mostraria por um tempo esse caminho do Amor. Por um período de tempo, seria bom caminhar ao lado dela, mas somente por um tempo, pois era um estágio necessário para aquele momento da minha vida. Com relação ao caminho da medalha, eu trabalharia com grupos e equipes ensinando sobre espiritualidade e a descoberta de si mesmo. E, por último, o caminho da estrela dizia respeito a um trabalho individual com pessoas, em que algumas delas estariam buscando auxílio na sua caminhada pessoal de evolução e me caberia auxiliar de alguma forma por estar trilhando essa jornada, uma espécie de "*coaching* espiritual" (apesar de não simpatizar muito com o termo, foi o mais próximo que encontrei). Em questão de um ano, os três caminhos apareceram e, na verdade, não precisei escolher um deles; minha vida começou a se manifestar naturalmente pelos caminhos do coração, da estrela e da medalha.

Na semana seguinte, participei do curso de praticantes de leitura de registros akáshicos. Durante o curso, trocamos com outras pessoas diversas leituras (se não me falha a memória, pelo menos umas quatro ou cinco). Algumas coisas até fizeram sentido e marcaram mais do que outras. No entanto, comecei a perceber um pouco de influência de conteúdos e imagens pessoais do praticante no processo, mas não me preocupei muito, pois todos estavam ali aprendendo, éramos inexperientes.

Durante o curso, teve uma leitura da ministrante para o grupo todo. Senti a energia realmente muito forte, uma mensagem diretamente para mim através da energia ali presente, tanto que comecei a chorar compulsivamente. Tive que sair da sala de tanto choro, não pela informação, mas pelas imagens e mensagens que comecei a receber diretamente do akasha, informações com relação à Consciência Crística, conexão com aquela frequência infinitamente e incondicionalmente amorosa. Contudo, num certo momento, conectei-me com a experiência arquetípica do sofrimento de Cristo e da crucificação, o que foi extremamente dolorido e me mexeu profundamente. Era a energia no akasha que dizia respeito a muitas vidas trabalhando para a Luz em direção à evolução de consciência e do despertar, e ainda assim sofrer perseguições, injustiças, acusações infundadas e até mesmo a morte. Estava em contato com as diversas facetas da experiência da Centelha Crística no planeta. Não estou falando neste momento de Jesus Cristo como figura histórica, e sim de uma frequência consciencial presente no Universo do qual muitos de nós fizemos, fazemos ou poderemos fazer parte, dependendo do "contrato" que se colocou a cumprir. Aquela experiência reverbera até hoje no meu campo e nas minhas células.

Ocorreram outras leituras durante o curso, assim como também comecei a experimentar mais do processo com outras pessoas, fazendo e recebendo leituras. Tive acesso a muita informação diferente, só que neste momento não creio que seja relevante o conteúdo de todas elas, pois foram mais de 10 leituras entre 2012 e 2015, em que escutei coisas absurdas, incríveis e algumas verídicas. O que destaco novamente é que, no início, fiquei deslumbrado com o processo e com as informações, meu ego adorava! Mas quando tornei-me mais consciente de algumas influências e das energias que poderiam estar ligadas, afastei-me completamente. Cada pessoa que servia como "canal" na leitura dos registros akáshicos acessava uma "camada" diferente, às vezes mais superficial, às vezes mais profunda, algumas com maior pureza e outras com muitas "interferências" disfarçadas. Era um campo de potencial e, dependendo do filtro pessoal, poderia acessar probabilidades com diminutas chances de acontecerem.

"ABRINDO OS OLHOS" PARA OS REGISTROS AKÁSHICOS

O que gostaria de compartilhar agora sobre os registros akáshicos é uma experiência com relação às leituras que fiz para outras pessoas. Quando comecei a "abrir" os registros akáshicos, de início vinham muitas informações e imagens. Com o passar do tempo, com o aprofundamento no meu trabalho de lapidação pessoal através da meditação, mudança alimentar e de hábitos pessoais, cuidado com o corpo e liberação de sombras, o conteúdo das leituras foi diminuindo e, muitas vezes, até mesmo havia silêncio completo, nenhuma imagem ou informação aparecia. Quanto mais me aprofundava na libertação das ilusões da mente e na compreensão das camadas dos planos espirituais, menos informações apareciam. Hoje, entendo o que estava acontecendo comigo, mas tive que passar por diversas leituras com outras pessoas para poder notar alguns padrões, assim como sutilizar minha energia pessoal para poder captar interferências energéticas que se utilizam de certos canais para alimentar o ego das pessoas e desviá-las do seu caminho de alma.

Existem diversas formas de acessar os registros akáshicos da alma de uma pessoa. Hoje em dia, com a abertura energética que nosso planeta está atravessando, mais e mais pessoas estão tendo acesso a informações de diferentes planos e dimensões de consciência, onde nem todos podem ser considerados íntegros e puros. Alguns seres humanos, pelo aprofundamento dentro de si mesmos e grande esforço no processo meditativo, começam a ter acesso a essas dimensões mais profundas da nossa psique e do Universo, onde passado, presente e futuro fundem-se no eterno agora de informações no akasha. Pelo "despir" de partes do ego, entram em contato com energias e potenciais que representam informações extremamente valiosas para o crescimento e evolução pessoal. Grandes mestres da humanidade conseguiram acessar os registros akáshicos dessa forma, dependendo da função que viriam a desempenhar no planeta. Muitos deles auxiliaram seus discípulos nos maiores desafios de suas vidas, principalmente no processo de enfrentar seu próprio adversário, o ego.

Naquela época, tive a oportunidade de conhecer um ser humano que acessava muitos conteúdos e vivências das almas das pessoas, e que tinha se esforçado para adquirir aquelas capacidades. Ele era francês, mas vinha trabalhar no Brasil há vários anos, por ter dois filhos lindos aqui. A primeira vez que o encontrei, foi para uma consulta individual, enquanto ainda estava lesionado dos joelhos; procurei-o para ver se ajudava a solucionar o grave problema que me afligia. O que posso adiantar é que nossa relação começou como cliente e terapeuta e, com o passar dos anos, ele transformou-se em um companheiro de trabalho. Desde a adolescência, mergulhou no processo de autoconhecimento, de meditações profundas, descobrindo mais sobre si mesmo. No processo de acessar camadas mais profundas da própria mente, algumas capacidades humanas foram despertadas e ele passou a acessar informações do akasha. Ele realmente tem uma sensibilidade inimaginável para energias, das mais densas da escuridão às mais sutis da luz. Essa forma de acesso era totalmente diferente da técnica de leitura de registros akáshicos que apresentei anteriormente para vocês. A possibilidade de interferência de energias negativas e de informações desvirtuantes era um pouco menor. Não quero dizer aqui que este terapeuta francês é perfeito e que não possa haver "distorções ou projeções" nas informações que passa, pois ele mesmo fala que está sempre evoluindo e não tem a intenção de ser mestre de ninguém. Enquanto estamos vestidos de seres humanos, temos coisas para melhorar, trabalhar e lapidar. O que não significa dizer que tudo que ele dissesse seria verdade, pois no plano akáshico existem potenciais, assim como informações que são reveladas e outras ocultas para algumas pessoas, mesmo para as mais elevadas espiritualmente no planeta.

ESPAÇO DE LUZ

Minha mãe teve a oportunidade de conhecê-lo pela primeira vez em 2006 ou 2007, numa palestra no Espaço de Luz, em Porto Alegre, o espaço holístico que ela mesma havia construído e idealizado para desenvolver seu trabalho, assim como para facilitar o processo de autoconhecimento, de expansão e de transformação da consciência por meio de terapias, meditações, cursos e palestras visando à reintegração do "Ser com a Totalidade". Ela tinha entrado conscientemente na jornada do autoconhecimento e expansão da consciência a partir de 1989, o que serviu como uma grande abertura de caminho na minha própria jornada. Posso dizer que foi a partir da influência e do exemplo dela que me senti cada vez mais inspirado em buscar minha própria essência. Com o passar do tempo, percebi que nossa relação de mãe e filho ia para além do tempo e desta única vida. Realmente tínhamos uma ligação de alma. No Espaço de Luz, tive a oportunidade de me desenvolver pessoalmente por meio das terapias e atendimentos que recebi ali, assim como para me desenvolver posteriormente com relação ao meu trabalho algum tempo depois, quando vim a ser sócio do Espaço.

Minha mãe, com a intenção de compartilhar mais luz, convenceu meu pai a construir o Espaço de Luz ao lado da nossa casa, exatamente na parte do terreno em que fora instalada uma pequena quadra de basquete, onde eu e meu irmão treinávamos quando jovens. Brinco com minha mãe que tenho o "usucapião" do andar de baixo do Espaço, pois fui a pessoa que tinha ficado mais tempo naquele ambiente, treinando arremessos sozinho e imaginando-me como jogador de grandes equipes. Naquele mesmo lugar em que estava a quadrinha de basquete, viria instalar-se um ponto de emanação da Luz para Porto Alegre e, consequentemente, para todo o mundo. E nada disso teria acontecido se não houvesse a idealização da minha mãe em conjunto com o coração extremamente generoso e bondoso do meu pai.

O Espaço de Luz foi idealizado e construído para preservar a harmonia, o equilíbrio e o respeito. Nele busca-se, incansavelmente, encontrar as chaves para expressar nossa verdadeira natureza, que é divina. Até mesmo durante as obras, após o encerramento diário dos trabalhos dos operários, eram recitados cantos gregorianos, músicas sacras e mantras, bem como meditações com as sagradas letras hebraicas de Kabbalah, tudo visando a imantar as paredes e o ambiente com energias sagradas.

Pela criação do Espaço de Luz em Porto Alegre, pude experienciar vários tipos de trabalhos, terapias, cursos e eventos, que acabaram me colocando exatamente no lugar onde eu estava, pronto para a transformação e para o salto quântico. Como mencionei, em 2012 já frequentava o centro de Paramahansa Yogananda em Porto Alegre, assim como tinha intensificado as meditações, o confronto com a sombra e as leituras diárias. No mesmo ano, fiz dois atendimentos individuais com o terapeuta francês. Lembro que ele mencionou para minha mãe que seria importante que eu repetisse algumas vezes uma terapia energética para melhorar o ancoramento, pois havia uma parte do meu sistema energético que estava "danificado", e sem a reestruturação daquela parte seria difícil meu processo evolutivo, talvez nem conseguisse fazê-lo de forma equilibrada. Minha mãe já trabalhava com a EMF Balancing Technique® e, naquela segunda metade do ano de 2012, intensificamos a repetição das fases 1, 2 e 3 da técnica. Essas primeiras fases da técnica, que é mais do que tão somente uma tecnologia espiritual, pois aborda o modo como nossa consciência se organiza eletromagneticamente, auxiliavam no ancoramento e na conexão com a energia da terra, o que era necessário para poder manifestar mais de quem eu realmente era. Quanto mais profundas as raízes, mais a árvore cresce.

De acordo com o terapeuta francês, parte do meu ser ou da minha essência não podia se manifestar, pois não estava totalmente "encarnada" em meu corpo. Para ele, eu tinha uma grande abertura para a espiritualidade, no entanto não conseguia manifestá-la totalmente por não me sentir "confortável" no plano da Terra, ou seja, por não ter a estrutura energética necessária para poder ancorar toda energia que seria possível futuramente. Sendo assim, semanalmente fiz sessões de EMF, calibrações do campo eletromagnético, com minha mãe, além de fazer o curso de praticante para as quatro primeiras fases da técnica, o que aprofundou mais ainda o processo de contato com essas frequências e energias. Até o final de 2012, grande parte já estava reestruturada para a próxima etapa de evolução, que viria em seguida. Mas isso não queria dizer que todo o sistema energético já estava reconstruído ou reconstituído. Havia dado um grande passo para o ancoramento, mas muito mais ainda viria pela frente.

Esse trabalho com o nosso campo eletromagnético será explicado em detalhes posteriormente, pois é de extrema importância para este momento planetário e para a evolução da humanidade a novos níveis de iluminação. O que posso concluir com relação ao referido período da minha vida é que sentia que algo estava chegando ao fim, que havia algo novo me esperando, uma nova janela se abrindo. Estava sendo auxiliado e guiado por trabalhadores da luz que realmente queriam meu bem, mesmo sem que percebesse o quanto nem valorizasse a bênção que estava recebendo do Universo por ter contato com eles. Cada um do seu jeito e com sua função. E para somar, minha mãe com toda a sua prestatividade, carinho, compreensão e amorosidade, e meu pai com toda a sua generosidade, base, firmeza, estruturação, inteligência e ética. Realmente, bênçãos divinas!

Capítulo 3 A SEGUNDA ENCARNAÇÃO

TANTRA YOGA

Em janeiro de 2013, fui para o Instituto Visão Futuro, para começar a pós-graduação em Biopsicologia. Conforme aponta o *site* da instituição, *"Biopsicologia é uma metodologia que propõe o autocontrole das emoções negativas e seus reflexos na saúde e na vida. Tem como objetivo ensinar técnicas físico-mentais para corrigir desequilíbrios nos chakras e glândulas endócrinas, harmonizando a mente e facilitando o processo de autorrealização; (...) explorar a relação entre a psicologia oriental dos chacras e a psicologia ocidental, com um esforço cocriativo para formular uma síntese viável dessas duas abordagens; relacionar as ciências atuais, medicina corpo-mente e psiconeuroimunologia, com a sabedoria antiga...".*

O curso era ministrado pela americana Drª. Susan Andrews, ex-monja da Ananda Marga, instituição criada pelo grande mestre indiano Shrii Shrii Anadamurti (de abençoada memória), para disseminar a filosofia do Tantra Yoga. Ela viveu muito próxima a ele, aprendendo muita coisa direto do próprio mestre, por isso a sua devoção muito profunda a ele. Entretanto, em algum momento da caminhada, após o desencarne do mestre, ela se desligou da Ananda Marga e fundou o Instituto Visão Futuro no Brasil. No início, eu não entendia muito bem a razão do afastamento, já que muitas pessoas falavam diferentes versões. Para mim, a razão aparente não importava. O que era nítido é que uma alegada "quebra de regras" ou distanciamento poderia servir para um propósito maior. O número de pessoas que ela teve condições de atingir e o número de lugares em que ela conseguiu entrar para compartilhar os ensinamentos no Brasil eram muito maiores por meio do Instituto Visão Futuro do que teria sido se estivesse ligada a uma instituição filosófico-religiosa. Principalmente nas culturas ocidentais e no paradigma que vivemos hoje no Brasil. O fato de ela ser também uma "cientista" fazia com que todos os meios tivessem abertura para a profunda tradição espiritual que ela representava e dava continuidade.

Nascida nos Estados Unidos, Susan é psicóloga e antropóloga pela Universidade de Harvard (EUA), doutorada em Psicologia Transpessoal na Universidade de Greenwich (EUA), estudou os Xamãs, os Mayas do México e os curadores psíquicos das Filipinas, antes de estudar na Índia com o mestre P. R. Sarkar (Shrii Shrii Anandamurti) e tornar-se acharya, instrutora de Yoga e Meditação, em 1972. Autora de mais de 12 livros, traduzidos para 10 idiomas, sobre temas como educação, psicologia, saúde, Yoga, nutrição e ecologia. Ministrou palestras e seminários sobre esses temas em 42 países. Domina 11 idiomas, incluindo bengali, chinês e sânscrito.

Localizado no interior de São Paulo, o propósito do Instituto Visão Futuro é compartilhar e facilitar o processo de cocriar uma nova visão unificadora de uma totalidade maior. Uma visão mais abrangente, que não é meramente uma ideia abstrata e filosófica, mas uma realização viva e vibrante de que somos todos conectados não só na família de humanidade, mas na família de toda a criação. O Instituto tem ainda, como objetivos, promover o desenvolvimento integral do ser humano (físico, mental e espiritual), desenvolver uma nova educação integrada, pesquisar e ministrar cursos sobre a Biopsicologia, além de treinar multiplicadores e desenvolver uma rede de parceria e cooperação.

Antes de contar o que aprendi durante o curso, gostaria de deixar claro ao que me refiro quando falo do Tantra Yoga. Georg Feuertein (PhD), em seu livro *Tantra, The Path of Ecstasy*, explica com brilhantismo o Tantra Yoga original, artigo que reproduzo devido à sua importância:

Tantra é uma complexa tradição esotérica de origem indiana e excepcionalmente ramificada. Dentro do Hinduísmo, Tantra gradualmente caiu em descrédito por causa das radicais práticas antinomias (que vão contra as normas aceitas) de alguns de seus adeptos. Desde o princípio, Tantra abrangeu tanto o hinduísmo quanto o budismo, e particularmente a tradição tibetana Vajrayána tem se tornado cada vez mais popular no ocidente... Tantra Yoga foi apresentada ao mundo ocidental através dos escritos de Sir John Woodroffe (O poder da serpente), um juiz britânico que atuava na suprema corte de Calcutá durante a dominação inglesa, no início do século XX, que escreveu: As escrituras tântricas estão entre as principais escrituras na Índia, formando um repositório dos ensinamentos esotéricos indianos. Esse lado esotérico dos textos conhecidos como Tantras é de importância científica, mais especificamente por causa do reavivado interesse pelo estudo esotérico no ocidente.

Até mesmo hoje, o Tantra hindu é pouco pesquisado, e a maior parte dos seus ensinamentos mais elevados, os quais requerem uma experiência direta ou ao menos as explicações de um iniciado, permanecem inacessíveis. A situação é surpreendentemente diferente com relação aos ensinamentos do Tantra budista, na forma da tradição Vajrayána (Veículo de Diamante). Desde a invasão do Tibete pelos chineses em 1950, e particularmente desde a fuga de Sua Santidade o Dalai Lama em 1959, os lamas tibetanos têm generosamente ensinado e iniciado os praticantes ocidentais no budismo Vajrayána. Hoje em dia, portanto, o ramo budista de Tantra não é apenas disseminado de uma forma mais ampla do que o ramo indiano, mas também melhor compreendido no ocidente do que sua contraparte hindu.

São poucos os bons trabalhos sobre o Tantra hindu (Tantra é de fato a base prática da espiritualidade da Índia, não uma religião, como o que se denomina hinduísmo – seria melhor dizer "Tantra originado na Índia" ou "Tantra indiano" em vez de "Tantra hindu", para que não se confunda Tantra com Hinduísmo), e os livros de Woodroffe, embora desatualizados e incorretos em alguns pontos, ainda são exemplares em muitos aspectos. Os hindus nunca tiveram o tipo de extensa tradição monástica que caracteriza os budistas, e é difícil (embora não impossível) encontrar um hindu* tântrico adepto que não apenas alcançou a maestria quanto à dimensão prática de Tantra Yoga, mas que também pode falar com conhecimento de causa sobre seus aspectos teóricos. Por conseguinte, os eruditos ocidentais são naturalmente atraídos pelo estudo do Tantra budista. A escassez de pesquisa e publicações sobre o legado tântrico do hinduísmo* tem dado margem nos anos recentes a uma profusão de livros populares desinformados, que eu chamo de "Neo-Tantrismo".

O reducionismo dessas abordagens é tão extremo que um verdadeiro iniciado mal consegue identificar o legado tântrico nesses trabalhos. A distorção mais comum é apresentar Tantra Yoga como uma mera disciplina de prática sexual ritualizada ou sagrada. Na mente popular, Tantra se tornou equivalente ao sexo – a que um lama tibetano certa vez se referiu jocosamente como "Califórnia Tantra". Nada poderia ser mais distante da verdade.

O erro principal é confundir o conceito de bem-aventurança segundo Tantra (ánanda) com o prazer orgástico comum. A literatura Neo-Tântrica pode ser concebivelmente útil às pessoas que buscam uma vida sexual mais plena e divertida, mas essas abordagens são na maioria dos casos muito distantes do verdadeiro espírito de Tantra. Elas estão lamentavelmente desencaminhando, em vez de despertando, o impulso da pessoa em obter a iluminação para o benefício de todos os seres. Elas tendem a acentuar o narcisismo, a autoilusão e as falsas esperanças. (...)

(...) em cada caso, a efetivação desse caminho espiritual é precedida por um duro trabalho em si mesmo. Não existem atalhos, e a busca por resultados de curto prazo e "iluminação de fim de semana" é meramente um dos sintomas da era de Kali Yuga, governada pela ilusão e ganância.

Com a chegada de Tantra no hemisfério ocidental, essa antiga tradição está experimentando novos desafios. As escolas Neo-Tântricas não passam de meras caricaturas do Tantra tradicional. Muitas pessoas são atraídas pelo Neo-Tantrismo por causa das promessas de excitação ou plenitude sexual, trajando com uma aura de espiritualidade impulsos puramente genitais ou necessidades emocionais neuróticas.

Mesmo assim, a verdadeira substância dos ensinamentos tântricos está mais oculta do que nunca, e ela é revelada apenas para aqueles que receberam uma iniciação apropriada de um guru qualificado. É por isso que os genuínos adeptos continuam a ser vitalmente importantes no caminho espiritual. Sem a iniciação e a transmissão oral, os ensinamentos não se manterão vivos. Quando guru e discípulo sentam-se frente a frente, o processo especial da transmissão pode ocorrer, o qual abre portais na mente do discípulo que lhe permitem passar para o próximo nível de crescimento espiritual.

CHAKRAS E GLÂNDULAS ENDÓCRINAS

Eu sentia e sabia que a Dra. Susan Andrews havia recebido o conhecimento diretamente de seu mestre Shrii Shrii Anandamurti, e também que havia se lapidado muito para manter a integridade e a seriedade de todos os ensinamentos profundos de liberação com que havia entrado em contato. Ela estava resgatando o verdadeiro propósito do Tantra no Ocidente! Mesmo assim, cheguei lá um pouco resistente, principalmente porque estava mergulhado nos ensinamentos de Jiddu Krishnamurti, estava obstinado em livrar-me dos condicionamentos e viver uma vida completamente livre, mas ainda dentro de uma prisão interior. Nos primeiros dois dias, na verdade, não tinha achado nada de mais no curso, com a maior parte do conhecimento teórico eu já havia entrado em contato de alguma forma. Havia algumas coisas novas, mas eu estava um pouco incomodado pelo fato de não ter quase nenhuma meditação nesse primeiro módulo, e quando tinha era muito curtinha. Claro e óbvio, era um curso inicial, não poderia começar com práticas de meditação longas ou conhecimentos esotéricos mais profundos, até porque o público era extremamente diversificado. Tudo era muito bem planejado para que, aos poucos, as pessoas pudessem assimilar a profundidade dos conhecimentos do Tantra Yoga. Mas eu estava internamente reclamando de tudo isso, o que bloqueava a possibilidade de experimentar o curso de forma aberta e sem preconcepções.

Então, acordava um pouco antes das atividades para meditar sozinho, mesmo sentindo-me um pouco cansado. Nas primeiras noites não dormi muito bem, porque o companheiro de quarto roncou a noite inteira. O mais engraçado é que, quando cheguei para fazer o *check-in* no parque, me foi perguntado se eu roncava, porque havia uma pessoa com "sono leve" e gostaria de um companheiro de quarto que não roncasse. Eu falei que não costumava roncar e fui alocado para este quarto. E, para minha surpresa, essa mesma pessoa roncou a noite inteira. Grande aprendizado já no primeiro dia. Muitas das coisas que não gostamos nos outros são comportamentos que nós mesmos manifestamos, o que às vezes muda é o grau de intensidade. Porque, no fundo, todos temos a capacidade de manifestar o que quisermos, do mais positivo ao mais negativo.

Conheci uma pessoa muito legal já nos primeiros dias. Ela era professora de Ashtanga Yoga e trabalhava com alimentação viva. Fomos nos conhecendo mais e ficamos juntos, todo desejo carnal se fazia ali presente. Toda energia sexual muito ativa, no entanto, sendo canalizada para meus instintos mais primitivos. Era um grande paradoxo, pois estava indo lá para me equilibrar e, logo no primeiro dia, já estava cedendo aos meus instintos mais carnais. Algo dentro de mim falava que aquilo não era o caminho certo naquele momento. Mesmo assim, no terceiro dia, enquanto conversávamos, ela falou algo que me tocou profundamente, algo que não esperava que sairia de sua boca. Talvez, para ela, não tenha feito nenhum sentido, mas por meio dela escutei uma palavra que tocou minha alma. A vida vinha me mostrando de diversas formas que nunca devemos desprezar uma mensagem simplesmente pela nossa percepção ou julgamento do mensageiro. O Infinito se manifesta de várias formas, e ali estava enviando uma mensagem direta. Era o momento de "dobrar-me", tinha chegado o momento de me entregar mais, de viver a experiência e confiar no fluxo da vida, do Universo. A partir daquele momento, decidi entrar de corpo e alma em todas as vivências e dinâmicas oferecidas.

Era um curso que envolvia práticas de Yoga e meditação, aulas teóricas com a Dra. Susan Andrews, teatro, música, vivências e dinâmicas intra e interpessoais. Mas, para mim, o foco principal estava nos ensinamentos do Tantra Yoga em comunhão com as descobertas científicas atuais, demonstrando mais uma vez a união entre ciência e espiritualidade. Neste ponto, faz-se necessário um breve resumo da ligação corpo-mente-Espírito, unindo a visão da ciência, principalmente da psiconeuroimunologia, com a filosofia do Tantra Yoga.

De acordo com a bióloga e neurocientista Dra. Candace Pert, em seu livro *Conexão mente-corpo-espírito*, *"A consciência se expressa através da mente, e a mente utiliza o corpo físico como meio de expressão"*. Ela afirma que não se pode mais dizer que o cérebro é a sede da consciência e a mente é o subproduto do cérebro. Isso é um velho paradigma. Para ela, a mente não é subproduto de órgão algum, nem mesmo do cérebro, a consciência é propriedade do organismo inteiro e, na rede psicossomática, pode-se observar a mente consciente e inconsciente infundindo em cada aspecto do corpo físico. O psicólogo suíço Carl Jung escreveu, em seu livro *A natureza da psique*: *"A psique e a matéria são contidas no mesmo mundo e estão em constante contato e, no final das contas, repousam em fatores irrepresentáveis e transcendentes. Portanto, é possível e até provável que psique e matéria sejam dois aspectos diferentes da mesma coisa"*.

De acordo com o Tantra Yoga, a psique funciona de forma correlata com o corpo através do sistema nervoso-psíquico, ou sistema de chakras. Assim como o corpo é dotado de um sistema nervoso, há também um sistema de canais prânicos, através dos quais flui a energia vital pelo corpo, bem como uma série de centros psíquicos ou centros nervosos, os chakras. Os chakras são centros energéticos dentro e fora do corpo humano, que distribuem a energia vital ou prana, através de canais energéticos sutis chamados de nadis, que nutrem os órgãos e sistemas do corpo. Destaca-se que a palavra chakra vem do sânscrito e significa "roda", "disco", "centro" ou "plexo".

Funciona assim: os chakras "decompõem" a energia dos nossos corpos mais sutis para os mais densos. Os chakras principais são sete pelas tradições esotéricas antigas e serão abordados posteriormente. Esses chakras fazem a ponte entre a mente e o corpo. As frequências vibracionais mais sutis entram em nosso ser pelo "chakra da coroa" (Sahasrara – no topo da cabeça) e são progressivamente transmitidas através dos chakras inferiores para suprir os planos mais baixos da consciência, até que atingem nosso sistema celular no corpo físico.

Os chakras operam pelos plexos físicos e manifestam sua energia sutil no plano físico por meio de suas glândulas endócrinas correspondentes. Esses subcentros ativam as glândulas endócrinas, fazendo com que inibam ou estimulem a produção dos seus respectivos hormônios. Por meio dos nadis, canais de energia sutil, um fluxo de energia sutil cria uma configuração energética específica em cada um dos chakras. Cada subcentro é formado por "pétalas" ao redor do centro, chamadas vrttis. Cada vrtti, ou vórtice de pensamento, representa um padrão específico de energia psíquica. Portanto, a personalidade de um ser humano poderia ser considerada a somatória total das expressões mentais, ou combinação dos vrttis, que habitualmente são manifestas. A mente existe na medida em que os vrttis existem, em que qualquer combinação deles esteja sendo expressa. Quando um vrtti é ativado (emoção ou agitação da mente), um padrão vibracional flui através dos nadis pelo corpo. Essa ativação pode estimular ou inibir a secreção da glândula endócrina associada ao chakra em particular, onde muitas vezes pode causar uma super ou subsecreção do hormônio correspondente, que por sua vez ativa uma determinada resposta emocional e física. Nessa forma, eles são percebidos por sensitivos e cientistas como vórtices (redemoinhos) de energia vital (ou toroides, no Ocidente), espirais girando em alta velocidade, vibrando em pontos vitais de nosso corpo.

São sete os principais chakras conforme a tradição tântrica, dispostos desde a base da coluna vertebral até o alto da cabeça, cada um correspondendo a uma das sete principais glândulas do corpo humano. As 50 principais propensões da mente humana são expressas internamente e externamente por meio das expressões dos chakras.

O primeiro dos sete chakras principais é chamado de Muladhara, e está localizado na base da espinha dorsal. (Em sânscrito, Mula significa "raiz" e Adhára significa "morada".) Na raiz de sushumna (canal central) e de todos os nadis. Associado ao elemento terra. O Muladhara tem quatro vrttis, ou propensões: káma (desejo físico), artha (desejo psíquico), dharma (desejo psico-espiritual) e móksa (desejo espiritual). Pela tradição tântrica, a cor de equilíbrio do chakra é o dourado e a forma, um quadrado.

No livro de Carl Jung *The Psychology of Kundalini Yoga*, o psicólogo traz interpretações psicológicas para o nível de consciência ligado ao nível consciencial do primeiro chakra. Ele fala que *"a consciência está emaranhada nas raízes deste mundo; emaranhados nas causalidades terrestres, dependentes da nossa vida consciente como ela realmente é, e condicionados por ela. Muladhara é a consciência total de todas as experiências PESSOAIS externas e internas. Convicções do mundo de Muladhara são extremamente necessárias... é vital que seja racional, que acredite na natureza do mundo concreto. Caso contrário, não nos enraizamos em Muladhara, não nos conectamos neste mundo"*.

Svadisthana é o segundo chakra e está localizado no baixo ventre, na medula espinhal, diretamente atrás da raiz dos órgãos genitais. Svadisthana pode significar "morada do sol" ou algo como "morada do ser" ou "a própria morada". Associado ao elemento água e ligado às glândulas sexuais. São seis as propensões deste chackra: avajiná (rebaixamento dos outros, indiferença, desprezo), múrcchá (estupor psíquico, letargia física), prashraya (autoindulgência), avishvása (falta de confiança), sarvanásha (pensamento de aniquilação, autodestrutividade) e kruratá (crueldade, impiedade). De acordo com o Tantra Yoga, a cor de equilíbrio do chakra é o branco e a forma, uma lua crescente.

Psicologicamente, para Jung, no Swadisthana mergulhamos no mundo das emoções, ou do inconsciente. Ele continua: *"o poder que sustenta*

o ego no mundo consciente torna-se seu pior inimigo quando o ego penetra no inconsciente, pois estamos em outro mundo. E as forças que nos mantêm conectados ao mundo concreto agirão contra o movimento necessário para que a transformação aconteça. Para que se possa abdicar do velho e aceitar o novo, como processo natural de uma psique saudável. Questões, valores e complexos estão se dissolvendo nas águas do inconsciente (morte simbólica), para que algo novo possa surgir (renascimento). Este processo de enfrentar os "monstros" não é um processo ao qual o ego se submete voluntariamente. É imposto por uma força maior (o Self) que o conduz. O que acontece quando travamos conhecimento com o inconsciente e o levamos a sério? Desejo, paixões, sexo, poder, todo o mundo emocional, todos os demônios da nossa natureza se soltam... assim, se não sucumbirmos ao leviatã (monstro), poderemos esperar a manifestação de uma nova vida, de luz, intensidade, de alta atividade, entramos então em manipura."

(*The Psychology of Kundalini Yoga* – C. G. Jung)

Manipura é o terceiro centro de energia do corpo, e fica localizado próximo ao plexo solar, mais ou menos onde as costelas se unem. Ou mais facilmente na região do umbigo. É o centro da vontade e da ação. Associado ao elemento fogo ou luminoso. Ligado às glândulas suprarrenais e pâncreas. Controla dez propensões: lajjá (timidez, vergonha), pishunatá (tendência sádica), iirśá (inveja, ciúme), suśupti (estaticidade, sono, letargia), viśáda (melancolia), kaśáya (impertinência, irritabilidade, mau humor), tŕśńá (desejo de aquisição, sede de desejos), moha (apego, atração cega, paixão), ghrńá (repulsa, ódio) e bhaya (medo). Um simples olhar na lista dos atributos do Manipura chakra já nos dá uma indicação das emoções destrutivas que, geralmente estão presentes dentro dos processos físicos e psicológicos envolvidos no estresse, mal que acomete grande parte da população mundial nesta conjuntura. Os tântricos afirmavam que a cor de equilíbrio deste chakra é o vermelho e a forma é um triângulo.

Para Jung, o Manipura é o centro das emoções. Neste chakra, "o ego se libertou do aprisionamento no mundo concreto em muladhara, e se dissolveu em svadhisthana, enfrentando a perigosa viagem noturna sob o mar, e pode renascer como um novo sol. Aqui, a energia emocional é liberada, e se apresenta ao ego, que se torna, então, consciente de seus desejos, seus medos, suas paixões... quando o ego absorve conteúdos do todo, torna-se parte da substância divina, pronto para o avanço em direção ao próximo chakra, ou correndo o risco de ser queimado pelo fogo das emoções" (*The Psychology of Kundalini Yoga* – C. G. Jung).

Anahata é o quarto centro de energia do corpo, localizado no centro do peito, na altura da oitava vértebra da coluna vertebral. O significado do nome em sânscrito pode ser "intocado", "invicto", "inviolado". É ele que faz a ponte entre os chakras inferiores e superiores, é o ponto integrador dos mundos do Espírito e da matéria. Nele se unem os três centros inferiores, físicos e emocionais, com os três centros superiores, mentais e espirituais. Associado ao elemento ar e ligado à glândula timo. É o conhecimento de "Eu sou Isso" ("Eu sou Brahman" – Deus). Controla 12 propensões, entre elas: cintá (preocupação), dambha (vaidade; arrogância), ahamkára (orgulho; vaidade), áshá (esperança), viveka (discernimento) e mamatá (afeição; compaixão, amor). Conforme esta tradição, a cor de equilíbrio é um verde-claro "enfumaçado" e a forma é uma estrela de seis pontas.

Para Jung, a partir do Anahata é possível a liberação do ego e o despertar da essência. *"Quando começamos a nos diferenciar da explosão de paixões, começamos a pressentir o Self. Nesse momento, o processo de individuação teria início, o processo de tornar-se Si Mesmo, único e não cópia condicionada. Aqui é necessário que não haja inflação, ou seja, o perigo do ego identificar-se com o Self. É importante manter-se ciente que a individuação é tornar-se algo que não é ego. O ego se descobre como um mero apêndice do Self, num tipo de conexão frouxa"* (*The Psychology of Kundalini Yoga* – C. G. Jung).

Vishuddha é o quinto centro de energia do corpo, localizado na região da garganta. O significado do nome em sânscrito é "puro", "purificação", "especialmente puro". Conhecido como o grande portal para libertação. Associado ao elemento éter e ligado às glândulas tireoide e paratireoide. Tem 16 propensões, todas ligadas a vibrações mais sutis, como: śadaja (som do pavão), rśabha (som do boi), paiṅcama (som do cuco), niśáda (som do elefante), oṇm (raiz acústica da criação, preservação, dissolução), hummm (som do despertar da kulakuṅḍalinii) e phaṫ (praticação, isto é, colocar a teoria em prática). É o chakra da comunicação e da transcendência do ego. Através dele é possível a transcendência do mundo dos opostos (Maia-ilusão), começando então a entrar no verdadeiro conhecimento da Verdadeira Realidade, que é a fusão dos opostos na Unidade Absoluta. Aqui não há uma forma específica para equilíbrio (pois não há forma), e a cor para harmonização é o multicolorido (várias cores).

Jung compartilha sua interpretação psicológica para este nível de consciência ligado ao quinto chakra. Ele sabe que, a partir daqui, fica muito difícil representar psicologicamente algo que está além da mente. Mesmo assim, faz uma tentativa: *"Quanto mais profundas forem as camadas da psique, mais perdem a sua originalidade individual. Quanto mais profundas, mais se afastam dos sistemas funcionais autônomos, mais coletivas se tornam, e acabam por universalizar-se e extinguir-se na materialidade do corpo, isto é, nos corpos químicos. O carbono do corpo humano é simplesmente carbono; no mais profundo de si mesma, a psique é o Universo. Na passagem de manipura para anahata, o indivíduo tem de aprender que suas emoções e pensamentos devem ter uma base real, devem estar ancorados em fatos concretos. Mas, na passagem de anahata para vishuddha, torna-se necessário desaprender tudo isso, devendo-se admitir que os fatos psíquicos não são secundários aos fatos materiais, eles são o fenômeno em si mesmo. Na verdade, tudo é a mesma coisa, tudo é energia, tudo é psíquico"*. Ainda para Jung, "o Vishuddha não é um espaço *onde qualquer homem pode penetrar, ao atingi-lo estará num espaço sem ar, preenchido por éter, onde não há chance para o indivíduo comum respirar. Desta forma, aqui é necessária, além da integração dos quatro elementos, uma nova esfera de abstração... uma matéria que não é matéria; uma substância que penetra em todo lugar, mas não pode ser encontrada"* (*The Psychology of Kundalini Yoga* – C. G. Jung).

Ajna é o sexto centro de energia do corpo, localizado na região do terceiro olho (testa – entre os olhos). O significado do nome em sânscrito é "autoridade", "comando", "poder ilimitado". Conhecido como o "terceiro olho", está além dos elementos físicos que conhecemos, é mais sutil que o elemento éter. Ligado à glândula pituitária. Controla duas propensões: Apará (Conhecimento mundano – pétala ou vritti da direita) e Pará (Conhecimento espiritual – pétala ou vritti da esquerda). Para os tântricos, a cor de hamonização é o branco e a forma, um triângulo com o vértice para baixo.

Conforme apontado por Carl Jung, *"ajna é o estado de consciência completa, não só de autoconsciência, mas uma consciência excessivamente extensa que inclui tudo – a própria energia. Uma consciência que não somente sabe: 'Aquilo és Tu', mas mais do que isso"*. *Em ajna, você (ego) sabe que não é nada além de psique. (...) Você (ego) não está nem sonhando em fazer algo diferente do que a força (Self) está exigindo, e a força não está exigindo, uma vez que você já está fazendo, pois você é a força. E a força retorna à origem, o Deus..."*. Não há observado nem observador. Atinge a realização "Isso Eu Sou; Eu sou Isso", e personifica sat-chit-ananda, ou "Ser-Consciência-Felicidade". (*The Psychology of Kundalini Yoga* – C. G. Jung)

O sétimo chakra, Sahasrara, está ligado à glândula pineal. O significado do nome é "de mil pétalas", também chamado chakra shunya (vazio, vácuo) e chakra Niralambapuri (moradia sem apoio). Fica localizado no topo craniano, chamado de plexo cerebral. Conhecido como chakra da coroa ou lótus de mil pétalas, no sahasrara nenhum sentimento de "eu" permanece.

A experiência direta da Unidade de Consciência sem sujeito ou objeto. Contém as raízes de todos os vrttis, e todos os seus meios de expressão. Com 50 vrttis no total dos outros chakras, expressos através dos 10 indryas (órgãos de expressão, de acordo com os yogues), tanto internamente quanto externamente, há 1.000 expressões. Dessa forma, há 1.000 pétalas na lótus deste chakra.

Finalizando este conteúdo com as palavras de Jung, *"(...) falar sobre a flor de lótus de mil pétalas, o centro Sahashara, é totalmente supérfluo, pois é meramente um conceito filosófico, sem qualquer substância para nós. Está além de qualquer experiência possível. Em Ajna ainda existe a experiência do Self que é aparentemente diferente do objeto, o Deus... Mas em Sahashara não há diferença"*. Experimentar algo assim, dessa magnitude, está além da nossa compreensão. É viver em outro estado de consciência, outra dimensão. *Não há palavras que possam expressar o que essa experiência significa. É a transcendência, o Nirvana, a União (Yoga)"* (*The Psychology of Kundalini Yoga* – C. G. Jung).

O propósito da vida para diversas tradições espirituais (em diferentes linguagens) é fazer com que a nossa energia espiritual vibre nos chakras mais elevados, saindo de uma consciência mais animalesca para uma consciência da divindade dentro de si. Em outras palavras, é elevar a nossa energia espiritual ou Kundalini dos chakras inferiores para os chakras superiores, trazendo a transformação de uma consciência individual e separada para a consciência de Unidade e União com Deus/Infinito/Consciência Suprema.

KUNDALINI

A Kundalini é a potencialidade de que todos nós somos capazes! Em sânscrito, Kundalini significa "enrolada como uma serpente", e essa energia vai subindo através dos chakras, ativando os demais centros de energia. Essa energia é o poder espiritual e físico adormecido, um potencial a ser despertado. A energia Kundalini, usualmente representada por uma serpente, encontra-se adormecida no local onde os ossos superiores do cóccix e os inferiores do sacro se unem em um aglomerado de nervos. Kundalini também é conhecida como Espírito Santo, Presença Divina, Shekhinah, Elán Vital, Kundalini Shakti. Ela representa o poder do desejo puro dentro de nós, é a energia da nossa Alma. Kundalini é a nossa emanação do Infinito, a Energia do Cosmos dentro de cada um de nós. E quando despertamos a nossa Kundalini, tornamo-nos cônscios de nossas capacidades criativas, de nossa finitude diante do Infinito. Quando conseguimos um fluxo constante da Kundalini, é como se finalmente despertássemos de um longo cochilo.

"Ora, ninguém subiu ao céu, senão o que desceu do céu, o Filho do homem, que está no céu. E, como Moisés levantou a serpente no deserto, assim importa que o Filho do homem seja levantado; para que todo aquele que nele crê não pereça, mas tenha a vida eterna." (*Novo Testamento* – João, 3;13-15)

Antes de chegar ao parque Visão Futuro, já vinha sentindo durante o ano inteiro uma pressão muito forte na testa durante as meditações. Sentia uma energia pulsando nessa região e em algumas outras partes do corpo. Achava que aquilo era um sinal importante, que algo estava abrindo na minha consciência; no entanto, era só o início de um longo processo. Durante o curso, comecei a mergulhar mais e mais nas vivências e dinâmicas propostas, tendo a oportunidade de trabalhar alguns aspectos da minha sombra pessoal, ligados a tristeza, irritabilidade, raiva e melancolia, principalmente. Percebi, por meio de uma dinâmica, o quanto projetava meus conteúdos nas outras pessoas e o quanto tinha que trabalhar esses aspectos. No terceiro ou quarto dia, estava sentado no fundo da sala, onde normalmente ficava, e fui chamado para uma dinâmica com uma mulher bem na frente do recinto, muito perto de onde sentava a Dra. Susan Andrews (conhecida como Didi). Naquele momento, olhei para ela e ela olhou para mim, e senti uma conexão muito profunda, de muito amor. Eu estava me lembrando de algo, meus olhos se encheram de lágrimas e os dela também. Naquele momento, identifiquei o caminho do coração que tinha sido mencionado na leitura de registros akáshicos anteriormente. Falei para mim mesmo: "É ele, este é o sinal!". Senti uma identificação muito profunda, uma lembrança interna, um sentimento de amor muito grande no coração. Entretanto, mal sabia eu o que realmente ainda estava por vir.

Um dia depois, tivemos uma cerimônia do fogo, em que queimamos simbolicamente parte do nosso conteúdo sombrio, que já não servia mais para nossa caminhada, e deixei grande parte do "monstro" que habitava em mim. Aquela vivência foi muito forte, pois sentia que havia deixado ali uma parte do antigo Guilherme. No outro dia, Susan abriu um espaço para que as pessoas pudessem compartilhar as suas experiências. Depois que algumas pessoas compartilharam as suas, tomei coragem e contei tudo que tinha vivido nos últimos anos com muita emoção. Durante o curso, eu estava muito quieto, quase não falava. Mas, naquele dia, uma força maior que eu me impulsionou para o compartilhamento.

Então, fui lá na frente de todos e contei um pouco da minha história. Todo o processo, desde o início como jogador de basquete, e posteriormente, com todas as lesões do joelho, culminando com o dia em que estava no gramado, lá na fazenda, revoltado e "lutando" com Deus. Contei de toda a caminhada, das leituras, meditações e do caminho espiritual, e do profundo desejo de entender tudo. Só que, naquele momento, não queria falar sobre a história em si, mas sobre o aprendizado que tinha passado e que estava culminando naquele instante. Mencionei que tentava controlar tudo na minha vida, minha busca de sucesso pessoal tinha-se dado por meio de uma consciência egoica, de uma identificação com o personagem Guilherme jogador de basquete. Estava disposto a fazer tudo que tinha planejado, com uma rigidez absoluta, achando que controlava todo o meu futuro e que sabia o que era melhor pra mim. Estava grudado na minha máscara, na minha "persona", no papel que desempenhava. Vivendo uma vida pautada no que achava que os outros desejavam que eu fosse, meus familiares, amigos, sociedade. Só que minha alma não queria mais isso, já não aguentava mais. Era muito doloroso saber que tudo que vivi e me identifiquei não fazia nenhum sentido num âmbito maior, tudo que defendi para me manter era a mais pura ilusão de quem achava que era. Eu realmente não sabia mais para onde ir e que direção tomar, mas naquele momento me entregava para o Infinito/Deus/Consciência Suprema. Não importava mais o que os outros pensavam sobre mim nem o que eu achava que era bom. Coloquei-me de joelhos no chão, chorando compulsivamente e entregando a minha vida para o desígnio divino. Realmente doía muito a pele velha cair. Mas doía muito mais a Alma não se manifestar. Tomei a decisão de parar de viver a vida que tinha planejado e entreguei meu futuro nas mãos desta Força Maior. Curvei-me, tomando total consciência de que não era nenhuma daquelas identificações e que confiava no que Deus haveria como planos para mim. Naquele momento, deixei parte do meu ego no chão e entreguei a minha vida para o propósito divino. Realmente tinha entrado numa nova frequência, naquele momento algo mudou dentro de mim. Muitas pessoas foram me abraçar, numa atitude amorosa e empática, senti-me muito acolhido por todos e, ao mesmo tempo, com minhas entranhas totalmente expostas, não tinha mais o que esconder.

Naquela mesma noite, a turma (que tinha umas 100 pessoas) decidiu fazer uma homenagem para a Susan e fui escolhido para entregar um colar de flores, que representava os corações de todos os participantes, e falar algumas breves palavras. O colar seria um símbolo da entrega de nossos corações para a Consciência Suprema (Deus). Naquela mesma noite, grupos de cada estado do Brasil tinham que preparar uma peça de teatro para apresentar ao grande grupo. Pediram-me para representar o papel de uma pessoa agitada. E nem isso eu conseguia fazer, não estava nessa energia de agitação nem conseguia entrar, mesmo como um ator. O grupo compreendeu e, no evento da noite, pude estar com a energia desejada para a entrega das flores. Aquilo era simbolicamente muito importante para mim. Ao final das apresentações dos grupos, fiz a entrega do colar de flores, de joelhos em frente a ela, que estava sentada numa cadeira. Olhamos um para o outro e novamente senti a energia do amor presente, uma ressonância muito profunda entre nós. Tinha certeza que, naquele momento, era o caminho do coração e que era ali que eu deveria aprender. Mas o melhor ainda estava por vir, no dia seguinte.

A CONSCIÊNCIA CONCRETA E PALPÁVEL DE DEUS

Acordei e fui praticar minha meditação silenciosa diária já sentindo-me bem diferente do que estava antes de chegar ao curso. Fui para a prática de yoga pela manhã e, depois, para o café da manhã. Após o desjejum, fomos para o salão principal, que fica no ponto mais alto do parque ecológico Visão Futuro, para o último dia de ensinamentos. Estávamos abordando o chakra cardíaco, compaixão, conexão e empatia. A Dra. Susan expôs brilhantemente seus ensinamentos e tivemos novas oportunidades de compartilhamento com vivências, trocas e reflexões. Fizemos uma meditação com visualização que tocou profundamente a todos. Tínhamos trabalhado muito nossas tendências inferiores, principalmente ligadas aos três primeiros chakras, a parte mais animal e instintiva dentro de nós. Estávamos mais abertos para o compartilhar, vivendo um clima de amor no grupo, um sentimento forte de cumplicidade e conexão. Foi então que, logo após a meditação de amor, quando iríamos começar um novo compartilhamento e eu estava sentado na cadeira em frente a minha amiga Ângela, que algo muito forte começou! Algo simplesmente indescritível!

Na base da coluna vertebral, comecei a sentir uma energia forte crescer e pressionar a região do períneo e do órgão sexual. Pedi para uma amiga, com quem estava fazendo dupla, que me perdoasse, mas que eu precisava fechar os olhos por um momento. Foi então que comecei a sentir a energia da Kundalini (energia espiritual da alma ou Espírito Santo) subir com muita potência em espiral, girando com muita força e passando por todos os chakras. Essa energia, que nunca tinha sentido dessa forma, foi subindo, subindo, subindo, e senti romper uma barreira no coração. Quando rompeu essa barreira, parecia que meu coração iria explodir! Naquele instante, naquele um segundo, eu tive a consciência e a visão de que Deus esteve sempre comigo em toda a caminhada, vi que todos os passos foram necessários para chegar naquele exato momento. Muito difícil de explicar, mas um filme de toda a minha vida passou, entrou na minha consciência como formas-pensamento em questão de segundos. Foi então que, logo depois, comecei a ser banhado pela Graça Divina! Algo que nunca tinha sentido na minha vida! Tudo aquilo que meu coração ansiava estava ali, acontecendo! Meu coração sendo banhado pelo Amor de Deus! Era real, concreto, não precisava mais ter fé! Estava vivendo, experienciando, sentindo Deus dentro de mim. Não conseguia parar de chorar, mas um choro de profundo Amor, um choro de profunda honra, um choro de profunda humildade e entrega para o Infinito. Eu estava realmente conhecendo Deus, não precisava mais acreditar, estava dentro de mim, algo que não pode ser colocado em palavras! Na hora senti plenitude e preenchimento completo no meu coração, estava nascendo um novo ser. Minha sensação era de uma ressurreição. A energia amorosa era tão forte, que a única coisa que eu conseguia fazer era agradecer e compartilhar, pois não cabia dentro de mim.

Sentia meu chakra cardíaco completamente aberto e servindo como um canal para essa energia de puro Amor de Deus. Quanto mais eu compartilhava, mais entrava pelo topo da minha cabeça! A energia passava a informação de um profundo Amor Incondicional, algo que nunca tinha vivido ou experienciado antes. Era a consciência de que realmente nunca estive só. E não foi somente uma experiência, pois permanece até hoje, e cada vez com maior intensidade e força, cada vez mais profunda a conexão. Naquele momento, meu coração estava conectado com o Universo, percebia o Divino em mim e não tinha como não saber que o Divino estava também no outro. Só o que eu conseguia fazer era amar, expandir o Amor Divino para todas as pessoas que estavam lá. Não tinha nenhuma identificação, estava conectado com tudo e com todos! Não havia separação, simplesmente a energia de Deus unia a todos! Aquilo era o que minha alma mais ansiava. Todos os anos de busca para compreender que aquilo que sempre busquei estava me buscando também, só que não conseguia ver todas as dicas amorosas que foram dadas no caminho para que pudesse despertar para minha verdadeira Essência. Sabia que estava dentro de mim, que era real, concreto e palpável! A partir daquele momento, essa Força nunca mais foi embora. Esse Amor continua a banhar meu coração todos os dias, 24 horas por dia, sete dias por semana. Cada segundo, cada minuto, cada lugar, eu estava acompanhado, aquela Força pulsava dentro de mim e, automaticamente, sentia pulsar nas pessoas no meu entorno. Era um novo ser, novas vontades, novos desejos. A única coisa que eu queria era cumprir o propósito divino, estava pronto para servir à energia do Amor. Nenhum prazer que tinha vivido poderia chegar perto do deleite profundo experienciado. Todas as dificuldades, todas as dores, todos os sofrimentos anteriores eram como nada. Eu, com certeza, viveria o pior dos sofrimentos que tive milhares de vezes para poder viver 1% do que estava vivendo. Era indescritível! Minha vida mudara!

Não tinha mais o que esconder. Esconder de quem? Esconder para quê? Onde quer que estivesse, eu estava acompanhado. Deus estava comigo! Percebi como muitas de nossas preocupações são fúteis perto do que podemos viver como realidade. Tudo tinha ficado tão pequeno perto do Amor Divino! O quão superficial era o prazer físico e material perto do que habita dentro de todos nós! Simplesmente, amava as pessoas por amar! Sem motivo nenhum!

Tinha aberto uma nova dimensão do meu Ser. O que pulsava dentro de mim era compaixão, era Amor. Minha mente não tinha condições de conceber ou entender a dimensão desse Amor. Não tinha mais como voltar atrás! Tinha tomado conhecimento concreto do propósito da minha Alma, agora era simplesmente ver como iria se manifestar. A direção estava apontada, o coração sabia para onde ir. Meu ego não desejava mais o lixo externo. A energia da Kundalini/Espírito Santo se expressava o tempo inteiro! Uma nova forma de viver, de ver o mundo e as pessoas. Não havia nenhum desejo por bebida alcóolica, sexo só pelo físico, por festas... Não havia desejo por carro novo, celular novo. Estava tudo bem, meu coração estava preenchido. Não precisava buscar contentamento fora, para aquilo que estava dentro de mim. A questão, agora, seria aprofundar. O quanto estaria disposto para saber e viver mais desse Amor.

No momento em que a Graça Divina tocou meu coração, sabia que faria qualquer coisa no meu poder para realizar a Totalidade, a Unidade. Como eu sentia as pessoas, como eu sentia a terra, como eu sentia as plantas, como eu sentia os animais, tudo tinha mudado. Conseguia saber que Deus estava em tudo! Tudo realmente mudara! Minhas prioridades, meus desejos, minha alimentação, meus hábitos, minha personalidade... o Guilherme jogador de basquete já não existia mais. Tinha toda lembrança e gratidão pela experiência vivida, no entanto não tinha nenhuma identificação mais. Era necessário um esforço para lembrar os eventos passados ligados ao basquete. Também demorou um pouco para meus amigos e familiares entenderem, e alguns deles não entendem até hoje. Mantêm a imagem e a preconcepção em suas mentes do antigo Guilherme. Não foi fácil remar contra a maré, pois quando alguém não faz o que a maioria das pessoas faz, isso incomoda os outros. Sair dos hábitos e costumes que a maioria das pessoas tem, sem questionar o porquê, não é um processo tão sereno e harmônico no início.

Mas sabia, agora, que tinha mais, muito mais! E estava disposto a trilhar essa jornada! Era só o início! Queria viver mais, manifestar mais, e queria que todos pudessem viver Isso! Que todos os seres pudessem sentir esse Amor no coração, que está disponível para todos! "A força que guia as estrelas guia você também" (Shrii Shrii Anandamurti). Já não era uma ideia. Sentia Ele dentro de mim!

Amazing Grace (John Newton)
Graça maravilhosa! Como é doce o som
Que salvou um miserável como eu!
Eu estava perdido, mas agora fui encontrado
Era cego, mas agora eu vejo!

No final do curso, pegando as mãos da Didi, ela olhou para mim e disse: "Temos muito, muito o que fazer". Aquilo foi muito revelador para mim, e um dos marcos divisórios na minha vida.

MERGULHANDO NO PROCESSO:
UMA NOVA ENCARNAÇÃO

Voltei para Porto Alegre uma nova pessoa, realmente era outra consciência. Não havia mais dúvidas da existência de Deus, Ele manifestava-se dentro de mim. Sentia aquela energia infinita no meu peito, não havia mais o vazio que me acompanhou durante parte da minha vida no passado. A única coisa que conseguia fazer era encher os olhos de lágrimas por puro Amor e alegria quando entrava em contato com a energia do Amor. Muito difícil de explicar ou de simplesmente colocar em palavras. A única reação que conseguia expressar era de choro, mas chorar de satisfação de tanto preenchimento no coração. Tinha dado um grande passo na minha evolução e no caminho de manifestação da minha Essência. Mas, como já disse, sabia que tinha mais. Fui buscar em alguns autores e livros para entender o que estava acontecendo. Já tinha lido sobre a elevação da Kundalini e relatos de algumas pessoas que tinham vivido aquilo. Não encontrei uma explicação exata, pois esse processo não é linear, algo que fui aprender bem mais tarde. No fundo, não precisava de explicação, mas a mente racional, após experienciar algo que está além da sua periferia, precisa se adaptar à nova realidade, e alguns conhecimentos podem ajudar no processo. O mais perto que entrei em contato diz respeito aos "granthis" ou "nós" de consciência. Mas o que isso tudo significa? Significa que o processo de evolução da Kundalini pode se dar num curto espaço de tempo ou não se completar no ciclo de uma vida. Um fator que afeta essa velocidade, esse tempo, é a intensidade do desejo pela Comunhão completa com o Divino, algo que sempre tive muito forte pulsando dentro de mim, e que a cada dia aumentava mais.

Os granthis representam os diferentes estágios em que há uma intensificação de toda a energia Kundalini no sistema. Cada estágio, ou abertura de nó, reflete uma sincronização integrada cada vez mais progressiva e a fusão das duas energias Kundalini polarizadas, masculina e feminina. Em cada nível de fusão, ocorre uma ampliação e intensificação da energia da Kundalini, uma transformação e ampliação de consciência. De forma indireta, os nós regulam o fluxo da Kundalini no canal central (sushumna), para que a energia excessiva não flua através do sistema e o "queime". Consequentemente, as energias da Kundalini fundidas não se movem para o próximo nível até que a condutividade e a consciência do indivíduo alcancem a capacidade de manter uma maior intensidade de energia e consciência.

Importante ressaltar que isso não significa que as pessoas não tenham experiências e adquiram estados mais elevados de consciência. Significa apenas que esses estados não se estabilizam até que os canais sejam suficientemente fortalecidos para manter o aumento da energia da consciência. Ou seja, tudo é perfeito! Você sempre irá experienciar o que pode experienciar naquele momento, até passar para um novo nível de consciência.

E Kundalini diz respeito a nível de consciência. Para você compreender melhor, existe muita diferença, sim, entre acreditar em Deus, sentir Deus e viver Deus em tudo. Quando a energia da Kundalini desperta, é impossível voltar atrás. A dúvida com relação ao destino termina. Sentir fluxo de energias é diferente da transformação que a Kundalini acarreta ao elevar-se de forma permanente, vamos além do sentir, para o viver, para o Ser!

Na filosofia do Yoga por exemplo, os chakras têm representações gráficas que representam a consciência e energia atrelada aos mesmos. Um símbolo que aparece é o trikona ou triângulo invertido, símbolo do princípio feminino, que representa o poder da vontade, da sabedoria e da ação. O trikona aparece nos chakras da base (muladhara), no cardíaco (anahata) e no frontal (ajna). Em cada trikona há três nós especiais ou granthis, através dos quais a Kundalini tem que abrir passagem. Compara-se a perfuração desses nós pela Kundalini à perfuração dos nós de uma vara de bambu por uma barra de ferro quente (Feuerstein, 2011). Seria perigoso aumentar a energia para cima do canal central muito rapidamente, então esses três nós psíquicos param e controlam a energia passando por alguns pontos, assim como informações liberadas para a consciência. Eles estão no períneo, abaixo do coração e no centro da cabeça. À medida que esses nós são rompidos, a energia potencializa sua força. De acordo com Feuerstein (2011), são eles:

Brahma Granthi

Situado na região do períneo ou chakra muladhara. Neste estágio, o indivíduo se identifica com a criação, com a realidade material concreta, com forte apego aos objetos materiais. Identificado fortemente com seu ego, demonstrando grande egoísmo. Podemos dizer que está ligado à densidade e ignorância, conhecido como nó de "samsara" ou ilusão do mundo das formas. A abertura deste nó geralmente acontece quando a consciência do indivíduo, em relação aos primeiros três chakras, se funde em um estado unificado de consciência desperta, ou com o auxílio de um indivíduo já desperto.

Vishnu Granthi

Localizado na região logo abaixo do anahata chakra ou chakra cardíaco. Está diretamente ligado com apegos emocionais e apego às pessoas (familiares, amigos etc.), com um certo sentimento de posse. Apresenta principalmente sentimentos de ambição excessiva e paixões de diversos tipos. Aqui, apresenta-se também a característica de pregar ou a necessidade de evangelizar alguém de acordo com a sua crença espiritual. Quando o desejo do indivíduo se transforma e se sutiliza, ele começa a desenvolver o anseio pela liberação, por Deus, pela Unidade. Ao desfazer este nó, podemos começar a viver interações afetivas sem o apego e posse do ego, abrindo caminho para o Amor Incondicional. Tende também a expressar mais equilibradamente as suas emoções e dissolver mais de sua sombra, principalmente nas relações com pessoas e coisas.

Rudragranthi (Shiva)

De acordo com a filosofia do Yoga, pode ser considerada a última barreira entre o ego e a consciência do "Eu Sou", a realização da conexão com o Infinito, ou iluminação. Este nó está localizado na altura do ajna chakra ou chakra frontal. Alguns indivíduos podem ficar estacionados antes do rompimento deste nó, devido ao apego a poderes psíquicos e ego espiritual. Este nó raramente é desfeito, somente quando o ego individual e a dualidade são transcendidos. O desejo pela unificação com Deus e pela libertação, despertado no rompimento do segundo Granthi no coração, faz com que o indivíduo utilize o seu intelecto para adentrar mais profundamente e refletir sobre a Totalidade. De acordo com grandes mestres, rompido este terceiro nó, o indivíduo entra em contato com a Realidade Absoluta. É neste ponto que a Kundalini individual e a Kundalini espiritual (Presença Divina) se fundem completamente em uma única energia espiritual. O indivíduo se transforma num canal de Prana cósmico puro, recebendo a energia diretamente em qualquer chakra ou nadi.

ESTADOS E ESTÁGIOS DE CONSCIÊNCIA

É muito importante ressaltar a diferença entre um "estágio" de consciência e um "estado" de consciência. Na obra *A visão integral*, Ken Wilber, conhecido como o "Einstein da consciência", psicólogo e criador da

Psicologia Integral, afirma: *"praticamente 100% das pessoas, estando conscientes ou não disso, possuem inteligência espiritual, porém cerca de 1% apenas se encontram em níveis mais elevados de qualquer linha espiritual. (...) Existem estados de consciência que parecem ser espirituais, como algumas experiências de pico, estados alterados, experiências religiosas e estados meditativos (...) as pesquisas demonstram de modo consistente que uma pessoa pode estar em qualquer nível ou estágio de desenvolvimento para ter experiências religiosas profundas e autênticas, experiências de pico ou estados alterados. (...) Você interpreta qualquer estado (meditativo, alterado) de consciência de acordo com seu estágio de consciência. Ou seja, de acordo com a 'altura do seu desenvolvimento'"*. Ken Wilber traz um ótimo exemplo para que possamos compreender melhor o que expõe: *"Digamos que uma pessoa tenha uma experiência de pico em que vê uma chama de luz branca irradiante, que, por vezes, lhe parece ter forma de uma pessoa ou de um ser de luz, para, em seguida, sentir que está se fundindo com essa luz, tomada por um sentimento de amor infinito e felicidade infinita. Digamos que esta pessoa seja protestante, (...) que a predispõe a revestir e interpretar essa experiência em termos cristãos"*.

Ken Wilber aponta que, dependendo do estágio de consciência dessa pessoa, ela pode ver essa imagem como a de um Jesus mágico e fazedor de milagres. Se estiver em outro estágio, verá Jesus como o terno legislador, provedor da salvação por meio da única e verdadeira escritura, a Bíblia. Num estágio superior, verá Jesus como um humanista universal, embora também divino, pregando amor e moralidade mundicêntricos. Em outro estágio, a pessoa pode ver Jesus como um de grandes mestres espirituais no planeta e, se segui-lo, pode dar a ela completa salvação. Mas, para outras culturas, pode haver outros caminhos espirituais e mestres, que, se seguidos com profundidade, podem oferecer a salvação ou liberação. Já em outro estágio mais elevado de desenvolvimento, a pessoa pode ver Jesus como uma manifestação da mesma Consciência Crística à qual todos nós podemos ter pleno acesso. Indo um passo além, em outro estágio de consciência, a Consciência Crística pode ser vista como emblemática do Eu desprovido de ego, transcendental e Infinita, a divina consciência que havia em Jesus e que há em todos nós. Uma consciência de Luz, Amor e Vida, que abrange tudo e que pode, revelando um destino além da morte, além do sofrimento, além do espaço e do tempo, além das lágrimas e do terror, ser encontrada bem aqui e agora, no instante intemporal em que toda a realidade passa a existir.

O renascido fundamentalista e evangélico é um exemplo muito comum. Essa pessoa sabe que teve uma experiência pessoal de Cristo (Alá, Maria ou Brahma) e nada que você possa dizer jamais a convencerá do contrário. E essa é uma meia-verdade: ela teve uma experiência autêntica, viva, real e imediata de uma realidade de estado sutil. Mas interpreta esse estado através de estágios que são egocêntricos e etnocêntricos: Jesus, e apenas Jesus, é o verdadeiro caminho. E pior, sua experiência autêntica de estado de amor só servirá para fortalecer seu etnocentrismo. Só aqueles que aceitam Jesus como seu salvador pessoal podem encontrar a salvação; todos os outros estão destinados à danação eterna e ao fogo do inferno por um Deus que é todo-amor e todo-perdão.

Pelo uso do Sistema Operacional Integral, levando em conta a espiritualidade de nível mais elevado e a espiritualidade como linha de desenvolvimento, Ken Wilber afirma, de acordo com suas pesquisas, que 1% das pessoas teve experiências espirituais de ESTÁGIO elevado; 75% tiveram experiências espirituais de ESTADO alterado. Você se lembra de alguma experiência de pico em sua vida? Foi momentânea e somente momentânea? O estado se manteve após a experiência? Sentiu alguma transformação na sua consciência? Essa transformação da consciência refletiu em mudanças concretas de comportamento na sua vida?

ABERTURA DE UM NOVO ESTÁGIO DE CONSCIÊNCIA

Aparentemente, eu tinha rompido a barreira do Vishnu Granthi e alcançado algum ponto além, pois não há linearidade no processo. A partir desse momento, percebi que não tinha mais volta, era impossível, e o único caminho era seguir em direção à meta. E qual seria a meta? Acreditava que era a iluminação, a completa união com Deus, Yoga. E para que isso acontecesse, seria necessário muito esforço, resiliência, meditação, estudo, ação, Amor, entrega e serviço. E estava disposto, tinha toda a energia para tal. Aquela Fonte vibrava muito forte em meu corpo, preenchia meu dia com energia vital. Por tudo que eu estava experienciando pelo Tantra Yoga, resolvi me aprofundar nos conhecimentos dessa linha espiritual, principalmente como ensinado por Shrii Shrii Anandamurti, pois percebia muita integridade nos ensinamentos. Estava convicto de que era o caminho naquele momento e de que não havia outro. No início, atribuí tudo o que estava vivendo àquele mestre, e via-me como um seguidor do Tantra Yoga, o que posteriormente foi ressignificado.

Então, mergulhei nas práticas e na filosofia do Tantra Yoga e fui em quase todos os eventos do Instituto Visão Futuro naquele ano. Aprofundei nas minhas meditações e práticas diárias. Todos os dias, pela manhã e pela noite, fazia posturas de yoga, automassagem, relaxamento profundo, kiirtan (mantras), meditação e lia livros ligados aos ensinamentos de Shrii Shrri Andanmurti, Susan Andrews e Tantra Yoga. Comecei com 30 minutos de meditação por sessão, e com o tempo fui aumentando a duração e quantas vezes fazia por dia. Nos finais de semana, aumentava bastante o tempo de meditação e de leitura diárias. Estava fazendo faculdade de psicologia na PUCRS e estágio no Projeto Social Wimbelendon ao mesmo tempo. Tinha que acordar muitas vezes às 5 da manhã, para dar tempo de fazer todas as práticas antes de ir trabalhar. Alguns dias, chegava em casa às 22 horas, depois da aula, e terminava minha prática depois da meia-noite. Era a melhor parte do dia! Contava os minutos para poder meditar. E não era nada desconfortável, pois quanto mais eu me esforçava, mais recebia energia para viver no dia. Eu percebia que muitas pessoas falavam que não tinham tempo para meditar, pois trabalhavam muito e tinham muitas atividades. Diziam que, no momento em que se organizassem melhor, encontrariam um tempo para suas meditações. Nosso ego encontra diversas desculpas para não correr o risco de perder o controle, ele é craque no autoengano. Eu comentava com algumas pessoas com quem trabalhava em grupos de autoconhecimento: "Se você não tiver tempo hoje, não terá também tempo amanhã".

A lógica espiritual é diferente da lógica humana racional. Aqui, neste plano, algumas pessoas falam: "Quando eu ganhar na loteria, darei dinheiro aos pobres". No entanto, a lógica espiritual funciona de forma oposta. Dê dinheiro aos pobres, e você ganhará na loteria (não somente no sentido financeiro). E o mesmo funciona para nossa energia diária. Quer ter mais energia no dia, acorde um pouco mais cedo e medite, faça um pequeno esforço, e verá como o Universo lhe retribui. Com o tempo, depois que vencer os primeiros dias de quebra do antigo padrão, terá energia de sobra e, na verdade, terá muito mais energia que antes, mesmo este não sendo o principal objetivo da meditação e das práticas espirituais. Não preciso dizer que o esforço começou a render muitos resultados, não somente para mim, mas para todas as pessoas com quem eu convivia. Era nítido perceber que, quando uma pessoa aprofunda seu processo de transformação pessoal, todo o sistema familiar e de convivência muda. De alguma forma, todos no entorno dão um passo a mais em direção a sua própria Essência, cada um no seu ritmo e com a sua história. Meu pai e minha mãe acabaram indo fazer o curso também, o que foi extremamente positivo para toda a família. Meu irmão, outro adulto índigo, estava em outro processo no momento, mais direcionado aos ensinamentos do Kabbalah Centre, e não quis ir.

A maioria das grandes cidades brasileiras tinha um grupo de meditação semanal chamado Dharmachakra, ligado ao Instituto Visão Futuro, formado por pessoas que tinham feito o curso de Biopsicologia e que se identificavam com a filosofia passada pelo instituto, ou simplesmente gostavam de ter um local em que pudessem meditar semanalmente e encontrar pessoas com interesses afins. Aqui em Porto Alegre, já havia um grupo muito pequeno, de mais ou menos três ou cinco pessoas, mas que a Dra. Susan tinha me falado que estava "um pouco devagar". Como minha mãe tinha o Espaço de Luz em Porto Alegre, achei que seria interessante levar as meditações para lá. Conversei com a coordenadora da época e ela topou. Então, os encontros começaram a ser feitos al, e com o tempo acabei me tornando o coordenador do grupo em Porto Alegre. Estava com muita energia e muita vontade, disposto a trazer pessoas novas para o grupo, resgatar outras que já tinham participado do curso e estavam afastadas, assim como indicar o curso para quem tivesse interesse. Muitos amigos mostraram abertura para o assunto, sentiam que, de alguma forma, eu transmitia algo que havia realmente vivido. Em pouco tempo, nosso grupo estava com 10 a 12 pessoas. Organizamos um retiro para os grupos do estado ligados ao Visão Futuro no Rio Grande Sul, para mobilizar mais pessoas. No processo de organização, enquanto procurava um local apropriado para o evento, fui avisado pelo Instituto Visão Futuro para não fazer o retiro na sede da Ananda Marga aqui em Viamão (que era o melhor lugar que tinha encontrado), pois não queriam estar atrelados a eles, não queriam ter qualquer ligação. Achei muito estranho aquilo, pois era o mesmo mestre, a raiz era a mesma. No entanto, com o tempo, percebi que havia funções diferentes, missões diferentes, além de outros aspectos conflituosos humanos.

APROFUNDAMENTO NO TANTRA YOGA

Logo no primeiro semestre, fui fazer a formação de instrutor em Tantra Yoga com o Dada Vishvarupananda (Peter Sage), com a Dra. Susan

Andrews e com Germana Lucena, que dava uma parte de anatomia vivencial do yoga. Sentia que precisava me aprofundar nas minhas práticas, assim como aprender mais para poder compartilhar com outras pessoas e com o grupo. Precisava me lapidar profundamente para poder ajudar os outros. O que inicialmente era um caminho mais para mim, para minha própria evolução, transformou-se em um processo muito maior, que não era somente para mim, mas para todas as pessoas do planeta, percebia a ligação. Se estamos conectados, tudo que faço com relação a mim afeta o todo. E com essa intenção e consciência, a aceleração do processo evolutivo foi gigantesca, pois estava disposto a viver o Dharma.

Nesse caminho, aprofundei a filosofia e as práticas do Yoga. Aprendi muito com um senhor que acompanhava o pessoal no Parque. O nome dele era José Cunha. Ele era voluntário nos cursos e professor universitário em Curitiba. Já frequentava o instituto há muitos anos, conhecido carinhosamente como um dos "dinossauros" de lá. Conversava muito com ele, depois das aulas. Aprendi muito. Tínhamos muita ressonância. Sentia a pureza do coração dele, um senhor muito íntegro e sensível para todo tipo de energia. Seus olhos brilhavam com a energia do Divino. Ele comentou que, antes de entrar em contato com Shrii Shrii Anandamurti, gostava muito de Sai Baba, um grande mestre indiano, mais contemporâneo. Disse que tinha visto cada coisa inacreditável e ficava perplexo do quanto limitamos nossa capacidade. Ele mesmo compartilhou comigo algumas informações que recebia do plano espiritual, com relação à vida e até em relação a mim.

O curso de formação foi muito especial, pois pude ampliar meu conceito do que era Yoga e do que abrangia. Muita gente acha que Yoga é simplesmente um tipo de exercício físico, o que não é verdade. O Yoga abrange muito mais do que isso. As posturas, ou ásanas, são apenas uma pequena faceta.

Você sabe qual o significado da palavra Yoga? Yoga significa "união" e se refere à união da consciência individual com a Consciência Cósmica. De acordo com Patanjali, Yoga é a suspensão dos processos mentais ("Yoga chitta-vrittti nirodhah"). Já para Shrii Shrii Anandamurti, somente a suspensão dos processos mentais não seria o completo Yoga. Ele afirmou que "as propensões mentais, depois de serem retiradas, precisam ser canalizadas em direção à Entidade Suprema, apenas assim serão definitivas". De forma resumida, apresento para vocês alguns conceitos que podem auxiliar na compreensão um pouco mais profunda de alguns nomes ligados ao Yoga e ao Tantra Yoga.

A palavra tantra se divide em dois radicais: "tan" e "tra". "Tan" quer dizer "crueza" e "tra", "libertar de". Tantra, então, é o que liberta da escravidão da crueza. Pelo próprio significado da palavra tantra, percebemos o quanto o Ocidente distorceu essas práticas. Em termos mais simples, isso significa aquele que controla os instintos e a mente. O homem, por meio das práticas de Tantra, controla sua própria atividade e não é por ela controlado. Tantra é um processo completo, uma maneira de viver. De fato, Shiva (o grande mestre ancestral e não a figura mitológica) criou uma ciência prática, para ajudar em todas as esferas da vida. Nas palavras de Shrii Shrii Anandamurti:

A prática espiritual é a conversão do pequeno objeto no objeto infinito. Agora, você pensa que "este pequeno corpo, esta consciência individual é minha". Mas quando você pensa que "aquele vasto corpo universal é meu", então você se torna o Supremo. Quando esse corpo e mente individuais são seus, você conhece todos os segredos desse corpo e dessa mente individuais. E quando o vasto cosmos é o seu objeto, você conhecerá tudo deste cosmos, você conhecerá tudo desse espaço infinito. Logo, a sua prática espiritual é a prática da conversão, da conversão do pequeno no Grande. Esse processo de conversão torna uma pessoa universal. A própria existência do indivíduo vai além do alcance do tempo, lugar e pessoa. Nesse momento, você se torna onipotente e também onisciente. Você conhece tudo sem precisar recorrer a qualquer livro. Quando um indivíduo quer adquirir qualquer conhecimento, ele deve passar por experiências práticas, livros etc. Para ele são tantas as preocupações e ansiedades, tanto otimismo e pessimismo, tantos choques e coesões; mas no caso do Supremo não há complexo, não há otimismo ou pessimismo; não há essa questão de choques e coesões, porque, no caso do Cósmico, tudo é interno, nada externo. Tudo está dentro, nada está fora. O universo inteiro está ao alcance da Sua mente, então não há uma segunda entidade, nenhum segundo indivíduo. Logo, a questão de choques não emerge. Se você quer alcançar paz, o que você deve fazer? Deve converter sua pequena objetividade na infinita objetividade. Não há outra alternativa. Simplesmente ensinar as escrituras de paz não lhe trará paz alguma. Você tem que se converter do pequeno para o Grande. A prática espiritual é a prática de aumentar seu próprio raio psíquico. Quando o raio se torna maior e maior, o alcance da mente é maior. E quando, desse modo, o raio se torna infinito, o aspirante torna-se um com o Supremo. Esse tornar-se um com o Supremo, a União Suprema, é chamado de Salvação, ou Emancipação, liberação de natureza permanente. Todo e qualquer aspirante espiritual deve saber disso para atingir a liberação.

(*Os pensamentos de P. R. Sarkar* – Shrii Shrii Anandamurti)

Ao longo dos anos, surgiram adaptações do Tantra, que gradualmente formaram disciplinas mais especializadas, conhecidas como os diferentes ramos do Yoga. Vários ramos de Yoga propõem a realização dessa União Cósmica enfatizando determinados aspectos do Tantra, enquanto outros, igualmente importantes, são deixados de lado. Os nomes ou formas mais conhecidos de Yoga são: Hatha Yoga, Kundalinii Yoga, Dhyana Yoga, Jnana Yoga e Karma Yoga.

HATHA YOGA: É uma abordagem com várias prescrições para o corpo, incluindo as posturas de Yoga, exercícios de respiração e outras técnicas purificadoras. O controle e a regularização das funções corporais ajudam a adquirir o domínio da mente, para assim atingir a meta individual. Hatha yoga foi o primeiro e mais conhecido no mundo ocidental.

KUNDALINII YOGA: É um outro nome, significando a ascensão da energia da Kundalini dentro do ser humano. Os métodos iogues vão auxiliar na elevação desta energia, liberando seu movimento ascendente através da coluna.

DHYANA YOGA: A palavra em sânscrito para meditação é dyana. Então, Dhyana Yoga ajuda a aprender diferentes técnicas de meditação.

JNANA YOGA: Literalmente significa "Yoga do Conhecimento", que enfatiza o estudo e a abordagem filosófica para um despertar intelectual que conduza à realização do Absoluto. O yoga do intelecto, yoga da esfera psíquica. Auxilia na liberação, levando alguém para além das fronteiras normais da mente.

KARMA YOGA: "Yoga da Ação" consiste em realizar ações voltadas para o serviço ao próximo, fazendo com que a mente se torne desapegada de sentimentos de autoria da ação, vaidade e expectativa de resultados e os entregue à Consciência Cósmica, que habita o íntimo de todas as coisas e seres. Karma significa ação. Quando a ação é feita sem "envolvimento" individual, com uma mentalidade de transição, esta pessoa não sente apego ao resultado da ação. Qualquer coisa feita é feita pela Divindade.

BHAKTI YOGA: "Yoga da Devoção" cultiva a força atrativa de um amor genuíno pela Consciência Cósmica. Conduz o aspirante a um contato profundo com o Ser Adorado, de tal forma que a realização se torne possível. O yoga do perfeito amor. Exemplo: amor por Deus, ou Fonte Criativa, Consciência Suprema centrada na ideia ou imagem de divindade para com o Universo criado, onde o Divino é percebido através da ideia de Amor Cósmico. Bhakti Yoga auxilia na unificação com o Supremo.

RAJA OU RAJADHIRAJA YOGA: Também conhecida como Astaunga Yoga, ou Yoga dos Oito Passos. Embora esses passos de Raja Yoga tenham sido praticados por iogues desde a época de Shiva, há milhares de anos, eles só foram sistematizados como Aforismos de Yoga por Patanjali, cerca de 2.200 anos atrás.

(Cure Yourself with Yoga – Hiranmamayanda, 2004)

Agora fica um pouco mais fácil de entender a que me refiro quando menciono a palavra Yoga; portanto, podemos seguir com os eventos que se desencadearam em minha vida nesse estágio de minha evolução.

Durante a formação de instrutor de Yoga com o Dada Vishvarupananda, recebi minha primeira lição de meditação, ou seja, minha "iniciação". E foi simplesmente muito especial. Marcamos às 5:30 da manhã, antes de começar o curso, numa das mais bonitas partes do Parque Ecológico, chamado de Butão, um lugar que ficava um pouco mais alto que as outras partes, onde havia uma vista magnífica para os prados e campos vizinhos. A noite ainda estava estrelada enquanto me dirigia para o local combinado. Tive uma leve sensação de ansiedade e apreensão, mas ao mesmo tempo sabia que não havia nada a temer, pois estava ali acompanhado pelo Infinito e com intenção pura no meu coração.

Começamos com uma meditação e posteriormente ele me passou todos os ensinamentos e a técnica meditativa ensinada por Shrii Shrii Anandamurti. Era realmente muito profunda. Recebi meu mantra pessoal e fiz alguns juramentos ao receber a lição, tudo fazendo parte do ritual de iniciação. Exatamente no momento em que iniciamos o processo de iniciação, o sol começou a nascer, e a lua ainda estava totalmente visível no céu. Foi um momento mágico, estava testemunhando o milagre da Criação. Para mim, aquilo era muito simbólico, sol e lua juntos, não sabia se era manhã ou noite, não havia definição! Uma mensagem do Universo de união entre masculino e feminino, sol e lua, yin e yang, união dos opostos.

Mais para o final do curso, em uma das aulas expositivas da Didi (Dra. Susan Andrews), ela aprofundou a sabedoria com relação a Karma Yoga, o Yoga da Ação, enfatizando a importância do serviço na prática do Yoga e na evolução pessoal. Estava concentrado no que ela dizia e, quando ela falou "Atma Mokshartam Jagat Hitayacha", que significa autolibertação e serviço à humanidade (bem-estar de todos), algo tocou-me no fundo da alma! Senti-me impelido a fechar os olhos e comecei a sentir um campo de energia se abrindo e saindo das minhas costas, da região entre as omoplatas. Novamente, a energia de Amor, já presente, intensificou-se e senti uma força se abrindo nas costas e que se expandia. Coloquei-me de joelhos e só o que podia fazer era chorar e expandir aquela energia, não de tristeza, mas de profundo Amor e Alegria de Alma. Estava em todo o salão. A imagem veio como forma-pensamento na minha mente, foi como de asas de anjos, no entanto eu sabia que não era isso, mas era como a minha mente racional poderia entender e colocar simbolicamente. Era a abertura de mais uma parte do meu campo energético, e aquilo envolvia uma energia divina de compaixão e serviço. Aquelas "asas" confortavam o coração de todos ali presentes, essa era a minha sensação. Não tinha nada a ver comigo, a pessoa Guilherme. Tratava-se de algo muito maior do que podia compreender, mas que, no momento, estava se utilizando do veículo Guilherme como um canal daquela energia amorosa e confortante. Era uma energia angelical banhando o campo e o coração das pessoas. E ela estava colocando aquelas pessoas sob suas asas, as asas do Amor. Ainda sem compreender tudo o que tinha ocorrido, tentava ligar a visão e a experiência ao que aprendia ali, principalmente ligando aos ensinamentos de Shrii Shrii Anandamurti, ou até mesmo atribuindo a ele, pois a Didi colocava a foto dele numa projeção na parede muitas vezes.

No momento, aquilo não importava tanto para mim, mas depois ficou mais nítido o que estava acontecendo. O que importava naquele momento era saber que tinha encarnado para servir, servir à humanidade. Não me esqueço do pensamento de Rabindranath Tagore com que me identifiquei na época: *"Adormeci e sonhei que a vida era alegria; despertei e vi que a vida era serviço; servi e vi que o serviço era uma alegria"*. E no mesmo dia, quando fizemos uma última dinâmica, em que interagíamos com todos ali presentes, sentia o chakra cardíaco completamente aberto e sem limites. A energia do Infinito pedia passagem por esse veículo corporal e a única coisa que podia fazer era deixar que Ela se manifestasse. E o que Ela queria fazer era banhar de Amor as outras pessoas; cada uma delas recebia um tom diferente da energia do Amor, sendo que algumas percebiam e outras, não. E tudo de acordo com cada caminhada e cada história. Não comentei com nenhum dos participantes, somente com o meu amigo José Cunha, que referiu ter sentido bastante. A minha estada na formação como instrutor de Yoga havia tomado outra dimensão. Estava abrindo a minha mente para poder compreender não só racionalmente os ensinamentos de Shrii Shrii Anandamurti, mas também energeticamente.

O MESTRE SHRII SHRII ANANDAMURTI E O YOGA DE OITO PASSOS

O grande mestre Shrii Shrii Anandamurti fundou a Ananda Marga (literalmente, "O Caminho da Bem-Aventurança"), tendo como um grande ideal popularizar as práticas espirituais do Tantra Yoga para a elevação e o desenvolvimento físico, psíquico e espiritual do ser humano. Ele desenvolveu um método refinado para o autodesenvolvimento acelerado que consiste em oito partes, visando à União com a Consciência Cósmica Suprema (Deus), também conhecida como Astaunga yoga, ou Yoga dos oito passos. Alguns chamam de Rajadhiraja Yoga.

Os primeiros dois passos são Yama e Niyama, que são guias de conduta moral para o desenvolvimento humano. A ideia de moralidade aqui é aquela em que, pelo controle do nosso comportamento, nós podemos atingir um estado de ser mais elevado.

"Sem Yama e Niyama, sádhana (meditação) é uma impossibilidade."
Shrii Shrii Anandamurti

De acordo com ele, a ideia não é simplesmente seguir uma regra por seguir, mas obter a perfeição da mente. Quando isso é alcançado, não haverá a questão de regras, porque o desejo de fazer algo em detrimento do bem-estar de outros ou de você mesmo não mais estará presente na sua mente, que estará num estado de perfeito equilíbrio.

PASSO 1: YAMA – Ética iogue com relação ao mundo exterior – Princípios de harmonia com os outros. Subdivide-se em cinco aspectos:

1. AHIMSA – significa não ferir nenhum ser nem causar sofrimento, através de pensamento, palavra ou ação. Não magoar em pensamento, palavra ou ação. Significa um esforço para minimizar a nossa capacidade de ferir o ambiente exterior, em qualquer circunstância. Contudo, isso não exclui a possibilidade de usarmos a força física para nossa própria segurança e a dos outros, se necessário.

2. SATYA – Verdade Benevolente. Isto é o uso da mente e das palavras para o bem-estar geral. A enfâse deve ser dada à verdade que ajuda. Buda disse que a primeira prioridade das palavras deveria ser a sua utilidade aos outros. A segunda prioridade é que elas deveriam ser verdadeiras. E a terceira prioridade é que deveriam ser doces. Então, o espírito deste princípio é promover a maximização do bem-estar, por meio dos nossos pensamentos e palavras.

3. ASTEYA – significa abster-se do desejo de tomar ou manter objetos alheios; asteya significa não roubar. Não retirar dos outros os seus pertences sem o seu consentimento. Também significa não privar os outros daquilo que devemos. Por exemplo, pagar menos a um empregado em relação ao que julgamos ser o seu merecimento ou entrar num trem sem pagar bilhete são ações contra o espírito de asteya.

4. APARIGRAHA – é abster-se de coisas supérfluas e desnecessárias à manutenção do corpo. Modo de vida simples. Não acumular mais do que precisamos para um nível de vida razoável. Isso tem consequências pessoais e sociais. Nós nunca poderemos estar satisfeitos com o que temos enquanto acumulamos coisas desnecessariamente, porque a mente estará sempre distraída pelas posses e processos de acumulação de bens materiais.

5. BRAHMACARYA – consiste em manter a mente absorta em Brahma (Deus/Luz) a todo instante. Pensamento Universal. Isso desenvolve a nossa capacidade de amor pelos outros, independentemente da raça, nacionalidade ou grupo étnico, pela promoção do sentimento de que todos somos parte da mesma família cósmica.

PASSO 2: NYAMA – Ética iogue na relação interior – Princípios de harmonia consigo mesmo. Subdivide-se em cinco aspectos:

1. SHAOCA – Limpeza e pureza do corpo e da mente. Os métodos para a purificação mental são: benevolência para com todos os seres, caridade, dedicação ao bem-estar dos outros e ser obsequioso. Deve-se manter o corpo limpo não apenas externamente. A limpeza interna também depende do que comemos.

2. SANTOSA – significa manifestar contentamento com tudo o que for recebido, mesmo com aquilo que não é desejado. É importante manifestar alegria constante. Contentamento e relaxamento mental. Apenas quando a mente está num estado de relaxamento é possível estarmos satisfeitos com a vida e infundir nos outros o nosso entusiasmo. Isso depende, em larga medida, do princípio de Aparigraha acima.

3. TAPAH – consiste em suportar as provações físicas para alcançar a meta. As formas de fazer tapah são: upavasa (jejum), serviço ao preceptor ou professor espiritual (na cultura hindu), serviço aos pais e yajina. Há quatro modalidades de yajina: pitr yajina (serviço aos ancestrais), nr yajina (serviço à humanidade), bhuta yajina (serviço aos seres inferiores) e adhatma yajina (serviço à Consciência Suprema). Para os estudantes, o estudo é a principal forma de tapah.

4. SVADHYAYA – significa estudar e compreender apropriadamente as escrituras e os livros filosóficos. Ler livros inspiradores, entendendo o seu significado. Isso é melhor conseguido após a meditação, quando a mente está mais receptiva a ideias profundas e a pensamentos mais elevados.

5. IISHVARA PRANIDHANA – é ter firme fé em Iishvara (Controlador Cósmico), seja no prazer e na dor, na prosperidade e na adversidade, e se ver, em quaisquer atividades da vida, como um instrumento e não como controlador do instrumento. Meditar na Consciência Cósmica constantemente. Isso nos leva à percepção de que somos Um com a Consciência Infinita, e é essa tomada de consciência que nos dá a maior realização durante a nossa vida, enquanto seres humanos.

PASSO 3: ÁSANAS – Uma ásana é uma postura confortável. É a parte mais conhecida do Yoga, mas a mais mal compreendida. Ásanas não são exercícios normais, como ginástica e alongamento. Ásanas são exercícios especiais, que causam efeitos específicos nas glândulas endócrinas, articulações, músculos, ligamentos e nervos. O efeito mais importante das ásanas é nas glândulas endócrinas, que secretam hormônios diretamente no sangue. Se a secreção de qualquer glândula for pequena ou excessiva, haverá mau funcionamento no corpo. Ásanas também auxiliam em manter a coluna vertebral flexível, o que é importante para retardar os efeitos do envelhecimento no corpo.

PASSO 4: PRANAYAMA – Já falamos um pouco sobre isso anteriormente, mas Pranayama trata do controle da energia vital por meio da respiração. O Tantra Yoga define a vida como o paralelismo das ondas físicas e mentais em apropriada coordenação com as energias vitais. As energias vitais são chamadas de Vayus ou "ventos/sopro". Há dez vayus no corpo humano que são responsáveis pelas atividades de movimento, incluindo a respiração, circulação dos dejetos de excreção do sangue, movimento dos membros etc. O ponto de controle de todos esses vayus é um órgão chamado de pranendriya. (O pranendriya, como os chakras, não é um órgão anatômico). Esse pranendriya também tem a função de ligar os vários órgãos sensórios com um ponto no cérebro. No pranayama há um processo especial de respiração no qual a pulsação do pranendriya torna-se quieta e a mente se acalma. Isso ajuda muito na meditação. Pranayama também reajusta o equilíbrio das energias vitais no corpo.

PASSO 5: PRATYAHARA – Significa abstrair as vibrações recebidas pelos sentidos do exterior. Há histórias de yogues que estão em tão profunda meditação, que não podem sentir alfinetes que estão sendo apertados contra o seu corpo. Outra parte de pratyahara é chamada de "oferecimento das cores da mente". Cada vibração no universo tem uma cor associada a ela, e para cada objeto na mente há uma associada vibração ou cor. Durante a meditação, a mente do indivíduo pode estar ocupada com diferentes objetos, e ao final da meditação pode liberá-los.

PASSO 6: DHARANA – É a concentração da mente num ponto específico, uma lição básica na meditação do Tantra Yoga. O aspirante traz a sua mente para um chakra específico, que é seu núcleo psíquico e espiritual. Esse ponto é conhecido como "ista chakra" e varia de pessoa para pessoa. Quando a mente está bem concentrada no ponto, a recitação do mantra recebido começa.

PASSO 7: DHYANA (MEDITAÇÃO) – Quando alguém conseguiu ganhar a habilidade de concentração, pode aprender o sétimo passo, que é dhyana. Nesse processo, a mente é primeiramente trazida a um chakra em particular e, depois, direcionada num fluxo contínuo até a Consciência Suprema. Esse fluxo continua até a mente, que se torna completamente absorvida na Consciência Suprema. Esse processo é difícil e só é dado ao aspirante que praticou todos os passos precedentes. Há diferentes formas de dhyana e, por meio de seu estudo, podemos entender a relação do Tantra com outras tradições espirituais.

PASSO 8: SAMÁDHII (REALIZAÇÃO ESPIRITUAL) – É a absorção da mente na Consciência Suprema. Há duas formas principais de samadhi: nirvikalpa and savikalpa. Savikalpa samadhi é o transe de absorção com distorção ou qualificação. A pessoa tem o sentimento de que "Eu Sou a Consciência Suprema". Nirvikalpa samadhi: não há mais o sentimento de um "Eu". A consciência individual é totalmente fundida na Consciência Cósmica. Aqueles que experienciam este estado não são capazes de descrever, porque ocorre quando a mente cessa sua função. A única forma de saberem que experienciaram esse transe é depois que saem desse estado de absorção. Aí, então, podem experienciar ondas de extrema felicidade e assumir que estavam no estado de Nirvikalpa Samadhi. A obtenção do samadhii vem depois de longa prática na vida, ou como resultado de muita prática em outras vidas, ou através da Graça Divina.

(Cure Yourself with Yoga – Hiranmamayanda)

DE VOLTA A PORTO ALEGRE

Estava voltando para Porto Alegre cada vez mais fortalecido e focado. Sentia necessidade de aprofundar cada vez mais; era um impulso interno natural, nada era forçado. É claro que surgiam desafios e pensamentos indesejados que tentavam minar as práticas, mas, na maioria das vezes, simplesmente me lembrava da importância e de tudo que estava acontecendo, mantendo-me disciplinado no propósito. Sendo assim, aumentei o tempo de meditação diária e também incluí outro horário de meditação antes do almoço. Costumava fazer jejum completo duas vezes por mês, com duração de 36 horas, sem alimento ou bebida. Foram aprendizados profundos de meus próprios condicionamentos, hábitos e libertação da prisão mental. Nos finais de semana, tinha o dia inteiro para me dedicar ao processo. Minhas experiências na meditação estavam mudando a cada mês, cada vez abria-se uma nova janela, uma nova experiência. Sentia a necessidade daquilo, minha alma ansiava. Era um anseio muito profundo, algo além da compreensão. Minha alma só desejava a União com Deus, não desejava nada mais. Era a chamada divina melancolia, resultante do despertar da consciência de que estava eu ainda "separado" de Deus.

Já não comia nenhum tipo de carne (vermelha, frango ou peixe), tinha virado vegetariano. E, pela sabedoria de grandes mestres da humanidade que transcenderam nossa realidade, a carne era um alimento muito denso e poderia atrapalhar no processo de evolução e elevação da nossa energia. Adiante falaremos mais sobre isso. Mas, por enquanto, posso dizer com toda a convicção que, se virei vegetariano, qualquer ser humano no planeta pode virar vegetariano também, se assim desejar. Quando jogava basquete nos Estados Unidos, no que agora chamo carinhosamente de minha vida passada, costumava vir de férias para o Brasil na casa de meus pais, em Porto Alegre. E, quando estava lá, minha mãe sempre quis me agradar, pois sempre foi muito prestativa e carinhosa com todas as pessoas, o que dizer com seus filhos. Até hoje não conheci uma pessoa tão prestativa como ela, sempre preocupada em servir os outros. Enfim, ela perguntava na hora do almoço o que gostaria de jantar e eu respondia que queria bife; perguntava quantos gostaria que deixasse na geladeira para a noite, e eu respondia: "Só seis, mãe!". Comia muita carne e muito churrasco e nunca questionei por que era carnívoro. Simplesmente fui educado dessa forma e estava inserido em uma cultura em que comer carne era normal. Entretanto, depois que me abri para a nova dimensão, não conseguia mais comer esse tipo de alimento. Não ressoava mais comigo, pois sentia a energia do alimento. Sabia que o animal tinha que ser morto para estar no meu prato e para que eu pudesse ter um pequeno momento de prazer. Já não conseguia mais dissociar a morte do animal do bife que estava ali no prato. Sentia uma conexão ainda mais profunda com os animais, uma compaixão infinita, sabia e sentia o que eles passavam e a consciência que tinham do sofrimento, pois eram tratados de formas terríveis. E isso sem falar da questão econômica, ambiental e de saúde. Não estou aqui tentando convencer de algo, estou simplesmente compartilhando minha experiência e sensibilidade pessoal, que foi aumentando no decorrer dos meses. Tinha muito mais tempo disponível nos finais de semana, pois já não saía em festas ou baladas nem bebia álcool. Não conseguia nem entrar em certos ambientes, pois a energia era palpável, muito densa. Mais adiante, abordaremos mais sobre o que está atrelado, que é pior do que percebia. Depois da elevação da Kundalini, não sentia a mínima vontade, tinha desaparecido completamente, e aquilo já dizia muito sobre a energia dessas coisas, pois não ressoava com a espiritualidade, com a realização da natureza do Ser. Era uma energia contrária ao movimento de sutilização da mente.

O pensador Ken Wilber, em seu livro *O Projeto Atman: uma visão transpessoal do desenvolvimento humano*, trata dos chamados prazeres substitutos de cada fase do desenvolvimento no espectro da consciência. Dependendo do nível consciência do indivíduo, há um prazer substituto do prazer ou deleite de Unidade com o Infinito (Atman). Para o indivíduo avançar no seu desenvolvimento espiritual, ele precisa transcender muitos de seus prazeres puramente sensoriais. Seu desejo deve ser transformado de um desejo físico para um desejo profundo pela Unidade, para que, em algum momento, possa ocorrer a autorrealização.

Já não sentia mais essas necessidades nem buscava esse tipo de prazer, pois sabia que era transitório e estava buscando a felicidade autêntica, o contentamento perene, que brota de dentro e não de fora. Se atribuirmos nossa felicidade a algo que vem de fora, seremos eternamente reféns da matéria e dos prazeres sensórios. Algo finito nunca poderia suprir um desejo infinito! O anseio da alma é infinito! E eu tinha consciência disso. Queria investir em algo que fosse positivo para mim e para a humanidade como um todo, para que as pessoas pudessem retirar o véu da ilusão dos seus olhos. E a meditação auxiliava a retirar os meus véus, perceber máscaras, cascas e couraças e entrar mais em contato com a verdadeira realidade.

Para Ken Wilber, *"a meditação é (normalmente) concebida como um meio de banir a repressão, deter a filtragem, desautomatizar a automação ou desfocalizar a focalização. (...) essas questões, conquanto significativas, constituem os aspectos mais secundários de todos os tipos de meditação. A meditação é, isso sim, um caminho constante de transcendência. A meditação, assim, se realiza do mesmo modo que todos os outros crescimentos/afloramentos: uma tradução perde o ímpeto e deixa de dominar a consciência com exclusividade, e ocorre a transformação em uma tradução de ordem superior (uma estrutura de ordem superior é lembrada e passa a embasar e criar novas estruturas superficiais). Existe diferenciação, desidentificação, transcendência e integração. Para o ego, ela parece ser muito misteriosa e retorcida, pois é um desenvolvimento que ultrapassa o ego".*

Eu estava meditando bastante e tentando transferir aquela consciência para o dia a dia. Sentia bastante prazer em meditar, não era um desafio. É claro que exigia disciplina, controle, esforço, atenção e foco. Mas, em algum momento, entrava numa frequência que trazia muita tranquilidade, suavidade, bem-estar e deleite. Claro que em alguns dias era mais difícil do que em outros, às vezes demorava mais, mas conseguia na maior parte experienciar outra consciência. E não julgava nem classificava minha meditação. Simplesmente fazia, era como escovar os dentes todos os dias. Não questionava, nem pensava em fazer, simplesmente sentava no chão e meditava. Pois é, tinha voltado a meditar no chão: com a prática de ásanas, meu quadril melhorou um pouco e conseguia meditar sentado no chão com as pernas cruzadas. Mas, dentro de mim, sabia que não era o melhor para meu corpo e meu sistema energético.

Aconteceram algumas experiências diferentes com relação à presença de energias, odores e mensagens. Em muitas meditações, sentia que meu corpo tinha uns três metros de altura, e não era um desdobramento (ver-se fora do corpo), pois isso já tinha acontecido antes. Era realmente a sensação do corpo etérico, que era bem maior que meu corpo físico. Minha cabeça ficava a mais ou menos um metro acima do meu corpo; no momento, não entendia bem do que se tratava, mas posteriormente recebi a informação ligada à frequência de minha alma. Também comecei a perceber a presença dos meus guias e receber mais informações via formas-pensamento, que eram inseridas na minha consciência. Tudo ficava mais claro com a caminhada e com o dia a dia. Muitas vezes, a comunicação ocorria pelo odor. Eles se manifestavam por meio de um perfume que era bem parecido com sândalo. É bem difícil descrever odores de energias, mas conseguia perceber. Tinha-se aberto para mim uma nova forma de percepção, e pensava o quanto limitamos nossas capacidades e nossos sentidos.

Conseguia perceber concretamente a energia da Kundalini fluindo no meu canal central (sushumna), mas a sensação era bem diferente da imagem que via nos livros. Não sentia como um tubo fino dentro de mim, mas mais como uma coluna de energia que se expandia até mesmo para além dos limites do corpo. E aquela energia trazia informações, ela se comunicava também pela sensação e tomada de consciência. Onde mais sentia era na região da cabeça. Sentia uma pressão enorme na cabeça, como se algo tivesse abrindo espaço no meu crânio; não era dor de cabeça, mas uma pressão que nunca havia sentido. E essa pressão só aumentou com o tempo, intensificando em certos momentos e amenizando em outros.

AS CAMADAS DA MENTE

Naquele ano, participei da continuidade da pós-graduação em Biopsicologia e dos retiros semestrais. Cheguei a ficar quase um mês no Instituto Visão Futuro, fazendo um curso e vivências uma atrás da outra. Foi um processo de profunda lapidação, treinamento e expansão. A Dra. Susan Andrews, uma mulher extremamente dedicada e inteligente, ensinou-me muito e foi fundamental em todo o processo de aprendizado. Eu honrava sua dedicação e entrega para sua missão; ela era e é extremamente importante para o Brasil e para o planeta! Durante os retiros, dava as iniciações para as pessoas que se interessavam em aprender a filosofia e fazer as práticas de aperfeiçoamento ensinadas por Shrii Shrii Anandamurti. Achei interessante o fato de ela dar iniciações tanto para homens quanto para mulheres, pois na Ananda Marga os monges ("dadas") é que costumavam fazer as iniciações para os homens e as monjas ("didis"), para as mulheres. Além disso, a iniciação na Ananda Marga era individual e no Instituto Visão Futuro ela estava dando em grupo. Realmente, tudo evolui e, dependendo do momento da humanidade, algumas "regras" ou costumes precisam mudar. Via aquilo como extremamente positivo, pois muito mais gente poderia ter acesso às técnicas. E ela tinha feito uma grande caminhada, estava extremamente preparada para lidar com a energia de grandes grupos, pois era impressionante o seu campo de energia amorosa. Graças a um grande esforço pessoal, rompeu as barreiras da matéria e acessou uma fonte grandiosa de Amor, servindo como canal para essa mesma fonte. Atrás de um corpo tão magrinho e aparentemente frágil estava uma mulher, um ser extremamente forte.

Fiz também toda a formação para facilitar o Programa Transforma, que tinha sido desenvolvido pela Didi para levar as práticas do instituto e do Tantra Yoga para diversos setores da sociedade, utilizando-se somente da linguagem científica para que pudesse ter entrada em todos os lugares. Era uma forma de serviço para aqueles que se sentiam chamados para o trabalho. Não tinha nenhum retorno financeiro, era uma forma de compartilhar. Foi um período vivencial e de treinamento intenso, mas, acima de tudo, de transformação. A Dra. Susan era extremamente exigente com as pessoas que iam para o treinamento dos programas. E não podia ser diferente, já que, para algo ter credibilidade e tocar o coração das pessoas, teria que ser passado com integridade e real vivência, senão seria hipócrita e não acarretaria em mudanças concretas nas atitudes dos participantes. Palavras vazias não atingem corações e, por causa disso, prática e vivência pessoal tornavam-se imprescindíveis. Esse aprendizado serviu como base e inspiração para um programa de desenvolvimento humano que eu viria a desenvolver futuramente, mas que não se limitava a introduzir cientificamente as práticas do Tantra Yoga, mas sim princípios espirituais universais de diversas tradições do planeta em uma linguagem científica e de fácil acesso. Chamei-o de Programa BEMMAIOR.

Os cursos e treinamentos sempre envolviam um trabalho com todas as camadas da nossa mente, e não apenas com a parte racional, como é geralmente feito em grande parte das linhas de psicologia da atualidade. Como não incluir Deus/Infinito em qualquer abordagem? Seria um olhar incompleto, seria limitar a possibilidade do ser humano, assemelhando-se a ficar preso em uma "roda de hamster". A psicologia estava limitada a algumas camadas somente; e a maioria não relevava a alma, muito menos a energia! A alma humana está muito além do cérebro. Ken Wilber afirmava que, dependendo da abordagem ou linha teórica psicológica, ela atingiria apenas um espectro ou nível de consciência. Apesar de algumas abordagens terem muitas limitações, todas elas poderiam servir para algum benefício em algum nível de consciência. O grande problema estaria em interpretar alguma vivência que transcendia o entendimento de uma linha teórica, mais de interpretação, mais concreta e mecanicista. Compartilho resumidamente as camadas de nossa mente, de acordo com o Tantra Yoga. Esse é um conhecimento extremamente importante na caminhada de evolução espiritual, pois todas as camadas da mente precisam ser lapidadas. Ao ler o trecho a seguir, por favor, faça uma reflexão sobre quais camadas da sua mente estão se manifestando em equilíbrio na sua vida, ou até mesmo se você já percebeu a existência de todas ou algumas delas.

Na mente humana existem cinco camadas, mais o corpo físico e o corpo energético (7), que – embora não sejam exatamente camadas – são designadas como Annamaya ("alimento") Kosa e Pranamaya Kosha, respectivamente. As camadas da mente são também conhecidas como os "Sete Corpos".

1. A Mente Densa é chamada Kamamaya Kosa.

Kama significa "desejo". É a camada mais superficial da mente, responsável pela atração e aversão a estímulos sensoriais e respectivas respostas físicas.

2. A Mente Sutil é chamada Manomaya Kosa. Man significa "pensar", logo esta é a camada da mente que nos dá a experiência de prazer e dor através do pensamento, memória e sonhos.

As três camadas seguintes são designadas coletivamente como Mente Causal. Causal significa que estas três camadas estão num contato direto com a Consciência Causal da qual a mente evoluiu e na qual existe.

3. A primeira camada da Mente Causal é chamada Atimanasa Kosa – Mente Supramental. É a camada intuitiva, de onde vêm as capacidades de fenômenos como sonhos intuitivos, clarividência, telepatia e *insights* criativos.

4. A segunda camada da Mente Causal é a Vijinanamaya Kosa, ou Mente Subliminar. Vijinana significa "conhecimento especial", que inclui muitas das mais elevadas qualidades da mente, como o discernimento e o desapego.

5. A camada mais sutil da Mente Causal é chamada Hiranyamaya ("dourada") Kosa, a Mente Causal Sutil. Aqui, o sentido de mente está muito próximo de uma experiência direta da Consciência Suprema. Existe apenas um fino véu de ignorância que nos separa desse conhecimento.

E além da mente está o Atman/Alma/Espírito/Deus, também chamado de Infinito!

(Anandamitra, 2007; Hiranmamayanda, 2004)

"Enquanto a Alma não for realizada, cada Kos'a deve ser aperfeiçoada. Uma Kos'a não pode ser aperfeiçoada com a exclusão das demais. Para converter a mente num verdadeiro espelho para refletir a alma, cada Kos'a precisa se tornar cristalina."

(Shrii Shrii Anandamurti)

LABORATÓRIO PESSOAL

Posteriormente, participei de uma edição chamada Sadhana, que eram quatro dias de silêncio e práticas intensas de meditação e diversas dinâmicas para lapidar o ser como um todo. Foi bem desafiante, mas aquela vivência fez-me perceber que, cada vez que sentava para meditar ou para fazer algo, estava conectado com toda a humanidade. Sentia a responsabilidade do trabalho pessoal na mudança do coletivo. Deus atua no mundo o tempo inteiro, por meio dos seres humanos. Cabe a nós, seres humanos, tirarmos o ego do caminho para que toda a Sua energia possa se revelar. Tive experiências diferentes nesse retiro, comecei a perceber mais os sons que escutava internamente. Se fecharmos os olhos no silêncio, poderemos perceber uma espécie de zumbido ou som dentro do ouvido, às vezes parece até dentro da cabeça. O que fui percebendo com o passar do tempo era que esse mesmo som ia se modificando. Percebi que, conforme minha consciência se transformava, o som também se modificava. De um zumbido inicial, foi-se transformando em outros sons, como de grilos, de um apito agudo, sinos pequenos, e depois algo muito agudo, que parecia um som contínuo de cristais translúcidos. Isso é o máximo que consigo expor neste momento, porque não há nenhum som de algo igual que eu tenha escutado. A imagem era de uma emanação de sons de cristais, se é que isso é possível.

Durante o evento, foi-nos recomendado meditar em cima de um pano preto de lá, pois auxiliaria no processo de manter a energia dentro do corpo, sem desperdiçá-la, ajudando no processo de elevação da nossa energia espiritual. Fiquei intrigado com aquilo, pois quando meditava sentado no chão, sentia a energia da terra passar pelo pano tranquilamente, tanto subindo quanto descendo para terra. Já tinha feito o trabalho de EMF Balancing Technique® e iniciado o processo de conexão mais profunda com a própria energia de Gaia, da terra, do planeta. Até mesmo quando caminhava de pés descalços em um gramado, sentia a eletricidade e o eletromagnetismo passando pela sola dos pés e entrando nas pernas, assim como sentia, muitas vezes, a descarga do corpo para dentro da terra. Talvez aquele costume funcione para algumas pessoas, ou talvez até mesmo tenha auxiliado em outro momento planetário. No entanto, para mim, não fazia muito sentido. Estava começando a perceber concretamente mudanças nos padrões energéticos planetários, assim como da própria anatomia energética. Tentei compartilhar com algumas pessoas de lá, mas não percebi nenhuma abertura. Tentei compartilhar também sobre as novas frequências, o conhecimento ligado aos índigos e cristais, mas também não havia nenhum interesse por parte deles. Então, resolvi ficar quieto e firme na caminhada, e como dizia Shrii Shrii Anandamurti, com a mente uni-apontada (agryábuddhi) para Deus, para a Essência.

Meu corpo e minha mente tinham-se tornado meu laboratório pessoal, estava disposto a explorá-los e aprender mais sobre mim mesmo e sobre o ser humano. Sentia isso profundamente, estava fazendo exatamente o que Shrii Shrii Anandamurti indicava no texto, seguia meu coração e colocava todo o meu corpo e alma no processo.

No último módulo da formação de Yoga, aproximei-me de uma pessoa muito especial, que também estava fazendo o curso, e começamos a namorar. Antes disso, estava focado em tudo que estava acontecendo comigo, estava me redescobrindo. Para cada experiência energética que tinha, alguma coisa mudava em como via a realidade e em como me relacionava com as pessoas. E o Universo achou que era hora de trabalhar alguns aspectos pessoais que ainda não tinham sido trabalhados. E qual seria a melhor forma de fazer isso? Por meio dos relacionamentos! É ali que descobrimos nossos mais profundos medos, nossos verdadeiros desejos, nossos hábitos, enfim, aprendemos como manifestar novos atributos e qualidades. E nesse processo, antes da lapidação, muita sujeira tem que sair do porão. E para mim não seria diferente, pois sentia internamente que tinha que resolver algo do passado, a forma como interagia com as mulheres. Muita coisa tinha mudado, já não tinha mais aquela visão utilitária do sexo oposto, nem conseguia mais ficar com alguém simplesmente por ficar, muito menos transar por transar. Precisava de uma conexão mais profunda, um propósito que unisse ambos em direção a um mesmo horizonte, mesmo cada um manifestando a caminhada da sua forma. Era extremamente importante que houvesse ressonância de alma, pois se fosse somente pela atração física, não duraria muito, pois não faria nenhum sentido num plano maior.

Ela também era uma pessoa que estava buscando saber mais de si mesma, tinha uma energia muito suave, doce e amorosa. Quando estava com ela, era uma conexão de evolução muito grande. E um relacionamento com espiritualidade, tinha tudo para dar certo. Desfrutávamos uma cumplicidade muito grande, apesar da grande diferença em nossos modos de ser. Ela estava bem engajada nas práticas de Yoga e de meditação e, nos momentos em que nos encontrávamos, costumávamos meditar e praticar juntos. Eu morava em Porto Alegre e ela, numa cidade do interior de São Paulo. Muitas vezes, ela vinha para cá, e muitas vezes, eu para lá. Encontravamo-nos também nos eventos do parque que fazíamos. E nesse processo de namoro à distância, pude começar a entrar em contato com meus medos mais profundos, que estavam guardados no fundo da psique. O processo todo começou com ela e culminou na limpeza completa somente em 2015/16. Mas, antes de explorar este assunto ligado à descoberta de sombras mais profundas e de novos aprendizados na caminhada da evolução, gostaria de contar o que começou a se abrir mais com relação à compreensão de todo o processo e do momento planetário que estávamos vivendo.

PRIMEIROS CONTATOS COM KRYON

No segundo semestre de 2013, ganhei o livro de Kryon, canalizado por Lee Carrol, chamado *As 12 camadas do DNA: um estudo esotérico da mestria interna*. Podemos afirmar que todo o conhecimento espiritual existente no planeta veio por meio de seres humanos que serviram como canais para informações de planos superiores. A partir dessa leitura, tudo começou a mudar de uma forma muito acelerada. No livro, encontrei respostas para muitas de minhas perguntas e sentia a energia de integridade naquele conhecimento. Tudo fazia muito sentido. E não é só isso: sentia minha frequência mudar concretamente ao ler ou escutar palavras de Kryon, percebia mudanças vibracionais em meu campo de energia. Acontecia um profundo alinhamento energético e consciencial. Além do livro, passei a escutar as canalizações de Kryon pela internet, sentado de olhos fechados como meditação, e o que acontecia era indescritível. Posteriormente, junto com minha namorada, fiz cursos das fases restantes da EMF Balancing Technique®, o que abriu mais ainda minha perspectiva e expandiu minha energia. Logo explicarei um pouco mais sobre o processo de evolução da nossa anatomia energética, trazido ao planeta por Peggy Phoenix Dubro e todo o magnífico serviço que ela está fazendo para todos nós. Sei que agora você pode estar se perguntando: afinal, quem é ou o que é Kryon? Kryon é descrito linearmente como uma entidade amorosa que envia mensagens de paz, amor e empoderamento aos seres humanos. No entanto, é muito mais que isso, pois Kryon não é linear, não possui atributos físicos e não é singular. Faz parte de uma "sopa" ou confluência de energias diretamente da Fonte Central Criativa, ou Deus. As mensagens são para honrar a humanidade e auxiliar neste processo de transformação e ascensão planetária, trazendo novas informações da relação dos humanos com a Fonte Infinita chamada de Deus. Com vocês, trechos da canalização *Quem é Kryon*, por Lee Caroll. Nada melhor do que Kryon mesmo para fazer a apresentação. Sente-se numa posição confortável, faça uma respiração profunda e relaxe!

Saudações! Eu sou Kryon, do serviço magnético.

Cada um de vocês é muito amado! Se você chegou até o ponto de estar lendo esta comunicação, está no lugar certo e no tempo certo. Por favor, continue. Eu estou falando diretamente para você.

Eu falo para você tão claramente quanto eu possa através de meu companheiro; mas eu não posso usar a linguagem como a conhece, de maneira que estas palavras ainda estão sendo traduzidas através da mente dele. Minhas comunicações são independentes de qualquer linguagem. Eu falo a você em "pacotes de pensamento" e "grupos de ideias", traduzidos em palavras de maneira que possa compreender.

Eu escolhi este escritor por várias razões, a mais importante sendo que ele concordou em fazê-lo antes de vir. Ele tem um contrato, mas como todo humano ele poderia ter escolhido isto, se quisesse. Também intuitivamente ele sabe que, se não fizer isto, eu provavelmente não o deixaria dormir pelos próximos

50 anos. A outra razão para minha escolha é que ele não possui treinamento formal no Sistema Metafísico. Quer dizer, ele não estudou ou leu sobre o assunto em livros correlatos. Isto cria um espaço sem pré-julgamento para que meus pacotes de pensamento aterrissem. Este é o seu nono ano de crescimento e conscientização, e agora é apropriado a ele prosseguir na oportunidade pela ação. Ele está desconfortável por escrever sobre si mesmo, de maneira que eu continuarei.

Meu nome não é exatamente Kryon, e eu não sou um homem. Eu gostaria de poder partilhar com você o que é ser uma entidade como sou, mas há implantes básicos humanos de restrição psicológica que simplesmente não permitirão que você entenda. Meu nome é um "grupo de pensamento" ou "um pacote de energia" que me rodeia e é reconhecido por todas as outras entidades. Este mesmo pacote é enviado em minhas comunicações com todos – por favor, simplesmente aceite isto. (...)

O que sou eu?

Eu sou do serviço magnético. Isto significa duas coisas para você, e eu vou começar pela primeira: serviço. Minha entidade é uma a serviço. Eu nunca fui humano ou outra coisa qualquer, apenas Kryon. Meu único propósito é servir, dentro de uma capacidade específica, às "escolas" através do Universo, onde entidades como vocês mesmos se localizam. Há muitas escolas de diferente níveis, algumas estão abaixo e outras acima da escola de vocês. (...)

Nós todos estamos interligados. Nós somos o grande "EU SOU", como é dito em suas escrituras a respeito de Deus. Quando envio esta mensagem, "Eu sou Kryon", está implícito que eu pertenço ao todo, e que minha assinatura é Kryon. Nós somos Deus. Você é um pedaço de Deus, e você tem o poder de se tornar tão elevado do seu lado do véu quanto você era quando veio... e você é amado sem medidas. Vocês são cada entidade elevada que concordou em estar exatamente onde está antes de ter aqui estado. Nós somos todos coletivos em espírito, mesmo enquanto você está na Terra, velado da verdade. Apesar de sermos coletivos, o AMOR é singular e de origem ou foco único. Isso pode parecer confuso, mas considere como um fato de importância primordial, de maneira que possa entender que é especial para seu presente tempo.

Por que estou aqui? (...)

Os humanos têm sempre procurado por Deus. Isto é simplesmente saudade de casa, que reflete a ausência de sua conexão para comunicação enquanto você está em lição. É um desejo celular básico, e é global. (...)

Há uma razão para toda a sua existência na Terra: Você está em lição com o propósito de elevar a vibração do todo. *Esta é a razão última,* e está sendo completamente explicada para você desta vez. Seus esforços enquanto em lição criam energia através de suas encarnações e subsequente elevação da consciência planetária. Esta energia é valiosa para o todo, e transmuta a negatividade. Negatividade é a "ausência de iluminação", e se deixada desenvolver-se livremente, será encontrada mais e mais a não ser que tenhamos vocês através do Universo em constante aprendizado. Vocês, portanto, são o instrumental para a mudança de algo muito grande e complexo. (...)

Mais perto de casa, em um nível planetário, seu desafio era começar sem nenhuma iluminação, e gradualmente, trabalhando através de múltiplas lições e encarnações, chegar a um estado de completa iluminação. Vocês estão adiantando-se no caminho, e rapidamente aproximando-se do final do ciclo completo. Mais uma vez, seus esforços ainda neste processo geram energia para o resto de nós. (...)

Centenas de anos antes, vocês não eram sequer capazes de conter a "carga" completa de sua entidade, e não podiam levá-la consigo! Somente parte dela. Centros de energia e templos continham o equilíbrio de seu poder coletivo. Uma de suas culturas nômades de longa duração, inclusive, levou a energia com eles de lugar para lugar. A significação dos templos nos tempos muito antigos da história da Terra era muito maior que hoje, uma vez que eles eram realmente centros espirituais de poder... e tinham manifestações físicas para demonstrá-lo.

Atualmente, a cada vez que você encarna no plano da Terra, há um breve descanso em que você encontra e se comunica com o todo e planeja sua próxima expressão ou lição. O seu plano está sempre determinado diretamente pelo que aconteceu durante a sua última expressão. Vocês têm chamado isso de carma. Você formaliza um contrato ou plano sobre o que aprenderá e experimentará quando iniciar a próxima expressão. Muito frequentemente, você encarna por um breve momento, morrendo ainda criança, ou terminando cedo por uma doença ou acidente. Isso pode parecer cruel a você, ou uma coisa ilógica para concordar em fazer, mas é apropriado e é correto para o todo. O momento quando você encarna novamente é determinado pelo grupo em lição em torno de você, alguns ainda na Terra e outros não. Às vezes, sua encarnação é quase inteiramente para a expressão de outrem, e é rápida. Isso poderia parecer indicar que há algum tipo de predestinação em andamento. Não há. Acredite! Isso é mais um mal-entendido.

Todas as encarnações são como fitas virgens com um propósito sobreposto (carma) e várias "portas" de ação oferecidas durante o ciclo (plano contratado). O carma pode ser ou não ser satisfeito. Se não o for, haverá outra oportunidade através de outra expressão (encarnação). Um indivíduo pode ou não abrir *quaisquer das portas de ação oferecidas no contrato; depende do indivíduo, e de onde o crescimento dela ou dele se dá desta vez. Tudo isso está inter-relacionado com outras entidades em volta de sua expressão. Enquanto grupo planetário, vocês passaram por muitas das portas certas. Vocês fizeram isso coletivamente do seu lado do véu, e isso resultou em uma elevação do todo. Novamente, vocês estão de parabéns. Eu posso atestar que este não é sempre o caso no Universo. Vocês tiveram muitas oportunidades para falhar, e sobreviveram bem a isso.*

Sobre o meu trabalho: Os campos magnéticos são importantes para sua biologia! Por isso, os campos magnéticos podem afetar (e afetam) sua consciência espiritual. O campo magnético de seu planeta é necessário para a sua saúde biológica, e é bem afinado e ajustado ao seu esquema espiritual.

*O campo magnético de seu planeta foi cuidadosamente situado para a sua saúde – e suas lições. Olhe em torno de você. Quais outros planetas você encontra com campos magnéticos? Não é uma força natural existente. Foi colocada propositadamente e cuidadosamente. (...) Se vocês encontrarem outro planeta com campo magnético, esta é a primeira suspeita de existência de vida biológica, ou sua chegada no futuro, ou uma "estrutura impressa" (*imprint*) de que houve vida ali. (...)*

Há anos vocês compreendem que os processos básicos do pensamento de suas mentes são elétricos (e, portanto, possuem propriedades magnéticas). Então, vocês também entendem que toda a sua biologia, dos nervos aos músculos, é eletroquímica em suas funções. Cada órgão de seu corpo é "equilibrado" magneticamente (polarizado) e é sensível a campos externos. Distúrbios magnéticos são suspeitos em problemas com o cérebro, tireoide, coração, fígado e glândulas endócrinas. Telepatas estão "lendo" seus próprios campos magnéticos (todos vocês têm um). Mais precisamente, eles estão percebendo o equilíbrio de seu campo. E seus médicos rotineiramente fixam fios ao seu corpo para gravar seus impulsos eletromagnéticos. (...)

Eu sou Kryon do serviço magnético. Eu criei a rede do sistema magnético de seu planeta. A criação de sua rede levou eons de tempo da Terra. Ela foi equilibrada e reequilibrada para se combinar com as vibrações físicas de seu planeta em evolução. Durante o tempo em que estive aqui inicialmente, o que agora vocês percebem como polaridade negativa e positiva da Terra foi alterado muitas vezes. Sua ciência pode comprovar isso; (...)

Eu estive aqui duas outras vezes desde então, para mais um ajuste global. Esse é meu terceiro ajuste, e minha quarta e última visita. As duas últimas vezes em que eu aqui estive, foi necessário e apropriado fazer um ajustamento global para acomodar seu crescimento. E, em cada vez, a humanidade foi terminada para esse propósito. Umas poucas entidades permaneceram em cada uma das ocasiões para propagar a vida biológica.

Isso pode soar desagradável a vocês, mas é correto e foi realizado em perfeita harmonia e amor. Todos vocês concordaram de antemão, e isso foi celebrado porque representou um marco no crescimento da Terra! Eu não estou aqui para lhes dizer que meu terceiro ajustamento requer seu fim, mas sem um pouco de compreensão muitos de vocês se exterminarão de qualquer jeito. O terceiro ajuste já foi iniciado... e aqueles entre vocês que seguem coisas como o movimento do norte magnético saberão do que eu estou falando. (...)

A inclinação que foi prevista é meu trabalho. É uma inclinação magnética que realinhará o sistema de rede da Terra para possibilitar seu final dos tempos. Basicamente, com uma sobreposição magneticamente correta para os humanos de equilíbrio iluminado para existir e viver. Seu norte magnético não mais será alinhado com seu polo norte. Na verdade, você sabe que nunca o foi, mas essa inclinação agora será significativa.

Então, por que isso é importante? A importância é que aqueles que não estão prontos não serão capazes de lidar com isso. Alguns ficarão, e aqueles que não podem reencarnarão e reemergirão com o alinhamento correto. O que isso fará a sua sociedade é a parte negativa de minha mensagem. (...)

Você notará que eu disse "poderá". É onde você terá sua real oportunidade de fazer uma mudança. Uma vez que as redes se ajustarem nos próximos anos, lhes será dada mais iluminação. Como lhes disse antes, seus implantes restritivos estão alinhados a minhas redes. A alteração da rede o libertará de certas restrições, e você será capaz de controlar o que você fizer a partir daí num grau que você nunca antes teve. Pela primeira vez, você tomará completamente o poder que está disponível através da energia amorosa, e o usará para a cura planetária. Você também será capaz de focalizar esta energia de uma maneira que o negativo se transmuta em positivo. Isso resultará no equilíbrio de muitos indivíduos que, de outra forma, não teriam chance de permanecer durante a transição. (...) Com meus primeiros passos estabelecidos, vocês reagiram globalmente de uma maneira positiva, complementando bastante da nova consciência. Vocês precisam saber que nós os exaltamos por isso! Não há maior sinal de iluminação em nível global do que (1) o desejo de tolerância, (2) o desejo de paz e (3) a eliminação de tudo que fica no caminho do número 1 e do número 2. (...)

A Conexão Amorosa
AMOR É PODER! Sua língua (o inglês) é inarticulada e pobre para este conceito. Outras línguas da Terra, pelo menos, têm muitos tipos de palavras

para esta energia. Amor não é uma palavra, ou só um sentimento. É uma fonte de poder! É a energia. Vocês podem chamá-la, ligá-la e desligá-la, estocá-la, enviá-la e direcioná-la para muitos usos. Está sempre disponível e nunca falhará a você. É a promessa do Universo! É o filamento comum que põe as coisas em movimento. É tempo de você começar a ver isso... e eu quero dizer no sentido universal, que realmente é o seu tempo! Você finalmente está tendo permissão para usar e entender essa fonte de poder, e você a mereceu!

Você pode querer usar a palavra "Fonte-divina" ao invés de amor para lhe possibilitar um entendimento do significado do poder. Vocês são um coletivo, mas a fonte de poder é única e singular. Isso significa que nós todos compartilhamos uma unidade (ou singularidade) comum, que é esse poder. Isso é similar à eletricidade, com a qual estão acostumados. Observe que o elemento comum em seus circuitos é sempre o "terra". Não importa para qual propósito o circuito, ou a intensidade do circuito, ele sempre tem um retorno, ou, mais simplesmente, uma unidade num sistema multifacetado.

O amor de fonte divina é o poder que você recebe quando você roga a Deus por qualquer coisa. Qualquer entidade chamando especificamente, verbalmente ou de outra maneira, pelo poder de Deus recebe este amor da Fonte Divina. É literal, e responderá apropriadamente. Apropriadamente significa que será respondido com a correção universal do pedido articulado. Os indivíduos iluminados, equilibrados, são especialmente bons em invocar e direcionar o amor da Fonte Divina. Eles sempre têm sido como claros caminhos através do que seria um véu resistente e obscuro. A maioria desses indivíduos tem sido líderes religiosos através de eras, que usaram o amor como base para suas vidas. Seu honesto amor pelo Universo, e pelos outros a sua volta, e sua tolerância pelo processo e carma dos outros, foi a chave para seu equilíbrio. O conhecimento atual sobre "como as coisas se organizam" foi (e ainda é) sem importância. Homens sagrados na Índia, China, Síria, Israel ou outro lugar qualquer possuem a mesma conexão à fonte de poder que um cristão evangelista em um encontro na América Central.

Por que lhes digo isso? Para que entendam que a fonte é singular e única!... E é de vocês como nunca antes o foi. Com meu realinhamento, seu lado espiritual pode elevar-se! Vocês receberão a sensação de um perfeito alinhamento, de finalmente ter chegado em casa. Isto é, a sua entidade vendo-se pela primeira vez o que é: uma parte de Deus. Uma parte com um nome conhecido por todos, que nunca pode ser destruída, que nunca poderá ser destruída, e que nunca pode ser somada a ou subtraída por. Dá para imaginar o que você pode fazer agora? (...) Em um nível pessoal, aprenda a "sentir" ou experimentar o Amor da fonte em qualquer momento que você queira. Este é o seu novo direito.

Ele criará a paz que você necessitará para atravessar o que está para vir. De seu despertar pela manhã ao seu recolhimento à noite, você pode tê-lo com você em todos os momentos.

Sua palavra amor agora é apropriada no contexto do "sentir". O Amor de Deus não é um sentimento para humanos. Está exemplificado nas escrituras no 13º capítulo do primeiro livro dos Coríntios. É o sentimento de um pai amoroso que toma conta de todas as suas necessidades. É o sentimento de um querido amigo ou parceiro que te ama incondicionalmente. Ele tem substância. Ele é os braços amorosos de Deus. E pode, na realidade, ser visto por alguns. É de natureza singular e é único no Universo. Pertence a todos nós, e é nossa fonte pessoal e nossa dádiva ao mesmo tempo.

Quando você o experimenta, você está sentindo não apenas conforto e calor do Universo, mas o amor e a admiração do coletivo das entidades do Universo, de todos os que sabem quem você é e se congratulam com você por sua perseverança por ter lido esta mensagem e ter levado a sério sua comunicação.

Eu sou Kryon.

EXPANSÃO DA ENERGIA E NOVOS CONHECIMENTOS

Além de entrar em contato com Kryon, também fiz mais leituras de akáshicos com diversas pessoas, e muita informação foi sendo transmitida, e isso ajudou-me bastante para quebrar certos padrões e ampliar a visão. É claro que nem toda informação era verdadeira e íntegra, pois, dependendo da praticante de registros akáshicos, poderia haver muita interferência, e em muitas que fiz houve influências negativas que atrapalharam. Poderia ajudar bastante e, ao mesmo tempo, ser muito perigoso e tirar a pessoa de seu caminho não fazer o que realmente tinha que fazer neste plano, simplesmente alimentar o ego espiritual. Depois de uma leitura dos registros, a Alessandra Dipra sugeriu a leitura de um livro chamado *Conversation with Angels*, de D.B. ASHUAH. Na verdade, eram três livros grandes só de canalizações de uma mesma fonte. E aquelas informações batiam exatamente com as de Kryon, pois tinham a mesma frequência e também vinham com informações das Plêiades, uma constelação com seres de luz muito elevados que estão nos auxiliando na nossa transição planetária. E tudo estava diretamente ligado ao assunto dos índigos e cristais e à nova abertura que o planeta Terra estaria experimentando.

Não preciso dizer que comecei a experimentar mais ainda nas práticas pessoais. Sentia a abertura e a expansão que tudo aquilo estava proporcionando; estava saindo de algumas caixas, até mesmo de minha própria caixa espiritual. Mas ainda havia uma dicotomia entre tudo de novo que estava experimentando e tudo que era ensinado no Instituto Visão Futuro com relação aos ensinamentos esotéricos antigos. Não era que um estivesse contrário ao outro, mas percebia essas novas informações como um complemento de tudo que veio antes para o planeta, assunto que adiante abordarei com maior profundidade.

Passei a ler e escutar canalizações diariamente, assim como passei a utilizar esse conhecimento nas práticas de Yoga e meditação diárias. Utilizei novos exercícios respiratórios, bem como novas visualizações e alinhamentos energéticos. Com os cursos de EMF Balancing Technique®, aprendi mais sobre a ativação da nova anatomia energética e também como trabalhar com nosso campo eletromagnético. Toda essa informação vinha da mesma fonte e estava entrando no planeta. Como dizia Kryon, Deus/Infinito não muda; Ele sempre foi, é e será o mesmo. No entanto, a relação do ser humano com Ele pode mudar, evoluir. E quando o planeta estivesse pronto para colocar em marcha o processo de Ascensão, muitas dessas informações chegariam e, junto delas, a "NOVA ENERGIA", uma nova consciência planetária, que saía do antigo paradigma e das antigas formas de fazer as coisas. Abandonando uma consciência de dualidade e entrando na consciência da Unidade, deixando a frequência do medo e dominação e aderindo à frequência do amor e cooperação, saindo da Era de Peixes e entrando na Era de Aquário, saindo da velha energia e entrando na consciência messiânica em tudo e em todos.

Deus nunca quis que as instruções dadas na energia de ontem fossem levadas para sempre. Faz sentido para você que, se os humanos experimentassem um tremendo crescimento espiritual, seus manuais espirituais permaneceriam estáticos? O graduado ainda se apega ao primário?
(Kryon, canalizado por Lee Carrol)

Antes de continuarmos, gostaria de compartilhar com você o conhecimento da evolução da nossa anatomia energética, trazido para este planeta por Peggy Phoenix Dubro. A contribuição que ela está nos propiciando neste momento de mudanças é incalculável e imprescindível! Um serviço divino de uma magnitude sem precedentes! É uma honra para todos nós podermos aprender com ela. Em adição, compartilharei algumas informações de Kryon complementando todos esses ensinamentos.

SERES DE LUZ E A MALHA CÓSMICA

A ciência atual estabeleceu a natureza eletroquímica de nossos sistemas biológicos físicos. Porém, em um sentido mais amplo, somos muito mais do que carbono, outros elementos químicos e potenciais elétricos. Nossa natureza também é eletromagnética. O eletromagnetismo é um fenômeno interdimensional. *Somos todos seres de luz.* Como seres eletromagnéticos, fazemos parte do espectro eletromagnético que contém tanto luz visível quanto luz invisível. Sabemos, por meio da Física Quântica, que a luz é a base do campo eletromagnético.

O fóton de luz é o menos "quanta" desse campo e é também o mensageiro que providencia a comunicação entre partículas do campo eletromagnético. Portanto, é bastante claro que somos seres de luz – seres de carbono, elétricos e de luz. Mesmo quando nos abraçamos como seres de luz, ainda precisamos honrar nossa herança química e escolher com sabedoria e discernimento todas as substâncias que colocamos dentro do nosso corpo.

A MALHA CÓSMICA
(KRYON, LIVRO VII – "CARTAS DE CASA")

É a energia do AMOR. É a energia do Espírito. É a energia do Universo. A malha cósmica é o denominador comum da fonte unificada de energia do Universo. O denominador comum – significando que todas as coisas emanam da malha cósmica.

A malha cósmica está em todo lugar. Está ao longo de todo o Universo. Tudo que vocês veem e também o que não veem contém a malha. Das menores partículas da sua física, em diante, a malha cósmica está presente. A malha cósmica é a maior energia que vocês jamais conceberam. Envolve todo o Universo e mais. Está presente em todo lugar. Não há lugar que possam conceber – não importa a dimensão – em que a malha não esteja presente. A malha cósmica é talvez o que vocês poderiam chamar a Consciência Divina, e no entanto é física e é energia e contém amor consciente.

Então, o que estamos dizendo é que penetra todas as coisas e engloba todo o Universo, incluindo todas as dimensões. E, ainda assim, tem uma consciência singular de tudo ao mesmo tempo – sempre ao mesmo tempo. Distância não é nada para a malha cósmica. A parte mais distante desta malha sabe exatamente o que a parte que está aqui nesta sala neste exato momento está fazendo. A parte que está entre as células de sua biologia, que nós temos chamado de amor, sabe o que está acontecendo a 11 bilhões de anos-luz de distância!

A malha cósmica não está no tempo do agora; está no tempo nulo. O tempo nulo, meus queridos, é um tempo igual a zero, ao passo que o tempo do agora se move em um círculo. A malha cósmica está em um estado constantemente equilibrado, e aquela energia equilibrada está potencialmente pronta para receber input *para liberação de energia, e aquele* input, *meus queridos, está disponível para a consciência humana. "Vê" todo o tempo como zero – nunca se movendo –, mesmo que muitas estruturas de tempo existam em sua energia. É por isso que não importa em qual estrutura de tempo está a sua realidade, a comunicação é instantânea entre todas as entidades que conhecem a malha.*

A malha cósmica não é Deus! Mas, como dissemos antes, Deus (Espírito) usa a física ocorrendo naturalmente para a mecânica dos milagres. Alguns de vocês gostariam de separar a física de Deus. Vocês dizem: "Não misture ciência com Deus. Não retire a magia!".

Então, estamos lhes dizendo como funciona. Mas isso não é tudo, pois a Malha Cósmica está agora respondendo a algo ao qual nunca havia respondido em seu planeta. Energia está sendo criada, e o tempo está sendo alterado – tudo através da intenção humana.

A MALHA DE CALIBRAÇÃO UNIVERSAL®

MALHA DE CALIBRAÇÃO UNIVERSAL (UNIVERSAL CALIBRATION LATTICE – UCL) – Extraído do livro *Evolução Elegante*, de Peggy Phoenix Dubro e David Lapierre (2007)

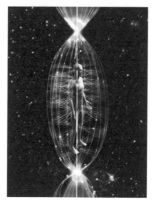

A Malha de Calibração Universal é nossa conexão pessoal com a malha cósmica, a fonte de energia universal ou ilimitada. Nos permite fazer uso da energia ilimitada da malha cósmica de maneira muito semelhante àquela de um transformador elétrico, transferindo energia de um circuito para o outro. Permeia todos os nossos corpos em todas as dimensões. Esse sistema aparentemente infinito de fibras de luz e energia é a soma total do campo eletromagnético que sustenta nossos vários corpos de energia, nossas estruturas cristalinas de memória e nosso código de DNA. A UCL é semelhante a um transformador, que permite que uma corrente de 220 volts passe por um sistema de 110 volts. Isso nos capacita a usar as energias altamente refinadas que estão disponíveis interdimensionalmente. Sustentar a carga total de nosso ser exige a habilidade de fazer um uso eficaz da energia disponível.

As fibras mais externas da UCL são como uma extensão do sistema nervoso simpático e parassimpático. As fibras da parte de trás contêm a informação relativa à sua história pessoal, incluindo eventos da vida passada e todos os eventos pelos quais você passou na vida atual. Elas contêm também os seus padrões de tendências genéticas, tais como aparência física, saúde e bem-estar; aquelas laterais (de ambos os lados) processam energia de informação que damos e recebemos do mundo; e as fibras longas à frente contêm informações relacionadas ao nosso potencial ou futuro, sustentam a informação relativa às suas esperanças, sonhos, desejos e intenções e eles funcionam como transmissores, que atraem energia "semelhante" a si mesmos. Com intenção consciente, você pode seletivamente ativar ou inserir novas esperanças, sonhos e desejos nessas longas fibras de informação. Elas são um aspecto muito importante do mecanismo de sugar a energia da Malha Cósmica. Aprender como calibrar as fibras anteriores é essencial para o sucesso da cocriação. Finalmente, quando cocriamos, não estamos pedindo ao Espírito que nos entregue o resultado final de nosso desejos; estamos pedindo os instrumentos para criá-los nós mesmos.

As fibras horizontais têm forma de oito, ligam o corpo, pelos chakras, às longas fibras de informação. São chamados loops *autocalibradores (loops do infinito), e transportam tanto informação proveniente das fibras longas quanto aquela a elas dirigida.*

A energia do Centro se irradia verticalmente pelo centro do corpo, e representa o presente, o Agora. O topo da coluna da Energia do Centro constitui o centro de cima, localizado a cerca de 60 cm acima da coroa da cabeça. É aí que o campo de energia do corpo se liga às energias superiores do eu. O centro de baixo, localizado 60 cm abaixo dos pés, liga o campo de energia do indivíduo com a energia da Terra. Cada componente da UCL desempenha uma função específica. A Energia do Centro promove a unificação do sistema de chakras. É uma coluna de pura luz e energia que passa ao longo do centro do corpo. É o circuito aberto primário da UCL, que nos liga com a energia da Fonte Universal ou Malha Cósmica.

Os loops *de luz de Energia em forma de oito são condutos por meio dos quais as cargas elétricas viajam. Esses canais contêm informação pré-codificada sob a forma de padrões circulares, que regulam o fluxo de energia por meio de* loops, *de acordo com a sabedoria interior do indivíduo. Os* loops *contribuem para a natureza autocalibradora e autorreguladora da UCL. As cargas rearranjam-se randomicamente, dependendo de nossas ações e pensamentos. Os* loops *entregam informação para a Energia do Centro sob a forma de cargas elétricas. A Energia do Centro envia informações de volta para os* loops. *A*

Energia do Centro tem efeito profundo sobre o corpo físico e esse efeito aumenta significativamente nossa evolução. Esse movimento horizontal de energia é parte substancial da cocriação de uma vida mais iluminada. Há loops *autocalibradores acima da cabeça que regulam as energias inspiradoras ou superiores, conforme fluem para baixo e por toda a estrutura da UCL. Esse movimento de descida da energia reforça o circuito necessário para criar o céu na terra. Quando sentimos esse fluxo de energia descendo, frequentemente chamamos de "inspiração divina".*

Reforçar o fluxo de energia nas duas direções ajuda-nos a sustentar a carga elétrica total do nosso ser. Isso cria a sagrada união entre o "como em cima", ou energias divinas, com o "assim embaixo", ou energias humanas. O que se deseja é uma relação equilibrada entre essas duas energias. Uma profunda conexão pessoal com a fonte de energia ilimitada cria uma postura energética de liberdade dentro dos muitos níveis do nosso ser.

Há loops *autocalibradores abaixo dos pés, que regulam as energias da Terra à medida que fluem para cima e por toda a estrutura da UCL. A energia flui para baixo dos pés, pela figura de oito abaixo dos pés, e retorna para cima por meio da UCL, calibrando-se no padrão seguinte de equilíbrio. Assim, a liberação de energia "negativa" é, na verdade, uma reciclagem de energia. Estamos assumindo mais do que nunca uma responsabilidade maior por nossa energia e por nós mesmos.*

A figura de oito é um símbolo do infinito, representante da conexão pessoal entre a pessoa e o Criador e a parceria infinita com o Universo.

Há também 12 fibras longas de informação, mais próximas do centro (30 cm) nas quatro diagonais, na frente e atrás do nosso corpo. Cada grupo contendo três longas fibras de informação e três loops *do infinito é parte de um prisma. Cada prisma estende-se ao longo de todo o corpo, todo caminho até os pés. Estas fibras mais próximas do corpo contêm informação multidimensional disponível para o indivíduo no estágio onde se encontra de sua evolução espiritual, integrando e fortalecendo as habilidades energéticas. São uma ponte para a sabedoria do nosso akasha, tudo que já aprendemos, vivemos e podemos manifestar.*

EMF BALANCING TECHNIQUE®

A EMF Balancing Technique® é o sistema energético projetado para trabalhar com a Universal Calibration Lattice® (Malha de Calibração Universal).

A técnica é um simples e elegante procedimento sistemático utilizando o efeito de humano com humano sobre o campo eletromagnético.

Existem 12 fases deste trabalho (mais uma "complementar"), que traz um grande empoderamento e uma enorme consciência e evolução pessoal ao indivíduo. Cada sessão da EMF tem um padrão de energia e uma intenção associados a ela. As fases I a IV (Fundamentos Evolucionários) proporcionam bases energéticas para o equilíbrio da cabeça e do coração, a recalibarção da história pessoal num padrão de sabedoria e apoio, a percepção da presença no momento atual, a plena carga energética e o potencial de expressão com a evolução individual. Nas fases V a VIII (Mestres em Prática) ativamos, em cada fase, 11 atributos de mestria em nosso campo magnético. Estes atributos fortalecem e equilibram as fibras que estão mais próximas de nosso corpo e que contêm informações multidimensionais. Nestas fases começamos a agir de forma mais consciente, escolhendo e criando nossa realidade. Somos todos mestres na prática: quanto mais praticamos, mais nos tornamos mestres. Os padrões de energia ativados nestas fases são: Amor Infinito; Compaixão Infinita; Presença Infinita e Sabedoria Infinita. As fases IX a XII (Liberdade na Energia do Amor) trazem uma maior compreensão de nossa energia do centro como Eu Infinito, onde a Essência mais Pura do universo se relaciona com a Essência mais Pura do nosso Ser. Trabalhamos com os padrões de energia do Humano Universal, Pais Universais, Parceiro Universal e Evolucionário Emergente. O Novo Humano vivendo a transformação energética da Nova Terra. Traz a ressonância de uma nova expressão do ser, equipado com novas ferramentas para sua evolução. Empoderamento cheio de paz.

NOVOS EXPERIMENTOS PESSOAIS

Como já expliquei, eu conhecia esta anatomia eletromagnética, mas ainda não estava preparado para senti-la e trabalhar com ela. Foi necessário todo o processo anterior para que pudesse realmente perceber a dádiva que nosso Criador estava nos permitindo neste momento planetário. Sendo assim, comecei a ser meu próprio laboratório interno. Nas práticas de Yoga, duas vezes ao dia, comecei a utilizar intenções ligadas às fases da EMF Balancing Technique®, assim como comandar, por meio de visualizações, a recalibração de diversas partes da minha anatomia eletromagnética, fibras, *loops* etc. E a Malha de Calibração Universal respondia a cada comando e pensamento com precisão, modificando a energia do campo e, consequentemente, meus pensamentos e comportamentos. Também engajei-me na experimentação com outras meditações, principalmente trabalhando todo o canal central no duplo fluxo e colocando muita ênfase na conexão com o centro de baixo para aprofundar o ancoramento, a conexão com a Energia da Terra, energia da compaixão pura e de sustentação. Sentia que ali era um ponto da minha anatomia energética que tinha que ser "reconstruído".

Em alguns finais de semana, fazia "retiros pessoais" na minha casa, intercalando yoga, intenções, meditação, leitura, canalizações, mantras etc. A experiência na meditação foi aprofundando muito, assim como a sensibilidade à minha própria energia. Sentia cada vez mais o canal central como uma coluna gigantesca e a energia fluindo de cima para baixo e de baixo para cima, entrando e saindo do corpo. Isso me causava um movimento interno, percebido como giros. Parecia não haver um padrão, mas depois notei a rotação dessas energias, dependendo da nossa atenção, às vezes no sentido horário e, noutras, no sentido anti-horário. Chegou a um ponto que a energia ficou tão intensa que tinha que "segurar" meu corpo para não mexer enquanto falava com as pessoas, mesmo de olho aberto. A pressão interna aumentou, percebia que algo novo estava "abrindo espaço" dentro de mim e minha biologia precisava adequar-se a essa nova realidade. A cada intenção, todo o sistema respondia. Se for vontade do Infinito, em breve estarei compartilhando com vocês esses experimentos práticos e meditações em outro livro.

MAIS UMA BATALHA E INTEGRAÇÃO

Neste processo de uma Nova Energia querendo fazer parte do sistema, outras energias mais densas não poderiam permanecer no campo pessoal. Então, no processo de liberação mais profundo, sombras e aspectos emocionais guardados começaram a emergir para serem olhados, lidados, ressignificados e abandonados (desapegados, desmagnetizados). Aspectos sombrios desta vida e de outras energias presentes no meu akasha, nos registros de minha alma. E, para aumentar um pouco o desafio, na verdade, muitas delas misturadas. Todos os dias temos oportunidades de trabalhar aspectos nossos escondidos, ou simplesmente de praticarmos algum atributo, manifestarmos alguma característica positiva. No entanto, sabemos que alguns atributos possuem uma carga maior e, sendo assim, temos uma boa ideia por onde caminhar e o que começar a olhar.

E o atributo que nesse momento me tocava inicialmente era o da auto-estima. Com o passar do tempo, cheguei à compreensão de que era apenas a ponta de um *iceberg*, que tinha muito mais a ver com amor-próprio, não como um atributo em que nos amamos e nos aceitamos, mas sim como um estado de Ser que brota de dentro, direto da fonte criativa de Amor que habita em nós, onde tudo está bem independentemente da situação, do que acontece, mesmo se nos elogiam ou nos xingam. E isso não quer dizer total passividade e deixar que os outros nos utilizem como "capachos". Tudo precisa de um certo equilíbrio e dosagem, ou seja, ter a consciência de como agir no momento sem a identificação com o medo, sem a identificação com uma persona, uma máscara, ou até mesmo com a criança interior ferida e abandonada. E mais ainda, percebi como vários outros aspectos emocionais estavam ligados a essa mesma fonte: a falta de verdadeiro Amor-Próprio.

Logo após aquela primeira forte experiência de elevação da Kundalini e transformação da consciência, tive percepções sobre a minha "vida anterior" de jogador de basquete. Percebi que buscava fora coisas para suprir algum tipo de falta interna. A busca pelo sucesso no esporte e na vida, por ser reconhecido e "vitorioso", por ter um carro novo, roupas novas, mais mulheres, servia de alimento somente para o ego. Havia um buraco interno, uma falta que tentava suprir com "objetos" externos. Sim, isso mesmo, objetos externos. Pois tudo com que nos relacionamos externamente para suprir uma falta interna nossa, transformamos em objetos. Algo que utilizamos quando precisamos e/ou necessitamos. E quando não precisamos mais, ou já não nos satisfazemos, buscamos outro tipo de objeto, outra pessoa, uma novidade etc.

Comecei a perceber que, quanto menor a autoestima, mais as pessoas tentam tapar buracos com conquistas e realizações externas. No meu caso, antes de descobrir Deus dentro de mim, buscava através das conquistas, porque elas definiriam quem eu era. Mas, na época, não estava consciente disso. Então, fui atrás de conquistas no esporte e em tudo que fazia. Esse processo também se deu com relação às mulheres. Como minha autoestima era baixa, quanto mais mulheres eu conquistasse, mais teria valor. Sim, dentro de mim havia um desejo de relacionamento mais profundo, de encontrar alguém para e com quem dividir a vida. No entanto, enquanto não encontrava, achava que podia "aproveitar a vida", e isso significava ficar com muitas mulheres. Com certeza, nunca encontraria a "pessoa certa" para estar comigo, pois não tinha ideia de quem eu realmente era. Como poderia saber o que queria sem saber quem eu era? Soa como uma missão impossível, fadada ao fracasso. É óbvio que nem me dava conta disso, porque era considerado normal culturalmente, para um homem solteiro, sair com outras pessoas, mesmo sendo por uma só noite. No momento da conquista sentia-me bem, até cansar e buscar o próximo estímulo, a próxima conquista. Era normal, muita gente fazia o mesmo. Tentava ficar com várias, até que gostasse realmente de alguma. Tentativa e erro, parecia mais um tapa-buraco momentâneo. E juntando isso com muita energia sexual, você pode imaginar no que dava. Não tinha noção ainda do quanto era importante a energia sexual no processo evolutivo e de realização do Ser. Estava desperdiçando parte de uma energia extremamente potente e essencial em comportamentos e hábitos que não me levavam a lugar algum. Era como se, para minha alma, eu precisasse bombear água por um cano do térreo até o décimo segundo andar, mas logo nos primeiros andares houvesse vários furos. Por mais que eu fizesse força, a energia sempre era desperdiçada sem propósito.

Logo que tomei mais conhecimento de mim mesmo e de diversos aspectos sombrios, com a primeira elevação da Kundalini mais forte e a tomada de consciência da minha verdadeira natureza, tudo mudou. A forma como via as mulheres transformou-se completamente. Não queria mais me relacionar simplesmente para suprir um instinto primitivo, ou ficar com alguém simplesmente para suprir alguma falta. Da mesma forma que não tinha mais nenhuma vontade de beber álcool ou comer carne, também não tinha mais o desejo de transar por transar. Não via mais a mulher como um objeto, e muito menos queria tratá-la assim. Queria honrá-la profundamente pelo que ela era, pela divindade que habitava nela. Depois da primeira forte elevação da Kundalini, fiquei uns oito meses sem ficar ou relacionar-me com ninguém. Minha energia estava direcionada para outros fins. No entanto, ainda existia o desejo de encontrar alguém que ressoasse com o que estava vivendo, compartilhar a vida com um propósito maior e evoluir junto e ao lado de uma companheira.

Foi então que encontrei a pessoa que mencionei anteriormente no curso de formação de Yoga, e começamos a namorar. Era outro momento de lapidação, envolvia um trabalho mais profundo do que de autoestima. Eu já era um Guilherme totalmente diferente daquele da "primeira vida" como jogador de basquete. Já não estava mais buscando diversos objetos, pessoas ou estímulos para suprir minha falta. A limpeza e tomada de consciência já não dizia respeito à autoestima, que estava baseada em autoavaliação, em comparação com os outros, em sentir-me especial, diferente ou acima da média, ou baseado em conquistas. Por meio dos relacionamentos, estava acessando camadas mais profundas dentro do meu ser. Já havia resolvido minha questão com autoestima. Não me importava com o que os outros pensariam de mim, se me julgariam ou não, já não vivia minha vida baseado na aprovação dos outros. Estava caminhando com minhas próprias pernas e fazendo escolhas baseadas muito mais na minha Essência do que no meu ego. Mas, agora, o Universo estava me colocando um desafio bem mais profundo: lidar com a falta de amor-próprio. De acordo com Kryon, esta talvez seja uma das lições de vida mais difíceis do ser humano. Por outro lado, quando aprendida, significaria a autorrealização.

Tivemos um relacionamento com muitos altos e baixos, de alegrias, discussões, medos, inseguranças, amor, prazer, cumplicidade, conexão, angústias, desavenças, todo o pacote que você já deve conhecer no relacionamento entre casais. Adicione a isso duas pessoas que estão engajadas no processo de autoconhecimento e evolução pessoal, em que há transformações constantes nas energias, personalidades, emoções e sentimentos. Realmente, não é uma tarefa fácil. O que tocava minha parte, pois só posso falar de meus próprios desafios, dizia respeito ao trabalho com amor-próprio. Durante o relacionamento, senti muito ciúme e insegurança. Diversos pensamentos e fantasias apareciam na minha mente, vindos do profundo da minha psique. Tinha medo de traição e, principalmente, de ser abandonado. Demandava amor, atenção e carinho dessa pessoa por puro medo de ser abandonado, de não ser bom o suficiente para ser amado. Também tentava controlar o que ela fazia com base nas minhas crenças, impondo muitas vezes meu ponto de vista sobre ela. E se, por um acaso, eu fosse contrariado em algo, isso acarretaria alguma discussão mais séria, pois estava defendendo meu ego. Era mais uma faceta que vinha à tona e que demorou bastante para ser integrada. Se alguma pessoa contrariasse meu ponto de vista, era como se tivesse me contrariando como um todo, havia ainda uma identificação e ligação entre aquela ideia ou crença com quem achava que era, meu ilusório eu que tinha um buraco ligado à questão de falta de amor-próprio. Se o ponto de vista fosse refutado, isso significaria estar-me negando como um todo. Meu valor ainda estava baseado naquilo que acontecia de fora para dentro, só que de uma forma muito mais sutil. Percebi que esse padrão se estendia para outras áreas da vida também. Para minhas entranhas, qualquer evento ou possibilidade de ocorrer algo que trouxesse à tona a possibilidade de não ser bom o suficiente para ser amado era uma ameaça. Uma ameaça tão grande que sentiria como se fosse uma aniquilação, e isso não poderia ocorrer. Mas sabia que minha cura interna estaria justamente nessa mesma aniquilação. A aniquilação da identificação com essa falta, com essa criança ferida e abandonada e não digna de ser amada.

Óbvio que tudo tem dois lados, duas pessoas contribuem para uma dinâmica em que ambas estão aprendendo algo no relacionamento, se assim colocarem sua consciência. É bem provável que ela estivesse trabalhando e aprendendo algo completamente diferente, mas que, com certeza, chegaria no mesmo núcleo, falta de amor-próprio, que em alguns se manifesta de uma forma e em outros, de forma diversa, às vezes ativa e às vezes passiva, tudo depende do karma e da lição de vida que a pessoa tem.

Era um grande paradoxo dentro de mim estar experienciando uma expansão energética tão grande e, ao mesmo tempo, ter de lidar com sentimentos tão primitivos e densos. Esse processo durou um bom tempo até que pudesse integrar tudo que estava ligado a esse núcleo. Um processo bem doloroso, mas ao mesmo tempo totalmente libertador. É o incrível paradoxo de viver na dualidade, em que o mais elevado do Universo está presente no mais denso e bruto. Também servia como uma comprovação da total interligação entre as camadas da mente, em que a lapidação de uma camada afeta todas as outras. Muitas vezes, o que pode estar travando nossa evolução pessoal, "segurando" o acesso a planos mais elevados de consciência, são justamente pequenos detalhes de outras camadas mais básicas, como a física, a instintiva, a emocional ou a racional. Não há separação mesmo quando uma pessoa se engaja em manifestar a sua Totalidade. Deixar alguma parte de lado seria desistir de brilhar mais Luz, de manifestar mais de todo o potencial da Essência. E isso não quer dizer perfeição, pois não existe um humano perfeito. A nossa perfeição reside justamente na imperfeição, aí está a beleza do ser humano. A grande questão é ter consciência dessas "imperfeições" e transformá-las em energias que sejam evolutivas para o ser humano. Sempre haverá evolução. Os cabalistas falam que um "santo" peca (se desvia), pelo menos, cinco vezes por dia.

De volta ao que me tocava, ao meu processo de purificação, estava certo de que o sentimento de falta de amor-próprio tinha alguma ligação com minha infância e adolescência; no entanto, tinha certeza de que não era ali que estava a causa, e talvez nem fosse importante encontrar a causa. Essa energia está presente aqui e agora, para ser transformada. A grande questão era como. Mesmo apontando alguma vivência ou experiência no meu desenvolvimento, e ressignificando-a, continuaria ainda preso a uma crença, que talvez fosse um pouco mais positiva e me fizesse sentir um pouco melhor a respeito de mim mesmo. E mesmo sabendo isso, fiz esse processo de retorno e regressão, só para perceber que, ainda assim, estaria preso a uma ideia ou crença a respeito de mim mesmo. Sendo a causa nesta vida ou em outra. A única e verdadeira liberdade seria encontrada por meio da desidentificação com aquela "imagem", com aquele "corpo de dor", com aquela "criança ferida e abandonada".

Antes de me aprofundar nesse assunto, compartilharei com você, leitor ou leitora, uma experiência durante a formação como praticante de EMF Balancing Technique® (Fases 5-8), para que possa ter uma ideia do paradoxo que estava vivendo naquela fase. Onde parte de mim estava "subindo" mais e mais, outra parte puxava-me, cada vez mais forte, para o plano terreno e denso da matéria, mas não no sentido de ancoramento, e sim no sentido de olhar para núcleos emocionais não resolvidos. No fundo, meu sentimento era de não querer estar aqui, de querer sair, de "voltar para casa". Uma espécie de melancolia espiritual, que percebo como uma fase no caminho de muitas pessoas sensíveis e abertas.

Ao fim de haver recebido a sessão de uma das fases do EMF, estava em estado de profunda paz e vibração muito elevada. Estava voltando à minha consciência e abri os olhos rapidamente. Percebi algo que novamente me remeteu a uma energia densa, um núcleo interno de medo. Ao invés de ir ao encontro dele, senti uma imensa tristeza por estar sentindo-o novamente e por estar aqui neste plano (tudo ocorreu em uma fração de segundos). Era como se tivesse saído de um estado de completude para um estado de dor. Naquele instante, sentia uma parte de mim querendo sair do corpo, já tinha vivido o suficiente daquilo. Foi então que, automaticamente, fechei os olhos. Parte de minha alma queria se retirar do corpo e começou a fazer o movimento de retirada da energia vital da matéria física. Parte de minha alma queria desencarnar, estava cansada dessa realidade. Ela fazia muita força para fora do corpo. Fiquei de olhos fechados por um longo tempo e chorando sem nenhum pensamento ou imagem na mente, simplesmente o desejo de separação deste plano.

Minha namorada estava fazendo a sessão em mim e, assim que o professor do curso percebeu o que estava ocorrendo, aproximou-se e começou a fazer um processo de ancoramento de seu próprio sistema, dessa forma auxiliando por ressonância. Ele chamou mais duas pessoas que já haviam feito o curso para ajudá-lo e puxar a energia para a terra, só que não havia jeito, eu não voltava. Comecei a sentir os músculos de todo o meu corpo contraídos ao mesmo tempo, estava fazendo força para sair. Percebia parte da minha alma fora do corpo mesmo; e passaram-se alguns minutos, e nada de voltar. Meus músculos totalmente tensos e contraídos, já não tinha controle algum, decisão nenhuma sobre o que estava acontecendo comigo. Só sei que, de uma hora para outra, minha energia vital, parte de minha alma, voltou para o corpo. Uma sensação de alívio. Na hora que senti isso, uma das meninas que estava junto falou: "Graças a Deus!". Percebi também o professor fazer uma expiração muito profunda. Depois desse evento, parecia que um caminhão tinha me atropelado, estava com dores em todo o corpo e muito cansado. Fiquei dois dias com dores no corpo. O professor sugeriu que minha namorada fizesse massagens nos meus músculos. Ela foi muito cuidadosa e muito querida ao cuidar de mim, até mesmo me levar para arejar a cabeça para fazer outras coisas. Ao falar com o professor posteriormente, sem contar ainda para ele da experiência que vivera, ele me falou com seu sotaque francês: "Quase nos deixaste". Ele tinha percebido. E continuou: "O ser humano ainda desconhece as leis da energia. Existem coisas que estão totalmente fora de nosso controle e entendimento. Algumas decisões para certos eventos estão totalmente além de nossa compreensão". Daí, contei para ele tudo que tinha vivido, visto e sentido. Ele realmente tinha percebido.

A "SAUDADE" DE CASA COM "C" MAIÚSCULO

Nesta época de minha evolução, sentia uma "saudade da divindade", saudade do estado de Amor Infinito. Minha alma ansiava tanto pelo Infinito que o desejo era de sair daqui para um plano mais sutil. Era sair do plano físico da matéria e acessar estados mais elevados e coisas parecidas. Uma espécie de melancolia espiritual e até mesmo ignorância com relação ao nosso papel no Universo. Nada melhor do que a experiência e tempo para aprender sobre o verdadeiro propósito da nossa existência e do porquê de estarmos aqui neste plano. Com a caminhada, essa compreensão foi mudando completamente, algo ainda precisava ser sedimentado dentro de mim, e isso precisava um pouco de tempo. O que comecei a perceber a partir dessa experiência, de várias outras que tive e da observação de outras pessoas, é que, no fundo, todos nós passamos pela vivência do arquétipo do "abandono". Talvez alguns estejam mais conscientes do que outros dessa energia no nosso campo. Mas, se formos observar, só podemos ter "saudade" ou desejo por algo que já tivemos ou experienciamos de alguma forma. Nossa alma já experienciou e sabe da diferença entre viver em uma consciência de infinitude, plenitude do Amor Incondicional/Infinito, e viver em uma consciência de dualidade, onde há falta. E essa falta é extremamente necessária para que haja o anseio, o desejo dentro do ser humano, de evoluir, buscar, expandir.

Comecei a perceber que esse desejo se fez presente em todos os buscadores que se realizaram e se realizam. Algo lá dentro impulsiona com muita força em direção à Completude, à Totalidade, a Deus. Até mesmo as pessoas que aparentemente não estão em uma busca espiritual, estão de alguma forma tentando sentir-se mais completas. O grande problema é que coisas finitas não podem suprir um desejo infinito. Considero isso como a ferida primordial no ser humano. A ferida de não se sentir amado. A ferida de se sentir abandonado pela Divindade (saindo da Unidade para dualidade). E esse sentimento é transferido para nossos pais, familiares, amigos e companheiros, dos quais esperamos que supram nossa falta de amor que é infinita, que é pelo Infinito Amor.

Começamos a manifestar diversos comportamentos compensatórios para "cobrir" a ferida, que no fundo diz respeito ao medo. De uma perspectiva espiritual, o medo é o oposto do Amor. Se você está indo em direção à sua Essência, está vibrando mais na frequência do Amor; se você está se distanciando, você está vibrando na frequência do medo. Isso acarreta diversos tipos de sentimentos e características de caráter, toma vários coloridos diferentes, como ciúmes, arrogância, intolerância, receio de traição, orgulho, baixa autoestima, depressão, insegurança, receio de abandono, controle, raiva, ira, autoindulgência, exploração, falta de respeito, egoísmo, falta de empatia, de não sentir-se bom o suficiente etc. Se formos observar com mais profundidade, veremos que todos os tipos de necessidades emocionais, intelectuais e espirituais estão diretamente ligados à necessidade primordial de sentir-se amado, pois somos (sem percebermos) e fomos profundamente e infinitamente amados pelo Infinito/Deus, só que, neste momento, isso está encoberto, escondido, oculto (da perspectiva da criatura).

No fundo, o Amor está por trás de tudo e o buscamos com toda a nossa força. Pena que, na maioria das vezes, buscamos no lugar errado; infelizmente, tentamos buscar em uma fonte externa, na finitude. Enquanto Aquilo que estamos buscando e "sentimos falta" está dentro de nós mesmos. É nossa Fonte! É o que nos anima! E essa Fonte é infinita! Nosso desejo de ser amados é infinito. Somente algo Infinito pode suprir esse desejo.

Nenhum ser finito poderá dar a quantidade de Amor que seu coração sente falta. Pois o coração viveu e quer viver a plenitude do Amor, o Amor Infinito e Inesgotável, realizar a Totalidade. E o único lugar onde há essa Fonte é dentro de você. Estava começando a entender o que Kryon havia dito, que a lição de vida de aprender o Amor-Próprio diz respeito à autorrealização do Ser, à unificação com o Eu Infinito, pois quando nos amamos incondicionalmente e infinitamente, integramos todos os aspectos de nós mesmos. É muito mais do que simplesmente aceitar nosso jeito ou nossos aspectos, é além de gostar ou não gostar de si, é acessar Deus dentro de nós, nossa verdadeira natureza. Dessa forma, não resulta uma ação ligada ao Amor-Próprio, algo a fazer, até mesmo amar-se ou aceitar-se, pois torna-se um estado de Ser, uma consciência, a realização de quem verdadeiramente Somos. Ao realizar quem verdadeiramente És, verás Deus dentro de Ti em Sua Totalidade e, consequentemente, a Fonte de toda a sua Bem-Aventurança, Alegria, Amor e Paz, que vai além de todo o entendimento.

Não preciso dizer que não foi somente nesse relacionamento que aprendi tudo e tomei essa consciência. No relacionamento seguinte brotou esse estado de Ser, mas antes de isso ocorrer, muitos desafios e dores ainda estavam por vir. Isso pode ser um desafio de uma vida inteira ou de várias e várias vidas. Sair de uma consciência de autoestima para autocompaixão, e depois entrar em um estado de ser de Amor-Próprio, realmente, não acontece do dia para a noite. É possível? Sim. Para o Infinito tudo é possível! É fácil? Creio não ser tão fácil assim. Basta olhar um pouco as famílias, a televisão e o mundo todo. Ainda não vejo a paz, ainda não vejo harmonia. Não há nem paz nem harmonia dentro da minha própria família. Um dia chegaremos lá. Estamos no caminho, mas ainda precisamos andar um bocado, só depende de cada um de nós. Mas sempre temos o arbítrio de escolher um "veículo" mais rápido para chegarmos aonde queremos. Podemos escolher chegar a essa consciência no Amor ou na dor. Independente disso, em algum momento chegaremos lá! Todos nós!

Conforme aponta Rav Dovber Pinson, em sua obra The Garden of Paradox: The Essence of Non Dual Kabbalah*, "houve muitas perspectivas postadas como o fator motivador final e subjacente da consciência humana. Alguns definiram o fator motivador da vida humana como a libido de uma pessoa, enquanto outros postularam um conhecimento coletivo que se manifesta através de sonhos arquetípicos e aspirações míticas. Houve também aqueles que determinaram que é a vontade e busca pelo poder que é o impulso final, enquanto outros dizem a autoatualização. Na verdade, a Unidade é o nosso principal* *fator motivador, a noção de transformar dois em um. Este poderoso desejo inato de se reunificar com a Luz Infinita é o impulso subjacente de todos os desejos, e nada nos dará satisfação – nenhum objeto, sujeito, aparelho ou mesmo pessoa – até percebermos essa verdade".*

O TÉRMINO

Um relacionamento entre duas pessoas envolve dinâmicas energéticas de ambas as partes. Quando há o contato, os núcleos energéticos constelam, as atitudes e os comportamentos de um desencadeiam reações no outro. E essas reações dizem muito sobre nós mesmos. Se nos colocarmos numa posição de crescimento, poderemos aprender muito com tudo e evoluir em direção à nossa Totalidade. Quando há crescimento e evolução no relacionamento, ambos são responsáveis por isso. Da mesma forma, quando um relacionamento termina, não existe um culpado. Há os dois lados de uma moeda e ambos contribuem para o término da relação. E, no nosso caso, ela quis terminar comigo. No fundo, eu sabia que o relacionamento não se sustentava mais. Tínhamos muito carinho um pelo outro, uma ligação talvez de algum outro momento das possíveis existências, mas creio que ambos acabamos confundindo nosso reencontro. Tudo foi perfeitamente imperfeito e tinha que ocorrer para que ambos pudéssemos trabalhar o Amor-Próprio, dar mais um passo em direção à Essência. E o Universo queria me ensinar algo muito profundo; eu estava aprendendo, de forma dolorida, muito dolorida, mas estava aprendendo. Uma das coisas de que tinha mais medo realmente aconteceu: "um abandono", o término do namoro. O que mais tentava controlar e prevenir aconteceu. Foi um momento de profunda dor. A primeira semana foi bem difícil de aceitar, pois percebi que não era amor verdadeiro e, sim, apego. Não que tivesse sido ruim, pelo contrário, ela é uma pessoa muito especial. No entanto, nossos sentimentos estavam mais ligados ao apego, e com o apego vem o medo e o sofrimento. Com o tempo, fui-me fortalecendo, em um processo árduo e profundo que só se concretizou depois do relacionamento seguinte.

Reencontrei-a uma semana depois, quando ela veio para Porto Alegre terminar a formação como praticante de EMF Balancing Technique® no Espaço de Luz. Nós nos encontramos à noite, antes de começar o curso, e conversamos. No outro dia, foi bem difícil; durante o curso, eu não tinha vontade de falar com ninguém, estava muito introspectivo. Ainda sentia mágoa. Não somente dela, mas por não ter percebido algumas coisas com relação a mim mesmo. Ainda tinha um processo de culpa, o que era mais uma faceta do ego para atrapalhar. Realmente, a culpa só atrapalha. Depois de um tempo, estava bem mais consciente do que tinha que trabalhar e do porquê nos separamos; via a "mão divina" naquilo, ampliei um pouco minha visão ao sair do olho do furacão. No fundo, posso falar que nosso relacionamento deu muito certo, pois ambos aprendemos muito e evoluímos em direção aos nossos respectivos caminhos de vida, às nossas Essências.

Deparei com ela em mais duas ocasiões, a primeira, duas semanas após, em um evento de Kryon em Porto Alegre. Ali, já percebia que não havia mais tensão nem mágoa. Sentia carinho e amor e desejava que ela fosse muito feliz e realizada na vida, o que desejo até hoje. Sei que ela tem seus desafios, mas que, em algum momento, irá manifestar toda a sua Luz. Três meses depois, nos reencontramos em um retiro no Instituto Visão Futuro e conversamos durante muito tempo, uma tarde inteira. Sentamos em um dos gramados, olhando a paisagem da floresta, com a brisa batendo no nosso rosto e o brilho do sol em nossa pele. Muito tinha ocorrido nesses três meses, tanto eu quanto ela éramos outras pessoas. Conectamo-nos profundamente, como almas irmãs que aprenderam muito juntas. Conversamos sobre nossos aprendizados, crescimento e fortalecimento interior. Aquele encontro talvez tenha sido o momento de maior amor entre nós, o amor verdadeiro e íntegro, que deseja o melhor do próximo. De minha parte, só tenho a agradecer a existência dela por ter-me ajudado a descobrir mais de mim mesmo e de toda a existência. A partir do término do nosso namoro, minha vida começou a tomar um rumo bem diferente do planejado, assim como a dela. E foi sobre isso que conversamos, brincamos, rimos, nos divertimos. Então, vou contar algumas coisas que aconteceram na jornada durante esses três meses, até chegarmos aqui.

NOVA TRILHA

Após o término do namoro, participei do evento de Kryon em Porto Alegre. Lee Carrol canalizou duas mensagens muito profundas. Cada canalização, além de informações, carrega alinhamentos energéticos muito fortes. Se escutadas como meditação, podem ser sentidas concretamente.

Nossa alma, ao escolher participar dos eventos e escutar essas canalizações, recebe o alinhamento necessário para aquele momento de vida. São profundas libertações, curas e transformações. Não importa se a canalização é de 10 anos antes ou de agora. O momento em que entra em contato vai ser exatamente o que temos que experienciar. Não há passado, tudo está no tempo do agora e a data da canalização torna-se o agora de cada pessoa. Nossa alma sabe de antemão o que nos propusemos fazer neste plano e isso faz parte do nosso acordo, pelo menos para quem exerce o livre-arbítrio de se abrir para receber o presente divino.

A energia daquelas duas canalizações foi incrível. Algo dentro de mim tinha sido transformado mesmo. Pareceu que, ao lidar com conteúdos internos e liberá-los, tinha aberto espaço para o novo entrar. Quando saí de lá, nunca tinha sentido tanta plenitude na minha vida. Era uma alegria interna que não conseguia conter dentro de mim. Parecia que meu peito ia explodir de tanta alegria, amor e contentamento. Era realmente um paradoxo, pois o momento em que deveria estar me sentindo triste e abandonado foi o momento em que vivi êxtase e sensação de completude. E aquilo já estava me dando um sinal da direção que eu tomaria.

Minha caminhada pessoal estava indo num rumo diferente do planejado, ou até mesmo do que havia de expectativa com relação a mim por parte de algumas pessoas do Instituto Visão Futuro. Honrava a tradição esotérica do Tantra Yoga, mas sentia que não era mais meu caminho. Isso não quer dizer que o Tantra Yoga seja ruim ou ultrapassado. Pelo contrário, a pessoa que se engajar profundamente nas práticas ensinadas pelo Instituto Visão Futuro poderá chegar ao conhecimento de uma realidade muito profunda. É uma tradição espiritual íntegra, ética e verdadeira, mas naquele momento não era o que em mim ressoava.

Por mais que me dissessem ou apontassem o caminho, tinha uma bússola interna e resolvi escutar mais e mais essa bússola: ela se chama coração. E quando falo coração, não estou falando de emoções, falo do coração sutil, da energia divina que nos perpassa. E essa energia fala! A Kundalini se comunica conosco, antes mesmo dos pensamentos e das emoções. E o Infinito estava enviando mensagens, dizendo que era o momento de seguir novos rumos, o que foi muito difícil, pois ainda existia muito apego a tudo que vivi lá. Fiz diversas amizades e tinha vivido um crescimento muito grande e acelerado. Além disso, tinha e tenho um profundo amor e respeito pela Dra. Susan Andrews, por todo o aprendizado que transmitiu e por todos os momentos em que conversamos, pois conversamos bastante. Tenho um profundo respeito por todo o trabalho que ela faz e pela energia de amor que espalha pelo Brasil. Creio que ela desempenha brilhantemente seu papel no Universo.

Sendo assim, levei de abril até outubro (6 meses) para comunicar minha decisão de desligamento do Instituto Visão Futuro. Não foi fácil, pois era coordenador em Porto Alegre do grupo de meditação ligado ao parque, grupo que iniciou com três ou quatro pessoas, mas que já estava com 24 e com lista de espera para entrar. Além disso, tinha incentivado e formado um grupo para fazer as formações nos programas que o Instituto tinha desenvolvido para levar práticas de bem-estar para cidades e pessoas que não tinham acesso ao Visão Futuro. Também sabia que algumas pessoas se mantinham firmes na caminhada pelo grupo que tinha se formado. Houve uma cumplicidade muito grande por parte de todos, uma amizade genuína entre os componentes do grupo. E eu sabia da minha responsabilidade também na vida daquelas pessoas, e foi isso que fez tardar a decisão e comunicação. Mas tudo ficará mais claro para você nas próximas páginas, quando expuser o que aconteceu nesse período e quais foram as coordenadas cósmicas que recebia de Deus/Infinito.

GRUPOS DE AUTOCONHECIMENTO

Nesse meio-tempo, comecei a ministrar grupos de autoconhecimento no Espaço de Luz. No primeiro ano, estava com dois grupos (10 a 15 pessoas cada), além do grupo ligado ao Instituto Visão Futuro. Posteriormente, estava com quatro grupos semanais não ligados ao Instituto Visão Futuro. O propósito dos grupos era ajudar as pessoas a despertar para a espiritualidade, ou melhor, para a Essência, independentemente de linha ou tradição espiritual. Envolvia práticas de yoga, meditação, técnicas respiratórias, exercícios de consciência corporal, psicoacústica, Tons Pineais, Reflexos®, visualizações, intenções, alinhamentos, Ondas®, IPhoenix®, dinâmicas introspectivas, prática de atributos, trabalho com sombra, discussão de temas relacionados à espiritualidade/autorrealização e o paralelo com a ciência. Eram grupos teórico-vivenciais. Sentia no fundo de meu íntimo que estava no planeta a serviço, e a forma que mais ressoava com o coração seria compartilhar conhecimentos espirituais e práticas que já havia vivenciado ou entrado em contato. Minha intenção e serviço era de despertar o desejo de buscar mais dentro do coração dos participantes.

Não precisamos acabar com o desejo, pois sem desejo não existe a caminhada espiritual. O que difere é transformar o desejo de querer para si em desejo de compartilhar. Uma ânsia por clivagem, uma "fissura" pelo Divino. O que posso dizer por experiência pessoal é que, quanto mais ânsia, mais força e mais vontade de união com o Divino; uma força vai na tua direção e te leva no caminho. O que tu vais manifestar está de acordo com o teu desejo, entrega e esforço acima de tudo.

Tentava, a partir de diversas linguagens (tradições), resgatar o verdadeiro propósito de estarmos aqui. Algumas pessoas já se lembravam e outras simplesmente iam buscar o grupo para se sentirem um pouco melhor, pelo bem-estar que as práticas também proporcionam. Minha intenção era de compartilhar; no entanto, creio que fui o que mais recebi com os grupos. Agradeço profundamente a todas as pessoas que participaram, pois me deram oportunidade de aprender mais sobre mim mesmo e sobre os outros. Pude colocar em prática tudo o que estava vivenciando dentro de mim. Não só podia sentir o Amor, mas também compartilhar. Aparentemente, estava ajudando as pessoas do grupo, mas no fundo sentia que elas estavam me ajudando muito mais do que eu a elas. É interessante notar que a palavra ensinar, em hebraico, vem da mesma raiz que a palavra aprender (*lamed-mem-dalet*). Demonstra verdadeiramente que quem ensina aprende e quem aprende ensina. É uma troca! Não há como separar. A partir de questionamentos de participantes do grupo, conseguia ampliar minha própria visão, tendo *insights* na hora de alguma resposta, ampliando o conhecimento. Muitas vezes, simplesmente "me retirava" (meu racional) e sentia as palavras fluidas da Alma, com respostas que nunca imaginaria possíveis. Algo falava através de mim, e esse Algo pode falar através de todos, basta abrirmos espaço para Ele.

Muitas pessoas que se engajaram no processo de mergulho dentro de si descobriram novas realidades sobre a vida e o propósito de estarem aqui. Começaram a buscar algo maior e trabalhar em prol de outros, despertando para a compaixão. Cada pessoa com seu momento, sua história, trajetória de vida e experiências. Para algumas, ainda era muito difícil sair de suas zonas de conforto, que na verdade eu não chamava de zona de conforto, e sim de zona de sofrimento acostumado, porque, no fundo, estavam perdendo de viver a maior beleza da vida, que é realizar quem realmente são.

Algo infinitamente mais grandioso e pleno do que acreditavam ser. Foi um aprendizado muito grande respeitar o momento de cada um; aprendizado de empatia, tolerância e respeito profundo. Exigiu grande esforço da minha parte e dos que se engajaram na transformação. Queria poder compartilhar o processo de evolução de muitos por aqui, mas talvez, em algum momento, eles mesmos compartilhem seu despertar de outras formas.

Eu sabia do movimento natural de grupos como esses, que envolve confronto com sombra, mudar crenças arraigadas, sair da caixa, mudar hábitos, trilhar um novo caminho. Muitos começam, mas no momento da primeira dificuldade a respeito de si mesmos pulam fora. Era o famoso autoboicote! Enfrentar os medos, ansiedades, pensamentos e crenças envolve muita coragem. Simplesmente pensar na possibilidade de não ser o que sempre imaginou pode ser aterrorizante para alguns.

Quando o trabalho envolve autoconhecimento, principalmente ligado a práticas espirituais e alinhamentos energéticos, demanda muita responsabilidade e energia. Para mim, não foi diferente, pois sabia que tinha que me lapidar para que a mensagem e a energia que eram transmitidas fossem passadas com o máximo de integridade e pureza possíveis. Não poderia haver hipocrisia, pois seria uma distorção. Se quisesse passar algo com veracidade, tinha que viver tudo aquilo. E para viver, tinha que dedicar muito tempo ao processo. O processo de preparação para os grupos demorava muito mais tempo que a atividade do grupo em si. E o momento pós-grupo, então, nem se fala. É muita energia envolvida, muitos campos se entrelaçando e trocando frequências, emoções e sentimentos.

Minha sensibilidade a todos os tipos de energia tinha aumentado muito, assim como a capacidade de absorvê-las e transmutá-las. Comecei a perceber fortemente o campo energético das pessoas a partir da percepção de meu próprio campo energético e energia da Kundalini. Como já mencionei, quando nos abrimos para dimensões mais profundas de nós mesmos, começamos a nos conectar com a vida de outras formas, mais sutis, reais e totalmente presentes em todas as relações. Comecei a perceber as emoções das pessoas no campo antes mesmo da manifestação delas. Ondas eletromagnéticas atingiam meu campo, dependendo das emoções emanadas. Já sabia, por meio do campo, que um dos integrantes estaria prestes a chorar, mesmo antes de ter começado a chorar. Percebia a emoção que a pessoa estava prestes a manifestar antes mesmo de ela manifestar. Inicialmente, foi um pouco estranho, pois parecia que vinha de dentro de mim. Mas, depois, comecei a perceber os padrões e observar. Realmente, nossos pensamentos e emoções emanam ondas totalmente perceptíveis. Comecei a perceber quando as pessoas estavam com raiva, depressivas, alegres, até mesmo com desejo sexual. Mas a energia mais forte de todas, sem sombra de dúvidas, é a energia do Amor. Quando alguma das pessoas abria seu coração para uma dimensão mais profunda de si mesma, aquela energia amorosa divina tomava conta de toda a sala, ressoava em todas as pessoas presentes, e algumas delas começavam a chorar, percebendo essa vibração divina. Quando algum participante experimentava a elevação da Kundalini, todo o campo e grupo se beneficiava pelas ondas emanadas.

Estava sentindo todas as emoções presentes no campo, o que não significa dizer adivinhação ou poder especial. Significa dizer que todos nós somos capazes de nos conectar mais com os outros de formas mais profundas, basta que nos abramos para isso. Até mesmo nossos olhos emanam fortes energias quando conectados ao coração, mas exige um pouco de esforço para sair das maneiras habituais de interagir e abrir-se para o Silêncio Interior. A partir do silêncio interior, podemos escutar a linguagem energética de tudo, pois tudo é energia, vibrando mais rápido ou mais devagar. Exige também descascar (tirar) muitas camadas que nos separam do nosso coração sutil, em que podemos sentir essas ondas vibratórias e experienciar os outros de formas muito mais profundas. Por um outro lado, também refinei a percepção de energias não tão desejáveis no campo do ser humano. Algumas pessoas abriam seu campo para a entrada de forças caóticas e involutivas a partir de hábitos pessoais como uso de drogas e álcool, ou pela manifestação de emoções destrutivas como raiva e tristeza profundas. Isso realmente abre as portas para que energias densas entrem no campo e atrapalhem o processo evolutivo, muitas vezes até ditando a direção e escolhas da pessoa. Essas energias densas se alimentam das emoções humanas e fazem tudo que puderem para mantê-las no drama ou no hábito autodestrutivo.

Quando nos reunimos em grupo com pessoas que estão buscando a Luz, diversos seres de luz, anjos, guias, mestres e entidades se apresentam para fornecer a sustentação energética do trabalho. São forças ou energias que podem ser canalizadas e que auxiliam no processo evolutivo da humanidade. Podemos perceber a presença de nossos próprios guias, assim como a presença de outros grupos de servidores da Luz. E neste momento planetário eles estão em intensa atividade e dedicação, pois o que está ocorrendo no planeta Terra afeta todos os planos superiores do Universo.

Por último, mas não menos importante, era o momento em que poderia colocar tudo que estava vivendo em prática. Sentia o Amor dentro de mim e não cabia no peito, precisava ser compartilhado. Era uma profunda compaixão, um Amor que não parava de crescer. E esse Amor foi crescendo por todos sem qualquer motivo para amar. Simplesmente amava por amar. Realmente tudo estava mudando, minha percepção do Universo, de mim mesmo e dos outros. Como olhava os outros e me olhava. Havia uma conexão muito maior com as pessoas. Simplesmente olhava uma pessoa e amava, independente do que ela fazia. Eu poderia até discordar de seu comportamento e seu ponto de vista, mas mesmo assim a amava. Quanto mais percebia a Presença Divina em mim, mais percebia a Presença Divina nos outros. E com essa percepção e realização, não há como não mudar. O único desejo que vai brotando no coração é o de fazer o bem ao próximo, pois você começa a se enxergar no reflexo dos olhos dele e ver que ambos são manifestações da divindade.

Compartilho com você uma intenção que fiz constantemente após escutar numa canalização de Kryon. Senti que poderia me auxiliar na caminhada aqui neste plano e estava totalmente ligada com aquele momento de vida. Talvez possa auxiliar você na sua caminhada. Se ressoar com você, expresse essa intenção com firmeza interior, partindo do âmago do seu ser:

"Querida estrutura celular, eu mereço estar aqui! Esta é a minha hora! Eu tenho coisas que os outros precisam. Este é o meu momento! Eu sou importante para o plano da Terra. Eu mereci minhas "medalhas". Querida estrutura celular, livre-se e liberte-se de assuntos emocionais inapropriados que me bloqueiam ou me afastam de mover em direção a minha beleza e poder. O poder que eu falo é a habilidade de criar compaixão e luz onde quer que eu vá!"

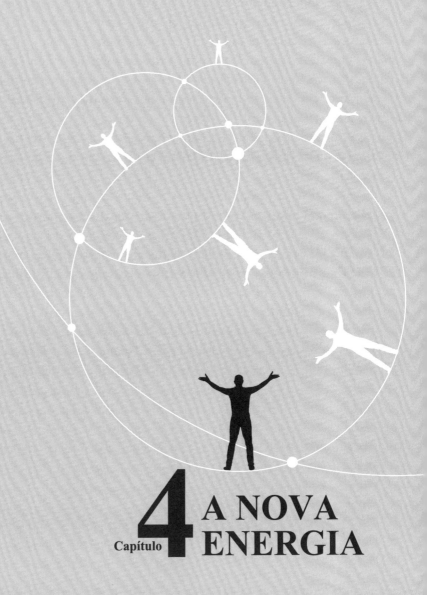

Capítulo 4 A NOVA ENERGIA

A CONVERGÊNCIA HARMÔNICA

Antes de continuar, gostaria de transmitir algumas informações que expandiram minha percepção, tudo antes de desligar-me do Instituto Visão Futuro. É de extrema importância, pois dizem respeito ao nosso momento atual planetário e a todas as mudanças que ocorreram em minha experiência pessoal. Falo da *Convergência Harmônica de 1987*. As informações a seguir são extraídas de algumas canalizações de Kryon através de Lee Carrol.

Desde o começo da humanidade, foi feita uma medição da energia e do índice de vibração deste planeta a cada 25 anos. Para o Espírito, 25 anos são uma geração humana – o tempo médio no qual o ser humano amadurece e tem filhos. Vinte e cinco anos. Em agosto de 1987, houve uma mensuração durante a chamada Convergência Harmônica. O resultado desta medição foi mais alto do que o precedente. A vibração da Terra estava aumentando e não decrescendo. O antigo cenário poderia levar a Terra e a Humanidade à destruição total. A Terra e a Humanidade entraram em uma nova frequência vibracional. Por esta razão, muitas das previsões e profecias negativas foram evitadas. Nós passamos a viver em outro cenário!

Em 1987 foi feita uma convocação extraordinária para a presença de todos os "Eu Superiores" que possuíssem uma centelha de suas consciências imersas no planeta Terra. Foi um dos maiores conclaves já realizados em benefício da nossa humanidade e do Planeta. A linhagem do que Kryon chama de "entrega de luz no planeta" começou com a Convergência Harmônica de 1987. Este evento estabeleceu um palco para a mudança planetária da consciência. A Convergência Harmônica foi o início de uma mudança de realidade poderosa e profunda para toda a humanidade. Conforme indica Kryon: "Naquela época, o 'Eu Superior' de todo ser humano foi questionado: 'Você está pronto para fazer as mudanças da energia que você configurou?' Esta foi a primeira vez que foi perguntado na história da humanidade. A resposta foi "Sim". Foi um momento de acordo com outras partes de nós no outro lado do véu. Toda a humanidade que esteve aqui antes e que virá aqui estava envolvida nesta mudança, não apenas aquelas presentes no planeta na época. Portanto, era uma decisão quântica e este grupo decidiu mudar. E se esse processo de mudança funcionasse para todos, novos tipos de energia teriam que ser entregues a este planeta (...) uma linhagem de atividades e entregas teria que ocorrer em uma certa ordem para outros atributos físicos e não-físicos da Terra serem ativados. Nós experimentamos muitas "portas energéticas" para despertar e evoluir desde 1987. Entre 1987 e a próxima medição, em 2012, seria um período de espera, uma espécie de teste pelo qual já conseguimos passar.

Com estas mudanças nas energias surgiu uma série de mudanças nas grades magnéticas da Terra que ajudaram a mudar nosso DNA e muito mais dentro de nós. Estamos recebendo o conhecimento para trabalhar com nossas células (e DNA) e mudar nossa biologia e nossos corpos.

A mudança do magnetismo do planeta afeta a consciência humana! Acarreta mudanças!!!! Vai mudando nossos potenciais, nossa forma de conexão, nossa consciência! Com a recalibração do planeta e a recalibração do ser humano, chegam diversas ferramentas e trabalhos evolutivos, como a EMF Balancing Technique®, de que já tratamos, assim como diversos outros trabalhos energéticos para alinhar com as mudanças da Terra para podermos vibrar de uma forma nunca antes experienciada. Novas aberturas, novos limites! Não nega toda a espiritualidade do passado, vem para somar. Diversas informações novas estão chegando ao planeta a partir de grupos espirituais muito evoluídos. Estamos agora na posição emocionante de podermos usar essas mudanças na energia em conjunto com o conhecimento que estamos recebendo para ajudar-nos a "despertar" ainda mais. Assim, a experiência da elevação do nível vibracional da energia espiritual no planeta está chegando a um resultado final vitorioso, celebrado em todo o Universo. Ainda temos que caminhar; no entanto, o potencial é de muita luminosidade no planeta!

AS 12 CAMADAS DO DNA

A partir de 1987, as coisas começaram a mudar no planeta. Novas ferramentas espirituais tornaram-se disponíveis, novos processos e uma nova lucidez entraram em jogo. Como Kryon menciona, é quase como a obtenção do diploma da frequência da antiga energia e a transição para a nova, embora muitos tenham noção de que se trata simplesmente de uma reminiscência de algo que já tivemos antes. Com essa Nova Energia e ferramentas, veio todo um conjunto de novas faculdades para a humanidade, com o objetivo de ativar o DNA espiritual dos seres humanos.

No livro *Kryon e as 12 camadas do DNA: um estudo esotérico da maestria interna*, são reveladas completamente as doze camadas do nosso DNA que a ciência ainda não descobriu. Um potencial enorme de ativação para toda a humanidade! Compartilho com vocês um resumo das informações esotéricas trazidas por Lee Carrol em suas canalizações de Kryon.

Aqui vamos além da definição científica do DNA e estudamos o que não está codificado como genoma humano. Os cientistas dizem que existe uma quantidade de códigos e química, mas apenas uns 3% estão fazendo algo, que são as partes de proteína codificada do DNA, que criam os genes do genoma humano. O resto, 97% parecem não estar fazendo nada. O DNA interdimensional não é estático. A maior parte do DNA é dedicada à interdimensionalidade. Kryon, quando fala de DNA, não se refere somente à camada química que pode ser vista, e sim a todas as camadas. E nos diz: os 97% do DNA humano não são "junk". A evolução é muito mais eficiente, não cria desperdício! Nos 97% está o tesouro. Existem mais de 120.000 genes no genoma humano. As proporções de proteínas codificadas do DNA são a argamassa e os tijolos para as construções da vida. A genealogia estudada com tanta diligência é apenas proteína codificada, que representa os tijolos do edifício. A inteligência do desenho e a parte que representa os 97%, que são o conjunto de instruções para todo o DNA. Esta parte é interdimensional, escrita numa linguagem interdimensional, e não está organizada linearmente.

O DNA tem 12 camadas de profundidade, cada camada, até mesmo aquelas interdimensionais, tem dois lados, a dupla hélice (dois atributos), e são equilibradas como aquelas que podem ser vistas em 4D, chamada de camada da base, a primeira camada, a camada bioquímica. Sobre esta camada existem mais 11. Portanto, existe um total de 12 camadas e 24 atributos. É importante lembrar que todas as camadas estão juntas, são interativas, como uma sopa, todos os ingredientes trabalham juntos para criar nutrição, gosto e prazer.

As 12 camadas têm o nome de Deus. Assim, a cada camada do DNA correspondem palavras hebraicas ou "nomes sagrados". Cada nome é expresso como se fosse uma frase completa, pois só assim o significado da camada está completo, também. A energia dos nomes em hebraico é muito elevada e ajuda a ativar as camadas do DNA que se encontram "adormecidas".

As camadas estão dispostas em quatro grupos, contendo 3 camadas por grupo. A terceira camada de cada grupo é a mais importante das três, porque funciona como catalisadora para as duas primeiras, uma "permissão para mudar". Cada grupo tem um propósito ou uma energia distinta. As camadas não estão empilhadas, estão entrelaçadas. Existem camadas que estão ativas e existem outras que estão esperando para serem ativadas. Existem camadas que são apenas informacionais e preparam um estágio. Também existem aquelas que são apenas um "potencial armazenado", como baterias esperando para serem usadas.

Parte de nossa divindade está embrulhada no que chamamos DNA e a porção que é tão divina quanto o próprio Deus. Quando atingimos um profundo estado meditativo, estamos em completa comunicação com as camadas de DNA interdimensional. E mais, existem camadas que sabem tudo sobre cada simples expressão passada (vida passada), contêm informações de quem realmente somos e quem fomos em muitos lugares, englobam todos os nomes que tivemos, todas as vidas que vivemos. Kryon nos diz que estão ocorrendo manifestações totalmente novas no nosso DNA.

Quanto mais camadas do DNA estiverem ativadas, maior é o nosso potencial para viver plenamente tudo aquilo de que somos capazes, todas as qualidades que trazemos conosco. Está ao nosso alcance, através do livre-arbítrio, da vontade e da intenção, ativar o nosso DNA e viver além da "linearidade" limitada da 3D.

Vou apresentar, para você, um breve resumo dos grupos de camadas de acordo com Kryon:

GRUPO 1 – Camadas 1, 2 e 3 – As camadas de base
Grupo Raiz, que aterra.

É o grupo responsável pela transformação do ser humano. Nossa biologia, emoção, vibração, ascensão, maestria e cocriação são os assuntos aqui tratados, no primeiro grupo.

A Camada 1 é a camada biológica. É a única que pode ser vista através do microscópio. É a impressão digital biológica. Seu nome é "Keter Etz Chayim", que significa "A Árvore da Vida". O idioma hebraico é a "linguagem básica espiritual da Terra". Esta é a camada que "reage" a todas as outras camadas multidimensionais, e facilita a comunicação com todas as outras camadas.

A Camada 2 é a camada da lição de vida, é interdimensional. Seu nome é "Torah Eser Sephirot", que significa "Projeto Divino", "O Projeto da Lei", "Mapa Divino da Lei" . Carrega a essência e as sementes da maioria das emoções humanas. É a camada emocional. Transporta consigo os atributos de vida e tudo o que aconteceu – não sob forma de arquivo, mas de forma emocional. Pode afetar a primeira camada, pois as emoções controlam a química corporal. O dois está relacionado com polaridade, ou dualidade da vida. Quando a dualidade se encontra em equilíbrio no ser humano, conseguimos ver a lição de vida com outra clareza. Se trabalhamos primeiro o aspecto da dualidade, muitas das outras coisas no quebra-cabeças se resolverão por si próprias. Não existe nenhum humano que consegue empreender a viagem rumo à iluminação se pelo caminho levar uma dualidade desequilibrada. A dualidade viaja na mesma mala que a energia da lição de vida.

A Camada 3 é a camada da ascensão e ativação, é interdimensional. Seu nome é "Netzach Merkabha Eliyahu", que significa "Ascensão e Ativação". Literalmente, a mais próxima do Espírito. É o catalisador para as duas primeiras, é um catalisador para uma "permissão para mudar". Está associada à glândula pineal. Quando ativamos a terceira camada, a pineal cresce! Kryon diz que o EU Superior vive em nosso DNA. Quando entregamos o comando ao nosso EU Superior, a terceira camada começa ser ativada, é quando nos sentimos absolutamente seguros da nossa verdade, quando sentimos que somos seres interdimensionais.

GRUPO 2 – Camadas 4, 5 e 6 – As camadas do Divino Humano

É o grupo que informa quando interagimos com os outros de forma sutil, que estamos vibrando mais alto, que estamos começando a despertar. É o grupo que comunica que somos UM, que vincula, literalmente, cada ser humano, único, interdimensionalmente, com todos os outros seres humanos no planeta. Esta comunicação sutil é apenas informativa. Quando este grupo é ativado, começamos a entender a elevação espiritual.

A Camada 4 é a primeira camada do vosso nome angélico. O nome é "Urim Ve Tumim", que representa "Grande Poder de Luz". Não pode ser estudada isoladamente, porque forma um par com a camada cinco, esta é uma certeza interdimensional. Juntas (quarta e quinta), são a essência de nossa expressão (esta vida específica na Terra) e nossa divindade no planeta.

A Camada 5 é a segunda camada do vosso nome angélico. Seu nome é "Aleph Etz Adonai", descreve Deus, descreve a árvore da vida. Nascimento: dizemos adeus à parte que pertence à essência de Deus. Impossível viver na Terra sob a forma total da divindade. Alteração daquilo que concebemos ser a nossa parte de Deus, de forma a que possamos nascer no planeta e aqui existir. As Camadas 4 e 5, em conjunto, representam o "nome" no cristal do registro akáshico.

A Camada 6 é a camada da oração e da comunicação. Como toda terceira camada de cada grupo, modifica as camadas adjacentes, a quarta e a quinta. Seu nome é "Ehyeh Asher Ehyeh", que significa, em outra linguagem, "EU SOU O QUE EU SOU". É a camada mais divina de todas as doze, trata da divindade dentro de nós, o Eu Superior. Quando entramos num profundo estado de meditação, estamos em contato com a sexta camada.

GRUPO 3 – Camadas 7, 8 e 9 – As camadas Lemurianas

A Camada 7 é a camada lemuriana da Divindade Revelada. Tem como nome "Kadumah Elohim", que significa "Divindade Revelada". Todas as camadas têm o nome de Deus em hebraico, mas como esta camada é baseada na Lemúria, Kryon dá ênfase ao seu nome na língua lemuriana, que é "Hoa Yawee Maru", e basicamente significa: "A língua Mãe do DNA". É uma consciência que desperta e traz o potencial da semente biológica original. Esta camada tem estado dormente como uma cápsula do tempo. É a que tem o médico intuitivo. Somos parte de uma experiência esquecida em nossas lembranças que traz o DNA lemuriano.

A Camada 8 é a camada lemuriana da sabedoria e responsabilidade. Sua expressão, em hebraico, é "Rochev Ba'a'ra'vot", que significa "Cavaleiros da Luz". É o registro akáshico individual da nossa entidade divina, a malha cristalina pessoal. Contém o registro completo de cada vida humana, aquilo que foi experienciado nas diversas vidas que cada um passou no planeta. Segundo Kryon, existe uma "sala" divina no planeta, que registra as idas e vindas de todas as entidades chamadas seres humanos na Terra. Essa sala é o registro akáshico do planeta. Se pudermos visitar este lugar, descobriremos que na forma cristalina está armazenada a memória do que fomos no planeta... todas elas. Kryon explica também que é tempo de jogar fora a ideia de uma vida passada ou, no mínimo, pensar sobre o que eram as energias de uma experiência de vida passada. Quando nos tornamos interdimensionais, não há mais tempo linear, o tempo e a distância são irrelevantes. Todos os nossos eus de vidas passadas estão juntos no agora, representando uma única energia nesta vida. É a vida do AGORA!

A Camada 9 é a camada lemuriana da cura. Seu nome é "Shechinah -Esh", que significa para nós a "Chama da Expansão". É a camada da chama violeta, representa cura, poder, transformação e ativação.

É a única ligada a um ser espiritual. Todos os mestres que caminharam sobre a Terra tinham a Camada 9 ativada e vibrando. O nove representa complementação. Uma ponte para a ascensão, para cura, para maestria e para autoestima.

GRUPO 4 – Camadas 10, 11 e 12 – As camadas Divinas

São "camadas de ação" e seus atributos são diferentes de qualquer das nove camadas anteriores.

A Camada 10 é a camada da Crença Divina. Chama-se "Vayikra". Interpretação de Kryon: "O Chamado à Divindade", "O Reconhecimento de Deus dentro de Si". Muito difícil de colocar na nossa linguagem 3D, a Camada 10 trata da capacidade de ir além das perspectivas antigas e caminhar no planeta em alta vibração. É a primeira das camadas de Deus e representa o chamamento para realizar a vossa própria divindade. Está ligada ao livre-arbítrio e não faz absolutamente nada para convencer o ser humano de nada que seja espiritual, a menos que lhe peçam. Apenas facilita que a graça e a compreensão recaiam sobre o humano, para que seja ele a compreender por si próprio.

A Camada 11 é a camada da Sabedoria e Divindade Feminina. Seu nome é "Chochmah Micha Halelu", da "Sabedoria do Divino Feminino". A Camada 11 não se refere à energia da deusa, nem sequer à energia feminina. O nome hebreu não tem conotação feminina nesse idioma. Em troca, Kryon indica que esta "Sabedoria do Divino Feminino" é a energia da compaixão pura e é o que está faltando no equilíbrio da dualidade da Terra neste momento. Os Seres humanos que têm esta camada realçada estão equilibrados com a energia da dualidade masculina e feminina. Podem ver a luta por toda a Terra, com os que desejam conquistar (a velha energia fortemente inclinada ao masculino) e os que desejam equilibrar e comprometer (o novo equilíbrio). Esta é realmente uma das camadas principais que mais está mudando e será a mais óbvia nas personalidades dos novos líderes deste planeta. Representa a compaixão de toda a humanidade, personificada na energia da mãe. É uma energia que só aparece quando solicitada pelo humano. Nem as mulheres a têm se não a invocarem.

A Camada 12 é a camada de Deus Todo-Poderoso. Seu nome é "El Shadai", ou Deus. É a camada de Deus, a mais divina, e certamente a camada que é "O Deus Interior". Há muitas camadas divinas, mas esta é a 12ª... a última e a que tem a vibração mais elevada de todas elas. É uma das camadas mais quânticas, trata-se realmente da energia do Criador dentro do vosso DNA. Ela esteve presente, mas, tal como as outras camadas multidimensionais, não se revela até que a intenção humana a ative. A Camada 12 é uma confluência energética que representa a fusão de Deus com todas as forças vitais, sobretudo com o divino ser humano.

KARMA X LIÇÃO DE VIDA

Kryon trata ainda no livro da diferença entre o karma, muito ligado à antiga energia, e as lições de vida. Ele afirma que o karma é antigo e lento até sua total dissolução, porém o novo humano tem novas escolhas, mas com consequências. Agora, a questão da responsabilidade tem de ser compreendida e desenvolvida. Não há mais vítimas ou acidentes. É nossa a responsabilidade de tudo que nos envolve. Este é o ponto de partida.

As lições de vida são muito mais pessoais. Embora possam estar relacionadas com energia cármica, permanecem com a pessoa quando os efeitos cármicos se dissipam. São mais profundas do que o karma. Pertencem à alma, não a um grupo. Têm continuidade, uma vida após outra, mas de forma diferente.

O karma relaciona-se com as situações com outros humanos, coisas por resolver, sentimentos por completar e todo um sistema de interações. Já as lições de vida são total e completamente pessoais, só têm a ver com nós próprios. Cada humano tem uma ou mais, e cada um carrega-as como uma sombra. Uma vez resolvida, a solução é transportada para a vida seguinte e não volta a ter de ser aprendida.

LIÇÕES DE VIDA TÍPICAS
Aprender a amar.
Aprender a escutar.
Aprender a receber.
Aprender o amor-próprio.
Aprender a dizer a verdade.

Aprender a deixar de ser vítima.

Aprender a não permitir que o outro vos defina.

Aprender a sentir a própria mestria.

Aprender a viver com outros humanos.

Aprender a deixar de culpar terceiros.

Aprender a distanciar-se da dualidade (libertar-se do karma).

Aprender a cuidar de si próprio mais do que dos outros.

Aprender que merece aqui estar e que não nasceu em pecado.

Como afirma Kryon, na Nova Energia, as lições estão todas em cima da mesa para serem resolvidas. Uma das mais difíceis lições de vida é o AMOR-PRÓPRIO. Essa lição conduz à capacidade de interagir com o "Eu Superior", que faz parte de nós e com quem nos comunicamos.

Realmente, a partir de 2012, meu processo pessoal de "relembrar" foi exponencial. E quando aumentamos nossa sensibilidade interior por meio de nosso esforço diário, nossa bússola interna fica mais atuante, ou melhor, grita! E não há como não escutar, a energia da Kundalini/Espírito Santo nos comunica antes de recebermos imagens ou formas-pensamento. Antes mesmo das emoções, nossa energia divina mais interna guia-nos no caminho a seguir, o que ressoa num certo momento e o que já não ressoa mais naquele momento da jornada. Todo aquele conhecimento e canalizações com que estava entrando em contato me abriam cada vez para o potencial espiritual existente dentro do nosso DNA, dentro de nós!!! Sentia essas profundas ativações acontecendo. Estava aberto para receber. Sempre considerei-me um sistema aberto e fechado ao mesmo tempo, exatamente como nossos chakras e nosso campo, um toroide. Havia momentos em que deveria estar aberto para o novo e momentos em que precisava ser firme nos meus valores, visão e caminhada. O segredo é encontrar o equilíbrio nessa dança de firmeza interior de propósito com discernimento e flexibilidade. Mas, acima de tudo, ser fiel ao que está no âmago do Ser, que a cada dia podia escutar mais e mais. Todo o esforço diário era recompensado a cada dia, tudo que era necessário era um pouco de silêncio interior, parar de escutar e identificar-se com o ego tagarela que não para de falar na nossa cabeça e adora confundir criando dúvidas.

CURA RECONECTIVA® E RECONEXÃO®

Chegamos no ponto em que comecei a pesquisar mais sobre trabalhos energéticos ligados à ativação do nosso DNA espiritual, do novo humano. Por meio de diversos sinais, deparei-me com a Reconexão® e a Cura Reconectiva®, trazidas pelo Dr. Eric Pearl. Comprei o livro da Reconexão e, ao lê-lo, não tive dúvidas, decidi fazer a formação como praticante de Cura Reconectiva® e Reconexão®. Pouco antes, fiz sessões com uma terapeuta em Porto Alegre. Eu sabia que tinha que fazer a Reconexão® primeiro, esse era meu objetivo. Quando liguei para marcar a sessão, ela me aconselhou a fazer uma Cura Reconectiva antes da Reconexão®, era o que recomendavam. No entanto, eu sabia que tinha que fazer a Reconexão® antes, estava novamente escutando minha voz interior. Antes de contar para vocês o que aconteceu, gostaria de explicar um pouco sobre essas duas técnicas energéticas. As palavras foram retiradas das apresentações do Dr Eric Pearl.

A Cura Reconectiva® é uma forma de cura "livre de toque", sem contato físico, e tende a oferecer uma experiência de equilíbrio promovendo mudanças positivas na vida. Durante um atendimento, você é "apresentado" a um espectro amplo de luz e informação que permite a ocorrência de profundas curas físicas, mentais e emocionais. A Cura Reconectiva® é uma forma de cura que está no nosso planeta pela primeira vez.

As mudanças iniciadas em uma sessão da Cura Reconectiva® ocorrem em um nível inconsciente e não requerem crença, fé, intenção ou outros tipos de pensamento consciente. Embora os efeitos das mudanças possam vir a ser percebidos com a mente consciente, as mudanças reais ocorrem no nível molecular e não estão no controle do praticante ou do cliente. Traz o equilíbrio naturalmente para abordar os desafios físicos, pensamentos autodestrutivos e comportamentos de autossabotagem, vícios, desequilíbrios, lesões e quaisquer outros desafios do dia a dia. As curas alcançadas por pessoas ao redor do mundo são tão profundas e extraordinárias que a Cura Reconectiva® suscita grande interesse de cientistas e pesquisadores da área médica em hospitais, colégios e universidades em todo o mundo.

Ao reconhecer que a "cura" significa reconectar com a perfeição do Universo, damo-nos conta de que o Universo sabe o que temos que receber e o que vamos ganhar como consequência disso. A questão é: o que necessitamos nem sempre pode corresponder com o que esperamos, ou pensamos, queremos, ou achamos que precisamos.

A Reconexão® é o processo de reconectar com o Universo. Graças à Reconexão®, somos capazes de interagir com estes novos níveis de luz e informação e, assim, nos reconectarmos. Isto é algo novo, diferente e real – e pode ser desenvolvido por cada um de nós.

A Reconexão® é seu acesso à internet, é a torre de controle, e é o cabo da rede elétrica que permite descarregar a Luz e a Informação do Universo. Imagine que você é um computador sem acesso à internet, um piloto voando às cegas no escuro e sem uma torre de controle, uma TV a cabo pronta, mas sem a conexão do cabo, um ser humano desligado de seu Ser Multi-Dimensional. A Reconexão® é o seu acesso à internet, é a sua torre de controle e é o cabo elétrico que permite o download, *para receber diretamente Luz, Energia e Informação do Universo. Com a Reconexão®, você está sempre em sintonia, com a Reconexão®, sua orientação superior está sempre conectada. Novas conexões são ativadas por estas frequências. O DNA adormecido é despertado. Enormes quantidades de Luz, Energia e novas Informações são "derramadas", atualizadas dentro de você, as linhas da sua rede de energia são conectadas às linhas da rede de energia do planeta, a que J. J. Hurtak denomina "linhas axiatonais", seu corpo é calibrado para captar, sintonizar com circuitos das redes de alta frequência totalmente novas no planeta, que abrem o fluxo para dimensões superiores. É a sua conexão com o Universo a um novo nível evolutivo.* (www. thereconnection.com)

Eu não precisava acreditar no que estava escrito, pois estava vivendo e experienciando essa comunicação mais profunda com o Universo e essas frequências de ativação do nosso DNA em direção a podermos viver mais de quem realmente somos, mais do Infinito aqui no plano aparentemente finito.

Gostaria de compartilhar algumas entradas que escrevi no meu caderninho de anotações diárias. Assim, você poderá perceber alguns exemplos de como o processo de aprender mais sobre nós mesmos pode se desenrolar nesta Nova Energia e sobre os potenciais espirituais que estão disponíveis para todos os seres humanos que se abrirem para a transformação.

13 de agosto de 2014

Sessão 1 da Reconexão às 14:30. Saí com uma sensação estranha. Como se tivesse com vontade de dormir, uma sensação de "desligado", não sabia bem dizer o que estava sentindo, não sentia nada, um amortecimento, sensação estranha. No dia seguinte continuou esta sensação.

15 de agosto de 2014

Reconexão sessão 2 às 9:30 da manhã. Sensação já diferente, ainda não sabendo bem explicar o que acontecera. Mas senti que algo estava acontecendo, ainda não tinha muita noção da dimensão. Marquei a Cura Reconectiva necessária para participar do curso de formação.

19 de agosto de 2014

Sessão de Cura Reconectiva à tarde. Muito forte.

20 de agosto de 2014

Acordei bem como de costume, fiz minhas práticas e conexões matinais e, de repente, depois do café da manhã, comecei a passar mal, com enjoos e dores no corpo. De uma hora para outra. À tarde continuei com isto. À noite comecei a piorar, com mais calafrios e arrepios constantes. Sensação de estar com febre, mas sentia que não podia tomar remédios, que algo estava acontecendo comigo, uma transformação interna gigantesca.

Comecei a ter diarreia e vômitos, não conseguia ficar em pé direito, ia e voltava do banheiro. Logo depois disso, um carro que vinha descendo a rua na frente da minha casa para e explode o motor! Bem na frente da minha casa! A pessoa que estava dirigindo para no meio da rua, sai de dentro do carro porque estava em chamas. Senti cheiro de fumaça em casa e fui lá ver na frente o que tinha acontecido, minha mãe havia me enviado uma mensagem avisando do acontecido. O carro era uma Parati relativamente nova. Eu estava me sentindo muito fraco e fui na frente de casa ver o acontecido. Estava tremendo de frio e logo voltei para dentro de casa. Ao voltar, comecei a suar frio, fui direto para o banheiro para tentar vomitar, e ao mesmo tempo senti vontade de ir aos pés, pois estava com diarreia. Nesse momento quase desmaiei, ajoelhado na frente da privada, suando frio, tinha baixado muito a pressão, achei que realmente iria apagar. No momento de quase desmaio, de repente parei de sentir todos os sintomas que estava tendo, e meus braços começaram a pegar fogo e minhas mãos começaram a formigar muito forte. Uma corrente elétrica gigantesca passava nos braços e nas mãos. Saía pelas mãos e pelos dedos.

O canal central (Kundalini) abriu-se e meus braços e mãos vibravam muito forte, como se deles saíssem ondas. Muito forte, incrível. Fiquei perplexo. Sentia que algo muito grande estava acontecendo. Sentia a energia fluir e a Kundalini subir no canal central. Momentos de profundo choro de amor e grandes risadas. Meus braços ficaram tremendo por mais meia hora.

Chamei minha mãe em minha casa porque não sabia o que mais ocorreria. Ela disse que sentia a energia das minha mãos. Todos os meus sintomas de febre, enjoo e diarreia haviam passado. Depois, dormi bem até mais ou menos três da manhã, quando novamente levantei para ir ao banheiro com ânsia de vômito. Tinha suado muito, fui novamente tentar vomitar no banheiro e não consegui. Sentia-me fraco e achei que aconteceria o mesmo que tinha acontecido antes. Quando caminhei do banheiro em direção ao meu quarto, simplesmente apaguei na entrada do quarto, e na porta bati com a testa. Caí no chão e ali fiquei por uns 45 minutos. Estava consciente, mas não queria levantar, senti que tinha cortado a testa, mas que algo novamente estava acontecendo comigo, não na mesma intensidade, mas dessa vez mais sutil. Até que, depois de passar, levantei e fui dormir na cama.

22 de agosto de 2014

Acordei de madrugada, antes de ir para Brasília para o seminário de cura reconectiva, ligo a luz e olho no relógio, 3:33. Embarque para Brasília no mesmo dia no portão 3, e fiquei no quarto 417 do hotel (4 + 1 + 7 = 12 = 1 + 2 = 3). Durante a palestra de abertura, passei pelo Dr. Eric Pearl e olhei profundamente nos olhos dele, uma lembrança de algum momento passado, sentia algo familiar. Logo depois, fui o primeiro a ser chamado no palco para trabalhar experimentando as frequências com as mãos dele. Minha mãe foi a segunda. Havia mais de 500 pessoas no evento. Coincidência? Sincronicidade.

23 de agosto de 2104

Mergulhado nas frequências da cura reconectiva, algo profundo estava acontecendo, uma sensação de elevação energética, vibrando mais alto, como se nada pudesse me tocar, nenhuma energia obscura. Como se uma armadura fosse colocada no meu campo.

24 de agosto de 2014

Agora eu consigo entender por que eu ficava engolindo nas meditações. É um dos registros que vejo nos clientes durante as curas reconectivas, tem a ver com neurotransmissores, com a pineal. Sinto nítido quando energia flui, frequência entra em conexão e a sensação de engolir vem. Muita vontade de ficar engolindo. Mas não tem muita salivação, ou quase nada. Mas a vontade é de engolir, como se fosse importante no processo. Alguma liberação química biológica faz com que isto aconteça e com certeza tem a ver com neurotransmissores no cérebro, pois vem junto com uma sensação de profundo bem-estar e tranquilidade.

25 de agosto de 2014

AMOR PURO. Esta é minha missão, com doçura e com carinho, a forma de entrega que o PAI vai querer. Sensação de plenitude no coração que preenche tudo.

15 de outubro de 2014

Sessão de cura reconectiva com o terapeuta francês. De acordo com ele, é como se tivesse saído a energia de um cérebro antigo e a instalação de um novo cérebro, novas conexões, um cérebro em mutação, provavelmente ligado à libertação interior da velha forma de lidar com espiritualidade e entrar em novos níveis de vibração disponíveis para a humanidade neste momento. Energia dos ancestrais dos ancestrais. O "afinar" do véu e os "novos" seres que estão aqui para elevar a vibração do planeta.

Diariamente muita pressão na cabeça, o dia inteiro, e se intensifica à tardinha e à noite. Muitas pontadas na cabeça, como se alguém estivesse enfiando uma faca, pressão dos lados, atrás e acima da cabeça. O coronário está abrindo de uma forma incrível, de cima para baixo. Onde coloco minha atenção e mente, minha energia se manifesta e circula.

DECISÃO DE SEGUIR ADIANTE

Como você pode perceber, eu vivia transformações muito profundas e inexplicáveis. Algo realmente diferente acontecia comigo. Decidi que era o momento de me desligar do Insituto Visão Futuro. Ainda fazia algumas práticas aprendidas por lá e aprofundadas a partir do estudo dos livros de Shrii Shrii Anandamurti sobre o Tantra Yoga. Não tinha dúvida da profundidade e importância daquela sabedoria toda. Não tinha dúvidas com relação à grandiosidade de Shrii Shrii Anandamurti. Tudo que tinha vivido e aprendido estava dentro de mim, não tinha como tirar. Não estava negando o que tinha aprendido lá, e em especial com o Dada Vishvarupananda, que posteriormente me deu mais três lições da Ananda Marga para praticar. Mas como estava em processo de desenvolvimento pessoal, comecei a experimentar outras meditações e novas frequências. Comecei a receber visões e visualizações de alinhamentos, a fazê-los em mim. Realmente, eu nunca estava só. A primeira frase do mestre Anandamurti que aprendi com a Dra. Susan Andrews foi: "A força que guia as estrelas guia vocês também". E essa Força estava me guiando, confiava nela com todo o meu Ser. Tinha que ser íntegro e fiel com meu coração, não podia mais trilhar o caminho que outra pessoa havia vislumbrado para mim. Dizia respeito ao meu akasha, dizia respeito ao meu aprendizado de Alma, que era diferente naquele momento. Repito: isso não quer dizer que os ensinamentos de Shrii Shrii Anandamurti não sejam bons ou profundos. São muito elevados e têm a intenção de direcionar à realização do Ser e ao serviço desinteressado à humanidade. Um caminho muito honrado. Só que, naquele momento, minha Alma não conseguia mais ficar presa somente ao Tantra Yoga. Meu sistema estava aberto e escutando o pulsar do Universo, estava aberto às novas dádivas divinas, que não negam nem um pouco o que as tradições esotéricas ensinam. Simplesmente vêm para complementar.

Finalmente, em outubro de 2014, decidi comunicar o meu desligamento como coordenador do Visão Futuro Porto Alegre. Foi um momento de extrema dificuldade, pois ainda estava apegado às pessoas e a tudo que tinha vivido e aprendido. Mas, em algum momento, como dizia Joseph Campbell, "Precisamos estar dispostos a livrar-nos da vida que planejamos, para podermos viver a vida que nos espera. A pele velha tem que cair para que uma nova possa nascer". Meu ser impelia a caminhar no desconhecido. Todos os planos que tinha feito estavam mudando. Tinha que aceitar a mudança, não havia alternativa. Sabia que, para entrar em um novo estágio de vida, precisava dar o passo. E, geralmente, antes de haver uma mudança vibracional, há um desafio ou uma baixa energética. E não foi diferente, tive uma baixa, alguns sentimentos vieram à tona, mas não tinha mais como voltar atrás, iria contra minha Essência.

Antes de ligar para a Dra. Susan Andrews e comunicar minha difícil decisão, expressei a intenção de ser guiado pelo Infinito nesse processo, em como me colocaria e quais palavras utilizaria. Minha intenção era pura, não queria brigar, discutir ou criar qualquer desentendimento. Simplesmente queria seguir meu caminho de vida, meu coração. Liguei naquela noite mesmo e começamos a conversar. Estávamos no celular e a ligação caiu umas 10 vezes, pelo menos. Aquilo foi muito simbólico, realmente era um corte ocorrendo. Comuniquei a decisão agradecendo tudo que tinha vivido e aprendido, tentando explicar algumas coisas que estava vivendo, mas não houve abertura. No momento, fiquei bastante surpreso com muitas coisas que escutei, não esperava algumas reações que ocorreram. Parecia que eu estava saindo do único caminho que existia para realizar o Infinito/

Deus, e não me senti compreendido nem respeitado. O fato de escolher seguir minha Essência e comunicar isso era como se estivesse me desviando e perdendo o caminho. Percebi que havia muita expectativa com relação a mim e meu futuro junto ao Instituto, e que naquele momento elas estavam se evaporando. As palavras foram de que eu estava me desviando do verdadeiro caminho, que a qualquer momento que eu decidisse voltar, Bába (Anandamurti) estaria me esperando. Perguntei: "Então, Bába não está mais comigo?". E não houve resposta. Depois da conversa, tudo ficou mais claro ainda. Era o momento de respirar novos ares. Será, realmente, que Deus teria escolhido um único caminho para realizá-lo? Que Deus seria esse? Se eu não seguisse o Tantra Yoga, não servia para fazer o bem? Não era esse Deus que vibrava dentro de mim. Meu coração estava entregue ao fluxo divino, ao Dharma, e continuaria sendo fiel a ele. O que desejavam para mim era bem diferente do que o Universo me apresentava. Realmente, quando estamos aqui, somos todos humanos.

Depois fui entender o porquê de algumas das atitudes que aconteceram e das coisas que escutei. Descobri que uma pessoa aqui do estado começou a inventar histórias e falar mal de mim para a Dra. Susan, dizendo que eu estaria "seguindo" agora o Dr. Eric Pearl, algo que era totalmente irreal e equivocado. Nunca tive ressonância com a forma de agir do Dr. Eric, muito menos tinha ele como exemplo. Honrava muito seu trabalho e o papel que desempenhava na humanidade. No entanto, não o via como um guia ou professor espiritual. Via-o como uma pessoa que veio para quebrar alguns paradigmas, principalmente ligados à cura e à forma de se fazer medicina. As ferramentas que ele está servindo de canal para a entrada no planeta ajudam muitas pessoas e me ajudaram muito. O próprio jeito dele servia para bater de frente com o *status quo* em diversas áreas. Ele tinha sua função no plano cósmico. Infelizmente, o fato de aquela pessoa ter falado mal de mim me mostrou que algumas pessoas diminuem as outras para se promoverem. É um mecanismo do ego para se sentir mais importante, para tentar valorizar a própria personalidade. Mais uma ilusão do ego e comprovação da falta de amor-próprio, falar mal dos outros para nos sentirmos com mais valor. Posteriormente, tive a oportunidade de me encontrar pessoalmente com a Dra. Susan Andrews no Instituto Visão Futuro e esclarecer um pouco mais o que havia acontecido, mas, no fundo, nem importava mais. Foi durante o último módulo da minha pós-graduação, em novembro daquele mesmo ano, que ela se mostrou mais compreensiva e empática. Novamente, agradeci por tudo que tinha vivido lá e disse que sentia um profundo amor por ela e pelo parque. Disse-lhe que sua entrega ao serviço divino tinha me servido como inspiração e que continuaria a servir, pois não havia conhecido uma pessoa tão dedicada ao que faz e ao que acredita. Foi muito dolorido para mim, pois a considerava uma grande amiga. Depois disso, nunca mais tive contato com ela, infelizmente.

Voltando ao desligamento como coordenador do Visão Futuro Porto Alegre, no dia seguinte da ligação para a Dra. Susan Andrews, tive que comunicar minha decisão ao grupo de meditação em Porto Alegre. Muitos deles já sabiam de tudo que estava acontecendo e sugeriram que mantivesse um grupo de meditação não ligado ao Visão Futuro, o que para mim fazia sentido no momento. Quem se identificava com as práticas do parque poderia participar da meditação que estaria iniciando com a nova coordenadora, e quem quisesse continuar no grupo do Espaço de Luz, poderia.

O que posso dizer é que o término do grupo de meditação ligado ao Visão Futuro no Espaço de Luz resultou na abertura de, pelo menos, quatro novos grupos de meditação em Porto Alegre. Todos coordenados por pessoas que haviam pertencido ao grupo original. O que no início poderia parecer ruim, pode ser uma grande dádiva disfarçada. Às vezes, a separação ou quebra faz parte do plano divino para um bem maior que não podemos compreender no momento. Quando a intenção é pura, uma intenção que parte do profundo da Alma, tudo vai em direção ao Infinito, a Deus, tudo é Dharma.

Estava me libertando dos velhos padrões de lidar com energia e práticas espirituais, e incorporando o antigo no novo. Não estava negando o que passou, mas honrando e seguindo adiante na ressonância. Tudo serve para alguém, em algum momento da vida. Para mim, era outro momento. Sentia nas entranhas que havíamos chegado no momento planetário de parar de falar "o meu caminho é o único", "se não seguir tais e tais métodos, tal e tal guru, você não conseguirá se iluminar, atingir a liberação, união, ou se salvar". O mais engraçado era que tinha percebido fazendo e agindo dessa maneira durante um bom tempo. No fundo, inconscientemente, queria provar e convencer a mim mesmo de que estava no caminho certo e que aquela era "a verdade". E o jeito de fazer isso era convencendo os outros, impondo minha opinião aos outros, amigos, familiares, namorada etc. Houve uma época em que, para mim, só existia o Tantra Yoga. Quanto mais houvesse insegurança inconsciente sobre o caminho, mais insistia em impor e convencer os outros. Quanto maior começou a ser a certeza interna do caminho, da Presença Divina em mim, menos tentava forçar uma tradição aos outros, menos queria impor meu ponto de vista sobre aquela tradição ser a melhor. O Infinito que habita em mim estava muito além daqueles muros que meu ego tinha criado. Saía de uma sombra pessoal e coletiva, colocava luz em um aspecto escondido meu mesmo e também de toda a humanidade. Saía do paradigma da competição e entrava no paradigma da união, da cooperação, da tolerância. Tinha entrado em contato, num grau muito menor, com o que causava guerras no mundo, o que causava a divisão no mundo, e tinha decidido libertar-me disso, pois fazia-me mais mal do que a qualquer outro. Era uma violência contra minha própria Alma, que está conectada com Tudo, com Deus e com todos.

Minha visão é que esse tipo de divisão causa separação em todas as áreas de nossa sociedade. Percebia isso nas religiões, na política, na psicologia, e também nas tradições espirituais esotéricas, por incrível que pareça. É bastante compreensível que uma pessoa realizada veja seu caminho como "a verdade", pois foi por onde chegou na consciência de Algo muito maior. No entanto, são milhares os caminhos para Deus. Chegamos no momento de honrar todos os mestres que já passaram e passam pelo planeta. Eles estão todos presentes aqui e agora de forma multidimensional, não necessariamente presença física. Foi justamente por causa de gigantes espirituais do passado que chegamos a este momento planetário. Eles auxiliavam a humanidade na velha energia e continuam auxiliando na Nova Energia, de outras formas. Estamos sobre seus ombros, tendo uma visão nova da realidade, em outro momento da evolução planetária. É o momento de caminharmos como verdadeiros mestres de nós mesmos, praticando os atributos divinos no nosso dia a dia. Podemos aprender com muitos professores espirituais, muitos guias e muitos mestres. Há tanto a aprender, há tantos mestres que compartilharam e compartilham lindas mensagens e exemplos para a humanidade. Mas, acima de tudo, que possamos escutar nosso íntimo mais precioso e perceber que aquilo que estava dentro de todos os mestres também está dentro de nós. Essa foi a mensagem dos verdadeiros mestres realizados. Procure e encontrará! Como dizia Rumi: "Aquilo que você está procurando, está procurando você".

VOLTANDO NO TEMPO – LIGAÇÃO COM EDUCAÇÃO

Antes de continuar, preciso voltar um pouco no tempo e contextualizar algo importante que estava ocorrendo concomitantemente a tudo isso que acabei de narrar. Ao mesmo tempo que estavam ocorrendo todas essas mudanças com relação a minha caminhada evolutiva pessoal, em 2013 eu entrei como estagiário na área de psicologia de um projeto esportivo social em Porto Alegre, chamado WimBelemDon. Criado em 2002, o projeto tem como missão, por meio do ensino do tênis integrado à leitura e complementação escolar, facilitar o desenvolvimento de habilidades e atitudes em crianças em situação de vulnerabilidade, permitindo-lhes participar ativamente da sociedade brasileira. De acordo com a visão do Projeto WimBelemDon (WBD), todas as crianças podem ter um sonho e a capacidade de buscá-lo, criando assim uma sociedade mais justa e autossustentável.

Infelizmente, na sociedade atual, existem altos índices de vulnerabilidade individual, social e institucional, que, articulados entre si, influenciam massivamente no desenvolvimento de uma criança, privando-a de expressar suas potencialidades. Essas crianças não são, em si, vulneráveis, mas podem estar vulneráveis a alguns agravos e não a outros, sob determinadas condições, em diferentes momentos de suas vidas. O Projeto WimBelemDon foi criado em 2002, com o objetivo de transformação social, e como esse ideal ressoava com o que estava interessado, decidi estagiar naquela instituição. Além disso, na universidade, assisti a uma palestra do psicólogo da instituição, Cassiano Pires, que contou a história da criação do projeto e todos os valores que eram trabalhados lá. Encantei-me com a forma de trabalhar, achei que poderia contribuir de alguma forma e aprender muito.

Particularmente, sempre tive interesse em educação, principalmente enquanto cursava os primeiros anos de psicologia, nas aulas de psicologia educacional e da aprendizagem. Estudei diversos autores das teorias de aprendizagem e do desenvolvimento humano, em conjunto com as leituras e vivências ligadas à espiritualidade, e pude chegar à conclusão e à certeza de que a única forma de mudar o mundo, transformar a consciência da humanidade, sair dos condicionamentos e da ilusão em que a maioria da população vive, seria modificando nossa forma de educar. O padrão perpetua-se caso o mesmo sistema de ensino persista. E isso é o que vinha acontecendo. Para que as crianças são educadas? Qual seria o objetivo? Qual o propósito da educação? Perguntas extremamente básicas num processo educacional, mas que a maioria dos educadores, professores, pedagogos, pais e mães não se fazem, e isso porque simplesmente seguem padrões familiares, culturais etc. Logo abordaremos e aprofundaremos possíveis respostas para essas perguntas, mas antes contarei um pouco mais sobre a experiência de trabalhar no Projeto WimBelemDon.

Quando comecei a estagiar, logo percebi o grande potencial que lá existia. Conforme já contei para vocês, tinha outra percepção da vida, de mim mesmo e dos outros, completamente diferente de antes. Tudo que estava escrito nos livros de espiritualidade eu não precisava acreditar, pois estava vivendo aquilo dentro de mim, mas sabia que havia muito mais. Sentia o pulsar do Universo dentro do meu coração 24 horas por dia, 7 dias por semana. Minha Alma sabia que ainda muito mais era possível, mas aquilo já era suficiente para olhar os seres humanos de outra forma, perceber a chama divina que habita em todos e, sendo assim, mudar a forma de ver e tratar as pessoas. Isso mudou também a minha forma de ver a educação e, principalmente, entender o propósito de educar. Sabia também que estava ali por um motivo maior, pois sempre estamos exatamente no lugar onde devemos estar para nossa evolução, serviço à Criação e lição de vida. Logo que cheguei ao WimBelemDon, percebi um conjunto de pessoas que estavam dedicadas de coração ao serviço que prestavam e estavam muito abertas a novas ideias e sugestões. Em adição, era difícil de encontrar em um mesmo lugar pessoas que tivessem o coração tão aberto para o trabalho que faziam. Estavam ali realmente porque gostavam! E isso é meio caminho andado para que algo dê certo. O projeto já era um sucesso! Já estava causando uma transformação social na vida de muitas famílias da região de Belém Novo, em Porto Alegre.

As pessoas que lá trabalhavam tinham um sentido bem espiritual do serviço que estavam fazendo, apesar de muitas não terem expressado ou até mesmo nem estarem conscientes disso. O idealizador do projeto social, o Marcelo Ruschel, tinha muita visão, sempre se dedicou às causas humanitárias e, ainda por cima, tinha simpatia com o budismo tibetano, demonstrando que, de vez em quando, fazia algumas práticas ou lia a respeito. A esposa dele, Luciane Barcelos, para mim, era o coração do projeto. O Marcelo era a mente e a Lú, o coração. Ela é uma das pessoas com o maior coração que já conheci. Era muito Amor para uma pessoa só. No coração dela tinha tanto Amor que ela precisou ter uns 100 filhos... todas as crianças do projeto. Ela tinha muita abertura para a espiritualidade, sensibilidade muito grande para energias e, com o tempo, também despertou para o Infinito e começou a sentir Deus diariamente no coração. Trata-se de uma Alma muito antiga, com uma linda missão. O casal se complementava, os dois realmente tinham se juntado para um propósito que ia além deles mesmos. Eu tinha percebido e minhas esperanças de implementar algumas pequenas mudanças educacionais na instituição foram crescendo.

A visão que vislumbrava já estava totalmente presente desde o primeiro dia de criação do projeto, quando o Marcelo decidiu alugar um terreno baldio e transformar em um projeto social. O que precisava era simplesmente de uma pequena organização e um "empurrãozinho". O psicólogo da instituição, Cassiano Pires, e a pedagoga Mariana Marona já tinham preparado todo o terreno, toda a base de um trabalho de educação e visão mais integral do ser humano. Ambos tinham uma visão diferenciada no que se refere ao trabalho com crianças, uma visão muito mais humana do processo educacional. Aos poucos, fomos introduzindo algumas práticas de bem-estar e de inteligência emocional. Partimos do ponto da autoconsciência, introduzimos práticas como respirações, breves meditações, relaxamento profundo, automassagem e yoga. Pude perceber a transformação das crianças, mesmo enfrentando resistências iniciais. Na época, já existiam outras atividades no projeto, como oficina de matemática, de português, cinema, inglês e tênis, que era o centro de todas as atividades.

Para que a missão do Projeto WimBelemDon pudesse ser cumprida, fez-se necessária uma melhor organização de como as atividades eram desenvolvidas com as crianças, assim como em relação ao propósito da educação no Projeto. Resolvemos construir um novo Plano Político-Pedagógico da Instituição, com o objetivo de que as crianças tivessem a oportunidade de se desenvolver em todos os âmbitos de suas vidas, expressando assim o seu potencial infinito. A partir de um desenvolvimento individual saudável e da potencialização das qualidades humanas, este sujeito poderá ser um agente de mudanças em sua própria vida e no mundo, transformando assim a nossa sociedade com a inserção de mais justiça e mais respeito.

Não havia dúvidas, o ingrediente mais importante da educação já estava presente no WimBelemDon: o amor. Se não há amor, não há verdadeira educação. Amor é a base de tudo. Sem amor, não há conexão. Sem conexão, não há trocas autênticas, portanto não há educação. O amor estava presente nas relações entre colaboradores, nas oficinas, em todos os âmbitos da instituição. Mas algo ainda precisava ser clarificado e relembrado: o propósito da educação. Como criar possibilidades para que a criança possa ter a oportunidade de manifestar todo o seu potencial? Qual a visão da natureza da criança e do ser humano? Qual seria o papel da educação no âmbito global? Todos ali compartilhavam de uma visão mais profunda do ser humano, assim como de uma educação com um propósito maior. Talvez alguns não tivessem a noção do que seria este algo maior, se era para o país, o mundo etc. Mas não importava, todos os colaboradores, e principalmente o Marcelo e a Lú, sabiam que estavam educando para uma transformação global. Sendo assim, em conjunto com outros profissionais, comecei a buscar fontes, informações e elementos que condiziam com a visão educacional para transformação global, dentro da realidade social, cultural e econômica do momento do WimBelemDon. Gostaria de compartilhar com vocês parte do que escrevemos no Plano Político-Pedagógico que diz respeito ao que falamos anteriormente.

O SER HUMANO E SUA CONEXÃO COM O MUNDO

A fé no ser humano é a coluna vertebral do nosso projeto, um pensamento em prol da dignificação da natureza humana e sua interconexão com o todo. Consideramos que o ser humano nasce com uma essência saudável, ou seja, confiamos na natureza humana, acreditando na sua vocação para a saúde, no seu instinto para o bem-estar e felicidade. Acreditamos na tendência intrínseca para saúde integral, assim como o organismo físico apresenta a capacidade inerente de cicatrizar feridas ou recuperar-se de doenças. "Assim como a planta tem um tropismo para crescer e, com suas raízes, buscar água, e, com seu caule, dirigir-se ao sol, assim também o humano possui a tendência ao autodesenvolvimento, autorregulação e autorrealização" (CREMA, 1985). Cremos na integralidade entre a natureza e a conduta do ser humano, no livre-arbítrio, espontaneidade e poder criativo do indivíduo.

Desde que haja um solo fértil, ou seja, desde que a criança seja nutrida de amor, aceitação e confiança, ela assume, naturalmente, a posição existencial de autovaloração e valoração do outro positiva, que implica o autorrespeito e respeito aos demais (CREMA, 1985). Em outras palavras, significa ter fé em si e nos demais. Como Jung (2012) chamava, fé na matriz sadia e natural da mente humana, isto é, a alma da humanidade.

Além da sua vocação para a saúde, do seu instinto ao autodesenvolvimento, autorregulação e autorrealização, o ser humano, de acordo com o cientista da Universidade da Califórnia Dacher Keltner (2009), apresenta características evolutivas que demonstram sua inclinação para a bondade, brincadeira, generosidade, reverência e autossacrifício, características vitais para evolução da espécie (sobrevivência, replicação genética e habilidade de convívio em grupo). Estas características se manifestam por meio de emoções como compaixão, gratidão, medo, vergonha e felicidade. Pesquisas científicas recentes demonstram que os seres humanos estão evoluindo para se tornarem mais cheios de compaixão e mais colaborativos em sua busca para sobreviver e prosperar. Keltner afirma que os seres humanos são tão bem-sucedidos como espécie precisamente por causa do carinho, altruísmo e compaixão. Em outras palavras, o ser humano é "nascido para ser bom"! Em adição, Bruce Lipton (2014), biólogo celular pesquisador da Universidade de Stanford e de Wisconsin, demonstra que a biologia do ser humano o impulsiona para se conectar com outros seres humanos, ou seja, afirma que eles não foram desenvolvidos para viver sozinhos. Defende que o instinto para conexão é mais forte que o instinto para procriar, sendo o ser humano, a partir da sua biologia, criado para construir comunidades cooperativas maiores. (...)

Acreditamos que o indivíduo, como indivíduo, transcende a soma das suas partes; que tem o seu ser num contexto humano, se expressando por meio de suas relações interpessoais; que é consciente de si e de sua existência, independente do grau de expansão da mesma; que possui livre-arbítrio e capacidade de escolha, sendo um participante ativo de todas as experiências e do mundo; e que é intencional, ou seja, ele expressa a intenção por ter fins, valores, e por buscar sentido na sua vida em relação com o todo.

O Projeto WimBelemDon é marcado por um compromisso de engajamento em favor da mudança social, econômica e cultural, em direção a uma sociedade de valores mais humanos, menos controladora, mais atenta às necessidades intrínsecas de autorrealização, mais criativa e lúdica, envolvendo relações pessoais mais abertas, autênticas, autoexpressivas e prazerosas, onde a pessoa, em sua liberdade e autodeterminação no desenvolvimento de suas possibilidades, seja o valor supremo, contra todos os dogmas, valores e autoridades externamente constituídas. Enfatizamos as capacidades e potencialidades características e exclusivas da espécie humana. Por último, mas não menos importante, prezamos por uma cultura de ética entre os seres humanos. Acreditamos que sem ética é praticamente impossível criar uma sociedade justa e autossustentável. Somente com ética é possível estabelecer uma cultura de paz, empatia, conexão e respeito na humanidade.

Além disso, propomos promover uma consciência ecológica da nossa relação com todo o Universo através do espírito de benevolência e de amor. Para ensinarmos o que é o amor, temos que o incorporar. Para incorporarmos o amor, temos que ver a dádiva da existência em tudo. Para vermos esta dádiva em tudo, temos que contemplar esta dádiva dentro de nós. (....)

Estava bem claro que o propósito da educação com esses princípios está muito além de formar alguém para alguma profissão, o que também é importante. Tinha um propósito social e espiritual bem marcante. E minha maior preocupação durante o processo era de como inserir a espiritualidade e a possibilidade de atingir o Infinito na educação de forma "científica". Sendo assim, fui atrás de estudos, pesquisas, autores e conhecimentos que se adequassem ao trabalho que estava sendo vislumbrado no Projeto WimBelemDon. Grande parte foi baseada na Psicologia Positiva, nos ensinamentos e trabalhos de Noemi Paymal (Pedagogia 3000), Ken Wilber (desenvolvimento integral), Daniel Goleman (inteligência emocional), Howard Gardner (inteligências múltiplas), Vigotsky, Piaget, entre outros.

O WimBelemDon, ao longo de sua trajetória, se identifica como uma instituição social que tem como foco de trabalho a formação integral de crianças e adolescentes em situação de vulnerabilidade social. A instituição trabalha com as peculiaridades de cada aluno, considerando a singularidade de todas as manifestações intelectuais, sociais, culturais, físicas e espirituais. Não almeja uma forma de ensino ou pedagogia ideal, mas uma instituição, tal como se apresenta, em suas formas infinitas de ser (Mantoan, 2003). Esse esforço de projeto educacional é fruto de um exercício diário de cooperação e fraternidade, do reconhecimento e respeito às diferenças, da compreensão dos diferentes *backgrounds*, não excluindo a interação com o universo do conhecimento em suas diferentes áreas. Primamos por um ensino de qualidade, capaz de formar pessoas agentes de mudança em seus meios e na sociedade, padrões requeridos por uma sociedade mais evoluída e humanitária.

Sendo assim, a pedagogia do Projeto WimBelemDon se baseia em nove pilares do desenvolvimento integral focado no Ser, baseados nos trabalhos de Noemi Paymal, Ken Wilber, Daniel Goleman, Howard Gardner, Vigotsky, Piaget, entre outros. Os Nove Pilares de Desenvolvimento Integral focado no Ser (Paymal, 2013) são: desenvolvimento físico, desenvolvimento emocional, desenvolvimento social, desenvolvimento multicultural, desenvolvimento ecológico, desenvolvimento ético e dos atributos/valores/qualidades humanas, desenvolvimento estético/criativo/artístico, desenvolvimento cognitivo, desenvolvimento espiritual/existencial. Dentro das limitações do projeto, estava bem claro o que estávamos buscando, a realização do Ser e a manifestação de seu potencial. (Plano Político-Pedagógico Projeto WimBelemDon)

O CERNE DA EDUCAÇÃO

Para que uma verdadeira transformação do Ser e da sociedade pudesse realmente acontecer, na minha opinião, três pilares são imprescindíveis na educação para um futuro de paz: desenvolvimento emocional, desenvolvimento ético/atributos positivos e desenvolvimento espiritual/existencial. Se esses três fossem fomentados, todos os outros acabariam sendo contemplados de alguma forma. Se educamos o coração para compaixão e bondade, de alguma forma o mais profundo e melhor do ser aflora, e assim podemos viver numa sociedade mais pacífica e compassiva.

Particularmente, vivi vários aprendizados muito profundos no Projeto WimBelemDon. Aprendi com todos os colaboradores, todas as crianças e todas as famílias. Foi uma das mais profundas práticas e vivências espirituais que tive, a prática no dia a dia de olhos abertos através do relacionamento com as pessoas. Nesses momentos é que podemos perceber como estamos ajustando objetivamente aquilo que experienciamos subjetivamente. A transformação da consciência por meio das práticas formais precisa transferir-se para o dia a dia, senão nada faz sentido. Olhar nos olhos daquelas crianças e conviver com elas era muito especial. Não há como não sentir a Presença Divina numa criança. E aquelas crianças em situações às vezes inimagináveis de dificuldades, às vezes sem comida, lar ou cuidado em casa, mesmo assim encontravam forças para rir, brincar e continuar vivendo. Para mim, foi uma lição de profunda humildade, compaixão, resiliência, empatia, paciência e desprendimento. Pude entrar em contato com a essência da espiritualidade! A capacidade de amar por amar, simplesmente por saber e sentir as pessoas como manifestações divinas. Sou muito grato e honro ao Marcelo, Lú e Cassiano, que me proporcionaram a oportunidade de fazer parte daquela linda missão. Não tenho dúvida de que eles são trabalhadores da Luz, cada um do seu jeito e com função específica, tudo de acordo com o plano cósmico divino.

Gostaria de finalizar esta parte que fala de educação abordando um último aspecto que não mencionei, para complementar tudo que abordei e voltar a uma questão essencial da educação: o propósito de educar! Para que estaríamos educando? Pode ser a mais desenvolvida pedagogia do mundo, mas se não souber para que se educa, de que adianta? Se o propósito da educação não estiver conectado com o propósito da vida e da existência, será uma educação falha e incompleta. A educação tem que ter propósito e esse propósito tem que estar alinhado com o propósito da Criação como um todo. Aí, sim, estaremos educando para a vida, para a essência da vida. Se não sabemos por que estamos aqui como humanidade, nunca saberemos para que educaremos. Grande parte das tradições espirituais esotéricas profundas aponta numa mesma direção, para um mesmo propósito, neste jogo cósmico chamado de vida no Planeta Terra. Algumas nuances mudam, mas todas apontam para o Infinito e a realização do Ser, para a Bem-Aventurança, Alegria Infinita. Posteriormente explicarei mais sobre o processo de Criação em si, mas por ora vocês podem ter uma ideia para onde as tradições espirituais esotéricas do planeta apontam:

	Entidade Máxima	Propósito
Kabbalah	Ein Sof (Deus Infinito)	União máxima com Deus
Sufismo	Alá	Remover os véus do coração e atingir o Amor Divíno
Budismo	Sunyata (Vacuidade)	Nirvana (Iluminação)
Cristianismo Místico	O Absoluto (Deus, Pai)	O encontro com Deus e, consequentemente, consigo mesmo
Raja Yoga	Brahman (Consciência Suprema)	Sahaj Samadhi
Taoísmo	Tao (a fonte, a dinâmica e a força motriz por trás de tudo que existe)	União dos Opostos (fim da dualidade)

A educação deve incluir o Infinito/Deus/Todo/Vacuidade (ou o nome que se quiser dar), a Fonte Inesgotável de Amor e Plenitude. Algo que está muito além do que nossa mente pode compreender, mas que habita e se manifesta dentro de nós! Quando há esta realização no ser humano, ele acorda para o seu verdadeiro propósito individual e intransferível, que naturalmente está alinhado com o Dharma, o propósito cósmico de paz na Terra. E eu pergunto a você, educador, pai e mãe, ou futuro pai e futura mãe: Já te perguntaste por que educas? Geralmente, as pessoas respondem: "Educo meu filho para que ele seja feliz!" (eu sendo superotimista neste momento). Mas já te perguntaste também como é possível atingir uma felicidade autêntica, real, duradoura e verdadeira? As tradições mais íntegras do planeta já afirmaram, os grandes mestres que passaram pela Terra já nos ensinaram: somente por meio da realização de Deus dentro de Si, da realização de Si Mesmo. Portanto, a educação deve ter como propósito a realização de Si Mesmo. Uma educação que proporcione a oportunidade das crianças de desenvolverem todas as suas potencialidades! Uma educação que auxilie no processo de descobrirem que dentro delas habita uma Fonte Inesgotável de Amor e Plenitude! E que essa fonte habita em todos, é Infinita e pode ser compartilhada! Se formos mais um pouco na raiz da questão, nossa educação deve nutrir o Amor-Próprio. Sair do "eu me odeio", passar pelo "eu me amo" e atingir o estado de Amor-Próprio, que diz respeito à realização do Eu Superior dentro de Si, ver a perfeição na imperfeição, aceitar-se profundamente e viver o Divino dentro de Si, e dessa forma perceber a Luz/Deus em tudo. Educar para a Consciência! Educar para o Amor! O verdadeiro e Infinito Amor! Dessa forma, paz ou felicidade são simplesmente uma consequência de um estado de Ser.

DE VOLTA ÀS CALIBRAÇÕES NA NOVA ENERGIA E O CAMINHAR NO PLANETA

Voltando para explicar melhor para você, leitor ou leitora. Quando fiz as sessões de Reconexão® e a Cura Reconectiva®, e posteriormente o curso de praticante de Cura Reconectiva® em Brasília, e de Reconexão® em Bogotá, na Colômbia, foi no momento em que ocorreu a ruptura com o Instituto Visão do Futuro. Depois de fazer o curso de praticante da Cura Reconectiva® e passar quatro dias imerso nas frequências evolutivas, senti que meu corpo passou a vibrar de forma bem diferente. Já não absorvia mais as energias densas como anteriormente, quando, por exemplo, frequentava lugares como *shoppings*, cinemas ou determinados ambientes. O processo tinha começado bem antes, mas culminava com mais uma mudança significativa em minha energia pessoal. Ainda sentia a energia dos lugares, sendo ela positiva ou negativa, mas as energias densas já não "pegavam" mais, não me sentia "sugado". Era diferente mesmo, todo o corpo passou a vibrar numa nova frequência de energia. Meu corpo passava por um processo de mutação interna, passei a sentir muitas mudanças e movimentos energéticos, diversas ativações do campo, ativações do DNA, a mudança de compreensão, a libertação com relação a muitas crenças, criando-se um sentido maior e real de unidade.

Vieram à tona cada vez mais as informações ligadas aos Pleiadianos, seja através de Kryon, seja de outras fontes, como os livros de D. B. Ashuah (*Conversation with Angels* – 3 volumes), *Mensageiros do amanhecer*, de Barbara Marciniak, assim como *As chaves de Enoch*, um livro com linguagem cabalística trazendo informações do Arcanjo Metatron. Quando você entra em contato com essas canalizações, o simples ato de ler já traz um alinhamento muito forte. Essa é uma forma bem simples, porém profunda, de dizer sim ao seu Eu Superior.

Logo depois de me desligar da coordenação do grupo de Porto Alegre ligado ao Instituto Visão do Futuro, viajei para um evento de Kryon (Lee Carrol) na Ilha de Páscoa, um local bem afastado e muito misterioso. Essa ilha no meio do Oceano Pacífico é conhecida como um grande vórtice de energia do planeta. Assim como nós possuímos centros de energias no nosso corpo, o planeta Terra, como um organismo vivo, também possui seus centros ou vórtices de energia. A partir dessa viagem, comecei a perceber energeticamente que, em cada lugar que ia e pisava, estava resgatando algo, alguma centelha de minha Alma. O que passei a notar é que precisava pisar em certos lugares para resgatar certas informações vibracionais, assim como "deixar" algo nesses lugares. Eram sempre uma troca. Onde quer que fosse, deixava algo e levava algo. Ao comentar esse fato com algumas pessoas, elas indagavam se não poderíamos acessar tudo a partir de dentro de nós mesmos, se precisaríamos viajar para certos lugares para evoluir espiritualmente e se realmente precisaríamos pisar em alguns lugares para resgatar nossa sabedoria. Não está tudo dentro da gente? Minha resposta era sim e não ao mesmo tempo para todas as perguntas. Sim, temos tudo dentro de nós e podemos acessar tudo o que queremos exatamente no ponto onde estamos, pois o Universo está realmente dentro de nós, somos uma espécie de holograma, onde a parte está no todo e o todo nas partes. No entanto, existem pontos do planeta com energias diferentes e podemos relacionar-nos com esses lugares, assim como acessar informações quânticas neles presentes. Basta fazermos uma experiência na nossa própria cidade, onde é possível meditarmos em qualquer lugar e entrarmos em um estado mais profundo de silêncio. Contudo, experimentemos meditar ou perceber como nos sentimos no centro da cidade, no horário de pico de movimento no meio do calçadão do comércio, ou, em comparação, façamos a experiência na beira da praia deserta, em uma floresta ou uma montanha na natureza. É bem provável que sintamos outro tipo de energia, outro tipo de sensação, outro tipo de influência, outro tipo de conexão, com a frequência do local e com cada um de nós mesmos. Realmente, todos os lugares do planeta guardam informações. Talvez nem todas as pessoas se sintam chamadas para se relacionarem dessa forma com o Planeta; no entanto, fato é que comecei a me sentir. Talvez outras pessoas já o estejam fazendo, mas ainda não se deram conta da transformação que ocorre nem do motivo por que se sentem impelidas a viajar.

Tive uma experiência muito forte na Ilha de Páscoa, próximo a um vulcão inativo. O grupo que estava comigo fazia um *tour* com um guia que explicava algumas informações e resolvi ir para o outro lado, distante de todos. Em muitas viagens de grupo, isso acabou se repetindo, pois gostava de "escutar" e sentir onde o local gostaria que eu fosse. Quando coloco os pés em um lugar, tento senti-lo. Estava nesse local e vi um lago com plantas, fui em direção a ele, sentei-me e conectei-me com o que tinha ali. O vulcão em si tem uma energia muito forte, de fogo vibrante, tem um vórtice energético muito vivo. Fechei olhos e conectei-me com o lugar, até chegar a um ponto em que não havia separação entre eu e o vulcão. Ali, senti a "alma" daquele vulcão, senti a energia, a sabedoria, o apoio e o suporte, o espírito daquele lugar. Uma onda de Amor banhou meu coração e o único sentimento que eu pude manifestar era de gratidão, uma profunda gratidão pela existência daquela vida pulsante que estava ali sendo honrada.

Quando voltei ao grupo depois da experiência, o guia local com conhecimentos xamânicos começou a contar que naquele ponto o povo busca plantas com poder medicinal e curativo. Nosso guia explicou que muito da medicina fitoterápica local tem origem naquele vulcão inativo, que todas as plantas que lá cresciam tinham uma configuração especial, cresciam mais e tinham mais nutrientes. A energia suave e mágica de Gaia, da Terra... uma abundância e compaixão sem igual. Nesta mesma viagem, recebi a informação de que seria bom para a minha evolução pisar no Havaí, a antiga Lemúria, de acordo com as novas informações que chegam ao planeta (informações novas falando a respeito de uma história muito mais antiga que nossa civilização atual), e que era para ir sozinho. Nesse local, eu poderia resgatar mais informações sobre a história de minha Alma, entrar em contato com minha ancestralidade, assim como reativar partes dormentes do meu DNA, simplesmente pelo contato com a vibração e informação lá presentes. Era o momento de literalmente resgatar algo que havia deixado plantado naquele lugar em algum momento das prévias existências. Compartilho um artigo sobre a antiga Lemúria, compilado de Monika Muranyi, uma brilhante estudiosa dos ensinamentos de Kryon.

LEMÚRIA

A informação sobre Lemúria é elusiva e muitas vezes contraditória. Tem sido predominantemente descrito como um lugar mítico ou continente perdido, em algum lugar no Oceano Pacífico ou Índico. A maioria dos mitos e lendas são baseados em eventos reais, como este é. (...) Segundo Kryon, Lemúria foi a primeira civilização espiritual isolada no planeta. Não era uma civilização avançada em termos de tecnologia, mas representava uma cultura que o DNA estava trabalhando em 90%, em comparação com a maioria de nós hoje, que está em 30%. Isso criou um atributo onde sua consciência e intuição eram muito mais avançadas do que a sociedade de hoje. Eles sabiam curar com magnetismo. Eles sabiam sobre o DNA quântico. E eles sabiam sobre o sistema solar e a galáxia. Lemúria era a mais antiga e mais longa das civilizações de governo único vivida no planeta, e que nunca viu a guerra.

Os lemurianos eram diferentes de qualquer outra sociedade. Toda a razão para os lemurianos e todos os atributos de seu DNA eram plantar sementes de energia Akáshica dentro de milhares de Humanos, o que potencialmente poderia despertar no futuro. Se a consciência coletiva da humanidade optasse por criar um planeta de paz, amor e compaixão, em vez de terminar por meio da guerra e do ódio, essa consciência lemuriana se ativaria. Esse tempo chegou.

Os lemurianos representaram a relação entre Gaia (planeta Terra) e humanidade. De maneira espiritual, eles estavam preparando e construindo o registro akáshico do planeta Terra. Lemúria era o centro populacional da divindade e toda alma que lá vivia recebia uma impressão pura, enquanto outras que viviam em outro lugar não. O DNA dos lemurianos era, portanto, o mais puro do planeta. Com algumas exceções, cada lemuriano tinha apenas uma vida nessa cultura. Isto era por design, *de modo que só haveria uma experiência Akáshica de alma antiga. Uma vez que uma alma passou pela Lemúria, ela esperaria ou reencarnaria para outro lugar.*

Havaí é Lemúria, e aqueles que participaram dessa experiência viveram lá durante uma época em que toda a montanha era uma ilha. Isto é ao contrário hoje, onde há muitas ilhas, que representam somente os picos de uma montanha. A enorme montanha do Havaí (a maior da Terra) está localizada sobre um ponto quente geológico. Como muitos outros pontos quentes no planeta, uma protuberância foi criada pelo magma ativo perto da superfície, que empurrou acima da montanha, expondo quase toda a ela. Quando os lêmures viviam lá, os picos estavam em altitudes muito mais elevadas do que são hoje. Os picos mais altos eram muito frios, perpetuamente cobertos de neve e gelo, e muitos glaciares se formaram. Geólogos descobriram agora que uma coisa semelhante ocorreu na história em outro ponto quente, Yellowstone National Park, nos EUA. (...)

Em resumo, Lemúria foi criada para criar o registro cósmico akáshico da Terra. Durante milhares de anos a Lemúria permaneceu inalterada, para que muitos humanos pudessem ter uma experiência única de alma dentro de uma sociedade altamente desenvolvida em termos de espiritualidade. Uma vez que o akasha para o planeta foi definido, o propósito da sociedade lemuriana foi completo. O novo propósito para os lemurianos é levar a sabedoria da ilha montanhosa do Havaí e espalhá-la por todo o planeta, criando uma consciência elevada nos lugares certos. Ainda hoje, os lemurianos tendem a compartilhar um traço comum. A tendência natural para os lemurianos no passado era reunir-se com outros de mente semelhante e criar uma sociedade separada, de fato uma ilha espiritual. Mais e mais, muitas tentativas foram feitas para recriar uma ilha iluminada, só para terminar mal através de inundação, terremoto ou erupções vulcânicas. Isso aconteceu tantas vezes que aqueles que se lembram disso se conectam a ter vivido em um lugar chamado Atlântida, mesmo que não (o que Kryon chama de "O Efeito Atlântida").

As sementes espirituais plantadas pelos lemurianos há tantos anos estão disponíveis para todas as almas do planeta. Isto significa que todos, lemurianos ou não, têm o potencial de despertar para a antiga sabedoria e conhecimento espiritual lemurianos. Sua luz é necessária no planeta. À medida que você vive sua vida como um ser humano fortalecido, aquele que demonstra amor e ação compassiva para os outros, você pode afetar aqueles ao seu redor de uma forma positiva. É hora de você reivindicar sua sabedoria e conhecimento espiritual e estar em lugares que precisam ver um ser humano equilibrado. Desejo abundantes bênçãos enquanto você continua seu caminho. (Site monikamuranyi. com)

Kryon aponta que, além de os lugares possuírem sua própria energia, muitos lugares na Terra absorvem a energia que é depositada ali por meio de atos e pensamentos da consciência humana. Se você visita um país, uma cidade onde aconteceu um episódio de guerra, conflito e sofrimento, aquela energia está presente, absorvida na rede da terra. Gostaria de dar um exemplo que me tocou muito. Estive no Havaí posteriormente, e acabei visitando Pearl Harbor, a base norte-americana onde aconteceu o bombardeio na II Guerra Mundial. Ao chegar próximo ao local, comecei a me sentir totalmente diferente, com náuseas e enjoo de estômago. Senti ali o peso da morte e da guerra. Isso aumenta ainda mais a nossa responsabilidade no que diz respeito à consciência coletiva da humanidade, até mesmo para evitarmos nossos pequenos conflitos no dia a dia.

Tudo ficará mais compreensível com a explicação de Monika Muranyi, compilada das informações da Nova Energia planetária através de Kryon.

A ENERGIA DE GAIA

Nosso planeta Terra, Gaia tem uma força vital. Gaia tem uma enorme quantidade de energia, como vento e chuva, que experimentamos em uma base diária. Mas Gaia tem outros tipos de energias que muitos não podem ver e a maioria de nós nem sequer está ciente. Essas energias são o que eu gostaria de lhe contar.

De acordo com Kryon, uma entidade canalizada por Lee Carroll, Gaia tem três redes de energia principais. Elas são a Grade Magnética, a Grade Gaia e a Grade Cristalina. Estas três grades de energia de Gaia estão em um estado de emaranhamento conosco. Todas elas trabalham juntas em uma sopa de energia que é um sistema benevolente de apoio humano. Isso significa que tudo o que fazemos é "conhecido" por Gaia.

A Grade Magnética é facilmente vista e medida em um nível físico, mas também é responsável esotericamente por estar em um "estado emaranhado" com a consciência humana. Os pesquisadores descobriram que o campo magnético da Terra se torna mais forte e fraco com eventos profundos da humanidade. Um exemplo é o ataque terrorista de 11 de setembro em Nova York. Na hora em que os aviões atingiram as torres, a força da Grade Magnética mudou dramaticamente.* Kryon diz que a Grade Magnética é "o veículo de transferência de informação para o nosso DNA". Você pode medir as mudanças da Grade Magnética com uma bússola, mas as outras Grades não são tão óbvias.

A Grade de Gaia e a Grade Cristalina são invisíveis, contudo muitos animais e seres humanos têm uma consciência delas. A Grade Gaia pode ser definida como a força vital do planeta. Vemos e sentimos essa força vital nas plantas e nos animais que nos rodeiam, especialmente os nossos animais de estimação. A força vital de Gaia tem uma personalidade e é a única das três grades que tem sensibilidade. Isso significa que estamos mais aptos a sentir-nos e nos identificarmos emocionalmente com ela do que somos com as outras.

A Grade Cristalina, no entanto, é extremamente esotérica e muito mais difícil de explicar. Registra e recorda a ação e a emoção humanas. A Grade Cristalina é, portanto, uma grade espiritual que repousa sobre a superfície do planeta e recorda tudo o que fazemos e onde o fazemos dentro da localização específica em que ocorreu.

A atividade humana e a vibração afetam diretamente a Grade Cristalina e vice-versa. É responsável pela "lembrança" da consciência humana. Um exemplo de como a Grade Cristalina "registra" atributos energéticos é o local de um campo de batalha. Em partes da Europa há lugares que contêm uma longa e repetida história de guerra após guerra. A energia do que ocorreu em qualquer campo de batalha é registrada como uma impressão energética. É por isso que alguns seres humanos podem caminhar para aquele campo de batalha, que agora é um lindo prado gramado, e sentir o horror e a morte dos muitos guerreiros que morreram lá. Isso é energia! (...)

*Em certos lugares na Terra, há energias especiais sobrepostas entre as três grades que criam atributos da terra que os humanos podem sentir. Existem duas formas distintas de ocorrência de sobreposições. A primeira sobreposição específica cria uma amplificação da Grade Cristalina e pode ser descrita como um "**nodo**" da energia de Gaia. A segunda sobreposição específica cancela e anula a Grade Cristalina e pode ser descrita como um "**nulo**" da energia de Gaia, e atuam em pares.*

Esses pares de nodos e nulos trabalham juntos e modificam o fator "lembrança" da Grade Cristalina. O resultado é que nessa Nova Energia haverá menos lembrança de ódio e drama, e mais lembrança de amor e compaixão. A humanidade está à beira de novas invenções e informações que redefinirão nossa compreensão da biologia e da física. Talvez a próxima vez que você estiver imerso na natureza, você possa desejar agradecer a Gaia pela incrível energia que ela compartilha conosco nestes tempos milagrosos quando juntos nascemos a paz na Terra. (Site monikamuranyi.com)

(* A Iniciativa de Coerência Global mediu as mudanças instantâneas na Grade Magnética durante o evento de 11 de setembro, usando duas estações meteorológicas da Administração Nacional de Atmosfera Oceânica.)

HAVAÍ

Acabei viajando e visitando diversas ilhas no Havaí em fevereiro de 2015, tais como Oahu, Maui, Big Island e Kauai. Cheguei em Honolulu com intenção de conexão com a sabedoria imbuída na rede magnética da Terra daquele local. Assim como para me abrir para os portais daquela região, com o intuito de ativar a memória dos "ancestrais dos ancestrais". As memórias de Lemúria e dos Pleiadianos. Sentia uma conexão forte com esses locais. Nas praias de Oahu que visitei, na maior parte das vezes senti que muita energia entrava pela cabeça e saía pelos pés para terra. Inicialmente, achei bem estranho, pois esperava que a energia fizesse um movimento de subida (minha lógica linear); no entanto, percebi que estava servindo como um canal para trazer energia para aquele lugar. Por meio do nosso livre-arbítrio, retirando o ego do comando, é possível também ancorar novas frequências no planeta. Poucas vezes eu sentia mais energia entrando pelos pés e subindo pelo canal central. Na maioria das vezes, muito mais "descendo" do que subindo. Passei a experienciar uma abertura bem maior no canal central.

No entanto, um dia senti uma grande "baixa" energética, bem característica antes de uma grande mudança frequencial. Em diversos momentos da minha evolução pessoal passei por mudanças de vibração e, consequentemente, mudanças de consciência. Cada salto ascensional de consciência que viria a acontecer era geralmente precedido por algum tipo de desafio ou teste. Às vezes, manifestava-se como uma sensação de voltar a padrões antigos de comportamento e, outras vezes, simplesmente uma sensação de estranhamento, como uma mudança de "cabeamento" interno. Outras vezes, eram pessoas e situações que apareciam simplesmente para "checar" a conscienciosidade no momento. Naquele dia, em Honolulu, simplesmente comecei a sentir uma incomodação interna sem motivo aparente. Nada de diferente tinha acontecido que eu talvez pudesse ter causado alguma escorregada ou saída do eixo. Sentia irritabilidade e impaciência por tudo. O que acabou culminando em uma discussão forte com minha namorada do momento. A mensagem que recebi na Ilha de Páscoa foi que era para eu ir sozinho ao Havaí, no entanto, acabei levando minha namorada, o que modificou muito da minha experiência por lá, pois buscávamos coisas completamente diferentes.

Quase sempre, antes de sentir uma mudança vibracional, acontece algum episódio de "caída", irritabilidade ou tristeza sem motivo aparente. E qualquer coisinha vira motivo de conflito. Após esse curto período conturbado, ocorre uma grande tomada de consciência, geralmente expandindo o conceito de elevação espiritual e papel no planeta. A questão é estar atento a esses momentos para não machucar emocionalmente ninguém que esteja perto. Ou até mesmo abdicar de tomar decisões importantes, pois pode ser um momento de transição energética. No meu caso, foi necessário trabalhar bastante a inteligência emocional para não causar mais sofrimentos a mim mesmo ou aos outros. Aqui entra a consciência do que fazer e como agir nesses momentos que não são um "mar de rosas". No processo de ascensão energética, nem sempre nos sentimos bem quando fazemos algum tipo de prática, meditação ou alinhamento energético. Muitas vezes, a sensação pode ser bem desconfortável, tanto energeticamente quanto emocionalmente, pois precisamos de um tempo de reorganização interna e "assentamento" de algo novo e, muitas vezes, desconhecido. Com o tempo, percebi que, no meu caso, era interessante me afastar um pouco das pessoas nesses momentos, ficar mais quieto ou até mesmo me envolver em atividades de leitura, estudo ou trabalho sozinho. Cada pessoa pode encontrar a sua forma de lidar com esse processo. Também não chegue à conclusão de que qualquer rompante emocional ou baixa energética diz respeito à antecipação de alguma mudança frequencial, pois pode ser simplesmente alguma sombra pessoal também vindo à tona. É necessário estar muito atento e utilizar seu discernimento mais profundo.

Já na Big Island, tive uma experiência bem marcante no parque dos vulcões. Ao descer do carro para ver a paisagem, tive uma sensação de medo inicial, num sentido de reverência à grandiosidade do lugar que pisava. Ao aproximar-me de um vulcão, senti o chakra coronário no topo da cabeça "bombando", muita pressão e abertura no topo da cabeça, parecia que tinham me tirado o escalpo. Ao caminhar pelas trilhas na natureza, sentia a energia de Gaia entrar e sair pelos pés, literalmente sentia choques nas solas dos pés, com movimento energético muito forte no corpo todo. Ao chegar perto de crateras de vulcões inativos, sentia e expressava a intenção de conexão com a energia do local. Pedia "permissão" de conexão com a energia de lá. Não esperava uma resposta de sim ou não, mas simplesmente era uma forma de "avisar" sobre a consciência da vida que pulsava ali, e de todas as energias ligadas ao local, simbolicamente, os guardiães daquela região. Era um lugar muito misterioso e imponente, despertando ao mesmo tempo sensações de temor, respeito, deferência e admiração.

Em Maui, no dia seguinte, durante a minha meditação noturna, num certo ponto da prática a energia era tanta no corpo que tive uma sensação bem forte de medo misturado com ansiedade. A energia era tão forte que parecia que eu iria desaparecer. Senti realmente medo de tanta energia, parecia que ia ser "engolido" por aquilo e que perderia minha "identidade", ou até mesmo que morreria. Enfim, uma sensação muitíssimo esquisita. E a energia continuou muito forte até dormir. Era como se aquela imensidão fosse "me matar". Medo da ascensão? Não sei dizer ao certo, só sei que naquele momento meu reflexo e mecanismo foi de abrir os olhos imediatamente. Maui foi um dos lugares no Havaí em que senti a energia mais forte. No dia seguinte, fiz uma sessão *online* com a Peggy Phoenix Dubro, era um alinhamento energético especial para o Dia dos Namorados americano. Foi trabalhado especificamente o coração, totalizando 12 camadas de profundidade. Naquele dia, acordei mais cedo para fazer o alinhamento e minha namorada ainda dormia. Senti como um portal para a Energia do Amor para todos que estavam fazendo o alinhamento. Não havia programado nada daquilo, simplesmente não era algo que eu estivesse controlando. Chorei muito mesmo, sentindo a energia que se expandia do coração ao Universo, e realmente sentia-me conectado com tudo e com todos. Num certo momento, irradiava energia cristalina, vibração de amor com cristais (é o mais próximo que consigo chegar em palavras). Logo após, a Peggy mencionou que havia um padrão de energia de Amor Cristalino. Depois dessa experiência, veio à tona novamente aquela sensação profunda de "sentir falta" de Deus, de um estado de consciência que sei que minha Alma pertence, havia muito mais! Sentia a falta da Completude, do estado de Amor Puro, creio que do outro lado do véu ou de outras vidas em que pude experimentar alguns níveis de iluminação, assim como todos nós. Ao mesmo tempo, choro e uma irradiação de gratidão aos meus guias e a todos os planos do Universo como o conheço.

Quando cheguei em Kauai, tive muita vontade de chorar. Sensação de estar em casa, num local conhecido, de energia muito forte em tudo. Sentia meu coração e garganta formigando muito, abrindo espaço interior. Como uma energia que vai desobstruindo. Dá para sentir o fluxo no corpo inteiro desde a sola dos pés e a abertura total do chakra coronário. As paisagens eram como colírio para os olhos, estava ali na minha frente a imagem de lugar "ideal" que sempre surgia na minha mente. Sentia-me muito em casa. Consegui compreender por que sempre gostei de praias com montanhas ou vales perto. Era a paisagem comum no Havaí, Lemúria, e dizia respeito a algo imbuído no meu akasha, era-me muito familiar.

Sentia que precisava pisar em alguns outros lugares também. Talvez precisasse resgatar algo que estivesse na rede nesses lugares ou até mesmo acessar uma sabedoria que estivesse ali armazenada. Ou simplesmente deixar algo que estivesse armazenado no meu DNA para a rede do local. Mas algum tipo de ativação interna precisaria ser feita. Simplesmente propus-me a deixar o ego de lado e parar de tentar entender algumas coisas, deixando que o Infinito fizesse o que tivesse que ser feito. Não controlava minha experiência, simplesmente entregava-me ao momento e tentava estar aberto para sentir a demanda do Universo e do lugar. Algo que comecei a pesquisar e relembrar era dos lugares pelos quais já tinha passado. Fazendo uma retrospectiva da primeira etapa da vida enquanto ainda jogava basquete, percebi que já tinha visitado e pisado diversos lugares considerados como fortes pontos energéticos do Planeta. Nas viagens do basquete ou com a família, pisei nas pirâmides de Teotihuacán na Cidade do México, no Mont Blanc na França, no vulcão Misti perto de Arequipa (Peru), morei também ao lado do vulcão Vesúvio em Pompeia, na Itália, assim como muito perto do vulcão ainda ativo Etna, na Sicília, conforme já contei. Ainda não tinha consciência do que estava acontecendo naqueles lugares, pois minha atenção não estava nem um pouco direcionada para a evolução espiritual. Mas é bem provável que algo já estivesse acontecendo, alguma preparação ou troca energética. Realmente estamos exatamente onde devemos estar. Em todos os lugares há algo a se fazer; por mais insignificante ou remoto que pareça, sempre há um porquê de estar ali.

Visitei as pirâmides e templos do Egito, a Índia, os Himalaias no Nepal e também o Tibet, assim como os Canyons da divisa entre Santa Catarina e Rio Grande do Sul. Como já contei para vocês, visitei as ilhas de Maui, Big Island e Kauai no Havaí, lugares de energia extremamente forte e pura. Só para contar algumas curiosidades, presenciei dois terremotos pequenos na minha vida. Não digo os terremotos de crescimento espiritual, em que a vida nos chacoalha para que possamos caminhar em direção a nossa Essência. Presenciei dois terremotos de verdade, o fenômeno físico. Um em Arequipa no Peru, enquanto jogava o campeonato sul-americano pela seleção brasileira de basquete, e outro enquanto morava em Scafati e jogava o campeonato italiano. Pelo jeito, até a natureza estava me mandando mensagens! Em 2016, senti-me chamado para pisar em Machu Picchu e no Lago Titicaca, e em outubro organizei uma viagem para esses dois pontos. Antes de contar um pouco das experiências que tive lá, gostaria de compartilhar um pouco mais de conhecimento de Kryon sobre os "nodos e nulos" do planeta, assim como sobre as chamadas "cápsulas do tempo".

OS NODOS E OS NULOS DO PLANETA

Os nodos e os nulos do planeta são uma parte do sistema de Gaia que foi criado pelos Pleiadianos e que está "conectado" ao projeto benevolente do Universo.

No livro *O efeito Gaia*, Monika Muranyi compilou as informações dadas por Kryon sobre muito do que envolve o relacionamento de Gaia com a humanidade, que só passou o marcador do ponto de decisão final em 21 de dezembro de 2012, quando os seres humanos escolheram tornar-se um planeta graduado e ascenso. Ela explica que isso significa que informações detalhadas sobre os nodos e nulos não estavam prontas para serem dadas, já que a humanidade não estava pronta para receber. Imagine tentar dizer aos seres humanos que viveram mais de cem anos atrás sobre o Facebook! É uma premissa semelhante.

Nodos e nulos funcionam em tandem, não como uma única unidade, operando como um par polarizado. A mecânica dos pares polarizados de nodos e nulos é uma energia "empurra-puxa" da Grade Cristalina. O que isso significa? Pense em nodos como um aspirador de pó. Nodos estão lentamente tirando as coisas que não são mais necessárias pela humanidade, como medo, guerra e drama. Pense nulos como um depositário da energia pleiadiana onde novas informações, como ideias e invenções, são lentamente empurradas para a humanidade. Essa é a energia empurra-puxa dos nodos e nulos.

Então, quais são eles e qual é a diferença entre um nodo e um nulo? As definições específicas dadas por Kryon são:

*Os **nodos** ocorrem quando há uma sobreposição específica das três grades de consciência humana. Gaia (como a Grade de Gaia) tem um campo separado do cristalino e, quando a Grade Cristalina sobrepõe-se a Gaia em determinados atributos, há um acúmulo de energia que cria um nodo. Existem três tipos de nodos: portal, vórtice e vortal. Um portal é um nodo que se sobrepõe e amplifica Gaia. Um vórtice é um nodo onde as energias colidem e estão se movendo constantemente. Para alguns, estar em um vórtice pode trazer um bom sentimento por um tempo, mas é difícil viver lá. Um vortal é um nodo que é uma mistura de um portal e um vórtice. Um dos atributos dos nodos é que eles absorvem energia que não é mais necessária. Esta é a mecânica de como a Grade Cristalina está recalibrando e por que os campos de batalha não mais manterão a carga de energia do medo, da guerra e da morte. Os nodos são lugares de imensa intensidade, muitas vezes em lugares menos acessíveis ou desejáveis para a habitação humana. Mas os seres humanos são muito atraídos para eles de qualquer maneira, e os indígenas da Terra muitas vezes construíram templos lá. Alguns locais bem conhecidos onde os nodos ocorrem incluem: Mt. Shasta, Califórnia; Sedona, Arizona; Machu Picchu, Peru.*

*   **Nulos** ocorrem também quando há uma sobreposição específica das três grades de consciência humana. No entanto, neste caso, a sobreposição da Grade Cristalina com Gaia cancela uns aos outros em energia e você recebe um nulo. Um nulo é, portanto, um lugar onde há uma ausência da Grade Cristalina, e então o que você recebe é pura energia Gaia apenas. Você pode até dizer que*

deixa um buraco na Grade Cristalina, criando o lugar perfeito para os pleia-dianos empurrarem energia e informações para essa grade. Esta informação criará novas invenções e nova consciência para o planeta. Nos nulos pode sentir-se maravilhoso, mas é muito esmagadora a energia para estar nela por longos períodos. Representa pura energia criativa. É muito mais difícil de viver e os lugares na Terra onde eles existem são muitas vezes desabitados por essa razão (alguns estão no oceano também). Eles também têm características de campo magnético estranho, tornando difícil para a força vital e a sinapse cerebral equilibrada (também difícil para a navegação magnética padrão). Desequi-líbrio e confusão são o resultado (também aparente mau funcionamento com dispositivos de navegação). Alguns locais bem conhecidos onde ocorrem nulos incluem: Vale da Lua (San Pedro de Atacama, Chile); Mt. Kilimanjaro, Tan-zânia (África); Triângulo das Bermudas.

Não há simetria com essas linhas e elas ocorrem abaixo da Terra, as-sim como na Terra, de modo que se torna mais complexo do que pensamos. Todas estas linhas são criadas pela Grade Cristalina e a Grade Cristalina é criada pela consciência humana. A consciência humana mudou muito, o que desencadeou uma recalibração de tudo: Gaia, a Grade Cristalina e a natureza humana como a conhecemos. Esta recalibração é discutida em Kryon, livro 13, The Recalibration of Humanity 2013 and Beyond, *escrito por Lee Carroll.*

Como os nodos e os nulos foram criados? Kryon disse que quando os Pleia-dianos vieram à Terra, se colocaram em um estado quântico sobre todo o pla-neta em várias áreas. Há muito tempo os Pleiadianos olharam para este planeta e selecionaram 12 pares de pontos de energia. Representariam a dualidade do planeta. Estes 12 pontos de energia são encontrados em 24 locais geográficos. Um total de 24 nodos e nulos, em picos de montanha e desertos, foi selecionado para representar as partes do planeta que foram as mais promissoras. Kryon chamou estes 12 pares de nodos e nulos de energia polarizada, de cápsulas de tempo. A energia foi estabelecida nesses lugares de modo que, se a humanidade chegasse a uma consciência mais elevada, esses lugares liberariam informações para o Ser Humano individual, bem como para todo o planeta. Há uma geo-metria sagrada dentro da seleção desses pares. Kryon diz que ainda não foi visto, mas está lá. Dentro da geometria sagrada, as formas, cores, sons e números reve-lam a divindade de Deus. Os Pleiadianos escolheram esses pontos, muito antes de qualquer civilização morar lá, e como nós olhamos para os locais, devemos ponderar a importância sobre o que está acontecendo nessas áreas hoje.

NODOS		NULOS	
1a	Maui, Havaí	1b	Tibesti Mountains, Chade, África
2a	Lago Titicaca, Bolívia/ Peru	2b	Mt. Kailash, Tibete
3a	Península de Yucatan, México	3b	Mt. Kilimanjaro, Tanzânia, África
4a	Mt. Shasta, Califórnia, EUA	4b	Mt. Ararat, Turquia
5a	Uluru, Austrália	5b	Mount Logan, Yukon, Canadá
6a	Mt. Ida and Hot Springs, Arkansas, EUA	6b	Mt. Fitz Roy, Patagônia, Argentina
7a	Aoraki, (Mount Cook), Nova Zelândia	7b	Ural Mountains, Rússia
8a	Mont Blanc, Alpes Franceses, França, Itália e Suíça	8b	Mt. Aconcágua, Argentina
	NODOS AINDA NÃO PAREADOS		NULOS AINDA NÃO PAREADOS
9a	Glastonbury, Inglaterra	??	Meili Snow Mountain, China
10a	Machu Picchu, Peru	??	Aneto, Pirineus, Espanha
11a	Rila Mountain, Bulgária	??	Gunnbjørn Fjeld, Groenlândia
12a	Table Mountain, África do Sul	??	Victory Peak, Tian Shan Mountains, Quirguistão

O que são cápsulas do tempo?

A maioria das pessoas considera cápsulas do tempo como um recipiente que você enterra no chão, ou envia para o espaço exterior, com a intenção de que ele seja aberto em uma data futura. Quando Kryon fala sobre as cápsulas do tempo criadas pelos Pleiadianos, isso significa uma ligação direta com informações multidimensionais em tempo real. Há cápsulas do tempo em Gaia, colocadas dentro da Grade Cristalina e dos cetáceos (baleias e golfinhos). Há também cápsulas do tempo dentro de seu DNA (Akasha). Todas estas cápsulas do tempo têm um propósito diferente, mas todos eles cooperam juntos em um plano. É o plano para ver se a humanidade pode criar um planeta ascensionado.

Passamos pelo marcador de 2012, onde a mudança na consciência humana enviou um sinal de que a humanidade está agora pronta para ser um planeta ascendente graduado. Isto significa que todas as cápsulas do tempo dentro de Gaia e da humanidade estão prontas para serem abertas e liberadas. (...) Essas doze cápsulas do tempo são encontradas em terra sagrada, criando uma energia "empurra-puxa" para o planeta e um sistema de mudança evolutiva, se ativado, e nós comunicamos às cápsulas do tempo com nossa consciência. O movimento da Kundalini da Terra é uma resposta à mudança na consciência coletiva da humanidade.

O pesquisador Dr. Todd Ovokaitys, lendo o Livro 1 de Kryon, The End Times, *descobriu que Kryon estava relatando tudo o que ele estava investigando. Com isso, o Dr. Todd iniciou o processo de lembrança de uma prática sagrada e antiga de entonação que ativou a glândula pineal e criou experiências profundamente expansivas. Ele sabia intuitivamente do poder dos tons e seus benefícios e impacto intrínsecos na extensão de vida, aumento no bem-estar e melhora da saúde. Ainda não consciente de qualquer propósito maior para os tons, ele os chamou de The Pineal Toning Technique™ e começou a ensinar pequenos grupos a como usá-los para crescimento pessoal e cura. Há agora 26 tons pineais. De acordo com Kryon, o Dr. Todd é o único humano no planeta com estes tons multidimensionais. Kryon muitas vezes deu mensagens canalizadas que mencionam o Dr. Todd Ovokaitys, no entanto, Kryon sempre se refere ao Dr. Todd como Yawee!*

Esta energia criada pelos tons pode ser vista por Gaia, pode ser vista pelos Pleiadianos e pode ser vista por qualquer civilização na galáxia que tenha visão quântica. Kryon deu instruções ao Dr. Todd para criar um coro para cantar os tons emparelhados em 21 de dezembro de 2012 e que o melhor lugar para montar o coro seria no Havaí. Em 21 de dezembro de 2012, o Dr. Todd Ovokaitys reuniu mais de 900 participantes para cantar o Pineal Tones.

O Coro Lemuriano cantou tons específicos em pares que enviaram um sinal quântico em todo o Universo. O coro cantou exatamente os mesmos tons cantados por lemurianos 26.000 anos antes. Kryon afirmou que a memória do Dr. Todd dos tons era "chocantemente precisa". Kryon explicou ainda que o coro original lemuriano criou uma "fechadura" na Grade Cristalina quando os 12 pares de tons foram cantados. O "bloqueio" é uma metáfora que representa as "cápsulas do tempo" dentro da Grade Cristalina. A informação detida por esta "fechadura" é algo que não poderia ser lançado até o final do ciclo de 26.000 anos. Portanto, os tons cantados pelo Coro Lemuriano 2012 foram um evento que virou a chave na "fechadura". Esta é outra metáfora que representa a escolha da humanidade de recalibrar a Grade Cristalina com compaixão.

Girar a chave na fechadura estimulou as 12 "cápsulas do tempo" na grade, capacitando-as e preparando-as para serem abertas e ativadas. Este evento foi também o catalisador para Kryon para revelar informações sobre os nodos e nulos do planeta.

Há alguma evidência dessas mudanças? Dê uma olhada em eventos globais. Governos e instituições que carecem de integridade estão sendo questionados. Países que tiveram estabilidade por décadas estão de repente tendo revoluções, exigindo uma mudança de seus governos. Instituições como a indústria do tabaco e os bancos financeiros tiveram de mudar a maneira como operam devido à exposição da ganância e práticas inadequadas. A humanidade está começando a exigir mudanças. Um planeta mais equilibrado significa que a próxima geração irá realizar um equilíbrio muito mais forte da energia masculina e feminina.

De acordo com as informações trazidas por Kryon, para que esse equilíbrio ocorra, a energia Kundalini que reside no planeta também está se modificando, se movimentando. Sim, o planeta também tem essa energia espiritual, pois representa a Presença Divina na Sua Criação. O planeta Terra é um organismo vivo! E o movimento da Kundalini da Terra ocorrre em resposta a uma mudança na consciência coletiva da humanidade.

Lentamente, a consciência da humanidade está mudando. E assim a Kundalini do planeta acompanha. Há um movimento da Kundalini do planeta do hemisfério norte para o hemisfério sul, de um ponto central nos Himalaias para um ponto central na América do Sul. O hemisfério norte representa a energia masculina e o hemisfério sul representa a energia feminina. Isso não quer dizer que a sabedoria espiritual termine na região da Índia, Nepal e Tibete, pelo contrário, somente aumentará, trazendo a energia mais forte do feminino divino, para contrabalancear o excesso de energia masculina. No entanto, um vórtice energético potentíssimo de mudança está localizado na América do Sul.

Conforme antigas profecias indígenas e de outras culturas, como "A Viagem da Serpente Emplumada", "A Águia e o Condor" e "O Despertar do Puma", todos preveem um reequilíbrio dos hemisférios, incluindo o calendário dos maias, todos previram que a Kundalini de Gaia mudaria e se centraria no ano de 2012. A passagem deste marcador sinalizaria um renascimento para a Terra e a humanidade, com novas energias e novas consciências. O que isso quer dizer? Simplesmente que somar o masculino e o feminino e dividir por dois dá o equilíbrio? Na verdade, não. Quando isso acontece, existe a "adição" de um terceiro fator, que é a pura energia divina de compaixão, a energia do Cosmos entra e aí se transforma numa nova consciência. Isso significa maior controle das emoções, o que é especialmente importante para plantar as sementes para a paz na Terra. Lentamente, uma pessoa pacífica de cada vez, nossa comunidade global sairá de um paradigma de competição para um paradigma de cooperação, de egoísmo para altruísmo, de separatividade para unidade, de indiferença para compaixão pura, que é a Sabedoria do feminino divino. Alguns pontos no planeta estão pulsando com esta energia para nosso auxílio, como é o caso de Machu Picchu (Peru) e do Lago Titicaca (Bolívia).

A ação compassiva mudará para sempre o nosso mundo! Já podemos perceber uma mudança global acontecendo no planeta. Eventos inimagináveis acontecendo, demonstrando que a energia da compaixão está vindo com toda a força. A humanidade está cansada da barbárie, de guerras, violência e ódio. A humanidade quer vibrar no amor, na bondade e na compaixão. Nossas Almas anseiam por este dia!

VOLTANDO MAIS UMA VEZ NO TÚNEL DO TEMPO: OUTROS APRENDIZADOS

Antes de continuar com o momento em que fui para Israel pela primeira vez, gostaria de voltar um pouco no tempo, para que vocês possam compreender todo o processo pessoal e o encadeamento do que ocorreu até chegarmos neste ponto de Machu Picchu, a relação com meu próprio masculino e feminino interior e, posteriormente, uma nova grande virada em Israel.

Na segunda metade do ano de 2014, logo depois de todo o processo de formação em Cura Reconectiva e do desvínculo com o Instituto Visão Futuro, conheci uma mulher com a qual comecei a me relacionar. Logo que terminei meu outro namoro, com aquela que tinha conhecido no Visão Futuro, senti que seria bom passar um tempo sozinho, focando nos trabalhos que eu estava desenvolvendo, assim como dedicando-me mais às práticas pessoais, o meu laboratório pessoal, meu corpo, minha mente, minha Alma. Passei uns quatro a cinco meses sem me relacionar. Aproveitei para intensificar minhas experimentações com a utilização de diferentes tipos de prática, assim como para desenvolver trabalhos que auxiliassem outras pessoas no seu próprio processo de despertar. Trabalhei diariamente intenções, afirmações, fortes alinhamentos energéticos, meditações, outros tipos de leituras e os Tons Pineais do Dr. Todd Ovokaitys (The Pineal Toning Technique™).

Minha mãe já tinha feito o *workshop* com ele, quando veio pela primeira vez a Porto Alegre, e passou-me todos os tons. Comecei a praticá-los diariamente e passei a sentir muitas transformações. Era impressionante o poder de uma intenção pura neste momento planetário, e alinhando-as com os Tons Pineais era realmente um "tiro de bazuca" no nosso DNA! Nesse meio-tempo, acabei conhecendo essa pessoa e nos tornamos amigos. Ela estava atravessando um período delicado da vida e sugeri que fosse fazer uma consulta com o terapeuta francês. Sentia uma energia muito boa vindo dela, percebia o grande potencial espiritual que ela tinha, mas do qual talvez ainda não estivesse consciente. Passamos a conversar bastante e, com o tempo, acabamos "ficando". Internamente, eu sabia que não queria me relacionar com ela naquele momento, já não sentia necessidade de estar com alguém, não havia uma falta dentro de mim buscando uma outra pessoa. E sabia que precisava de momentos comigo mesmo para integrar tudo que estava acontecendo, tudo que estava descobrindo sobre mim mesmo e sobre o Universo. No entanto, o Universo ainda queria que eu trabalhasse algumas camadas da mente, ainda havia o que lapidar.

Resolvi tentar uma nova forma de me relacionar, com uma pessoa com interesses, gostos e princípios completamente diferentes dos meus. Acreditava que, em algum momento, nossas escolhas poderiam confluir, tinha esperança, pois sentia uma vibração positiva nela. Em algumas leituras de registros akáshicos que fiz posteriormente, algumas delas citaram a importância, na minha vida, de um relacionamento, que me auxiliaria no ancoramento, assim como uma possível junção com outra Alma com o propósito de trabalharmos juntos para trazer luz ao Planeta. Resolvi abrir-me para a possibilidade, mesmo sentindo que não era o que queria naquele momento. Escutando algumas dessas mensagens, fui tentar.

Logo no primeiro mês que começamos a sair juntos, algo muito perturbador ocorreu. Tudo estava começando de uma forma não tão harmônica, ou talvez já fosse algum sinal para nós dois. Num final de semana, pedi a ela para ficar sozinho em casa, pois precisava de um tempo para refletir se queria realmente namorar com alguém naquele momento. Antes de acreditar em algo que tinha sido dito por alguém nos registros, queria consultar minha Alma através do silêncio interior. E assim foi. No entanto, talvez ela tenha entendido de forma equivocada o que estava acontecendo, pois não tinha muita abertura nem contato para questões espirituais, tudo era muito novo para ela. Eu ainda não podia conversar sobre alguns assuntos mais profundos da Alma, pois ela estava passando por outros tipos de desafios pessoais, mais ligados ao caminhar com suas próprias pernas. Bom, voltando ao fato, era uma sexta à noite e falei o que estava sentindo. Ela foi para a casa dela e, no dia seguinte, me ligou perguntando o que eu tinha refletido. Eu pedi mais alguns dias. Não sei exatamente o que ela entendeu, e acabou saindo para festa com as amigas. Foi a um bar e depois a uma boate, bebeu demais e acabou ficando com outro homem. Como eu não tinha falado com ela no sábado à noite nem no domingo pela manhã, não sabia de nada do que tinha acontecido, mas confesso que dormi muito mal à noite, algo me inquietava. No domingo, percebi um movimento diferente por parte dela, ela estava ansiada em me ver. Queria falar comigo.

Na segunda-feira, combinamos de nos encontrar antes da aula na faculdade de psicologia. Quando fui falar com ela, sentado num banco embaixo de uma árvore no campus da PUCRS, senti a presença de uma energia dissonante. Percebi que havia algum tipo de vibração que não estava ressoando e resolvi investigar um pouco mais. Inicialmente, parecia estar ligado à vibração da bebida e do local da festa, ainda bem presentes em seu campo. Era uma energia que não me fazia bem, já não ressoava com aquilo. Mas compreendi, tentei colocar-me no lugar dela e empatizar com o que talvez estivesse sentindo com o fato de eu ter pedido um momento sozinho, o que parecia ter acontecido era um sentimento de insegurança e de abandono, e isso toca a autoestima da pessoa. No início, ela não me falou nada, foi preciso uma conversa de quase uma hora. Até que ela contou que tinha beijado um rapaz na festa. No fundo, eu já sentia e já sabia, só precisava de uma confirmação. Logo que ela falou, me surpreendi internamente com minha reação, não digo a reação comportamental, mas a reação interna emocional. Durante muito tempo na minha vida, a possibilidade de ser "traído" era uma das coisas que mais me causava medo num relacionamento. É óbvio, estava totalmente ligada à minha autoestima e ao amor-próprio. A possibilidade de alguém me trocar demonstraria que não era bom o suficiente; sendo assim, tinha o medo do abandono, que, caso acontecesse, representaria a confirmação de que não era digno de ser amado pelo que eu era. Seria uma destruição total da minha personalidade e da importância que atribuía à autoimagem distorcida. No entanto, quando escutei da boca dela o que tinha ocorrido, não me senti assim. Estava centrado em meu eixo, percebendo meu valor, independente das escolhas de outra pessoa na minha frente. Não me sentia dilacerado nem triste ou magoado. Estava, sim, decepcionado com o fato, pois tinha criado algumas expectativas na minha mente. E isso não era culpa dela, na verdade, não era culpa de ninguém. Muitas vezes criamos preconcepções na nossa mente e vivemos a partir delas, presos nas imagens que criamos de nós mesmos e dos outros. E quando os outros correspondem ou nós mesmos correspondemos a essa imagem, está tudo em ordem. Mas quando não correspondem, nos decepcionamos.

Lembro-me de um grande mestre falar que a irmã gêmea da expectativa é a decepção, caminham de mãos dadas na vida, pois aquilo que ocorrerá sempre será diferente do que imaginamos, tanto para o lado positivo quanto para o lado negativo. Eu também tinha consciência de que, se aquilo acontecia, em algum momento de alguma existência, é porque tinha plantado a causa daquela ação, estava simplesmente experienciando uma consequência que eu mesmo tinha plantado. Passei a olhar o fato como uma oportunidade de aprendizado, de integração de algo mais profundo dentro de mim. O que poderia aprender como tudo aquilo? O que o Universo estaria me dizendo ou me ensinando? Não me coloquei numa posição de vítima, mas assumi a responsabilidade por tudo que estava ocorrendo na minha vida, e sabia que, em algum grau, estava atraindo aquilo, seja pelo karma, por ressonância ou como uma lição de vida. Resolvi levar para o lado da lição de vida e achei que seria uma boa oportunidade para quebrar meu ego por meio do perdão. Conversamos ainda durante uma ou duas semanas e decidimos por começar um namoro do zero, com maior respeito e cumplicidade. Realmente, depois do fato ocorrido, nos aproximamos mais, tudo dentro da medida do possível, devido às nossas diferenças, mas houve um movimento de conexão e compreensão maior. Hoje, olhando para trás, para o ocorrido nos dois últimos relacionamentos, percebi que o Universo testou meu amor-próprio nas duas coisas de que tinha mais medo: ser "abandonado" e ser "trocado". Isso só fez com que me fortalecesse mais e entrasse em contato ainda mais profundo com quem verdadeiramente era, além das identificações, das personas e além do corpo de dor. Havia algo dentro de mim que era muito mais grandioso que meu ego, minha personalidade, minha autoimagem.

Nosso relacionamento continuou, mas eu percebia muita dissonância com relação aos nossos desejos e objetivos pessoais. Não esperava que fizéssemos a mesma coisa, mas para mim era importante um casal olhar pelo menos na mesma direção. Também percebia que havia algo para trabalhar internamente, algo que ainda não havia sido integrado, mas que, com o passar do tempo, se mostraria. Até mesmo na família dela havia pessoas que me odiavam pelo simples fato de eu não beber álcool, não comer carne e meditar, sem nem mesmo me conhecerem. Posso dizer que foi um relacionamento de profundo aprendizado, com relação a mim mesmo e com relação a respeitar o momento e o caminho dos outros. Foi um momento extremamente importante para respeitar o livre-arbítrio de cada um, assim como para chegar a um estado de ser de amor-próprio em que o respeito à própria Alma e ao caminho de vida está além de qualquer medo, convenção ou insegurança. Mas, até chegar nesse ponto de realização, foram muitas discussões, idas e vindas, divergências, reaproximações, desavenças e decisões. E, nesse meio-tempo, o processo pessoal evolutivo e de descobrimento de mim mesmo continuava.

Em dezembro de 2014, fiz uma sessão individual energética *online* com a Peggy Phoenix Dubro que me tocou muito fundo, tinha despertado novamente um sentimento que tinha deixado um pouco de lado nas últimas semanas. Durante a sessão, que era sempre de acordo com a minha sabedoria interior, e a Peggy sempre frisava esse ponto, comecei a chorar intensamente, sentia um Amor incontrolável por Deus, pelo Infinito. Era um profundo desejo da Alma de conhecer Deus, conhecer o Todo! Meu coração ansiava como nunca tinha ansiado pela União com o Divino. Era meu único e verdadeiro desejo, não desejava mais nada! Havia chegado o momento de encontrar mais do Amado dentro de mim. Depois de terminarmos a sessão, lembro-me de deitar no chão de braços abertos e chorar. Minha Alma chorava. Não havia imagens, não havia tristeza. Era um choro profundo de Alma! Minha Alma intencionava ser tomada por Deus!

Sentia que, a cada passo que dava, chegava mais perto de saber mais ainda e, ao mesmo tempo, mais janelas se abriam e havia muito mais a descobrir. Quando o Dr. Todd Ovokaitys veio para Porto Alegre e Gramado, no final de 2014, pude ampliar ainda mais o entendimento sobre muitas coisas. Durante os eventos, novamente tive a lembrança dos sons e daquelas frequências. Escutar e entoar os tons realmente ativa todo o nosso ser e leva-nos ao contato com outras dimensões da existência. No final dos eventos, senti aquela profunda conexão com ele, sabia com certeza que o conhecia e o honrava profundamente pelo seu trabalho. Estávamos em ressonância. Sempre que escutava os Tons Pineais, seja em meditação ou em práticas pessoais de yoga, sentia algo novo, alguma mudança. Num momento do evento em Gramado, ele pediu para que escutássemos o nosso próprio som, aquele que escutamos internamente quando tudo está em silêncio. Foi muito lindo de ver cada pessoa tentando reproduzir o som que escutava internamente, tentando emitir de forma parecida com a que escutava. De acordo com os ensinamentos de D. B. Ashuah, em *Conversation with Angels*, o Universo nos vê como formas geométricas, cores e vibração. Realmente enviamos para o Universo uma frequência, um som que afeta todo o Cosmos. O som que eu escutava do Universo naquele momento era como se visse e sentisse cristais no tom, era tão agudo que não conseguia vocalizar. Difícil colocar em palavras, mas é quase como se o som fosse matéria física cristalina! No fundo, não tinha ideia ainda do que seria possível e do que viria pela frente. Mas sabia que, quanto mais estivesse aberto, mais aproveitaria da Nova Energia. Nossa cura viria de vibrações! O Universo é pura vibração, puro som! Era realmente a forma de cura do futuro, saindo do paradigma da cura por meio da química (remédios) e entrando no paradigma da cura por meio da física (vibração).

A LIBERAÇÃO DO KARMA: PROGRAMAÇÕES E IMPLANTES

Foi um momento de aprofundamento nos ensinamentos e canalizações de Kryon e de outros ligados a essas "novas ancestrais informações". Decidi aprofundar-me nos estudos das informações que ele tinha canalizado desde o início, desde 1992. Busquei contato com todos os livros mais antigos, assim como com as canalizações do passado, começando pelo livro um chamado *Os tempos finais*. E cada informação e energia que contatava, apesar da data, dizia respeito exatamente ao que eu estava passando, era uma perfeita sincronicidade. Para mim não era passado, mas tudo estava ocorrendo no meu próprio agora.

Em janeiro de 2015, antes de ir para o Havaí, recebi informação a respeito do "implante neutro", uma ferramenta que o Infinito estava nos dando para acelerarmos nosso processo de ascensão planetária na Nova Energia. Antes de você, leitor ou leitora, criar qualquer tipo de medo ou ativar alguma lembrança de algum filme a respeito do nome implante, vou esclarecer o termo e o que Kryon informa sobre isto. O texto a seguir são transcrições do *Livro Kryon Livro 1 – Os Tempos Finais*, sobre o implantes restritivos e implante neutro:

Implantes da mente humana estão concebidos, basicamente, para servirem como limitadores: dificultam a verdadeira realização da sua alma e impedem compreensão de como os equilíbrios espirituais interagem com os equilíbrios físicos para criar a ciência total (milagres). Sem estes implantes, não existiriam provas nem aprendizagem. Portanto, os implantes são elementos restritivos que impedem que a entidade da alma participe ativamente na condução da vida do Ser Humano na Terra. São ativados no momento do nascimento e nunca mudam, a menos que haja intervenção de quem está ao seu serviço, deste lado do véu. Novos implantes são ativados sempre que você – porque o merece – alcança um certo ponto do seu crescimento.

Explicando nossas programações:

A programação é a 'impressão digital' espiritual com que se nasce. Ela existe no nível celular e interage com o DNA e a biologia. Não pode ser alterada. Entre os exemplos de programação estão as lições kármicas (que você mesmo programou, o que deve aprender), as influências natais astrológicas (propensões e características ligadas ao seu mapa astral), o karma estelar, as lições de vida e a cor da aura.

Todos estes atributos são importantes e revelam os traços da sua personalidade, o ego, o tipo de corpo que possui, o padrão emocional, o grau de imunidade à doença e a linha de vida. Ainda que esta programação não possa ser alterada (nunca), poderá ser neutralizada por um instrumento espiritual poderoso.

Ajustadores variáveis, positivos e negativos, para modificar ou eliminar a programação:
- *Acesso à cura do corpo*
- *Acesso a uma maior inteligência*
- *Acesso à paz e sabedoria*
- *Acesso a uma maior iluminação*
- *Eliminação das lições cármicas já realizadas*
- *Acesso a um número de ajustes ilimitado.*

Acerca de nossos implantes:

Pense nos implantes como "estreitadores" ou pinças reguláveis agindo sobre a sua programação. Ao contrário das programações, os implantes estão submetidos a constantes alterações e constituem a forma inteligente usada pelo Universo para os seus guias acessarem o seu "motor espiritual". Um implante humano típico, e que todos temos, é o restritor do intelecto e da inteligência. O temos para que consigamos adquirir uma perspectiva bidimensional, restrita, do tempo; é por isso que tendemos a pensar bidimensionalmente sobre o Universo. À medida que nos tornamos mais iluminados, aumentamos a "sintonização" deste implante ou chegamos até a substituí-lo, para podermos "ver" mais abertamente.

Exemplos do que pode ver-se afetado pelos implantes são:

•O equilíbrio espiritual (até que ponto a sua iluminação é limitada?)
•A inteligência
•A própria tolerância
•O temperamento
•A sabedoria
•Os talentos
•A Paz interior

No entanto, os implantes podem inverter isso 180 graus, à medida que vai passando através do seu carma.

Implantes (Ajustadores variáveis, positivos e negativos, para modificar ou eliminar a programação)

Acesso à cura do corpo
Acesso a uma maior inteligência
Acesso à paz e sabedoria
Acesso a uma maior iluminação
Eliminação das lições cármicas já realizadas
Acesso a um número de ajustes ilimitado

Agora, acerca da dádiva divina da solicitação do implante neutro:

*O implante neutro pode chegar a substituir a programação totalmente. O uso mais importante do implante aplicado pelo Universo, consiste em ajudá-lo a **mover-se através do carma**. Agora, já pode desprender-se de todos esses atributos de nascimento, afastar todas as suas lições cármicas, obter maior iluminação (e, com ela, adquirir sabedoria, tolerância e paz), sentir-se equilibrado e são e preparar-se para trabalhar na cura do planeta. Ao receber o Implante Neutro, você contribui na transmutação do negativo em positivo no planeta, de uma forma que não era possível até há relativamente pouco tempo.*

Esta neutralidade evita o processo de viver de dualidade, apaga a necessidade de aprender as lições, atribui um estatuto de graduado e proporciona um poder tremendo.

No final, todas as mudanças serão positivas, mas, como ocorre com qualquer outro caminho, irá produzir-se um período de transição a partir do qual você continuará a ser quem era... mas sem qualquer programação do passado e sem qualquer programação de objetivo futuro. A sua personalidade pode continuar a ser a mesma, segundo a sua escolha. Aqueles seus atributos que reconheça como sendo os melhores, continuarão a ser seus; aqueles, porém, que sempre desejou mudar, poderão mudar. Quando você está equilibrado, apercebe-se, mais do que nunca, do enquadramento temporal do 'agora'. Os acontecimentos do seu passado humano passarão a ser, naturalmente, neutros para si.

A troca de guias acompanha a troca do implante, à medida que este vai ocorrendo. Esta transformação foi descrita em outros planetas como o período da escuridão. Durante aproximadamente 90 dias irá sentir-se como se tivesse perdido o rumo. Quando perceber que a coisa está a começar (e perceberá), preocupe-se com tarefas terrenas, concentre-se em objetivos orientados para o trabalho e para a concretização de algo que lhe dê prazer. Isto é uma tática de diversão para a sua alma, que será bastante eficiente durante o período de ajuste.

Como saber se está recebendo o implante? Sonhos muito vívidos, acompanhados por alguns sentimentos de pena; Depois, entrará naquilo que poderá sentir como uma profunda depressão. O resto irá passar-se como foi descrito, durante cerca de 90 dias. Depois disso, espere que a sua vida mude.

Conforme expõe Kryon, pedir o implante neutro é o novo privilégio da humanidade, como se fosse um kit neutralizador de implantes ou restrições. Isso permite que evitemos os atributos vitais da nossa programação. Ao receber o implante neutro podemos contribuir na transmutação do negativo em positivo no planeta. Passamos a dispor da capacidade de dar um salto sobre o karma e sobre todas as vias de ação, para chegar diretamente à neutralidade, para aprender o que realmente significa ser livre. Como Kryon fala "isto vai precisar, da sua parte, de sabedoria e compreensão, de tolerância e amor. Jesus possuía este estatuto (e muito mais), e ele próprio já lhe falou isso". E continua dizendo que uma maneira fácil para compreender o implante neutro é simplesmente pensar na "implantação de sua intenção para ir além do karma".

Kryon aponta alguns métodos disponíveis para irmos além do karma ou anulá-lo:

1) "Passar através dele": Trata-se do método mais antigo e mais doloroso, que, quase sempre, requer o sacrifício de toda uma vida e, por vezes, o fim da existência terrena.

2) Através do conhecimento profundo de que a lição cármica existe... o que só ocorre através da iluminação.

Quando você está em equilíbrio, a lição cármica é revelada, frequentemente, através da intuição ou de sonhos, ou até mesmo de situações singulares de tensão ou sofrimento que, repentinamente, fazem com que as coisas fiquem "claras" para si. Sempre que você esclarece e reconhece um atributo cármico, ele é anulado.

3) Este método relaciona-se com o anterior, mas requer a ajuda de um Ser Humano equilibrado. Como já foi dito anteriormente, dificilmente alguém poderá ajudar-se a si mesmo se não estiver equilibrado. Assim, por vezes, é necessária outra pessoa para repor o estado que permita à pessoa autocurar-se. Daí ser apropriado que, os chamados facilitadores, continuem a operar. Mesmo na Nova Energia, esses trabalhadores de sistemas poderão ser catalisadores, ajudando muitos Humanos a manterem-se equilibrados ao longo do caminho.

4) A última maneira de chegar a uma total anulação cármica é através do Implante Neutro. Este vosso Novo Poder é, realmente, uma ferramenta poderosa, muito útil para a transmutação do negativo em positivo, no planeta. Nada eleva mais rapidamente a vibração do planeta do que solicitar o Implante Neutro. Aqueles a quem ainda resta um carma "pesado" passarão por uma época mais dura, durante o período de transição, em comparação com aqueles que estão quase livres de carma. Alguns receberão o Implante Neutro e nem sequer se aperceberão disso; outros, passarão por um período desconfortável.

SOLICITAÇÃO DO IMPLANTE NEUTRO

Neste momento planetário, existe a possibilidade de a energia do karma separar-se da energia da lição de vida, e termos a oportunidade de nos libertar de muitas coisas, se assim utilizarmos nosso livre-arbítrio. Anteriormente a energia do karma estava diretamente ligada – ou até mesmo emaranhada com – à lição de vida. Eu não tive dúvidas nem qualquer medo, simplesmente fiz a solicitação do implante neutro! Era uma certeza interior tão grande a de que tinha que fazer quanto o ar era importante para manter meu corpo vivo. Não foi um período fácil. De fato havia muita coisa para ser liberada e passei por momentos de profunda depressão, irritabilidade e raiva. Toda a presença do Infinito que sentia diminuiu substancialmente, manifestando-se uma sensação de abandono dos guias e daquela energia calmante que preenche o coração em todos os momentos. Quando tinha a certeza e a vivência de que era amado e equilibrado, de repente aconteceu o "abandono", a tristeza e choros sem motivo. E isso também se manifestou nos relacionamentos mais próximos como sempre, na arena da vida. Como não havia comentado com ninguém próximo o que estava fazendo, as pessoas no meu entorno não tinham a mínima ideia. E mesmo se falasse e contasse, ainda assim não entenderiam, pois não fazia parte da vivência e da caminhada delas naquele momento.

O que passou a acontecer lentamente é que com algumas pessoas com as quais não havia um bom relacionamento, que sentia até uma certa tensão no ar, aquelas energias começaram a se dissipar. Percebi que até mesmo quando ocorria a "pregação" de alguém, algo que me incomodava bastante, já não me perturbava na mesma intensidade. Percebi que podia não querer ficar mais perto, no entanto não me sentia incomodado ou impelido a discutir, a "ter razão". Passei a ver como crenças diferentes e até mesmo padrões que já tinha vivido e que me tinham ajudado muito na caminhada e na compreensão do incompreensível. Mas para mim tinha ficado bem claro, nesse instante já não ressoavam mais. Agradeço toda a sabedoria com que tivera contato, muito estava incorporada dentro de mim. No entanto não me sentia impelido a seguir uma ou outra tradição espiritual em específico. Já tinha entrado e saído de cabeça tentando honrar tudo o que tinha vivido daquelas sabedorias. Mas meu ser encaminhava-se para um novo rumo, um rumo totalmente desconhecido. Sentia que se desse um passo o Universo colocaria no chão. O desafio para mim não estava em dizer que uma era melhor ou pior que a outra. Mas sentia que todas elas sempre servem e auxiliam alguém em algum momento da vida. E isso servia para linhas espirituais como para linhas de psicologia. Além disso, todos estão tentando fazer o "bem", fazer o seu melhor com o que têm no momento para evoluir espiritualmente. Mas, para mim, não se pode dizer que um caminho é único, que um mestre é melhor que o outro, ou que atingiu camadas mais profundas do Infinito. São muitos os caminhos e missões. Muito níveis de consciência e mensagens dependendo da missão e da frequência. No entanto, estamos entrando em uma era de maior Unidade, o que não significa dizer libertinagem e falta de responsabilidade, "cada um faz o que quer" (da falsa liberdade presa em condicionamentos sociais ou falta de esforço), mas sim um tempo de maior tolerância, união e respeito de crenças para, posteriormente, unir-se num único Deus que está dentro de todos e que permeia toda a Criação, que na verdade é Tudo. Não é à toa que algumas pessoas nascem em certas culturas ou tradições, e isso deveria ser levado em conta.

Em fevereiro de 2015 viajamos para o Havaí, e tudo que já contei para vocês fará muito mais sentido. Estava dando um salto quântico em minha evolução pessoal, aparentemente estava começando a manifestar um novo "contrato". A sensação era real de passar de uma vida para outra numa mesma encarnação. Não preciso dizer que isso afetou meu relacionamento com a namorada, pois não havia mais ligação kármica entre nós e poderíamos escolher ficar juntos por um propósito ou para aprender alguma lição de vida, que ainda continuava a todo o vapor! Senti também uma profunda mudança na energia da relação com meus pais, com minha família genética como um todo. Parecia não haver mais o que chamarei de "ranço" kármico, muitos acordos pareciam ter sido "quebrados". O que não me impelia a afastar-me deles, mas a perceber uma ligação ainda mais profunda de família de Alma, a sentir um respeito e honra bem mais profundos, o que mudou a relação com meus pais e também com meu irmão, pelo menos para mim. Tudo ficou bem mais claro! Sabia que ainda tinha muito o que aprender sobre o verdadeiro amor próprio e sobre tolerância, aceitação, otimismo, respeito, compaixão, não julgamento e humildade.

MAIS DESAFIOS

No mesmo ano, minhas avós materna e paterna faleceram. Não foi um período fácil para toda família, mas trazia grande verdade sobre nossa vida: um dia morreremos e o tempo aqui na Terra passa muito rápido! Foi um momento de extrema reflexão sobre a brevidade da vida e o que os seres humanos estavam fazendo com suas existências. Quando minha avó materna estava no hospital em Santa Maria, fui com minha mãe visitá-la, pois tinha uma ligação muito forte com ela, e refleti intensamente a respeito do que a humanidade estava fazendo com a preciosidade que é a vida! Reproduzo para vocês o que anotei no meu caderninho pessoal:

Muitas vezes vejo muitos posts no facebook demonstrando uma suposta "vida feliz" onde pessoas apresentam fotos do que fazem, do que comem, do que bebem, etc, "vendendo aos outros o que seria curtir a vida". Escondendo suas tristezas, ansiedades, dificuldades, etc. Este post não é para isto, e sim para uma reflexão que mais cedo ou mais tarde muitas pessoas terão ou já tiveram.

Por que realmente estamos aqui? Qual o real sentido da vida e de nossa existência? Passei e estou passando uma semana de diversos testes de alma, muitas dádivas de crescimento que se apresentam como dificuldades para a mente racional, o ego. Mudanças em muitos planos que realmente trazem muita dor.

Culminando esta semana, sentado no chão do corredor do hospital onde minha avó materna está internada com câncer terminal, percebi que ela olhava para as paredes sem falar com ninguém somente esperando seu momento de desencarnar. Não há como não pensar sobre a vida e seu propósito! Ela está ali deitada na cama e logo logo não levará nada do que acumulou aqui na terra.

E pergunto...onde estão nossos valores no dia a dia? Qual o sentido que é dado para cada momento da existência? Qual o significado do nosso trabalho? Por que trabalhamos? Passamos tempo acumulando coisas, trabalhando para chegar em algum suposto lugar, e de repente olhamos para trás e vemos que a vida passou tão rápido que não tivemos tempo para nada. Nunca vi alguém no leito do hospital se arrepender por não ter comprado um carro, um celular ou um apartamento melhor. Vejo pessoas fazendo de tudo para terem mais um momento de vida com entes queridos, vejo pessoas querendo reatar laços e se arrependendo de atos. E mais ainda, por não terem realmente dado um sentido ou REALMENTE aproveitado a vida!

Mas o que seria realmente aproveitar a vida?

Já te perguntaste isso?

Já te perguntaste o que realmente preenche teu coração?

Já te perguntaste se o que fazes diariamente beneficia mais alguém?

Já te perguntaste se auxilias alguém a ser um humano melhor?

Ou melhor ainda, já te perguntaste o que o teu coração realmente quer e quem tu realmente és?

És uma cópia de alguém ou de alguma forma "normal" de se fazer as coisas?

Estás condicionado a agir e ser de uma forma culturalmente aceitável pela maioria "normótica"?

Sabes o que teu coração realmente deseja e quer ou fazes o que todo mundo aparentemente faz para parecer feliz?

Quando deitas tua cabeça no travesseiro antes de dormir sabes no teu coração que estás fazendo, o que teu coração ou tua alma veio fazer aqui nesta vida?

Percebes um desejo interno dentro ti por algo Infinito, por uma felicidade plena de alma?

Percebes que no âmago do teu Ser há um desejo de perceber sua divindade interna?

Percebes dentro de ti um desejo de realização pessoal? Percebes dentro de ti que há uma ligação com todos os outros seres humanos e que estamos todos juntos neste desafio?

Já silenciaste um pouco a tua mente condicionada e agitada para perceber qual o verdadeiro desejo dentro do teu coração? Percebes que dentro de ti há um potencial infinito e ilimitado querendo se manifestar?

Percebes que dentro de ti há sempre um desejo por mais e mais, e que este desejo é infinito?

Desejo infinito e felicidade plena não podem ser supridos com coisas finitas. O que valorizamos realmente na vida?

Queremos viver mais plenamente e saber um pouquinho mais sobre a nossa existência?

Ou simplesmente nos contentamos em viver esta "normose" que aflige a humanidade...a doença de ser "normal"?

Podemos fazer diversas coisas para distrair a mente, mas em algum momento da vida a alma fará o chamado e tu terás que escutá-lo...ou talvez não, e viver uma vida sem significado, sem plenitude, sem sentido, sem VIDA!!! E aparentemente feliz...

Infelizmente ou felizmente prazeres transitórios só trazem mais sofrimento...

Pode doer no momento ao caírem as cascas antigas para uma pele nova nascer, no entanto um dia a felicidade plena da alma se manifesta e provavelmente farias coisas muito mais doloridas para ter uma fração desse sentimento de FELICIDADE PLENA no teu coração! Mas isto só pode ser sentido vivendo! Não está em livros, não está em trabalho, não está no jornal...está dentro do teu coração!

Finalizando com um pensamento de Hermógenes:

"O mundo 'normal' nos atrai. Enquanto atrai, nos distrai.

E porque nos distrai, nos trai. Se nos deixamos trair, ele nos destrói. É hora de despertar!

Sinceramente: "Deus me livre de ser 'normal'."

Escrevo este texto com lágrimas nos olhos...não de tristeza, mas de profundo amor no coração!

Desejo de dentro do meu coração que cada alma que leia isto se lembre de quem realmente é... porque estamos aqui... e qual o colorido único que pode servir de auxílio aos outros neste mundo.

Quando chegamos no âmago do nosso ser, vemos que todos temos os mesmos anseios, mesmos desejos, mesmo AMOR..verdadeiro AMOR!

Estamos ligados à mesma FONTE, tendo consciência ou não disto. E talvez descobrir isto seja o motivo real de estarmos aqui...descobrirmos o próprio coração Infinito e Conectado! Tenho certeza que alguns lembrarão!

Honrando cada um, com Amor, no Amor, pelo Amor,

Guilherme Barros da Luz 21 de junho de 2015

Naquela noite voltei do hospital para o hotel onde estava hospedado e chorei muito. Não chorava pela minha avó, não chorava por saber que logo ela estaria desencarnando, até porque tinha outra visão da morte e outro sentimento. Estava chorando pela humanidade. Entrei no banho, liguei o chuveiro quente e a única coisa que conseguia fazer era chorar. Chorava pelo que a humanidade estava fazendo com o mundo. Chorava pelo que os seres humanos estavam fazendo consigo mesmos. Chorava pela inconsciência de muitos seres humanos com relação à essência da vida e do porquê de estarmos aqui. Sentia profundamente a dor da humanidade. Acessei uma dimensão no akasha do sofrimento humano coletivo, do sofrimento pela cegueira do propósito de estar aqui, da cegueira de não ver a divindade dentro de si, de transformar as coisas em mais difíceis do que realmente são. No mundo inteiro poucas pessoas conseguiram vencer as amarras da ilusão e descobrir a divindade dentro de si. E, mais ainda, sentia que grande parte da população permanecia cega, cega com relação até mesmo ao seu próprio sofrimento. Pessoas sofriam e nem se davam conta de que estavam sofrendo. Era uma mistura de compaixão com indignação, de crítica com vontade de auxiliar e mudar a situação. Sabia que se eu estava experienciando, aquilo estava dentro de mim. Sentia que era o momento de dar um novo passo e fazer a parte que me cabia, eliminar o que ainda havia de medo e ilusão dentro de mim. Conseguia ver meu ego tentando ainda sobreviver de muitas maneiras, mas a minha Alma pedia e clamava por total expressão, ela ansiava por Algo a mais. A cada passo uma entrega maior era necessária. Era um momento difícil internamente, mas tinha escolhido isto. Sabia que não seria fácil, e não era fácil ver muitas pessoas negando a própria existência. Naquele momento, debrucei-me novamente de joelhos no box do banheiro, coloquei meu coração e testa no chão e disse um grande sim para o serviço Divino! Entreguei todo meu ser para servir a humanidade. Tinha feito um pacto com minha Alma para mergulhar mais e mais para descobrir de que forma o Infinito desejaria me utilizar. Eu não tinha o poder para mudar nenhuma pessoa, o único poder que tinha era de mudar a mim mesmo, e estava entregando-me completamente para isto!

Voltei para Porto Alegre muito mexido com tudo que tinha acontecido. Lembrei-me de uma entrevista da Monja Cohen, uma professora do Budismo Zen, para o site Gluck Project, quando falou sobre a busca do ser humano:

Porque, como você acabou de dizer, as pessoas se preocupam tanto com bens materiais? Na sua opinião, por que confundem felicidade com prosperidade financeira?

Porque há pobreza, carência, miséria, desnutrição, fome. Se as necessidades básicas de sobrevivência não forem atendidas, não somos capazes de nem mesmo orar. Isso é universal. O resultado dessa lógica é que acabamos nos prendendo a essa etapa de auto sustentabilidade e muitas vezes nem percebemos que já estamos com as necessidades básicas atendidas e ainda falta alguma coisa. Tentamos preencher com novelas, programas, amigos, bares, internet, mas continua faltando. Algumas pessoas procuram o caminho do autoconhecimento, que é o conhecimento da vida, da sacralidade da existência, da rede de causas, condições e efeitos. Algumas pessoas procuram pela compreensão do significado da existência. Outras apenas vivem se distraindo das questões básicas da mente humana, querendo apenas rir, se divertir. Isso faz com que muitas pessoas sofram com essa situação, por não penetrarem no sentido mais íntimo do ser. (Site www.gluckproject.com.br/monja-coen-entrevista/)

Eu não tinha vontade de beber, sair para festas ou bares, não tinha o mínimo prazer com isso, pois sabia com certeza que não era o que minha Alma desejava e nem era o porquê de estarmos aqui. Não via o propósito de viver uma vida acumulando bens e deixando passar a oportunidade preciosa que tínhamos neste plano de existência. Lembrava o que Teilhard Chardin havia dito: _"Não somos seres humanos vivendo uma experiência espiritual, somos seres espirituais vivendo uma experiência humana"_. Para mim isso não era mais uma crença, era uma verdade interna, uma consciência, estava muito claro. Esta clareza ficou ainda mais evidente quando a minha avó faleceu. Mesmo tendo uma ligação profunda, não chorei com o desencarne dela. Isto não quer dizer que não a amava ou não sentia nada, não foi bem assim. Naquele momento eu sentia a presença dela mais forte do que nunca, estávamos mais ligados do que antes. Sentia sua energia presente como sinto até hoje. Houve um momento no velório que lágrimas escorreram pelos meus olhos, mas não chorava por tristeza da perda. Naquele momento chorei por empatia por todos que estavam ali sofrendo com a morte de minha avó. A energia do campo estava tão forte que acabei chorando. Mas dentro de mim a energia divina estava ainda mais forte demonstrando a imortalidade da Alma. Sentia esse pulsar da imortalidade dentro de mim e, portanto, não havia o porquê do sofrimento com o fim da vida. O mesmo se passou com a morte da minha outra avó. Sentia uma profunda honra e agradecimento pela vida das duas, que se não fosse por elas eu também não teria vindo para cá. Honrava minha ancestralidade e cada vez mais percebia a presença do Infinito em tudo! A energia do Infinito dentro de mim se manifestava como tranquilidade! Tranquilidade em sentir que somos muito mais do que somente matéria.

Tentava compreender porque era tão difícil para as pessoas abrirem os olhos para uma realidade multidimensional, para o Infinito, para Deus, ou no mínimo para algo maior. Muitas continuavam com hábitos autodestrutivos achando que aquilo as faria felizes, buscando coisas finitas que nunca supririam o desejo mais profundo por algo Infinito. Bateu-me um desânimo, questionava como poderia ajudar essa população que sofre, que está cega com relação à sua própria natureza interior. Muitas pessoas não queriam ser ajudadas e não adiantava falar porque não acreditavam, tinham suas próprias crenças. Mas eu me perguntava: "Até quando isso duraria? A única forma de ajudar é somente através da nossa própria transformação mesmo? Achava muito limitado e ao mesmo tempo muito difícil. Pensava comigo "se ninguém fala algo pra ninguém tudo continuará na mesma situação".

Ao mesmo tempo, falar para o outro o que fazer acabava gerando uma barreira, às vezes uma repulsa. Mesmo pessoas que têm acesso a conhecimentos esotéricos profundos decidem por não utilizá-los na prática do dia a dia, fechando os olhos para isso, negando a sua própria potencialidade infinita. Lembro-me da frase de Jung sobre as pessoas fazerem de tudo para fugirem da própria Alma. O que poderia fazer realmente as pessoas mudarem no sentido de buscarem mais de si mesmas? Estes foram alguns dos meus questionamentos naquela fase da vida. Era um momento de revolta com várias coisas. Revolta por querer ajudar e não conseguir. Por mais que tenhamos intenção de auxiliar no processo de expansão da consciência e do despertar para a própria essência ou coração, cada pessoa e somente ela decide. Cada um decide por si próprio. Não adianta discutir, tentar convencer ou pregar. Cada um deve fazer o seu trabalho pessoal e pra quem ressoar esse propósito fará sentido e irá atrás por ele mesmo. Muita vezes idealizamos e até mesmo acreditamos no potencial de pessoas que não acreditam nelas mesmas. Passei algum tempo com um sentimento de tristeza interior, um sentimento de impotência, de não conseguir auxiliar. Meu ego ainda tentava controlar algumas coisas que eram incontroláveis, ainda não havia um compreensão mais profunda de todo o plano divino, ainda havia a energia da crítica, apesar de a intenção ser de ver todas as pessoas plenas e felizes. Sabia que o sentimento de frustração não ajudaria em nada, só causaria mais separação, e desta forma não auxiliaria. Precisava de maior compreensão, mais paciência, mais compaixão, comigo mesmo e com os outros.

Aos poucos foi voltando a força interna e a resolução real do propósito de ter vindo para este plano. Sabia que não estava fazendo as coisas somente para mim mesmo e sim por uma multidão que sofria na ilusão da matrix, de maya. Não era tarefa fácil sair da ilusão, mas era possível. Percebi que a resiliência é uma das características mais importantes no desenvolvimento espiritual, assim como a perseverança, disciplina e firmeza de propósito. Sem estas, é muito difícil romper as barreiras dos desafios que se apresentam. E quanto maior o desafio, maior a possibilidade de revelar a Luz.

Lembrei-me de um quadro que está na parede do meu quarto que traz um poema do **místico sufi Rumi chamado "A Promessa":**

Noite passada fiz outra vez a promessa:
jurei por tua vida jamais desviar os olhos de tua face.
Se golpeares com a espada, não me esquivarei.
Não buscarei cura em mais ninguém,
pois a causa de minha dor é ver-me longe de ti.
Joga-me ao fogo;
se deixar escapar um único suspiro
não serei homem de verdade.
Surgi do teu caminho como pó.
Retorno agora ao pó do teu caminho.

Estava vivendo um grande desafio no meu relacionamento, pois todas minhas reflexões também refletiam no dia a dia. O que tinha começado a integrar no relacionamento com minha namorada anterior, tinha entrado em nível mais profundo com a nova namorada. Sentia que ainda era necessário trabalhar o amor próprio, ainda precisava de mais integração. Era o momento de consolidar o amor próprio como um estado de ser, aprender de forma mais intensa a essência deste atributo. Algumas vezes parecia estar repetindo alguns padrões do outro relacionamento, mas na verdade passei a perceber que estava indo em camadas mais profundas da minha psique. Tudo ficou mais nítido após a solicitação do implante neutro, em que a carga cármica foi deixada para trás. Mas ainda estava vigente, a todo vapor, a lição de vida e para mim havia algumas lições a aprender por meio do relacionamento. Havia ainda alguns resquícios de apego, controle, insegurança e medo. E tudo estava para além de quem estaria certo ou errado, pois no fundo não havia certo ou errado. Havia duas Almas que se propuseram a aprender algo a partir do encontro nesta vida. Não posso falar sobre o aprendizado dela e os desejos dela, só posso falar da parte que me toca e do que aprendi. Então queria compartilhar algumas coisas.

Ao notar que estávamos nos afastando cada vez mais, esforçava-me para tentar fazer com que ela se interessasse pelos assuntos ligados à espiritualidade ou até mesmo praticasse algumas coisas para poder vislumbrar um pouco mais de uma realidade além do plano físico. E, ao mesmo tempo, eu também "tirava o pé do acelerador" do meu processo de evolução pessoal e de manifestação do meu propósito. No fundo também percebia que ela se colocava em posições de fazer coisas que não eram o que realmente desejava e eu também fazia o mesmo no outro sentido. Ambos não estávamos realmente felizes com a situação. Da minha parte, percebia que ainda havia amor próprio e apego para trabalhar, no fundo não a estava respeitando em seu momento de vida e tampouco estava respeitando o meu momento. Minha Alma estava pronta para ir numa direção, mas meu ego, uma camada da minha mente, minha sombra ainda limitava a manifestação da Luz em sua plenitude.

Passei a perceber durante o relacionamento que tentava forçar nela algo que não dizia respeito às suas verdadeiras vontades e percebi que aquilo somente a afastava ainda mais da busca pela espiritualidade. Eu estava indo contra o princípio mais básico da espiritualidade no planeta: o livre-arbítrio. Os sábios místicos judeus afirmam que não há coerção em espiritualidade, pois no momento que tentamos coagir alguém a algo, ou a seguir alguma crença ou filosofia, estamos tirando dela o livre-arbítrio. Mesmo se a pessoa acatar aquilo por um tempo, não se sustentará, pois não partiu de uma escolha e tomada de consciência da própria pessoa. No momento que há uma coerção, ocorre um movimento de conflito ou um movimento de afastamento, pois vai contra o princípio fundamental da vida na Terra: o livre-arbítrio com relação à própria vida e a escolha do caminho de evolução. Eu percebia que estava fazendo o que não gostaria que fizessem comigo, aquilo que já tinha experienciado no passado e que me fez afastar-me de alguns lugares ou filosofias. Quando percebi, parei de falar para ela o que seria bom fazer e cesssei de impor qualquer tipo de prática ou conhecimento. Percebia que o mundo não precisava de mais gente falando sobre religião ou espiritualidade, mas, sim, de mais gente vivendo a espiritualidade. Pelo relacionamento, pude fazer um exercício de empatia, tolerância e profundo respeito pelos outros e por mim mesmo. Desejava ficar livre de dogmas e da necessidade de "evangelizar" e, pela retomada de algumas leituras, reflexões e vivências em Comunicação Não Violenta (CNV), caíram muitas fichas com relação a mim mesmo e ao relacionamento que estava vivendo. Havia tomado a consciência de que cada pessoa estava fazendo o máximo que podia com o que tinha. A única pessoa que precisamos salvar, ajudar ou curar somos nós mesmos. Não podemos forçar nada em ninguém e nem tentar mudar ninguém. Se alguém estiver interessado no que você tem a dizer se aproximará e, nesse momento, será possível compartilhar informações de experiências pessoais, mas jamais forçando essas experiências no outro. Ninguém precisa mudar ninguém, é só cuidar de si mesmo e realmente todos podem mudar. Não precisamos ficar presos a conceitos de como deveríamos ser ou de como as pessoas têm que agir. Cada um sente seu chamado interno de busca por Algo Maior e a única coisa que podemos fazer é escutar com o coração e acolher sem julgamentos. Quando forçamos algo a alguém só causamos maior resistência e barreira. Há uma grande importância em aceitar o que se apresenta e como se apresenta.

No momento em que percebermos que não precisamos mudar ninguém, uma leveza interna brota-nos espontaneamente, trazendo-nos a liberdade e a permissão de sermos quem podemos ser na nossa própria vulnerabilidade e imperfeição. E percebermos que a perfeição está justamente na aceitação das diferenças que permeiam cada ser humano. No momento que expressamos os sentimentos, nossa vulnerabilidade, isso também nos liberta. Não precisamos nos esconder em máscaras e nem sofrermos com o que deveria ser, ou como deveríamos agir. Admitindo, internamente, nossas vulnerabilidades não há surpresas. Faz com que nossas sombras venham para a luz e, dessa forma, a sombra dos outros torna-se mais suave. Tudo perde força! Fica mais brando e mais leve. Alegria natural brota de dentro. Cada um se respeitando…e quando por algum acaso não respeitar, ao invés de atacar a outra pessoa, manifestar seus sentimentos de forma harmônica e sincera. Sempre tirando o foco do outro, ou a "culpa" do outro, trazendo para nossa consciência, nossos sentimentos, aquilo de que somos responsáveis. Realmente foi muito aprendizado! Temos diversos mestres todos os dias! E sempre aparece alguém para contribuir na nossa evolução. Estava entrando em contato com outra faceta da compaixão, por mim mesmo e pelos outros. Era uma grande libertação, não precisamos ser perfeitos, mas sim íntegros.

AUTORRESPEITO

Com toda essa tomada de consciência, percebi também que não estava me respeitando. Por falta de amor próprio, desrespeitei alguns dos valores e princípios que faziam parte de mim. Lembrei-me de uma frase do Dalai Lama que diz: *"Abra seus braços para as mudanças, mas não abra mão de seus valores".* E por medo e apego estava abrindo mão de alguns de meus valores. Era realmente um teste do Universo e estava na hora de tomar uma decisão de uma vez por todas. Percebia que a dissonância entre nós só aumentava, mas ainda estava apegado. Era o momento do desapego. E mais ainda, assumir meu novo momento, minha consciência e papel no dia a dia e no mundo. Precisava assumir quem realmente era e meu caminho de vida. Era o momento de deixar para trás a antiga identificação do Guilherme que ainda tinha medo de não ser amado. Aquilo que esperava que alguém suprisse, na verdade estava dentro de mim. Não iria mais fugir da minha Alma, porque somente ela realmente me faria feliz e me deixaria pleno. E pouco importava o que achavam, se seria reconhecido ou se seria ou não compreendido; não tinha como voltar atrás e fingir que não existia nada do que senti, compreendi e vivi.

JULGAMENTO X DISCERNIMENTO

Neste processo, um dos maiores aprendizados que tive dizia respeito à diferença entre julgamento e discernimento nas relações entre pessoas. Encontrar a linha tênue da diferença entre o que pode ser considerado um julgamento e o que é um discernimento com relação aos próprios desejos e valores. Num primeiro momento do processo de aprendizado do não julgamento e aceitação incondicional de alguém, achamos que temos que aceitar o outro exatamente do jeito que ele é. Sim, exatamente, é bem por este caminho. Só que existe uma diferença entre o que a pessoa é e o que ela faz. Você pode não julgar a essência da pessoa que é sempre divina, mas pode não concordar com seus comportamentos. O fato de não nos sintonizarmos ou concordarmos com as escolhas de uma pessoa, não faz com que não a possamos amar. Podemos utilizar nosso discernimento para buscarmos relações e pessoas que ressoem conosco, e o fato de nos afastarmos de alguém não quer dizer que a estejamos julgando ou não a aceitando. Podemos conviver com muitas pessoas com respeito, não julgamento e tolerância. Também temos a liberdade de escolhermos que tipos de comportamentos valorizamos, quais valores prezamos em uma relação.

Sabia que nosso relacionamento não suportaria por muito mais tempo. Ambos estávamos prontos para evoluirmos de outras formas, em caminhos bastante distintos. Percebi que em alguns momentos saía do meu caminho de vida para fazer algumas coisas de que ela gostava. Para ser amado, moldava-me e dessa forma não correria o risco de "perdê-la". Era puro apego. Apego a ela e apego a uma autoimagem distorcida. E se por acaso acontecesse de ela me deixar, comprovaria que eu não era amado e isto poderia ser inconcebível pois confirmaria o desvalor. Sabia que havia uma necessidade de me sentir amado, mas estava consciente de que nenhuma pessoa poderia suprir essa carência. A única coisa que poderia suprir uma necessidade infinita, seria algo Infinito. E a única forma de acessar o Amor Infinito estava dentro de mim mesmo, dentro de cada um.

Naquela mesma época, com sincronicidade perfeita do Universo, entrei em contato com algumas canalizações do **Arcanjo Miguel por meio de Ronna Herman**. Havia integridade na informação canalizada por ela, era uma energia muito familiar e estava em ressonância com as informações de Kryon. Uma delas chamou minha atenção naquele momento, com tudo que estava vivendo e experienciando no meu relacionamento e caminhada evolutiva. Veio no timing perfeito. Um mês antes de ir para Israel, passei a fazer, após as minhas meditações silenciosas, algumas intenções sugeridas pelo plano espiritual para nos libertarmos de alguns padrões. Estava ciente e tinha experienciado o poder da intenção pura, assim como sua força quando feita em uma vibração de coerência e equilíbrio. Compartilho essa preciosidade que fiz olhando meus próprios olhos no espelho!

Decretos do Arcanjo Miguel

1. Renuncio a quaisquer expectativas relativas à minha evolução e progresso espiritual. Vivo no momento em cada dia, concentrando-me no objetivo de restabelecer a harmonia e o equilíbrio do meu corpo, do meu espírito, das minhas emoções e do todo com o meu Eu Superior.

2. Anulo todos os acordos feitos com a minha mãe, pai, filhos, enteados, marido (ou mulher), ex-mulher (ou ex-marido) ou quaisquer outras pessoas que me possam reter na terceira dimensão.

3. Renuncio a todos os conceitos inválidos sobre o meu valor, a minha percepção do amor, da alegria, da paz, da segurança, da harmonia, da abundância, da criatividade, da vitalidade, da juventude, da saúde e do bem-estar, da velhice e da morte.

4. Renuncio à necessidade de querer salvar o mundo ou qualquer ser humano que nele se encontra. Tenho consciência de que a minha missão é aceitar a minha mestria e viver sendo um exemplo de vida e de amor sem esperar nada em troca de ninguém.

5. Liberto-me de todos os preconceitos e memórias celulares quanto ao meu corpo físico. Reivindico o meu direito divino à beleza, vitalidade, saúde e bem-estar, consciente de que são o meu estado natural e que basta seguir os impulsos do espírito para que essa perfeição se manifeste.

6. Renuncio a quaisquer expectativas quanto à minha criatividade e ao meu trabalho. Trabalho e crio por prazer, ciente que a abundância e os recursos provêm do Espírito e da minha autoconfiança e não apenas do meu esforço.

7. Renuncio a quaisquer condições da terceira dimensão que as instituições governamentais ou afins me queiram impor. Não poderão controlar a minha pessoa, nem a minha abundância ou segurança. Tenho plenos poderes para manifestar a segurança, ser independente e comandar o meu próprio destino.

8. Liberto-me de todos os resíduos e dívidas cármicas, bem como das energias impróprias existentes em mim e no meu corpo físico, emocional e astral. Resolvo todos os condicionamentos com agrado e desembaraço para expandir a luz e unir-me aos co-criadores do Paraíso na Terra.

9. Liberto-me de todos as concepções falsas sobre a minha capacidade de alcançar o conhecimento, a sabedoria e as informações pertinentes provenientes do Espírito e das dimensões superiores. Obtenho assim novos conhecimentos, conceitos e sabedoria que me permitem aprender, crescer e servir de exemplo vivo.

10. Renuncio a qualquer juízo, ideia pré-concebida ou expectativa relativamente a outros seres, sabendo que estes se encontram no seu perfeito lugar e evolução. Transmito-lhes Amor e encorajamento e limito-me a oferecer-lhes informações quando as pedirem, tendo o cuidado de lembrar-lhes que a minha verdade pode não ser a deles.

Todas essas intenções ressoavam com minha visão e desejo de Alma. Tinha certeza de que mais cedo ou mais tarde elas se manifestariam, pois eram intenções puras, não beneficiavam somente a mim mesmo, mas a toda humanidade. Era só questão de tempo. Os decretos números 3, 4, 9 e 10 eram os que mais vibravam dentro de mim. Passei também a expressar a intenção de Unidade, de ir além das crenças. Diariamente expressava esta intenção com toda a força do meu Ser. Estava comunicando ao Universo o que minha Alma pedia!

NOVOS RUMOS, NOVOS ARES

No final daquele mês estava viajando para Israel, para participar de um evento mundial de Kryon chamado "O retorno dos mestres". Tinha me programado para a viagem muito tempo antes, no momento que me senti chamado em uma meditação no ano anterior. Sabia que muita coisa aconteceria por lá, mas não tinha a mínima noção do que exatamente. E não foi diferente. A primeira coisa que aconteceu ao pisar em Israel foi o término do namoro, pois houve uma grande mudança vibracional dentro de mim. Já que nós dois não tínhamos tomado a decisão de cada um seguir seu caminho, o Universo encarregou-se de gerar uma situação que tornara insustentável nosso relacionamento. Havia uma dissonância muito grande entre nós naquele momento da jornada. E isso não quer dizer que qualquer de nós estivesse certo ou tivesse razão. Também não queria dizer que alguém era melhor ou pior que o outro. As Almas simplesmente tinham escolhido diferentes caminhos evolutivos, diferentes lições para aprender, tudo de acordo com a história akáshica de cada um. E tudo era honrado pelo Infinito. No momento foi-me bastante dolorido, demorei para integrar o término do relacionamento, pois tinha criado expectativas e tinha um pouco de raiva por não ter dado certo. Não tinha raiva dela naquele momento, mas tinha um pouco de raiva de mim mesmo, por tudo que não tinha percebido antes. Mas tudo faz parte do amadurecimento e da evolução.

Ainda demorou um certo tempo depois da viagem de Israel para acontecer a total integração dentro de mim de tudo que tinha vivido, de tudo que buscava fora mas que estava dentro de mim. Todo o processo de chegar a um estágio de ser que é puro Amor Próprio. Na verdade não há mais alguém que ama alguém. A pessoa simplesmente é, e isso é Amor. Tudo está bem!

Dei-me conta de que a mulher que buscava fora na verdade era a busca pelo feminino dentro de mim mesmo, não como uma ideia ou teoria, mas como uma consciência. Num primeiro momento projetava esse feminino nas mulheres com quem me relacionava, e desta forma nunca poderia me relacionar com o que elas realmente eram. Muito menos poderia relacionar-me por inteiro, pois havia uma parte de mim que estava projetada fora. Com o passar do tempo, e com todos os aprendizados que relatei, por meio de dores e desafios o Infinito foi pavimentando o caminho de retorno para encontrar o feminino dentro de mim. Todos os testes e desafios se mostravam como atos compassivos de Deus para que eu pudesse viver em maior alegria e plenitude. Primeiramente foi a integração da faceta do feminino na minha própria personalidade, depois a faceta do feminino coletivo junto com a integração da Terra e por último a faceta do feminino de minha Alma, a Kundalini/Presença Divina/Shechina.

Sendo assim, ocorreu a harmonia interna do feminino e de um masculino também curado, pois são inseparáveis. Era a união mais profunda das minhas próprias energias masculinas e femininas em todas as suas facetas e níveis. Como dizia a Peggy, "A Sabedoria do Feminino Divino em honra ao Masculino Divino e a Sabedoria do Masculino Divino em honra do Feminino Divino". Havia encontrado meu próprio Amado dentro de mim e isto acarretou algo inacreditável, que em breve relatarei. Havia mudado até mesmo minha relação com a natureza. Sentia que agora, se quisesse, poderia relacionar-me por inteiro com outra pessoa, ciente de quem era e do que buscava em minha vida. O relacionamento não partiria de um ponto de falta e sim de um ponto de completude, em que a outra pessoa só pode somar. Duas pessoas inteiras somam muito mais do que duas metades que tentam "tapar o buraco da outro". Mas o mais interessante de tudo era já não havia mais a necessidade de ter uma parceira. Não havia mais a carência; sentia-me pleno e completo onde quer que estivesse. Tudo estava bom, independentemente do que estivesse fazendo ou com quem estivesse fazendo. Estava muito feliz com minha própria companhia, ou melhor, com a companhia do Infinito que habita em mim. E isto não quer dizer que esteja fechado para qualquer tipo de relação amorosa de casal, simplesmente quer dizer que tenho total tranquilidade e confiança de saber que tudo está nas mãos de Deus; se o Infinito quiser que trilhe o caminho "sozinho" eu trilho, pois está bem. E se Ele quiser que eu trilhe ao lado de alguém no propósito divino, estará ótimo!

Como se pode ver, minha última namorada foi um anjo na minha vida. Eu honro profundamente o que ela se dispôs a viver para me ensinar mais sobre mim mesmo e sobre o Infinito que habita em todos nós. Sem o contato com ela nada disso teria ocorrido. Amo-a profundamente como ser, mais do que a tinha amado quando estávamos juntos, no sentido de respeito profundo por sua Alma, mas não como companheira de vida. Ela é um ser de força interior inigualável e meu maior desejo é por sua felicidade e realização no que quer que faça e onde quer que esteja. Só tenho a agradecer tudo que vivi e aprendi com o relacionamento, pois deu-me a oportunidade de viver mais e mais da Luz Infinita. Em breve relatarei tudo que ocorreu com mais essa transformação em minha vida, mas antes preciso compartilhar sobre a experiência em Israel, pois foi mais um ponto marcante.

VIAGEM A ISRAEL – ATIVAÇÃO PROFUNDA DO DNA

No final de setembro e início de outubro de 2015 viajei a Israel para um Tour de Kryon chamado o Retorno dos mestres. Foi um tour simplesmente maravilhoso, com meditações e canalizações em alguns dos lugares mais sagrados do planeta. Posso dizer sem sombra de dúvida que a experiência mais forte que tive até hoje foi em Israel. Quando coloquei os pés no solo da Terra Santa, percebi uma transformação radical, fui inundado por uma sempre latente energia de sabedoria. Israel é o berço das três maiores religiões do Planeta, lá caminharam mestres e profetas como Abraão e Sarah, Isaac e Rebeca, Jacó, Léa e Raquel, José, Moisés, Aarão, Elias, Enoch, Jesus, Maomé, Shimon Bar Iochai, Isaac Luria, entre outros.

Sabia que muita coisa mudaria após a viagem, já tinha escutado o chamado para ir há muito tempo. Sabia que seria mais um salto, mais uma libertação. E foi muito mais do que imaginava ou previa. Sempre é muito melhor e supera todas nossas expectativas, se nos dedicamos a saber e manifestar mais de quem verdadeiramente somos. Óbvio que alguns períodos de oscilação acontecem, mas é simplesmente uma readequação a um novo estágio de consciência; quase sempre tem um período de turbulência antes da entrada em uma nova frequência vibratória, pois é necessário abandonarmos algo, deixarmos para trás muitas coisas que já estavam estruturadas para reconstruirmos algo novo. E com o tempo fui ver que isto acontece todos os dias! Se vivermos dessa forma, poderemos ser verdadeiramente livres e cocriadores da nossa vida. Verdadeira utilização do livro arbítrio.

E não foi diferente. Já sentia que meu relacionamento não se sustentava mais, pois cada um de nós seguia caminhos bem diferentes. E de certa forma esses caminhos não confluíam. E não há um certo ou errado, simplesmente ressonâncias diferentes, karmas diferentes, lições de vida diferentes. Nosso aprendizado juntos havia terminado e era o momento de cada um trilhar o caminho evolutivo escolhido. Assim que pisei em Israel senti uma ativação que exigia dar um passo a mais, e com isto algo aconteceria com meu relacionamento. Logo o Universo encarregou-se de fazer sua parte e na primeira semana por lá nosso namoro terminou. Talvez o motivo aparente tenha sido muito bobo, mas conseguia perceber o motivo por trás de tudo, juntos não conseguiríamos viver a vida que escolhemos para nossa evolução.

Foi extremamente dolorido para mim longe de Porto Alegre, sem poder olhar nos olhos da pessoa com quem convivi e troquei muito durante o ano. Tinha experiências e vivências sublimes por lá, ao mesmo tempo parte do meu ego estava dilacerado, misturava tristeza, raiva e apego. Mas algo estava sendo liberado da consciência. O processo de vivência e construção de um verdadeiro amor próprio nos faz passar por desafios que ativam memórias (conceitos) de outras vidas e memórias de infância, ataca a profunda necessidade do ser humano de se sentir amado. Todos queremos receber Amor Infinito, no entanto esperamos que pessoas finitas possam suprir este desejo infinito. Somente o Criador dentro de nós pode suprir esta falta, ou seja, nós mesmos em contato com nosso Ser Infinito. No entanto, até atingir este estado de consciência, que não é simplesmente atingir a mestria de um atributo, e sim um estado de Ser. É além de se gostar, além de se amar. É um profundo estado de aceitação de si mesmo, de todas as formas, sem a preocupação em ser aceito, reconhecido ou amado por outro ser humano. Muitas de nossas decisões, medos e reações baseiam-se no reconhecimento e no amor do outro. Modificamos nosso modo de ser e de agir para concordarmos com aquilo que achamos que o outro deseja de nós mesmos, que na verdade não é nada do que talvez o outro deseje de nós mesmos.

Temos um profundo medo de ser inadequados, de não sermos bons o suficiente, de o outro não nos aprovar, não concordar, não nos amar ou nos deixar. Se a pessoa nos abandona, não concorda, não nos escuta, não reconhece, será uma comprovação de que não temos valor, de que não merecemos ser amados, de que não somos bons o suficiente. Confirma a crença interior de uma ferida aberta no ego da pessoa. A sensação de chegar perto de uma comprovação disto é quase uma dilaceração interna. Como se fossem arrancar o coração e seria uma confirmação de morte, inaceitável para a instância do ego. No fundo este processo torna-se necessário para percebermos que o que precisa morrer realmente é o ego dominador, essa parte que se identifica com a incompletude, falta de amor e inadequação. Nada que vem de fora poderá curar essa ferida, que aparentemente diz respeito aos eventos da vida (infância, adolescência, dia a dia etc.). As nossas vivências simplesmente dão um colorido e um enredo para trabalharmos nesta vida, tudo de acordo com escolhas que fizemos em vidas passadas ou antes de encarnarmos para experienciarmos como lição e aprendizado. Não é dizer que elas não fazem sentido ou que não influenciam. Quando chegamos aqui temos o livre-arbítrio de agirmos como desejamos, assim como nossa família. E tudo pode mudar no decorrer da vida, até mesmo uma criança que percebe que não poderá evoluir conforme o programado resolve deixar o corpo para encarnar em outro lugar mais propício.

Um passo no processo pode ser ressignificar todas as relações, no entanto somente com uma profunda tomada de consciência da verdadeira causa e solução dessa ferida primordial é que seria possível viver uma vida de completude interior, sem a necessidade de aprovação, de se sentir amado, ou reconhecido. Simplesmente atingir um estado de ser onde a imperfeição caminha como uma perfeição divina. Nos sentirmos amados incondicionalmente como somos amados pelo Criador. Somente quando nos amarmos incondicionalmente, independente das circunstâncias externas e do que as pessoas fazem no entorno (neste momento tanto o elogio quanto o desprezo são digeridos da mesma forma, não identificação nem crescimento ou diminuição do ego). Ocorre uma clivagem com o Supremo, não se identifica mais com a personalidade. Isso não quer dizer que fique amortecido ou não tenha emoções. Emoções existem, mas são vividas e experienciadas de forma completamente diferente. São "pétalas" ou energias a serem acionadas ("notas" a serem tocadas).

Uma ferida primordial que a causa está muito além da infância desta vida é um desafio de Alma! É um sentimento interno que temos ao deixarmos um estado de Unidade com o Criador e encarnarmos em uma dualidade em que há um estado de separação, de falta, e já não há aquele Amor e Bem-Aventurança perene e infinita. Sentimos falta da completude por aqui e tentamos buscar com coisas finitas. Mas por que então vir para cá se já temos tudo do outro lado do véu? A grande questão, além de podermos atingir níveis mais elevados e profundos de Unidade/Completude com o Infinito, é que constitui desejo de o Criador fazer como que o que está do outro lado do véu, a Sua Essência mais pura, se manifeste e se revele neste mundo. Fazendo que aqui se transforme no próprio Amor Infinito, na Unidade Absoluta, em que tudo que for de Luz que está escondido possa ser revelado, permitindo-nos viver e experienciar deleites de Amor mais profundo dentro do finito. A cada ser humano que desperta para sua Essência e começa a revelar mais Luz no seu dia a dia, mais seres humanos podem viver e integrar a si mesmos... podemos acessar níveis de Amor e deleites (deleite divino, diferente do prazer físico) nunca antes acessados pela humanidade. E por que tanto auxílio de outras civilizações aqui no planeta? Porque tudo o que fazemos afeta todos os planos superiores e a evolução de todos os mundo sutis. Aqui é onde está o maior desafio, mas ao mesmo tempo o lugar onde há oportunidade da maior evolução (mais rápida) com maior impacto para Alma e para toda a Criação (incluindo todos os planos superiores).

Mas o que tudo isto tinha a ver com Israel? Eu precisava viver um dos maiores ensinamentos que foi passado naquela terra "Amarás o teu próximo como a ti mesmo". A base de tudo era "como a ti mesmo". Só pode amar o próximo como você se ama. Se eu não me amasse incondicionalmente, jamais poderia amar verdadeiramente alguém. Se não descobrisse o Amor dentro de mim, nunca sentiria Deus. Se não visse Deus dentro de mim, nunca veria ou sentiria Deus no outro. E o fato de estar pisando naquela terra sagrada mobilizou-me profundamente até o ponto de realização do Amor Infinito.

Quando Elan Dubro Cohen (organizador dos eventos de Kryon) programou a viagem com Lee Carrol e todos os outros participantes, cerca de dois anos antes, tentou organizar quando não fossem datas de feriados judaicos, pois algumas cidades ficam lotadas. Mas, por uma perfeita sincronicidade para nós participantes, a viagem para Jerusalém caiu exatamente no feriado judaico de Sukkot, ou festa das cabanas. A cidade estava completamente lotada!! E nossa primeira visita, ainda por cima, era o Muro das Lamentações (Kotel), na cidade antiga de Jerusalém. Chegamos ao muro exatamente na hora da benção dos Kohanim, os sacerdotes. Foi incrível, sincronicidade perfeita! Como é lindo ver diferentes formas de se conectar!!! Cada um vivendo a sua verdade do momento em busca de Algo Maior!! Honrar cada tradição espiritual ou religião!!! O Destino é o mesmo... eternamente!

Depois disso, fomos para uma canalização sentados aos pés de outra parte do muro da cidade velha, que falava sobre vivermos nossa verdade, seguirmos nossa voz interior, que lá dentro estará a sabedoria de como você se relaciona pessoalmente com Deus. Começamos com toda força! Agora vou compartilhar algumas das experiências mais marcantes que pude vivenciar na viagem à Terra Santa.

JESUS CRISTO

Em Jerusalém ainda visitamos os pontos espirituais ligados a Jesus Cristo. Para mim foi de extrema importância, pois pude sentir e ressignificar os ensinamentos que aprendi com relação a Jesus. Estava acessando uma dimensão histórica, assim como uma dimensão vibracional. Relembrei-me da minha trajetória e relacionamento com Jesus Cristo e a Consciência Crística, partindo de uma concepção ligada à tradição da Igreja Católica como o "único" filho de Deus, para uma posterior expansão com os ensinamentos de Paramahansa Yogananda, com os Evangelhos Apócrifos e com as informações canalizadas por Kryon e outros, como um ser humano completamente realizado de sua divindade interior, sendo uma manifestação ou canal puro da Energia do Infinito Amor Incondicional. Um ser que trazia uma mensagem muito além de seu tempo e que enfatizava a todo momento que "o Reino de Deus está dentro de vós."

Veja o que Kryon fala sobre Jesus, no Livro 1 – *Os tempos finais*:

Finalmente – e isto é o mais doloroso para a maioria dos cristãos – temos o fato evidente de os metafísicos não considerarem Jesus como Deus, pelo menos em maior medida do que a você ou a mim. Não o adoram como Deus e não acreditam que Jesus desejasse ser adorado como tal. Estão convencidos de que Jesus talvez tenha estado mais perto de Deus, ou do Amor Puro, do que qualquer outra Entidade existente no Universo, e que a sua visita à Terra foi monumental e crítica para a humanidade. Pertenceu ao nível iluminado mais elevado que alguma vez existiu, e chegou aqui para nos ensinar, numa época em que era absolutamente fundamental fazer parte da civilização. Além disso, chegou com o pleno conhecimento de que viria a sofrer no final da sua estadia. A decisão de o enviar foi coletiva e muito dolorosa. Fez ele todos os milagres de que se fala? Ressuscitou de entre os mortos? Certamente possuía esse poder. Foi o Filho de Deus? Sim, até onde possamos compreender o que isso significa. (Não podemos conhecer a mente de Deus, tal como não podemos explicar a um urso formigueiro como funciona um motor de combustão interna. Há coisas que, muito simplesmente, estão para além da nossa capacidade de compreensão, enquanto estivermos aqui).

Quando Deus desejou dar a conhecer os sentimentos emocionais acerca da importância de Jesus e de quanto ele era fundamental para o conjunto, foi utilizada a referência de uma criança nascida de Seres Humanos. Era algo que compreenderíamos facilmente, pois, para nós, a ascendência é um ponto "sensível". Jesus deu exemplo do Poder e do Amor absolutos de Deus, disponíveis para todos.

É possível que tenha visitado outros mundos. Limitemo-nos a considerar essa possibilidade; tal especulação, no entanto, por si só, seria suficiente para intensificar o nosso amor e a admiração por esse ser tão especial, a quem chamamos Jesus.

Com uma visão de Jesus bem diferente de minha infância, visitamos o Santo Sepulcro, o local de unção, o Calvário e onde dizem que estava o túmulo. Quando coloquei-me diante tanto do local da crucificação de Jesus quanto do túmulo, uma energia muito forte me tomou. No local de crucificação primeiramente senti algo muito parecido com o que tinha sentido no curso de leitura de registros akáshicos quando acessei uma conexão com a energia crística, mais ligada ao Amor de doação da própria vida para a humanidade, para o Infinito e pelo Dharma. Já a energia do Santo Sepulcro era indescritível, muito muito forte a vibração de Amor. Quando a força do Amor Infinito toca nossa Alma, nossos olhos e coração não podem conter tamanha energia que começam a derramar lágrimas perante tal grandiosidade. Estava ali diante de pontos históricos para toda humanidade. Por maior que tenha sido a dor do momento de crucificação, tudo sempre serviu para um motivo maior, para além da compreensão da humanidade.

Avraham Greenbaum, em seu livro *Jardim das almas* sobre os ensinamentos do Rebe Nachman De Breslav sobre o sofrimento, com base nos ensinamentos dos sábios judeus, afirma que todos os seres humanos originalmente estavam ligados entre si.

"Como resultado deste princípio, o sofrimento e a dor podem ser impostos a um tsadic (justo) como redenção pela totalidade de sua geração... esse sofrimento chega a propiciar a ajuda necessária para provocar a cadeia de eventos que levam à perfeição derradeira da humanidade."

Trazendo para nossa vida, eventos que rotulamos como "positivos" ou "negativos" sempre acontecem por razão de um Amor maior... Talvez no momento que acontece algo "negativo" não consigamos ver a benção escondida por trás da escuridão. Por trás das nuvens sempre há um sol esperando pra brilhar. Por trás da escuridão sempre há muita Luz para se manifestar. Cada oportunidade é única para o nosso crescimento. Por nossos "erros" temos a oportunidade de colocar luz na escuridão e transformar nossa realidade. Talvez não consigamos corrigir o que fizemos ou deixamos de fazer. Não podemos voltar atrás e modificar o ocorrido. Realmente nada justifica machucar ou ferir alguém, seja fisicamente ou por palavras, mas muitas vezes fazemos isto. Eu já fiz várias vezes na minha vida e geralmente com as pessoas que mais me foram ou são próximas. Mas quando começamos a colocar a nossa percepção/consciência no fato, mergulhamos neste medo escondido, indo em direção a ele poderemos sair transformados ou pelo menos atentos...e desta forma transmutar o momento de escuridão em Luz. A Luz iluminará não somente nossas ações futuras, mas principalmente trará claridade para nós mesmos quanto às verdadeiras vontades, necessidades e desejos mais profundos do Ser, da Alma! Então, qual a real necessidade da nossa Alma? Por trás de qualquer ato de violência, seja ela verbal ou física, há alguma necessidade não atendida. Talvez esta pergunta possa ser respondida quando a Luz iluminar esta sombra. Começarmos a respeitar-nos mais... percebermos nossa Essência e nossos valores mais íntimos... e a partir daí fazermos escolhas realmente livres.

Infelizmente ou felizmente crescemos por meio de choques e atritos. O cérebro de uma criança somente se desenvolve a partir da dificuldade. Para sair do casulo a borboleta deve lutar e superar dificuldades. E como o antigo ditado já dizia: "mar calmo nunca fez um bom marinheiro". Para completar, com as palavras **de Karen Berg**:

"Não encontramos nenhum problema em nosso caminho que não traga uma dádiva em seu interior. Problemas são como anjos: mensageiros da Luz. A

Luz sempre envia-nos o que nossa alma precisa, mesmo que no momento nosso ego não goste. Porém, temos a capacidade de transformar o que recebemos."

Mas com certeza iremos perceber essa linda oportunidade de crescimento de Alma disfarçada de dificuldade num futuro próximo. E mesmo se não percebermos, ou aparentemente não nos beneficiarmos, esse fato terá ajudado alguma pessoa a crescer espiritualmente. E dessa forma, estaremos crescendo também, pois estamos todos conectados. Somos um só organismo gigante expandindo em direção à Alegria e ao Amor Infinitos! E não é teoria...está disponível para qualquer um sentir isto em seu coração. Basta interiorizar a visão e encontrar o Infinito dentro de si... com esforço e compaixão...

Podemos modificar nossas ações e, acima de tudo, podemos chegar na verdadeira raiz da questão... nós mesmos... ninguém é culpado pelos nossos problemas... NINGUÉM!

Portanto, com relação ao meu passado, aos dados dentro do meu subconsciente, utilizo do Hoponopono:

SINTO MUITO, ME PERDOE, TE AMO, SOU GRATO.

"Sinto muito": você compreende que aquela situação que foi vivenciada por você precisa ser resolvida (reconhecimento).

"Me perdoe": você não está pedindo a Deus para te perdoar. Deus dentro de você lhe ajudará a SE perdoar.

"Te amo": você não rejeita aquele problema e expressa amor. O amor transmuta a energia negativa, apagando-a. Reconecta ao Divino.

"Sou grato": sua fé que tudo será resolvido pelo bem maior de todos. Confiança na inteligência infinita do Universo.

MONTE DAS BEM-AVENTURANÇAS

Seguimos nossa viagem para o norte de Israel, em direção ao Mar da Galileia. Fizemos um passeio de barco e tivemos um canalização navegando nas lindas águas, sob um sol magnífico! Foi um momento muito marcante, pois eram mais de 300 pessoas conectadas com a mesma intenção e energia... todos ali, consciente ou inconscientemente, buscando o Infinito e para conectar mais com a Essência de quem verdadeiramente são. Cada um no seu momento, no seu ritmo, na sua cultura e língua... pessoas do mundo inteiro juntas e em harmonia buscando um mundo melhor.

Continuamos nosso passeio em direção ao Monte das Bem-Aventuranças, um local maravilhoso, onde historicamente diz-se que Jesus compartilhava com as pessoas. Neste local ele falou um dos ensinamentos que, na minha opinião, foi um dos mais importantes e marcantes deste grande mestre totalmente realizado. É bem provável que esta versão que apresento a vocês tenha sido um pouco distorcida, mas podemos ter uma ideia geral da Consciência deste grande mestre que veio ensinar todo o planeta, desde que leiamos sem interpretar o discurso de forma literal. Há muitos mistérios e simbologia nos ensinamentos:

Mateus – Capítulo 5

1 Vendo Jesus as multidões, subiu ao monte e, como se assentasse, aproximaram-se os seus discípulos;

2 e ele passou a ensiná-los, dizendo:

3 Bem-aventurados os humildes de espírito, porque deles é o reino dos céus.

4 Bem-aventurados os que choram, porque serão consolados.

5 Bem-aventurados os mansos, porque herdarão a terra.

6 Bem-aventurados os que têm fome e sede de justiça, porque serão fartos.

7 Bem-aventurados os misericordiosos, porque alcançarão misericórdia.

8 Bem-aventurados os limpos de coração, porque verão a Deus.

9 Bem-aventurados os pacificadores, porque serão chamados filhos de Deus.

10 Bem-aventurados os perseguidos por causa da justiça, porque deles é o reino dos céus.

11 Bem-aventurados sois quando, por minha causa, vos injuriarem e vos perseguirem e, mentindo, disserem todo mal contra vós.

12 Regozijai-vos e exultai, porque é grande o vosso galardão nos céus; pois assim perseguiram aos profetas que viveram antes de vós.

13 Vós sois o sal da terra; ora, se o sal vier a ser insípido, como lhe restaurar o sabor? Para nada mais presta senão para, lançado fora, ser pisado pelos homens.

*14 **Vós sois a luz do mundo**. Não se pode esconder a cidade edificada sobre um monte;*

15 Nem se acende uma candeia para colocá-la debaixo do alqueire, mas no velador e alumia a todos os que se encontram na casa.

16 Assim brilhe também a vossa luz diante dos homens, para que vejam as vossas boas obras e glorifiquem a vosso Pai que está nos céus.

*17 **Não penseis que vim revogar a Lei ou os Profetas; não vim para revogar, vim para cumprir.***

18 Porque em verdade vos digo: até que o céu e a terra passem, nem um i ou um til jamais passará da Lei, até que tudo se cumpra.

19 Aquele, pois, que violar um destes mandamentos, posto que dos menores, e assim ensinar aos homens, será considerado mínimo no reino dos céus; aquele, porém, que os observar e ensinar, esse será considerado grande no reino dos céus.

20 Porque vos digo que, se a vossa justiça não exceder em muito a dos escribas e fariseus, jamais entrareis no reino dos céus.

21 Ouvistes que foi dito aos antigos: Não matarás; e Quem matar estará sujeito a julgamento.

22 Eu, porém, vos digo que todo aquele que [sem motivo] se irar contra seu irmão estará sujeito a julgamento; e quem proferir um insulto a seu irmão estará sujeito a julgamento do tribunal; e quem lhe chamar tolo, estará sujeito ao inferno de fogo.

23 Se, pois, ao trazeres ao altar a tua oferta, ali te lembrares de que teu irmão tem alguma coisa contra ti,

24 deixa perante o altar a tua oferta, vai primeiro reconciliar-te com teu irmão; e, então, voltando, faze a tua oferta.

25 Entra em acordo sem demora com o teu adversário, enquanto estás com ele a caminho, para que o adversário não te entregue ao juiz, o juiz, ao oficial de justiça, e sejas recolhido à prisão.

26 Em verdade te digo que não sairás dali, enquanto não pagares o último centavo.

27 Ouvistes que foi dito: Não adulterarás.

28 Eu, porém, vos digo: qualquer que olhar para uma mulher com intenção impura, no coração, já adulterou com ela.

29 Se o teu olho direito te faz tropeçar, arranca-o e lança-o de ti; pois te convém que se perca um dos teus membros, e não seja todo o teu corpo lançado no inferno.

30 E, se a tua mão direita te faz tropeçar, corta-a e lança-a de ti; pois te convém que se perca um dos teus membros, e não vá todo o teu corpo para o inferno.

31 Também foi dito: Aquele que repudiar sua mulher, dê-lhe carta de divórcio.

32 Eu, porém, vos digo: qualquer que repudiar sua mulher, exceto em caso de relações sexuais ilícitas, a expõe a tornar-se adúltera; e aquele que casar com a repudiada comete adultério.

33 Também ouvistes que foi dito aos antigos: Não jurarás falso, mas cumprirás rigorosamente para com o Senhor os teus juramentos.

34 Eu, porém, vos digo: de modo algum jureis; nem pelo céu, por ser o trono de Deus;

35 nem pela terra, por ser estrado de seus pés; nem por Jerusalém, por ser cidade do grande Rei;

36 nem jures pela tua cabeça, porque não podes tornar um cabelo branco ou preto.

37 Seja, porém, a tua palavra: Sim, sim; não, não. O que disto passar vem do maligno.

38 Ouvistes que foi dito: Olho por olho, dente por dente.

*39 **Eu, porém, vos digo: não resistais ao perverso; mas, a qualquer que te ferir na face direita, volta-lhe também a outra;***

40 e, ao que quer demandar contigo e tirar-te a túnica, deixa-lhe também a capa.

41 Se alguém te obrigar a andar uma milha, vai com ele duas.

42 Dá a quem te pede e não voltes as costas ao que deseja que lhe emprestes.

43 Ouvistes que foi dito: Amarás o teu próximo e odiarás o teu inimigo.

*44 Eu, porém, vos digo: **amai os vossos inimigos e orai pelos que vos perseguem;***

45 para que vos torneis filhos do vosso Pai celeste, porque ele faz nascer o seu sol sobre maus e bons e vir chuvas sobre justos e injustos.

46 Porque, se amardes os que vos amam, que recompensa tendes? Não fazem os publicanos também o mesmo?

47 E, se saudardes somente os vossos irmãos, que fazeis de mais? Não fazem os gentios também o mesmo?

*48 **Portanto, sede vós perfeitos como perfeito é o vosso Pai celeste**.*

Visitamos todo o magnífico lugar, cheio de flores nas mais variadas cores. Um dos caminhos no alto do monte trazia em lápides escritas cada uma das bem-aventuranças ensinadas pelo mestre do Amor. Ao caminhar, minha consciência absorvia tudo aquilo que estava escrito e sentia que incorporava naquele momento da vida, algo diferente estava ocorrendo, mais uma transformação. Estava começando a reintegrar a parte mais prática e profunda da espiritualidade, do nosso papel no planeta: a forma como interagimos e nos relacionamos uns com os outros. Escutamos uma canalização de Kryon e posteriormente eu sentei numa pedra no topo do monte, com o Mar da Galileia lá embaixo, sentia a brisa batendo no meu rosto, assim como os raios do pôr do sol, respirava aquele ar fresco e puro, fechei meus olhos e entrei no Silêncio. Ao sair da meditação, escrevi o seguinte texto em meu caderninho de anotações:

"Monte das Bem-Aventuranças (Mar da Galileia):

Renascimento da Fênix...ressurgindo das cinzas.

O que trago hoje vem de algumas profundas experiências pessoais. Não escrevo para que façam isto, julguem certo ou errado, concordem ou discordem. Simplesmente deixem que estas palavras lidas ressoem ou não no íntimo do seus Seres neste momento de suas vidas. De alguma forma vibrará...consciente ou inconscientemente.

Algumas vezes na minha vida passei por difíceis desafios: perdas, separações, mudanças, tristezas, limitações, desconstruções, depressão, raiva, irritação, mágoas etc.

Mas o que pude notar realmente é que depois de passar pelas maiores dificuldades (que pareciam intransponíveis no momento), surgiram minhas maiores revelações e produções. Através de grandes "decepções e perdas" novos universos se abriram perante o meu ser.

"A mudança em si não é dolorosa, mas a resistência à mudança é!" (Buda)

É bem isso que tenho percebido e vivido.

Agora estamos no momento da entrada na lua nova em escorpião. A natureza do escorpião está ligada às polaridades, contendo dentro de si mesma as habilidades de cair nas profundezas escuras e, ainda, subir às mais altas alturas!!

A energia deste momento é de tornar algo negativo em positivo. E e exatamente isto que vivi nos últimos dias. O que novamente me traz algo à consciência: nunca desistir! Quando parece que não há mais possibilidade ou que não suportamos mais a dor, brota a força do fogo que transmuta nossa dor em maior liberdade.

Portanto, venho por meio deste texto (com alta carga emocional) agradecer todas as pessoas que de alguma forma entraram em contato comigo. Pessoas com quem me relacionei... amorosamente, profissionalmente, amistosamente etc.

Nem todos os relacionamentos são ou foram considerados harmoniosos. No entanto, neste momento quero agradecer todas estas pessoas:

-agradeço às pessoas que me magoaram;

-agradeço às pessoas que me xingaram;

-agradeço às pessoas que me julgaram;

-agradeço às pessoas que me caluniaram;

-agradeço às pessoas que me invejaram;

-agradeço às pessoas que me abandonaram;

-agradeço às pessoas que quiseram se afastar de mim;

-agradeço às pessoas que gritaram comigo;

-agradeço a todos que se esqueceram de mim;

-agradeço a todos que se enraiveceram comigo;

-agradeço a todos que me machucaram...

"Bem-aventurados os que choram, porque eles serão consolados..." (Jesus)

Me senti com o coração partido... mas dentro, lá no fundo do meu Ser, algo me sustenta, me anima e impulsiona para atingir a verdadeira Plenitude!!

Agradeço a TODOS pela oportunidade de crescer e evoluir com o Ser através de todos estes encontros. Todos eles foram e são SAGRADAS OPORTUNIDADES de crescimento! Agradeço por me ajudarem a cumprir a lição que escolhi viver nesta vida.

As maiores lições sobre nós mesmo aparecem nas maiores dificuldades dos relacionamentos. E na hora fazemos aquelas perguntas: "Por que eu?" "Por que comigo?" "Estou sendo punido por algo que fiz?"

Acredite, já fiz muitas vezes estas perguntas também. E já a algum tempo resolvi não fazer mais, pois percebi estas sagradas oportunidades diante de mim. Um outro nível de compaixão perante nós mesmos.

Neste momento falo com lágrimas de gratidão nos meus olhos:

"Obrigado por ter acontecido comigo!" "Muitíssimo Obrigado por acontecer comigo!"

E mais...

A todas as pessoas que passaram na minha vida, e especialmente uma pessoa em especial mais recente: "Gratidão infinita por sua compaixão ao me auxiliar a poder integrar mais da minha Essência e de quem realmente sou. Muito Obrigado por me ajudar a sentir mais deste Amor Infinito! Gratidão por me auxiliarem na libertação de minha alma! Agradeço profundamente por me auxiliarem a purificar meu coração!"

"Bem-aventurados os limpos de coração, porque eles verão a Deus..."(-Jesus)

(mais para sentirão Deus dentro de si)

Podem ter certeza que não gostei no momento nem gosto. Com certeza gostaria de aprender "caminhando em algodão".

Estou ciente também de que agi, ou melhor, "reagi" de formas não muito agradáveis em diversas situações. Sendo assim, peço perdão pela minha inconsciência no momento. Se qualquer pessoa tiver se sentido ferida, magoada ou machucada por minhas ações, neste momento falo de coração aberto: – Sinto muito, me perdoe!"

Da parte mais pura do meu Ser...me perdoe!! Me perdoe por não ter te percebido como Divino/Deus...

"Bem-aventurados os misericordiosos, porque eles alcançarão misericórdia..." (Jesus)

Em adição, não há nenhuma mágoa ou rancor de minha parte com relação a qualquer ação que tenhas feito ou situação que achas que tenhas me ferido.

No fundo, na verdade não há nada a perdoar...

Todas situações serviram para que eu aprendesse a me amar mais.

Realmente me amar, incondicionalmente e infinitamente!

Não falo simplesmente de aceitação, mas sim amar-me de uma forma que possa escutar a batida do coração do Universo dentro do meu coração. Ter compaixão infinita comigo mesmo agora. Expresso essa intenção com toda a força do meu Ser! Esta é minha missão no momento: amar-me cada vez mais!!!

"Amamos Deus, amamos os anjos, os seres de Luz...mas realmente amamos nós mesmos?" (Peggy Phoenix Dubro)

Meu maior desejo e intenção neste momento é de me amar! Amar a manifestação de Deus em forma de Guilherme!

E espero que isto ressoe no seu ser para que ame manifestação de Deus que se vestiu de você!

"Ame os outros como a si mesmo..." (Jesus)

Há tempos tenho falado nos grupos de meditação que facilito: como podemos amar os outros se não amamos a nós mesmos????

Com o Amor crescente por mim mesmo (e automaticamente crescente por todos), transbordando como lágrimas dos meus olhos. Conecto-me ao meu e seu coração e nos honro!

Graças a Deus Sou louco o suficiente pra seguir meu coração e começar a escutar a batida do coração do Universo!!!

Foi um momento marcante para mim, do início de uma nova virada e transformação. A cada passo que damos em direção aos "céus", retornamos à terra e necessitamos ajustar-nos, readaptar-nos à nova realidade da consciência. E aos poucos vamos adentrando mais e mais o mistério de nós mesmos e da vida. Ali havia começado uma nova fase da jornada, que ainda demoraria um tempo para ser integrada e compreendida. É como se a Sabedoria Maior fosse abrindo espaço para si na nossa consciência, alargando aos poucos o receptáculo. Lembrava-me do que tinha lido sobre Jesus enquanto me aprofundava nos ensinamentos do grande mestre e iogue Paramahansa Yogananda entre 2010 e 2013. As coisas faziam muito mais sentido agora, mas muito mais havia e há para explorar, integrar e aprender. Estava ressignificando muitas coisas, principalmente com relação ao nosso plano físico. Como falei, tudo começou a deslanchar com maior velocidade quando pisei no local onde o grande mestre Jesus havia pisado. Seguem alguns ensinamentos de Yogananda que me abriram a mente para uma compreensão maior de Jesus e que posteriormente realmente percebi que ele estava bem adiantado para sua geração. Trazia uma consciência que somente seria integrada pela humanidade num futuro próximo; e estamos nos aproximando dela! Realmente a segunda vinda de Cristo diz respeito ao renascimento do nosso Cristo Interior, a Consciência de Amor Infinito e Incondicional dentro de todos os seres humanos.

1) Bem-aventurados os pobres em espírito, porque deles é o reino dos céus. (Mateus 5:2-3)

Beatificar é tornar supremamente feliz; beatitude significa a felicidade, a bem-aventurança, do céu. Através dessa purificação de renúncia interior, a alma descobre que sempre possui todas as riquezas do Reino Eterno de Sabedoria e Bem-aventurança, e ali passa a habitar em constante comunhão com Deus e Seus santos. A pobreza "em espírito" não implica necessariamente sermos indigentes, por receio de que a privação das necessidades básicas do corpo desvie de Deus a nossa mente. Mas ela significa com certeza que não deveríamos sair em busca de aquisições materiais em vez de abundância espiritual. (...) Em uma vida de humilde simplicidade exterior e renúncia interior, imerso na sabedoria e beatitude celestiais da alma, o devoto recebe por fim a herança do perdido reino da Bem-aventurança imortal.

2) Bem-aventurados os que choram, porque eles serão consolados. (Mateus 5:4)

Ele falava da divina melancolia resultante do despertar da consciência de que se está separado de Deus, o que cria na alma um insaciável anseio por unir-se novamente ao Amado Eterno. Aqueles que em verdade choram por Deus, que clamam dolorosa e incessantemente por Ele como um fervor cada vez maior na meditação, encontrarão consolo na Sabedoria e Bem-aventurança reveladas por Deus. Ao filho persistente, a Mãe Misericordiosa vem com Seu consolo de sabedoria e amor, revelado por meio da intuição ou vislumbre de Sua Presença. Não há outra consolação capaz de aplacar instantaneamente essa privação de incontáveis encarnações.

3) Bem-aventurados os mansos, porque eles herdarão a terra. (Mateus 5:4)

A humildade e mansidão criam no homem uma receptividade ilimitada para conter a Verdade. (...) Os que são mansos e humildemente receptivos atraem o invisível auxílio dos anjos beneficentes das forças cósmicas, que lhes concedem bem-estar material, mental e espiritual. Assim, os mansos de espírito realmente herdam não apenas toda sabedoria, mas juntamente com ela, também a terra – isto é, a felicidade terrena.

4) Bem-aventurados os que têm fome e sede de justiça, porque eles serão fartos. (Mateus 5:6)

As palavras "sede" e "fome" estabelecem uma metáfora apropriada para busca espiritual do homem. Primeiro, precisamos ter sede pelo conhecimento teórico de como alcançar a salvação. Depois de saciada essa sede ao aprendermos a técnica da prática para efetivamente entrar em contato com Deus, podemos então satisfazer a fome interior da Verdade, banqueteando-nos diariamente do divino maná da percepção espiritual resultante da meditação. Aqueles que buscam satisfação em coisas materiais descobrem que a sede de seus desejos nunca é mitigada, nem pode sua fome ser jamais saciada com aquisição de posses. O anseio, presente em cada ser humano, de preencher um vazio interior é o desejo da alma por Deus.

5) Bem-aventurados misericordiosos, porque eles alcançarão misericórdia. (Mateus 5:7)

A misericórdia é uma espécie de angústia paternal diante das imperfeições de um filho que incidiu no erro. É uma qualidade intrínseca da Natureza Divina. A história da vida de Jesus está repleta de relatos de uma misericórdia divinamente manifestada em suas ações e personalidade. Nos sublimes filhos de Deus que alcançaram a perfeição, vemos revelado o oculto Pai transcendente assim como Ele é. Foi essa bondade e misericórdia do Pai que Jesus expressou quando, em vez de condenar e destruir seus inimigos que o crucificavam, pediu ao Pai que os perdoasse, "porque não sabem o que fazem". Com o paciente coração de Deus, Jesus considerava a humanidade como pequenas crianças em compreensão. Se uma pequenina criança apanhasse uma faca para atacá-lo, você não desejaria matá-la em retaliação. Ela não sabe o que faz. Quando consideramos a humanidade assim como um bondoso pai vela por seus filhos e está *disposto a sofrer por eles, para que possam receber algo da luz e do poder de seu espírito, então nos tornamos semelhantes a Cristo: Deus em ação.*

6) Bem-aventurados os puros de coração, porque eles verão a Deus. (Mateus 5:8)

A suprema experiência religiosa é a percepção direta de Deus, para qual é necessário tornar puro o coração. Nisso concordam todas as escrituras. Deus é percebido com a visão da alma. Em seu estado natural, toda alma é onisciente, contemplando diretamente Deus ou a Verdade por meio da intuição. Tanto a razão pura quanto o sentimento puro são intuitivos; quando porém, a razão é restringida pela intelectualidade da mente limitada aos sentidos e o sentimento degenera em emoção egoísta, esses instrumentos da alma produzem percepções distorcidas. O restabelecimento da perdida clareza da visão divina é o significado dessa Bem-aventurança. A beatitude conhecida por aquele que tem perfeita pureza de coração é a mesma a que se refere o Evangelho de São João: "Mas a todos quantos o receberam, deu-lhes o poder de serem feitos filhos de Deus". A todo devoto que recebe e reflete a onipresente Luz Divina, ou a Consciência Crística, através da transparência purificada do coração e da mente, Deus confere o poder para reivindicar a bem-aventurança da filiação divina, assim como fez Jesus.

7) Bem-aventurados os pacificadores, porque eles serão chamados filhos de Deus. (Mateus 5:9)

Os verdadeiros pacificadores são os que geram a paz em sua prática devocional da meditação diária. A paz é a primeira manifestação de Deus na meditação. Aqueles que conhecem Deus com Paz no templo interior do silêncio e que lá reverenciam esse Deus de Paz, são por meio desse relacionamento de comunhão divina Seus verdadeiros filhos. Tendo sentido a natureza de Deus como paz interior, os devotos desejam que o Deus de Paz esteja sempre manifesto em seus lares, sua comunidade, sua nação, entre todas as nacionalidades e raças. Todo aquele que leva paz a uma família desarmonizada ali estabelece Deus. A consciência de "filho de Deus nos faz sentir amor por todas as criaturas. Aqueles que são verdadeiros filhos de Deus não podem sentir nenhuma diferença entre um indiano, um americano, qualquer nacionalidade ou raça. Seja qual for a nacionalidade ou cor de seus corpos, todos filhos de Deus são almas. O Pai não reconhece nenhuma denominação criada pelo homem; Ele ama a todos, e Seus filhos devem aprender a viver nessa mesma consciência. (...) Esse é o desafio colocado diante daqueles que pretendam ser pacificadores de Deus.

8) Bem-aventurados os que sofrem perseguição por causa da justiça, porque deles é o reino dos céus. (Mateus 5:10)

A bem-aventurança de Deus visitará as almas que suportam com equa-nimidade, por fazerem o que é correto, a tortura da crítica injusta dos falsos amigos, e também dos inimigos, e que permanecem livres da influência dos maus costumes ou hábitos prejudiciais da sociedade. Um devoto íntegro não se curvará diante da pressão social para que beba, somente por estar numa reunião em que são servidos coquetéis, mesmo quando os demais zombem dele por não compartilhar de seu gosto. A retidão moral traz a zombaria de curto prazo mas o regozijo é a longo prazo, pois a persistência no autocontrole produz bem-aventuranças e perfeição. Um eterno reino de alegria celestial, a ser des-frutado nesta vida e além dela, é o que recebem aqueles que vivem e morrem conduzindo-se de acordo com o que é justo. Aquele que abandona os costumes levianos do mundo e suporta de bom grado o menosprezo que os amigos sem visão expressam por seu idealismo demonstra que está apto para a infindável Bem-Aventurança de Deus. (...) O mel de Deus, embora encerrado em misté-rio, é o que a alma verdadeiramente anseia. Aqueles que meditam com firme paciência e perseverança rompem o selo do mistério e sorvem profusamente o néctar celestial da mortalidade.

O céu é aquele estado de alegria transcendental e onipresente em que tris-teza alguma jamais ousa penetrar. Pela constante retidão, o devoto alcançará por fim essa divina bem-aventurança da qual não há queda possível. Devotos hesitantes, não estabelecidos em meditação, podem cair desse estado de suprema felicidade; mas os que são resolutos obtêm permanentemente essa beatitude. O reino da Consciência Cósmica pertence ao Rei da Bem-aventurança Celestial e às almas elevadas que Nele imergem. Daí se dizer dos devotos que unem seu ego a Deus, tornando-se unos com o Rei do Universo: "Deles é o reino dos céus.

VISÃO METAFÍSICA SOBRE JESUS CRISTO

Estava muito claro para mim o que grande parte da humanidade havia feito com Jesus e sua mensagem de Amor: distorção para manter o controle e poder sobre outros humanos. Ao invés de estimular a Unidade, Amor e conexão, algumas religiões organizadas fizeram com que mais muros e divisões fossem criados, acarretando em muitas mortes, perseguições, into-lerância e violência que perduram até hoje. Refiro-me a algumas religiões cristãs, mas esse fenômeno também diz respeito a muitas outras religiões e seus expoentes. Uma canalização de Kryon aprofundou ainda mais meu entendimento sobre a visão metafísica de Jesus Cristo, uma visão mais ligada à espiritualidade do que a um sistema de crenças religioso dogmático. Sentia uma grande ressonância intelectual e energética com a consciência exposta no conteúdo.

Lee Carrol, canalizador e autor dos livros de Kryon, aponta que essa canalização é um breve tratado sobre a visão metafísica de Jesus Cristo e, também, uma rápida abordagem às crenças dos metafísicos. Foi canalizado (oferecido com a responsabilidade do Espírito divino) no mais puro sentido do amor, pela Entidade Kryon. Foi a primeira canalização e está escrita desde a perspectiva do escritor que transmite a consciência de Kryon, ao contrário da canalização em direto, em que Kryon fala na primeira pessoa (tal como foi exposto até o momento). Não tem a intenção de convencer, defender ou fomentar nenhuma causa ou sistema de crenças. Conforme o autor, se não concordar com os pensamentos que seguem ou se sentir desconforto ao ler esses pontos de vista, deve abandonar a leitura e regressar àquilo que é correto para si. Se, no entanto, prosseguir, a informação poderá ser-lhe útil.

O pensamento metafísico sobre jesus

É uma crença metafísica o fato de Jesus Cristo ter sido um dos Mestres de mais alta ascendência, entre os que visitaram a Terra. Veio para nos dar a Verdade, o Amor e o Exemplo. Enquanto cá esteve, muitos escreveram acerca do que fez, deixando-nos um magnífico registo da sua passagem. Depois de ter partido, também muitos «canalizaram» os seus ensinamentos do Espírito (chamaram-lhe o Espírito Santo) e distribuíram instrução na Verdade e no Amor. Algumas dessas canalizações são os livros do Novo Testamento, traduzido e voltado a traduzir numerosas vezes, os quais têm sido transmitidos aos Humanos, desde há dois mil anos.

Os metafísicos também crêem que outros Mestres, talvez tão poderosos, talvez até o próprio Jesus, surgiram para visitar outras zonas culturais da Terra, que precisavam de ver o exterior de alguém como eles. E, a cada visita, transmitiram basicamente a mesma mensagem de amor universal. (Alguns também acreditam que Jesus não morreu e que continuou a ensinar, depois de ter saído do Médio Oriente).

Os cristãos dirão que, uma vez que a Escritura (canalização) é, com frequência confusa, há que confiar no Espírito Santo ("Espírito"), para que ele lhes dê a sabedoria necessária para compreender. Para o metafísico, isto é igual a dizer que, o mesmo Espírito que transmitiu os escritos, dará os significados.

Mais uma vez, a maioria dos líderes religiosos no poder não consegue, sequer, começar a pôr-se de acordo com aquilo que diz o Espírito ou acerca de quem está qualificado para escutar. Isto conduz à enorme fragmentação dos seguidores organizados de Jesus.

Para os metafísicos, a parte mais desafortunada do acontecimento histórico da visita de Jesus é o que os homens no poder fizeram dela. Aparentemente, as palavras de Jesus foram traduzidas e interpretadas com o intuito de rebaixar e desbaratar o espírito e a vontade das pessoas. Quer dizer: "nenhum homem é digno", "nascemos no pecado", "a passagem é breve", "não há nada que se possa fazer pessoalmente para subir acima da nossa própria indignidade", "o espírito do homem é pecado", "nasce-se com a certeza de ir para o inferno quando se morre", "dado que não se pode fazer nada digno, tem que se entregar a própria responsabilidade a um poder superior", "se as coisas lhe correm bem... você não tem nada a ver com isso!"

Desde muito cedo se ensina aos cristãos que devem entregar a vida (o Poder) a Jesus para se elevarem acima desse pântano, que é a sua própria indignidade. Admite-se que os homens mataram o filho de Deus. Ensinam que só podemos esperar culpabilidade e que Deus aprecia o castigo. Porém, é possível, obter o perdão de Deus, pelo que a metáfora de Jesus/pastor e dos Seres Humanos/rebanho, repete-se, uma e outra vez, nas Escrituras. (Como se sabe, não se espera que as ovelhas façam algo por si mesmas!) Este conceito é o maior fosso entre o Jesus metafísico e o Jesus cristão.

Os metafísicos não acreditam que Jesus tenha tido todas estas intenções; não crêem que Jesus sentisse qualquer desejo de ser adorado como divindade. As suas palavras significam algo completamente diferente do que significam para aqueles que abraçaram esta nova crença universal; da mesma forma, também a sua morte, tal como foi registada, não tem o mesmo significado. Pelo contrário, crêem que cada pessoa vem ao mundo como um Ser Humano, cuja origem é espiritual, e que, dentro de si mesma, dispõe do total Poder de Deus, o qual aguarda apenas o momento de ser utilizado, através da compreensão espiritual.

Também acreditam que cada pessoa é responsável pela sua própria vida e pelo seu próprio poder. Entregar a sua vida a Deus não é perder o controle, mas assumir o controle; é utilizar os ensinamentos de Jesus (e dos outros) como um guia para obter o poder, que é seu permanentemente. Jesus não veio para nos converter em ovelhas; veio para nos dar instruções acerca de como despertar o "pastor" dentro de cada um de nós. A isso chama-se "tomar o seu próprio poder".

Os metafísicos estão preocupados com o aqui e o agora (ainda que, frequentemente, haja muita agitação acerca de aspectos secundários, como vidas passadas, OVNIS e fenômenos psíquicos). O verdadeiro metafísico preocupa-se com o melhorar-se a si mesmo, através do estudo das formas de como pode usar as chaves universais ensinadas por Jesus (e outros) para se elevar até um estado de consciência mais alto, enquanto está na Terra. Ou seja, os metafísicos estão convencidos de que podem levar vidas melhores, e ter paz, saúde e alegria enquanto estão encarnados, utilizando, para isso, o Poder de Deus, que está disponível para todos (tal como Jesus ensinou). E, ao fazerem isto, ajudam a elevar a consciência do planeta através da oração – o verdadeiro objetivo do nosso tempo, na Terra.

Este tipo universal de crença poderia ser visto, simplesmente, como outra seita, como mais uma entre as centenas que já existem. Logo, onde está a diferença? Acaso os metafísicos são gente que pretende conhecer melhor Deus do que os outros? Neste caso, não seriam diferentes dos demais. Talvez isto possa ser assim. Mas, se observamos mais atentamente, veremos as diferenças singulares da Metafísica:

Respeita todas as outras crenças humanas.

Não se diz que qualquer outro sistema seja "errado".

Os metafísicos, não são evangelizadores.

Como não estão "instigados pela doutrina", as questões específicas são deixadas, amiúde, nas mãos do indivíduo.

Não defendem qualquer centro de poder humano.

As regras são auto-impostas e governadas, apenas, pelo indivíduo.

A maioria deles acredita e pratica os ensinamentos universais de amor de Jesus."

Essas informações ressoavam muito comigo. Na minha forma de ver as coisas, Jesus foi primeiramente um magnífico exemplo de ser humano, mas acima de tudo um grande mestre da Nova Energia! Um ser divino que veio muito antes do tempo em que poderia ser efetiva e completamente compreendido. Em algum momento a humanidade como um todo poderá não só compreender seus ensinamentos, mas vivê-los da forma mais profunda possível! É a manifestação da Consciência Crística por meio dos seres humanos: o mais profundo Amor Incondicional.

EXPERIÊNCIAS NO MONTE CARMELO E SAFED – PROFETA ELIAS

Quando chegamos ao Monte Carmelo, não sabia a história daquele lugar. Hoje há uma igreja com um "convento", se não me falha a memória. Mas, logo que coloquei os pés no solo comecei a sentir a energia, que tinha ligação com Elias, assim como a caverna onde ele ficou que também visitamos. Naquele monte consegui sentir a presença da energia do grande profeta. Enquanto o grupo deslocou-se com os guias turísticos para um lado, sentei-me perto de uma pedra e ali fiquei bastante tempo. Sentia o corpo todo vibrar, conectando com aquela energia presente, viva, disponível! Depois foi contada a história do que nas redondezas ocorreu, o episódio contra os idólatras. Elias, ou " Eliahu Hanavi" como é chamado em hebraico, foi um profeta que lutou para provar a existência do Deus Único no mundo e um famoso relato diz que ele subiu com os falsos profetas no Monte Carmelo, para discutir quem era o verdadeiro Deus. Todos ofereceram sacrifícios para seus deuses. No entanto o fogo dos céus desceu somente sobre o sacrifício de Eliahu, demonstrando que sua crença no Deus Único era a verdadeira.

Nunca tive alguma identificação ou ligação forte com Elias, mas ficou claro que era o momento de aprender algo com ele. Aquilo me deixou com uma pulga atrás da orelha e mais coisa viria com relação a isso na viagem.

Em Safed também, um senso de reconhecimento profundo do lugar. Uma moça acompanhou-nos no tour da cidade contando algumas histórias e explicando um pouco de Kabbalah para as pessoas que não conheciam (sobre como aquela cidade era um núcleo fortíssimo para espiritualidade do planeta). Grandes mestres cabalistas caminharam naquelas pequenas ruas da cidade e próximo a ela há um monte em que estão o túmulo de Shimon Bar Iochai e uma caverna na qual ele viveu durante treze anos para receber e escrever o livro do Zôhar, a fonte viva da sabedoria mística judaica da Kabbalah, que foi revelada pelo Profeta Elias. Ela comentou que nos ensinamentos de Kabbalah, na nossa caminhada espiritual, ou estamos subindo ou estamos descendo, não existe ficar parado. Então é melhor que estejamos sempre subindo, sem parar.

Quando entramos em uma das casas visitadas, não contive meu choro, chorava compulsivamente sentindo novamente a presença da energia do profeta e mestre ascencionado Elias. Estava recebendo uma mensagem em forma de energia... muito profunda no coração... energia da compaixão pura. Então, nossa guia começou a falar um pouco sobre a história daquele lugar e relatou um conto chassídico chamado "Elias, o Profeta de Minsl", do mestre místico e Rabino Baal Shem Tov:

Um chassid foi ao Baal Shem Tov em Mezhibuzh e disse, "Rebe, eu quero ver Elias o Profeta.

- É simples – disse o Baal Shem. "Eu vou te dizer o que fazer. Pegue duas caixas e preencha uma com comida e outra com roupas para crianças. Então, antes de Rosh Hashaná, viaje para Minsk. Nos arredores da cidade, logo antes de onde a floresta começa, há uma casa em ruínas. Encontre essa casa, mas não bata na porta imediatamente. Fique lá por um tempo e ouça. Então, pouco antes do tempo de iluminação das velas, ao pôr-do-sol, bata na porta e peça hospitalidade.

O chassid foi para casa e disse a sua esposa que estaria ausente para o feriado. "Como você pode deixar sua família?", ela disse, "as crianças querem que o pai os leve para a sinagoga!" E ele disse a ela: "eu tenho uma chance única de ver Elias, o Profeta!" Finalmente, ela concordou que era algo que ele não podia passar por cima.

Então ele foi e fez como o Baal Shem Tov lhe disse. Encheu os pacotes de comida e roupas e foi para Minsk, onde encontrou a casa quebrada na beira da cidade. Chegou pouco antes da noite e ficou em frente à porta, ouvindo. Lá dentro, ouviu crianças chorando: "Mamãe, estamos com fome. E é Yom Tov e nem temos roupa decente para vestir! "Ele ouviu a mãe responder: "Crianças, confiem em D'us. Ele enviará Elias, o Profeta, para lhe trazer tudo o que vocês precisam!"

Então o chassid bateu na porta. Quando a mulher abriu, ele perguntou se ele poderia ficar com eles para o feriado. "Como posso recebê-lo quando não tenho comida na casa?", ela disse. "Não se preocupe", ele falou, "eu tenho comida suficiente para todos nós." Ele entrou, abriu a caixa, deu aos filhos a comida e eles comeram. Então ele abriu a outra caixa e as crianças todas levaram roupas para si: esta uma camisa, essa uma jaqueta, a outra um chapéu. Ele esteve lá por dois dias, esperando para ver Elias, o Profeta. Nem sequer dormiu. Como poderia dormir? Quantas vezes você tem a chance de ver Elias, o Profeta? Mas não viu ninguém.

Então retornou ao Baal Shem Tov e disse: "Mestre, eu não vi Elias, o Profeta!" "Você fez tudo o que eu disse a você?", perguntou o Baal Shem Tov. "Eu fiz!" ele disse. "E você não o viu? Não, Rebbe." "Tem certeza? Sim, Rebe! Eu não o vi!" "Então você terá que voltar para Yom Kipur", disse o Baal Shem Tov. "Volte antes de Yom Kippur, com uma caixa de comida, para a mesma casa. Novamente, certifique-se de chegar uma hora antes do pôr do sol, e não bater imediatamente. Espere um pouco e fique na frente da porta, ouvindo."

O chassid voltou para sua esposa e disse-lhe que estaria ausente para Yom Kippur. "Como você pode deixar seus filhos novamente?" ela perguntou. "Mas o Baal Shem Tov diz que eu vou ser capaz de ver Elias o Profeta, como um dos grandes tzaddikim! Como eu não posso ir?" Sua esposa concordou que valia a pena ir embora por dois ou três dias se ele pudesse ver Elias, o Profeta.

Então ele voltou para Minsk antes de Yom Kippur. Desta vez, ele foi mais cedo e ficou em frente à porta, ouvindo. Dentro, ouviu crianças gritando: "Ma-mãe, estamos com fome! Nós não comemos o dia inteiro! Como podemos jejuar para Yom Kipur?" "Crianças! Disse a mãe: "Vocês lembram-se que estavam chorando durante Rosh Hashaná porque não tinham comida nem roupas? E eu lhes disse: confiem em D'us! Ele enviará Elias, o Profeta, que lhes trará comida e roupas e tudo o mais que vocês precisam. Eu não estava certa? Elias não veio e lhes trouxe comida e roupas? Ele ficou conosco por dois dias! Agora vocês estão chorando de novo que estão com fome. Eu prometo a vocês que Elias virá agora, também, e lhes trará comida! "

Então o chassid compreendeu o significado do que seu mestre, o Baal Shem Tov, lhe tinha dito. E bateu na porta.

Aquilo fazia total sentido e ressoava profundamente com o que sentia. Todos nós podemos ser o profeta "Elias" para mais alguém. Todos nós podemos ser veículos de bênçãos e Graça Divina para outras pessoas. E outras pessoas podem ser "Elias" para nós. Como Deus atua no mundo? Pelos seres humanos! Pelas pessoas que compartilham do fundo do coração com os outros. Tão simples e tão complexo ao mesmo tempo!

SABEDORIA ESPIRITUAL DOS JUDEUS

Sentia que precisava encontrar algo na sabedoria dos judeus, era momento de revisitar a Kabbalah, mas agora de uma forma muito mais profunda. O Rabino Michael Laitman aponta que a palavra "kabbalah", em hebraico, deriva do verbo "lekabbel" (receber). É uma sabedoria muito antiga que revela como o Universo e a vida funcionam, e o porquê de estarmos aqui. É uma tecnologia espiritual muito profunda que consiste de princípios intemporais aplicáveis a todos aqueles que buscam a plenitude. É o estudo de como receber a Luz Infinita do Criador, a Plenitude e Bem-Aventurança que tanto buscamos. Está ligada à dimensão mística da Torah (os Cinco Livros de Moisés ou Pentateuco). Um dos textos cabalísticos mais célebres de todos os tempos da kabbalah se chama Zohar (O Livro do Esplendor), que trata da parte mística e esotérica da Torah, autoria atribuída a Shimon Bar Yochai.

Eu tinha lido alguns livros há muito tempo, maioria ligados ao Kabbalah Centre e ao Rav Berg ou Karen Berg. Fizeram muito sentido na época que li, aprendi muito com eles, foram muito inspiradores. Mas era oportunidade de buscar mais, pois tudo o que tinha acontecido comigo estava pulsando e enviando uma mensagem bem clara. Tinha algum pedaço ainda que precisava ser integrado ou explorado. Precisava ir atrás de mais uma peça do quebra cabeças. Tudo estava se encaixando, pois antes de viajar para Israel eu estava fazendo a ativação das doze camadas do DNA com Peggy Phoenix Dubro, uma série de alinhamentos e ativações energéticas online. Nos encontrávamos virtualmente nos finais de semana para meditar e ativar nossas potencialidades espirituais latentes. Estava pulsando na minha mente e fazia muito sentido que os nomes das camadas eram dadas em hebraico, assim como **Kryon** muitas vezes mencionava informações sobre a importância e papel do povo judeu na humanidade. Um grupo kármico de extrema relevância para a ascensão planetária, como vocês podem ver neste trecho extraído do **Livro 3 – *A alquimia do espírito humano.***

Ao estudar o carma de grupo, convém dizer que há outro atributo relacionado com a "contabilidade da energia", do qual ainda não falamos até agora. Para vocês, só tem interesse como abordagem, mas pode constituir uma revelação para aqueles que venham a ler estas palavras. Pois há, neste planeta, um conjunto de humanos que sempre deve permanecer no mesmo grupo; nunca mudam. É como um elemento essencial do carma de grupo, uma âncora ou ponto de partida para que o sistema de grupos funcione. São aqueles a quem chamamos os "puro-sangue astral" do planeta. Por outras palavras, esta estirpe pode encarnar sempre no mesmo grupo, várias vezes. Não tiveram nenhuma alteração, mas o grupo é suficientemente grande, de modo que pode coexistir sobre toda a superfície planetária. Os recém-chegados neste grupo permanecerão sempre nele, enquanto estiverem decidindo se regressarão ao planeta, e isso é algo que sabem de antemão. Alguns de vocês já imaginaram qual é este grupo, pois acontece com freqüência que Kryon lhes leve de regresso à linhagem dos judeus. Este grupo tem um atributo sobre a Terra que não é parecido com nenhum outro. (...) Pois eles são os "puro-sangue astral". Também são os que desempenharam um papel importante em toda a história humana. Ser um "puro-sangue astral" comporta os atributos de uma espada de dois gumes. Lançar-se uma e outra vez dentro do mesmo grupo fortalece o conhecimento acerca de como funcionam as coisas. À medida que passam pelos períodos de aprendizagem, obtêm, uma vez mais, o conhecimento celular das falhas do passado. Isso cria coesão, sabedoria e uma certa vantagem, aparentemente injusta, sobre os outros grupos que trocam de posição com freqüência. Como compensação, os "puro-sangue astral" concordaram em suportar o carma mais pesado do planeta."

"O Espírito, todavia, não cria uma hierarquia de favoritos. Os "puro-sangue astral" são tão amados como quaisquer outros, e não são destacados como os "eleitos de Deus", excetuando o fato de serem diferentes de outros humanos no sentido de que o seu carma é puro. Convidamos vocês a observarem um atributo biológico interessante: os judeus não são reconhecidos biologicamente pela ciência humana como uma raça à parte, apesar de atuarem como tal, pois, carmicamente, é o que são. Isso constitui, de fato, a sua grande linhagem, pois ajudaram a fundar o planeta, e estiveram aqui desde o princípio.

Comecei a perceber diversas convergências nas informações e na linguagem utilizada tanto por Kryon quanto pelos sábios judeus e grande kabalistas. Decidi que deveria mergulhar na sabedoria judaica quando voltasse para o Brasil. Não tinha como não o fazer, havia sido comunicado de várias formas. Tinha escutado a mensagem. Percebi a importância de ir atrás dos escritos originais, assim como de fontes "mais perto" dos grandes líderes e sábios místicos judeus. Posteriormente abordarei mais das novas informações de Kryon sobre os judeus, assim como alguns conceitos espirituais importantes da sabedoria que eles trazem para contribuir para ascensão planetária.

De volta ao tour em Israel, no final tivemos o Coro Cristalino em Tel Aviv, em que mais de 300 pessoas entoavam Tons Pineais com intenções de ativação mais profunda da espiritualidade do planeta, assim como para a abertura das cápsulas do tempo de Gaia, deixadas pelos Pleiadianos, nossos "padrinhos" espirituais. Durante o intervalo de um dos dias de ensaio para o Coro Cristalino, recebi um presente do Universo. Uma senhora australiana chamada Pamela Murray, de 80 anos aproximadamente, chegou perto de mim e me entregou uma pedra toda pintada e desenhada. Na frente desta pedra haviam corações... e na parte de trás estava escrito: "VOCÊ É AMADO!" E ela veio exatamente no momento que eu estava integrando tudo isto... O Universo funciona com perfeição de formas misteriosas para nós humanos. Seja por palavras duras ou palavras doces, Deus está falando conosco por intermédio das outras pessoas. O mesmo Deus (Amor, Luz, Essência) que está dentro de mim, está dentro do outro.

Quantas mensagens recebemos todos os dias de "Deus"? Cabe a nós mesmos abrirmos nossos olhos e vermos o que Ele quer nos dizer... seja pelo "néctar" ou do "veneno". E você é profundamente amado(a)!!! Geralmente essas são palavras repetidas em diversas canalizações de Kryon e outros. Realmente há uma honra muito grande do plano espiritual aos seres humanos encarnados no difícil desafio da dualidade. Posteriormente tentaremos compreender um pouco mais sobre isso e a importância que os seres humanos têm na evolução de todo o Universo e de todas as dimensões.

Após o Coro Cristalino, fiz também a formação para facilitadores do alinhamento energético chamado de Ondas®, desenvolvida por Peggy Phoenix Dubro em conjunto com o doutor Todd Ovokaytis. Todas ferramentas muito evolutivas neste momento de ascensão planetária. Uma frase que Peggy disse nesse evento marcou-me bastante, porque a ouvia seguidamente em eventos ou cursos ligados à Nova Era ou espiritualidade. Ela disse: "Não precisamos diminuir o trabalho dos outros para que o nosso trabalho seja valorizado". Neste momento de muita abertura energética para o planeta, muito também chega ligado às novas ferramentas, novas tecnologias da consciência, novas formas de terapia energética, muita informação para auxiliar a humanidade. Porém, percebi que muitos que dizem trabalhar com a Nova Energia ou com novas ferramentas acabam diminuindo ou minimizando o trabalho dos outros, como se isso fizesse o seu trabalho ter mais valor. Ou até mesmo dizendo que "este é o melhor, o mais forte de tudo, o mais elevado, o "mais mais mais" da Nova Energia, "não há nada igual a isto no planeta e nunca teve". Trazendo uma consciência de dualidade, de competição, de velha energia para dentro da Nova Energia. Infelizmente o ego humano tenta infiltrar-se de todas as formas para atrapalhar a transformação da consciência planetária; o "oponente" é realmente muito liso e astuto, seus mecanismos muitas vezes consistem em maquiar-se com algo espiritual e evolutivo para, no fundo, tentar perpetuar uma consciência de auto importância, de egoísmo. Percebi, também, que havia uma manifestação de falta de verdadeiro amor próprio, de falta de confiança em si. Se a pessoa realmente confia no trabalho que está trazendo e percebe a sua importância, isto por si só seria suficiente, não teria porque diminuir o trabalho do outro. Fazemos isso diariamente nas mídias sociais, conversa entre amigos ou familiares. Será que realmente precisamos falar mal de alguém para nos sentirmos mais valiosos? Será que os outros precisam ser "piores" para que nós sejamos "reconhecidos" como certos ou melhores? Será que os outros precisam ser "ruins" para que nós sejamos bons? Algumas reflexões para refletirmos no nosso dia a dia e trazermos consciência para nossas palavras.

Nos últimos dias em Israel, fiz o fechamento da viagem com o Workshop do Stargate com Prageet Harris, assim como uma sessão energética individual com o mesmo. Prageet Harris é um canal inglês, de renome internacional, que trabalha há 25 anos com seu guia Alcazar e sua criação, o Stargate, que consiste em uma estrutura consciente de geometria sagrada, criadora de um poderoso campo de energia multidimensional, uma energia que pode levar os participantes a um estado meditativo profundo rapidamente.

De acordo com o próprio site de Prageet Harris:

O Stargate é um dos dispositivos que podem ajudar na rápida expansão da consciência humana. É um sistema de entrega brilhante para a nossa evolução, eficaz, criando simplesmente múltiplos níveis de vibrações e frequências. As energias do Stargate podem criar a vida passada lembrando e reativando habilidades psíquicas. Pode permitir que os participantes acessem a sabedoria e o conhecimento de outras realidades dimensionais e realmente sintam – e, em alguns casos, vejam – seres benevolentes e de alta energia como os do Reino Angélico, Mestres Ascensionados e várias Famílias da Estrela – seres que existem em Outras realidades dimensionais e ao redor do nosso Universo. Todas essas experiências ocorrem durante meditações guiadas pela elevação da freqüência vibratória do indivíduo – um processo que reativa DNA latente e multidimensional. É o DNA que contém a chave para quem você é, quem você esteve e como sua estrutura física funciona – sua parte e propósito no esquema Universal e sua capacidade de se comunicar diretamente com o Espírito.

Com certeza foram vinte dias de profunda transformação! Estava em Israel e vivenciando como se estivesse dentro de uma "panela de pressão" de energia, um "forno de micro-ondas" cósmico, em todos os sentidos! Fui fazer a meditação individual com Prageet Harris em Tel Aviv. Depois de fazer a tradução de meditações para duas amigas que estavam na viagem, entrei no recinto do Stargate para fazer a minha específica meditação em que Alcazar seria canalizado através do Prageet. Foi impressionante de ver que em questão de segundos já estávamos experienciando outros planos de consciência, outras dimensões além da mente, difícil de compreender. Todo o corpo vibrava de outra forma. Muitos momentos de não dualidade.

Uma mensagem e meditação foi especificamente canalizada para mim e tudo fazia perfeito sentido com o que estava vivendo naquele momento... meus desafios e lições. Saí da sessão caminhando pela beira da praia de Tel Aviv sem nenhum único pensamento, a sensação era de que o corpo estava flutuando. Não caminhava, não respirava, não fazia nada, simplesmente "deslizava" no vento sentindo a pulsação do Universo. Durante o workshop de dia inteiro do Stargate, passei completo "sem mente", como pouquíssimos pensamentos. Era simplesmente viver numa outra dimensão, embora o corpo aqui na Terra. O dia e a noite inteira fiquei num estado não dual de consciência. Somente no outro dia que havia "retornado" à dualidade.

Sentia que com todos os trabalhos e tudo que tinha vivido em Israel eu já não era mais o mesmo. Ali havia aberto uma nova "janela" de evolução. Quanto mais eu sabia, mais eu sabia que tinha mais pra saber e de que não sabia nada. Impressionante de pensar em tudo que tinha vivido e experienciado e ainda perceber que exatamente lá é onde a dualidade e a escuridão se manifestam com tanta força. Anos de lutas, guerras, briga por território e poder. Percebi que pode não ser apenas o poder que está em jogo lá. Na verdade, Israel como um grande vórtice de energia do planeta, pode existir uma batalha até mesmo inconsciente por isto. O Rabino e mestre Iogue Gabriel Cousens fala um pouco sobre isto em seu livro *Torah as a guide to enlighntenment*:

Diz-se que o óleo fluiu a partir dos céu e iniciou a pedra, que, por um ato de Deus, entrou na terra e continuou o que seja como Even HaShetiyah (Pedra Fundacional). Hoje esta pedra está alojada no Domo da Rocha no Monte do Templo em Jerusalém. É uma pedra poderosa repleta de energias da casa de Deus. A Pedra Fundacional gera a energia massiva. O poder de Jerusalém é grandemente amplificado por esta pedra e pode ser a causa do que chamamos "Locura de Jerusalém". Esta pode ser uma das coisas que pessoas estão inconscientemente lutando por.

Não será com guerra, violência e intolerância que se conseguirá as coisas. Pelo contrário, somente pela tolerância, do respeito, do amor, nos conectaremos com o Criador. Para isto acontecer existem etapas ainda a acontecer, passos a serem dados. Diversas tradições esotéricas como Yoga, Kabbalah, Sufismo, Budismo revelaram em algum momento que a frequência do planeta Terra mudaria, promovendo a abertura necessária para a chegada de uma nova consciência, da Nova Energia, era messiânica ou era de aquário. Nessa era, cada ser humano, consciente da divindade dentro de si e em tudo, poderá manifestar a sua ressonância, o seu papel e potencial, assim como seguir o seu caminho para a autotransformação e consequentemente para a transformação do mundo. Exatamente como Kryon destacou na mensagem "O final da história", canalizada por Lee Carroll em dezembro de 2010, em Washington. Alguns trechos:

Eu chamo a mensagem de hoje: 'O Fim da História', e não é uma mensagem de destruição. Recebam-na de uma forma linear ou quântica. Se receberem o título de um modo linear, poderiam ficar assustados, pois parece o final dos tempos. Se receberem o título de um modo quântico, estamos dizendo que é o final da energia histórica. Há uma mudança acontecendo no planeta, e retornaremos a esta declaração no final desta mensagem. Para que eu faça isto correta e apropriadamente, eu posso ofender alguns por causa da história da energia que é inata em alguns de vocês que aprenderam de determinado modo. Assim peço-lhes que sejam pacientes com esta, a minha mensagem, e se unam a mim, enquanto a transmito.

Eu desejo levá-los de volta e explicar algumas coisas a vocês, pintar um quadro que se movimenta em tempos históricos. Eu quero retornar a Abraão, o pai do monoteísmo. Abraão está onde gostamos de olhar verdadeiramente a história do que vocês diriam ser a moderna crença espiritual, pois é o modo como o mundo pensa. Oh, há muitos antes dele. Alguns de vocês são Lemurianos e sabem o que eu quero dizer. Mas Abraão representa para a Terra o início do que vocês chamariam de pai das grandes religiões do planeta. Assim, eu quero dar-lhes a história do que aconteceu, e quero que vocês a observem cuidadosamente.

ABRAÃO, PAI DOS JUDEUS

Quero homenagear Abraão, nascido em Ur, que agora é parte do moderno Iraque, e quero honrar os seus filhos, nem todos nascidos de Sara. O que eu quero falar é Ismael. Abraão é Judeu... o grande profeta Judeu. Ismael é o seu filho. Não há nenhuma maneira que vocês pudessem dizer que Ismael não fosse Judeu, e ele é até hoje. Ismael nasceu em Hebron. Assim, ele é israelense. Ismael é um Judeu.

Agora, alguns argumentariam, devido a como a linhagem Judaica é computada pelos homens (lado materno). Mas o Espírito encara o DNA e a linhagem Akashica, assim espiritualmente, Ismael é um Judeu. Ele veio como parte da linhagem dos Judeus. Ele foi rejeitado até pelo povo Judeu logo no início por razões políticas. Então Ismael passou a tornar-se aquilo que é o antepassado de todos os Árabes... o pai da Arábia. Portanto, vocês poderiam dizer que os Árabes estão com sangue Judeu, o de Abraão, fluindo através deles. Mas logo no início, os Judeus expulsaram Ismael. Assim, embora vocês tenham o único

Deus e o monoteísmo, e tenham o princípio do amor de Deus e da unidade de Deus, havia uma divisão. A verdade foi mesclada com inverdades e, até este dia, haveria um bilhão de Seres Humanos que diriam que foi Ismael e não Isaac que foi quase sacrificado no Monte do Templo. Eles diriam também que ele não é um Judeu.

Então, qual é a verdade aqui? Os Seres Humanos não foram feitos para unificar. Em uma energia mais velha no planeta, naqueles dias, e até os dias em que vocês nasceram, a energia colocada sobre vocês é para vocês se separarem, não se unirem. E é por isto que a chamamos de velha energia. Oh, eles eram homens e mulheres sábios que tinham mais conhecimento, mas é a velha energia que separa e divide, e é a velha energia que criou as divisões de ódio em milhões daqueles que são realmente "plenamente Judeus."

A BELA MENSAGEM DE MAOMÉ SOBRE A UNIDADE

Deixem-me contar-lhes sobre Maomé, o profeta. Maomé é da linhagem de Ismael, que é da linhagem de Abraão. Portanto, Maomé tinha sangue Judeu, de modo que era a sua linhagem, mas não necessariamente a sua cultura. Mas a sua linhagem Akashica era de Abraão. (Abraão é o fundador do Islã, de acordo com o Alcorão).

Maomé teve um belo encontro, mais do que um, com uma presença angélica. Os Anjos falaram com a Humanidade então nos básicos modos de 3D. Mas quantos de vocês reuniram uma grande quantidade de anjos naquele tempo que falavam aos Seres Humanos, que conversavam com aqueles da linhagem Judaica? Como Maomé, como Moisés, como Jesus, como Abraão. Pois isto foi parte do estabelecimento de uma história, parte do que torna a linhagem Judaica tão importante ao núcleo Akashico da humanidade, e já falamos antes: "Assim como seguem os Judeus, segue a Terra." Realmente, há algo a observar aí que é importante, e que mudará em breve. Pois aos nossos olhos, os "Judeus" são todos aqueles do Oriente Médio.

A informação de Maomé dada pelo anjo foi esta: "Unam os Árabes e lhes dêm o Deus de Israel." E ele o fez! A informação que ele tinha era maravilhosa e foi escrita mais tarde pelos seus seguidores. Tratava-se do incrível amor de Deus e da unidade do homem. Maomé, o profeta, era um unificador e não um separatista.

Muito antes de Maomé, veio Jesus – Jesus o Judeu. Ele se tornou responsável pelo que vocês chamariam hoje de Cristianismo. Todos os seus discípulos eram Judeus. A Pedra, Pedro, o pescador, que começou a igreja cristã, era Judeu. E nós lhes dizemos estas coisas para lembrá-los que há uma unidade aqui. Talvez haja uma razão, queridos, por que as 12 camadas do DNA tenham nomes em hebraico? De fato, é em honra aos mestres e à linhagem, incluindo a de Maomé, parte do idioma espiritual original (Hebraico).

"Oh", vocês poderiam dizer, "Havia Sumérios e antes disto havia os Lemuriamos. Havia Sânscrito e Tamil, e muitas outras linguagens mais antigas". Correto, mas estamos falando de uma linguagem de hoje – uma com que podem se relacionar, que tem poder e que é falada hoje pela pura linhagem dos mestres que viveram no planeta.

Então, o que a humanidade fez com tudo isto? O que eles fizeram com toda esta informação sagrada destes mestres Judeus? Eles foram à guerra, porque os Humanos separam coisas. Eles não as unem. Assim, aqui estamos com um Deus maravilhoso, criador de tudo o que há, e milhões que acreditam nesta coisa, entretanto, eles lutarão com outros, devido à ideologia sobre o que Deus disse, qual era o melhor profeta e que grupo está à favor de Deus. Isto é história antiga, de milhares de anos. Mas isto mostra exatamente do que se trata a velha energia.

NATUREZA HUMANA?

Agora, ocorreria a alguns que dizem: "É a natureza Humana." Portanto, é isto que acontece com os Humanos e eles repetirão inúmeras vezes e isto é a energia da história, banhada na sopa da natureza Humana que alguns dizem que nunca muda. Portanto, (eles dizem), isto acontecerá ainda inúmeras vezes. Estou aqui para lhes dizer, queridos, que não é porque algo está acontecendo no planeta que terminará a história. Terminará a velha energia da história. Terminará a velha natureza Humana, pois ela é evolutiva.

ENSINADOS A ODIAR DESDE O NASCIMENTO

Nesta Terra hoje, muitos que nasceram em Israel, lhes é ensinado desde o nascimento como não gostar e não confiar em todos aqueles ao redor deles. Neste momento, na história desta Terra, aqueles a sua volta desde o nascimento aprendem como odiar os Judeus. Cuidadosamente ensinados, eles são. Contra todas as probabilidades, eles estão orgulhosos desta separação porque é a linhagem dos seus antepassados que está em jogo, e eles querem seguir o protocolo histórico. Eles querem ficar separados. Entretanto, eu quero dizer-lhes que isto está mudando. Oh, está realmente mudando! Está mudando nos locais que vocês não esperam. Está mudando em Jerusalém. Está mudando no Irã. E as crianças estão despertando e dizendo. "Diga-me novamente, por que eu deveria odiá-los? Eles fizeram o que? Quando? Não foram eles. Foram os seus antepassados. Aqueles aqui agora são atuais e não participaram da história. Diga-me novamente, porque eu não sinto isto."

Os pais estão balançando a cabeça e dizendo: "Façam como dizemos, pois a tradição e a história nos contam que eles são os nossos inimigos e sempre serão." E as crianças estão dizendo: "Não, eu não farei isto, e nem aqueles à minha volta." Isto está lentamente fazendo uma diferença neste planeta e não está sendo registrado. Pois a sua mídia mundial não tem idéia do que fazer com esta Nova Energia e isto não parece mesmo ser novidade para eles. Eles estão imersos na velha natureza Humana, onde as coisas que separam são notícias e as coisas que unem, não são. No entanto, é uma das maiores energias que este planeta está vendo hoje. Estou aqui para lhes dizer que isto é real e está acontecendo sob a coberta, vocês poderiam dizer. Oh, há outras coisas que eu gostaria de lhes relatar. (...)

Se um Árabe e um Judeu puderem se olhar e ver a linhagem Akashica e a família, haverá esperança. Se eles puderem ver que as suas diferenças não mais exigem que eles se matem, então há o início de uma mudança na história. E é isto que está acontecendo agora. Toda a humanidade, não importa qual a crença espiritual, tem sido culpada de cair na armadilha histórica da separação, em vez de unificar. Agora isto está começando a mudar. Há uma mudança acontecendo.

O REI SÁBIO

Eu quero levá-los novamente à Salomão, um rei muito sábio. É uma história muito famosa, quando as duas mães reivindicaram a mesma criança. Ambas diziam ser a mãe e queriam que Salomão lhes desse o único bebê, e ele foi colocado no colo do rei para que resolvesse este problema. O rei sábio, que sabia do resultado antes que ele tomasse a sua decisão, ordenou que a criança fosse cortada ao meio. Cada mulher receberia metade da criança. Ele sabia o que aconteceria e o fez. Uma mãe imediatamente ficou branca e disse: "Dê a criança à outra mulher." Então Salomão soube a quem pertencia a criança, instantaneamente. Era a que desistiu da criança. Esta era a mãe verdadeira. Como ele sabia? Porque a compaixão é a coisa mais sábia no planeta e é cheia de solução e de unificação. Isto diz tudo. É a compaixão da mãe sábia, divina, que está fluindo na Terra e literalmente a Kundalini se movimenta de um continente ao outro, enquanto a Terra está sentindo a mudança.

Alguns estão se sentindo desesperadamente sozinhos no processo e sem compreender. Se um computador tivesse consciência, imaginem como ele se sentiria se vocês o desligassem e depois o reiniciassem. Ele perderia a sua memória de tudo que tinha acontecido. É o mesmo agora com a consciência Humana enquanto ela se reinicia em outro paradigma, onde a história não controlará o que acontecerá em seguida. E é isto o que estão sentindo – sozinhos com um potencial de reinício em um paradigma que não tem qualquer tipo de história da natureza Humana.

A NOVA ENERGIA É COMPAIXÃO E UNIDADE

(...)Nem todos vocês aqui acreditam no que o canalizador faz, e isto não importa. Assim, aqui está o seu teste, suas instruções para o dia. Vocês podem olhar àqueles aqui como família, ainda que não concordem com eles? Vocês podem amá-los? Vocês têm uma escolha de deixar este lugar e dizer: "Bem, eu não irei a uma reunião como esta novamente! Eles estão loucos." Ou poderão dizer: "Eu não irei a uma reunião como esta novamente porque eu não concordo necessariamente com eles. Mas eu os amo e eles serão bem-vindos a minha casa a qualquer momento. Se eles quiserem vir jantar comigo, está bem. E eu posso brincar com eles e estarei com eles e lhes apertarei as mãos. Eu até poderia me casar com um deles, porque eu reconheço que há um Deus, e um Criador, e todos o temos dentro de nós. Eu não concordo, mas posso me unir."

Assim, vocês chegam a uma compreensão de que as suas idéias e diferenças não mais os separam. Os Seres Humanos podem existir juntos, assim como os países que existem próximos aos outros, sem fronteiras. Suas culturas são ainda únicas, e eles ainda têm o seu próprio país. Mas agora eles estão juntos em um plano maior, onde nunca irão à guerra com o outro novamente. Eles não podem. Sua existência está ligada à outra. A unificação faz isto. Salomão o sabia, e o segredo é a compaixão. (...)

Eu quero lavar os seus pés agora pelo que estão fazendo com o planeta, velhas almas. Aproveitem a oportunidade para amar alguém, para vê-los quanticamente, para vê-los como muitos, não como um. Observem todos os Humanos na luz de sua linhagem com o planeta. Veja-os tão importantes quanto vocês. Unam-se a eles. Vejam, há uma mudança acontecendo neste planeta e vocês a representam. (...)

Vocês se sentem diferentes com o quebra-cabeça diante de vocês agora? Espero que sim. Solucionável, cada um deles. E assim é.

Kryon

RETORNO DE ISRAEL – INÍCIO DE UMA NOVA ETAPA

Como se pode imaginar, eu realmente era outro ser humano ao voltar para o Brasil. Estava entrando mais profundamente no fluxo de constantes mudanças do Universo, era um processo de me reinventar e me redescobrir diariamente. É interessante perceber que todas as coisas no mundo são impermanentes, um dos princípios básicos da espiritualidade, mas muito enfatizado nas tradições budistas. O nosso corpo se renova constantemente, nossas células estão se recompondo a cada instante, fazemos um novo fígado, um novo estômago, um novo cérebro, a matéria prima do nosso DNA, cada tipo de célula de cada tecido tem uma expectativa de vida diferente. Por que será que os seres humanos tentam ser iguais a vida inteira? Por que tentam manter uma autoimagem constante para si mesmos, assim como uma imagem cristalizada dos outros com quem convivem? Não seria mais saudável para todos estarmos abertos para mudanças interiores e exteriores?

Pense a respeito disso. Como seria a vida se aceitássemos um fluxo constante de mudanças com relação a nós mesmos e aos outros. Provavelmente teríamos muito mais liberdade e flexibilidade. Liberdade de não ter que defender uma autoimagem distorcida, assim como flexibilidade para lidar com os outros que também podem se apresentar como "novos" a cada instante. Sem preconcepções. Simplesmente agindo de acordo com o que o fluxo da vida traz naquele exato momento, que poder ser totalmente diferente no próximo minuto.

Cheguei a Porto Alegre e senti a urgência interna de ir encontrar minha ex-namorada e conversar com ela, pois nosso término havia sido pelo telefone e de uma forma não muito harmoniosa. Depois de tanto tempo juntos e de tantas trocas, achava que o mais honrado e íntegro seria conversarmos como duas pessoas maduras, olhando olhos nos olhos com respeito. E foi o que fizemos, demorou um pouco, mas conseguimos nos encontrar. Não foi um momento fácil, mas creio que conseguimos respeitar o desejo de cada um naquele momento. Tinha escolhido um caminho e ela estava escolhendo outro, em que não há certo e errado, simplesmente diferentes formas de evoluir. O que ficou nítido é que, apesar do carinho que tínhamos um com o outro, ambos não estávamos respeitando o que retratava nosso momento de vida, estávamos sofrendo no relacionamento, mas muito necessário para o aprendizado de lições profundas para ambos. Não posso falar com relação ao que ela aprendeu, apesar de sentir bastante o seu processo de evolução e o lindo caminho que tem pela frente. Só posso falar com relação ao meu aprendizado e minha evolução, que estava cada vez mais claros e nítidos. Quanto mais enfrentava minhas sombras, menos nublado ficava o tempo. É por isso que dizem que acima das nuvens o sol brilha sempre. E eu estava buscando o Grande Sol, a Fonte de Luz que anima o Universo e que habita dentro de todos nós.

Chega ao ponto que não há mais pra onde fugir. Não há ninguém para te socorrer, nenhum livro para ler, nenhuma dica do que fazer, por mais que muitos tenham vivido algo parecido com as experiências que tiveram. Chega um momento em que a única saída é escutar profundamente a si mesmo. Eu não tinha mais como fugir de mim mesmo, minha Alma não só chamava, como gritava, urrava com megafone! E a mensagem era muito clara! Ninguém mais pode suprir o que a Alma anseia. Nenhum ser humano pode suprir a ânsia pelo Amor Infinito, pela Clivagem Suprema, pela Bem-Aventurança, pela Realização do Eu Sou, pelo encontro com o Amado dentro de Si, enfim, pela União com Deus. Nenhum familiar, nenhum relacionamento, nenhuma mulher ou homem, nenhum mestre espiritual, nenhum bicho de estimação, nenhum bem material. Nada! Simplesmente nada de externo resolveria a situação permanentemente. Como já falei, somente uma Luz Infinita poderia suprir um temporário vazio infinito. E era o momento de dar mais um passo em direção a mim mesmo, por mais dolorido que pudesse ser, mas que seria decisivo na jornada.

Depois de voltar de Israel, minha percepção tinha mudado bastante. Entrar em contato com aquela energia tinha causado uma cascata de mudanças em todas as áreas da minha vida: física, emocional, psíquica e espiritual. Tinha que sair de um nível e consciência de amor para entrar em outra consciência do que era realmente o Amor. E o Natal era uma época propícia para relembrarmos do verdadeiro Amor Divino.

Compartilho com vocês um texto que escrevi na véspera do natal de 2015:

Queridos irmãos e irmãs, quando pensei em uma mensagem de natal para meus amigos, não quis trazer palavras sem intenção ou sem sentido, simplesmente cumprir um protocolo de final de ano. Então resolvi escrever com a intenção mais genuína que vibra meu coração neste momento.

Percebo que no final do ano muitas pessoas entram num clima de agitação, ansiedade e de correria na compra dos presentes, preparações para as festas de Natal e até mesmo para o fechamento do ano no trabalho. São muitas atividades, reuniões, distrações e estímulos sensoriais para nossa mente e corpo. Podemos até mesmo sentir prazer na hora, brevemente satisfeitos com o respectivo estímulo. No entanto, muitos deles nos causam muitos danos...para o corpo e para a mente....mas principalmente para a ALMA. Muitas atitudes e comportamentos reproduzidos de geração em geração, perpetuando um sistema de crenças que talvez nem faça mais sentido neste momento planetário.

Sim, existe o outro lado também...da comunhão, da conexão, do compartilhar, do amor. Mas será que estamos realmente conectados nestes momentos uns com os outros? Será que existem diálogos verdadeiros? Ou simplesmente vários monólogos desconectados? Ou até mesmo, como posso me conectar verdadeiramente com alguém se estou totalmente desconectado de mim e com quem eu realmente sou? Estou sendo verdadeiramente eu num encontro ou represento um papel que criei ou me foi imposto por condicionamentos familiares e culturais?

Como posso conectar-me com a Essência da Vida se vivo na agitação de uma mente que só deseja, deseja e deseja?

E não há nada de errado nisto, assim é a realidade e como está se apresentando.

Mas quando vejo muitas coisas, algumas perguntas surgem na mente:

Por que fazemos isto?

O que estamos tentando preencher?

O que nosso coração realmente busca?

Esta busca por estímulos tem fim?

Parece que há sempre algo novo a se buscar...

Que tipo de satisfação autêntica estes prazeres sensoriais transitórios podem nos trazer?

Isto dá sentido para a vida?

Será que estamos totalmente presentes de corpo e alma no que fazemos?

Há verdadeira e autêntica conexão?

As pessoas realmente percebem esta Unidade?

Que tipo de vazio estamos tentando preencher, seja ele pelos estímulos sensoriais ou através dos outros?

Será que o outro pode preencher ou satisfazer meu desejo?

e até mesmo...

Que tipo de realidade estamos reproduzindo?

Que tipo de consciência estamos perpetuando?

Qual é verdadeiramente nosso anseio mais profundo?

Na época do Natal, grande parte da população gira em torno do consumo, do ter mais e desejar mais, perpetuando um sentido que talvez não represente o verdadeiro propósito do Natal, também causando um grande dano à natureza agora e para as gerações vindouras.

O que estamos passando de geração em geração?

Que mensagem estamos passando aos nossos filhos e filhas?

A perpetuação do "ter" ou a valorização do "SER"?

Uma consciência de respeito à vida ou da destruição?

O que estamos fazendo com nosso planeta e consequentemente com todos os seres que o habitam?

Sim, no Natal existe a comemoração da data do nascimento de um grande Trabalhador da Luz chamado Yeshua Christos (Jesus Cristo), que pregava o Amor além da dualidade e para encontrar este Amor/Deus/Reino dos Céus dentro de si:

"O reino de Deus não vem com aparência exterior. Nem dirão: Ei-lo aqui, ou: Ei-lo ali; porque eis que o reino de Deus está entre vós." (Lucas 17:20,21)

O NATAL representa um momento de RENASCIMENTO E DE DESPERTAR!!!

O RENASCIMENTO E DESPERTAR DA CONSCIÊNCIA CRÍSTICA NO CORAÇÃO DOS SERES HUMANOS!!!

UM RELEMBRAR DO NOSSO PROPÓSITO!

E quando falo em CONSCIÊNCIA CRÍSTICA, falo de uma consciência que habita todos os seres humanos (no âmago do ser), mas que a maioria das pessoas colocou diversas camadas que criam uma ilusória separação dentro de si mesmos!

Todos os seres de Luz que caminharam no planeta trouxeram exatamente esta mesma mensagem de formas diferentes, em culturas diversas, em tempos distintos: Jesus, Moisés, Buda, Krishna, Lao Tsé, Paramahansa Yogananda, Shrii Shrii Anandamurti, Sri Aurobindo, Jiddu Krishnamurti, Rumi, Sai Baba, Rav Berg, Isaac Luria, entre muitos outros que estiveram e estão entre nós.

A mensagem de relembrar quem verdadeiramente Somos e o que estamos fazendo aqui. Relembrar que somente o AMOR além dos opostos pode nos trazer felicidade autêntica ou Bem Aventurança. Somente a realização da própria alma traz sentido para nossa existência.

"Existem duas realidades básicas, nosso mundo do 1 por cento e mundo dos 99 por cento da Luz...no momento da nossa transformação, fazemos contato com o mundo dos 99 por cento.....e o propósito da vida é a transformação espiritual...do desejo de querer pra si para o desejo de compartilhar."

(Yehuda Berg)

Nosso desejo ou ânsia não tem fim...é realmente infinito! E como poderão coisas finitas satisfazer este desejo infinito?

"EXISTE NO HOMEM UM VAZIO DO TAMANHO DE DEUS."
(Dostoievsky)

Portanto, o que desejo e anseio neste momento é que o AMOR DEUS desperte/renasça em mim, que o AMOR DEUS desperte/renasça em ti, que o AMOR DEUS desperte/renasça em todos os seres.

E desta forma podemos viver plenamente na CONSCIÊNCIA CRÍSTICA...realmente preenchendo nosso coração com o INFINITO!

O momento planetário é de aparente caos e escuridão. Mas como eterno otimista, eu digo que quanto maior o obstáculo, maior a Luz em potencial!

Muitos são os obstáculos que nos separam ilusoriamente de nossa Essência, alguns conscientes e muitos inconscientes. Mas nenhum obstáculo neste mundo nos é dado se não temos a capacidade de superar.

Então, neste momento convido-te a trilhar o maior desafio, mas ao mesmo tempo a maior libertação na vida:

AME A TI MESMO!!!

AME A TI MESMO AO PONTO DE REALIZAR TODA A TUA LUZ!!!

AME A TI MESMO AO PONTO DE REALIZAR O TEU PROFUNDO ANSEIO DE ALMA!

AME A TI MESMO ATÉ O PONTO DE TORNAR-SE UM COM ELE/ELA/DEUS/AMOR/INFINITO/VAZIO E PERCEBER O QUE É VERDADEIRAMENTE AMAR E QUEM REALMENTE ÉS!!!

LEBERTA-TE DE TUDO QUE TE SEPARA DO AMOR!

Seja corajoso o suficiente para trilhar o verdadeiro caminho da Alma Humana.

"Nosso maior medo não é sermos inadequados. Nosso maior medo é não saber que nós somos poderosos, além do que podemos imaginar. É a nossa luz, não nossa escuridão, que mais nos assusta...Enquanto permitimos que nossa luz brilhe, nós, inconscientemente, damos permissão a outros para fazerem o mesmo. Quando nós nos libertamos do nosso próprio medo, nossa presença automaticamente libertará outros."

(Filme Coach Carter)

E respirando profundamente, diga para si mesmo:

"EU ME AMO INFINITAMENTE E REALIZO QUEM REALMENTE SOU!"

"EU SOU O QUE SOU

EU SOU TUDO QUE SOU E TUDO QUE É
EU SOU UM COM TUDO"
"É só o Amor! *É só o Amor*
Que conhece o que é Verdade
Ainda que eu falasse
A língua dos homens
E falasse a língua dos anjos
Sem Amor eu nada seria"
(Legião Urbana)

Capítulo 5 — A TERCEIRA ENCARNAÇÃO

EGO ESPIRITUAL

Era o momento de viver o Amor de outra forma, muito mais completa, um Amor Maior; tinha chegado a hora de uma realização mais profunda, romper mais um "nó" de consciência. Isso estou falando agora, depois de ter vivenciado tudo que estou prestes a contar. Naquela época, não tinha ideia do que estava por vir, não tinha mínima noção ainda da dimensão do que me esperava. Muita coisa iria acontecer em 2016! Muitos aprendizados e realizações!

Logo em janeiro me inscrevi com meu amigo Matheus Triska para fazer um Curso de Aproundamento em Comunicação Não Violenta. Era uma imersão de uma semana trabalhando o assunto com Sven Frolich Archangelo, em Nazaré Paulista (SP). Lá teríamos uma grande oportunidade de nos aperfeiçoarmos como seres humanos e na forma como nos comunicamos. Trabalhando a escuta, honestidade, vulnerabilidade, responsabilidade, compaixão, perdão, conexão, empatia, entre outros atributos. Realmente considerava e considero os princípios da comunicação não violenta muito evolutivos e profundamente espirituais.

Antes de explorarmos o que aconteceu lá, gostaria de colocar alguns aspectos sobre minha percepção da realidade naquele momento, assim como sobre algumas sensações. Realmente quando acessamos um nível maior de energia tudo vai mudando. Vamos expandindo nossa consciência e começamos a ter acesso a planos e vivências antes inimagináveis. Experiências místicas frequentes, movimentos fortes de energia, contato com outros planos e existências, com outros seres, camadas do plano astral, enfim, temos acesso a uma quantidade muito grande de energia e de frequências. Tudo fica mais perceptível e real. E toda essa energia pulsa cada vez com mais força dentro de nós. E num certo período dessa evolução isso pode até ser perigoso, pois o ego ainda está presente e acessando energias mais elevadas. Muitos buscadores espirituais acabam "perdendo-se" do caminho da integridade ao acharem que essas experiências ou até mesmo energia é tudo o que há, pois a percepção muda completamente, sobre si mesmo e sobre os outros. Pode-se acessar uma fonte de força muito grande, mas quando essa força espiritual é utilizada com o ego pode ser bastante perigosa e causar muito danos, para si e para as pessoas do entorno. Na verdade, nesse momento pode surgir o "ego espiritual", uma forma bem mais sutil de ego. Geralmente se manifesta depois que a pessoa rompeu o "nó" do chakra cardíaco e tem acesso a uma grande energia espiritual. Algumas pessoas acreditam que após acontecer isso estão "iluminadas". Mas no fundo podem estar se enganando, criando uma "persona" espiritual, até mesmo se acharem "salvadores". Estão aqui com uma missão de "salvar" a humanidade e todos que entram em contato.

Além disso, como sentem esse poder ou força dentro deles, acham que podem impor ou até mesmo creem que sabem a "verdade" e, sendo assim, têm a solução dos problemas de todos os outros, sabem exatamente o que os outros têm que fazer, e geralmente é impondo suas crenças espirituais neles. E não só isso, como podem começar a ter mais acesso à partes do Akasha e de energias superiores, podem utilizar isso com o intuito de controlar, para ter poder sobre os outros. Simbolicamente poderíamos dizer que é o lado sombrio do arquétipo do herói, o arquétipo ligado à nossa realização espiritual. No cinema podemos pensar em Darth Vader, um grande Jedi, talvez o mais poderoso e talentoso que existiu, que num certo momento se corrompeu, pela identificação com personas, não querendo abandonar conteúdos egóicos, e foi para o lado escuro da força. Utilizava seus poderes psíquicos para manter o domínio sobre os outros, alimentando cada vez mais seu ego e seu desejo por poder. Mesmo acessando energias elevadas e conhecimentos superiores, utilizava-os com o "colorido" do ego, não um ego tão primitivo mas uma parte mais sutil do ego, mais difícil de se notar.

Não quero assustar no sentido de dizer que existem muitos "Darth Vaders" por aí. Mas hoje em dia existe muito do que chamamos ego espiritual, muitas pessoas tendo acesso a frequências elevadas pela abertura que estamos vivendo no planeta, mas esquecendo-se de lapidar e transformar certos aspectos de si mesmos, causando assim uma distorção ou interferência na manifestação da energia Divina. E aí podem aparecer coisas como "este é o único caminho", "tu tens que fazer exatamente o que estou te dizendo, eu sei a solução da tua vida", "somente a minha tradição ou linhagem chega aos níveis mais elevados de consciência", "eu sei do teu futuro", entre outras formas de manifestação. Nesse momento é extremamente importante para o buscador espiritual estar sempre buscando lapidar-se, buscar a integridade e minimizar as chances de que isto aconteça. Primeiramente tomando a consciência de que sempre há mais o que lapidar, sempre temos que continuar evoluindo e melhorando, é um caminho sem fim, não há um topo ou teto. Sempre tem mais! Alta energia sem Amor é muito perigosa, pode causar muitos danos para a humanidade. Não podemos esquecer o que as tradições espirituais íntegras do planeta sempre nos ensinaram, precisamos estar sempre trabalhando nossos aspectos de caráter, nossos princípios de ética e também a manifestação de nossos traços de personalidade, pois é por eles que nossa energia se manifestará. E, para isto, ainda se faz necessário um trabalho árduo e esforço. O processo de evolução espiritual e realização do ser diz respeito a muito mais do que sentir energia ou acessar planos superiores. Existe um Dharma que para se manifestar com integridade precisa de muita lapidação.

Mas por que motivo contei isso antes de falar sobre o curso de comunicação não violenta? Porque percebi que estava vivendo uma espécie de ego espiritual muito sutil, que dizia respeito à uma experiência arquetípica da humanidade, de achar que eu podia salvar ou mudar os outros, que isto era também minha responsabilidade. Uma grande ilusão, mas uma ilusão bem bonitinha... para o ego. A cada etapa vencida, aparece um novo desafio, e este novo desafio é sempre maior, assim como a nossa capacidade de superá-lo. A cada faceta do ego que enfrentamos, aparece alguma mais sutil ainda para ser lidada. Nosso oponente adora vir pela "porta de trás" e entrar de fininho. Muito parecido com o final do filme *O advogado do diabo*, com Al Pacino e Keanu Reeves, em que a escuridão volta através da primeira brecha.

AMOR E SEXO

Voltando ao curso de comunicação não violenta, estávamos num lugar muito bonito no meio da natureza, com muitas árvores, verde, ar puro e até mesmo muito perto de uma represa. Era um local propício para introspecção e para vivências em grupo. Iniciamos o curso com várias dinâmicas interativas e de conexão. Como já disse, minha visão das pessoas e de mim mesmo tinha mudado muito e isto fazia também com que os comportamentos acompanhassem essa mudança. Era um movimento de sair do egoísmo em direção ao altruísmo, sair de um paradigma de individualismo e entrar mais na cooperação e conexão. Quanto mais podia acessar a energia amorosa do Infinito, mais era possível compartilhar esse Amor. Mais o amor crescia pelos outros, sem motivo algum, simplesmente por amar. A compaixão também acompanhava, assim como o interesse genuíno em ver o bem do próximo. Nesse tipo de interação, existe a possibilidade de conexão profunda, de uma autêntica interatividade. Estava totalmente presente para o próximo, gerando uma escuta empática real, o que propiciava uma conexão profunda de Alma.

Percebia esse amor vibrando nas interações, um amor entre seres humanos que se respeitam e se aceitam como são. Um amor que vai além de relacionamento homem e mulher. A grande questão é que por não estarmos conscientes deste tipo de amor no dia a dia, dependendo do nosso momento, confundimos com desejo, principalmente o desejo de se relacionar fisicamente com o próximo. Por que falo disso? Porque logo nos três primeiros dias que estava por lá, duas participantes do grupo vieram conversar comigo, em momento diferentes, dizendo que se sentiam atraídas por mim e que tinham muito desejo de se relacionar comigo. Até aqui tudo bem, isso pode acontecer com qualquer pessoa, faz parte da vida. No entanto, talvez elas não estivessem entendendo que o Amor que estava compartilhando, não vinha de mim Guilherme, vinha de uma Fonte Infinita que também habitava nelas, mas que talvez não tivessem conscientes, mas era isto que buscavam. Um Amor "sem agendas" e não ligado ao desejo sexual. Um amor que, para vivê-lo, não exigia uma relação física ou até mesmo sexo com outra pessoa. Foi um pouco difícil explicar para elas sem causar algum tipo de sofrimento ou fazer com que se sentissem rejeitadas, pois não era essa intenção. Mas era uma realidade, pois estava vivendo um outro momento com relação ao amor, a mim mesmo e à minha energia sexual, assim como a ressignificação de relacionamentos.

Depois de tudo que vinha passando com maior intensidade a partir de 2012, minha consciência e energia foi mudando radicalmente. A percepção da realidade foi se expandindo e o silêncio interior foi crescendo exponencialmente. E, com isso, muitas mudanças físicas também. Um exemplo diz respeito à minha própria energia sexual. Antigamente, na primeira parte da minha vida, tinha muito desejo sexual. Via alguma mulher que me atraía e logo a desejava. Com o tempo isso foi mudando completamente e, neste momento da vida, quando vejo uma mulher muito bonita não há o desejo, há uma simples admiração pela beleza feminina, que todas as mulheres têm de um modo ou outro, mas não há o desejo pela relação sexual. Não há atração física. Não que a energia sexual não esteja mais presente. Ela está e muito presente se necessária, no entanto está canalizada para os chakras superiores, para as energias superiores do nosso Ser. Essa energia do desejo físico foi sublimada e transformou-se em energia espiritual. Muito difícil colocar em palavras, mas não sinto o desejo de transar nem a necessidade de sexo, pois essas energias não têm mais domínio sobre mim. Realmente o sexo, quando feito com profundo Amor, pode ser um momento mágico, mas quando feito simplesmente pela descarga ou desejo físico, sem uma conexão mais profunda de duas Almas que se conectam a partir do coração, pode ser um desperdício de energia vital.

Os sábios judeus falam sobre uma linha mediana (canal) de energia no nosso corpo e sobre três pontos de contato ou conexão durante uma relação sexual. Há um primeiro ponto de contato ligado ao desejo puramente físico, que é a região das genitais ou órgão procriador. Este é o primeiro nível de relacionamento, ou conexão de nível inferior. O segundo ponto de contato é o coração, que é representado pelo abraço, conexão de coração com coração. Já é um nível mais elevado de relação, em que a cumplicidade e troca energética positiva é muito maior. O terceiro ponto de contato entre o casal, e o mais elevado deles, é a boca. Para os sábios místicos judeus, o beijo entre duas pessoas representa a união do sopro de vida com sopro de vida, de Alma com Alma, pois Deus "soprou" a vida para dentro do ser humano. E para que um relacionamento se transforme numa união sagrada, e o ato sexual divino, a energia que deve guiar e conectar o casal é a espiritual, a energia superior da Alma representada pelo beijo, a troca do sopro divino entre os dois. A união entre os dois torna-se sagrada quando a união dá-se no nível de Alma, permeado pelo amor do coração e manifestando estas duas energias na união física. Desta forma o ato sexual torna-se sublime e o ato de dar a luz a um novo ser uma imitação do atributo de Criação do próprio Criador, um ato sagrado.

"Na Cabalá, a energia emitida a partir de cada um destes centros ou pontos de contato funde-se com aquela da alma-gêmea da pessoa para procriarem. O poder de procriar fisicamente brota do ponto mais baixo, inferior, ao passo que o poder de procriar espiritualmente brota do ponto mais elevado da boca e língua. Aprendemos que humanos (seres materiais) são criados a partir da união inferior dos órgãos procriadores, ao passo que anjos (seres espirituais) são criados a partir da união de "boca a boca," pelo poder do beijo (a expressão mais íntima da "palavra da língua"). Somos ainda ensinados na Cabalá que existe um centro adicional de energia – ou ponto de contato – o ponto central do peito, o ponto de contato do "abraço." Este ponto, relativo aos pontos acima e abaixo dele, representa um nível intermediário de energia conectiva, mais material que aquele do ponto acima, porém mais espiritual que aquele do ponto abaixo dele. Aqui, o anjo desce para vestir-se numa forma corpórea e terrena.

Na prática meditativa – o esforço espiritual da alma para contactar e tornar-se um com Deus – a Cabalá e a Chassidut ensinam que, da mesma forma que a união de duas almas gêmeas, deve-se começar a partir do ponto médio, o ponto do abraço; para ascender ao ponto mais elevado, o beijo; e finalmente para descer ao ponto inferior, o verdadeiro estado de apegar-se ao ser amado para tornarem-se um (como em Bereshit: 'e ele se apegará à sua mulher e se tornarão uma só carne'). " (Body, Mind, and Soul: Kabbalah on Human Physiology – Rabbi Yitzchak Ginsburgh.)

Quando o sexo é feito sem essa conexão, o segundo chakra e os órgãos genitais podem ser portas de entrada para energias densas e escuras, e isto pode atrapalhar bastante na evolução pessoal e no equilíbrio da própria energia. Em vez de os dois se unirem e se elevarem, há uma perda de energia vital de ambos, em que o que aumenta é mais e mais desejo físico e busca do prazer pelo prazer. E já sabemos que um prazer finito não pode suprir um desejo por prazer infinito dentro si.

Por esta razão não queria mais me relacionar com alguém simplesmente pelo sexo, ou até mesmo sem um propósito que una. Não conseguia mais ficar por ficar, transar por transar. E não havia nem necessidade de alguma "descarga", pois não havia o que descarregar, a energia sexual estava sublimada, e estava sendo utilizada na manifestação da energia espiritual. Também não tinha mais a carência de buscar o amor no outro, pois sabia que só poderia encontrar aquela Fonte Infinita dentro de mim. Não havia mais o desejo por alguém para suprir minha falta, assim como não havia nem o desejo pela masturbação. Não era um abafamento ou negação da própria energia sexual, pois ela estava presente mas não era dominada por instintos ou desejos físicos, pelo impulso. Se fosse necessário ser ativada dentro de uma relação evolutiva permeada com amor genuíno, em que os dois estão unidos com um propósito que transcende o casal, ela poderia ser utilizada, se assim for de vontade do Universo.

De acordo com **Barbara Marciniak no livro *Mensageiros do amanhecer***, um canal para informações derivadas das Plêiades, nós somos criaturas eletromagnéticas e, quando nos unimos fisicamente a outra criatura humana, somamos nossas frequências eletromagnéticas.

Quando as nossas frequências estão sintonizadas e unidas pela vibração do amor, coisas incríveis podem acontecer. Por outro lado, se existe uma união e uma troca química com uma pessoa que não está na nossa sintonia, estarão recebendo todo o "lixo" dessa pessoa, porque estão trocando energia com muita intimidade. Quanto mais se tornarem conscientes, e dominarem o uso do vosso corpo, melhor irão saber onde ligá-lo, onde sentar-se e, sem dúvida, com quem unir-se sexualmente.

Eu tinha vivido e percebido isso durante toda minha vida, principalmente nos últimos relacionamentos, onde passei a assumir maior responsabilidade por minhas escolhas, sabendo que estava trocando energia com quem me relacionava e, de certa forma, trocando energia com todos os parceiros com quem aquela pessoa se relacionou anteriormente, pois muitas energias ainda estavam presentes em seus campos.

Realmente nutrimo-nos vibracionalmente à medida que nos ligamos sexualmente. De acordo com estas informações canalizadas, chegou o momento planetário de se unir vibracionalmente com uma pessoa.

Chegou o momento de acabar com a sexualidade leviana, o fingimento de sensações, acreditar que é sexualmente liberado por ficar nesta e naquela posição, dizer isto ou fazer aquilo. Isto não passa de aeróbica da sexualidade. Nós queremos que entrem na aeróbica e nas contorções da alma, a vibração. A profundidade de duas pessoas atingindo o orgasmo simultâneo e unindo-se nessa capacidade é o que todos desejam. Um forma de comunhão total, com pessoas que estejam na mesma voltagem ou em voltagem compatível.

Quantas pessoas vocês conhecem que atraem para si vibrações elevadas, antes de fazerem sexo? Algumas pessoas se embebedam, tomam drogas ou qualquer outra coisa de que precisem, para ter coragem de manter relações sexuais. Vocês precisam estabelecer valores, padrões e condições sobre a própria sexualidade para o domínio não físico, de modo que apenas aqueles que satisfaçam seu padrão se aproximem de vocês.

Uma intenção que você pode praticar e sentir a mudança em sua vida diária: "Estes são meus padrões. Eu faço sexo apenas com alguém que amo. Honro meu corpo. Honro a Terra. A integridade está em primeiro lugar para mim. Se vocês se ajustam aos meus valores, sejam bem-vindos à minha vida".

Assim, quando compartilham a energia sexual como casal, podem abrir-se para que outras forças se fundam com vocês, o ato sexual torna-se uma experiência multidimensional. E a escolha com quais energias desejam trabalhar é de vocês, podem atrair energias densas, ou energias espirituais elevadíssimas.

Tentei me expressar da forma mais genuína possível com elas, e acredito que tenham sentido a vibração das palavras de honestidade que partiam do meu coração. Elas são pessoas maravilhosas e com muito o que compartilhar com os outros, mas realmente estava vivendo outro momento, era o desafio de uma integração ainda maior, que havia começado há muito, muito tempo.

MAIOR ATO COMPASSIVO

Continuamos com a prática de comunicação não violenta e com as dinâmicas nos dias seguintes. Sven, o facilitador do curso de aprofundamento, gostava de iniciar o dia com algum estímulo ligado ao assunto que abordaríamos. E naquele dia seria compaixão. Ele colocou uma parte do documentário chamado "Human", do fotógrafo francês Yann Arthus-Bertrand e equipe. Ele passou três anos coletando relatos de mais de 2000 homens e mulheres, por mais de 60 países. As histórias reais, as mais diversas, versam sobre diversos tópicos, como vida, morte, amor, família, pobreza, direito das mulheres, sexualidade e guerra. Nosso facilitador escolheu a história de "Lenard – O amor vem do lugar mais improvável." Após uma vida sofrendo abusos e escolhas baseadas na inconsciência, Lenard foi condenado à prisão perpétua pela morte de uma mulher e uma criança. Em seu comovente depoimento, Leonard se emociona ao relatar que ele, um homem que nunca se sentiu amado ou soube o que era o amor, descobriu o amor em Agnes, a mãe e avó da mulher e criança que ele tinha assassinado. Justo uma pessoa que, segundo ele, tinha todo o direito de odiá-lo mas não o fazia. Muito pelo contrário, enxergava além dele, por uma energia compassiva e amorosa!

Quando estava assistindo e simpatizando com história de vida de Lenard, conectei-me com a energia divina de compaixão infinita e aquilo tocou-me profundamente. Eu realmente estava vivendo o que ele viveu, não como uma ideia, mas como uma energia real, a partir da vibração do Amor que nos conecta. Muito difícil de explicar, pois não era uma crença e nem passava pelo meu filtro pessoal ou visão. Eu sabia o que era empatia e compaixão, tentava viver com estes princípios de respeito. No entanto, o que eu estava vivendo ali era outro nível mais profundo ainda de compaixão e conexão. Estava experienciando uma forma de compaixão que nunca tinha experienciado antes. Ao mesmo tempo era um só com ele, e com a energia de Compaixão Infinita do Universo. Aquele sentimento não cabia dentro de mim e começou a se expandir para toda sala. Percebi que todos estavam naquele campo compassivo da energia divina infinita. Era uma percepção despida de qualquer julgamento, ou qualquer tipo de pensamento de avaliação. Não havia algum pensamento que deveria ser colocado de lado, era um silêncio profundo interior em que somente havia honra e aceitação incondicional. Estava olhando com os olhos do Amor Infinito e Incondicional Divino. Em questão de segundos, como um pacote de informação e energia, tinha integrado a sabedoria interior de que aquela pessoa, assim como todos os seres humanos tem uma história de vida única no planeta. Não era uma ideia ou uma crença, preciso enfatizar isto para que fique claro. Era uma consciência, muita além do meu próprio controle, era a Energia Divina atuando. Sentia meu Eu Superior manifestando-se e tinha consciência de que estava comigo em todos os lugares. Onde quer que esteja, Ele está comigo. Mas naquele momento, estava sentindo o Eu Superior do outro, e sabia que onde quer que a Energia estivesse, o Eu Superior também estava com ela. E quem era eu para querer mudar alguém? Não tinha vivido um dia nos sapatos daquela pessoa, não tinha a mínima ideia de tudo que ela tinha passado e de quantas encarnações aquele ser tinha experienciado, não tinha ideia do seu karma, de onde vinha e qual era sua lição ou desafio nesta vida. Não sabia qual era a "linhagem" do grupo de Almas dela. Realmente tomava consciência de que cada um tinha a liberdade de ser do jeito que é, era escolha total da pessoa. Cada um é o que é, cada um tem o direito de ser como quiser ser. É seu direito de nascimento, o princípio mais profundo na experiência na Terra, seu livre-arbítrio. Era preciso respeitar as escolhas de cada pessoa, principalmente ligadas ao caminho escolhido para sua evolução.

Isto não quer dizer simplesmente concordar com elas ou até mesmo com seus comportamentos. Não quer dizer concordar com o que o outro escolhe para si, mas saber que ele tem o livre-arbítrio para fazê-lo e que talvez não seja eu que tenha a solução para sua vida. Vai muito além disso. Mas respeitar profundamente a Alma que ali habita. Tinha tomado consciência de que se não há compaixão não há vida! Se não há verdadeira compaixão, não haveria porque encarnar! E isto me fez relembrar o motivo de estar aqui nesta vida, neste plano! Ao mesmo tempo, senti a energia de Compaixão Infinita por mim mesmo. Estava sem a energia da culpa, por todos os erros que tinha cometido com muitas pessoas, com minhas ex-namoradas ou mulheres com quem me relacionei, com meus familiares e com amigos. Era uma energia de autoperdão muito profunda, de uma íntegra autoaceitação. Era a aceitação de minha própria imperfeição. E tinha visto que a nossa perfeição reside justamente em aceitar a nossa imperfeição.

Naquele momento percebi que eu não queria mudar ninguém e que realmente não precisamos mudar ninguém, não é para isto que estamos aqui. Estava tendo uma profunda lição de humildade do Universo. Tinha atingido uma grande compreensão e com isto brotava uma íntegra energia de tolerância. Não estava aqui para "salvar" alguém. A única pessoa que eu precisava "salvar" era a mim mesmo. E não quer dizer que não precisava compartilhar ou tentar ajudar os outros. Era um paradoxo, pois quanto mais eu me responsabilizava pela minha própria transformação, mais isto afetava todos com quem entrava em contato. A sensação era de leveza, como se tivessem tirado 300 quilos das minhas costas. Era realmente uma liberdade muito grande abandonar o julgamento. Ao deixar o outro ser como ele é, permitia-me de uma forma muito mais profunda ser quem eu realmente Sou. Era a consciência de que o maior ato compassivo que podemos fazer para a humanidade é a manifestação da nossa Essência de Amor Incondicional, nossa energia divina que é pura, benevolente, compassiva. Naquele momento tinha abandonado outro aspecto de meu antigo eu, o que me abriu para novas dimensões do Infinito. Realmente a frase para mim começou a fazer sentido: "Quando menos julgamos, mais sabemos! E quanto mais sabemos, mais sabemos que temos muito mais para saber!"

AS "SUBIDAS" NA PRÁTICA MEDITATIVA

Antes de seguir com o que se revelou após todas as vivências relatadas e sua profunda compreensão, gostaria de fazer uma retrospectiva com relação à meditação e tudo que foi acontecendo, se desenvolvendo e onde se chegou. Como foi possível acompanhar, eu estava num processo de lapidação de diversas camadas da mente: do corpo físico, instintivo e emocional, psíquico/mental e supra mental. Diariamente, pelas práticas pessoais (yoga, meditação, leituras, intenções, visualizações, sons, alimentação do corpo e da mente etc.) e da vivência do cotidiano, estava trabalhando em diferentes camadas do meu ser de diferentes formas. Só que agora gostaria de focar na meditação, prática que considero imprescindível para a caminhada espiritual, para a autorrealização ou para a revelação da Essência/Deus/Amor, na medida que afeta todas as camadas da mente em conjunto. Sem silenciar a mente pensante, sem desidentificar-se do conteúdo da mente, fica muito difícil ir além das fronteiras conhecidas da realidade 3D. O Silêncio Interior é uma grande chave para "escutar" Deus, sentir Deus e deixar que Deus se revele por nós.

Desde o ano 2000, aproximadamente, eu estava fazendo algum tipo de prática meditativa, iniciando com meditações guiadas, aquelas que vamos seguindo passo a passo e que me auxiliaram bastante para acalmar o corpo e a mente. Apesar de benéficas, elas tinham suas limitações. Ainda estávamos trabalhando no terreno da mente, um terreno conhecido. Era necessário transformar o conteúdo da mente antes para poder adentrar novas realidades. Auxiliavam para sair de uma vibração de estresse ou negativa e para entrar numa vibração mais equilibrada e positiva. Como primeiro passo foi fundamental, mas com o tempo percebi a necessidade de aprofundar mais na prática de meditação. Sendo assim, a partir do ano de 2010 passei a dedicar mais e mais tempo às meditações silenciosas, pelo menos esse era o objetivo inicial. No entanto, parecia que de silenciosa não tinha nada pois eu pensava demais!!! Sentava e pensava, pensava, pensava! Dei-me conta do quanto eu pensava! Era uma insanidade! Inicialmente achava que eu não sabia meditar, que talvez aquilo não fosse para mim. Com o passar do tempo cheguei a compreensão que tudo aquilo acontecia enquanto estava de olhos abertos e não tinha nenhuma consciência de que ocorria. Era dominado por minha mente, por meus condicionamentos. Achava-me livre porque escolhia o que queria, no entanto estava livre dentro de uma prisão, uma prisão de condicionamentos adquiridos, familiares, culturais, herdados etc.

Eram camadas e mais camadas de condicionamento. Alguns momentos na meditação via-me não pensando em nada, mas na verdade estava pensando sim, pois estava falando para mim mesmo: "não estou pensando em nada". Isto já era um pensamento. Nossa, não foi nada fácil. Porém, com o tempo e com a prática as coisas foram mudando radicalmente. Muitos pensamentos surgiam na mente, no entanto eu escolhia não me agarrar a eles e assim como surgiam também sumiam. Percebi que eram realmente como ondas, que saíam do mar da consciência e para ele retornavam. Naquele momento passei a libertar-me de diversos condicionamentos de como achava tinha que agir ou como tinha que ser. Observei esses condicionamentos em mim e passei a observar em toda a sociedade, nos meios de comunicação, nas famílias, nas pessoas, enfim, como a humanidade estava presa em diversos padrões criados por mentes egoicas e reproduzidas automaticamente sem nenhum ou poucos questionamentos.

O simples fato de começar a desidentificar-me de meus pensamentos, fez com que me libertasse de imagens falsas de mim mesmo e dos outros, desta forma aumentando meu nível de liberdade interior. Como dizia **Paramahansa Yogananda**:

Poder fazer tudo o que se queira não é o verdadeiro sentido de liberdade de ação. Você deve examinar até que ponto é livre e até que ponto está sendo influenciado pelos maus hábitos. Ser bom porque isto se tornou um hábito, também não é liberdade. Ser tentado não é pecado, mas ser capaz de resistir e vencer a tentação é grandeza; isto é liberdade, pois você está agindo somente por livre vontade e livre escolha.

Liberdade significa a capacidade de agir guiado pela alma, e não compelido por desejos e hábitos. Obedecer ao ego leva à escravidão; obedecer à alma traz a libertação.

Por meio dos ensinamentos de Krishnamurti e Paramahansa, pude questionar e começar a libertar-me de muitos condicionamentos. A percepção que tinha era a seguinte, imaginem um cachorro amarrado com uma corda em uma estaca. A corda tem mais ou menos um metro de comprimento. O grau ou raio de "livre-arbítrio" ou escolha do cachorro era o da extensão da corda dele. Quanto mais tomamos consciência de nossos condicionamentos, mais aumentamos nosso grau de "livre-arbítrio" ou escolha. Quanto maior a consciência, maior a corda. O grau de liberdade de uma pessoa diz respeito ao tamanho de sua Consciência. Quanto mais inconsciente ou ignorante de sua verdadeira natureza é o ser humano, mais fácil é controlá-lo ou condicioná-lo. Nossa sociedade funciona muito desta maneira, dirigentes e políticos que querem se manter no poder no fundo não desejam que a população tome consciência, pois desta forma podem continuar a manipulá-los. E assim, mantém-se no poder, na dominação. Quanto mais consciente, quanto maior a corda, menos alguém pode exercer algum domínio sobre esta pessoa. Sabia que ainda estava preso na corda e isto não era uma total liberdade. Para atingir essa liberdade plena, seria necessário arrancar a estaca do chão e libertar-me da corda. Havia realmente uma raiz mais profunda.

Então, após tudo que aconteceu no Instituto Visão Futuro em 2013-14, dediquei-me mais e mais à meditação silenciosa. Tinha entrado em contato com algumas técnicas que reduziam os estímulos mentais e físicos drasticamente, levando nossa mente a um ponto único de concentração, totalmente focada na ideação que era repetida constantemente, com o objetivo de em algum momento ir além até mesmo deste ponto de foco ou ideação. Muitas meditações utilizam-se da ideação no Infinito (em suas diferentes formas), pois nossa mente transforma-se em nosso objeto de ideação. Mas o objetivo principal era de "silenciar" a mente pensamento, ou melhor, "desgrudar-se" dos pensamentos por meio do foco em um ponto específico, e na repetição incansável deste processo atingindo então em algum momento um ponto além da mente.

A partir de 2012, com maior intensidade, pratiquei diariamente meditação silenciosa, duas vezes por dia pelo menos. Comecei com 15-20 minutos, chegando até 2-3 horas por sessão, pelo menos duas vezes por dia, todos os dias! Dependendo do período e do que estava acontecendo eu variava o tempo que meditava. Com certeza alguns dias era bem mais difícil que outros. Certos momentos parecia uma eternidade e em outros momentos parecia que tudo fluía com maior serenidade, mas para mim era como escovar os dentes. Simplesmente sentava e fazia. Não me preocupava se tinha sido "boa ou ruim", da mesma forma que não me preocupava se minha escovação dos dentes tinha sido maravilhosa ou não. Assim como cuidava de minha higiene bucal, estava cuidando da minha "higiene mental".

Com certeza eu tinha um objetivo, minha mente estava uniapontada para Deus. Tinha um profundo desejo de União com o Criador. Queria era "atingir a iluminação", se é que podemos chamar isto como um ponto a atingir. Posteriormente vi também que isto me atrapalhava e que também tinha que ser abandonado. Era mais um bloqueio, uma ilusão, uma crença.

Eu estava a cada etapa do processo "subindo" mais. Sempre no movimento de subir, subir e subir aos planos mais elevados de consciência. E neste processo de "subida" muita coisa aconteceu, diversas foram as experiências, consciências, mudanças de percepção, desilusões e compreensões. Uma grande dose de esforço diário foi necessária, muita dedicação, disciplina e resiliência. Estava fazendo aquilo para me libertar, mas ao mesmo tempo sabia que era por Algo muito Maior, por toda a humanidade, e isso dava-me muito mais energia. Já sabia que existia uma "batalha de inteligências cósmicas", entre a luz e escuridão, entre a energia do medo e a energia do Amor. Sim, Deus e o Infinito está além dos opostos, abrange os opostos, tudo é Deus, tudo faz parte do que chamamos de Deus. No entanto, enquanto vivemos na densa dualidade, batalhamos contra a escuridão, contra nossa escuridão interior e indiretamente contra a escuridão exterior na forma da consciência coletiva e outras formas. Alimentamos diariamente a frequência do medo ou a frequência do Amor. É nossa escolha. Eu tinha decidido entrar nesta batalha e sabia que a escuridão não descansa. Portanto, o quanto mais poderia dedicar-me diariamente à transformação pessoal, mais estaria contribuindo para a Luz. E a maior contribuição que poderia dar era da minha própria transformação, da iluminação de meus conteúdos escuros.

No processo de ascensão durante a meditação, vamos acessando diversas camadas. Começamos por camadas mais pessoais e vamos adentrando camadas mais coletivas, sombras pessoais e sombras coletivas. E nesse processo de mergulho, temos contato com diferentes tipos de energia, entidades e planos. Em alguns instantes compartilharei algumas dessas experiências, mas antes disto gostaria de mencionar que nosso corpo físico também passa a acessar estas frequências, flui mais energia divina dentro das nossas células e isto faz com que um processo de mutação interna comece a acontecer. Nosso corpo físico, nossa química também precisa "ajustar-se" às novas frequências de luz, energia e informação. Para toda manifestação energética há uma reação química ocorrendo no nosso corpo, que precisa estar preparado para vibrar numa frequência mais elevada. Nosso corpo é um veículo sagrado na nossa vida e sem ele não podemos manifestar tudo aquilo que podemos. O cuidado com nosso corpo nestes tempo de mudanças é fundamental! Ele tem muita luz para revelar. Mais adiante falarei mais sobre isto e sobre nossa alimentação, mas por ora é importante saber que no processo de revelar mais da energia Divina, aqui neste plano e no nosso corpo físico, há uma readaptação e transformação de todas as nossas glândulas do corpo. Existe toda uma preparação química hormonal para iluminação, ou melhor, para viver a vida mais plena e iluminada possível dentro de um corpo físico na Terra.

Com o maior fluxo de energia divina em nós, nosso corpo experiencia muitos movimentos aleatórios, tremores, mudanças de temperatura, arrepios, suadores, movimentos em espiral, espasmos, pressão em diferentes partes e até mesmo enjoos, dores de cabeça, resfriados de um dia, cansaço etc. Quando começamos a meditar parece que tudo é um mar de rosas, nos sentimos realmente melhores e mais equilibrados. No entanto, no decorrer do processo temos que passar por alguns momentos de reestruturação física, emocional e psíquica, e isto faz com que possam surgir algumas reações desconfortáveis. Mas elas são passageiras e fazem parte do processo de transformação e transmutação de velhas energias e velhos conteúdos que já não servem mais.

Bom, então vamos lá! Vou compartilhar algumas experiências que tive até um momento de culminação maior nesta etapa de minha vida. Vou tentar dividir em partes, no entanto muitas coisas estão entrelaçadas, o que fica um pouco difícil e até mesmo bem linear a divisão, mas por motivos de mais fácil compreensão, decidi fazer desta maneira.

EXPERIÊNCIAS ENERGÉTICAS
E A MANIFESTAÇÃO DA KUNDALINI

Uma das primeiras coisas que podemos notar é o som dentro de nosso ouvido. Não é um som externo, é um som interno, que, se tamparmos nossas orelhas no silêncio, poderemos perceber que há um som, parece que escutamos o Universo. Este som eu vou chamar de som interior por agora. O grande mestre Shrii Shrii Anandamurti falou sobre isto no livro a Graça de Bábá e até dava exemplos de sons em diferentes estágios. Minha percepção interna era um pouco diferente da ordem linear que ele trazia no seu discurso. Dependendo do estágio de minha evolução, o som ia se transformando. Começando por diferentes tipos de zumbido dentro do ouvido, passando por uma espécie de "campainha contínua", indo para tipo sino de porta bem agudo, passando por outros sons difíceis de explicar, chegando até "sons de cristais", sons extremamente agudos e impossíveis de tentar reproduzir. A cada estágio de nossa evolução, estamos nos conectando com diferentes frequências nossas e ao mesmo tempo do Universo. Se fecharmos nossos olhos e nos interiorizarmos, em algum momento escutaremos os sons do Cosmos.

Passo agora para algumas percepções corporais e movimentos energéticos da Kundalini. Quando comecei a meditar não sentia muitas manifestações físicas ligadas a fluxos de energia. Com o passar o tempo e prática, fui abrindo mais os canais que não estavam circulando nem perceptíveis por razão da consciência estar totalmente exteriorizada e ao mesmo tempo no mundo dos pensamentos, o que limita nossa capacidade de percepção, nossa capacidade até mesmo cerebral. Quando comecei a meditar silenciosamente com maior frequência, o primeiro ponto que sentia formigamento e pressão foi na testa, entre os olhos, no nosso chamado terceiro olho, chakra frontal ou Ajna Chakra. Primeiro comecei a sentir durante as meditações pois ali era um ponto de foco para algumas técnicas. Aquela região pulsava muito forte. Posteriormente passei a sentir o fluxo na testa também de olhos abertos, um movimento forte na região. Além da testa, sentia alguns movimentos de energia dentro do corpo e no canal central, mas nada muito expressivo, comparado com o que viria a sentir. Neste mesmo período, entre 2011 e 2012, comecei a perceber um "vulto" no contorno das pessoas, principalmente nas aulas de psicologia que eu ficava observando professores e colegas sem ficar pensando muito, simplesmente aproximando de uma observação direta. Quanto mais aprofundava na meditação, mais este "campo etéreo" ficava visível. Não enxergava cores diversas, somente o contorno muito claro, além de outras manifestações no campo que adiante relatarei.

Depois da experiência da primeira grande elevação da Kundalini em 2013, muita coisa mudou, tudo ficou muito mais perceptível e concreto. Naquele momento sentia 24 horas por dia 7 dias da semana, ou seja, a toda hora o fluxo divino no canal central, do topo da cabeça aos pés, com maior concentração na área do timo, centro cardíaco e principalmente centro cardíaco superior. Tudo se intensificou e começou a crescer exponencialmente. Passei a sentir muita pressão em todas as áreas da minha cabeça e nuca. O que nas imagens representativas do canal central (sushumna) aparecia como um tubo fino dentro de nós, eu sentia muito mais como uma coluna que estava tanto dentro quanto fora do corpo. Era realmente um cano gigante de energia! Era cada vez mais palpável e concreta. E esta energia, quanto mais fluía carregava informações e consciência. E com a consciência vinha a sensação de bem-estar no corpo, como um efeito colateral da energia. Nossa química responde às aberturas energéticas. Toda mudança nos chakras acarretava numa mudança nas glândulas e neurotransmissores do corpo. Não era necessário um exame que comprovasse, pois sentia dentro de mim a secreção destas substâncias que traziam paz, alegria, preenchimento, relaxamento e deleite. Momentos de silêncio total começaram a ser experimentados. Estava bem onde estava e aquilo estava acontecendo a todo o momento. Meu corpo e minhas glândulas estavam passando por um mutação muito forte, principalmente depois que entrei em contato com EMF Balancing Technique®, Reconexão® e as canalizações de Kryon, era realmente uma energia diferente para mim. Durante a meditação silenciosa, meu corpo passou a manifestar movimentos espontâneos muito fortes, começando por pequenos espasmos e movimentos rotatórios. Com o passar do tempo, e a energia do canal central se intensificando, a energia Divina da essência (Kundalini) mais presente, não tinha como ficar parado na meditação. O corpo girava em sentido horário e anti-horário, num movimento que inicialmente parecia caótico, mas que era totalmente organizado e sincronizado com o movimento de energia dentro do corpo. Era muito difícil ficar parado durante a meditação. O fluxo de prana causava movimentos do pescoço e cabeça, assim como uma sensação de preenchimento em diversas partes do corpo. Em alguns momentos, quando havia abertura ou desbloqueio de energia em algum lugar, internamente escutava alguns "estalos" e sentia mudanças de temperatura, formigamento, pulsações, choques e ativação da área, no que diz respeito à energia pessoal do corpo em ressonância com a energia do fluxo Divino que entrava e fluía, energia da Essência. Quando durante o dia entrava em contato com algumas energias mais densas, na meditação sentia como se fossem "teias de aranha" desgrudando-se da minha pele. A sensação era de algo que estava grudado e se desgrudava, causando leves choques com pequenas coceiras e ao mesmo tempo sensação de leveza. Em muitas meditações e alinhamentos energéticos meu pescoço flexionava à frente, ou seja, caía e o queixo ia em direção ao peito. Passei a perceber a parte de trás do pescoço, a nuca, como um ponto de grande troca e entrada de energia. Paramahansa Yogananda chamava este ponto de "a boca de Deus", nosso bulbo raquiano, um ponto de entrada para o suprimento de energia vital universal (OM, Espírito Santo), que estava ligado por polaridade ao terceiro olho, ou o que ele chamava de Centro da Consciência Crística, sede do poder da vontade do homem.

A área do corpo associada à sefirá de conhecimento, o progenitor da unificação, é o topo posterior do pescoço, onde se encontra a ligação entre a cabeça (mente) e o torso (coração). (Rabbi Ytzchak Ginsburgh)

Notei também que em muitas sessões da EMF Balancing Technique®, colocamos nossa mão nesta área para sustentar algum alinhamento energético. Então, durante as meditações, sentia a necessidade de abertura física para que mais energia cósmica entrasse. Muitas vezes minha consciência era "desligada" para tal alinhamento. Não estava dormindo, mas ficava sem interferir com pensamentos ou imagens em uma sensação muito interessante e difícil de explicar. Como também já falei, meu corpo expandia-se e eu sentia que tinha mais de três metros de altura. E isto também foi se expandindo em largura, esta percepção do campo vibracional energético. As energias nos chakras eram facilmente ativadas e sentidas a partir da consciência direcionada.

A percepção como um todo aumentou profundamente. Passei a perceber que a energia da Kundalini se manifestava antes mesmo de pensamentos e emoções. Tanto para mim quanto para outras pessoas que estivessem próximas. E isto passou a ser um grande guia na caminhada, pois esta energia Divina que habita dentro de nós comunica a todo o tempo o caminho do Dharma, informa o que ressoa ou não verdadeiramente como nosso caminho de evolução. Manifestava-se muito antes de qualquer pensamento, e não estou falando de intuição, que vem junto logo depois do movimento da Kundalini, de uma fonte mais "original" do que a do pensamento corriqueiro e "normal" (confabulações diárias). Esta mesma Fonte que se manifesta continuamente, está sempre presente em nós e sendo assim nunca mais nos sentimos sozinhos. Não há mais o que esconder, pois estamos acompanhados a toda hora e a todo momento. E é algo concreto dentro de nós! Flui como uma força indescritível de energia amorosa e de preenchimento. E nos momentos de maior fluxo, quando ativada, ou melhor, quando nossa consciência se torna mais presente no fluxo que está acontecendo, seja em algum chakra, no canal central em si ou no silêncio, é totalmente perceptível a reação física de todas as glândulas que respondem à energia Divina.

A QUÍMICA HORMONAL DA EVOLUÇÃO

Sentia meu corpo passar a secretar outra gama de hormônios e neurotransmissores, causando mudanças emocionais e de comportamento muito profundas. Vou começar de "baixo para cima". Senti muita diferença com relação aos efeitos do equilíbrio da testosterona, principalmente a partir da prática de posturas de yoga e meditação. Percebi redução drástica de agressividade e irritabilidade. Não que de vez em quando essas energias não se manifestassem, mas comparado com o que antes ocorria, era quase nulo. Muito interessante que aquela mesma energia parecia estar canalizada para outras atividades e processos mentais. O desejo puramente sexual diminuiu, meu desejo ou "tesão" só de olhar uma mulher bonita de desejá-la decresceu, aquele desejo de possuir, de descarga de energia sexual. Dita energia foi transformando-se em uma energia de conexão, era nítido dentro de mim. Não era uma conexão simplesmente sexual, era uma conexão a partir do coração. Dá para sentir a energia sexual presente, mas ela não comanda mais, não dita o que escolhemos, nem nos direciona a certas atitudes ou vícios. O mais interessante era que quando ela era necessária em uma relação amorosa, estava mais viva do que nunca!

Percebi uma grande mudança de humor, principalmente ligada a secreção de cortisol. Não ficava mais estressado por qualquer coisa e era bem mais assertivo e confiante, minhas glândulas supra renais entravam num equilíbrio maior, acarretando na redução da ansiedade e tristeza no dia a dia. Fluxo de pensamentos mais ligados ao aqui e agora. Da mesma maneira, passei não ficar tão doente como ficava anteriormente (não que ficasse muito, mas a redução foi grande), menos gripes, resfriados ou febres. Tirando os momentos notáveis de "recalibragem" ou de mudança de frequência, no geral não tinha qualquer tipo de doença. As gripes duravam de meio a um dia. O sistema imunológico também parecia adequar-se às novas frequências, possivelmente gerando uma nova cascata de substâncias nas células.

Parece uma panaceia pelo que falo para vocês. E realmente é no geral, com pequenos momentos de oscilação como a transição de "fases". A meditação e a abertura para o fluxo da energia divina para mim é o que previne todos os tipos de condições e quanto mais desta energia flui mais saudáveis estamos e melhor nos sentimos, dentro daquilo que nosso corpo e consciência podem sustentar no atual momento de evolução. Minha sensação é que passamos a liberar mais serotonina, endorfinas, oxitocina e dopamina. Mas pode-se perguntar...como ele sente ou sabe disto? Há uma sensação de bem-estar geral independente do que está acontecendo "fora", independente dos eventos exteriores. Há prazer interno e deleite simplesmente no estar, no Ser e durante as meditações isto ficava mais evidente e mais proeminente. Durante diversos momentos o corpo passa por uma sensação de amortecimento ou analgésico, no sentido de diminuição de dor ou desconfortos, uma espécie de "runner´s high (barato do corredor)" de endorfinas. Quando jogava tinha essa sensação quando chegava num determinado ponto de treinos e jogos, era um gás a mais, uma substância que me fazia ir além do que achava que podia. Sinto esta substância fluir naturalmente no corpo, hoje com mais força ainda do que quando comecei a sentir, é uma espécie "amortecimento" (é o mais próximo que posso chegar da sensação que não dá mesmo pra explicar). Mas um amortecimento não de ficar insensível a tudo, mas de uma onda de bem-estar em todo o corpo, basta respirar profundamente e ficar em silêncio por alguns instantes.

Outro aspecto muito perceptível é o aumento da vontade para fazer as coisas, de realização, e ao mesmo tempo aumento de senso de propósito, geralmente associados à dopamina. Em conjunção, ficar "sozinho" também torna-se muito prazeroso, pois passamos a não nos sentirmos mais sozinhos, Deus está conosco a todo tempo e sua energia flui dentro de nós, mostra-se presente, manifesta-se concretamente, preenche-nos integralmente! Sensação de bem-estar interno independente da companhia ou do que está fazendo, diretamente associado à serotonina...prazer de Ser, simplesmente Ser, tudo dentro do que nosso corpo pode suportar. Encarnar mais de quem realmente Somos. Porque se toda energia Divina de nossa Essência fluísse para dentro de nós, nosso corpo provavelmente explodiria ou seria incinerado, tamanha a intensidade da frequência ou energia. Nosso corpo tem a capacidade de suportar uma certa "voltagem" desta energia Divina e cabe-nos auxiliarmos no processo de preparar melhor o "recipiente" para que esteja mais adequado e capacitado a suportar e ancorar mais energia da nossa Essência, dos atributos Divinos. A Presença Divina pode tornar-se concreta em tudo, basta que nos abramos para isto e transformemos nossa consciência a ponto de percebê-La em tudo.

Continuando a saga hormonal, não há como não notar a oxitocina. Aumenta a vontade de abraçar, do toque carinhoso, da conexão com as pessoas. E não no sentido puramente erótico, mas no sentido de querer compartilhar amor de alguma forma, seja por um abraço, um olhar, um aperto de mão, um toque no ombro, ou na forma de um simples mas significativo carinho. Ao mesmo tempo, um aumento natural para atitudes altruístas e de doação. Mas creio que o mais marcante é o sentimento de confiança. Não digo no sentido de sair confiando em qualquer pessoa que se encontra, um sentimento que auxilia na conexão. Mas algo muito maior, um sentimento de confiança interna no Criador. Um sentimento de estar sempre sendo acolhido e amado por Deus. Um sentimento de conexão profunda com O Infinito, sabendo que realmente, independente do que está acontecendo, Ele está ali. E que tudo é sempre para o bem, tudo é por Amor, pela manifestação de um Amor muito mais profundo e pleno.

Voltando à parte química do processo de evolução espiritual, por último mas não menos importante, mudanças incríveis na secreção e produção de melatonina, associada à glândula pineal, que na minha opinião, a meditação propicia a "ressurreição" da pineal. Como todos os grandes mestres da humanidade afirmavam, a pineal é o portal para o verdadeiro contato com a Realidade Maior. Mas por enquanto estou falando das manifestações físicas, emocionais e psíquicas da expansão e evolução da consciência, mas daqui a pouco falarei da transformação consciencial. Com relação a meditação e melatonina, sentia meu sono ficar bastante profundo e reparador, apesar de dormir bem menos horas e descansar muito mais. Quanto mais meditava, menos quantidade de sono era necessária, pois por meio da meditação podemos acessar a Fonte de Energia vital de forma direta, sem precisar fazer a "digestão" e depois eliminar resíduos. Tudo é aproveitável e na sua forma mais pura possível. O prana cósmico é a alimentação da Alma e consequentemente também de nosso corpo. Há muito mais energia vital fluindo dentro de nós quando meditamos e quando abrimos o fluxo de nosso canal central. Percebia a sensação concreta da energia divina entrando pelo topo da cabeça, assim como também pelas solas dos pés e base da coluna. Como falei, no geral a sensação interna é extremamente agradável. No entanto, o processo de se abrir mais até chegar neste ponto pode ser bem desagradável fisicamente. A energia Divina vai abrindo caminho e transformando todas as células do nosso corpo e, sendo assim, sentia e ainda sinto muita movimentação de energia dentro e fora da minha cabeça. Fortes pressões, choques elétricos em diferentes partes da cabeça. É totalmente diferente de dores de cabeça, é uma sensação peculiar e única. Há pressão em todos os lados, muitas vezes pontadas como se um objeto pontiagudo estivesse entrando ou saindo do cérebro, mas sem dor de perfuração. Eram e são canais de energia abrindo para podermos manifestar mais de quem realmente somos. Posso associar isto à abertura maior do chakra da coroa, assim como à ativação dos 144 pontos de luz no cérebro. Peggy Phoenix Dubro afirma que "estamos ativando neste momento planetário os 144 pontos de luz no cérebro, os quais estão se alinhando com as 144 grades da terra." Sinto isto em diferentes pontos da cabeça, sentindo muito mais como faixas de energia. Dependendo do momento de vida a manifestação vai modificando-se, mas a intensidade para mim continuou e continua cada vez maior até hoje. Quanto mais sentia a cabeça, mais percebia o fluxo nos pés e meu contato com a energia da terra, dos lugares onde pisava. Ao mesmo tempo, ao colocar minha consciência na meditação do centro de baixo (60 centímetros abaixo dos pés), sentia um ancoramento e até mesmo um certo "alívio" na pressão da cabeça, parecia que era necessário um fluxo maior de cima para baixo, mas em direção à terra, além dos pés. E quando passava pelos pés e pernas, a sensação era como se houvesse um tubo sugando para dentro da terra, mas que ao mesmo tempo dava maior firmeza na estrutura. Imaginem todas estas coisas acontecendo no dia a dia e de olhos abertos também. Não é um processo fácil, mas eu sabia que era extremamente necessário para minha caminhada e papel neste vida.

PADRÕES RESPIRATÓRIOS

Minha respiração também se modificou. Muitas pausas respiratórias no dia, sem inalação ou exalação, simplesmente sentindo o fluxo da Kundalini. Podia passar um minuto com apenas duas respirações e não faltava ar. Parecia que expirava muito mais do que inspirava. Ao mesmo tempo, quando inspirava profundamente, vinha um fluxo de energia imenso para dentro do complexo corpo mente. Mais e mais luz fluía por todo sistema. E daí fica fácil de entender porque os conteúdos sombrios começam vir à tona. A energia estagnada precisa ser liberada para dar espaço para o novo, para o Divino, para a Luz. Sendo assim, o processo de evolução na meditação e transformação de consciência não é um caminhar no "tapete vermelho", não é moleza. A meditação faz com que os conteúdos sombrios venham à tona para serem liberados. E muitas vezes, ao lidar com esta energia, sentimos desconforto. Sentir-se mal em uma meditação profunda muitas vezes não significa que a meditação foi ruim, simplesmente quer dizer que há conteúdos que precisam ser liberados ou estão sendo liberados. Nem tudo é a sensação confortável que sentimos quando começamos a meditar. Passamos por momentos bem difíceis, mas totalmente necessários para manifestar mais de nossa Luz e ao mesmo tempo ativar as camadas dormentes do nosso DNA. Se mexemos no nosso DNA, mexemos no nosso sistema. A meditação e todos os alinhamentos energéticos atuais estimulam a ativação de nosso DNA espiritual e isto acarreta em mudanças em todas as camadas da nossa mente, assim como em nossa interpretação da realidade. E o mesmo acontece com o planeta. Quanto mais luz entra e se manifesta, mais a sombra aparece e sai de "baixo do tapete". Não é que "pioramos" individualmente ou há mais escuridão no planeta, é simplesmente a Luz entrando e iluminando lugares em que aparentemente não incidia.

Gostaria de deixar claro que apesar de todas essas sensações, fluxos energéticos e mudanças biológicas, o objetivo em si não são as experiências. Estes são apenas "efeitos colaterais positivos" da Presença do Infinito expandindo em cada célula do nosso corpo. O que realmente importa está muito além disso, pois estas experiências são somente sinais do caminho e não deveriam ser o foco. O foco é Deus, o Infinito! O motivo de eu estar compartilhando algumas dessas vivências é para que muitas pessoas que estejam passando por isto, ou algum dia venham a passar, fiquem tranquilas com relação ao processo, assim como para que não se apeguem a estes resultados, pois são somente parte do processo.

FORÇAS ESCURAS

Agora falarei um pouco à respeito de algumas experiências ligadas ao acesso do plano astral e outros planos superiores de consciência, assim como sobre a influência de alguns tipos de energia, seres, entidades ou grupos energéticos nas pessoas e ambientes aqui na Terra. Não tenho a pretensão de trazer explicações sobre todos os planos superiores de existência, destacando que são apenas algumas vivências, pois neste Universo multidimensional gigantesco há muito mais. Como já falei, minha percepção de algumas energias se dava pelo cheiro, principalmente quando percebia energias intrusas negativas no campo de outras pessoas. No entanto, durante certas meditações e acesso a outras camadas de nossa consciência, o cheiro era completamente diferente dessas inteligências caóticas. Energias angelicais e ligadas a alguma linhagem de seres de luz ou guias e mestres exalavam odores muito prazerosos. Também muito difícil de explicar que tipo de odores eram pois não conheço muito os nomes de flores ou de plantas da natureza. O mais próximo que pude chegar para explicar, porque era assemelhado mas distinto, foi o perfume do sândalo, algo amadeirado. Algumas vezes apareciam odores florais. Mas como eu diferenciava se eram de seres de luz ou ligados a outros grupos? Junto com o cheiro, havia a energia magnífica e muitas vezes, junto com a vibração, mostravam-se como formas pensamento em que eu poderia entender. Elas vibravam de modo completamente diferente no campo, acarretando diferentes emoções e formas pensamento. Qualquer entidade ou grupo que se manifestasse, a energia já se mostrava presente. Quando sutilizamos nossa energia e percepção, podemos notar nossos guias nos acompanhando, muitas vezes se fazendo notar com maior força nas meditações ou na presença de algumas pessoas ou lugares.

Nos grupos de autoconhecimento que coordenava no Espaço de Luz, conforme o trabalho ou meditação do dia apresentava-se um feixe diferente de energias para auxiliar no processo das pessoas participantes. Não que houvessem vários deuses, mas todos grupos trabalhando para o Deus Um como extensões da energia divina. Repito, neste momento na Terra existem muitos grupos de energia auxiliando na ascensão planetária e talvez nem todos tenham as mesmas intenções, daí decorrendo que, dependendo do ambiente e das práticas utilizadas diferentes grupos de seres de luz se apresentam. Por outro lado, em ambientes pesados ligados às drogas e ao excessivo desejo material ou algo do gênero, são outros tipos de seres que permanecem no entorno influenciando os seres humanos, alimentando-se de emoções humanas destrutivas e muitas vezes até mesmo entrando no campo e corpo de uma pessoa, passando a influenciar pensamentos, energia e escolhas. No misticismo judaico esses seres são chamados de "dybuks", e em outras tradições esotéricas são chamados com outros nomes. De acordo com o **Rabino DovBer Pinson**, existe uma outra forma de impregnação que é chamada de "dibuk", literalmente traduzida como "encosto". Normalmente ela refere-se a algo como "possuída". *Isto significa que uma pessoa fica possuída pela alma de outra pessoa, ou por um espírito maligno. Este dibuk é uma alma separada que nunca se unifica com a própria alma da pessoa, com a distinta personalidade da pessoa. Consequentemente, quando uma pessoa está possuída por esta outra alma, ela sente que algo externo à sua própria existência está agora presente, habitando e funcionando dentro de seu corpo.*

Karen Berg, diretora espiritual do Kabbalah Centre, afirma que o termo vem de uma palavra hebraica que significa "apego". *Se tivermos criado uma abertura através de uma perda de consciência ou de um ato negativo, podemos ser habitados por um dybuk. Essas entidades malévolas são almas "deslocadas/perdidas de pessoas que voluntariamente rejeitaram a Luz, ou a quem a Luz foi negada devido* à sérias transgressões cometidas. A Kabbalah ensina que quando nossa alma retorna à Terra sem melhorar seu comportamento, ela pode voltar em variadas formas. Muitas pessoas tentam esquivar-se da vida ao se renderem às drogas ou ao álcool. Eu compreendo que o vício é uma doença, entretanto de uma perspectiva espiritual, pessoas que se automedicam estão, em essência, escolhendo não jogar mais o jogo da vida, mas acontece que ninguém pode jogar o jogo por nós.(...) Quando uma pessoa usa drogas pesadas, seu corpo pode tornar-se um receptor vazio, sem consciência alguma. De uma perspectiva kabalística, sabemos que um corpo vazio cria oportunidades para que outra coisa apodere-se dele – Deus nos livre. De fato, tal pessoa pode atrair um dybuk – um espírito malévolo.

A experiência que comecei a perceber enquanto trabalhava no Hospital Psiquiátrico São Pedro, principalmente na ala de dependência química, era de sentir o cheiros dessas entidades, assim como perceber a energia. Muitas vezes a pessoa não tinha ideia de que havia um "ser" que estava influenciando suas decisões e instintos. Com o aprofundamento na meditação, passei a refinar a percepção e ver como diversas pessoas no dia a dia estavam sendo influenciadas por esses dybuks. Percebia que ditas pessoas abriam seu campo para essas entidades com algum tipo de comportamento ou vício. Geralmente estavam ligadas às drogas, à raiva excessiva, à tristeza profunda, ao álcool, ao sexo com vários parceiros e a outros comportamentos compulsivos. Era notório que em muitos casos essas pessoas achavam que fazia parte da sua personalidade, que era seu jeito. Mas na verdade, estavam sendo influenciadas por dybuks.

Também lembrei-me de quando era mais novo, quando tinha experimentado algumas substâncias nocivas e percebia como me sentia durante e depois do uso. Algo se alimentava de minha energia e também influenciava no que eu achava que era meu livre-arbítrio, que de livre não tinha nada, parecia que estava escolhendo fazer algo e na verdade estava sendo direcionado como uma marionete a mais comportamentos autodestrutivos e inconscientes. Lembro-me que, entre 2009 e 2011, ao sair para baladas nos finais de semana, principalmente nos sábados, com um amigo, tomávamos bebidas alcóolicas para ficarmos "alegres e soltos", grande ilusão. O ambiente também já não tinha a melhor energia do mundo, o que acontecia era que quanto mais bebia, mais ficava impulsionado a ter que encontrar uma mulher para ter relação. Esse era o objetivo. De novo, tentando suprir uma falta interna, falta de amor próprio como já expliquei, e buscava suprir esta falta de consciência com prazeres transitórios, tentava suprir o buraco da falta de autoestima ou de amor próprio ficando com mais mulheres. Tirando a ressaca, o pior era o rebote emocional e energético que isso causava. Pela terça ou quarta feira, a tendência era sentir-me mais triste. E o que acabava acontecendo era que saía de novo para tentar "ficar alegre" e assim ia o ciclo vicioso da inconsciência. Muitos de nós já passamos ou estamos passando por isto, só que ao invés de mulheres como no meu caso no passado, estão substituindo por outros tipos de prazeres transitórios que não preenchem. O que impulsiona tais comportamentos são os hábitos que geram e nutrem a inconsciência, seja por meio de drogas lícitas ou ilícitas, valendo frisar que muitas vezes a droga pode ser a televisão, o computador ou o celular.

O que compartilho não é para criar medo, mas apenas para que se tenha mais consciência e responsabilidade pelas nossas escolhas, pois escuridão somente é ausência de Luz. Quando ativamos mais nossa Luz, esses seres ou energias não mais influenciarão, pois tomamos as rédeas de nossa vida. Pude notar também que alguns desses seres tentam infiltrar-se em grupos de tradições espirituais sagradas introduzindo elementos que são aparentemente "não nocivos", mas que permitem permearem forças involutivas ligadas à frequência do medo. Como por exemplo, Beer Yoga (prática de yoga com bebida de cerveja) ou até mesmo rituais com utilização de outras drogas alucinógenas (o que alguns mascaram com nomes como "medicina da floresta") para gerar "experiências espirituais" com outros planos de consciência. **A Avadhútika Anadamitra Ácarya (Dra. Susan Andrews)** em seu livro Meditação e os Segredos da Mente fala sobre como a nossa sociedade busca resultados rápidos e imediatos.

(...) cada vez mais as pessoas estão se dando conta que as drogas não são o caminho do autoconhecimento: são somente um pálido reflexo, e uma sombria centelha desse bem-aventurado e abrangente estado de consciência. Muitos dos "gurus" do movimento psicodélico do ocidente têm constatado e comentado a limitação das drogas: 'As drogas nos abriram as portas da mansão da mente, e vimos que lá dentro havia muitos quartos. Porém, descobrimos que as drogas podem apenas nos permitir um vislumbre do interior, e não nos levar a explorá-lo. Para isso, temos que meditar; não há atalho'. Richard Alpert (Ram Dass), um dos pioneiros no uso do LSD, que mais tarde se voltou para o Yoga, descreveu sua carreira psicodélica: 'entrar no reino dos céus, ver como ele era, sentir novos estados de consciência e ser levado de volta'.(...) Na realidade, às vezes, vislumbres de estados elevados de consciência induzidos por drogas podem ser perigosos. Quando a pessoa alcança abruptamente o poderoso reino superconsciente, e as extraordinárias energias desse estado são liberadas repentinamente, se a mente e corpo não estiverem devidamente preparados para recebê-las, o

resultado poderá ser uma "viagem ao abismo", ou mesmo uma psicose (...) Por isso, os iogues têm sempre enfatizado a importância de uma preparação gradual e cuidadosa da mente e do corpo para receber e controlar os poderes ilimitados dos estados superconscientes. (...) os estados elevados de consciência obtidos através das drogas não nos livram de nossas amarras e sim nos tornam cada vez mais presos a elas – e a meta do ser humano é atingir a liberação por meio do autocontrole perfeito.

O Dr. Gabriel Cousens, médico, Rabino e iogue, traz outros aspectos ligados às drogas:

As drogas consomem o ojas e desarranjam o prana e o tejas. Uma droga que tipicamente consome ojas é a maconha; entre as demais estão cogumelos psicodélicos, LSD, ecstasy, cocaína, heroína, anfetaminas e quetaminas. Um dos problemas mais sérios associados a estas drogas farmacêuticas e a ervas é o efeito hiperestimulante das concentrações de serotonina através de uma variedade de mecanismos que criam a destruição neuronal devido a um excesso de serotonina oxidada. Na forma oxidada, a serotonina é neurotóxica. Um sistema serotonérgico saudável age como um sistema neuroquímico antiestresse, mantendo o equilíbrio, a vitalidade, a força interna e uma sensação de bem-estar. Por essa razão, considera o sistema de serotonina uma parte funcional de nosso ojas e bem-estar emocional geral. Quando esse sistema está esgotado, o ojas também está.

A kundalini também pode ser rompida com a ayahuasca. Algumas pessoas aparentam não ser afetadas pelo uso dessas drogas no curto prazo, mas o risco grande e desnecessário continua existindo para muitos usuários de drogas vulneráveis. O autor não nega que as drogas psicodélicas sejam um catalizador espiritual poderoso e uma abertura de portas para muitos neste planeta, para suas primeiras experiências espirituais além do plano tridimensional da assim chamada "vida normal". A questão é: o buscador escolhe ficar parado na porta ou atravessá-la?

O autor não conhece nenhum Ser Realizado que apoie o usa das drogas para a autorrealização, de época nenhuma. Drogas, assim como o ego do complexo mente-corpo que elas estimulam, devem ser abandonadas se queremos trilhar o caminho completo até o NADA. Aqueles que dançam no EU SOU AQUELE não precisam de suportes. O efeito não se "desgasta", não há nenhuma "viagem" da qual voltar e não há efeitos colaterais. A normalidade desperta é nosso estado natural. Ela não depende de nada além de nós, ou de qualquer coisa que precisamos ingerir. A liberdade é independente de qualquer condição externa.

Tudo o que precisamos é estar no silêncio, que nos permite transcender as limitações da mente e do cérebro. As drogas nos confinam na química do cérebro e nas emoções, e portanto, sob um aspecto mais amplo, nos limitam. A vida desperta trata de estar presente de uma forma especial neste mundo. Este é o verdadeiro milagre. Não é o mundo fenomenológico limitado das drogas, é o real show da vida conforme dançamos na Presença Divina, e o mundo se torna vivo e compartilha este caminhar sagrado com você.

INFORMAÇÕES DAS PLÊIADES SOBRE AS FORÇAS ESCURAS

Antes de falarmos das entidades ou espíritos que nos auxiliam positivamente, gostaria de compartilhar algumas informações canalizadas atualmente, também das Plêiades, por **D.B. Ashuah em seus livros "Conversation with Angels".** Na minha percepção, são informações que fecham com as de Kryon e com as informações das tradições esotéricas profundas do planeta, e trazem também informações muito íntegras e evolutivas. A energia delas já fala muito! Aqui vai parte de uma mensagens dos "anjos": *Há aqueles no Universo que procuram os que não ocupam seus corpos completamente e eles se 'voluntariam' para 'ajudar' ocupando a vaga. É como se você estivesse dirigindo um carro e entregasse a direção e os pedais para outro para que eles possam dirigir o caro por você. Então você se move para o assento de trás e desaparece no pano de fundo observando as cenas. Da nossa perspectiva, apesar de você ter feito a escolha de abandonar a direção do seu receptáculo, ainda é sua responsabilidade última.(...) Alguns de vocês sentem que abandonando a direção se livram da responsabilidade e dificuldades. Da nossa perspectiva, você não está movendo-se adiante e você só está atrasando seu aprendizado. Se você escolher não assumir responsabilidade pelas circunstâncias você irá enfrentar situações similares em expressões futuras.*

O que se sente quando nós não estamos no controle do nosso recipiente, alguém pode perguntar?

A sensação é de indefinição/desfocamento como se você estivesse intoxicado ou inconsciente, sem saber o que é certo e o que é errado. É um estado de confusão interna; seu corpo não é mais dirigido por você porque você está sendo dirigido por um poder fora de você mesmo. Se você não está no comando do seu recipiente, ele pode ter sido tomado por energias de baixa vibração que expressam a si mesmas através da sua realidade física. Você pode sentir que você está num nevoeiro e pouco consciente do que está acontecendo no seu entorno. Você está apenas passando pelos movimentos, agindo sem consciência e sem intenção. Da nossa perspectiva, você rendeu a sua consciência que é sua maior posse. A forma mais fácil disto acontecer é ingerindo substâncias que separam seu recipiente físico da energia que vocês nomeiam alma. Quando você abusa de álcool, drogas, sedativos, pílulas para dormir, ou permite adição a alimentos ou sexo controlar você, você está separando você de você mesmo. Quando você está ligando sua energia a pornografia, jogatina, ou abusando sexualidade, comida ou drogas você está arriscando permitir que sua luz seja presa no armário para que "outro" possa passear em você e você não será responsável. De onde sentamos, sua responsabilidade nunca termina e quando você permite que outro assuma, ainda é você que está permitindo.

Como nós corremos o risco de sermos tomados enquanto vemos pornografia ou tomamos drogas, alguns de vocês podem perguntar?

Nós gostaríamos de lhes falar que o seu Universo está fervilhante de vida, e vocês são a mais alta consciência. Sendo assim, quando vocês se engajam numa continua troca com vibrações mais baixas vocês estão em essência dando permissão para se moverem para seus recipientes. Você é uma vibração que está se expressando através da matéria. Quando você está engajado de forma regular com outra vibração que é mais baixa que você, você se torna como ela. Há muitas entidades no seu entorno que gostariam de aprender sobre você. Eles vêm de diferentes sistemas do Universo, e eles estão intrigados pelo seu poder de emoções e poder do amor. Eles não possuem tais capacidades e eles estão sempre esperando por aqueles que desejam sair de seus próprios recipientes para que possam se mover e assumir. Ninguém pode assumir sem a sua permissão. Quando você escolhe se engajar em atividades de baixa frequência, você convida aqueles de vibração similar para interagirem com você. Quando você para de tomar decisões e age na inconsciência, você em essência permite uma consciência diferente para entrar. Este processo não é raro, e muitos de seus companheiros anjos estão andando no planeta "tomados" por vibrações mais baixas. Eles sempre podem escolher tomar de volta o recipiente, mas o quanto mais estão ausentes mais difícil a luta é.

Creio que o mais importante de tudo que compartilhei é saber que é a partir de nosso livre-arbítrio, escolhas e hábitos que atraímos diferentes tipos de energia. Do ser humano que está vibrando a sua Luz, assumindo responsabilidade total por sua vida e ações, escolhendo hábitos e práticas evolutivas, nenhuma força escura se aproximará. Não confunda "coisas ruins" que podem acontecer com escuridão, pois não são a mesma coisa. A escuridão está mais ligada à reação interna à sua realidade externa. Como afirma **D.B. Ashuah** em uma de suas canalizações,

quando você está num lugar de gratidão, amor e compaixão, nenhuma escuridão pode chegar perto de você. (...) É um momento magnífico e sua missão é simplesmente brilhar sua luz e caminhar na sua divindade. São vocês, um de cada vez, que estão fazendo pender a balança para o lado da Luz. Nós gostaríamos que você não julgue os outros pois todos os caminhos são sagrados e honrados pela livre escolha. Sua missão não é converter ninguém ou usar métodos de exorcizar aqueles que estiverem "tomados". Sua missão é simplesmente cuidar de você mesmo e brilhar sua luz o mais brilhante que puder para que aqueles no seu entorno possam escolher ver e transformar através de sua luz, e que assim seja.

SOMBRA COLETIVA

Entre novembro de 2015 e fevereiro de 2016, entrei em maior contato com alguns aspectos da sombra coletiva e de certos grupos envolvidos com controle de frequência no planeta, grupos que incitam o medo na humanidade a partir de diversos meios. Depois que voltei de Israel, passei por um período de reestruturação e readaptação à "nova realidade". Muitas coisas tinham acontecido por lá, assim como meu último namoro também tinha terminado. Antes disso, posso admitir tinha uma visão um pouco "Pollyana" do mundo espiritual. Pollyana é uma personagem de uma obra universal que enxerga tudo "cor de rosa". Não quero dizer que não sou mais otimista ou não saiba e sinta a vitória da Luz e da energia do Amor no planeta, mas realmente eu não tinha total noção de até que ponto as forças da escuridão influenciavam a humanidade e nas diversas áreas da nossa sociedade. Era como se por um tempo tivesse trocado meus óculos "cor de rosa" por outro de cor cinza ou preta. Passei a perceber muitas energias escuras nas pessoas e como estas energias se infiltravam em diversos segmentos da nossa sociedade. Percebi que parecia normalidade para grande parte da população, pois já se acostumou com esta frequência e prefere um sofrimento conhecido do que trilhar o caminho do desconhecido. Realmente estava numa energia extremamente crítica e negativa, mas que foi um período extremamente necessário para abrir meus olhos para um aspecto da sombra mais abrangente, a sombra coletiva da humanidade e de algumas forças ou energias escuras do Universo que estão ligadas à alimentação da frequência do medo na humanidade, afastando assim da energia do Amor.

Percebi concretamente que existe uma batalha cósmica de energias, representada pelo simbólico luz e escuridão, bem e mal, amor e medo. Posso falar que passei alguns meses me sentindo "azedo", era quase um enjoo de ver tudo isto. Mas o pior era ver que tudo isso só se manifestava no plano da Terra se o ser humano "abrisse as portas" por meio de seus pensamentos, palavras, hábitos e ações. O ser humano tem total controle sobre os potenciais de paz ou guerra do planeta, no entanto não tem consciência de sua força e responsabilidade. Sendo assim, permite a influência e forças inteligentes escuras que desejam de "alimentar" das emoções humanas, principalmente ligadas ao medo e ao drama.

O Iogue, Rabino e médico Dr. Gabriel Cousen, em seu livro *Torah as a Guide to Enlightenment* afirma que o mundo hoje está sujeito a um esforço geral escuro e oculto de completa dominação.

Uma das maiores estratégias do lado escuro está baseada no princípio de que a mente mais forte pode dominar a mente mais fraca. Em nossos tempos, nossa saúde está sendo comprometida pela nossa sujeição a variadas forças tóxicas, como vacinas, trilhas químicas e alimentos geneticamente modificados. Estes enfraquecem o sistema imunológico e causam inchaço do cérebro por até dois anos. Trilhas químicas, que são materiais pulverizados por jatos, caem em muitas regiões do mundo. A prescrição excessiva de medicamentos psicotrópicos, apesar das crescentes pesquisas publicadas declarando serem ineficazes, na melhor hipótese, e perigosos, na pior, pode permanentemente causar danos nos cérebros daqueles sujeitos a seu efeito. Junk food, comidas modificadas geneticamente, flúor e lítio nos nossos abastecimentos de água enfraquecem mais as mentes (e vontade) das massas. Estas influências desabilitam-nos de transcender nosso mente computador biológico de cinco sentidos e tornar-nos subservientes a intenções e mentes mais fortes. Felizmente, o público geral está lentamente dando-se conta, e esta é uma razão, por exemplo, do porquê as pessoas não confiam na mídia e ao invés disso estão utilizando a internet. A mídia dominante (mainstream) têm perpetuamente espalhado confusão, má informação e desinformação que enfraquecem e confundem o público.(...) Somente quando nos tornarmos conscientes de tudo isso nós seremos capazes de nos proteger. Por causa desta dinâmicas, é importante manter uma boa saúde física e evitar o uso de drogas e álcool, que estão desenfreados. Drogas e álcool, ao enfraquecer a mente, tornam todos mais vulneráveis aos esforços das forças escuras (Sitra Achra) para dominação das mentes.

Conforme estava falando, passei por alguns meses adquirindo maior clareza com relação à parte da miríade que existe no plano espiritual. Realmente nem tudo era tão bom e positivo assim. Ao perceber mais concretamente a existência de grupos ou entidades escuras que podem influenciar os seres humanos, vi que também estavam por trás de diversos sistemas da nossa sociedade, estimulando controle, dominação, falsos prazeres, alienação, inconsciência, ilusão e principalmente medo, enfim todas vibrações ligadas ao egoísmo. Essas energias infiltram-se na política e economia mundial e alimentam a indústria do medo, na verdade tudo que afaste do amor próprio e da essência do ser humano e da vida. Mais e mais estímulos para ocupar as mentes das pessoas, assim como seus corpos, mantendo-as inconscientes e desequilibradas e assim facilmente manipuláveis e dominadas.

Uma das maiores armas para manter a humanidade alienada de sua Essência e de seu verdadeiro poder é a "mainstream" mídia, principalmente a televisão. Em grande parte somos bombardeados com condicionamentos, negatividade, violência, mensagens subliminares, distorções e restrições, tudo com o intuito de manter o ser humano preso em numa rede de consciência muito baixa e primitiva. O mais importante para esses grupos escuros é manter a consciência dos seres humanos em um nível extremamente baixo ou confuso, direcionando para aquilo que não diz respeito à verdadeira liberdade ou autorrealização de todo o potencial infinito que o ser humano possui. Grande parte da mídia dissemina conteúdos desses grupos e corporações que mantém o controle político e o domínio econômico, geralmente motivados por interesses egoístas de manutenção do poder. Alguns exemplos que podemos observar é o estímulo para o consumo desenfreado e o aumento do desejo por coisas externas no seres humanos. Estimulam a "esquizofrenia da matéria"! Estimulam a visão limitada da realidade, em que tudo o que existe é o que se pode ver, tocar e acima de tudo ter prazer momentâneo.

Podemos perceber que muitas medidas políticas não visam o bem maior da população, somente interesses partidários para manutenção e perpetuação do poder. É só abrir os olhos e notar o financiamento de guerras por parte de alguns, para posteriormente aparecerem como buscadores da paz trazendo "soluções" para também se aproveitarem economicamente e politicamente disto. A busca do lucro desenfreado e acúmulo de riquezas sem pensar no impacto no planeta e na sua população.

Podemos notar também a indústria farmacêutica, que por um lado ajuda muita gente, mas por outro está por trás de grande parte dos problemas mundiais. Por que será que é estimulado o consumo de carne vermelha, mesmo sabendo-se de todos os malefícios para saúde e para o meio ambiente? Será que o gado não precisa de vacinas e antibióticos? Quanto maior a escala de produção, maior o consumo de remédios! E quanto maior o consumo de carne vermelha, mais doenças degenerativas, doenças cardíacas e inflamações silenciosas! E consequentemente maior consumo de medicamentos! Quanto maior é o desequilíbrio de saúde e ambiente maior é a oportunidade para essas corporações surgirem com novas "soluções", que no médio e longo prazo somente causam mais e mais desequilíbrios. É tão lógico e triste que chega a doer por dentro!

Por que será que o consumo de antidepressivos, ritalina, ansiolíticos só aumenta? O que está acontecendo com a humanidade? Por que a cada dia mais e mais médicos receitam e utilizam a química para lidar com aspectos emocionais, psíquicos e espirituais? Qual muleta nova está sendo oferecida desta vez? Onde o ser humano está colocando seu poder? Que consciência está sendo disseminada? Onde entra a responsabilidade pessoal pela mudança? Por que não divulgam e falam sobre os verdadeiros efeitos dos psicotrópicos nas pessoas? Muitos dos chamados psicotrópicos parece que viraram "balas de goma", "M&Ms". Por trás de tudo está o estímulo à inconsciência, para manter a prisão na "Matrix". Uma pessoa sem resolução cármica, sem lidar com seus problemas, sem transformar sua sombra, sem transmutar energias, sem lidar com suas emoções, simplesmente acumula mais problemas que acarretam na involução de consciência! Sim, um decréscimo na frequência consciencial! A pessoa "amortece" temporariamente por meio de um medicamento, para que mais para frente tudo venha com muito mais força, e de diversas formas! Será que vale o preço? Qual o preço de abdicar da própria Alma? Nosso corpo, nossa psique, nossas emoções são sinais para que possamos ver em que direção estamos indo com relação ao nosso propósito de vida. Quando não lidamos com algumas questões, esta energia vai manifestar-se de alguma forma e se a pessoa não tomar consciência delas pode transformar-se em doenças físicas e condições psíquicas que, no fundo, são importantes sinais para mudarmos nossa caminhada, mudarmos nosso ponto de vista. Os sintomas que os psicotrópicos querem mascarar trazem muita informação sobre para onde precisamos olhar, para que possamos liberar de vez a energia densa que está presente em nosso campo. Ninguém fará por nós, em algum momento temos que enfrentá-la.

Mas o que as pessoas não percebem é que "mascarando" um problema ele acaba virando uma bola de neve na vida e posteriormente serão colhidas as consequências, que geralmente vêm como "bombas" na vida das pessoas. A Alma quer se realizar, ela quer manifestar todo seu Amor e potencial infinito! O que bloqueia sua total expressão são os conteúdos cármicos e emocionais presentes na nossa vida e em nosso campo. Caso o ser humano não queira lidar com eles, a Alma dará um jeito de se manifestar. A evolução pode ser no amor ou na dor! A escolha é toda nossa!

O que mais me assusta no momento é a quantidade de medicamentos que estão sendo administrados nas nossas crianças. Literalmente as estão dopando com ritalina, antidepressivos e antipsicóticos. Cada vez mais percebo crianças de 4 ou 5 anos de idade tomando psicotrópicos. O que está acontecendo com nossa sociedade? O que está por trás disso? Já te perguntaste? Já te perguntaste como surgem "novos transtornos" que precisam de novos medicamentos? Existe um documentário muito interessante à respeito disto chamado "O Marketing da Loucura". Recomendo seriamente que seja assistido. Qual a melhor forma de grupos espirituais escuros manterem a humanidade sob domínio energético? Principalmente agora com a chegada das crianças com outra configuração espiritual e cerebral, DNA mais ativo, outro tipo de funcionamento! É justamente atuando no desequilíbrio e não manifestação do potencial das crianças! Qual a melhor forma para isso? Dopando-as! Tirando-lhes a possibilidade de expressão natural de suas Almas e energia, que devem se manifestar de forma totalmente diferente do sistema estabelecido!

Outra forma que estão utilizando é pelos movimentos de legalização do consumo de maconha e outras drogas em alguns países. O argumento vigente é a redução da violência e o declínio do tráfico. Primeiro ponto, as drogas alimentam diretamente a inconsciência e a abertura para entrada de energias escuras. O ser humano abdica de dirigir sua vida. E quanto mais utiliza mais sofre a influência delas, pois sem perceber acostuma-se com a frequência. Segundo ponto, enquanto falam sobre a diminuição de violência, arrecadação de impostos e diminuição do tráfico, distraem todas as pessoas da única e real solução para o problema do consumo de drogas: a educação para consciência! Mas tudo é tão óbvio! Se educar para a consciência se perderá domínio e controle! E isto as forças controladoras não querem de jeito nenhum! Se a criança é educada desde cedo a lidar com suas emoções, direcionada ao autoempoderamento e autossuporte, porque haveria a necessidade de buscar drogas? Se desde cedo for educada para maior contato com a Essência, porque buscar fora algo que já possui dentro e se contatado pode suprir integralmente? Se educada para o Amor Próprio, porque buscaria destruir sua mente, seu corpo e abdicar do seu livre-arbítrio? A grande questão é que o maior adversário destes grupos neste momento é a possibilidade de um sistema educacional que recupere a ética e os valores humanos, inteligência emocional, compaixão, autoconsciência, empatia, conexão e interexistência. Sim existem muitas iniciativas surgindo de todos os lados para mudar o status quo imperante, muitas pessoas engajadas nesse processo de mudança. Mas você já se perguntou sobre nosso sistema atual de ensino público? Passamos por grandes avanços tecnológicos, novas formas de fazer muita coisa, no entanto, no geral, o sistema educacional continua o mesmo! Exatamente o mesmo de anos atrás, só que nossas crianças e jovens são totalmente diferentes! E como não se encaixam no sistema falido "tacam-lhes" remédio! Pergunto novamente: por que educamos? Qual o propósito da educação? Educamos pela economia e mercado? Educamos para o interesse e necessidade de grupos? Até mesmo, que conteúdos são ensinados nas escolas e de que forma? Onde está o investimento na educação? Chega um momento que a humanidade precisa decidir realmente em investir em tecnologia, mas na tecnologia da consciência! O avanço tecnológico da ciência está exponencial! Mas quem utilizará toda esta tecnologia? Que consciência por trás saberá discernir sobre o que é positivo ou não para toda a humanidade no uso daquela tecnologia? A humanidade precisará realmente decidir em agir na área que está no âmago da transformação planetária! E esta área é a educação! Educação para Consciência e para o Amor!

Vamos ver algumas das informações do plano espiritual da Luz, **por meio de Barbara Marciniak:**

Consciência alimenta consciência. Não é fácil entenderem este conceito, porque vocês se alimentam de comida. A comida para alguns seres, é a consciência. Toda a comida contém consciência em algum ponto do seu próprio desenvolvimento, quer você a frite, cozinhe ou colha da horta; você a ingere para manter-se nutrido. As vossas emoções são alimento para outros seres. Quando vocês são controlados para gerarem devastação e fúria, estão criando uma freqüência vibracional que sustenta a existência destes outros seres, porque é disso que eles se nutrem. (...)

A tirania suprema numa sociedade não é controlada pela lei marcial. É controlada pela manipulação psicológica da consciência, através da qual a realidade é definida de tal forma que as pessoas que nela vivem nem mesmo

A Linguagem do Universo • bsD

percebem que são prisioneiras. Nem mesmo cogitam a existência de outras coisas fora de seu habitat. Nós representamos uma outra realidade, exterior àquela que lhes foi ensinada como a única existente. É como às vezes imaginam – e onde nós queremos que vocês morem; é fora do lugar determinado pela sociedade. (...) Foram privados de conhecimento através do controle da freqüência. (...) É vossa tarefa alterar e remover a freqüência de limitação e trazer a freqüência de informação. Quando estão informados, conseguem mudar sem medo. Quando perdem o controle, sentem-se desinformados e não conseguem enxergar o quadro completo. Cada um veio para despertar algo dentro de si, dentro do código do seu ser – o DNA – e vocês estão respondendo a isso. Esta é a razão da procura em todas as direções que caracteriza as vossas vidas.(...)

A tecnologia moderna é uma das maiores armas do controle da freqüência. Foram vendidos a vocês equipamentos para diversão e conforto, e todos eles estão ligados ao controle da freqüência.(...) Elas constituem o primeiro instrumento usado para manipular a consciência numa base diária. Trata-se de uma experiência em que a televisão, através de sintonia fina, provoca respostas subliminares em vocês, causando doenças. Existe, portanto uma geração inteira que está se matando por assistir televisão – e sustentando os médicos. (...) A televisão também propicia a inatividade, a passividade, uma vida sedentária obesa. Observem ao vosso redor. Humanos, acordem! (...)

Nós já contamos sobre a existência de entidades que se alimentam dos vossos corpos emocionais. Imaginem só que instrumento maravilhoso é a televisão para elas! No mundo inteiro, bilhões de humanos jorram sucos emocionais na atmosfera em conseqüência daquilo a que estão assistindo na tela. Elas não precisam mais provocar tantas guerras para emocionar vocês, podem simplesmente, fazer filmes! As pessoas que precisam ver televisão estão perdendo a riqueza de informações facilmente acessíveis que há dentro de suas mentes ou ao seu redor. Na verdade, quem quiser realmente evoluir, não precisa ler jornais, ouvir rádio, ou assistir à televisão. Se forem capazes de permanecer livres da mídia por alguns períodos e se desligarem da freqüência de caos, ansiedade, stress, corre-corre e tentações de todas as espécies desnecessárias, vocês começarão a limpar-se, a escutar o que há dentro de vocês, a viver no mundo e não a perder-se nele. Tornar-se-ão limpos, claros. (...)

A televisão em si não é má, mas foi empregada com um propósito maléfico. Não há nada de errado com a tecnologia. A maneira pela qual a tecnologia tem sido usada é que é incorreta. Aí está a diferença.(...)

A história sempre acaba voltando às emoções. Emoções são como ingressos que permitem a entrada e vos ligam. Vocês são incrivelmente ricos. Se ao menos *percebessem a riqueza que possuem com as suas emoções... Os seres de vibrações mais baixas, tomemos a liberdade de chamá-los assim, não possuem emoções e vivem numa oscilação de freqüência muito pequena – emoções baseadas no medo, no caos e na violência.*

A capacidade de usar a vontade humana sobre a mente humana é o vosso recurso supremo.(...) Quanto mais vocês se tornarem soberanos e responsáveis por vossa própria freqüência, maior será a interferência daqueles que não querem a nova freqüência aqui; eles trarão a freqüência oposta para criar confusão, caos, polaridade. Sempre que uma sociedade está prestes a dar um grande salto, ou mudar radicalmente, ocorrem atividades diametralmente opostas.(...) Estamos apenas alertando-os, não estamos aqui para causar medo. Medo é o que o outro time quer que vocês sintam. Queremos que compreendam que vocês podem mudar tudo o que desejarem.(...)

Quando operam numa determinada freqüência, aqueles que desejam controlá-los perdem o interesse em vocês. Eles querem a freqüência do caos e do medo que os alimenta. O medo e o caos predominaram neste planeta porque estas entidades os cultivaram. Elas dividiram e conquistaram todas as regiões para criar esta freqüência. Quando começarem a operar em paz, com amor e informação, irão alterar a estrutura deste lugar drasticamente pois trarão a escolha da freqüência de volta a este planeta.

É importante ressaltar que tanto a luz quanto a escuridão vêm de Deus, ambos são parte de Deus aqui na ilusão da dualidade. O mal não é uma força separada de Deus, uma entidade independente, pois se assim o fosse estaríamos vivendo em um mundo com dois deuses, ou até mesmo em um mundo realmente dual. Tudo contém uma centelha divina dentro de si. Pode estar mais encoberta, ou quase invisível, mas tudo contém a faísca divina dentro. Bem lá no fundo, o próprio objetivo do mal, da escuridão, do ego é no final das contas revelar o bem, mesmo atuando como uma contra inteligência para os seres humanos. Há uma função no plano divino, mas precisamos lutar contra a escuridão aqui na nossa experiência na Terra, até o ponto que consigamos transformá-la em pura Luz, pois este é o desejo inclusive da própria escuridão. A propósito, gostaria de trazer algumas informações sobre o "lado claro e positivo da Força", o lado espiritual da Luz, do Dharma, as energias, grupos e entidades que nos auxiliam na evolução neste momento planetário, além de algumas experiências e revelações pessoais com relação a isso.

FORÇAS DA LUZ

Quando nos aprofundamos no processo meditativo, passamos a ter mais acesso ao akasha. Isto quer dizer também maior contato com informação, energia e luz. Temos acesso a um novo mundo de formas, frequências, imagens e seres. Se assim for de desejo do Infinito, podemos entrar em contato com diferentes tipos de guias, mestres, anjos, ou seja, seres de outras dimensões da existência. Além do que já contei sobre o ocorrido durante as viagens, seguidamente em meditações silenciosas seres de Luz se faziam presentes. Meus guias começaram a tornarem-se mais notórios à medida que ia mergulhando mais em mim mesmo, seja por meio de energia emanada, formas pensamento ou visões colocadas na consciência, seja por meio do cheiro. Algumas vezes percebo que seres de Luz também se manifestam como determinados brilhos no ambiente, quando desejam ser notados até mesmo por meio da visão. Vezes houve em que os percebi como pequenas faíscas, pequenos sinais luminosos, que se apresentavam quando estava sozinho ou enquanto conversava com algumas pessoas sobre espiritualidade e elas estavam prestes a ter um insight.

Quando me refiro a contato com a energia de seres de Luz, não estou falando de alinhamentos energéticos em que há a invocação de algum tipo de energia angelical ou até mesmo alguma canalização da energia de algum mestre ou grupo espiritual. Estou falando a respeito de quando fechamos os olhos e adentramos o mundo infinito da consciência. As primeiras camadas a serem "vencidas" são as dos nossos próprios pensamentos, os quais com o tempo pude perceber que não eram somente meus pensamentos, mas também os de outras pessoas e os coletivos. Com o passar do tempo e a desidentificação com esses pensamentos, tive a oportunidade de algumas vezes acessar formas arquetípicas da humanidade. No plano astral há um novo universo que pode ser explorado. No entanto, como já referido, nem tudo nesta camada pertence ao que chamamos de Luz. O quanto mais nos lapidamos e nos purificamos, mais temos acesso a frequências e energia de grupos ou mestres ligados à Luz.

Agora posso falar também um dos motivos porque até agora não fiquei devoto a um mestre específico ou único em minha caminhada. O Infinito deu-me a oportunidade de viver a força energética de muitos mestres de diversas tradições, cada um com sua peculiaridade. Fica muito difícil descrever em palavras a grandiosidade da força espiritual e papel de cada um deles. O único sentimento que poderia ter é de gratidão e amor! Nada menos do que isso. Muitas vezes sozinho na minha casa ou em algum lugar que meditava, ao sentir a presença da energia desses gigantes espirituais, colocava-me de joelhos em honra à atividade deles auxiliando a humanidade no processo evolutivo. Eles não estavam mais caminhando em um corpo neste plano físico, mas notava suas presenças com muita força trabalhando no akasha, auxiliando a humanidade. A informação que recebo é de que eles todos estão presentes e vivos auxiliando-nos no processo. São diversas as fontes e funções das diferentes frequências divinas aqui na Terra. Ao escrever estas palavras, lágrimas escorrem dos meus olhos pelo profundo amor e gratidão por sua presença que se faz perceptível aqui e agora. Todos os grandes mestres da humanidade, todos os seres angelicais, todos os seres de outras dimensões e civilizações. É um honra profunda que transborda de meu coração em amor e reverência ao seu trabalho. A energia de Cristo e da Consciência Crística representando o amor incondicional e infinito por todos os seres. A energia do feminino divino e da compaixão pura na forma de Maria, Sarah, Rebeca, Lea e Raquel. A forte energia dos grandes patriarcas como Abráao, Isaac, Jacó, Moisés e Aarão. A energia de grandes mestres do Yoga como Paramahansa Yogananda, Swami Sri Yukteswar e Shrii Shrii Anandamurti. A suave e profunda energia de Buda. A energia da humildade de grandes mestres ocultos ou desconhecidos pela humanidade, que fizeram e fazem seu trabalho no silêncio e puro anonimato. A energia de profunda paz de comitivas angelicais como Arcanjo Miguel, Kryon e Metatron. A energia de ascensão e de transformação de Elias. A energia dos grandes mestres de Kabbalah como Shimon Bar Iochai, Isaac Luria, Baal Shem Tov, Alter Rebe, Rabi Akiva e Rebe Menachem Mendel Shneerson. E a indescritível energia amorosa e infinita dos seres alongados de luz chamados por nós de Pleiadianos, nossos padrinhos espirituais neste momento de ascensão planetária. Meu ser só poderia honrar profundamente todos eles por todo o suporte, energia e direção! Todos eles para auxiliar a humanidade neste momento de revelação de Luz. Como poderia eu dizer que o mestre "X" seria mais importante que o mestre "Y"? Quem sou eu para dizer que um mestre é mais elevado que outro? Quem sou eu para dizer qual deles está falando a "verdade"? Meu único sentimento neste momento é de profunda gratidão e honra pela presença de todos eles! Seja pela presença física e contribuição por todos os profundos ensinamentos, seja pela presença energética neste momento planetário. A única coisa que posso pensar a respeito disso é que se todos nós vivêssemos a metade do que qualquer um desses seres viveu como atributos na terra, nosso planeta já estaria em paz há muito muito tempo. Se vibrássemos um terço do amor que cada um deles manifestou na terra como seres humanos realizados, nossa vida seria completamente outra. Se não gastássemos tanta energia em querer provar ou discutir quem está certo ou está errado, teríamos energia de sobra para revelarmos mais de nós mesmos e acessarmos nosso próprio caminho de conexão com a fonte. Para cada pessoa há uma forma de conexão. Deus, o Infinito, não deixa ninguém para trás. Esta Força Infinita quer revelar-se dentro de cada ser humano em sua forma única de manifestação! E se a Luz Infinita quer e deseja isto, acontecerá com certeza! Basta fazermos um pouco da nossa parte por meio da utilização sábia do nosso livre-arbítrio.

Existem infinitas formas de ajuda ou auxílio dessas forças de manifestação da Luz durante nossos processos de evolução e gostaria de mencionar algumas. Assim como existem os "dybuks" (entidades malévolas), para os sábios místicos da Kabbalah existem também os "Iburs", que são considerados espíritos positivos. Este assunto é extremamente complexo, mas procurarei transmitir uma ideia geral e simples do que acontece. D**e acordo com Karen Berg**, é uma alma de uma pessoa justa (tsadik) que vem nos auxiliar, e entra no nosso ser quando precisamos de ajuda. Ela afirma que o ibur pode vir de um mérito que tivemos. O grande sábio Isaac Luria, em seu livro Portal da Reencarnações, aponta que uma parte da alma dos justos pode descer e ser "gestada" por uma pessoa e que isso é feito para ajudá-la no seu serviço ao Santíssimo. O **Rabino Dovber Pinson**, em seu livro *Reencarnação e judaísmo*, ressalta que, de acordo com os ensinamentos de Kabbalah, a alma do justo que foi "reencarnada" nunca se tornará parte da alma da pessoa, a sua alma será como um "convidado visitante". Ibur quer dizer "gestação" ou "gravidez". *"Assim como uma mulher grávida tem dentro de si uma nova vida, que é um acréscimo ao seu próprio ser, também o mesmo acontece com estes tipos de 'reencarnações'. É possível que ao longo da vida de uma pessoa a alma de outro ser humano seja 'impregnada' na alma própria daquela pessoa. Uma alma será acrescentada à sua existência; uma alma que não nasceu junto com aquela pessoa descerá em sua alma. Um dos tipos de Ibur é quando a alma que impregna o faz para ajudar a pessoa dentro da qual ela desce. Outro tipo de Ibur provável é que um justo que ainda esteja vivo seja impregnado em outro ser humano vivo. Ambos estão vivos e, ao mesmo tempo, a alma de um ser humano vivo – o Tsadik – fica impregnada em outro ser humano vivo. Embora seja possível que a alma de um Tsadik vivo impregne outra pessoa viva, a parte da alma que impregna não é a verdadeira alma do Tsadik, é somente um espírito ou parte de sua alma. Também é possível que uma pessoa vivencie um ibur de sua própria alma. Isto significa que, se a pessoa* *for suficientemente valorosa e merecer assistência espiritual, então as partes de sua alma que já foram elevadas em vidas passadas, podem agora impregnar a sua alma, para ajudar na elevação de sua alma. É possível ao 'positivo' de suas reencarnações anteriores descer à sua alma para ajudá-la a conseguir as suas elevações. 'Positivo', significando os compartimentos elevados de sua alma.*

Em todos estes níveis de ibur, a alma que fica impregnada, vivencia o seguinte: É como um visitante no corpo que habita e, assim, pode vir e ir do corpo conforme queira. Ela não fica confinada ao corpo. Ela não sente qualquer dor ou desconforto por habitar o corpo. Ela pode ganhar espiritualidade ao habitar o corpo. Isto significa que ela somente conquista as recompensas e não as punições. Isto acontece porque esta alma habita o corpo somente para fazer o bem, para ajudar na elevação. Existem casos registrados de até outras 10 almas entrarem no corpo ao mesmo tempo. Assim, quando ela sentir que, por habitar este corpo, a sua espiritualidade poderia ficar afetada, ela imediatamente deixa o corpo. Estas formas de ibur que acabamos de mencionar são para ajudar a pessoa na qual a alma entrou. Todas essas almas se unem num só corpo, formando uma alma unificada.

Apesar de a alma impregnar num corpo existente e poder vir e ir como melhor lhe aprouver, enquanto habitar naquela pessoa ela se une à outra alma e torna-se parte dela, tanto assim que a pessoa pode até nem sentir que tem uma alma extra. Mesmo que a pessoa sinta que existe uma alma extra, ela não sente isto como uma invasão em seu corpo. Ela sente como se fosse uma parte dela mesma. A alma que está impregnada na pessoa torna-se conectada com a sua alma. Ela passa agora a ser considerada como se a pessoa tivesse duas existências e, assim, a alma extra não se sente extra e a pessoa não se sente possuída por uma alma estranha.

O Rabino DovBer aponta que existe também outra forma de ibur que é uma espécie de "correção". Por exemplo, um justo ou sábio que somente cometeu um único "desvio" menor ao longo de toda a sua vida precisa ser purificado e refinado, mas as "correções" do "outro lado do véu" não têm qualquer efeito sobre a sua alma. Neste caso, é possível que esta alma se torne impregnada em outro ser humano existente. Não obstante, isto não é chamado de Guilgul (reencarnação), mas sim de ibur (impregnação). Por definição, Guilgul (reencarnação) significa que a alma reencarnada nasce junto com o corpo. No entanto, no cenário acima mencionado, ibur é uma forma de "correção" ao justo, a alma não é como um visitante. Ela não pode vir e ir ao seu bel prazer, e ela sente toda dor sofrida pelo corpo em que ela habita.

Kryon define algo similiar a essa Alma impregnada, ele chama de "walk in" (que pode ser traduzido do inglês como "aquele que entra"), como vemos no trecho do texto canalizado a seguir.

Um verdadeiro walk-in é uma coisa difícil de entender, pois você deve começar a entender algo mais que ensinamos sobre o fato de você não ser singular. Você tem muitas peças e peças para o seu corpo espiritual às vezes envolvem uma mistura com outra energia. Um lado do véu você é 'singular'. Então isso não faz sentido. No lado 'do lar' do véu, você é múltiplo, qual é o seu estado natural. Isso envolve muitas mais dimensões do que você pode ver ou está pronto para entender no momento. Por razões que você não pode compreender, às vezes uma parte de você entra no plano terrestre e cresce. Então, mais tarde, geralmente através de algum tipo de experiência traumática, a outra parte se junta a você. Alguns 'viram' isso como duas entidades diferentes, onde ocorre algo como aquecer o lugar para o outro, depois sai.

Há realmente dois tipos diferentes de experiências de caminhada. Uma é exatamente como eu mencionei, onde duas entidades atuais estão envolvidas de acordo, e uma vem para começar, então outras entram e assumem quando é hora. Então, o original leva um assento traseiro, combina e se torna uma parte de toda a experiência para a vida. É o que dissemos no passado sobre walk-ins. Agora, há algo ainda mais a saber, já que você está agora em um ponto em que informações avançadas são possíveis.

O segundo tipo de experiência de caminhada é onde há um 'aprimoramento' da primeira consciência humana a tal ponto que parece que outro humano chegou! Na verdade, é apenas a outra parte. O raciocínio é sobre o tempo, e também sobre o propósito da vida. Muitas vezes um walk-in é aquele que de repente tem um propósito após a experiência. Isso é preciso, mas o propósito é devido ao fato de que agora todas as partes estão juntas e estão cientes do que fazer. Às vezes, é tão dramático que até mesmo o indivíduo ambulante vê o passado como outra pessoa! Às vezes, eles mudam seus nomes. A logística e as 'regras' por trás dos walk-ins não são listáveis, uma vez que são infinitamente variáveis. Às vezes, a outra parte nunca chega se o tempo não está certo. Às vezes, chega tão forte que é assustador!

Só com estas informações e relatos podemos tomar uma nova perspectiva quando olhamos e interagimos com outra pessoa. Que pretensão a nossa saber qual seria o melhor caminho espiritual daquele ser na nossa frente. Ao mesmo tempo, dependendo da nossa caminhada e nossas ações, podemos atrair diferentes tipos de energia e Almas, o que pode mudar totalmente nossa caminhada e evolução. São infinitas as possibilidades, com infinitos caminhos, correções e lições de vida. Por meio de nossas escolhas, nosso livre-arbítrio, podemos mudar nosso "contrato". Cada ser humano é único! E mais ainda: cada Alma pode auxiliar uma à outra nesse processo de elevação e correção. O que torna mais difícil ainda alguma pessoa ter a desejada "visão completa" do outro ser que interage, pois ali pode estar um grupo de Almas fazendo seu trabalho de correção ou também de Dharma. São infinitas as variáveis possíveis. Um grande mestre judeu chamado Baal Shem Tov ensinou que uma Alma pode descer dos lugares mais elevados dos céus para este mundo por 70-80 anos, simplesmente para fazer um favor para outra pessoa. Estes conceitos e experiências pessoais fizeram com que eu tomasse outra visão com relação à vida aqui neste plano. Percebia muito menos linearidade, infinitas possibilidades. Realmente quanto mais me aprofundava na meditação e estudos, mais sabia que menos sabia. Era mesmo assim, quanto mais sabia, mais sabia que tinha muito mais para saber. E isto ainda não era tudo. Ainda podemos falar das influências angelicais, assim como das influências de grupos ligados às civilizações de outras dimensões que nos auxiliam neste momento planetário, os chamados "extraterrestres". Que na verdade nada mais são que seres que vivem "fora" da Terra, ou seja, em outras dimensões, como os Arcturianos e os de Orion, entre outros. Havia muito mais a aprender a respeito do plano divino cósmico. Muitas eram as linhagens, grupos de energia, funções e papéis neste Universo infinito.

ANJOS E ARCANJOS

De acordo com Ian Mecler, em seu livro *A força* – o poder dos Anjos da Cabala, a Cabala define os anjos como agentes intermediários, que se situam em camadas entre a Luz original, que alimenta todo o Universo, e nós, seres vivos. Nos mais diversos idiomas a palavra anjos, do grego angelos, significa mensageiro. Esse significado é similiar ao termo em hebraico, língua dos textos bíblicos, na qual os anjos são chamados de malachim. Os anjos são entidades que vivem em planos intermediários e que fazem a ponte entre o ponto incial da Luz, ao qual chamamos Deus, e tudo que existe em nosso mundo físico. São energias invisíveis, mas que possuem grande poder de influência sobre nossa vida.

Yehuda Berg, em seu livro *Angel intelligence,* afirma que a Kabbalah ensina por milhares de anos que os anjos estão em toda parte, e que de acordo com o Zohar, há um anjo para cada folha de grama. Pela razão de os anjos estarem em toda parte, eles proveem uma força de trabalho com números inimagináveis. Ele menciona que os kabalistas explicam que nenhum anjo interfere na função de outro anjo. E esta é uma das regras básicas dos seres angelicais. Um anjo não pode ter duas funções, e dois anjos não podem dividir a mesma função. Alguns anjos vêm e vão, enquanto outros estão sempre presentes para nós. Existem anjos anônimos e anjos com nomes. Há anjos que estiveram aqui desde o início, eternos, eles estava presentes no amanhecer da criação e continuarão presentes até a eternidade. São chamados de inteligências espirituais permanentes. Cada anjo permanente tem um nome, e seus nomes são como números de telefone. Quando você medita neles ou evoca seus nomes, você pode trazê-los para o seu lado. Há milhões de anjos permanentes, cada um com um nome, cada um com uma forma singular de energia. Alguns dos "jogadores chave" do Universo são os Anjos da Guarda, nosso elevador pessoal para planos mais elevados de consciência; os Arcanjos como Miguel, Gabriel, Uriel e Rafael; anjos dos dias, anjos do zodíaco, anjos da morte, entre outros; Metatron etc. Há outros tipos de anjos que são mencionados pelo grande mestre kabalista Isaac Luria, são os chamados anjos temporários. Eles são forças de energia, tanto boas quanto más, que são formadas por nossas palavras, atos, e intenções. Em cada ação que nos engajamos, cada pensamento que atravessa nosso cérebro, cada palavra que falamos, cria um anjo positivo ou negativo. Esses anjos são pacotes de energia que nos afetam estando conscientes ou não de sua influência. Os anjos negativos que criamos são a causa de caos e destruição na nossa vida. Eles não são entidades passivas, eles exercem energia.

Monica Muryani, uma compiladora dos ensinamentos de Kryon, fala dos novos entendimentos sobre os anjos e guias. Com a evolução da humanidade, novas compreensões tornam-se disponíveis como informações esotéricas. Ela afirma, de acordo com Kryon, que nossos guias são realmente parte de nós mesmos, e existem como uma "sopa" multidimensional de energia ao nosso redor, tudo para nos auxiliar na caminhada do despertar e ascensão. Não estão separados de nós. Nossos guias são simplesmente as partes vibratórias mais altas de nossa Alma divina. Ela continua:

Compreender que seus guias são realmente uma parte da sua espiritualidade é incrivelmente difícil, porque ninguém quer pensar que eles são seu próprio guia! Estamos condicionados a pensar que guias, Anjos e Deus são separados de nós, e que eles flutuam dando ajuda e conselhos para aqueles que pedem. No entanto, é hora de ser responsável por sua própria magnificência. Seus guias estão prontos e estão esperando para começar a se comunicar com você. Você já viu 11:11 no relógio? Se assim for, você acabou de receber uma piscadela e olá dos seus guias (sorriso).

Existe outro atributo profundo de seus guias que você precisa saber. Quando seus entes queridos passam e se transpõem da Terra, partes de sua Alma se tornam parte de vocês, como parte de seu guia-conjunto. Isso é difícil de compreender, mas existe como parte do sistema benevolente para os seres humanos e tudo isso se relaciona com o sua Merkabah. Definitivamente definido, a sua Merkabah é o seu campo sagrado de energia quântica, com cerca de oito metros de largura. Todos os seres humanos têm sua própria Merkabah exclusiva. O campo de sua Merkabah não é sua Alma, ou seu Eu Superior. É o todo você – corpóreo – espiritual – e akáshico! É o modelo de tudo o que você é, como mantido dentro dos padrões sagrados de seu próprio campo sagrado. Isso explica porque seus guias estão com você e não existem em outro lugar.(...)

Kryon nos diz que não existe um único anjo. Em vez disso, eles são um coletivo de energia, representando a Fonte Central. Você pode vê-los ou senti-los como singulares, mas eles representam uma sopa de poder angélico.(...) Finalmente, Kryon diz-nos que os Anjos são os representantes da energia da criação. Eles não têm gênero, porque são energia. Eles não são do sexo masculino ou feminino e todos são igualmente fortes. São lindos, mensageiros multidimensionais, dando ajuda à humanidade. O único elemento que os separa é o tipo de "serviço" ou "especialidade". Mas eles sempre são parte de nós, mesmo quando estão aparentemente separados e falando com você." (Site monikamuranyi.com)

Realmente essas informações vêm para quebrar muitos paradigmas e crenças espirituais da antiguidade, pois devolvem o poder espiritual a todo ao ser humano na Terra. Vivemos numa conjuntura de reinvindicação de toda nossa potencialidade e magnificência, para além de parâmetros antes experienciados. E com isso, ainda mais aberturas, energias e informações sobre o que existe no Universo além da Terra nos auxiliando neste momento. A seguir exponho algumas outras informações de Kryon sobre seres multidimensionais que interagem conosco, tudo de acordo com o plano de ascensão planetária. Esta mensagem pode causar alguma resistência, pois fomos treinados e condicionados a negar qualquer tipo de existência fora do nosso planeta. Contudo, pelo tamanho e complexidade do Universo, chega a ser uma agressão à nossa intelectualidade pensar que os humanos são as únicas formas inteligentes de vida em todo o cosmos.

SERES MULTIMENSIONAIS

Cada galáxia tem uma administração criativa, um grupo com um nome. O Espírito raramente nomeia algo, pois conhece todas as partes pelos seus nomes, mas é humano nomear as coisas. Ora, como vocês desconhecem o nome do grupo situado no centro da galáxia – e que é responsável por vocês -, esta noite iremos chamar-lhe os Sagitarianos. Escolhemos este nome porque, se saírem para o exterior e olharem na direção da constelação do Sagitário, estarão a olhar na direção onde eles se encontram, estarão a olhar na direção do centro da galáxia, a Via Láctea. (Não há que envolver nisto os humanos nascidos sob o signo de Sagitário; isto é somente uma referência direcional, que indica o lugar onde se encontra o Grupo Central.)

A seguir, ao centro, os que se encontram mais perto de vocês e diretamente na vossa frente, canalizando atualmente neste planeta, são aqueles a quem chamaram Arturianos. (Eles administram a vossa área). Estes Arturianos estão tão inter-relacionados e são tão apoiados pelos chamados 'Ashtar', que vocês têm imensa dificuldade em perceber a diferença entre eles. O seu objetivo é claro. Procurem nas suas canalizações as frases e as palavras similares às de Kryon: 'Chegou o tempo', 'Assumam o vosso poder', 'Vocês são Guerreiros da Luz'. A tarefa dos Arturianos é trabalhar com os mais jovens. (...) Os Ashtar e os Arturianos são aqueles que falam com os governos na Terra... mas não devem ser confundidos com os tripulantes das naves que possam ter-se deslocado, procedentes de outras zonas da galáxia, ou com aqueles seres que morreram e foram encontrados pelos vossos governos, nem sequer com aqueles que pudessem ter sido capturados. Esses não são Ashtar nem Arturianos. Os Ashtar são capazes de se moverem entre aquilo a que vocês chamam a 3ª dimensão e a dimensão acima, ou seja, são capazes de se tornarem visíveis ou invisíveis para os humanos terrenos. Trazem-vos grandes mensagens de Amor e o seu trabalho tem como alvo os Humanos mais jovens, canalizando livremente uma informação maravilhosa e útil.

O Grupo Semente

Aqueles que caminham entre vós e que vocês relacionam com a Transparência e a Sabedoria (conhecem-nos muito bem, pois decerto já receberam convites da parte deles), são os que vos amam ternamente, os que estão aqui para vos observar e para vos induzir Amor. Eles têm que ficar 'à distância de um braço' para, ao mesmo tempo, não se revelarem e não revelarem a sua ciência. Têm a vossa constituição, pois a sua biologia é como a vossa. Eles são a vossa semente biológica e procedem das 'Sete Irmãs'. São os Pleiadianos. Estes são os que estão mais próximos (os que caminham diariamente) de vocês. Têm a capacidade de andar entre os Humanos, sem que vocês os reconheçam. Estão na vossa dimensão e têm de ter cuidado para que a ciência deles não interfira com a vossa, pois ainda não chegou o tempo de tal acontecer. Perguntem-lhes: 'Por que estão aqui?' e eles responderão: 'Por Amor e porque chegou o tempo'. (Os Pleiadianos trazem informação acerca de como as coisas funcionam à vossa volta, desde a perspectiva de seres que possuem uma biologia igual à vossa, que estão iluminados acerca do que está a acontecer com a vossa humanidade... de uma forma muito prática).(...)

Você, talvez considere a Terra como um local insignificante no esquema universal, como algo inconcebivelmente pequeno dentro da imensidade dos sistemas estelares, tal como os vêem. Nada poderia estar mais longe da verdade. Os Iluminados sabem quem vocês são! Mas é aqui, meus caros, neste planeta, que se concentra toda a excitação, dado que vocês – os que caminham na Terra enquanto estão em aprendizagem – são os celebrados.

Como vocês podem ver, a atividade dentro e no entorno do nosso planeta está borbulhando, fervendo com grupos, energias, frequências, conhecimentos, informações etc. Com a mudança da energia dentro do planeta, um sinal foi enviado para todo o Universo e, sendo assim, muitos grupos recebem a permissão de se aproximar de nós. No entanto, só podem atuar se convidados pelos seres humanos.

LEITURA DE REGISTROS AKÁSHICOS E PREVISÕES DE FUTURO

Conforme falei anteriormente, iria explicar um pouco mais sobre a minha experiência com leituras de registros akáshicos com outras pessoas, assim como sobre certos trabalhos com pessoas ditas sensitivas. Agora com maior compreensão de tudo que está fervilhando no Universo e em outras dimensões, talvez fique mais claro o que experienciei e minha posição com relação a esse tipo de trabalho.

Desde pequeno não me agradavam previsões do futuro ou de que alguém me falasse o que iria ou poderia acontecer. Tinha uma intuição muito forte com relação a isso, algo me dizia que poderia não ser tão positivo. À época pensava que alguém falando algo sobre o futuro de outrem já poderia estar influenciando a pessoa no sentido da previsão, mas com o passar do tempo deixei um pouco de lado essa intuição de criança e adolescente. Frequentei alguns lugares e pessoas sensitivas, ou não, que trabalhavam com diversas técnicas de leitura de vidas passadas, leitura de registros akáshicos ou sabedoria da Alma. O que inicialmente parecia algo superimportante e positivo na verdade tornou-se algo que mais atrapalhou do que ajudou. Não entrarei em detalhes sobre todos os trabalhos e tudo que neles foi dito, no entanto focarei num tipo de trabalho específico que acho importante compartilhar, a leitura de registros akáshicos. Como já falei, a primeira vez que fiz uma sessão em 2012 fiquei vislumbrado e achei incrível que muitas coisas que haviam sido ditas tinham se concretizado e acontecido. Com o passar do tempo e com todo processo que estava passando, tive vontade de fazer outras leituras, e com diferentes pessoas. No total fiz mais de quinze leituras com sete pessoas diferentes. Além disso, alguns familiares, amigos e amigas também fizeram e me enviaram as suas gravações das sessões. Eu tive acesso a mais de 40 relatos e gravações de diferentes pessoas. Creio ser uma boa base para falar tudo que em instantes explicarei.

Em alguns momentos desafiantes da minha vida, ia tentar buscar algum tipo de auxílio ou "certeza" com relação aos passos que estava dando por meio das leituras de registros akáshicos. E foram muito momentos diferentes, com diversos tipos de desafios e vivências. Houve uma semana que resolvi consultar duas pessoas diferentes para ver o que fechava entre as informações. Passei a analisar, sentir, discernir de uma forma mais aprofundada. Muitas vezes as informações dirigiam mais para um lado ou para outro, outras vezes se contradiziam. O quanto mais trabalhava minha energia e expandia minha consciência, mais podia perceber muitas influências durante o processo. Quanto mais pessoalmente acessava as camadas mais sutis dentro de mim, mais conseguia perceber o que estava em jogo em muitas das leituras que experienciei.

O que alguns seres humanos, por meio de seu profundo trabalho de purificação espiritual, podiam ter acesso a diferentes "janelas" do akasha, hoje, pelas aberturas que temos, parece que virou uma banalização, onde qualquer um ou se diz canalizando algo, ou fazendo leituras de registros akáshicos para outras pessoas. Ok, é possível que todos os seres humanos possam canalizar? Sim, possível é. Mas acontece na realidade deste momento? Não! A grande questão é...o que estão canalizando? De onde estão canalizando? Que informações estão canalizando? Que tipo de influências estão exercendo? Que tipo de energia estão contatando? E mais, o que fazem para reduzir as influências pessoais nas mensagens? Como discernem entre conteúdos de seu próprio subconsciente com imagens recebidas de outros planos ou dimensões? Como sabem da integridade da informação? Qual o objetivo das informações? Será que não estão criando mais karma? As pessoas que estão canalizando estão trabalhando diariamente sua espiritualidade? A informação ou imagem que aparece condiz com o que é passado para o cliente? Estas são algumas das questões que se apresentaram no meu caminho por meio de todas as leituras às quais me submeti.

Algumas vezes vinham informações sobre relacionamentos, vidas passadas, hábitos de vida, potenciais de futuro, prática espiritual, de quem eu era ou tinha sido, enfim, eram diversas informações. Com o passar do tempo, aumentando minha sensibilidade a energias e acessando mais de mim mesmo, percebi que muitas informações não condiziam com o que eu sentia internamente, ou com o que a minha energia pessoal manifestava em relação ao assunto abordado. As informações acessadas por meio da minha própria energia da Kundalini não "batiam" com aquilo que estava sendo passado por diferentes canais. Percebi que muitas das informações vinham para desviar-me do meu caminho, para que focasse em outras coisas, ou até mesmo escolhesse algo que alimentasse mais e mais meu ego, até mesmo o ego espiritual. Percebi que muitas das informações eram fantasia, que só serviam para tentar controlar minha frequência. E dependendo do canal, a influência poderia ser maior ou menor. Aparentemente as informações eram "lindas e espirituais, cheias de amor". Mas percebi que justamente ali se infiltravam energias e informações para distrair, dispersar e até mesmo desancorar a pessoa que está recebendo a leitura. Muito do que vinha, se olhado com profundidade era para fazer andar em círculos. Não digo que toda a informação era falsa, pois algumas coisas sim fechavam, mas sempre vinham algumas informações e energias chave para que a pessoa pudesse se desnortear.

Sendo assim, comecei a investigar com maior profundidade o processo, sempre centrado no meu canal na energia da Essência, com intenção de acessar a pureza e integridade ligadas àquilo tudo. O que aconteceu é que comecei passo a passo acessar certas informações de diversas formas com relação ao akasha, a todo o processo de leitura, influências possíveis, entidades envolvidas, planos acessados, frequência energética do praticante etc. Então vamos a algumas variáveis possíveis, e assim você poderá tirar suas próprias conclusões.

Primeiro, vamos abordar com relação ao que estão acessando e de onde procedem as informações. Como já vimos um pouco e ainda mais veremos, no mundo espiritual ou akasha há uma miríade de seres de outras dimensões. E nem tudo diz respeito à energias evolutivas ou à luz. Aqui podemos dizer que vivemos numa realidade de 50% luz e 50% escuridão, por isto temos nosso livre arbítrio. Quando "subimos" nos planos superiores (ou aprofundamos, dependendo do ponto de vista), os percentuais alteram-se até chegar a 100% luz. Mas, para facilitar a compreensão, até lá pode haver uma camada de 70% luz e 30% escuridão, ou 80% luz e 20% escuridão. O que isto quer dizer? Quer dizer que são diversas as camadas dos registros que podemos acessar, trazendo informações mais superficiais ou mais profundas. Outro aspecto a ser relevado é que muitos seres, da luz ou da escuridão, têm acesso às informações no akasha, portanto podem utilizá-las para seu objetivo. Uma energia escura pode trazer uma informação sobre família ou até mesmo positiva para que a mensagem que passe seja considerada verdadeira, podendo assim infiltrar energia e informações escuras que acabam desviando a pessoa do seu caminho de Alma.

Existe um ditado comum à toda a humanidade que é "mentira tem perna curta". Muitas pessoas acham que isto quer dizer que a mentira não se sustenta, não vai longe, que logo se descobre a verdade por meio de alguém. Sim, isto é uma parte do ditado, mas há outra parte, outro significado. Uma pura mentira não tem perna. Pois não chega a lugar algum. Para as pessoas acreditarem um pouco na mentira, ela tem que ter um pouco de verdade, ou seja, um pouco de verdade tem que estar misturado na mentira para que aquilo seja acreditado. Por esta razão a mentira tem perna curta, pois tem um pingo de verdade. Então alguns seres se utilizam de pequenas verdades para passar uma informação que geralmente alimenta o ego, produz identificações, diminui o livre arbítrio ou escolha, podendo fazer com que a pessoa vire "marionete" de outros grupos, sem trilhar o caminho da essência e lidar com a lição de vida, por mais espiritual que a pessoa possa estar aparentando ser. E foi exatamente o que encontrei em muitas leituras, visto que reescutando algumas vi o quanto me atrapalharam no caminho, pois distanciavam-me de mim mesmo, da minha essência, da minha caminhada e lição de vida, mesmo "embrulhadas num pacote maravilhoso". Muitas pessoas não dão um passo sem acessar os registros akáshicos por meio de alguém, não desenvolvem ou iniciam qualquer projeto sem ter a "opinião" dos registros. Eu pergunto: onde está a verdadeira liberdade? Onde estão a autonomia e o autoempoderamento? É prudente saber que, se a pessoa toma uma decisão influenciada e impelida a partir dos registros, em algum momento da vida aquela mesma decisão retornará de outra forma, pois terá que partir da livre escolha do ser humano.

A segunda variável a ser considerada diz respeito ao trabalho pessoal espiritual do praticante ou canal da informação. Dependendo dos hábitos pessoais, escolhas e história de Alma do ser humano que canaliza ou faz a leitura, ela pode abrir ou não influências que não são evolutivas, ou seja informações distorcidas ou escuras. Quanto mais trabalhado, preparado e íntegro o canal menores as chances de influências nocivas. Mas, mesmo assim ainda poderiam haver influências prejudiciais, pois estamos no plano da Terra onde há dualidade. As informações recebidas também passam pelo crivo ou mente do leitor de registro, o qual, dependendo do nível de consciência, vai interpretar as formas pensamento, palavras ou imagens de formas distintas e muitas vezes com influência do próprio subconsciente ou memória. Muitas foram as projeções do próprio ego do praticante, disfarçado de espiritualidade. Podem haver muitas misturas entre o que pertence ao praticante e o que poderia vir do outro lado do véu. E foi exatamente com isso que me deparei em sucessivas oportunidades. Eram raros os casos em que o canal se trabalhava profundamente e sabia da responsabilidade do que estava fazendo, pois inconsciente de que, ao invés de ajudar a pessoa que estava na frente, poderia estar criando ainda mais karma negativo para o outro e para si mesmo. Qual praticante realmente sabe e consegue distinguir de onde vem a informação, de qual camada do akasha, de qual grupo, que entidade está contatando? Alguns falam, ah, mas eu sinto a energia, eu me identifico, eu choro, tocou-me profundamente. Sim, tudo isso pode acontecer e algumas informações verídicas veem à tona. Mas vale lembrar também que nosso ego adora identificar-se com imagens carregadas de emoção, e geralmente algumas que trazem algo sobre nosso valor e grandiosidade, ser alguém especial, criando mais uma identificação e até mesmo orgulho e não respeito ao nosso verdadeiro valor e essência. Nem todas pessoas conseguem discernir que tipos de energia estão entrando em contato. Pense sobre isto, investigue.

O que aprendi com tudo isso foi que quanto mais nos aprofundamos dentro de nós mesmos, mais temos acesso ao nosso próprio akasha. Talvez não como imagens, mas como acesso a conceitos e sensações, manifestações da própria energia espiritual (mais leve ou mais pesada), que ajudam a guiar o processo. Quanto mais nos purificamos e tentamos viver um vida com integridade e hábitos saudáveis, mais conseguimos discernir a fonte real das informações e para o que elas servem, se para alimentar o ego ou auxiliar no caminho da Alma, do coração. Quanto mais vivemos em contato com nossa essência pura, mais nos blindamos dessas interferências, menos também somos afetados por energias escuras. O grande segredo é buscarmos dentro de nós mesmos. Se somos parte do Universo, se temos uma centelha divina dentro de nós, será que não podemos nos comunicar com Deus diretamente? Creio que vale no mínimo a reflexão ou a tentativa. O grande desafio às vezes é diminuir a falação mental do que se deseja e silenciar a mente para escutar o que Deus espera de ti ou o que quer que tu saibas. E se por algum acaso sentires que tens que buscar algum tipo de leitura desse gênero, deves escolher criteriosamente o praticante, pois quanto mais trabalhado e íntegro for menores as chances de sofrer influências negativas, o que é extremamente raro em todo o planeta Terra.

Por último, mas não menos importante, vale destacar que todas as informações acessadas são potenciais, que também podem ou não virem a se realizar. É possível que apareça um potencial em uma determinada leitura que não seja o mais elevado para a Essência da pessoa, mas ela apega-se a essa informação e acaba cocriando uma vida baseada no que escutou da leitura de registros. Dependendo do viés do praticante, pode acessar um potencial mais ou menos remoto de acontecer, pois tudo está presente no akasha. Será que a pessoa está cocriando sua vida com liberdade? Tudo depende de nosso livre arbítrio e do quanto estamos dispostos a ir além da periferia da zona de conforto.

E tudo o que falei acima também pode acontecer no tocante às canalizações e informações que estão aparecendo de todos os lados. A cada dia na internet surgem novas pessoas canalizando "as mais novas informações espirituais do planeta", ligadas a entidades e grupos diversos. Como saber da veracidade e integridade das informações? Como discernir o "bom" do "ruim"? Não é uma tarefa muito fácil. Mas temos uma grande bússola interna chamada coração ou essência. Quanto mais a acessarmos, mais saberemos discernir. Abaixo compartilho algumas dicas de Lee Carrol, canalizador de **Kryon,** que ressoam muito comigo. Talvez possam ressoar com você:

Canalização é o meio através do qual nos chegam as palavras divinas inspiradas (ou a energia) de Deus, distribuídas aos Humanos. (…) O ato de canalizar é absolutamente um lugar-comum (…)

Portanto, se é absolutamente um lugar-comum, apetece perguntar se qualquer pessoa pode canalizar?

O citado canal de KRYON escreve o seguinte:

O Espírito (Deus) não é propriedade de ninguém. Assim, qualquer um pode canalizar. A verdade está disponível para todos (...). Contudo, convém prestar alguma atenção ao teor das mensagens canalizadas e conhecer algumas regras que ajudem a discernir se uma mensagem provém de uma entidade que milita no lado luminoso ou sombrio do Espírito. Porque este tema é de suma importância, a seguir apresentam-se alguns tópicos sobre a natureza e o propósito das canalizações, que poderão ajudar a esse discernimento:

1. As entidades de luz não mentem.

2. O propósito das canalizações é propor informação útil e soluções espirituais para os desafios da vida de todos os Humanos na Terra.

3. A informação transmitida não pode destinar-se somente a um grupo especial ou isolado. Uma transmissão de Luz é para todos.

4. Qualquer entidade de Luz sabe que não pode interferir na liberdade de escolha dos Humanos. Por isso, jamais incentivará alguém a venerar um certo mestre ou divindade.

5. Uma entidade de Luz nunca se apresentará como a fonte exclusiva da informação transmitida.

6. Uma canalização do Espírito jamais promove a divisão, a discriminação ou a proibição seja do que for; jamais criticará ou julgará qualquer entidade ou ser humano.

7. Uma entidade de Luz não transmite "certezas" acerca do que vai acontecer. Como o processo é comandado pelo livre arbítrio dos Humanos não é possível saber qual o desfecho seja do que for.

8. O Espírito nunca enviará uma mensagem onde lhe peça para abdicar do seu livre-arbítrio.

9. O Espírito nunca enganará ou negociará. A mensagem deverá transmitir uma sensação de comodidade e ressoar no seu coração. Não pode, por isso, inspirar medo.

10. Por fim, só a maturidade espiritual (a abertura do seu coração), poderá dizer se uma canalização provém do lado luminoso do Espírito ou do seu lado sombrio.

Faz sentido para você? Para mim, muito! Faça uma pausa. Uma reflexão. E mesmo assim, lembre-se, utilize sua bússola interna, seu discernimento para separar o que serve do que não serve, e que a cada momento pode mudar.

A EXPANSÃO E NOVAS PERCEPÇÕES

Antes de explorar uma oitava acima, gostaria de compartilhar percepções e mudanças que ocorreram durante o processo de confronto e exploração de profundas camadas da mente. Algo que passa a ser mais acessível é nosso akasha, conforme já comentei. Sendo assim, muitas informações com relação às nossas vidas passadas podem vir à tona, mas, na verdade, não precisamos saber nada de nossas vidas passadas para fazermos o que temos que fazer nesta vida, pois tudo que necessitamos está presente no aqui e agora para resolução. O fato de ter uma visão ou contato com uma vida passada pode até mesmo atrapalhar no processo, causando mais uma identificação, mais uma crença ou grupo de pensamentos. E isto é exatamente o que o ego deseja. Quanto maior a identificação com existências passadas, menos estamos no presente manifestando toda nossa luz. Nosso subconsciente pode pregar peças, confundindo-nos com imagens que são interpretadas a partir do nível de consciência do momento. Isto pode ser bem distrativo e posso falar porque vivi essas experiências. Quanto mais fundo mergulhava dentro de mim, mais tinha acesso a imagens e visões de vidas passadas. Muitas delas interpretava literalmente, o que até trazia um sentimento de saudades daquele momento específico e fazia com que meu foco não estivesse no aqui e agora na tarefa a ser feita nesta encarnação.

Outro aspecto que também aconteceu foi de identificação com aquela figura do passado, com uma vida específica, e muitas vezes fazia brotar um sentimento de orgulho, de "ter sido alguém importante". O que na verdade era totalmente irrelevante para a caminhada evolutiva, pois não mudava em nada quem tinha sido e sim o que manifestava nesta vida, qual o desafio da minha Alma neste momento. Com o passar do tempo passei a perceber um pouco menos literalmente, sem muito apego às imagens e lembranças de uma vida em si, mas percebia mais como conceitos, como pacotes de energia que estavam presentes no meu campo por algum motivo e que poderiam ser utilizados no dia a dia para resolução de desafios que se apresentavam por meio da vida. A energia conceitual daquela vida passada estava aqui presente para ser utilizada na evolução, ou até mesmo deixada para trás para que pudesse dar o próximo passo evolutivo e entrar numa nova janela de possibilidades.

Quanto mais nos alinhamos com a energia da nossa essência, com a energia do Infinito, mais expandimos nossa consciência e acessamos novas possibilidades. E foi o que aconteceu comigo, pois quanto mais meditava e me alinhava energeticamente, mais se abriam novas janelas de informação. Em umas dessas janelas de energia, comecei a receber algumas formas geométricas de alinhamentos pessoais, geralmente envolvendo símbolos do Infinito em combinação com outros símbolos ou formas. Muita energia de algo que parecia ser uma Consciência Dourada! Uma frequência ou ressonância indescritível. Passei a utilizar esses símbolos em minhas meditações e práticas de yoga, assim como durante o dia de olhos abertos. Também os experimentava com alguns movimentos corporais ondulatórios, sendo que alguns ajudavam a ancorar certas energias no meu campo, ligadas diretamente à energia do Infinito, uma energia inteligente que opera de acordo com aquilo que é necessário no momento, ajudando a equilibrar chakras ou outras partes da anatomia energética. Era simplesmente fazer a minha pequena parte e deixar que a energia Divina do Infinito atuasse. A intenção de ancorar a energia do Infinito em combinação com as visualizações trouxe muitas transformações, um fortalecimento ainda maior da estrutura energética, parecia literalmente uma reparação ou reconstrução de canais. Foram várias as experimentações, que ao mesmo tempo foram trazendo mudanças concretas com relação a vida no dia a dia. Uma das mais marcantes foi com relação a percepção do tempo.

PERCEPÇÃO DO TEMPO

Relembro-me de alguns dos meus "experimentos" com os condicionamentos da minha mente durante a faculdade de psicologia entre 2010 e 2012. Pois é, durante esse período passei a "retreinar" minha mente para libertar-me de preconcepções à respeito de determinados dias da semana, pois percebia que minha atitude e humor mudavam dependendo do dia preconcebido. Estava reprogramando-me para viver cada dia sem uma pré atitude formada, desta forma vivendo-o com maior liberdade e consciência. Posso dizer que foi extremamente positivo, pois encarava cada dia como um novo dia e não como segunda-feira, terça-feira, sábado etc. Lembrei do quadro que o meu técnico de basquete no EUA, Coach Davis, havia me dado de Natal, sobre a essência do novo dia. Sabia que era um dia único na vida e que eu não haveria nenhum dia como aquele. Posso falar que não era sempre que conseguia viver dessa forma, no entanto a proporção de dias aproveitados era muito maior do que os desperdiçados, e isto fazia com que eu vivesse a vida de outro modo, muito mais consciente do momento presente. Apesar de extremamente positivo, ainda estava no nível de programação mental, de mudança de condicionamentos. Nada comparado ao que depois viria a acontecer com o aprofundamento das meditações e com a conexão com a energia da essência.

A partir de 2015, minha percepção do tempo tomou uma perspectiva completamente diferente e inimaginável. Não havia mais o tempo linear. A sensação de presença no aqui e agora expandiu-se de uma maneira que a própria percepção do tempo linear sumiu. Foi impressionante, pois quanto mais energia Divina fluía no meu canal central, mais conectado eu estava, mais presente no momento. Sumiu totalmente a percepção da sensação da hora do dia, do dia da semana, do mês que estava, do ano, de minha idade, enfim toda minha relação com o tempo tinha mudado. E com essa mudança sumia a ligação com passado e a preocupação com o futuro. Era nítido para mim, tinha saído do tempo linear e entrado no tempo "circular" ou tempo "espiritual", ou melhor no "não tempo". Sinto muito em ter poucas palavras para explicar esta consciência, pois as palavras que utilizo não chegam nem perto da consciência do Aqui e Agora. A vida passou a ser um fluxo de momento a momento a momento e finalmente pude compreender o verdadeiro significado de "Flow". Mas não um "estado de fluxo" momentâneo, mas um estado de fluxo constante! Um estado de êxtase interior a cada momento, sem alarde exterior ou até mesmo vislumbre. Algo no nível de extraordinariedade, de estar sozinho e estar bem, de comer o que tiver e estar bem, de fazer chuva ou fazer sol e estar bem, de ser segunda ou domingo e estar bem, de estar em qualquer lugar e estar bem. O momento não precisava de definição!

O interessante foi que até mesmo as lembranças com relação ao passado foram se desvanecendo, e com elas toda a identificação. Até para escrever este livro foi bastante desafiador, pois tive que cavar no fundo algumas memórias. É até um pouco estranho quando me perguntam quantos anos tenho, pois tenho que fazer um esforço para acessar e lembrar de minha idade. Assim como quando alguém pergunta sobre algo que aconteceu em algum dia do passado, parece não haver mais ligação energética com os eventos.

A própria percepção do campo fica muito mais aguçada. Temos o potencial de acessar energias de qualquer época da história humana, ou de qualquer evento pessoal ou coletivo no aqui e agora. Tudo está presente no aqui e agora. Algo que para mim inicialmente parecia um pouco surreal, e demorou um pequeno período até que eu minha parte consciente se adaptasse a minha nova realidade. E junto com esta Presença Infinita dentro de mim, a confiança total em Deus a confiança de que tudo tem propósito e está acontecendo exatamente como tem que acontecer. Era entrar na vida de momento a momento, como a vida se apresenta a cada instante e a partir daí fazer as escolhas, geralmente escolhas ligadas ao caminho da Alma. Não há como se enganar, não dá para mentir para si mesmo, não dá para colocar as mãos tapando os olhos e fingir que não é verdade. Só é possível seguir o caminho da Alma, pois somente isto é Plenitude. Era um novo nível de liberdade! A liberdade da prisão do tempo psicológico! Estava pronto para dar mais um passo! Um passo simplesmente indescritível!

SILÊNCIO ABSOLUTO

Depois de fazer uma breve descrição de algumas coisas que ocorreram durante as meditações, assim como na vida do dia a dia, gostaria de compartilhar mais um passo na caminhada, como já falei realmente uma oitava acima. Não será necessário fazer uma retrospectiva completa de tudo que aconteceu, tanto com relação aos aprendizados do dia a dia, quanto de todo processo de expansão de consciência. Entretanto, alguns pequenos detalhes eu gostaria de relembrar. Até o final de 2015, estava vivendo um profundo aprendizado com relação ao amor próprio, saindo de um estado de não sei quem sou, para um estado de me gostar e me respeitar mais, para um estado de eu me amo, atingindo uma culminância de simplesmente Ser, viver o Amor Próprio como um estado de espírito, onde no momento não há nem como se amar, pois já estaria saindo do estado de amor próprio além dos conceitos ou de envolver um fazer, é simplesmente Ser, viver a Perfeição da imperfeição. A partir desse ponto, até mesmo a meditação mudou. E é sobre isso que gostaria de falar neste momento até que ponto chegaram, se é que há algum ponto a chegar..., os grandes paradoxos da espiritualidade. Cada vez ficava mais confortável vivendo com os paradoxos.

Entrando numa nova dimensão de amor próprio, o Amor se fazia presente em tudo, em todas as coisas, em todas as pessoas e em mim. Não era um acreditar, era uma consciência, era um sentir. Repito diversas vezes que isto não quer dizer concordar com tudo e com todos, nem aceitar tudo que as outras pessoas fazem, mas ter a consciência de que no fundo existe um centelha divina, que Deus está pulsando nesta manifestação, independente dos atos da pessoa. Internamente há uma separação do que a pessoa realmente é do que ela faz ou do como se comporta. O que ela É está além de qualquer rótulo, julgamento ou crítica. No entanto, o que ela faz pode trazer consequências muito fortes, e sempre temos a escolha de nos aproximarmos ou nos afastarmos de coisas que não nos fazem bem, que talvez não estejam na mesma frequência. Isto não quer dizer isolar-se, simplesmente quer dizer que não precisamos estar convivendo todo o dia com aquilo que não ressoa conosco. Há o contato, há o Amor, estes sempre estarão presentes, embora muitas vezes não haja ressonância, ou até mesmo o outro pode não estar agindo com respeito e cuidado, fazendo com que haja um distanciamento da convivência diária. As pessoas têm a liberdade de escolher em que frequência vivem. Não estou falando para se retirar para floresta ou montanha, bem ao contrário. Falo em ter o discernimento e a inteligência emocional de saber quando é para estar entre muitas pessoas e quando é para ir para seu silêncio, seu reequilíbrio. Aprender a cuidar de nós mesmos, respeitarmos nossa Essência, nossa Alma, é um profundo ato de amor. E este ato de profundo amor tem consequências muito positivas no experimentar do dia a dia, nos relacionamentos com os outros e no senso de Ser e na verdadeira Liberdade.

Ao mesmo tempo que ia integrando mais camadas ligadas ao amor próprio, a meditação mudava. Desde 2013 já vinha sentindo-me em um crescente, porém foi a partir de 2014 que as meditações começaram a tomar uma nova dimensão e tornaram-se extremamente prazerosas. Para mim era o melhor momento do dia. Não via a hora para voltar e meditar, estava me descobrindo, estava explorando camadas profundas de mim mesmo e do Universo. Era um caminho totalmente solitário, sem ninguém de amigos, namoradas ou familiares para compartilhar, até mesmo porque seria limitar toda a vivência. Era outro paradoxo, pois apesar de um caminho solitário, nunca tinha me sentido tão acompanhado, nunca me senti realmente sozinho. Mais um paradoxo! Quanto melhor ficava comigo mesmo no silêncio, mais presença eu sentia. Mas a Presença Divina manifestava-Se em todos os sentidos, não havia sentimento de solidão mesmo sabendo que somente eu mesmo poderia trilhar meu caminho, ninguém o faria por mim por mais que alguns tentassem controlar minha vida e minhas escolhas. Muitos são os testes que aparecem na nossa jornada, mas todos eles são no fundo atos amorosos do Criador para que possamos viver o Amor Infinito.

Do meio para o final de 2014, passei a sentir cada vez mais prazer na meditação, mas era diferente de um prazer puramente físico, pois abrangia todo meu ser. Demorava um certo tempo de meditação até chegar neste ponto, mas quando chegava era simplesmente incrível! Todo o corpo experienciando um profundo deleite com profundo preenchimento interior, para além do prazer físico. Sem drogas, sem bebida, sem química. Estava tudo dentro de mim. O corpo como um todo reagia ao atingir esse estado. A química hormonal do bem-estar começava a ser liberada no cérebro e na corrente sanguínea, era uma chuva de hormônios e neurotransmissores jorrando em todas as células do corpo. Ondas de deleite e respirações profundas como vários suspiros um atrás do outro. Um aumento incrível no fluxo de energia dentro do corpo, que pulsava muito forte, a energia da Kundalini no canal central manifestava-se com maior intensidade, trazendo diferentes sensações. Mas foi a partir do final de 2015 que algo novo aconteceu! Após o enfrentamento de alguns conteúdos sombrios mais profundos, houve uma liberação para ir além. Era como se aquela lição ainda não me deixasse viver algo a mais. Depois de aprendida a lição, a sabedoria para aquele estágio estava adquirida, e com isto se abriam novos portais.

Foi então que, nas meditações, depois de algum tempo imerso em ondas de deleite e bem-estar passei a sentir e viver um Silêncio muito profundo! Algo que era incrível, inimaginável, inominável! Parte por parte do corpo ia pulsando nesta energia de profundo Silêncio, algo que está muito além dos maiores prazeres físicos já vividos por mim. Essa energia Infinita ia tomando o corpo como um todo, penetrando cada célula, cada fibra de luz do ser, cada parte do corpo, até não haver mais nenhum corpo, somente a consciência de fazer parte de um Todo Maior, onde somos parte de oceano infinito de ondas de vibração de Plenitude. Nesse ponto ainda há a sensação de existência, mas uma existência muito maior do que o eu conhecido, da personalidade. Era a consciência do "Eu Sou Isto", Eu faço parte desta Força Infinita que se chama Luz/Deus. E neste ponto o eu inferior ou ego se dissolve. Se dissolve nesse infinito de Luz, não há corpo, não há separação, não há fronteiras, não há início nem fim. Mas não parava por aí. Em certo momento simplesmente não havia mais Nada, simplesmente um Silêncio Profundo! Impossível descrever! Não há como! Pois não há consciência que observa nem o observado, não há nem o eu nem o outro, não há nada. Mas um Nada, um Vazio totalmente Pleno, totalmente cheio, onde nada falta. Totalmente cheio! Um estado de Unidade sem forma, não dual. Não há formas, não há definições, não há imagens, não há anjos, não há seres, simplesmente o Todo, ou melhor, o Nada. Um paradoxo completo! Um estado de Paz Profunda que vai além de qualquer entendimento!! É simplesmente impossível nominar! Só o fato de tentar explicar já perde o verdadeiro significado. Não há sentimentos, percepções, emoções, pensamentos, há simplesmente a força do Universo infinito e sem limites pulsando. Não há controle algum! Não existe quem controla ou quem é controlado. É estar completamente entregue ao Infinito. Tudo que vibra é Deus, tudo que vibra é o Nada, tudo que vibra é o Infinito Sem Forma! E é esse Infinito sem forma que decide quando sair do Nada e voltar para o algo. Havia muito mais além das formas! Comecei a viver o Silêncio que está além de qualquer explicação. Além dos sistemas e das doutrinas!!!

Nenhum livro, nenhum explicação, nenhuma descrição chegava perto de tudo aquilo. Ficava muito claro que estava além de sentir energias, além de ter experiências com visões e formas, pois esse não era o objetivo. Havia Algo muito além de tudo isto! E quanto mais consciente estava desse Infinito, maior era o senso de serviço, de entrega completa ao plano cósmico, a Deus! NÃO HÁ NADA ALÉM DELE! Sim, Deus fala conosco numa linguagem de Energia e, ao mesmo tempo, está muito além da energia, muito além das manifestações, muito além de nossa capacidade de entendê-Lo. O próprio fato de "denominarmos" Deus já limita o Infinito e Inominável! Ao mesmo tempo que passava a viver essa nova consciência, sabia que não era o fim, mas que era apenas um novo começo. Sempre tem mais! O Infinito não tem fim! Quanto mais ficarmos conscientes da grandiosidade de Deus, mais o quereremos servir, mais quereremos fazer parte de seus planos e de seu fluxo. Passei a viver um profundo estado de Presença, que vai além de qualquer compreensão! Não havia o que fazer no sentido de ato, era simplesmente Ser. Mas ao mesmo tempo sabia que havia muito o que fazer. Era e é um grande paradoxo! Um senso de ser e intelecto precisa existir para que possamos viver nesta realidade. Sem isto não poderíamos nos locomover, comer, relacionar e até mesmo existir.

Entrava num novo nível de liberdade. Liberdade para cocriar a vida desejada dentro do fluxo do Dharma. A Presença do Infinito estava ali de olhos abertos, em todos os momentos e em todas as horas. Mesmo de olhos abertos, minha mente passou a viver num estado em grande parte sem pensamentos. Quando converso e escuto uma pessoa, estou totalmente presente para aquela pessoa. É um novo fluxo, uma nova vida. Muito mais liberdade para realmente criar uma nova realidade, não no sentido de conseguir mais coisas, pois não há este desejo, mas de escolher os sentimentos e vida no aqui e agora. A energia da Essência, a energia do Infinito simplesmente preenche tudo. Mesmo vivendo coisas, experienciando desafios, lições de vida que não param, a energia do Infinito não deixa ficar triste nem deixa, na maioria das vezes, ser levado por emoções destrutivas. A emoção pode até vir à tona, no entanto ela se dissipa rapidamente, a não ser que escolhamos surfar a onda por algum motivo. O cérebro pode até trazer uma reminiscência de atuação, mas a energia interna do Infinito não deixa cairmos de cabeça nesse fluxo, visto que nos "puxa" de volta ao eixo, para o equilíbrio e neutralidade. As emoções continuam fazendo parte da experiência humana, elas não são boas ou ruins, são simplesmente emoções que podem ser utilizadas construtivamente ou destrutivamente, são energia em movimento. Ainda podemos expressar emoções de escolha na nossa vida diária, seja para um lado ou para o outro, e em alguns momentos talvez seja necessário utilizar algumas energias mais fortes. No entanto, não há aquele que se identifica como atuador da emoção, algo bem complexo de explicar, e isto não quer dizer perfeição ou, por outro lado, "amortecimento". Ao invés de um amortecimento é um viver intensa e profundamente o que está no fundo de tudo que se manifesta no Universo. É participar em maior intensidade da Criação. Enquanto humanos temos muito o que aprender e sempre teremos mais o que aprender. Iremos ainda ter desafios, cair ou escorregar. Mas a velocidade com que nos arrependemos e nos levantamos aumenta significativamente. O problema não está em surgir a emoção (raiva, tristeza etc.), pois é a forma como nosso sistema nervoso se acostumou a funcionar por gerações e gerações. Se o Dalai Lama sente raiva, por que nós não poderíamos sentir? Como ele diz, este não é o problema. E sim o que fazemos com isto. Podemos utilizá-las construtivamente. Temos o potencial de reconhecer este sentimento quando surge, localizar o que está por trás dele, e responder sabiamente. Nem sempre conseguimos fazer isto. Mas naturalmente aos poucos, a probabilidade e frequência destas "escorregadas" vai diminuindo. A imperfeição é parte da experiência humana. Não fomos feitos para sermos perfeitos. Erros são o que fazem os humanos serem humanos.

Era um novo nível de coerência, um novo nível liberdade, e quanto maior a liberdade maior a responsabilidade. Sentia-me livre de muitas amarras que me prendiam antes e percebi que quanto maior nosso nível de liberdade, menor torna-se nosso livre arbítrio. Não no sentido de que não podemos escolher o que quisermos, mas significando que se você está acessando a Luz, se você A vê revelada, se consegue discernir a Luz da escuridão, se está evidente, porque iria escolher algo que não fosse a Luz? Quando acessamos a Alma tudo indica que devamos fazer aquilo que a Alma mais deseja. E fazendo aquilo que a Alma quer, é fazer o que Deus quer. Ou seja, respeitará e terá profundo amor e compaixão pela Alma, pois somente a alegria da Alma traz-nos plenitude. E a alegria da Alma é a alegria de Deus. Portanto, quanto mais liberdade, mais agimos pelo Dharma, pelo fluxo divino, pelo plano cósmico, pois somente isto satisfaz e trás a plenitude da Alma.

Compreenda o poder do silêncio. O poder do silêncio é infinitamente mais poderoso do que palestras, conversas, orações e discursos. A linguagem do silêncio é a linguagem de Deus. Sente-se silenciosamente e apazigue seus vrttis (propensões psíquicas). Sente-se silenciosamente e emane para fora sua força espiritual interior para o mundo. O Universo inteiro pode ser beneficiado com isso. Conhece-te a ti mesmo e serás livre.

(Swami Sivananda)

Mas como falei antes, não era o fim. Muito pelo contrário, era somente o início! Havia ainda muito o que viver e aprender! Tanto a evolução vertical quanto horizontal continua! Novas lições de vida! Novas experiências! É infinito!!! Mas com certeza com outra consciência para viver a vida!

Capítulo 6 NOVAS CONEXÕES

MAIS UMA VIAGEM NO TEMPO

Para que se entenda um pouco melhor o acontecido depois de tudo que explanei na seção anterior, preciso voltar um pouco no tempo, logo depois da viagem de Israel, depois de todas aquelas experiências que compartilhei. Ao pisar na "Terra Santa" e receber todas aquelas mensagens por meio de diversas formas e canais, sabia que tinha alguma peça faltando, ou algo que precisava aprender com a Kabbalah, a sabedoria espiritual dos judeus. Então, logo que voltei de Israel, em outubro de 2015, resolvi revisitar o que já tinha lido de Kabbalah, assim como aprofundar este conhecimento. Além do livro *As chaves de Enoch* de J.J. Hurtak, que já fazia uma grande ligação das novas informações e a sabedoria judaica assim como outras, também fui atrás de algumas canalizações mais antigas de Kryon em que ele mencionava os judeus e seu papel na Terra como grupo cármico. Já há algum tempo buscava em algumas tradições espirituais algo que falasse de novas informações ou novas inteligências que chegariam a Terra em algum momento de evolução planetária. Mas não encontrava em muitas delas o que estava acontecendo, todas as aberturas que o planeta como um todo estava experienciando. Foi então que percebi uma conexão de muitas informações canalizadas com a sabedoria dos judeus. A linguagem, os termos, os princípios, a ressonância, enfim, aquilo me chamava bastante a atenção. Tanto que no início de 2014, depois de entrar em contato com as canalizações sobre as doze camadas do DNA, quase matriculei-me num curso de idioma hebraico para poder estudar alguns textos não traduzidos, mas acabei adiando esse plano, pois não era o momento.

Em adição, relembro-me que, quando era mais novo, minha mãe passou-me diversos livros de Kabbalah para ler, enquanto eu ainda jogava basquete em Franca, creio que pelos anos de 2004-2005. Tinha lido alguns de Rav Berg, Karen Berg e Yehuda Berg do Kabbalah Centre. Tinha gostado bastante da sabedoria, achava os conhecimentos muito bons, mas naquela época talvez ainda não fosse o momento para poder compreender o que teria quer ser compreendido. Para mim era simplesmente uma linguagem diferente de tudo o que estava lendo e estudando, mas achava muito bom. Tanto que antes dos jogos fazia algumas meditações com letras hebraicas que minha mãe havia passado, assim como tinha bordado algumas letras hebraicas com significado nas minhas meias de jogo oficial. Enfim, de alguma forma estava em contato já com essa sabedoria. Mas deixei de lado por um bom tempo, até 2010 quando li mais alguns livros do Rav Berg e frequentei cursos numa escola de Kabbalah em Porto Alegre, mas não tive presa a atenção no momento, algo ainda parecia causar um "ruído ou interferência" na ressonância.

Então ao retornar, segui as sincronicidades e mergulhei mais no estudo de Kabbalah, assim como no aprofundamento do que Kryon falava sobre os judeus, algo no meu DNA e akasha estava pulsando para integrar. Fui atrás de mais livros e cursos online do Kabbalah Centre, pois era o único canal para esta informação que eu conhecia na época. Busquei todos os livros em português e em inglês que eles tinham publicado. Tudo encaixava, era um conhecimento maravilhoso, de muita profundidade. Era algo realmente muito especial. Quanto mais estudava e vivia, mas tinha vontade de aprofundar, algo dentro de mim buscava mais, e parecia que não era exatamente ali que encontraria. Eu valorizava muito a contribuição da família Berg a todo mundo, principalmente na grande tarefa de tradução do Zohar (*A bíblia cabalística*), o que estavam fazendo para a humanidade era algo de muito valor. Eles tinham e têm uma função muito importante no planeta, fazer com que a sabedoria de Kabbalah chegue de forma simples e numa linguagem compreensível para todas as nações da humanidade, os chamados "Filhos de Noé". Assim como eles, outros grupos também compartilham desta missão, como por exemplo o Rav Michael Laitman e o Movimento Chabad (Chassídico), que falarei mais adiante. E isto era muito importante, pois as nações do mundo poderiam se beneficiar muito com isto. No entanto, seguia minha bússola interna e continuava tentando encontrar o link que faltava, a energia que iria ressoar com tudo que vivi em Israel e iria viver nos próximos meses de minha caminhada evolutiva. Sabia que havia bem mais do ensinavam os livros e os cursos online do Kabbalah Centre.

Foi então que li dois livros que me ajudaram a começar a fazer a ponte que estava buscando para dar o próximo passo da jornada. O primeiro deles foi o livro chamado **Kabbalah e as chaves secretas do universo, do Rabino Joseph Saltoun**, do qual transcrevo algumas partes que me chamaram ao maior aprofundamento daquela sabedoria.

Existem outras inteligências extraterrestres espirituais, mas por serem sem matéria e corpo físico, elas têm menos livre-arbítrio do que o ser humano. De vez em quando, inteligências extraterrestres vêm ao mundo físico para praticar certa forma de livre-arbítrio e até apoiar o ser humano a fazer escolhas corretas. Mas elas vêm e vão sem que quase ninguém perceba. Elas comunicam-se entre si e também com o ser humano. Mas tudo fica inconsciente e não percebido conscientemente. É o subconsciente, que é a manifestação da consciência fragmentada de Elohim dentro do ser humano, que absorve essa informação e transmite ao seu consciente, às vezes em forma de intuição ou visões espirituais, como sonhos. Porém, sendo um processo inconsciente, não é sempre bem entendido. E as mensagens recebidas aparecem obscuras e confusas, o que faz o ser humano comumente ignorá-las.

As inteligências extraterrestres não estão em outros planetas, estão aqui, porém encontram-se além do mundo físico. E além não significa embaixo ou em cima, mas outra dimensão; além da confusão e do caos mental da humanidade. Contudo, o ser humano está buscando algo que se limita ao mundo físico. Eu quero achar um extraterrestre físico. Olha, eu peguei um extraterrestre! Isto é uma ilusão. Com esse tipo de consciência, eles irão fugir e escapar, porque não gostam de nós e nossa tendência negativa. Não há afinidade entre nós. Mas, se nossa consciência for de autotransformação – uma consciência divina – eles irão aproximar-se de nós. E, assim, poderemos recuperar a conexão com o divino, falando a língua sagrada, da santidade e não da escuridão. Temos de vibrar nas mesmas frequências que as do divino.

O segundo livro que serviu como ponte foi *Torah as guide to enlightenment* do Rabbi Gabriel Cousens. Eu já tinha lido outro livro dele chamado Nutrição Evolutiva, no qual trazia a sua experiência pessoal de evolução e despertar, as intersecções de Yoga e Kabbalah, assim como conhecimentos sobre a nutrição para elevar nossa vibração e auxiliar no nosso processo evolutivo. Por ora não falarei sobre este livro, mas somente do primeiro antes citado. Outra parte que me chamou a atenção:

Nosso mundo físico vem do pó estelar (Zohar, Vol.1, folio 231a). Este é o terreno para o nosso ser. Bereishit (Genesis) 1:30 diz que todas as criaturas receberam uma alma. Esta é nefesh, e é o menor nível de alma nos ensinamentos cabalísticos. Descobriu-se que a humanidade viveu neste planeta há pelo menos um milhão de anos. No entanto, na criação da raça adâmica, Adão recebeu mais do que criaturas humanas anteriormente possuíam. Em Bereishit 2:7, Adão recebeu a respiração viva de Deus. Neste instante, o criador e a criatura tornaram-se um. A respiração de Deus tornou-se respiração de Adão(...)

Finalmente, a era humana pré-adâmica começou pelo menos 3,2 milhões de anos atrás. Para a criação do DNA humano, algumas pessoas sugerem fontes de vida extraterrestres como já discutimos como ensinamentos válidos da Torah. (...)

Estas informações abriam para a possibilidade de algo novo, algo a mais. Elas batiam e ressoavam com o momento ligado à Nova Energia planetária e ao que estava vivendo. Todas as informações que chegavam por meio de canais confiáveis sobre a Nova Energia se relacionavam ao que estava ali escrito. Da chegada de novas informações de outras inteligências no Universo quando os humanos chegassem num certo nível de vibração ou elevação, como apontado pelo Rabino Joseph Saltoun, assim como a informação de Kryon que os Pleiadianos haviam semeado no DNA humano a divindade interior, o Deus dentro, a possibilidade de viver Deus, conforme apontado como possibilidade pelo Rabbi Gabriel Cousens. A Kundalini dentro de mim começou a manifestar-se com mais força ainda e sendo assim percebi que precisava aprofundar mais nos conhecimentos e ver até onde aquilo me levaria.

Antes de continuar, gostaria de apontar alguns princípios, expostos pelo Rabino Joseph Saltoun, que eram apresentados sincronisticamente com o que estava vivendo logo após voltar de Israel.

A Kabbalah quer mostrar-nos que a única pessoa que estamos aqui para ajudar, redimir, salvar ou curar, somos nós mesmos. Se um psicólogo, ou um médico não sabe como ajudar a si mesmo ou a seus familiares, como ele vai ajudar os outros? Assim, antes de tentar ajudar, salvar, ou curar os outros, é preciso saber como curar, ajudar e salvar a si mesmo. E depois de ter se salvado, é possível compartilhar a própria experiência pessoal com os demais, ajudando-os também. Desta forma, podemos salvar-nos do inimigo número um da humanidade que é o nosso ego. O nosso ego não gosta de admitir que não saiba tudo, que *não seja perfeito. Por este motivo todos nós pensamos que somos perfeitos e que temos o direito de criticar os outros que não são "perfeitos como nós" – mas que ilusão!"(...) A Kabbalah diz que só podemos controlar ou dominar a nós mesmos, ou seja, nossa própria consciência. Essa é a chave. Tentar controlar o outro, mesmo sendo para o bem, só gera atrito. Ninguém nasce para aperfeiçoar o outro. Estamos aqui apenas para tentar aperfeiçoar a nós mesmos.(...)*

Tudo fechava sincronicamente com tudo que estava vivendo e aprendendo naquele momento com relação ao amor próprio, tolerância, relacionamento e o profundo respeito pelo caminho, vida e aprendizado de cada um. Como já diziam os grandes mestres de Kabbalah, não há coerção em espiritualidade! Ninguém pode forçar nada em ninguém, nem evangelizar, pois vai contra um dos princípios mais básicos e importantes da vida no planeta terra: o exercício do livre-arbítrio. A pessoa por si mesma deve fazer suas escolhas de transformação vindas de dentro para fora, e não sendo coagidas por alguém. Quando há algum tipo de coerção ou "forçar" algo no outro, gera um conflito, que pode gerar em atrito, discussão ou afastamento. E desta forma não auxilia ninguém. Eu realmente tinha compreendido e integrado o que Kryon dizia de sermos simplesmente faróis de luz, que não precisávamos pregar ou convencer os outros sobre nosso caminho espiritual. Ninguém precisa "ter razão". Tentar convencer ou "mostrar" ao outro como ele deve fazer simplesmente causa mais resistência. Ao invés de criarmos pontes para busca de espiritualidade, acabamos criando mais muros quando impomos algo a alguém. E isto serve para todas as áreas da vida, não somente a respeito da linha espiritual. Realmente é uma linha muito tênue para aprender entre o querer ajudar o outro e o deixá-lo por si. Mas existe uma grande diferença entre impor algum conhecimento a alguém ou ser procurado para trocar alguma informação pois aquela pessoa se interessou em algo. Tudo isto harmonizava profundamente dentro de mim e do que estava aprendendo.

ESCRITOS ORIGINAIS

Em toda minha vida tinha uma voz da intuição que sempre me instruía a buscar os conhecimentos mais próximos o possível da fonte. O que quero dizer com isto? Quando jogava basquete, no que chamo minha primeira vida nesta vida, poderia escutar falar de Michael Jordan (o maior jogador de todos os tempos), uma pessoa poderia me contar como Michael Jordan fazia ou o que ele falava. No entanto, se eu o assistisse jogando ou até mesmo lendo um livro que tivessem escrito sobre ele era bem diferente. Era outra perspectiva. Da mesma forma, quando estudava psicologia na faculdade, haviam muitos textos que eram resumos ou explicações de outros autores sobre os grandes teóricos da psicologia. Além da minha própria interpretação do texto ou livro, passaria por mais uma visão ou viés. Eu preferia buscar a fonte. Então preferi ler os livros diretamente de Freud, Jung, Winnicot, Jeffrey Young, Aaron Beck, Fritz Pearl, Carl Rogers, Viktor Frankl, Ken Wilber, entre outros. Com certeza dava muito mais trabalho, mas conectava-me diretamente com o autor, assim como sua energia. O mesmo fiz com relação aos livros da filosofia do Yoga, pois ao invés de ficar somente nos livros de compilação e resumo da Instituição Ananda Marga fui atrás dos escritos e discursos de Shrii Shrii Anandamurti. E não seria diferente com relação aos escritos dos sábios judeus e de Kabbalah. Fui atrás do conhecimentos e escritos de diversos rabinos e místicos de Kabbalah, e do que havia eu tinha acesso em português e inglês. Não quero dizer de forma alguma que li tudo ou que tenha profundo conhecimento de Kabbalah! Muito longe disto, pois quem começa a estudar a Torah e Kabbalah sabe que não há fim, pois a sabedoria é viva, está sempre surgindo, e os escritos são quase infinitos. Além disso, haviam muitos textos que nunca foram traduzidos do hebraico para outras línguas, o que tornava mais difícil o acesso. Muita desta sabedoria foi mantido em segredo por gerações e só recentemente começou a ser aberta para o mundo. Todavia, ainda existem muitos segredos recebidos apenas por alguns judeus preparados e profundamente lapidados, pois é um conhecimento muito profundo que se mau utilizado pode causar danos. Sendo assim, tentei buscar a sabedoria e escritos de sábios judeus conhecidos por sua profunda espiritualidade e serviço a Deus, mestres realizados! E como tinha um interesse especial por meditação, fui atrás de escritos a ligados. Comecei buscando fontes pelos livros do Rabino Aryeh Kaplan, em que ele indicava o Rabino Shimon Bar Iochai (autor do Zohar), Issac Luria (escritos pelo Rabino Chaim Vital), Baal Shem Tov, Issac Luria, Abraham Abulafia, Moshe Cordovero, Chaim Luzatto, entre outros.

Antes de contar sobre os aprendizados que viriam a acontecer, necessário trazer mais uma variável que ainda não relatei, que só confirma a perfeita sincronicidade de tudo o que acontece no Universo. Uma perfeição de eventos conectados a outros eventos, redes e mais redes, que muitas vezes só conectamos os pontos depois de muito tempo. Na casa de meus pais em Porto Alegre, sempre recebemos muitas visitas e pessoas que lá se hospedam. Meu pai e minha mãe sempre foram extremamente hospitaleiros com pessoas de fora. Admiro muito isso neles, as portas sempre estarem abertas para pessoas que necessitem. E com isto tivemos contato com pessoas de diversos países, culturas e tradições espirituais. Parecia que o Universo preparava toda a família para um aprendizado maior de tolerância, respeito e união. Recebíamos um padre católico em alguns finais de semana, cujo nome era Miguel Rovira, e lembro-me de ele perguntar quando pequeno sobre o que meu pai fazia antes de dormir, esperando que eu falasse que ele rezava. Eu respondi com toda espontaneidade de uma criança: "o papai vai no banheiro!". Não era exatamente o que ele esperava como resposta!

Para que se tenha uma ideia, recebemos um indiano e sua família que seguiam a tradição Sikh e ele era um capitão de um navio que havia chegado em Porto Alegre. Nem sei direito como ele chegou lá em casa, mas já serviu para dar uma lição de respeito na nossa família. Além disso, recebemos líderes e professores espirituais dos Estados Unidos com vivência na Índia, um professor espiritual africano, um grande sábio francês, uma kahuna havaiana, entre tantos outros. Sempre pudemos trocar com pessoas que tinham diferentes ideias, crenças e pontos de vista. Mas de quem gostaria de falar neste momento é especialmente de um Rabino chamado Mendel Liberow.

O Rabino Mendel, nasceu na França, em 1958, de família tradicional, avô e pai Rabinos. Em nenhum momento foi persuadido a seguir o caminho dos antepassados, apenas exerceu seu livre-arbítrio e deu início à sua trajetória. Na sua família a tradição de servir os outros é muito forte e esta é uma das principais funções de um Rabino. Poder contribuir para que as pessoas possam conhecer e compreender as suas origens era uma de suas vocações. Ele sentia isso. Quando ainda era noivo de sua esposa, Mimi, em Nova Iorque, o Rabino enviou uma carta para o Rebe Menachem Mendel Schnerson (de abençoada memória), líder do movimento hassídico Chabad na época, solicitando orientação para os seus caminhos. Na época receberam uma proposta de morar e desenvolver um trabalho na cidade brasileira de Porto Alegre, onde chegaram em março de 1981. Superaram a fase de adaptação e começaram a "plantar suas sementes" na comunidade local. Trabalharam com todos os clubes, sociedades, famílias, hospitais, escolas, sinagogas e instituições judaicas de Porto Alegre. Nunca ignoraram ninguém de outra etnia, crença ou origem. Sem nenhuma restrição, o trabalho deles começou a propagar-se na comunidade judaica.

Meus pais conheceram o Rabino Mendel em 1997/1998 e desde lá mantiveram contato e fortaleceram os laços de amizade, principalmente com meu pai. Durante o período de aproximadamente um ano ele deu algumas aulas de Kabbalah para meus pais e outras pessoas, mas quem continuou com mais contato foi meu pai, pois auxiliava o Rabino em alguns assuntos jurídicos, além da amizade entre eles. Minha mãe manteve seus estudos de Kabbalah em Porto Alegre por conta própria e também com Adriana Filkeinstein, que encabeçava uma escola de Kabbalah.

Agora fica um pouco mais fácil de falar sobre a sincronicidade que o Universo funciona. Logo que voltei de Israel, depois das experiências energéticas muito fortes, conversei com meu pai para procurar o Rabino Mendel e saber se poderia ter algumas aulas com ele. Queria aprender mais sobre Kabbalah, sabia que havia alguma coisa para ser integrada, minha energia falava muito forte! Então, encontrei-o e conversamos durante aproximadamente duas horas, oportunidade em que ele se mostrou extremamente atencioso e prestativo, com sempre. Deu-me diversas sugestões de leitura, assim como organizou para que eu participasse de um grupo de estudos com sua esposa Mirian, conhecida como Mimi, filha de um grande e famoso Rabino de Nova Iorque e ex-professor universitário nos EUA. Trata-se de uma mulher exemplar, com profundo conhecimento de Kabbalah e Chassidut (Hassidismo – Chabad).

Sendo assim, comecei a aprofundar mais ainda meus estudos. E com toda essa sincronicidade acontecendo, alguns meses depois, logo após o curso de aprofundamento em Comunicação Não Violenta, o Doutor/Iogue/Rabino Gabriel Cousens estava a caminho de São Paulo para proferir curso em fevereiro de 2016. Não tive dúvidas em ir conhecê-lo. Convidei algumas pessoas e acabei indo com duas amigas: Fernanda e Veridiana. Era uma grande oportunidade de conhecer uma pessoa que me ajudou muito com seus escritos. Sentia a integridade da energia de seus livros e ensinamentos. Era uma pessoa que realmente tinha vivido a caminhada do despertar espiritual de uma forma que poucos viveram na Terra. Ele se lapidava, se purificava e ia para além da periferia comum. Quando li seu livro chamado *Nutrição evolutiva*, em 2013, ajudou muito para não me apavorar como que estava acontecendo comigo energeticamente e com minha consciência. Não passei exatamente pelo mesmo processo e caminhada que ele passou, com relação aos sintomas, percepção da Kundalini, sensações, tradições etc. Meu processo não seguiu uma linearidade, nem com relação às percepções energéticas ou com relação à expansão de consciência. Entretanto, encontrei nesse livro muito da tranquilidade do que era possível e do que estava acontecendo, e é quase óbvio que de há uma forma única para cada um, dependendo da sua caminhada, linhagem espiritual e papel no planeta. Mas muitas coisas me auxiliaram profundamente para não ter medo do que estava acontecendo, pois o despertar para nossa essência é sempre muito mais impactante do que imaginamos. Não temos noção da grandiosidade que temos dentro de nós, todos nós! É um nível de energia muito alto que está disponível para todos nós que exercemos o livre-arbítrio e nos esforçamos para tal realização nesta conjuntura planetária.

ALIMENTAÇÃO SUTIL

Em fevereiro de 2016, fui ao workshop de quatro dias em São Paulo chamado Nutrição Espiritual. Eu tinha muito ressonância com o Dr. Gabriel Cousens pela forma como ele integrava conhecimentos de diversas tradições espirituais como Yoga, Kabbalah e tradições dos nativos americanos, assim como não buscava discípulos ou seguidores. Era uma pessoa que realmente tinha trilhado um caminho com integridade, esforço e pureza. Mas o que mais sobressaía com relação ao seu papel ou função no mundo era o fato de trazer uma nova consciência alimentar a partir primeiramente da vivência, mas não somente isto, trazendo também as comprovações científicas dos benefícios físicos e espirituais de uma alimentação saudável vegetariana, vegana e viva, pois ele também era um grande médico.

Fui com intuito de aprofundar os estudos no assunto, pois já não comia nenhum tipo de carne desde o final de 2012, início de 2013. Estava curioso em como poderia aprimorar por meio da alimentação o fluxo da Energia Divina, ou melhor, preparar o recipiente (corpo) para que fosse um melhor condutor dessa energia. Desde 2012 senti muitas mudanças em todos os sentidos ao parar de comer carne vermelha. Em 2013, fui deixando todos os tipos de carne, pois a energia pessoal foi se sutilizando, com isto transformando minha consciência e, a partir dessa transformação, meu modo de sentir, perceber e viver o mundo. O primeiro ponto que ressalto é com relação à minha saúde e às minhas emoções. Senti uma mudança drástica no meu estado geral de saúde, assim como em meu humor. Estava muito mais disposto para tudo, com muito mais energia. Deixei de sofrer problemas intestinais e estomacais que algumas vezes ocorriam ao ingerir alimentos muito pesados como o churrasco. Tinha muito menos preguiça e minha mente estava alerta, ao mesmo tempo sem muita agitação ou letargia, parecia chegar num equilíbrio maior. A irritabilidade diminuiu absurdamente, assim como ajudou no controle e redução de impulsos.

"Quanto mais clara for a mente de uma pessoa, devido à nutrição e hábitos alimentares corretos, mais claro será seu subconsciente, e mais capaz ela será de ter o que o Talmud chama de sonho angelical". (berachot 55b.) **(Anatomia da alma, de Chaim Kramer.)**

Era muito nítido para mim que os alimentos carregam energia, não somente dos conteúdos químicos de que são compostos, mas do que realmente os anima, assim como carregam energia decorrente da forma como são cultivados, tratados e preparados. Depois de 2013 aumentou a compaixão em meu coração e naturalmente esta compaixão estendeu-se para o mundo animal e para todos os seres vivos. Minha relação pessoal com os seres mudou completamente, pois sentia seus campos vibracionais, assim como percebia claramente a consciência dentro deles, como se comunicavam, não como humanos, mas pulsavam informação pelo campo. Eles têm total consciência de seu sofrimento e de como são tratados pelos seres humanos, situação que me impedia dissociar a morte do animal com o que estaria na minha mesa. Eu sabia que um animal teria que ser morto para que eu pudesse ter um bife no meu prato. Também sabia que pessoalmente não conseguiria matar nenhum animal para comer, pois com eles sentia uma profunda conexão. Era só olhar nos seus olhos. Eu olhava nos olhos de meu cachorro, do meu gato, dos bois, das ovelhas, dos cavalos e sentia um amor profundo. Sentia dentro de mim aquelas vidas pulsarem, consciências já mais evoluídas (do que plantas) e cientes dos sofrimentos, cheias de emoções. Não queria mais fazer parte desse tipo de violência. Sabia que não havia mais necessidade de sacrificar animais para alimentar humanos neste planeta. Este foi um dos motivos de ter cessado a ingestão de carnes. Já não podia mais me enganar. Por mais que no início meu cérebro estivesse condicionado a sentir cheiro de churrasco e salivar, sabia que não podia dissociar da morte de um ser vivo com consciência total de seu sofrimento. Com o tempo, e foi super-rápido, nem o cheiro mais trazia o salivar, mas carregava consigo a imagem do que estava ali, a imagem de um animal morto. Não é necessário concordar comigo, não é este o objetivo, simplesmente estou compartilhando minha percepções e vivências na relação com os alimentos.

Um segundo ponto importante foi também que minha percepção da energia do alimento se sutilizou muito durante o processo de mergulho interno. Passei a perceber a energia dos alimentos antes, durante e depois da refeição. Alguns alimentos emanavam um certo tipo de energia positiva, evolutiva e leve, enquanto outros carregavam energias densas e involutivas. A própria quantidade ingerida gerava diferentes consequências energéticas e comportamentais. Era muito nítido para mim. Percebia que o Universo se comunica conosco por meio de uma linguagem de energia e não poderia ser diferente com os alimentos. Eles não só carregavam as energias dentro de si, como ainda se "acoplavam" as energias de quem os preparou, ou seja, da intenção durante o preparo. Além disso, o estado de espírito da pessoa que estava comendo poderia modificar completamente a estrutura energética do alimento, pois se estivesse triste ou com raiva aquilo era também transmitido para o alimento, e poderia fazer mal duplamente. Seria preferível não comer ou comer em outro momento, porque o alimento não seria aproveitado da melhor maneira possível e faria mais mal do que bem.

Constatei o quanto era sagrada uma refeição e o quanto poderia beneficiar-nos na caminhada evolutiva e transformação da consciência. Passei a encarar e perceber que a alimentação era uma profunda meditação e comunhão com Deus. Tentava ficar um pouco mais quieto enquanto comia para que pudesse apreciar e aproveitar toda aquela dádiva que nos era fornecida pelo Infinito. A refeição também tornou-se um fator de investigação e autoconhecimento. Notei que antes mesmo de comer poderia haver transferência de energia do alimento para o corpo físico, desde logo ocorrendo a verdadeira alimentação que é energética. Poderia haver também uma transferência de energia da pessoa para o alimento, com potencial de transformar principalmente as energias a ele "acopladas" no seu cultivo e preparação.

Em algum momento a humanidade terá condições de alcançar uma consciência e capacidade de transmutar completamente o alimento, no entanto é bem possível que se chegar a este estágio nem de alimento físico precisará mais. Dessa forma, ficou bem claro para mim o que estava envolvido na alimentação, e então tentei estar mais consciente. Sempre que ia comer me conectava com o alimento e com a energia dele. Fazia a "purificação" por meio dos olhos e das mãos (ambos transmitem energia) e depois algumas intenções para a utilização e direcionamento daquela energia, assim como para honrar e agradecer ao Criador . Durante a refeição, ficava ao máximo presente, tentando aproveitar cada momento, energia e sabor único do alimento. Após a refeição terminava com mais um honra e agradecimento ao Infinito, responsável por tudo. Com certeza minha alimentação mudou. Desde os sabores dos alimentos, a assimilação energética, sua influência na energia pessoal, a interação com o corpo físico e principalmente o significado dela.

Meu corpo já não aceitava alguns tipos de alimentos e vibrações. Percebia que para ter a capacidade de sustentar algumas frequências mais sutis, meu corpo precisava também se transformar. Era um profundo sinal de amor próprio cuidar da saúde do corpo. Não estou falando de amor próprio ligado à aparência ou a algum modelo de beleza estética. Muito pelo contrário! Estou falando de nutrir um amor próprio com relação ao corpo como um templo sagrado, como uma manifestação única da Divindade. Foi neste corpo que nossa Alma escolheu se manifestar e como o trato diz respeito também a como eu honro toda a Criação Divina.

Por que supomos que o corpo está mais longe de Deus que a alma?

Acaso Deus se encontra em algum espaço espiritual fora do mundo corpóreo?

Deus está em toda parte.

(Rabi Tzi Freeman, baseados nos ensinamentos do Rebe Menachem Mendel Schneerson)

Neste momento planetário de ascensão, estamos passando por uma profunda transformação energética e consciencial. Nossos corpos físicos precisarão acompanhar esta expansão, para que possamos nos beneficiar mais ainda dos presentes divinos e vibrar numa frequência mais elevada de Amor. Nossos corpos físicos também estão evoluindo! Estamos reativando as nossas capacidades latentes do DNA espiritual e isto quer dizer que todo nosso corpo tem o potencial de vibrar de outra forma, de se sutilizar e revelar muita Luz. Não estou falando de uma regra para elevação espiritual. Estou falando de uma escolha como humanidade para auxiliar também na evolução e ascensão do corpo físico. Nossa capacidade de vivermos mais e de recebermos mais energia da nossa Essência pode ser elevada à partir de intenções, assim como do combustível que nos alimenta. As informações que chegam ao planeta são de que nosso corpo físico está evoluindo e se transformando de uma estrutura de carbono para uma estrutura cristalina, de puro armazenamento e condução de luz e desta forma com condições de fazer uma melhor comunicação com a estrutura cristalina da Terra, com toda informação vibracional nela armazenada. Assim como possuímos informações dentro de nós, a Terra como organismo vivo também possui preciosas informações espirituais. Temos um potencial de conexão mais profunda da Terra com nosso corpo, da estrutura mineral de nossos ossos com a os minerais complementares dentro da terra.

Com a revelação de mais luz e energia no planeta, nosso corpo físico e principalmente nossas glândulas precisam ajustar-se às novas possibilidades. Estamos com condições de manifestar novas energias, em um estado de maior equilíbrio emocional, com novos potenciais de manifestações dos chakras. E para que isto ocorra, nossas glândulas precisam acompanhar a mudança. Precisamos também alinhar e preparar a chamada química da iluminação. Possuímos todos os ingredientes químicos dentro do nosso corpo para manifestarmos a vida mais iluminada que podemos. Temos uma fábrica de hormônios e neurotransmissores que alinhados à energia do Infinito começam a secretar a química da felicidade, da iluminação, da Presença, da Bem-Aventurança. É um trabalho conjunto de todas as camadas da mente, em ressonância com as frequências elevadíssimas de nossa Alma que agora podemos ter mais acesso. Dependendo do tipo de alimento que ingerimos, podemos contribuir rapidamente ou não para essa mudança. Alguns sábios e mestres cabalistas afirmam que em algum momento de nossa evolução o corpo revelará uma luz mais intensa até mesmo que nossa Alma. Para mim, isso não é muito difícil de entender, pois quanto maior a escuridão ou densidade, maior a capacidade de revelação da luz!

CIÊNCIA E ESPIRITUALIDADE NA ALIMENTAÇÃO

De acordo com o cientista alemão **Fritz Albert Popp**, nomeado para ganhar o Prêmio Nobel, o corpo humano emite, se comunica e é feito de luz. O corpo humano emana biofótons, assim como estes servem como laser na comunicação, para o controle dos processos bioquímicos. Se utilizarmos a lógica, veremos que quanto mais nos alimentarmos de biofótons, mais biofótons emanaremos, interna e externamente, um sinal de saúde e equilíbrio. E quais alimentos ou dietas possuem melhor qualidade e quantidade de biofótons, ou seja, vibração mais sutil? Fácil resposta!

Se ainda for difícil de concluir, transcrevo algumas informações trazidas pelo grande médico, iogue e rabino **Gabriel Counsens no seu** *Nutrição evolutiva,* começando pela constituição física do ser humano e posteriormente pelo aspecto energético:

Na fisiologia humana, as funções orgânicas e o sistema digestivo são completamente diferentes da constituição dos animais carnívoros. E se assemelham bastante às características dos animais herbívoros e frugívoros. Os animais carnívoros têm intestinos curtos, com apenas três vezes o comprimento do tronco, de modo que rapidamente eliminam a carne em decomposição; dispõem de grande quantidade de ácido muriático no estômago, para digerir os músculos e cartilagens; possuem glândulas salivares, sendo a sua saliva ácida. Não produzem a enzima ptialina, que é necessária à pré-digestão de cereais; possuem dentes frontais pontiagudos, para dilacerar a carne, bem como garras. Não possuem dentes molares.

Em contraste, os seres humanos e os animais frugívoros, tais como macaco antropóide, têm um aparato intestinal com 12 vezes o tamanho do tronco, o qual é perfeitamente apropriado à lenta digestão de tubérculos, cereais e vegetais em geral, que se caracterizam por sua lenta decomposição. Seus estômagos são como de animais frugívoros e herbívoros: produzem menos de um décimo do ácido muriático produzido pelos animais carnívoros. Seres humanos possuem glândulas salivares bem desenvolvidas, sendo a saliva alcalina e com muita ptialina, para fazer o processo pré-digestivo de cereais. Eles também são dotados de dentes molares para triturar os alimentos, além de não disporem de dentes pontiagudos e garras, como os carnívoros.

Pela simples observação de pequenas características evolutivas físicas, podemos perceber como o organismo do ser humano está mais de acordo com uma alimentação vegetariana do que carnívora. Há várias outras características físicas que podemos ressaltar, contudo iremos para uma abordagem energética e vibracional dos alimentos. **Dr. Gabriel Cousens continua**:

Aprendemos com a Teoria da Relatividade, de Albert Enstein, que todo o universo manifestado é composto de energia em forma de vibrações. A matéria pode ser compreendida como energia (ou vibração) em lento movimento. A matéria sólida vibra numa frequência mais lenta, os líquidos e os gases em frequência um pouco mais elevada e o som, a luz, o pensamento e outras energias vibram em frequências mais altas. As frequências mais altas podem atravessar as frequências mais baixas. A luz passa através da água, o som é transmitido através de partículas do ar, da água e de substâncias sólidas. Podemos dizer que a comida que comemos está impregnada da energia das pessoas que a manusearam. Essas vibrações afetam a mente da pessoa que come o alimento. O alimento cultivado, cozido e comido com amor nutre o corpo e também eleva a mente.

Aqui entramos em um outro patamar de estudo e observação com relação à nossa alimentação. Não somente os conteúdos químicos dos alimentos afetam nosso corpo e mente. O pensamento e intenção emanados durante todo o processo de plantio, cultivo, transporte, embalagem e preparação, podem influenciar na qualidade energética do alimento, e consequentemente na nossa energia pessoal. Nossos pensamentos e emoções geram ondas eletromagnéticas que afetam todo nosso entorno. Portanto, a consciência de nossos pensamentos e sentimentos durante o contato com os alimentos pode mudar completamente a estruturação e assimilação dos alimentos num nível vibracional.

Com base na Ayurveda (filosofia médica oriental), a qualidade da vibração energética dos alimentos é do que depende a verdadeira nutrição que recebemos quando ingerimos. Está preocupada com a interação dinâmica das forças dos alimentos com as forças dinâmicas do nosso próprio corpo. De acordo com esta ciência milenar, os alimentos existem em três grandes categorias: alimentos tamásicos, rajásicos e sáttvicos. Alguns alimentos têm um efeito positivo sobre o estado mental. Esse tipo de alimento é chamado de sutil (sáttvico) e constitui a base da dieta iogue. Exemplos de alimentos sutis: frutas, nozes, legumes e verduras; leguminosas (a maioria) e cereais, leite e seus derivados; ervas e condimentos suaves. A segunda categoria chama-se mutatório (rajásico), alimentos que ativam o sistema nervoso, deixando agitados o corpo e a mente. Sua ingestão deve ser feita com moderação ou evitada totalmente pelas pessoas que fazem práticas espirituais. Exemplos de alimentos mutatórios: bebidas à base de cafeína (café, chá, refrigerantes, chocolate), chocolate "preto". A terceira categoria é de alimentos que não são benéficos para a mente nem para o corpo, são denominados estáticos (tamásicos) e não devem fazer parte da alimentação iogue. Exemplos de alimentos estáticos: carne vermelha, frango, ovos, peixes e crustáceos, cebola, cebolinha, alho, cogumelos, bebidas alcoólicas, fumo, drogas, comida fermentada ou malconservada.

(Obs.: A classificação dos alimentos, contudo, pode variar de acordo com o clima da região e também pode ajustar-se às condições individuais de idade, saúde e atividade profissional. De acordo com a ciência descritiva dos doshas (perfil biológico do indivíduo, ligado aos elementos da natureza) não há uma alimentação única para todos em um tempo específico, nem uma alimentação que possa ser feita durante o ano todo por uma pessoa.)

As estatísticas mostram que os vegetarianos vivem mais e têm taxas mais baixas de doenças degenerativas crônicas como artrite, doenças coronárias e câncer. A nutrição vegetal compreendida como luz solar densificada é diferente da nutrição animal. A luz liberada pelas forças do alimento vegetal assimilado estimula uma Luz espiritual interna, o que intensifica o nosso crescimento espiritual. Apesar de a maioria das pessoas poder se beneficiar de uma alimentação vegetariana completa, pode haver alguns que não têm mais geneticamente o poder digestivo de assimilar todos os seus nutrientes imediatamente. Esse processo de transição de reconstrução pode levar vários anos. Uma dieta vegetariana cria mais harmonia, pois não temos que matar formas de vida que tenham sangue. As carnes aumentam a frequência animal do corpo e trazem à tona tendências mais animalescas, como vibrações de raiva, luxúria, medo, agressividade e impulsos assassinos. A energia da alimentação baseada em carne acrescenta impurezas à mente e ao sistema nervoso. E comunica a energia da destruição às células e traz energia da morte para o nosso campo áurico, reduzindo o fluxo do prana mais elevado no corpo. A vida das criaturas que comemos pesam no nosso corpo astral, com seus sentimentos negativos de medo e sofrimento no momento de sua morte. A carne cria um efeito tamásico (pesado e insensível) no corpo físico e na mente. Ela bloqueia os canais do corpo sutil, os 72 mil nadis, através dos quais a kundalini precisa se mover livremente para fazer seu trabalho espiritualizador, e tende a deixar a mente insensível. (**Nutrição evolutiva, de Dr. Gabriel Cousens.**)

O grande sábio judeu e cabalista Rabi Yitschac Luria, o "Ari", desenvolveu um poder especial: ao olhar a testa de um homem, ele podia ver ali as marcas de todos os atos errados que ele tinha cometido. Quando um homem transgredia, espiritualmente e energeticamente uma marca era feita em sua testa, e alguns poucos sábios e justos em cada geração, que atingiam graus elevadíssimos, conseguiam olhar para estas marcas e entender o que significavam. Percebam a importância do respeito aos animais pelo seguinte relato de um acontecimento na vida do grande "Ari":

Na cidade morava um homem pio e temente a Deus, que passava o dia todo imerso em atos de arrependimento. Certa vez, ele veio diante do Ari e pediu que lhe revelasse quais eram os pecados que estavam ocultos e escondidos aos seus olhos, para que pudesse expiá-los. Rabi Yitschac olhou na testa daquele homem pio e disse: – Você é um justo completo, e não há pecado algum em você. No entanto, existe algo em sua casa que precisa ser reparado. Estou vendo em sua testa uma marca indicando um pecado envolvendo o sofrimento de animais. Você precisa expiar isso.

O homem ouviu as palavras e se entristeceu profundamente. Ele tentou se lembrar de quando ou como tinha feito algum animal sofrer, mas, por mais que se esforçasse para descobrir o que tinha feito, não conseguia lembrar de *nada neste sentido. Ele passou a examinar tudo o que as pessoas da sua casa faziam, até que descobriu que uma de suas criadas tinha se abstido de alimentar as galinhas, e os animais se viram forçados a ir procurar alimento no pátio dos vizinhos. O homem pio ordenou que sua esposa espalhasse, daquele dia em diante, sementes e comida não só para as aves de sua casa, bem como para as galinhas de todos os vizinhos. Ao voltar para o Ari, o justo novamente olhou na sua testa e lhe informou, com muita alegria, que a marca tinha sido apagada de sua testa e que isso era um sinal de que o assunto fora resolvido, e seu erro tinha sido apagado.*

Um dia quando Ari estava ensinando alguns dos profundos mistérios do universo, ele parou de repente e olhou em direção a um estudante em particular. O Ari ordenou que o estudante saísse da sala imediatamente. Quando o estudante perguntou o porquê, o Ari disse que ele não poderia estar na mesma sala porque a conexão do estudante com o Reino Divino estava bloqueada. O estudante ficou obviamente chocado e começou a soluçar. Ele implorou para seu mestre explicar como ele perdera a conexão com Deus e o Ari disse que haviam 3 galinhas na casa do estudante. A dor delas era tão grande que o estudante perdera sua conexão com o Reino Divino.

O Ari explicou que não fazia diferença o quão inteligente era o estudante, ou o quão grande cabalista ele poderia ser. Se ele não podia mostrar compaixão e cuidado pelas criaturas de Deus, ele não poderia permanecer conectado com Deus. O Ari enviou o estudante para casa para que ele pudesse alimentar as galinhas. Antes de ele sair, o Ari avisou-o para alimentar o gado toda manhã logo que ele acordasse, porque os animais não podiam pedir comida ou água quando eles estivessem em necessidade. (Rabi Yitschac Luria – Série Faróis de Sabedoria).

CAMPOS ENERGÉTICOS ORGANIZADORES SUTIS (CEOS)

Dependendo do tipo e qualidade de alimentos que ingerimos, modificamos completamente nossa energia pessoal. Quanto mais pudermos ingerir alimentos sáttvicos ou sutis, mais benefícios teremos para nossa saúde física, emocional, mental e espiritual. Mais alinharemos nossos corpos sutis com o prana cósmico. Esses alimentos funcionam como um transdutor de redução, que conduz o fluxo de energia do estado energético altamente purificado, virtual ou cósmico, para um estado condensado, personalizado, que o corpo usa como força vital. Quando todos os sete corpos sutis (ou camadas da mente) estão alinhados, a energia cósmica flui por meio deles mais intensamente e com menos resistência para energizar e espiritualizar o complexo corpo-mente-espírito.

O conceito de Campos Energéticos Organizadores Sutis (CEOS), conforme o **Dr. Gabriel Cousens:**

É o modelo para os múltiplos níveis de organização nos sistemas vivos. Têm forma e também propriedades energéticas. Ressoam com a energia ilimitada dos táquions (pode ser imaginado como uma forma de energia ligeiramente contraída ou um estado virtual tentando se tornar partícula) e, por ressonância, nos transferem essa energia através de uma série de sistemas de condensação. Conforme o nosso complexo corpo-mente se transforma espiritualmente, fica mais fácil que essa energia nos seja diretamente transferida e experimentar uma ressonância direta com a energia cósmica. Todos os elementos nutrientes têm seu próprio CEOS individual. Quando os CEOS são energizados, mantém e fortificam tanto a sua própria organização como a do corpo físico.(...) Os CEOS são o padrão para as formas e estruturas biológicas físicas. É a interação dinâmica dos CEOS humanos e das plantas que é importante na compreensão do novo paradigma da nutrição espiritual.(...) A matéria é a estrutura manifesta de toda a natureza e das leis que governam todos os fenômenos físicos. Em terminologia espiritual, consciência pura, energia cósmica e prana universal, são termos análogos a esse estado não manifesto perfeitamente ordenado. Os CEOS são uma tentativa de descrever como a precipitação da energia sutil para a forma material acontece e como ela é ordenada. (...)

O continuum energético vai do Absoluto sem forma ("Ein-Sof") para o ponto zero, para a Shekhinah, prana cósmico ou energia Kundalini espiritual, e então ao nível dos táquions. Então, ele se reduz do táquion e atravessa a barreira da velocidade da luz para os CEOS, para o sistema de corpos sutis e chakras, nadis e, finalmente, para o sistema coloidal vivo (dentro das células, do fluido extracelular, na linfa e no sangue há microunidades de vida chamadas protídeos; eles formam um campo energético coloidal vivo, o primeiro receptáculo da energia sutil no plano físico).

PROPRIEDADES CRISTALINAS DO CORPO

A chave para compreender a assimilação da energia em nossa estrutura física se dá pela percepção do corpo como uma série de estruturas cristalinas sincrônicas e interativas. A estrutura óssea é o principal sistema cristalino sólido do nosso corpo. Um campo eletromagnético específico é gerado da estrutura óssea cristalina. O seu tipo depende da fonte geradora (piezoelétrica, potencial de corrente ou atividade do estado sólido), da sua intensidade energética, da sua característica de pulsação e da combinação de todas essas interações dentro da estrutura óssea. Tem habilidade de converter energia vibracional, como som ou luz, em energia elétrica e eletromagnética. Os cristais podem absorver, armazenar, ampliar, transduzir e transmitir as energias vibracionais.

Outro importante sistema físico semelhante ao cristal consiste nas estruturas cristalinas líquidas que existem em toda a membrana celular, órgão e glândula, nervo e sistema muscular. Por causa dos íons dentro deles e da sua habilidade de tornar a água estruturada, os fluidos corpóreos também têm qualidades semelhantes aos cristais. As moléculas de água contém a forma potencial de todos os cristais em sua forma primária de tetraedro. Uma explicação a respeito de como os micronutrientes alcançam o lugar correto no corpo é que eles são atraídos pelos seus campos eletromagnéticos vibratórios ao local cristalino ressonante apropriado no sistema. Compreender a natureza cristalina do corpo humano nos traz o embasamento físico necessário pra entender a eficiência das vibrações dos pensamentos humanos, gemas, cristais, essências florais, elixires de gema e da homeopatia em tratamento terapêuticos.

Aumentando a energia dos CEOS das estruturas cristalinas de uma pessoa, criamos um campo renovado e saudável, que reorganiza a pessoa num nível vibratório físico, emocional, mental e espiritual. O corpo absorve energia do cosmo e da comida. A estrutura óssea cristalina em geral age como uma antena para toda energia vibracional interna do corpo e das informações que a penetram, incluindo a energia direta das formas pensamento. Os ossos também vibram em ressonância com outras fontes vibratórias, como cristais, pedras, mantras, cânticos, sons, música.

Cada substância vegetal ou animal irradia do seu campo energético uma vibração sutil especial, específica da espécie. Quando essas substâncias são sólidas, integrais, orgânicas e vivas (alimento vivo), elas mantém os seus CEOS. Compreender a nutrição envolve o estudo da interação das forças dinâmicas do alimento e das forças dinâmicas de todo o nosso Ser. Essa interação dinâmica fortalece o nosso próprio organismo. É através do processo de assimilação que entramos em relação íntima com nosso alimento e, portanto, com o meio ambiente. A consciência é a essência do alimento. Para assimilar o alimento com sucesso, devemos absorver completamente todas as forças do alimento dentro das nossas próprias forças.

As vibrações do alimento ressoam com nossa estrutura óssea; e a estrutura óssea amplifica e transmite energia ressonante para o corpo como um todo. Nossa estrutura óssea ressoa com todos os níveis de energia dos nutrientes, conforme eles são transferidos com a ressonância dos chakras, do cérebro, da mente, do sistema nervoso, do coração ou de qualquer frequência externa ressonante como música, cânticos e pensamentos.(...) O alimento torna-se um fornecedor, não apenas de nutrientes, mas também de energias que reenergizam todos os níveis dos nossos CEOS.

Conforme continua Dr.Gabriel Counsens, por meio dos estudo do cientista alemão Dr. Fritz Albert Popp, o DNA é o mais importante campo cristalino na interação com a matéria, é uma estrutura cristalina. Ele demonstra que a maioria das emissões de biofótons vem do DNA. Ele descobriu que 97% do DNA estava associado à transmissão de biofótons e apenas 3% à informação genética. Podemos aqui ver uma correspondência com os ensinamentos esotéricos de Kryon a respeito da ativação das nossas doze camadas do DNA, sendo a maior parte delas quânticas. Dr. Popp afirma que pessoas mais saudáveis tinham as maiores quantidades de emissões de biofótons, enquanto as pessoas que estavam mais doentes tinham a menor quantidade. Ele também descobriu que os alimentos orgânicos selvagens emitem duas vezes mais energia que as plantas orgânicas cultivadas e que plantas orgânicas cultivadas emitem cinco vezes mais energia de biofótons do que o alimento cultivado comercialmente. A pesquisa do Dr. Popp também mostrou que alimentos cozidos e irradiados não emitiam energia de biofóton. As comidas que ingerimos devem acrescentar luz (como biofótons) aos nossos sistemas bioenergéticos e, especialmente, à nossa estrutura do DNA.

TRANSCENDÊNCIA E A NUTRIÇÃO ESPIRITUAL

Por último, mas não menos importante, o Dr. Gabriel Cousens, a partir de sua experiência pessoal, inspiração divina e pesquisa, afirma que a transcendência

É o processo evolucionário pelo qual a organização dos CEOS do corpo alcança o nível de energia mais elevado e organizado, no qual a matéria física do corpo é transmutada ou está em processo de ser transmutada no nível etérico. É o paralelo físico à transmutação da consciência. O vórtice central da energia da kundalini é o mecanismo central para absorver as energias dos estados mais densos para os estados menos densos. Ele tem energia suficiente para iniciar essa função do despertar da kundalini.

Para o médico já realizado, quanto mais próximos estivermos do prana puro em nossos alimentos, menos denso nosso sistema físico se torna, facilitando o processo de transcendência. Se nos alimentarmos com alimentos sutis e de alta vibração energética, o vórtice central da kundalini será mais ativo e energizado para transmutar matéria para energia. Por outro lado, alimentos mais pesados e carnes tornam mais lentos a energia do vórtice e o processo de transcendência. Ele continua: *"no momento em que as duas energias de kundalini se fundem completamente em uma única energia central, o vórtice da kundalini se torna o centro de energia principal do corpo. Ele puxa energia dos chakras para sua transcendência de vórtice superior. Depois disso, sobram apenas energia e forma suficiente nos chakras para manter o corpo físico. Uma vez que o vórtice da kundalini se torna o sistema energético predominante para o organismo, o prana puro entra no chakra da coroa se torna a fonte mais importante para energizar o sistema. Em algumas pessoas, ele poder ser a única fonte. Essas pessoas estão se alimentando do néctar de Deus. Esta é a suprema nutrição espiritual.*

ESCOLHAS PESSOAIS E SEUS EFEITOS

Quando resolvi parar de comer carne vermelha em 2012, muitos de meus amigos e familiares questionaram a decisão. E quando em 2013 parei de comer todos os tipos de carne, alguns diziam que eu era radical. Eles não tinham a mínima ideia do que eu estava passando e vivenciando e achava curioso o fato de que algumas pessoas se incomodavam muito com o fato de não comer carne. Perguntavam por que eu não comia carne? No início tentava explicar, mas com o tempo vi que não adiantava muito, pois as pessoas não estava interessadas em escutar, muito menos em tomar consciência do que estava por trás da alimentação carnívora e menos ainda interessadas em dar-se conta de seus hábitos e padrões. Com o tempo, comecei a perguntar para as pessoas que me faziam a pergunta: "Por que você come carne?" E muitas delas não sabiam nem por onde começar a responder. Não havia uma resposta provinda de uma decisão consciente, mas diziam que simplesmente porque estavam acostumadas. Ou geralmente respondiam que era pela proteína. Não entrarei em discussões aqui de certo ou errado, mas percebi que quando começamos a nos comportar de forma diferente do habitual, familiar ou cultural, geralmente recebemos um novo rótulo, que pode variar de "louco", "estranho", "esquisito", "rígido" ou até mesmo "radical". E isso aconteceu diversas vezes em minha vida, quando comecei a meditar mais seguidamente, aprofundar nos estudos, experimentar com a mente e corpo, modificar minha alimentação, parar de beber álcool, parar de sair em festas e casas noturnas, parar de assistir televisão, telejornais ou novelas diariamente, parar de falar mal das pessoas etc. Tudo era motivo para alguém apontar o dedo, julgar e chamar-me de alguns dos rótulos acima. Perdi as contas de quantas vezes em que fui ridicularizado, que vi pessoas debochando, tentando diminuir-me, julgando-me e falando mal. Algo realmente tocava na sombra das pessoas, em algo que está lá profundamente guardado na psique. Quando resolvemos sair da normose, manifestar mais de nossa luz e autenticidade, isso pode incomodar algumas pessoas não tão conscientes de sua própria luz. E pelo que vi posteriormente, só o fato de estarmos parados, quietos em algum ambiente emanando nossa Luz Interior incomoda e gera reações em algumas pessoas, tendo presenciado desde provocações, comentários desabonatórios, surgimento de sombras ou afastamento sem motivo aparente. O que era mais interessante, pessoas que num certo momento ridicularizavam eram as mesmas que buscavam mais informações e auxílio num futuro próximo. Lembro-me de uma colega da faculdade de psicologia me ridicularizar porque meditava todos os dias. Três anos depois, ela estava postando fotos no Facebook meditando e fazendo formações ligadas à meditação na psicologia. O mundo realmente dá voltas! E eu no fundo fiquei muito feliz por ela.

Com o tempo tudo ficou mais nítido e mais palpável. O mais interessante de tudo era que eu não me forçava a nada, não estava "abdicando" de nada, era um caminhar natural para tais decisões e escolhas na minha vida. Sentia-me muito mais livre e flexível para tomar as decisões que condiziam com meu caminho de Alma e evolução. Constatei que o estranho, louco, rígido ou radical dependia da perspectiva e da nossa consciência. Seguir o Dharma, seguir o caminho da Essência era a maior honra que poderia estar fazendo, cada vez mais exercendo o meu verdadeiro livre-arbítrio e a razão de estar aqui. Para mim, num certo momento da vida, radical seria toda sexta feira fazer "happy hour", todo domingo fazer churrasco, todo final de semana ir no shopping, todos os dias assistir novela. Radical para mim seria fazer a mesma coisa todas as semanas sem saber o porquê. Radical para mim seria ter que fazer tudo isso. E não é um julgamento de quem faz qualquer uma dessas coisas, simplesmente trata-se de uma constatação pessoal, de minhas fiéis escolhas. Para mim isto não seria verdadeira liberdade, pois me sentiria como escravo de meus instintos, dos padrões sociais, familiares e culturais. Fazer o mesmo seguidamente sem saber o porquê, sem fazer bem realmente, sem contribuir para o propósito de vida e da existência, isto sim poderia ser muito radical. Radical para Alma que deseja se manifestar em sua plenitude e total liberdade. E se não escutarmos a Alma, ela logo se manifestará por diversos meios, por meio da angústia, do vazio, da ansiedade e do sempre querer mais, demonstrando a cada momento que nenhum prazer físico poderá saciar o desejo da Alma de comunhão com o Infinito. Percebi que para as pessoas, tudo que não entendem ou conhecem, pode ser chamado de radical ou estranho. Para mim, rigidez seria viver as convenções sociais, seguir o que todos fazem. Mas acima de tudo, a maior rigidez para mim é de não escutar a própria Alma, de nos fecharmos para nosso verdadeiro propósito neste plano, de nos fecharmos para o Infinito Amor que está disponível dentro de nós. E mais interessante ainda é que para acessarmos, precisamos sair da rigidez da escravidão dos instintos, impulsos e condicionamentos da matéria, principalmente ligados aos estímulos sensoriais exteriores, indo além dos cinco sentidos.

"O Homem é a agulha de Deus para costurar os numerosos retalhos da Criação e formar uma única vestimenta para Sua glória.

Numa das extremidades, a agulha tem de ser dura e afiada, a fim de passar pelas provações. Mas a outra extremidade deve ter um buraco vazio, um nada para segurar a linha.

Com o mundo, somos firmes e afiados. Por dentro, sabemos que nada somos diante do Infinito."

(Rabo Tzi Freeman, baseado nos ensinamentos do Rebe Menachem Mendel Schneerson)

SENTINDO A VIBRAÇÃO DO UNIVERSO

Voltando ao assunto da meditação e sincronicidades, durante o evento em São Paulo com o Dr. Gabriel Cousens, tivemos diversas sessões de Yoga, meditação e palestras sobre questões ligadas à espiritualidade. Ele conduzia todas as práticas, além de dar individualmente dois shaktipat por dia a cada um dos participantes. Shaktipat é o conhecido como o toque na fronte ("terceiro olho" ou Ajna Chakra) que pode induzir ao despertar da energia Kundalini, podendo levar a uma expansão da consciência. Nessas específicas meditações, o Rabino/Iogue Dr. Gabriel Cousens transmitiu uma forma de meditação, com a repetição do "mantra" Yod Heh Wah Heh, que recebera por inspiração Divina em profunda meditação durante um jejum de três dias. Era uma pronúncia das letras do Tetragrama de uma forma um pouco diferente do nome original de cada letra por si (Yud – Hey – Vav – Hey). Ele entregou-nos um cartão com as letras hebraicas do Tetragrama com a pronúncia escolhida e a definição abaixo:

Há 3400 anos Moisés recebeu o mantra da Liberação Espiritual YHWH quando encontrava-se ao lado da sarça ardente. Traduzido como "Aquele que foi, é e será", conduz-nos além do tempo, do espaço e do Ser para a experiência não dualista de Unidade com Deus. Também recria o significado do "Eu Sou o que Eu Sou", que é a promessa de nosso total potencial para a liberação em "Eu Sou", que é a ressonância final antes do Despertar. Representa também os cinco níveis da alma, as dez sefirot, as quatro direções, a integração do masculino e feminino interno (Iud Heh) como o masculino e feminino externos (Wah Heh). YHWH manifesta-se como Shekhina (Sagrado Feminino) de toda a Criação. YHWH é a vibração do Nome de Deus no nosso DNA. Ao repetir o mantra tornamo-nos como que um imã para a Luz cósmica, que ativa e aumenta a luz interior.

Sentia o poder daquele nome e a energia daquelas letras, pois representavam uma consciência que ia muito além de qualquer definição. O fato de nominá-las como uma consciência já seria limitar o que realmente é e pode ser. Mas para mim todo o processo foi muito curioso e diferente. Enquanto ele passava a pronúncia "Yod Heh Wah Heh", ao mesmo tempo eu recebia a informação de minha "bússola interna" que era para meditar mantendo o som original das letras (Yud-Hey-Vav-Hey), sem nunca pronunciá-los em voz alta, somente repetindo em pensamento durante a meditação repetitivamente. Conforme aponta o **Rabino Kaplan,** *"deve-se ter consciência de que é estritamente proibido pronunciar este nome, porque é o mais sagrado dos nomes conferidos a Deus e está relacionado com todos os níveis espirituais".* A intenção era de entrar na frequência do Infinito, de Algo que transcendia tudo. E aquilo foi realmente transformador! Foi quando passei a acessar cada vez mais o "Além das formas". É algo inexplicável falar sobre o Silêncio Pleno Infinito que está além de qualquer definição! É um grandíssimo paradoxo, pois é um "Vazio" de formas ou definições, mas completamente cheio e Pleno! E no processo de "entrada e saída" do Além das Formas, uma corrente espiritual sublime que flui pelo corpo e pela mente, uma enxurrada de energia divina Infinita de deleite e Bem-Aventurança, conforme explicado anteriormente.

Hey Vav Hey Yud

(Não pronuncie em voz alta)

No livro *O que você precisa saber sobre Cabalá*, o cabalista **Rabino Yitzchak Ginsburgh** ensina que o tetragrama, que significa o Nome de quatro letras, é o:

Nome Essencial do Todo-Poderoso, o Nome que retrata Sua essência (embora nenhum nome possa expressar totalmente a essência de Deus, o Nome Havaye se refere à essência de Deus). Ele é portanto mencionado como 'Nome Essencial', ou 'Nome Único', ou o 'Nome explícito', é soletrado pelas quarto letras – Yud-Hey-Vav-Hey. Este é o mais sagrado dos Nomes de Deus. O Nome essencial de Deus é, certamente, a palavra mais importante na Torá, o livro sagrado dos judeus. (...)

Não podemos compreender o significado do nível superior (Havaye Superior), transcendente do Nome essência de Deus, pois assim como ele está acima do nível da Criação, ele está acima do nível de nosso intelecto. Mas o significado do Nome essencial de Deus como ele se manifesta na criação (Havaye Inferior) pode, sim, ser entendido. De fato, etimologicamente, o Nome Havaye deriva da raiz em hebraico "hayah", a forma original do verbo "ser". A forma gramatical do Nome Havaye significa "trazer à existência". Assim, o Nome essencial de Deus, conforme manifestado na criação, pode ser entendido como significando "Ele, que continuamente traz (toda realidade) à existência. Portanto, toda a vida e existência pode ser concebida como um processo de desdobramento de quatro estágios, que correspondem às quatro letras do Nome essencial de Deus. (...)"

A grande sincronicidade de tudo isto, era que antes de ir para São Paulo eu já estava experienciando outros tipos e técnicas de meditação com que havia entrado em contato por meio dos livros do Rabino Aryeh Kaplan. Após ter escutado a voz interior ligada à prática da meditação com o Tetragrama (Yud-Hey-Vav-Hey) e começar a introduzi-lo em minhas meditações diárias, entrei em contato com um livro do **Rabino Aryeh Kaplan chamado *Meditação judaica – um guia prático*.** Nele havia um método dos "yichudím" (plural de yichud, do verbo hebraico yachád – como termo meditativo significa "unificação"), que faz parte das técnicas cabalísticas e meditativas pelas quais se procura abolir a fronteira entre o mundo físico e o Universo das "Emanações", com a visualização do Tetragrama, servindo para abrir a pessoa às forças da Providência, conscientizando-a da orientação Divina em sua vida, tornando-se mais consciente da Presença Divina.

Conforme observamos, a letra vav e a letra final hey do nome representam as forças masculina e feminina da Divina Providência. Quando separadas, não há conexão entre Deus e o mundo; há apenas Sua energia de Criação. Portanto, tal qual um homem e uma mulher apaixonados, o vav e o hey anseiam pela união, por levar o poder de Deus para o mundo inferior. Unidas as letras, a presença de Deus fica palpável e torna-se possível ter uma experiência muitíssimo intensa do Divino. Atinge-se o yichúd pela visualização do nome divino YHVH.

Em outro livro de Kaplan, *Meditação e cabalá*, que havia lido, era mencionado o movimento místico dos Chassidim (movimento chassídico), fundado em meados de 1700 pelo Rabino Israel, chamado de Baal Shem Tov, um grande mestre conhecido por ascender Universos superiores até a chamada "Câmara do Messias", a consciência da era messiânica. O Baal Shem Tov passou sete anos isolado em meditação, dias e noites estudando, orando e meditando, e voltava para casa somente no Shabat. Seus ensinamentos mexeram profundamente comigo, vibraram na minha Alma, pois neles sentia grande integridade e pureza.

Além dos livros citados, outro ligado à meditação cabalística que havia entrado em contato na época foi a tradução do Sêfer Ietsirá, uma obra prima universal considerada o primeiro livro de Cabalá que trata dos mistérios do Universo. A maioria das opiniões atribuem a autoria do Sêfer Ietsirá ao Patriarca Abraham. Além desses livros, consegui adquirir alguns em inglês do Rabino Abraham Abulafia (1240-1291), uma importante figura nos métodos avançados de meditação cabalística. Posso dizer que os livros dele eram muito complexos para minha compreensão naquele momento, sendo que alguns deixei para ler posteriormente. Outros livros que me chamaram a atenção foram do Rabino Chassídico Dovber Pinson, chamados *Meditation and judaism* e *Toward the Infinte – the way of kabbalistic meditation*, ambos muito elucidativos, claros e profundos.

O **Rabino Kaplan** afirma que

Todos os textos sobre meditação judaica enfatizam que, antes de mergulhar em formas mais avançadas de meditação, a pessoa deve, primeiro, desenvolver uma forte disciplina interna. Isso é muito importante porque os estados de consciência mais elevados são muito sedutores e é possível perder o senso de realidade. Contudo, se a pessoa está no controle de suas ações e emoções de modo geral, também permanecerá no controle do senso de realidade. As experiências meditativas não irão negar a sua vida, ao contrário, irão enriquecê-la.

Sendo assim, pratiquei todos os dias diversos tipos de meditação, às vezes com as letras hebraicas individuais experimentando suas energias, outras vezes com os alguns dos 72 nomes de Deus e também em conceitos como "Ein Od Milvado" ("Não há nada além D'Ele") ou "Ribonó Shel Olám" (Senhor do Universo), ou com outros nomes sagrados como "Ehyeh Asher Ehyeh" (Eu serei o que Eu serei), todos de olhos fechados repetidos constantemente entre 45 minutos a 3 horas de meditação. Posso dizer de coração cheio que foi e é extremamente evolutivo e transformador! A língua hebraica é muito mais do que um simples idioma, é uma linguagem sagrada, "Lashón HaKodesh".

O **Rabino Ytzach Ginsburgh** ensina que:

Hebraico (diferentemente das línguas romanas, como o inglês) é estruturado de forma lógica. Ele começa com 22 letras que agem como os blocos construtores. Estas 22 letras, então, se combinam em duplas de letras para formarem 231 sha´arim (portões). Finalmente, a cada portão se une uma terceira letra, formando, então, os shorashim (raízes) de três letras. Cada palavra em hebraico se baseia em uma letra, portão ou raiz, com a maioria predominante baseada diretamente em uma raiz. Portanto, para realmente entender a lógica essencial e o significado de uma palavra em hebraico, é necessário reconstruir sua raiz.

De acordo com os grandes místicos judeus, cada letra possui um valor numérico, em que palavras e frases em hebraico podem ser comparadas com base em seus valores. Isto é muito significativo para o entendimento do sentido oculto de cada palavra. Esta técnica é chamada de guemátria e é um dos alicerces da análise e do pensamento místico cabalístico. Portanto, tudo aquilo que foi nomeado com a linguagem hebraica, todo o elemento da existência, tem uma correspondência matemática e energética.

O Rabino Gynsburgh ressalta que:

O cálculo da equivalência numérica das letras, palavras ou frases nos ajuda a compreender melhor as relações entre diferentes conceitos, palavras ou ideias. A suposição por trás da guematria é que a equivalência numérica não é uma coincidência. Como a palavra criada por meio da *"fala" de Deus, cada letra representa uma força criativa diferente. Assim, a equivalência numérica de duas palavras revela uma conexão interna entre o potencial criativo de cada uma delas.*

Isto novamente nos traz a noção de que nada neste Universo é por acaso. Tudo está conectado!

O livro Sefer Yetzirá explica que as 22 letras do alfabeto hebraico são blocos construtores básicos de energia da criação, cujas combinações e permutações representam todas as forças criativas que Deus usou quando Ele, por assim dizer, falou e a criação passou a existir. A Cabalá ensina que palavras formadas pelas combinações e permutações de letras são os recipientes através dos quais o processo criativo continua a ocorrer. (O que você precisa saber sobre cabalá, de Rabino Yitzchak Ginsburgh)

O físico quântico suíço Nassim Haramein, um grande pesquisador do cosmos e dos buracos negros, traz um modelo ou teoria que parece alcançar a unificação da física em toda escala do micro e macrocosmo. A teoria abrange os princípios holográficos e fractais, em que todas as coisas podem ser entendidas como buracos negros. Todas as coisas estão centradas por singularidade; átomos, planetas, estrelas, núcleos galácticos, quasares, universos e até mesmo células biológicas podem realmente ser entendidas como estruturas pretas do tipo buraco, ou singularidades, de vários tamanhos. Sendo assim, resume ele de forma sucinta, a "energia pulsa dentro e para fora do buraco negro, criando um elo de feedback de transferência de informação entre infinito potencial e forma finita". A teoria demonstra que a Criação acontece continuamente – aqui e agora – com os limites de todos os buracos negros, em um ponto de equilíbrio interno com potencial infinito, e não em algum momento de um passado distante. Exatamente como os cabalistas afirmavam e afirmam. A cada instante o nosso Universo está sendo criado! Que grande dádiva!

A PEÇA FALTANTE

Como relatei, logo ao retornar de Israel em 2015, depois de ter tido diversas experiências conscienciais e energéticas muito fortes, sabia que havia mais a ser integrado na minha caminhada evolutiva, e estava ligado aos conhecimentos esotéricos dos judeus, a Kabbalah. Percebia e aceitava a sincronicidade de tudo. O Universo mostra-nos precisamente os próximos passos por meio da sincronicidade. Se estivermos atentos e presentes, poderemos seguir o mapa que a Alma traça para nosso caminho mais evolutivo e elevado para cada momento, o exato aprendizado do instante. Além de observar os sinais "exteriores", sentia a energia da Kundalini falar muito forte, era o momento de me aprofundar ainda mais naquela sabedoria, além do que previamente havia estudado ligado ao Kabbalah Centre. Isto não quer dizer que o Kabbalah Centre não seja bom, pelo contrário, é muito importante para humanidade. No entanto, segui a sincronicidade e a bússola interna dizendo-me que precisava explorar outros terrenos, outras ideias, outras visões.

Antes disso, já tinha percebido algumas intersecções na linguagem e informações que Kryon transmitia, assim como tinha visto a importância que Kryon dava ao papel dos judeus na história e futuro da humanidade. Sempre achei curioso o fato de Kryon utilizar algumas linguagens e expressões também utilizadas pelos sábios místicos judeus, muitas das mesmas metáforas e nomes. Posso citar como exemplo o nome Criador que Kryon utiliza, é o mesmo usado em Kabbalah, entre outros termos e metáforas, como "batalha entre a escuridão e a luz", existência de outras dimensões, invocação de anjos e guias, existência de outras civilizações anteriores à nossa atual, véu e tela (masach), atributos divinos e do ser humano, "Velhas Almas" e "Novas Almas", "walk in" (ibur), merkabah (carruagem ou veículo de ascensão), trono e trono dourado, influência dos movimentos dos astros e planetas na energia do planeta Terra e consequentemente nossa, a experiência arquetípica do dilúvio ou inundação (Noé, Atlântida e Lemúria), o poder da intenção pura (kavanah), eletromagnetismo e ativação do DNA, período de desafio ou escuridão antes de ter a transformação (de vibrar mais alto), utilização da numerologia nas mensagens e significados de tudo (guematria), tecnologias da consciência, capacidade do corpo de durar mais (potencial de aumento de longevidade), Nova Energia de ascensão e Era Messiânica, Nova Jerusalém como metáfora para paz na Terra, constantes exemplos e ensinamentos de grandes mestres e patriarcas judeus como Abraão, Elias e Jesus, além de utilizar o nome essencial de Deus (tetragrama, iud-hey-vav-hey – que Kryon chama Yahwe). São apenas alguns exemplos entre vários outros, mas não significa dizer que é a mesma coisa ou que essas sabedorias ou mensagens têm a mesma função, tampouco dizer que Kabbalah é a única correta sabedoria espiritual do planeta. Trata-se simplesmente de apontar intersecções que poderão fazer sentido no plano cósmico geral.

Quando Kryon revelou as informações sobre a energia e ativação das doze camadas do nosso DNA, ele escolheu o idioma hebraico para nomeá-las. Não porque fosse a linguagem mais antiga do planeta, pois hoje já se tem informações de diversas civilizações que existiram antes da nossa atual civilização (como exemplos mais conhecidos Lemúria e Atlântida), mas porque o hebraico corresponde à língua principal de um Deus monoteísta, honrando-se o começo de um "Deus Um" para a humanidade. Vocalizado diariamente pelo povo judeu na afirmação: "Shemá Yisrael, A-donai E-lohênu, A-donai Echad" (Ouve Israel, A-donai é nosso Deus, A-donai é Um). Além disso, Kryon cita que os Israelitas foram Lemurianos, mas nem todos Lemurianos se tornaram judeus.

Antes de falar o que "clicou" nessa etapa de minha evolução, faz-se necessário compartilhar e explicar de forma sucinta, simplificada e resumida alguns conceitos de Kabbalah com os quais havia entrado em contato no passado. Não sou um expert nessa sabedoria nem tenho a pretensão de ser. A sabedoria da Torah e da Kabbalah é infinita, há conteúdos para vidas e mais vidas de estudo, cujo propósito não é o acúmulo de conhecimento mas sim o estudo por ele mesma (Torah lishmah) e sua vivência, por estar em contato com uma sabedoria divina. Certa vez, uma professora judia e doutora linguística comentou que quem realmente sabe Kabbalah não ensina Kabbalah, e quem não sabe Kabbalah ensina Kabbalah, de tamanha profundidade e preparação que são necessários para mergulhar nos mistérios da Criação e no funcionamento do Universo. Os sábios judeus afirmam que a sabedoria da Torah é viva, está sempre atualizando-se e revelando novos conhecimentos, tudo de acordo com o nível de consciência da humanidade. Diferente de uma sabedoria estática, é extremamente dinâmica e sempre em evolução. Assim, gostaria de compartilhar alguns conceitos básicos e algumas vivências que fizeram sentido na minha caminhada e evolução, para que se possa entender melhor o processo. Primeiramente abordarei alguns conceitos simplificados que havia estudado por meio do Kabbalah Centre e após entrarei nos conhecimentos aprofundados que fizeram mais sentido nessa etapa de jornada evolutiva, pois sempre há mais o que aprender e evoluir, independente do estágio...não há fim!

Antes de começar, com relação ao propósito da criação do universo e o processo de criação em si é importante que entendamos a linguagem que será utilizada, para que haja maior conexão e compreensão dos conceitos. Vale lembrar que os conceitos espirituais são descritos mediante metáforas aproximadas e nunca representarão a totalidade do que realmente é. Dito isso, inicio pelo conceito mais difícil e indefinível, Deus.

DEUS INFINITO

Em seu livro *Jornada interior*, o Rabino Nissan David Dubov, expõe a visão cabalística e da filosofia hassídica sobre Deus/Infinito. Ele começa sua explicação com uma frase do grande sábio Maimônides:

O fundamento de todos os fundamentos e o pilar de toda sabedoria é saber que há uma Existência Primordial, que dá origem a tudo que existe. Todos os seres dos céus, da terra e de tudo que há entre eles só foram gerados a partir da verdade de Sua Existência.

De acordo com os ensinamentos da Chassidut, essa existência primordial é chamada de Atzmut, que deriva da palavra etzem, que significa essência. A Essência de Deus é totalmente independente de qualquer outra existência. Todas as formas de existência dependem de Deus, mas Ele não necessita nem depende de nenhuma outra existência e, portanto, pode ser definido como a verdadeira existência. Ele não tem começo nem fim. Ele era, é e sempre será! Para os cabalistas é uma tarefa impossível descrever a essência Divina, pois a essência de Deus não é revelada nem oculta. Não há como aplicar conceitos físicos ou temperamentos emocionais a Deus pois Ele não é corpóreo. Não há absolutamente nada que se assemelhe a Ele. Deus é Um, o que significa não apenas que Ele é um ser singular, mas que cria tudo e está em toda parte. O rabino afirma que somente Deus tem o poder de criar algo a partir do Nada Absoluto, sem que esta criação tenha nenhuma outra causa que a preceda. E continua:

Uma criatura só existe porque Deus quer que ela exista e constantemente permite que a energia divina flua pra ela. Se Deus parasse de gerar essa energia criativa por um só instante, a criatura deixaria de existir. A existência desse ser é completamente dependente de Deus. Enquanto a existência de Deus não provém de nenhuma outra existência que O precedeu.

Os místicos cabalistas, para afastar-nos um pouco das imagens antropomórficas de Deus, utilzam da metáfora da "Luz" para descrever as diversas emanações e manifestações do Criador. **O Rabino Jacob Immanuel**

Schochet, no livro *Mystical concepts in chasidism* afirma que é apenas uma aproximação, metáfora, uma analogia. Não pode ser considerada no sentido pleno e literal. Ele continua, citando o Rabino Yossef Albo e Yossef Ergas, demonstrando que este termo foi escolhido por diversas razões:

A existência da luz não pode ser negada. A luz não é algo corpóreo. A luz faz com que a capacidade da visão e das cores visíveis passe da potencialidade para a realidade; A luz encanta a alma; Quem nunca viu na vida um corpo luminoso não consegue conceber cores nem a agradabilidade e o prazer da luz; E mesmo quem vê objetos luminosos não consegue suportar a visão de uma luz intensa, e se insistir em fazê-lo acima de sua tolerância, a sua visão escurece ao ponto de não enxergar mais nada; A luz é a mais sutil e tênue de todas as percepções sensoriais; A luz possui numerosas qualidades características das emanações Divinas, como por exemplo: Ela é emitida por uma luminária sem jamais separar-se dela. Mesmo quando a fonte é ocultada ou removida – deixando de emitir luz perceptível – os raios prévios não perduram como entidades separadas da luminária; eles se retiram com ela. Essa é uma qualidade única da luz, que não é compartilhada com nenhuma outra substância. Ela se expande instantaneamente; Ela ilumina todos os objetos físicos e é capaz de penetrar sem obstáculos em todos os objetos transparentes; Ela não se mistura nem combina com outra substância; A luz per se nunca muda. A percepção da uma luminosidade mais ou menos intensa ou de luzes de cores diferentes não se deve a nenhuma mudança da própria luz, e sim a fatores externos. A luz é essencial à vida em geral. A luz é recebida e absorvida conforme a capacidade do receptor.

Para o **Rabino Sochet**, a luz tem maior semelhança com entidades livres de matéria do que quaisquer outras coisas que pudessem ser comparadas. Entretanto, o termo e conceito deve ser entendido em um sentido estritamente espiritual, sem conotações temporais, espaciais ou corpóreas.

Portanto, enquanto estivermos falando do processo da Criação, estaremos falando de emanações ou atributos da Luz, e não da essência da Luz, pois a essência de Deus transcende qualquer definição. Quando falarmos da ordem encadeada da criação, falaremos da Luz imanente, ou seja, a Luz que preenche os mundos, a chamada Presença Divina. Sendo assim, temos a Luz transcendente, que envolve e circunda os mundos (luz circundante) e temos a Luz imanente, a Luz interior, que tem começo e tem fim, que representa a cadeia dos mundos, que preenche toda a Criação. Isto não quer dizer que existam dois deuses. Simplesmente são dois aspectos do mesmo Deus Um, que é tudo. Não há nada além d´Ele! Tudo é Ele!

A CRIAÇÃO DO UNIVERSO – KABBALAH

Explicando de forma simplificada o processo de criação, faço-o de acordo com Yehuda Berg do Kabbalah Centre e deixo claro que minha escolha ocorreu devido à facilidade para compreensão e à linguagem simples por ele utilizada, o que contempla o propósito deste livro. A criação em si é muito mais complexa do que a forma apresentada, existindo tratados místicos que se debruçam e aprofundam no estudo e na apresentação do referido processo. Diversos místicos cabalistas, como Isaac Luria (Ari Hakadosh) e Shneor Zalman de Liadi (Alter Rebe), aprofundaram esses conceitos demonstrando que antes mesmo da criação do nosso mundo, conhecido como "Mundo da Correção" ou "Mundo do Tikkun", existiu o "Mundo de Tôhu" (amorfos e desordenados), além de mergulharem em cada etapa do processo encadeado da criação.

Yehuda Berg, em seu livro *O poder da kabbalah*, explica que a Força Primordial atingia até o infinito, preenchendo a eternidade, expandindo-se até a infinidade, além de tempo, espaço ou movimento. De acordo com a Cabalá, essa Energia sem limites era a única realidade. E a natureza dessa Energia era se expandir, transmitir, compartilhar e dar, ou seja, uma infinita força de compartilhar. A essência e a substância dessa Energia era a satisfação infinita, a alegria sem limites e a iluminação ilimitada (Plenitude, Paz de Espírito, Contentamento, Amor, Liberdade, Sabedoria, Felicidade). Na Cabalá, essa Energia de dar e de compartilhar que sempre se expande é conhecida como a Primeira Causa (Luz, Deus).

Em algum momento para além do tempo linear, a Luz criou um receptor para conceder sua Essência. Um recipiente que pudesse receber toda sua beneficência e benevolência. A natureza desse recipiente é o infinito desejo de receber. A plenitude infinita foi a razão pela qual o receptor foi criado, em primeiro lugar. Qualquer desejo no receptáculo era suprido. Esse Receptor é a nossa raiz, a nossa semente, a nossa origem, a nossa fonte. De fato, todas as almas da humanidade, no passado e no presente, estavam presentes dentro do receptor. O receptor, entretanto, não era uma entidade física. Era, na verdade, uma força, uma essência inteligente, não material. Para todo tipo de satisfação e alegria que a Energia irradiava, havia por parte do receptor um desejo de receber correspondente. Todo desejo era atendido. Sendo que essa Energia é definida como a Primeira Causa, o receptor é definido de forma adequada como o Primeiro Efeito. Temos agora então uma Energia infinita e um Receptor infinito. Causa e efeito. Dar e receber.

Eis que o receptor herdou a natureza da Luz e, por conseguinte, um novo desejo surgiu dentro do receptor. Esse novo desejo era um anseio de expressar aquilo que pode ser chamado de o DNA do Criador. Especificamente, o Receptor queria:

1) Ser a causa da sua própria felicidade.

2) Ser o criador de sua própria plenitude.

3) Compartilhar plenitude.

4) Controlar os seus próprios assuntos.

*No entanto, devido ao fato de que o receptor não podia expressar os seus "genes do Criador", o Receptor não sentia mais plenitude infinita. Existia um único desejo que permanecia insatisfeito, e isto era um grande problema. A partir dessa premissa surge então o **PÃO DA VERGONHA**, uma antiga expressão cabalística que expressa todas as emoções negativas que acompanham um sucesso não merecido. O Receptor tinha tudo no mundo infinito, exceto uma coisa: a capacidade de fazer por merecer e de ser a causa de sua própria satisfação! Pão da Vergonha impedia o Receptor de sentir uma felicidade absoluta. Enquanto o Receptor não fizesse mais do que simplesmente receber, permaneceria infeliz. Havia somente uma opção: Remover o Pão da Vergonha. O que o recipiente poderia fazer para remover o Pão da Vergonha? Compartilhar não era uma opção, pois não havia ninguém com quem compartilhar. Só havia a Luz e o recipiente, unificados no Mundo Sem Fim, e a Luz não tinha nenhum desejo de receber. Qual a solução? O recipiente parou de receber a luz. No momento em que o Receptor resistiu à Luz, a Luz se contraiu, criando um vácuo, um único ponto de escuridão dentro do Mundo Sem Fim. O Infinito havia dado à luz o finito. Os cientistas descrevem esse momento como sendo o Big Bang.*

De acordo com os cabalistas, a luz foi condensando-se e contraindo-se continuamente, num movimento chamado de "Tsim Tsum", até tornar-se um único ponto e irromper em uma enorme explosão. A Criação do universo surge do desejo de receber e de compartilhar do recipiente. O propósito dessa fragmentação foi o desejo de compartilhar do receptor. Essa explosão é denominada "Shevirat Hakelim" ou a "quebra dos receptáculos". Com a "quebra" do receptáculo em várias partes, agora há com quem compartilhar (vários pedaços do receptáculo), há a multiplicidade e também a escuridão ou ocultação.

Yehuda Berg continua explicando que *"para ocultar a Luz flamejante do Mundo Infinito — e para criar o pequeno ponto no qual o nosso universo viria a nascer — uma série de dez cortinas foram erigidas. Cada cortina sucessiva reduzia mais a emanação da Luz. Essas dez cortinas criaram dez dimensões distintas. Em hebraico, elas são chamadas de Dez Sefirot, ou de Árvore da Vida. Era essencial que uma área de escuridão viesse a existir para nos transformar de recebedores passivos em seres que genuinamente fizeram por merecer e criaram a sua Luz e a sua plenitude. Este é o propósito das cortinas. Escurecer a Luz significava obscurecer seus verdadeiros atributos:*

Se existe Luz de um lado da cortina, a escuridão deve se materializar do outro lado quando uma cortina bloqueia a Luz; Da mesma forma, se a ausência de tempo é a realidade de um lado da cortina, a ilusão do tempo é criada do outro lado; Se existe ordem perfeita de um lado da cortina, existe caos na outra dimensão; Se existe Totalidade e Unidade absoluta em um lado da cortina, há então espaço e as leis da física do outro lado; Se Deus é uma realidade e verdade evidente de um lado da cortina, a ausência de Deus e o ateísmo são a realidade do outro lado; Bem-vindo ao nosso mundo de escuridão!

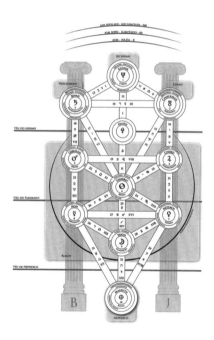

O PROCESSO DE OCULTAÇÃO DA LUZ OU ORDEM ENCADEADA DA CRIAÇÃO

Para que possamos compreender a criação do nosso mundo, precisamos levar em conta a ordem encadeada da criação, em que somos apresentados para os mundo superiores, em que a presença do Infinito/Deus é menos encoberta e mais manifesta. Nesses mundos etéreos, os seres banham-se continuamente na Luz Infinita. Já os mundos inferiores são determinados pelo grau de ocultação da luz, denominados pelo físico. O mundo físico que vivemos é o mais baixo de todos os mundos, pois aqui a presença de Deus está mais encoberta. Não podemos confundir os mundos superiores com os planetas no espaço ou qualquer criação física. O mundo visível do cosmos faz parte do mais baixo de todos os mundos. Os planos ou mundos superiores estão para além da dimensão física. A proximidade ou afastamento em relação à fonte original determinam o grau de espiritualidade ou materialidade e de sutileza ou densidade dos planos criados e tudo o que eles contêm. O Rabino Dovber Pinson, em seu livro *Reencarnação e judaísmo*, expõe resumidamente e brilhantemente esse processo de ocultações dos mundos, assim como os cinco níveis da alma correspondentes:

Antes de D'us criar todos os mundos, havia somente o "Ên Sof", "a infinita luz de D'us". Assim, quando D'us (o Infinito) decidiu criar esses mundos (o finito), Ele criou por meio de um processo que a Cabalá denomina "Tsim tsumim", "constrições". Isto é, um processo de diminuição da luz, de ocultações, e de condensações da luz infinita, o Ên Sof, finalmente, assim, revelando níveis do finito. Isto fez surgir numerosos níveis de mundos, cada um mais inferior do que o anterior. Esses níveis estão divididos em cinco abrangentes categorias: Keter e os quatro mundos. A mais elevada, Keter, é também conhecida como "Adam Kadmon", "o homem primordial". Trata-se de uma palavra antropomórfica; assim, Kadmon denota ser primário de todos os primários. Este nível é também chamado de "Keter Elyon", "a coroa mais elevada".

O primeiro dos quatro mundos é chamado "Atsilut" – o "mundo da emanação" ou o "mundo das causas"; o seguinte é chamado "Beriá" – o "mundo da criação"; a seguir vem "Yetsirá", o "mundo da formação"; e, finalmente o mundo de "Assiyá" – o "mundo da ação" ou o "mundo material", "da realização". Embora todas as dez Sefirot emanem e funcionem em cada um desses mundos, em cada um deles, em particular, determinadas Sefirot predominam.

No mundo espiritual mais inferior, o mundo de Assiyá – ação – as características predominantes são as dos níveis mais inferiores entre as dez Sefirot, as Sefirot das ações, o espírito por trás das ações (Não nos referimos, aqui, à ação em si, mas ao espírito da ação, pois os mundos dos quais falamos estão no campo espiritual). Assim, o mundo de Assiyá é análogo ao espírito que envolve a ação; aquele que leva a pessoa a praticar uma ação com uma intenção Divina.

O mundo situado logo acima de Assiyá é o de Yetsirá – formação. Neste mundo, os níveis mais elevados das Sefirot, aqueles da emoção, são os que dominam (Este é um mundo de anjos, servindo ao seu Criador com uma submissão oriunda da pura e imaculada emoção). Correspondente a este mundo está Ruach, o nível da alma que determina a conexão emocional com D'us.

Um nível mais elevado de mundo e, assim, uma dimensão mais profunda da alma, é o mundo de Beriá, a criação. Este é o mundo do intelecto, onde a mais elevada das dez Sefirot, a intelectual, domina. No mundo de Beriá, os anjos servem a D'us através do intelecto. Assim, no homem, este mundo corresponde ao seu nível de Neshamá, intelecto.

Ultrapassando este nível de intelecto, chegamos ao nível de Chayá – vontade. Este se correlaciona ao mundo de Atsilut – emanação; um mundo que, em certo sentido, está acima da criação. Tal como explicado na Cabalá, a palavra "Atsilut" é derivada da palavra hebraica "Etsel", que significa "perto", denotando a proximidade – quase que a um nível de unidade – entre este mundo e a sua origem, o seu Criador. Traduzindo este nível de mundo à alma do homem, o mundo de Atsilut representa um estado no qual todo o ser da pessoa está completamente permeado com Divindade. A pessoa torna-se como o mundo de Atsilut, uno com o Criador. A sua vontade e o ser genuíno e essencial, se perde em Divindade.

O mais elevado estado de alma correspondente ao mais alto nível dos mundos, àquele de Adam Kadmon (ou ao nível de Keter, desejo), é o estado de Yechidá, unicidade, união espiritual. Este é o estado da alma em que nos unimos a D'us, de forma tão intensa e plena, até o ponto de não podermos sequer dizer que há uma existência unida com D'us. É como se tivesse sido um desde o início. **Todos esses níveis estão contidos em cada um e em todos os indivíduos.** *A maioria das pessoas pode passar por sua vida inteira sem jamais entrar em contato com os rincões mais elevados de sua alma, principalmente o de Yechidá, a grande unidade. Somente Tsadikim ou, quiçá, pessoas comuns num momento de verdade, merecem abordar este exaltado estado de alma.*

As dez sefirot, conhecidas como dez vestimentas ou emanações luminosas, são dez modos ou atributos por meio dos quais Deus se manifesta na Árvore da Vida. Os dez aspectos que se revelam em cada plano, à sua maneira, nele se manifestam como o corpo e os atributos humanos. As dez sefirot são denominadas: intelectuais – Chochma (Sabedoria), Biná (Entendimento) e Daat (Compreensão); emocionais – Chesed (Bondade, Benevolência, Amor), Guevurá (Força, Disciplina, Justiça, Severidade), Tiferet (Beleza, Compaixão, Misericórdia), Netzach (Vitória, Perseverança,

Confiança, Resiliência, Determinação), Hod (Esplendor, Humildade, Reconhecimento, Sinceridade), Iessod (Fundamento, Vínculo, Conexão, Compromisso) e Malchut (Realeza, Soberania, Dignidade, Liderança). Utilizei a configuração que utiliza a Sefira Daat no lugar de Keter (Coroa), pois esta Sefira Keter transcende qualquer órgão específico no ser humano, pois está além de tudo. Como os dez aspectos da Criação se revelam no corpo humano, isto explica a frase bíblica de que o homem foi feito "à imagem e semelhança de Deus". O Nome essencial de Deus (Iud- Hey – Vav – Hey, o Tetragrama), tem ligação direta com as Sefirot e os mundos, pois elas são a manifestação deste Nome, e como as Sefirot correspondem às partes do corpo humano, as letras do Nome essencial de Deus também estabelecem uma correspondência de forma similar. Isto também traz um esclarecimento de como o "Um" se diversifica sem perder o caráter unitário. Deus, sem perder o caráter Divino, faz emanar o Seu Reflexo, numa hierarquia gradativa, em sob todas as formas do Universo.

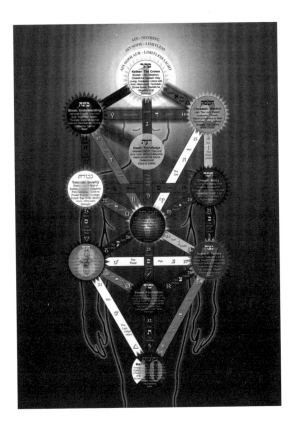

O DESEJO

Como já relatei, para os cabalistas a natureza do receptor, no caso nós seres humanos, é o desejo de receber. O desejo mantém-nos vivos, move nossa Alma e essência. E isto não é problema algum ou impedimento para a realização pessoal, para a Felicidade ou Plenitude. O desejo último do ser humano, de acordo com os cabalistas, é o desejo pela Luz Infinita e ilimitada, não somente o prazer sensório ou físico temporário, mas pelo deleite da Alma. Os seres humanos têm diversos tipos de desejo, que no fundo têm raiz na busca de uma felicidade ininterrupta e infinita. O grande desafio nesta realidade é com relação ao desdobramento dado para este desejo. Existem duas saídas possíveis: o desejo de receber somente para si mesmo (egoísmo) e o desejo de receber para compartilhar (altruísmo). (*O poder de realização da cabala*, de Ian Mecler.)

No desejo de receber somente para si mesmo, não realizamos o propósito da Criação, que diz respeito atingir a equivalência de forma com o nosso Criador, ou seja, os traços de doação e amor, o compartilhar infinitamente. O Criador criou a criatura totalmente o oposto Dele, como um desejo de receber deleite e prazer. Esta situação é descrita como uma total falta de equivalência de forma entre o Criador e a criatura, ou como uma "distância infinita" entre eles. Neste caso, o ser humano está "desconectado" de Deus pelo seu ego, um estado de recepção total, o que gera um "curto circuito". O ego para os cabalistas é o nosso opositor ou "inimigo" (contra inteligência), caracterizado pelo desejo de querer somente para si mesmo. A palavra em hebraico que representa este inimigo é "Satan", que significa literalmente obstáculo. Por um lado sabemos que precisamos superar nosso opositor interno (ego), mas por outro percebemos que são imprescindíveis para nossa transformação e aperfeiçoamento. Precisamos dizer não à voz atraente e promissora do opositor, que está sempre instigando a nossa vaidade e o nosso desejo de receber só para nós mesmos. O propósito da criatura, mais desejado e cheio de esperança, é de se ligar ao Criador, ou seja, alcançar a equivalência de forma total e completamente. E para alcançar esta equivalência de forma e a união com o Criador (clivagem ou "Deveikut"), precisa realizar a transformação do egoísmo para o altruísmo, ou seja, do desejo de receber somente para si mesmo, no desejo de receber para compartilhar. Este é o propósito final para tudo que desejamos receber, e que traz equilíbrio e saúde para todos os aspectos de nossa existência. Os cabalistas ensinam, portanto, que o único propósito para tudo o que recebemos é o de compartilhar.

LIGAÇÃO

É possível afirmar que há alguma ligação entre os ensinamentos da Kabbalah com o Tantra Yoga. O antes relatado demonstra que realmente a ligação está aí, pois trata-se de sair de uma posição de egoísmo (ou dos mundos inferiores, dos chackras inferiores) para um posição de altruísmo, em conexão com a energia Divina, com Deus. O destino final da evolução, segundo Tantra, é a união do "eu" (mente individual) com a Consciência Cósmica. Quando a distância entre a existência humana e a existência Cósmica é superada por meio da conversão de todas as partículas mentais em Consciência, o círculo da criação se completa. Se os seres humanos quiserem superar a distância entre a mente individual e a Consciência, eles deverão, num esforço sincero, utilizar a energia mental em ideias e atividades que elevem a mente. Apesar da linguagem, visão e termos diferentes, ambas as tradições espirituais trazem como objetivo sair de uma consciência dual de egoísmo ou do desejo de receber somente para si mesmo (vibração dos chakras inferiores) para uma consciência de Unidade ligada ao altruísmo, ou o desejo de receber para compartilhar (vibração dos chakras superiores), e assim ocorrer a clivagem ou união com o Infinito. Isto estava claro e era o que eu encontrava em comum nas diversas tradições esotéricas profundas e íntegras do planeta.

Conforme os cabalistas afirmam, encarnamos para resolver o nosso Tikun. Todos nós viemos para este mundo com o objetivo de cumprir nosso Tikun, ou correção. Ao manifestarmos o compartilhar, por meio de nosso esforço e livre-arbítrio, corrigimos nossos aspectos egoístas, reativos ou bloqueados, ligados a vidas anteriores ou à vida atual (karma e lição de vida). Se cada um resolver o seu tikun pessoal (tikun hanefesh), se cada um sacralizar a sua vida, se cada um revelar a presença divina benevolente do seu coração, todos os pedaços desse recipiente universal estarão consertados, e isto é denominado "tikun olam", ou correção do mundo. O Universo que conhecemos está literalmente quebrado e precisa ser reparado. A humanidade participa da criação divina por meio de suas ações. Isto é, ajudamos a consertar o recipiente do Universo, fazendo com que este volte à forma originalmente desejada por Deus, na completa Unidade.

A grande questão e a solução para ela é que podemos apenas nos transformar e ser um farol para os outros transformarem a si mesmos. **Yehuda Berg, em seu livro *O poder de kabbalah*** elucida o processo de transformação pessoal por meio da metáfora do espelho:

Suponha que houvesse um espelho que refletisse todos os seus traços negativos de caráter, todos os instintos reativos que você veio a este mundo para transformar. Suponha agora que você quebrasse esse espelho e o dividisse em mil pequenos pedaços. Cada pedaço iria refletir uma característica negativa diferente de sua natureza. Agora, suponha que você espalhasse todos os fragmentos por toda a parte. Todas as pessoas negativas em sua vida, todas as situações negativas e os obstáculos que você enfrenta, todas as coisas que você vê de errado nos outros, são simplesmente peças a mais desse espelho. Cada pedaço representa um reflexo diferente do seu próprio caráter. Quando você conserta e transforma uma determinada parte do seu caráter, um fragmento do espelho irá refletir essa transformação. Você começará a ver os aspectos positivos das outras pessoas. As situações começarão a mudar para melhor. Lembre-se que tudo que existe em sua vida está ali por um motivo, e por um motivo único: para lhe oferecer a oportunidade de se transformar. A transformação é a única maneira de efetuar mudança positiva em sua vida e neste mundo. Pare de desperdiçar a sua energia encontrando defeitos nos outros. Comece a transformação interna! Todas as características negativas que você identifica em outras pessoas são simplesmente um reflexo de suas próprias características negativas. Apenas mudando a si mesmo é que você pode ver a mudança nos outros.

A EXPANSÃO DO CONHECIMENTO COM OUTROS AUTORES E SÁBIOS

Conforme mencionado, eu já havia entrado em contato com os conceitos acima há algum tempo, por meio de alguns canais que tinha acesso. Foi então que decidi expandir e aprofundar os conhecimentos de Kabbalah buscando outros autores, sábios, linhas e escritos originais. Busquei primeiramente a partir de alguns livros e compilações que explicavam mais a fundo as diversas linhas dentro da Kabbalah, assim como as diferentes práticas e visões.

Após o evento de São Paulo com o Rabino Gabriel Cousens, comecei a experimentar outros tipos de meditação, principalmente com letras hebraicas. Muitas vezes meditava em repetições de palavras e conceitos, outras vezes somente com determinadas letras e combinações de letras (junto com intenções), outras vezes mesclava letras hebraicas com os Tons Pineais do Dr. Todd, já que tanto as letras quanto os sons atuavam no DNA. As experiências foram as mais variadas possíveis, acessando diversos tipos de energias, frequências e vibrações.

Passei a meditar diariamente com o Tetragrama (Nome inefável de Deus), uma meditação que o Dr. Gabriel Cousens passara no evento em São Paulo, mas cuja pronúncia ele havia modificado um pouco em relação à pronúncia original das letras, ou seja, era outra permutação do nome que se poderia vocalizar. Com o tempo, escutei minha intuição e voltei ao som original de cada letra do tetragrama, sem as vocalizar é claro, simplesmente repetindo-as incessantemente. Também senti a necessidade de modificar a forma como ele pedia para respirar em conjunto com as letras. Ao invés de repetir uma letra por respiração, recebi uma imagem mental ou comunicação de que seria melhor para mim meditar com a combinação das duas primeiras letras na inspiração (aspecto interno da criação – o Nada ou "b'limah") e das duas letras finais na expiração (aspecto externo da criação – algo ou "mah"), representando a união do bendito seja com a Shechiná, ou Divina Presença, a união do Nome (leshem ichud). Era a um repetição para conexão com o aspecto de Deus Transcendente, em união com o aspecto de Deus Imanente. Comecei a praticar esse tipo de meditação logo depois que acessei um plano "além das formas", conforme expus anteriormente.

A minha impressão era de que cada vez ia mais e mais fundo no Infinito Silêncio, algo sem começo e sem fim, cada vez mais e mais. Passei um bom tempo sentindo as energias e o profundo prazer infinito dos planos superiores. Realmente não há como expressar o que podemos sentir, experienciar e adquirir como consciência ao acessarmos esses planos superiores. Durante muito tempo estive com o foco no processo de subir, subir e subir. Não somente durante minhas meditações pessoais, mas também em alguns eventos e alinhamentos energéticos, ficando em dimensões superiores "sentindo energias". Sabia que era uma consciência imprescindível e necessária, mas que deveria servir para algo, algo muito além do que ainda poderia compreender naquele momento.

Foi então que em um dia de conversa com o Rabino Mendel Liberow ele contou-me uma história sobre dois caminhos para se chegar onde queremos. Um caminho curto que se torna longo e um caminho longo que se torna curto. O que ele queria dizer é que muitas vezes tentamos encontrar atalhos na nossa jornada espiritual, que acabam não nos levando onde precisamos ir e sendo assim temos que trilhar todo o caminho novamente. Ao passo que se trilharmos um caminho com base e solidez, construindo passo a passo, o que parecia longo se torna curto, pois nunca precisaremos voltar atrás. Apesar de servir para todas as áreas da vida, ele estava se referindo ao estudo da sabedoria esotérica judaica. Hoje em dia, muitas pessoas vão direto aos conhecimentos esotéricos disponíveis de Kabbalah, esquecendo toda a preparação necessária do recipiente, ou seja, esquecendo-se da base que sustenta todos estes conhecimentos elevados. Antigamente, os grandes sábios cabalistas só ensinavam alguns mistérios mais profundos e práticas avançadas para aqueles estudantes e alunos que estavam fortemente estabelecidos na ética, valores humanos universais, comportamento exemplar e hábitos de vida saudáveis. Isto coincidia também de como era feito na tradição do Yoga, em que o devoto precisava estar firmemente estabelecido na ética e hábitos pessoais elevados antes de acessar mistérios mais profundos ligados ao cosmos e energia. E era feito para previnir o perigo que algumas pessoas utilizarem o conhecimento esotérico ou a alta energia para o controle dos outros ou para exercer o poder por meio do ego. Aquela história sincrônica do Rabino fez-me dar um passo atrás, pois vi que estava indo atrás e lendo direto de autores ligados à prática de meditações avançadas e mistérios, sem entender muito o que estava por trás de tudo aquilo, pois fazia parte de um conjunto muito mais complexo que a dimensão esotérica da sabedoria.

Foi então que passei a estudar diversos autores e rabinos judeus que escreviam sobre ética, prática de atributos, aprimoramento de traços de caráter, leis judaicas, mussar etc. Esclareço que em nenhum momento fui forçado ou indicado a fazer qualquer leitura pelo Rabino Mendel. Sentia que estava chegando mais perto do que precisava "clicar ou encaixar" naquele momento evolutivo. Nas aulas com a esposa dele, cheguei aos conhecimentos de Kabbalah explicados pelo olhar da Chassidut. E foi então que encontrei exatamente a "peça" de encaixe daquele momento evolutivo. Tinha entrado em contato com os ensinamentos de Baal Shem Tov, do Alter Rebe e do Rebe Menachem Mendel Schneerson, todos eles conhecidos como pertencentes a uma linhagem chamada CHABAD, uma dádiva imprescindível ao nosso Planeta e à humanidade!

TRAZER O CÉU PARA A TERRA

Quando comecei a ler os ensinamentos da Kabbalah/Chassidut, percebi o quão profundos eram e o quanto ressoavam com minha Alma, sabia que ali havia integridade e pureza. Por ali deveria caminhar, ali estaria o aprendizado para o momento de minha jornada. Foi então que entrei em contato com a série de livros chamado *Tanya*, do grande sábio Alter Rebe (Rabi Shneur Zalman de Liadi), nos quais eram trazidos de forma acessível para nós grandes mistérios de Kabbalah. E foi por meio de um conceito que "caiu a ficha" do momento! Ao entrar em contato com o propósito de estarmos aqui, tudo fez muito sentido! Não somente intelectualmente quanto energeticamente. Uma tomada de consciência em novo nível. O Rabino Dovber Pinson (2015) resume de forma simples o propósito da descida da Alma, um conceito que fez encaixar a peça faltante para este momento evolutivo:

Antes de a alma Divina descer a este mundo físico para habitar um corpo físico, ela existia no mais puro, sagrado e elevado estado que se possa conceber. Ainda assim, ela sai deste seu estado de pura santidade e se torna parte de uma grosseira existência material. Por que será que um ser assim tão elevado desce para tão baixo? Por que é que ela desceu a este mundo inferior?

Alguns respondem que a alma desce com o propósito de alcançar níveis espirituais mais elevados; mas esta resposta não é suficiente, pois mesmo os níveis mais elevados que ela conseguirá alcançar neste mundo físico jamais se igualará ao nível de Devekut – unicidade, união – que é experimentada nos mundos superiores antes de sua descida. A razão pela qual esses níveis não podem ser alcançados neste mundo é que, como a alma mora dentro de um corpo físico e num universo também físico, ela é obstruída, e confinada pela materialidade. Assim, explica-se que o propósito da descida da alma não é para um ganho ou conquista sua pessoal, mas sim para refinar e elevar o corpo físico e, por extensão, o mundo físico inteiro. O propósito primordial da Criação é trazer aqui para baixo a Divindade, para residir e permear este mundo físico. Nas palavras do Midrash: 'Para criar uma moradia para D'us neste mundo'. E o motivo para isto é que D'us desejava habitar e permear não apenas os mundos espirituais superiores, mas também este mundo terreno e material. E, ao fazer assim, tornar este mundo um mundo Divino.

Nós podemos alcançar este objetivo ao desfazermos (por assim dizer) aquilo que D'us fez. D'us criou este mundo físico a partir do nada, 'Ex Nihilo', 'Me'Ayin, Le'Yesh', e nós temos a tarefa de desfazer e tornar um 'algo' em um 'nada'. Assim, a intenção da descida da alma Divina a este mundo, é o de elevar o corpo no qual ela habita, elevar e transformar a materialidade do mundo em santidade.

O propósito primordial da descida da alma é a elevação do corpo físico no qual ela habita; esta é a missão da alma e a razão de ela existir. Assim D'us recompensa a alma por realizar a sua missão, pois D'us designa a cada criação a sua adequada recompensa. A recompensa da alma é a sua elevação. Ademais, a elevação que ela recebe como recompensa é uma elevação ainda maior e a eleva a alturas espirituais mais altas do que aquelas experimentadas pela alma quando estava superior. O que significa quando falamos acerca de elevação da alma, e como é que isto é conseguido?

A Cabalá explica que o propósito da descida da alma Divina a este mundo é 'Tikun', 'retificação'. Quando falamos de 'Tikun', estamos falando de 'completude'. Isto não quer dizer que a alma tenha faltas e que, por isso, tenha a necessidade de ser retificada e purificada; mas sim, Tikun neste caso significa que a alma recebe uma realização ainda maior, tornando-se mais completa do que era quando estava nos mundos espirituais superiores. Está escrito que a elevação que a alma consegue é uma nova forma de conexão, revelada entre a alma e D'us.

Quando a alma Divina habitava os reinos espirituais, aquele era o seu habitat natural. A conexão com a Divindade que a alma experimentou naquele estado era natural e instintiva, pois existia apenas santidade nos mundos espirituais superiores, sem haver qualquer desafio a essa conexão. O nível de conexão que a alma tem nos reinos espirituais é quase um hábito. Mas quando a alma desce para um mundo que declara: "Eu não tenho criador; a minha existência vem de mim mesmo", e ali a alma serve e permanece conectada a D'us, a alma revela, então, uma nova e mais profunda relação com D'us. Agora a alma demonstra que, mesmo em um ambiente hostil, ela ainda segue intimamente ligada à Divindade. E esta ligação é demonstrada por meio do serviço a D'us neste mundo físico, servindo a D'us através de elevar toda a materialidade da pessoa e elevando o seu ambiente à espiritualidade.

Dei-me conta de que o propósito de tudo era exatamente aqui! Neste plano físico mais denso! Em cada ação, em cada momento, em cada dia, trazer toda aquela energia dos planos superiores para as ações mais "simples" do dia a dia, manifestando todos os atributos do Criador com todas as pessoas, vendo cada uma delas como manifestação divina. Passei a experimentar a alegria diariamente em tudo que fazia, em cada conversa, em cada contato. Isto não queria dizer estar rindo o tempo todo, mas internamente havia a satisfação e o propósito, tudo era divino e tudo poderia ser elevado, pois tudo era sagrado.

Em outras palavras, somos todos – tanto como indivíduos quanto coletivamente – emissários de Deus para a concretização de Seu propósito. [...] Deus nos conhece melhor do que nós mesmos: como nosso Criador, está plenamente ciente de nossas forças e fraquezas. Portanto, é inconcebível que Ele nos atribua uma tarefa que não possamos realizar. [...] A maneira mais perfeita de tornar este mundo uma morada de Deus é revelarmos nossa natureza Divina, fazendo nossos a perspectiva, os objetivos e os desejos de Deus. **(Chumash Bamidar)**

Tudo no Universo tem que ser morada de Deus, até mesmo o espaço que usamos para sentar há que santificar, agradecer e respeitar, pois ali tem uma memória, ali tem uma vida e dependendo do que fazemos podemos aumentar, elevar essas faíscas de Luz, até mesmo de uma cadeira, de um alimento e coisas assim.

Tive uma tomada de consciência muito forte, que acarretou uma reestruturação energética interna, tornando o ancoramento muito mais forte! Uma simples mudança de consciência tinha gerado uma reestruturação fortíssima no meu eixo de conexão com a terra. Via que todo objetivo estava aqui e que era imenso o valor de estarmos aqui, de termos uma oportunidade de elevação pessoal de alma e planetária.

Passei a ter a consciência do porquê há filas e filas para encarnar neste plano e neste planeta. Um grande motivo! A partir de nossos pensamentos, palavras e ações temos a possibilidade de atingir e afetar os níveis mais elevados de consciência, os níveis mais altos! Estava bem claro o porquê de que até os anjos "lavavam os nossos pés". Os seres humanos por meio do livre-arbítrio e desse teste têm a possibilidade de atingir níveis cada vez mais altos. E não é somente isso! Trazer a Luz para cá era o objetivo. Todo o propósito estava aqui! Na verdade cada um de nós pode ancorar a Luz aqui, em todas as ações, o máximo possível. E a Luz quer ser revelada aqui! Podemos vivenciar e explorar outros planos da existência, outras dimensões, experiências com anjos, planos superiores, sensação de êxtase, deleite e preenchimento, conexão, fluxo gigantesco indescritível de energia, o Além das formas, o Infinito, enfim níveis e mais níveis de iluminação que são infinitos, em que não há um teto, não há um fim! Podemos encarnar muito mais de quem realmente Somos. Sempre tem muito mais! Mas no final, cada vez trazer mais deste Infinito para cá, manifestar em cada dia um pouco mais da Luz Infinita, buscando revelar toda a Luz oculta na matéria, em todo o plano físico. Onde há maior escuridão, há o maior potencial de revelação de Luz. Vivemos num plano denso que pode ocultar a Luz mais brilhante para o Universo neste quadrante de tempo.

Capítulo 7 INTEGRAÇÃO

DE VOLTA AO DIA A DIA

Durante o ano de 2016 intensifiquei os estudos da sabedoria judaica, desde o Código da Lei Judaica (Shulchan Aruch), escritos de ética, valores e comportamento, aulas online pelo Chabad, até os ensinamentos místicos da Kabbalah/Chassidut, tudo dentro das minhas limitações de linguagem, compreensão, acesso e ressonância. Além das aulas com a esposa do Rabino Mendel, também investi em aulas semanais de hebraico e da sabedoria judaica com outro Rabino ortodoxo de Porto Alegre chamado Shmuel Benjamini. Ele é um Rabino mais jovem, mas com muita inteligência e responsável por um grupo de ensino para quem chamam de Bnei Noach, ou filhos de Nóe. Minha Alma fazia profundas conexões e estava ligando todos os pontos, fazendo diversas convergências como tudo que tinha vivido, estudado e experienciado. Foi um tempo de integração de conhecimentos e vivências, de ancoramento, solidificação e início de uma manifestação mais profunda do propósito de vida. Eram diversas partes de minha Alma que estavam se juntando numa união mais sublime e evoluída. Várias partes do meu akasha vieram à tona, muitas lembranças do passado, muita informação para a consciência. Houve uma integração mais profunda de todas as sabedorias e tradições com as quais tinha entrado em contato e que me trouxeram até este momento. Tudo estava dentro de mim, nada tinha sido rejeitado ou ficado para trás. Tudo fazia parte da construção e integração que estava acontecendo mais profundamente naquele momento. E nesse processo todo, sabia que seria bom voltar a Israel, só que em outra vivência, com maior ancoramento e como a mente totalmente presente no Agora.

A SEGUNDA VIAGEM PARA ISRAEL

Sucedeu que, no final de janeiro de 2017, retornei a Israel com meus pais, só que desta vez quem nos acompanhou foi o Rabino Mendel Liberow, que era muito amigo de meu pai já há vinte anos. Era minha segunda visita à Israel. Na primeira vez, apesar de ter sido uma viagem de muito aprendizado, crescimento espiritual e experiências místicas, senti que não tinha vivido Israel em seu âmago, na medida que os roteiros eram programados para turistas e guiados por profissionais direcionados ao turismo. Desta vez eu poderia vivenciar Israel por meio dos olhos e ensinamentos de um judeu, e não somente isto, um Rabino Ortodoxo da linhagem Hassídica, uma oportunidade e tanto! Desta vez, com certeza estaria vivenciando muito mais da cultura judaica, dos costumes, do judaísmo, de Kabbalah/Chassidut, teria a oportunidade de penetrar mais fundo em tudo que tanto a Terra de Israel quanto os judeus tinham para oferecer.

Na primeira viagem, não visitei os túmulos dos patriarcas nem dos sábios e justos místicos judeus, o que me gerava um forte desejo de voltar, algo tinha que ser resgatado, era um chamado interno. Sabe-se que a energia de grandes mestres permanece com muita força nos locais em que eles estão enterrados. Além disso, o povo judeu tem o costume de visitar estes lugares para rezar, meditar e estudar. Muitos passam o dia estudando e meditando na Torah e nos ensinamentos dos sábios.

Já no primeiro dia de viagem tive uma lição muito profunda de humildade e compaixão. Estávamos sentados em frente a uma mesa de um café do aeroporto de Porto Alegre esperando o Rabino Mendel. Ele chego e pediume auxílio para buscar algumas coisas no carro, comentando que tinha ficado grande parte da noite acordado, mas não chegou a mencionar o porquê. Embarcamos para São Paulo, era perto do meio dia. Quando chegamos no aeroporto de Guarulhos, o Rabino convidou-nos a sentarmos para almoçar. A propósito, vale esclarecer que os Rabinos ortodoxos comem somente comida Kosher, pois entendem necessário um cuidado muito grande com relação aos alimentos que podem comer, o que é extremamente difícil de encontrar em restaurantes e principalmente em aeroportos. Foi então que, para nossa surpresa, ao invés de escolhermos um restaurante ele começou a retirar de uma bagagem de mão o almoço que tinha passado a noite inteira cozinhando para nós. Quando ele colocou as embalagens especialmente preparadas com lasanha de berinjela e alguns omeletes na mesa, eu, meu pai e minha mãe enchemos os olhos de lágrimas tamanha era nossa emoção... tinha tocado nosso coração! Um gesto simples, mas que demonstrava muito amor, bondade e carinho. E ele também preparou guardanapos e talheres. Estava ali na minha frente um grande Rabino erudito da Torah, exemplar aluno de sua Ieshiva na França (escola judaica), dando uma lição de amor, dedicação e humildade! Um gesto simples de compartilhar trazendo toda a força da essência do Amor Divino. Compreendi que a viagem seria de grande aprendizado e evolução! Era simplesmente uma elevada honra viajar com um Rabino, era um presente de Deus.

Em Israel, visitamos diversos lugares de energia muito forte. Sim, Deus está presente em tudo, em todos os lugares. No entanto, a presença divina pode ser mais perceptível em alguns pontos do planeta, pois são como grandes vórtices de energia. Basta fazermos uma experiência na cidade em que vivemos, onde poderemos caminhar e permanecer em um shopping center o dia inteiro e, ao final da jornada, verificar como nos sentiremos. Depois, desloquemo-nos para um local com muita natureza, árvores, mar etc. Passemos o dia lá e vejamos como nos sentiremos. Sim, é inegável que Deus está presente em tudo e é tudo, mas também o é que sua presença se torna mais perceptível e revelada em alguns lugares do que em outros. E isto não quer dizer que é melhor ou pior, simplesmente diferente.

Foi impressionante ver como Jerusalém respira espiritualidade e religião. Em cada canto, em cada parte há algo remetendo a isso, seja historicamente ou por meio das pessoas. Só de saber que o local foi berço de três das maiores religiões do planeta já o faz digno de respeito, há algo de muito diferente nele. E para as pessoas que são sensíveis, não há como negar a força energética daquele lugar. Posso dizer que foi o lugar de mais forte energia que já pisei. Diferente de todos os outros antes visitados: vulcões, montanhas, canyons, cidades sagradas, templos, pirâmides, lagos, praias, ilhas, nodos e nulos. Aquele lugar carrega uma sabedoria muito profunda na rede cristalina, que está presente e é possível de acessar a todos que assim desejem e se esforcem. Tantos mestres, tantos profetas, tantos rabinos e guias que já caminharam ali... tudo está presente! Presente no Aqui e Agora! E não só isso. Dezenas e dezenas de sábios e eruditos da Torah estudam e meditam diariamente em Jerusalém e em várias outras cidades de Israel.

Fica até mesmo um pouco mais compreensível o porquê de tanto conflito na região. Vivemos na dualidade e onde há muita luz também há muita sombra, o que toca o subconsciente das pessoas, pois está dentro do akasha, dentro do DNA.

Visitamos os túmulos dos patriarcas e matriarcas: Abraão e Sarah, Isaac e Rebeca, Jacó e Léa em Macpelah (Hebron), e também o túmulo de Raquel que fica em outro lugar (ao lado do túmulo de Raquel há uma ieshiva – é um exaustor de energia!). Cada um dos túmulos com uma energia diferente, carrega uma frequência diferente, um alinhamento diferente. Toca nosso campo e nossa energia de formas completamente diversas. O mesmo pode ser dito com relação aos locais dos túmulos de Rabi Shimon Bar Iochai (um dos mais fortes), de Maimônides, de Moshe Cordovero e de Isaac Luria. Cada qual com um "colorido" vibracional diferente.

Igualmente em relação aos locais do Santo Sepulcro e de Ascensão de Jesus, em que, permitindo-se, as pessoas podem conectar-se com energias e frequências extremamente profundas e evolutivas. Sem dúvidas, o Infinito se manifesta em intermináveis formas para fazer com que sua Totalidade possa ser vivida por todos os seres humanos.

Ao caminhar e entrar no pequeno prédio do túmulo de um sábio do Talmude chamado Rabi Joshua Ben Hananiah (131 C.E.), senti como se algo tivesse se acoplando em mim. Alguma frequência muito forte estava sendo ativada no meu campo, ou simplesmente algo sendo resgatado. Na hora não entendi o que estava acontecendo, muito menos sabia quem era. Não conseguia nem lembrar o nome dele, perguntei ao Rabino Mendel umas três vezes para me lembrar. Aquela energia ficou reverberando a noite toda dentro de mim. Posteriormente fui pesquisar quem tinha sido ou o que tinha feito e soube que ele foi um dos pupilos de Yokhanan Ben Zakkai, e professor primário de Rabi Akiva, que foi professor de Shimon Bar Iochai. Quando estávamos próximos do túmulo, o Rabino Mendel contou-nos a seguinte história daquele sábio do túmulo chamado Joshua Ben Hananiah:

Por causa de sua grande sabedoria, Joshua Ben Hananiah era um convidado bem-vindo na casa do governador romano, que muitas vezes conversava com ele sobre a religião judaica. O rabino Joshua sempre conseguiu convencê-lo da verdade da fé judaica. Em contraste com sua grande "beleza" na Torá e na sabedoria, sua aparência externa não era de modo algum bonita. Uma vez que a filha do governador lhe perguntou: "Como é que pode essa bela sabedoria ser armazenada em uma embarcação tão feia?"

Em resposta, Rabi Joshua disse-lhe: "Em que tipo de vasos seu pai guarda seu vinho?"

"Em vasos de barro", ela respondeu.

"Como é apropriado que um rei mantenha seu vinho precioso em vasos de barro?" Rabi Joshua gritou. "Não seria mais apropriado manter o vinho em vasos dourados e prateados?"

A princesa deu ordens para que o vinho fosse transferido dos vasos de barro em ouro e prata. O vinho tornou-se amargo em pouco tempo e teve que ser jogado fora. Só então a princesa percebeu o que o rabino Joshua estava tentando transmitir a ela. A sabedoria e a beleza externa nem sempre andam de mãos dadas. A sabedoria é muitas vezes confiada à pessoa que é tão humilde como um vaso de barro, assim como o vinho é mantido melhor em vasos de barro do que em ouro e prata. . . .

Aquilo me tocou intensamente e percebi o serviço silencioso que todos aqueles sábios judeus prestaram e prestam ao planeta. Um serviço silencioso de grande humildade, entrega e amor. Todos os dias, toda semana, a cada momento sacralizando toda a matéria e toda a vida! Era muita luz gerada para o planeta e para o Universo. Com certeza nosso planeta só chegou num estado de possível ascensão pela existência de seres que se dedicam ao serviço divino como eles. E mesmo assim eram perseguidos, chamados de sujos e considerados escória da humanidade por alguns povos e pessoas. A quantidade de luz é tão grande que realmente causa inveja, ofusca e "atiça" o ego de outras pessoas inconscientemente. É muito nítido perceber porque grupos e pessoas que incorporaram a maldade mundial estivessem sempre tentando matar e aniquilar os judeus. Queriam acabar com uma grande fonte de luz no planeta durante toda a existência dessa civilização. Mas nunca conseguiram e nunca conseguirão, pois a Luz está cada vez mais forte no planeta! Lembro-me da esposa do Rabino, Dona Mimi, comentar que o aparente aumento da escuridão que estávamos vendo no mundo era simplesmente a última tentativa de sobrevivência dessa energia. Eram como "flores em um buquê". Já tinham sido colhidas, ainda exalavam um cheiro, mas que logo morreriam, pois não estavam mais em contato com a terra. Era até mesmo um prenúncio da chegada da era messiânica, em que o Infinito se fará revelado em todos os lugares e viveremos em paz.

APRENDIZADOS DA DUALIDADE

Outro aspecto observado na viagem é de quantos grupos existem dentro mesmo do Judaísmo e de estudo da Kabbalah. Muitos grupos com seus mestres e professores, e muitos deles mencionando que seu Rabino seria a reencarnação de Moisés ou o próprio Messias. Muitos ficam no debate e na discussão tentando provar que estão certos, que possuem a verdade, e tentam comunicar isso às pessoas que entram em contato. E essas pessoas reproduzem o discurso entrando na mesma onda de separatividade. Parece mentira, mas em todos os âmbitos existe isso...na psicologia, na religião e até mesmo na espiritualidade muito profunda.

Kabbalah também é um universo dentro de Kabbalah, muitos dizem "é só a minha que leva ao plano mais elevado". Isso acaba mostrando muito da insegurança interna, porque quando se quer provar muito que está certo e que o outra é errado, é porque a pessoa não está com tanta segurança com relação ao seu próprio caminho. Porque se ela está segura, não importa o que o outro pense ou não pense, está tendo a certeza e essa certeza é que vale porque é a própria Alma e não o ego que está chamando. Agora quando alguém está querendo convencer outrem é provável que tenha muita dúvida inconsciente, ali falando que "o meu mestre que é o melhor, só o meu mestre é verdadeiro".

Fiz minha conexões e observações com relação aos diversos grupos e a tudo com que tinha entrado em contato no passado. Percebi que dentro do Yoga havia diversas linhas e que muitas pessoas de cada linhagem divergiam afirmando que o seu mestre era o mais elevado. Dentro do Judaísmo e Kabbalah também há inúmeras linhas e compreensões, com diferentes explicações e tipos de prática, em que cada um acha que a sua é a mais importante, que é a única, que é a que trás o conhecimento e a sabedoria. Então, percebi que a própria espiritualidade em si é muito dividida! Os muros não dizem respeito somente às religiões, mas também às muitas tradições espirituais. No meu humilde ponto de vista, uma espiritualidade de fato conectada com a emanação da essência de Deus é unida, tolerante e respeitosa. No entanto, o que acontece é que dentro mesmo da espiritualidade é gerada uma dualidade de energia.

E isso vale também em relação ao que chamamos de velha energia e Nova Energia. Algumas pessoas confundem a velha energia com as tradições passadas, como se nada mais servisse. Confundem a velha energia, que diz respeito a uma velha consciência dual e egoísta, às práticas e princípios de tradições milenares. Dizer agora que tal coisa ou prática não serve mais é limitar Deus, é não compreender o plano cósmico divino. Muitas coisas servem, ajudam e vão continuar a servir para muita gente. Não há maneira errada de se conectar com Deus! Tudo é profundamente honrado! É preciso uma união mais profunda de toda a sabedoria milenar com todas as informações que chegam ao planeta. Não há contradição nelas, quem cria as contradições são os seres humanos.

Qual a lição em tudo isso? Você pode chegar às suas conclusões, mas o que posso dizer é que o planeta ainda não atingiu um status de ascensão, um estado de paz mundial, não porque o "Messias" ainda não chegou, porque o mal ainda não foi "derrotado", ou porque todos ainda não acreditam num mesmo sistema de crenças, um sistema espiritual único. E sim porque todas as pessoas que "lutam" pelo bem não se uniram ainda. E quando digo "do bem" unirem-se, não falo em acreditar na mesma coisa ou ter as mesmas práticas, mas refiro-me ao respeito e tolerância de um com o outro, refiro a juntar o que há de positivo em cada tradição para perpetuar o Amor e a Bondade.

Aproveito para compartilhar partes de uma canalização de Kryon chamada "Os Tempos Finais Revisitados" (Toronto – Canadá, 12 de Agosto de 2006) que dizem respeito a esses assuntos:

(...)Os Judeus não são uma raça. Os antropólogos olharão para a civilização judaica e dirão que ela tem cada atributo de uma raça, mas ela não pode ser definida como tal, desde que não se qualifique cientificamente. Entretanto, até os antropólogos e sociólogos sabem que ela tem um atributo diferente do que qualquer civilização que já tenha existido. Intuitivamente, eles estão assimilando no Akasha... Eis aqui os critérios astrais: deve haver um núcleo, um grupo cármico que permaneça na Grade Cristalina do planeta e nunca mude. Ele não pode mudar, pois é o centro, o eixo da roda. Isto significa que é a matéria-prima da humanidade. Isto não está em sua ciência ou em sua mitologia, mas é muito real e a prova disto está na história.

Neste caso particular, os Judeus são esse centro. Eles vieram à Terra com este propósito e eles foram chamados de "O Povo Escolhido de Deus". E antes que vocês ergam as suas cabeças e digam, "Por que eles e não os outros? Por que eles foram os escolhidos ao invés de algumas outras espécies merecedoras?", deixem-me terminar a sentença. Eles são o "Povo Escolhido de Deus", para sustentarem a energia central... para se movimentarem ao redor do planeta, serem perseguidos e odiados. Onde eles forem, outros os perseguirão para destruí-los ou subjugá-los. Este é o seu propósito porque eles mantêm o centro do Akasha Humano, uma posição poderosa de importância astral.

Toda a sua história mostrará isto. Não há outro grupo que tenha consistentemente sido perseguido por extermínio através de mais de 4000 anos. Intuitivamente, os ditadores, os mestres, os Césares, todos sabiam disto. Intuitivamente, se eles pudessem eliminar os Judeus, eles mesmos assumiriam o poder do Akasha, ou assim eles sentiriam. Eles se tornariam o núcleo! É assim que isto continua até este dia. Alguns dirão: "Bem, esta é uma história interessante, Kryon. Você tem qualquer prova disto? " Eu lhes digo, apenas observem a sua história e digam-me quem outras pessoas têm perseguido desta maneira, durante todo o tempo em sua história? Da escravidão pelos Egípcios à eliminação pelos Romanos, isto continua até os dias atuais. Dos recentes eventos dos Nazistas até a loquacidade atual do Irã no Oriente Médio, todos eles querem que esta "raça" seja extinta ou escravizada. Oh, todos eles tinham as suas razões de 3D, mas é mais do que uma coincidência de que os Judeus sejam perseguidos onde eles vão. É para isto que eles foram escolhidos. Estão começando a compreender? Agora, deixem-me falar-lhes do outro lado disto.

Em troca por este auxílio à Terra como um Judeu, eles têm um puro atributo cármico, que, a cada vez que eles retornam em uma nova vida, eles vêm a ser Judeus novamente. Como este plano lhes parece? Isto soa injusto, não é? Mas isto deve ser desta forma. Quando os Judeus se movem para uma outra vida não-Judaica, eles nunca mais retornam para dentro da "raça" do Judaísmo. Há também outro atributo que vocês podem ver claramente no planeta. Ao invés de transmitirem a tocha da experiência, como alguns de vocês têm feito através da civilização, eles sempre foram Judeus. Uma vez Judeu, sempre Judeu, até que eles se afastem deste círculo e então não possam mais voltar. Este atributo cármico é puro. Agora, talvez, na energia de hoje não seja politicamente correto dizer isto, mas quando vocês olharem ao redor da Terra, não podem perceber que os Judeus conduzem as coisas? Eles estão em lugares importantes e parece que permanecem lá. Há os proprietários de lojas e os comandantes corporativos da indústria. Eles compreendem como a natureza Humana funciona porque eles estiveram lá e eles fizeram isto por éons e éons. Eles levam uma vantagem do restante de vocês, desde que a sua "capacidade de experiência" é realizada ao pedalar a mesma bicicleta repetidas vezes, e nunca ter que aprender em uma outra. Mas eles pagam por isto. São estes os Judeus.(...)

OS POTENCIAIS DO FUTURO

(...) Nós lhes demos uma frase muitas vezes nos últimos três anos: Os Faróis nunca foram construídos em lugares seguros! Vocês estão certos disto? Vocês querem ser um Farol? Vocês poderiam ser um Farol aqui nesta grande cidade (Toronto). Entretanto alguns dizem, "Bem, não parece ser um lugar muito

perigoso. Como eu poderia ser um Farol na batalha aqui?" Eu lhes direi onde está o perigo: É quando vocês acendem a sua luz e todos aqueles que estão na escuridão no planeta a vêem. Em algum nível, vocês se tornam um alvo. Vocês se mostram, não é? Vocês se mostram aos seus vizinhos, não é? Mostram o que vocês estão sustentando. Quando vocês acendem a luz, subitamente não estão mais invisíveis, não é? Estão prontos para isto? O que a sua família vai dizer? O que aqueles trabalhadores vão dizer a sua volta? Estão prontos para isto?

Deixem-me dar-lhes um conselho. Vocês não têm que evangelizar nada, nunca. Tudo o que vocês têm a fazer é dizer para aqueles que perguntarem, "Eu acredito na oração. Quem quer orar comigo?" Os Humanos que acreditam no amor de Deus TODOS têm uma luz! Vocês sabiam disto? Vocês não têm que mencionar Kryon e vocês não têm que dizer nada sobre a Nova Era ou quaisquer preferências religiosas. Tudo o que vocês têm a dizer é, "Quem quer orar comigo?" Talvez consigam alguns voluntários e a luz se tornará mais intensa. Eles poderão ser Hindus ou Muçulmanos. Vocês se importam?

OS RELIGIOSOS – VOCÊS ESTÃO AÍ?

Eu vou neste momento me dirigir ao leitor, à Terra, a alguém que queira ouvir.

Querido Hindu, o que a sua doutrina lhe diz que você deveria fazer neste momento? O que é que lhe foi ensinado, que está sentindo, o que é tão verdadeiro em você? Àqueles que são os Mestres Hindus da Terra, o que é que os seus antepassados lhes ensinaram que é apropriado neste momento? O que deveriam fazer com esta energia? Podem sentir que algo está acontecendo? Vocês estão trabalhando nisto? Já lhes foi dito que vocês são uma parte da energia da Terra de qualquer modo? Hindu, deixe-me perguntar-lhe isto: Quem é você neste espaço de tempo e por que você está aqui? O que é que o acúmulo de existências lhe trouxe, que poderá ajudar à Terra neste momento?

Budista, o que lhe foi ensinado que você poderia fazer? Você verdadeiramente é parte de tudo? Há realmente uma unidade que envolve tudo o que existe? Se houver, isto o coloca no meio do desafio, não coloca? Através da energia que você gera, você não pode ver como poderia afetar aos outros? Então se acomode e gere esta energia, pois você é poderoso, meu amigo. Você é uma pessoa pacífica no meio da tempestade, e a sua vibração é importante neste planeta.

Judeu, o que lhe foi ensinado que você pode fazer sobre isto? Você está em um modo de sobrevivência, como sempre esteve. Estremece de medo, mas nem todos vocês estão em Israel. O que pode fazer? Acredita na oração? Todas as histórias das eras, lhes são conhecidas no mais alto grau. Você tem visto os milagres de Deus. Lembra-se de como escapou do Egito? Aquelas coisas aconteceram realmente. O seu alimento veio do céu. Estas coisas aconteceram. Tal coisa não é um milagre? Isto poderia acontecer novamente, nesta época, mas de um modo que liberte todo o planeta? O que a sua fé diz sobre isto? Há um limite?

Judeu, você sabia que a sua linhagem foi determinada desta maneira de modo que algum dia estes enigmas pudessem ser resolvidos? Você é parte da solução, não o problema. Você é a raça cármica essencial, a civilização que poderá fazer a diferença e poderá ajudar a ser o catalizador para a paz na Terra. Com este conhecimento, você treme de medo? "Não há solução. Nunca houve. Isto vai durar eternamente. Os problemas são insolúveis". Este é você? Quem você vai ser, Judeu? Recorde as palavras de seu privilegiado mestre Elias. Observe o que um Ser Humano é capaz. Veja a sabedoria de sua linhagem, e mantenha os seus olhos em Jerusalém. Modere a sua raiva, pois ela não é proporcional a sua magnificência, já que isto é o seu maior problema.

Cristão, o que você vai fazer? O que lhe foi ensinado? E quanto a luz do mestre, Cristo? O que ele disse? Já lhe foi ensinado que você poderia mudar as coisas com a oração? Não houve algo sobre "mover uma montanha?" A resposta é, sim. Não é assim que parte de tudo o que você aprendeu se inicia com a oração, termina com a oração, em casa ore antes que se alimente, e antes de dormir? Do que se trata tudo isto? Eu lhe direi. Isto é a comunicação com Deus. Ela é poderosa, e você está envolvido com ela.

Junte-se ao Hindu, ao Budista e ao Judeu e envie esta luz para aqueles lugares que precisam dela. Agora é o momento. Você é parte do resultado – uma parte profunda, uma bela parte. Sua luz é muito intensa

Muçulmano, você ama o Profeta, não ama? Está certo, deixe-me levá-lo de volta à gruta. Eu vou lhe dar algo sobre o que pensar. Você ora tanto quanto qualquer pessoa na Terra e você o faz em um horário que é regular. Você acredita na oração! Assim, por que não começa estas orações de um modo diferente? Vocês não violarão nada que lhes foi ensinado, pois vocês estarão orando pela paz na Terra. Na gruta, o profeta Mohammed encontrou com o anjo, e eu quero que vocês se lembrem o que estava escrito e o que o anjo disse a ele, "Parta e una as tribos da Arábia e lhes dê o Deus de Israel". E esta é a verdade. Observe onde a oração se volta, pois elas se voltavam para Jerusalém antes que fossem mudadas para Meca por razões políticas. Observe isto. Observe a informação essencial e a beleza da união que o profeta pediu para que vocês tivessem… não apenas com os Árabes. O que você pode fazer? Você pode orar! Você é poderoso. Você é extremamente poderoso. Você é parte da solução.

Oh, há outros que eu não mencionei, e eu lhe convido para colocar o seu nome nesta lista. Mas eu já incluí a maioria das crenças no planeta.(…)

(...) O seu coração não se aquece ao saber que todos vocês são parte disto? Escutem, leitores. O que vocês vão fazer quando anotar no livro? Vocês darão a Deus 30 segundos? Vocês darão algum tempo a Deus? Paz. Sem telefones. Sem televisões ou rádios. Apenas 30 segundos. Agora, talvez vocês até ousassem dizer, "Eu sou o que eu sou, e a divindade em mim fará uma diferença neste planeta. Eu sinto a verdade quando a ouço e quando a leio. Até os meus pequenos esforços criarão uma energia que é maior do que eu imagino, combinada com outras, para criar a paz na Terra.

Por mais que existam diversas informações, ferramentas e trabalhos ligados ao que as pessoas chamam de Nova Energia, penso que se faz necessária e extremamente importante a união com todas essas tradições mais profundas que já existiam e ainda auxiliam o processo da humanidade. Posso citar como exemplos o Tantra Yoga de Sri Sri Anandamurti, o Kriya Yoga de Paramanhansa Yogananda, dentre outros mestres com integridade muito profunda, mantendo esses conhecimentos com essência pura, trabalhando na lapidação do Ser, todas as camadas da mente. Incluo também nesta lista todos os budistas e todos os mestres cabalistas desde Rav Ashlag, Alter Rebbe, Baal Shem Tov, Shimon Bar Yochai, Isaac Luria, Moshe Cordovero, Abraham Abulafia, os Rebes Chabad, Moshe Chaim Luzatto e também agora mais recentemente Rav Berg, Michel Laitman, entre outros. Realmente é uma escolha pessoal, diária, de cada ser humano aqui no planeta de escolher até onde quer ir no buraco da minhoca e o quanto está disposto a se transformar, independentemente do caminho escolhido.

VISÃO, COGNIÇÃO, EXPERIÊNCIA, VIVÊNCIA, CONSCIÊNCIA DO QUE CHAMAMOS DE DEUS

Depois de todos os relatos, histórias e experiências que compartilhei neste livro, você pode perceber que minha compreensão do que seria Deus e de como se relacionar com Ele foi mudando em cada fase da minha vida. Com o passar do tempo minha percepção e consciência expandiu-se, ao mesmo tempo expandindo-se aquilo que eu chamava e entendia como Deus. Gostaria de neste momento relembrar e trazer novas percepções e compreensões. Esta seção também servirá para "clarear" muito do que até aqui abordei.

Quando ainda era criança e estava na sacada do prédio de minha vó nos Natais, olhando para o céu, ou de joelhos ao lado da cama antes de dormir, rezava para um Deus que estava lá longe... bem longe. Fazia alguns pedidos, mas não sabia se Ele iria ouvir ou não, mas tentava comunicar-me com Ele que provavelmente estaria vivendo num lugar longínquo, em algum paraíso por aí. Visualizava-O como um grande humano que observava e controlava o mundo de acordo com suas vontades e desejos. Para mim Deus deveria estar brabo ou alegre, dependendo das coisas que aconteciam na minha vida. Era um homem bem grande, que voava, de cabelos brancos e barba comprida também branca. Usava uma túnica linda e estava em cima das nuvens. Eu tinha até um nome para ele, o chamava "papai do céu". Dependendo do que acontecia, às vezes tinha medo dele, outras vezes era meu melhor amigo. Quando ficava de castigo perguntava porque Ele estaria fazendo isto comigo e até esperava que ele em algum momento viesse me dar conforto ou me salvar. Por outro lado, quando conseguia algumas coisas ou ganhava alguns presentes, sabia que o "papai do céu" estava feliz comigo. Quando criança, para mim Deus era um grande humano, pensava como humano, tinha emoções como um humano, agia como um humano, mas que tinha superpoderes, sabia de tudo e via tudo. Pois é, eu acreditava na existência deste Deus e rezava para ele. Talvez este seja o Deus que grande parte dos ateus não acreditam, pois logo, logo eu já não acreditava mais nesta visão e compreensão de Deus.

Com o passar do tempo, mais para o final da adolescência e início da juventude, não conseguia acreditar mais neste deus antropomórfico, ou seja, com formas e características humanas. Era um deus extremamente limitado e infantil para mim. Achava até mesmo um insulto pensar em deus assim, algo ou alguém que tinha criado o Universo, um ser ilimitado e infinito, mas que tinha forma corpórea, limitada e agia dentro dos limites da capacidade da mente humana. Era totalmente sem sentido. Eu ainda não tinha a mínima ideia do que realmente poderia representar ou do que realmente era, até porque só conseguia criar uma imagem em três dimensões na minha mente para poder tentar entender deus. Nunca tinha ido além da minha mente 3D e este ser tinha que caber dentro da minha tela, e para me comunicar com ele, eu precisava de uma imagem, o que ficou muito difícil. Mesmo não acreditando mais num deus com formas humanas, muitas vezes me pegava imaginando este deus, seja em orações ou outros momentos. Às vezes era quase automático, bastava dirigir-me a deus e aquela imagem do velho barbudo aparecia. Algumas vezes lutava com aquilo, pois imaginava que não tinha nada a ver. Outras vezes pensava, "ah, que se rale, preciso de alguma imagem na minha mente para fazer a ponte de comunicação. Se Deus é Onisciente, ele vai entender minha limitação e o que quero". Mas daí também pensava, se ele é onisciente, por que eu teria que pedir algo ou rezar para ele? Se ele já sabe o que eu quero antes mesmo de eu querer, por que eu tinha que pedir? Realmente estava tentando achar explicações onde nunca encontraria, dentro dos confins da minha própria limitada mente 3D.

Quando entrei em contato com os ensinamentos e práticas do Budismo, do Yoga de Paramahansa Yogananda e outros guias ou mestres espirituais, ampliou-se meu conceito de Deus. Alguns chamavam de Verdade, outros de Vazio ou Nada, outros de Consciência Cósmica, Brahma, entre outros nomes. Agora Deus estava dentro de mim e dentro de tudo. Era algo além do que a mente racional poderia compreender. E fazia muito sentido para mim, mas ainda era uma crença, um conceito mental a respeito de Deus! Então empenhei-me durante muito tempo tentando ir além da mente, sabia que precisava ir além das crenças. Mas no fundo tinha um conceito de um novo Deus formado em minha mente, era a crença na Unidade e de que Deus estava dentro de mim e em todos. Uma linda crença de se viver, mas apenas uma imagem mental que transmitia um pingo de verdade.

Quando comecei a estudar e praticar mais profundamente os ensinamentos de Paramahansa Yogananda, decidi focar esta linha, pois gostava muito da unificação que fazia dos ensinamentos do Yoga com os verdadeiros ensinamentos de Jesus. Como tinha um altarzinho no quarto de minha casa, coloquei as fotos ou imagens de toda a linhagem de mestres do Paramahansa Yogananda, sendo Jesus um deles. Identificava-me bastante com a sabedoria e a filosofia, mas não posso dizer que havia uma grande devoção a qualquer um daqueles mestres. E isto não quer dizer que não eram grandes mestres, simplesmente quer dizer que não havia sentido uma conexão mais profunda com esta linhagem de trabalhadores da Luz.

Foi então que comecei a entrar em contato com os discursos, livros e palestras de **Jiddu Krishnamurti**. Foram profundos ensinamentos sobre o funcionamento da mente, sobre libertação dos condicionamentos e encontrar a verdadeira liberdade, ou como ele chamava, Verdade. No entanto, muito do que aprendia estava no nível racional, no nível da minha mente e das minhas crenças. Percebia a profundidade dos ensinamentos, mas eram conceitos na minha mente, não estavam totalmente interiorizados como sabedoria. Ele falava que não precisávamos de algum líder, guru, mestre ou salvador para encontrarmos a Verdade. Muito menos de sistemas, métodos ou algo do gênero para encontrar a Verdade, conforme texto abaixo.

Não existe caminho para a verdade

Agora para mim, verdade é realização, e para a realização não pode haver caminho. Assim parece, ao menos para mim, que a primeira ilusão em que você fica preso é este desejo de segurança, este desejo de certeza, esta busca de um caminho, um meio, um modo de viver através do qual você pode alcançar a meta desejada, que é a verdade. Sua convicção que a verdade existe apenas num futuro distante implica limitação. Quando você pergunta o que é verdade, está realmente pedindo que lhe digam o caminho que leva à verdade. Então você quer saber que sistema seguir, que modelo, que disciplina, para ajudá-lo no caminho da verdade. Mas para mim não existe caminho para a verdade; a verdade não é para ser compreendida através de nenhum sistema, através de nenhum caminho. Um caminho implica uma meta, um fim estático, e, portanto, um condicionamento da mente e do coração para esse fim, o que necessariamente demanda disciplina, controle, ganância. Esta disciplina, este controle, torna-se um fardo; ele lhe rouba a liberdade e condiciona sua ação na vida diária. Inquirir pela verdade implica uma meta, um fim estático que você está buscando. E você estar buscando uma meta mostra que sua mente está à procura de segurança, certeza. Para alcançar esta certeza, a mente deseja um caminho, um sistema, um método que ela possa seguir, e essa segurança você pensa encontrar condicionando a mente e o coração pela autodisciplina, autocontrole, supressão. Mas a verdade é uma realidade que não pode ser compreendida seguindo algum caminho. A verdade não é um condicionamento, um molde da mente e do coração, mas uma constante realização, uma realização em ação. Que você pergunte pela verdade implica que você acredita num caminho para a verdade, e esta é a primeira ilusão em que você está preso.

Com certeza tudo aquilo fazia muito sentido e hoje faz ainda muito mais. Mas naquela época fazia sentido no nível da crença, não no nível da experiência ou vivência. Então passei por um período que chamo de "negação", negação de tudo. Tirei todas as fotos de mestres e guias do altar do meu quarto, passei a "negar" imagens de mestres ou professores que falavam de algum método que apontasse para Deus ou para a Verdade. Não havia imagens, não havia sistema de crenças, nada fora poderia me fazer ir além da mente para encontrar a Verdade. Achava que estava me libertando de todos os condicionamentos. Com certeza comecei a me libertar de muitos deles, mas na verdade estava prendendo-me a um novo condicionamento, à negação de vários ensinamentos espirituais. Tinha a crença de tudo que ele estava falando era a verdade. O ensinamento dele era de que não havia mestres nem professores para a Verdade, no entanto eu seguia exatamente o que Krishnamurti falava. Que paradoxo! Posso dizer que havia muito ego e falta de consciência. Não estou falando especificamente da verdade ou não de seus ensinamentos, mas do meu próprio processo de compreensão da caminhada espiritual. Não havia humildade de ir buscar genuinamente dentro de mim, mas uma grande crença de que não precisava de nenhum mestre, que sozinho conseguiria atingir a Verdade. Então negava e distanciava-me de muita sabedoria profunda por uma simples crença, ou seja, uma nova crença limitante do ego. E quando isto ficou mais forte, lá foi o Universo novamente me dar um "golpe" para ensinar e expandir minha compreensão.

Logo depois disso ocorreram as vivências no Instituto Visão Futuro. Quando lá cheguei não tinha ideia de que havia a filosofia de um mestre do yoga tântrico original por trás de todos os ensinamentos, já que eles vão introduzindo os conhecimentos e a parte devocional pouco a pouco. Mas como já contei, lá aconteceu minha primeira forte elevação da Kundalini, uma expansão de consciência indescritível. Naquele momento eu saí do mundo das crenças, não precisava mais "acreditar" em Deus! Sentia Deus dentro de mim, presente a todo momento, em cada segundo! Deus banhava meu coração com Amor! Estava conectado e minha vida mudou completamente! Tinha dado um grande passo para a realização de Deus. Sentia Ele dentro de mim e o que antes era uma crença havia se tornado uma realidade! Antes não tinha a mínima noção do que era realmente possível de sentir, qualquer amor que tivesse sentido antes não chegava nem sequer perto do que estava sentindo e vivendo! Realmente não tinha como imaginar o desconhecido! Era o Amor de Deus que não tem como ser colocado em palavras! E estava dentro do meu coração!!!

Depois do episódio que vivi no Instituto Visão Futuro, minha vida mudou completamente e sabia que havia ainda muito mais para viver e realizar com relação à consciência de Deus. Rompera-se um grande nó de energia, mas era apenas um passo na jornada. Não sabia ainda o que me esperava, mas a direção estava muito clara, realizar o Infinito, que na época eu chamava de Consciência Suprema. Então mergulhei nos ensinamentos do mestre Shrii Shrii Anandamurti, carinhosamente chamado de Bábá, ou amado. Como vivi a elevação de Kundalini lá, atribui muito do que tinha vivido àquela filosofia e àquele mestre, assim como à pessoa da Susan Andrews. Sentia muita conexão, amor e devoção à Bábá naquele momento. Imaginem só, saindo de Krishnamurti e entrando em profunda devoção a um grande mestre espiritual do Yoga. Era realmente uma experiência para quebrar o ego. Contudo não importava, pois o Amor que sentia falava mais alto do que tudo. Não importava o que os outros pensavam, pois eu sentia dentro de mim. Então no altar do meu quarto, coloquei a imagem de Shrii Shrii Anandamurti, em que passava horas e horas cantando mantras devocionais. Sentia cada vez mais forte a energia amorosa, que sempre atribuía à conexão com Shrii Shrii Anandamurti. E passei a crer que somente a linha do Tantra Yoga era o caminho correto e completo para Verdade ou Deus, e assim muitos por lá diziam, afirmavam e nos condicionavam à isto. Passei a atribuir tudo o que tinha vivido ao mestre e estava convicto de que era somente por meio dele que vinha a Graça Divina, Deus se manifestava agora por meio do guru. Estava projetando o Amor que habitava dentro de mim novamente a algo fora de mim. Sim, Deus habitava em todos nós, mas era por meio do guru que recebíamos a elevação. Demorei algum tempo para perceber e dar-me conta do que estava fazendo.

Achava que em algum momento iria encontrar a linha ou ensinamento que me levaria à Verdade ou Deus e quando vivi uma experiência concreta do Amor de Deus liguei-a àquela filosofia e mestre, portanto acreditei que somente aquela era a "tradição espiritual correta". Sentia o Amor e achava que estava vinculado à presença do mestre, que efetivamente tinha algo a ver, mas não era o responsável por tudo. Minha consciência estava restringindo o Amor Infinito. Dei-me conta de que sentia mais amor pela imagem do mestre do que sentia pela minha própria essência, por Deus dentro de mim. Resolvi recolher minha projeções mais sutis. E isto não quer dizer que a tradição ou os ensinamentos não sejam muito profundos e evolutivos, só estou querendo dizer que o que Deus queria que eu compreendesse era um pouco diferente de como era ensinado e experienciado naquela tradição. A Força Infinita do Universo estava me chamando para trilhar outro caminho, um novo rumo na jornada de expansão e realização. Com o aprofundamento nas meditações e o contato com outras sabedorias, percebi algumas de minhas limitações e crenças e expandi ainda mais minha concepção dos caminhos espirituais. Com maior sutilização na percepção de energias, passei a "conectar os pontos". Era impossível viver na crença de que aquele caminho era o melhor, o único, que somente ele abrangia o todo e chegava na "meta". Assim como não mais concebia que qualquer caminho ou tradição fosse melhor do que qualquer outra. Percebia este padrão em diversos lugares que frequentei e com diversas pessoas com quem trocava ideias. Tinha uma visão muito mais tolerante com relação às crenças e tradições espirituais. Percebia Deus em todas as linhas, manifestando-se por meio de muitos mestres íntegros. O grande problema era que alguns discípulos tinham a experiência de despertar a partir da identificação com uma filosofia ou algum mestre, e defendiam a crença de que somente aquele caminho experienciado continha a verdade ou atingia os "planos mais elevados".

Quanto mais mergulhava dentro de mim, mais o conceito e vivência de Deus se expandia. A cada dia se expandia um pouco mais por meio de cada experiência, encontro, transformação de padrões mentais, relação, meditação, modificação da energia e tomada de consciência. A Presença Divina ficava mais e mais perceptível em tudo! Ao sutilizar minha própria consciência, os "olhos da minha mente" se ajustavam a uma nova realidade, a cada passo Deus se fazia mais presente tanto dentro quanto fora de mim. O quanto mais "sabia", mais sabia que tinha mais ainda para saber. Quanto mais fundo do Infinito ia acessando, mais e mais crenças iam se desfazendo e muitas crenças com relação à concepção de Deus iam sumindo. As manifestações do Infinito eram diversas, e muitas delas totalmente incompreensíveis para minha mente. Sentia-O de dentro pra fora, emanando de cada célula do meu corpo. Quanto mais sentia a Presença Divina, menos tinha ideia do que Ele era, pois era Algo muito muito além da minha capacidade de apreendê-Lo com minha intelectualidade. Muitos muros começaram a cair e passei a ver as diversas caixas em que os seres humanos colocam Deus, que não cria nenhum muro entre as tradições, os seres humanos sim. Ele não fala como Ele deve ser conhecido ou venerado, os seres humanos sim. Ele esconde-Se tão bem que os seres humanos não conseguem perceber a Sua presença no mais íntimo de seus corações.

Depois das constantes experiências de vivência do "Além das formas", do Inominável, minha mente ajustou-se a uma nova realidade compatível com a Energia do Infinito e Aquilo foi se transferindo para minha vida diária de olhos abertos. Tudo estava tão nítido e tão lógico à minha frente que chegava muitas vezes a rir de mim mesmo! De pensar...se o Criador criou e cria constantemente nosso Universo a partir de sua Infinitude, de "dentro" Dele saiu o nosso mundo físico e finito, é simplesmente óbvio perceber que não há nada além d'Ele. Tudo é Ele. Tudo é Deus. Não há nada aqui que não seja Deus. Toda a matéria prima vem de Deus, assim como tudo que está por trás da matéria prima da Criação. E você é parte desta Criação! Você é parte de Deus! Com a Graça Divina, passei a perceber Deus em tudo! Simplesmente tudo como manifestação divina! Em cada pessoa, em cada animal, em cada planta, no ar que respiramos, nos mestres espirituais, nos anjos, em toda matéria, enfim, tudo é Deus! Cada encontro é um encontro de Deus com Ele mesmo! Cada encontro é uma grande oportunidade de revelar Luz, de revelar a Presença Divina!

Nenhum livro poderia explicar este sentimento ou consciência, nenhum conceito pode definí-Lo. Tudo depende da nossa consciência, de retirarmos o véu da ilusão. A Presença Infinita de Deus já está e sempre esteve em tudo. A Nova Energia ou Energia Messiânica sempre esteve presente, não é algo novo. A única coisa que pode ser nova é nossa consciência da presença do Infinito em todo o nosso mundo finito! Um grande paradoxo! Da devoção de um Deus fora, para a devoção a um mestre, para a devoção de um Deus dentro, para a devoção a um Deus em Tudo! Quanto mais vejo e sinto Deus em toda a Criação, menos sei a respeito Dele, simplesmente transcende tudo e qualquer conceito. Até mesmo o conceito de Papai do Céu quando utilizado toma outra dimensão, uma dimensão de Pai/Mãe Infinito! Quanto mais eu sei, mais eu sei que tem muito mais pra saber, e que não sei nada mesmo!

TUDO É

Compartilho a oração de São Francisco de Assis que representa muito do que aqui relatei. A maioria das pessoas conhece mais a segunda parte desta oração. A primeira poucos conhecem, pois dizem que foi retirada dos escritos originais dele. Sendo ou não sendo de sua autoria, contém muita verdade para mim. Sendo assim, pouco importa qual o veículo ou canal humano que a proferiu. Durante muito tempo procurei algum mestre para seguir na minha caminhada. E realmente entrei em contato com grandes seres de Luz, seres que contribuíram e contribuem ainda auxiliando a humanidade no "abrir dos olhos". Com o passar do tempo, tomei consciência de que todas as pessoas com que entrei em contato eram grandes mestres para mim, todos os seres humanos estavam me ensinando algo sobre a realidade, Deus e o Universo. Seja para aprender alguma lição ou praticar algum atributo, ou simplesmente para mostrar como não fazer. Percebi que em toda minha vida vários mestres se apresentaram a cada dia, a cada instante para poder viver mais o Amor Infinito e tomar consciência da Divindade. Eu honro e agradeço cada pessoa que entrei em contato e que entro a cada dia. Cada uma delas me ensina mais ainda sobre Deus e como viver no Amor Infinito. Isto não quer dizer que concorde com tudo que cada uma faça, mas a percepção de que Deus está ali também sempre existe, mesmo que a própria pessoa não esteja consciente da divindade dentro de si. Percebi que nunca devemos desprezar ou desconsiderar uma mensagem simplesmente pela nossa percepção do mensageiro.

No prisma da Unidade somos todos Um, no entanto, no prisma da dualidade sempre há algo a fazer, discernir e melhorar. Um grande paradoxo! Todos os dias aprendi muito! E com certeza continuarei a aprender com todos as pessoas que entrarei em contato, pois nunca estamos "prontos", sempre há mais para evoluir. Há infinitas aprendizagens!

Oração de São Francisco (Primeira parte)

O único olho de Deus que alguma vez te verá
será o de outras pessoas quando te olham.
A única mão de Deus que alguma vez te tocará
será a de outras pessoas quando te tocam.
A única voz de Deus que alguma vez te falará
será a de outras pessoas quando te falam.
O único olho de Deus que alguma vez olhará uma pessoa
será o teu quando a vês.
A única mão de Deus que alguma vez tocará uma pessoa
será a tua quando a tocas.
A única voz de Deus que alguma vez falará a uma pessoa
será a tua voz quando lhe falas.
Quando falares, lembra-te que falas com a voz de Deus.
Quando tocares, lembra-te que tocas com a mão de Deus.
Quando olhares, lembra-te que vês com o olho de Deus
sobre a Sua própria Criação!

Oração de São Francisco (Segunda parte)

Senhor, deixa-me ser o instrumento da Tua paz.
Onde houver ódio, que eu leve o Amor;
Onde houver ofensa, que eu leve o Perdão;
Onde houver discórdia, que eu leve a União;
Onde houver dúvida, que eu leve a Fé;
Onde houver erro, que eu leve a Verdade;
Onde houver desespero, que eu leve a Esperança;
Onde houver tristeza, que eu leve a Alegria;
Onde houver trevas, que eu leve a Luz.

Senhor, fazei que eu procure mais:
consolar do que ser consolado,
compreender do que ser compreendido,
amar do que ser amado.
Pois é dando que se recebe,
é perdoando que se é perdoado,
e é morrendo que ressuscita para Vida Eterna!
E assim é.

Se Deus está em tudo, em cada ser humano, em cada situação e em cada momento, tudo tem propósito! Deus fala conosco por meio dos outros e fala com os outros por meio de nós. Isto fez com que o próprio conceito de mestre e professor expandisse para mim. Todas as pessoas, coisas e situações passaram a ser meus "mestres", meus professores ou guias. Cada contato e encontro tem o potencial de ensinar e revelar mais sobre quem realmente somos. Se a todo momento nossos olhos e corações estão na Consciência Infinita, cada encontro e evento é uma grande oportunidade de aprendizado e revelação de Luz. Podemos aprender e evoluir em todos os momentos da vida! E nosso propósito está todo aqui! Durante muito tempo quis "sair" daqui, acessar cada vez mais os planos superiores. Simplesmente para tomar uma profunda consciência de que nosso propósito está em trazer toda a energia que podemos acessar para cá! Revelar toda luz escondida exatamente aqui neste plano da Terra! É realmente trazer o Céu para Terra! O objetivo todo está em trazer a Luz para cá, para o mundo de maior densidade e escuridão, e com maior potencial de elevação. O que fazemos aqui neste plano afeta todos os outros planos superiores da Criação. Cada pensamento, palavra e ação contam! E contam muito na evolução de nosso Universo. Um ato de bondade neste mundo vale mais do que qualquer experiência nos planos superiores.

Mas como podemos trazer o Céu para terra? Tentando ao máximo manifestar todos os atributos divinos positivos nas nossas relações e no nosso dia a dia. Dessa forma podemos viver a vida mais iluminada possível, manifestando a Luz a todo instante. É um novo nível de liberdade para cocriação. É somente por meio dos seres humanos que a Luz pode ser trazida dos planos superiores. E por último, existe um atributo que é o mais sublime de todos, um atributo ou energia que está por trás de tudo que existe na Criação. E este atributo é o Amor! Deus fala e se manifesta pelo Amor! A matéria prima por trás de toda a Criação é o Amor! Portanto, manifeste o Amor! Traga para cá o Amor! Veja o Amor em si. Veja o Amor nos outros!

Seja Amor! Esta é a verdadeira imagem e semelhança!! Sempre podemos manifestar mais do Amor Infinito! Lembremo-nos, é Infinito! Portanto, não há fim!!!! Sempre há mais para explorar, viver, compartilhar e aprender! Amor é Amor! A Verdade se manifesta como Amor Infinito e Benevolente! É por esta razão que os atos de bondade e a ação compassiva tem tanta força agora e sempre tiveram, muito mais até mesmo do que antes! É pura energia espiritual de um novo nível do Amor Infinito de Deus.

"O Amor faz o oceano ferver como um caldeirão, O Amor reduz as montanhas a poeira, O Amor quebra os céus em uma centena de pedaços, E mesmo sem saber disso, O Amor faz a terra tremer. Deus disse:

'Se não fosse por Puro Amor, Como poderia ter criado esse mundo?

Eu trouxe tudo à existência. Todo caminho que ascende à mais alta das esferas, Para que você pudesse conhecer a glória do Amor'." **(Rumi)**

A PRÁTICA ESPIRITUAL DE OLHOS ABERTOS: O APRENDIZADO DOS ATRIBUTOS DIVINOS DE MESTRIA

Quanto mais expandimos nossa consciência e acessamos planos e dimensões superiores da existência, mais percebemos a importância de tudo que acontece no Aqui e Agora, no dia a dia. Em cada encontro, cada ação, cada pensamento, cada evento, tudo tem significado, nada é por acaso! Simplesmente não existe "coincidência", somente perfeita e divina sincronicidade em tudo. Não se move uma grama "por acaso". Recebemos diversas mensagens do Infinito/Deus diariamente de muitas formas. Cada encontro e evento é uma oportunidade de revelarmos mais Luz, de podermos aprender mais sobre o Amor Divino, um passo mais em direção à Completude, Plenitude e Bem-Aventurança. Quanto mais consciência tivermos no nosso dia a dia, maior será nosso nível Felicidade Interior.

Nosso dia a dia e nossas relações são grandes oportunidades de evolução e compreensão do nosso propósito na Terra. Todos nossos esforços pessoais de evolução e práticas formais de expansão de consciência são "testados" ou colocados em prova de olhos abertos em cada encontro. Cada degrau de expansão pessoal por meio da subjetividade, demanda algum tipo de ajustamento na parte objetiva da vida, assim como tudo que acontece na nossa "vida real" serve como aprendizado para ser compreendido, elaborado e transcendido em nossa prática subjetiva diária de conexão.

Posso afirmar que aprendi com os eventos que vivi. Percebi a profunda sincronicidade e precisão em tudo que aconteceu e acolho com a mais profunda gratidão as experiências que tive. Olhando para trás, desde quando era criança, depois adolescente e jogador de basquete, fase em que as lesões proporcionaram um despertar maior, meus desafios nos relacionamentos com amigos, familiares e ex-namoradas, todas as experiências constituíram sagradas oportunidades de maior integração de minha Essência. Constatei que toda a evolução e realização se dá na simplicidade da vida, em cada intenção, em cada respiração, em cada olhar, em cada palavra, com cada pessoa que encontramos, independente de cor, raça, sexo ou status social. Há um propósito divino em estarmos exatamente onde estamos! O Universo comunica-se conosco a todo momento na linguagem de energia e tudo é energia, sejam coisas físicas como uma mesa, uma cama e uma cadeira, sejam nossos pensamentos, sentimentos, emoções e ações. Quanto mais aprendo vejo que há muito mais que aprender, que no fundo não sei de nada, porém estou muito feliz em saber que não tenho noção nenhuma do tamanho da grandiosidade do Amor de Deus. O que diariamente busco é apenas ser um melhor canal para o Amor Divino na Terra. Tento de alguma forma abrir o caminho para que este Amor e Presença flua em todos os momentos. Nem sempre consigo sair totalmente do caminho dessa energia, ter o meu receptáculo funcionando no máximo de sua capacidade, tudo que meu corpo físico neste plano poderia aguentar. Mas a cada dia percebo uma pequena transformação que permite um pouco mais de abertura para que a Luz Divina se manifeste, cada vez com menos interferência do ego. Pequenas mudanças diárias geram grandes consequências! Como dizem, muitos anos são exigidos para se conseguir o sucesso da noite para o dia.

Quanto mais o nosso ego vai transformando a sua função, mais a Luz Infinita se manifesta. O ego desocupando o posto de "dono e autor de tudo" para assumir uma função secundária de utilização simplesmente como uma ferramenta do intelecto. É uma longa caminhada de transformação do sentimento de ego para um sentimento de fazer parte de algo muito maior, do senso de Ser ou de Existir. Nosso grande desafio neste plano é sairmos de características egoístas e transformarmos nosso ser para manifestarmos mais de nossa natureza original altruísta, a característica original da Fonte de nossa Alma. Se prestarmos a atenção veremos que todas as tradições espirituais profundas trazem como objetivo a transformação do nosso ser de uma consciência de egoísmo e limitada para uma consciência de altruísmo e infinita, o que chamam de realização do Ser. Na linguagem do

Yoga seria sair da vibração dos chakras inferiores, que representam energias primitivas e mais egoístas, e vibrar na energia dos chakras superiores (acima do cardíaco), que são ligados a atributos altruístas. Na linguagem cabalística, diz respeito a adquirir uma equivalência de forma com o Criador, ou seja, sairmos do desejo de querer somente para si mesmo e manifestarmos mais o desejo de receber para compartilhar. Quanto mais manifestarmos os atributos divinos ligados à capacidade de doação e benevolência, mais próximos estaremos do Criador, até um ponto em que ocorra uma clivagem, uma união. A própria árvore da vida mostra a importância de subirmos a "escada de Jacó" por meio da manifestação e lapidação diária dos atributos emocionais e intelectuais do ser humano. Quanto mais manifestarmos esses atributos, mais semelhantes nos tornamos ao Criador, aquela Força ou Luz do Infinito Compartilhar. Isto sim diz respeito à imagem e semelhança de Deus!

A minha experiência pessoal é de que quanto mais nos transformamos, quanto mais manifestamos certos atributos, mais a Luz Infinita se manifesta, mais concreta ela fica na nossa vida diária, mais revelada a Presença Divina dentro de nós e automaticamente mais iluminada fica nossa vida e nosso entorno. A prática dos atributos humanos positivos tem conexão com o sentido profundo da existência, que vai muito além da moral, já que implica o próprio propósito de vida, do nosso papel no mundo, do que cada um pode cumprir como tarefa ou serviço à humanidade. Num mundo em que os valores humanos estão sendo desconsiderados, temos a árdua tarefa de lutar contra uma corrente de inconsciência e ignorância que prega a alienação, a massificação de ideias, a falta de sensibilidade e os princípios egoístas. E esta luta não é travada com armas ou discussões, mas, pelo contrário, é uma luta diária no interior de cada um de nós para manifestarmos nossa natureza divina altruísta e amorosa, com isso afetando todo o campo do planeta, toda a consciência coletiva. Todos os dias temos oportunidade de nos lapidarmos e manifestarmos os diversos atributos divinos universais. Podemos vibrar positivamente para o Universo por meio da Bondade, Benevolência, Amor, Abertura, Coragem, Resiliência, Perseverança, Criatividade, Sinceridade, Honestidade, Flexibilidade, Perdão, Liberdade, Humor, Alegria, Equilíbrio, Comunicação, Gratidão, Compaixão, Paciência, Disciplina, Misericórdia, Generosidade, Gentileza, Humildade, Respeito, Neutralidade, Autoaceitação, Intuição, Foco, Atenção (mindfulness), Determinação, Segurança, Liderança, Discernimento, Sabedoria, Quietude, Pureza, Amor Incondicional, Paz, Confiança, Persistência, Compromisso,

Integração, Integridade, Harmonia, Verdade, Retidão, Não Violência, Conexão, Vínculo, Empatia, Dignidade etc.

*Assim como você trata os outros, Deus o tratará. Assim como você lhes perdoa, Deus lhe perdoará. Assim como você os vê, Ele o verá. Quando você se mostra sensível às dificuldades de outro ser humano, Deus Se sensibiliza com as suas dificuldades. Quando os outros o desprezam, e você ignora o clamor de vingança que arde em seu interior, Deus apaga toda memória de suas faltas para com Ele. Quando você vê a imagem de Deus em outro ser humano, então a imagem de Deus é revelada dentro de você. (**Rabi Tzi Freeman, baseado nos ensinamentos do Rebe Menachem Mendel Schneerson.**)*

A partir do constante esforço de ir além das amarras do ego, por meio de práticas meditativas, trabalhos energéticos, estudo de espiritualidade, práticas corporais, alimentação consciente, entre outros, tive a oportunidade de realizar um pouco mais de quem realmente Sou. E nesse processo de realização, quanto mais perto chegava de quem eu realmente era, menos individual minha consciência se tornava, mais conectada e universal se mostrava. Sabia mais e mais que eu não era o responsável pelas ações, mas sim que o Infinito que se manifestava a partir de mim era o causador, o que tudo animava e tudo fazia. Então, por que orgulhar-me de algo? Se alguém me elogia, no fundo sei que está elogiando a Deus, pois somente Ele é o responsável por tudo. Somente D'Ele vem a energia e autoria de qualquer ação. Não há mais a identificação com a pessoa ou persona que realiza a ação em si. Quando alguém me agradece por algo, ofereço junto a gratidão ao Criador, o Único e Benevolente responsável que se manifesta por meio de todos nós. Creio que o orgulho que devemos sentir é o orgulho de Deus, no sentido de reconhecimento de que nos é confiada a Sua missão, o Seu propósito. É simplesmente Ele que está no nosso lado injetando a dignidade a todo instante.

A propósito de dignidade, não há como falar disto sem mencionar o aprendizado do Amor. Minha forma de amar e de me expressar foi mudando completamente, cada passo, a cada dia. De um amor de interesse e sempre esperando algo em troca, passei a experienciar mais o amor pelo puro compartilhar. Um Amor sem esperar nada em troca, sem necessidade de reconhecimento ou de aceitação, que representa uma saída de amor de ego para um amor mais universal. Evidentemente tenho muito mais a integrar com relação a isso, mas o que percebo é que o amor universal só se expande e amo pessoas simplesmente por amar. Algumas delas eu nunca conversei, outras são amigas ou parte da família de sangue na Terra, mas o amor está sempre presente, até mesmo quando não concordo com comportamento ou maneira de pensar, o que não tira o valor e o amor pelas pessoas, até porque estas são muito mais do que seus comportamentos, mesmo não estando conscientes disso. Praticar o amor incondicional com quem pensa igual é muito fácil. Difícil é praticar o amor incondicional quando há divergências de opinião. Mas é possível manter o amor às pessoas mesmo quando não há concordância, como uma espécie de pano de fundo que tudo sustenta. Muitas estão tão distanciadas de si mesmas que não têm nenhuma consciência de sua Luz, sentindo-se em um vazio interno; e, para "tapar" o vazio interno, constroem diversos muros, proteções, barreiras e identificações que, quando são confrontadas ou são alvos de discordância, se tornam grandes ameaças a essas pessoas e as fazem utilizar todo o tipo de defesas para justificarem-se, sendo o contra ataque o normalmente mais utilizado.

Creio ser muito importante diferenciarmos discernimento e julgamento no caminho da espiritualidade. Precisamos ter muito discernimento na nossa jornada, é um atributo imprescindível, mas isto não nos dá o direito de julgarmos os outros por suas ações e escolhas. O discernimento é um atributo de nossa Alma, da nossa essência, enquanto o julgamento é um atributo do ego, da separatividade. Por outro lado, o fato de não fazermos algo ou até mesmo de não concordarmos com as ações de uma pessoa não significa que a estejamos julgando. Posso estar discernindo o que é certo ou o que é errado para mim, inclusive para não fazer iguais escolhas. Até mesmo para poder tentar auxiliar outra pessoa que talvez não esteja tão lúcida com relação a si mesma, apenas trocando informações, se ela assim o desejar. No caminho espiritual é muito importante separar o ato em si da pessoa como um todo. Podemos "julgar" os comportamentos, não a pessoa em si. Discernir e não julgar. Discernimento também sobre os momentos de calar e de falar, discernimento a respeito de ficar em um lugar ou com pessoas e de se afastar quando necessário.

Ficou muito claro para mim que um grande desafio e aprendizado relativamente à Nova Energia (Era de Aquário ou Era Messiânica) é justamente não querer mudar o outro. É um grande paradoxo, pois quanto menos quisermos mudar o outro mais livres nos sentiremos e mais impacto energético causaremos no entorno. Quanto mais pretendermos forçar a mudança do outro, mais peso sentiremos nos nossos ombros e menor será a possibilidade de ocorrer qualquer mudança. Na verdade ocorre o contrário, uma perpetuação do comportamento ou um afastamento. Quanto mais nós criticarmos o outro, mais teremos a sensação de crítica em nós mesmos, quanto mais julgarmos o outro, maior será o nosso julgamento interior. Nessa via, o exercício para mim foi e é de sempre buscar a bondade nas pessoas, de sempre tentar ver algo de positivo nas pessoas ou situações, porque sempre há, mesmo que inicialmente não se possa notar.

Enquanto não puder ver o bem dentro de uma pessoa, você será incapaz de ajudá-la.

Toda pessoa que você encontra tem uma fonte inesgotável de bem dentro dela. Se você não for capaz de achá-la, a culpa é sua. Tire a ferrugem de sua pá, afie sua lâmina, e cave mais fundo e com mais força.

(Rebe Menachen Mendel Shneerson)

Também comecei a exercitar diariamente o hábito de não falar mal de ninguém, não criticar ninguém, porque é uma energia que se está criando a cada palavra que se fala, é uma vibração que se cria no Universo, uma vibração se emana. Não beneficia ninguém, nenhuma das partes envolvidas, na verdade somente prejudica. Muito mais do que um exercício, foi uma transformação de consciência muito profunda, fazendo com que minha vida tomasse outra conotação nesse exercício e aprendizado diário.

A fala é poderosa. Fale mal de alguém, e você estará expondo toda a feiura que há nele, em você mesmo e em quem por acaso estiver prestando a atenção. Uma vez exposta, a ferida começa a inflamar e todos ficam machucados.

*Fale bem dessa mesma pessoa, e o que há de bom dentro dela, dentro de você e dentro de todos os que estiverem participando começará a brilhar. (**Rabi Tzi Freeman.**)*

É incrível como uma simples conversa com atenção e escuta, um simples diálogo sem criticar ou julgar o outro pode fazer toda a diferença. A comunicação consciente realmente é um caminho para paz. Manifestar uma qualidade de presença, sem expectativas e aberta, pode trazer uma Nova Energia para qualquer encontro, em que o próprio Infinito se manifesta para além das palavras. Basta abrirmos espaço por meio do silêncio que o que tiver que acontecer se manifesta no fluxo divino.

Cada pessoa tem a sua vivência e uma história. Ninguém viveu sequer um dia da vida nos "sapatos" do outro. São tantas variáveis ocultas que não vemos, que é quase impossível dizer que se sabe o que seria melhor para aquela pessoa. E estamos falando somente da história desta vida. Imagine se relevarmos outras vidas, influências de outras energias, partes da Alma encarnada, karma estelar, grupo cármico, de qual sistema ela pode estar vindo etc. Ainda mais complexo! Não temos nenhum direito de querer mudar o outro. No fundo, se queremos fazer isto, somente demonstra uma grande insegurança nossa. Quanto mais se quer mudar e criticar o outro, mais o ego está presente, mais preso na mente e na tentativa de controle. O ego precisa de uma segurança de que sua forma de ser está correta e assim impõe sua vivência ao outro que, se aceitar, dá a ilusória segurança de que está certo. Cria um novo castelo de areia, que logo, logo será destruído. Quando nos liberamos da necessidade de querer mudar os outros ou o mundo, nos damos a liberdade interna de nos aceitarmos como somos, aceitarmos a nossa imperfeição, e dentro dela percebermos a grande perfeição que somos. Uso das palavras de Peggy Phoenix Dubro para retratar um grande aprendizado em minha vida: *"A comunicação é um caminho para a paz, pois através da tolerância chegamos à maior compreensão, e consequentemente para uma vida de maior compaixão, e ultimamente para a energia do Amor"*. Neste sentido, logo ao acordar, faço uma intenção ao Infinito todos os dias que diz o seguinte:

Senhor, no silêncio deste dia que amanhece, venho pedir-te a paz, a sabedoria, a força e o otimismo para recomeçar um novo dia.

Quero olhar o mundo e as pessoas com olhos cheios de amor e esperança; ser paciente e compreensivo, manso e prudente; ver além das aparências os teus filhos, como tu mesmo os vês, e assim não ver senão o bem em cada um.

Fecha meus ouvidos a toda a calúnia.

Guarda minha língua de toda a maldade.

Liberta meu coração de mágoas e ressentimentos.

Que só de bênçãos se encha o meu ser.

Que eu seja bondoso e alegre, a fim de que todos quantos se aproximarem de mim sintam a tua presença de pai e amigo.

Reveste-me, Senhor, da tua beleza e mais ainda da tua santidade.

E que no decurso deste dia eu possa revelar-te a todos, comunicando-lhes o teu Amor e a tua Bondade.

Obrigado, Senhor, pelo dom da minha vida!

O que tento aprender e fazer diariamente é, cada vez mais, como viver os atributos divinos de forma mais profunda, fazendo assim com que minha vida e a vida de outras pessoas se torne mais iluminada possível. Algumas vezes parece que algumas situações retornam na nossa vida, parecem situações iguais, padrões se repetindo. Mas, na verdade, muitas vezes estamos tendo a oportunidade de aprender mais profundamente a maneira de manifestarmos um certo atributo. Há diversos níveis de manifestação de todos esses atributos e a cada passo da jornada recebemos uma dádiva para compreendê-los e vivê-los da forma mais profunda e sublime que podemos. A cada passo que damos, a cada lição que aprendemos, sentimos maior Bem-Aventurança e Plenitude interna, e este é o nosso "GPS". A própria Essência, o próprio coração sinaliza e comunica sobre cada passo para maior realização da Alma! Até o ponto de total fusão com a Energia do Infinito, até nos banharmos na Infinita Luz pela equivalência de forma com nosso Criador. E um atributo imprescindível para essa realização é a humildade. Rabi Moshe Cordovero afirma que a humildade é o atributo mais importante que devemos atingir, que é a chave para tudo, pois é a cabeça para tudo. A humildade é o primeiro nível mais próximo ao Criador, e abaixo dela tudo está incluso. Realmente o ego não passa no "buraco da agulha" da realização do Infinito. A humildade é o atributo para alcançar o Criador, pois Ele mesmo manifesta a humildade diminuindo-Se para que o mundo e toda vida possam existir. Enquanto ainda achar-me mais importante do que uma formiga, será necessário trabalhar a humildade.

"Para ser humilde uma pessoa tem que ser tão especial que só é possível sê-lo sem plena consciência de que se é. Se uma pessoa humilde se enxergasse como humilde, não poderia conter seu orgulho de ser assim. Por esta razão a humildade só é alcançada pelo ser humano com uma autoestima muito elevada e, ao mesmo tempo, uma profunda consciência de sua insignificância. Diz uma lenda da tradição judaica que deveríamos andar com dois bilhetes nos bolsos de nossas calças. Num bolso colocaríamos o bilhete contendo a frase: "por nossa causa o mundo foi criado." No outro bolso, a frase: "do pó vieste e a ele retornarás!" Saber em que bolso colocar a mão na hora certa produz em nós a possibilidade de sermos humildes."

(Nilton Bonder – Exercícios d'alma.)

CAMINHOS, TRADIÇÕES E LINGUAGENS

Cada vez que reflito e olho para toda a minha caminhada, toda experiência, todos aprendizados e todos eventos que passei, fico maravilhado com as sincronicidades. Como é perfeito o Universo ao direcionar-nos constantemente para onde pode ser o caminho mais adequado para realização da nossa Totalidade, nossa Essência. Se estivermos conscientes e "ligados", poderemos notar que em todos os momentos o Infinito se comunica conosco de diversas formas, seja por meio dos eventos, encontros, pessoas, silêncio, e até mesmo da visão interior. Não há nada que não seja um sinal divino. Todo dia, toda hora. Tudo faz parte de algum aprendizado e está ali por algum motivo. Não há nada que não seja sincronicamente preparado para o bem maior de todos. Cada segundo é divino, uma sagrada oportunidade de viver plenamente, de perceber, revelar e manifestar a divindade em tudo, de ver o Amor em cada movimento do cosmos.

Olhando para trás, percebo todas as sincronicidades que aconteceram, e seguem acontecendo, na minha jornada espiritual. Em cada momento específico entrei em contato com algum conhecimento, alguma prática ou alguma leitura que dizia respeito ao que precisava integrar e aprender naquele exato momento. Em cada fase entrei em contato com alguma tradição espiritual, algum mestre, algum professor ou alguma filosofia que me trazia algum diferente aprendizado para aquele estágio da caminhada de evolução.

Aprendi e aprendo muito com cada tradição espiritual, filosofia, professor ou mestres que passaram pelo planeta. "Mas Guilherme, você está dizendo para não seguir uma tradição ou religião em específico e focar no caminho?" Não é isto que estou falando. Se fizer sentido para você e você estiver escutando seu coração, siga qualquer caminho com integridade que você chegará onde deve chegar. Honro a todos que prezam o Deus dentro de si. Só que isso não impede de aprender com todos. Isso não torna o seu caminho melhor do que o do outros. Isso não torna o seu caminho único para todo mundo. Isso não dá o direito de forçar seu caminho ou convencer os outros de que é o "certo". Aprendi que não vale a pena e não leva a nada discutir espiritualidade com alguém no sentido de chegar a uma conclusão do que é certo e do que é errado. Nessa nova vibração e energia que estamos entrando, é melhor simplesmente mantermos a nossa Luz interior acesa, onde quer que estejamos. Se alguém quiser discutir alguma coisa, deixe ele achar que "ganhou" a discussão. Temos sempre a escolha entre sermos felizes, ou termos razão, e geralmente são setas em direções opostas. Outro dia li em algum lugar, que não me lembro onde, a seguinte frase "mais vale uma paz difícil do que uma briga fácil". E creio que o nosso mundo já está cheio de "brigas fáceis". Chega um momento que individualmente e coletivamente precisamos decidir entre vivermos na briga, no drama, ou realmente criarmos a paz e a tolerância.

Se me perguntarem: "Guilherme, tem alguma tradição ou filosofia que tu segues ou praticas em específico?" Minha resposta primeiramente seria: "Não, nenhuma em particular. Não sigo alguma filosofia ou tradição religiosa ou espiritual específica". Mas se a pessoa me perguntar novamente a mesma pergunta: "Guilherme, tem alguma tradição ou filosofia que tu segues ou praticas em específico?" Minha reposta desta vez seria: "Sim, existe uma filosofia ou tradição espiritual específica que eu sigo! Eu sigo todas elas!" Para você pode parecer um grande paradoxo, e isto é muito bom, pois a caminhada da espiritualidade e de nossa vida neste planeta é um grande paradoxo. Quando conseguimos integrar mais e mais paradoxos é sinal de que estamos no caminho certo para nós mesmos. Isto não quer dizer que estou criando uma filosofia pessoal para autojustificar comportamentos de autoindulgência. Em algum momento temos que nos esforçar e enfrentar o processo de lapidação, sem criar justificativas.

Todas as tradições, mestres e filosofias estão dentro de mim. Não tenho como negar isso, e nem como dividí-las. Todas fazem parte da construção e da desconstrução permanente. Talvez alguma delas fizesse mais sentido em um momento e talvez outra em outro, mas tudo está dentro de mim. Quando era mais jovem ficava muito focado nas diferenças, no que achava que era o "certo" ou o "errado", e muitas vezes tentava convencer os outros daquela "verdade". Com o passar do tempo comecei a abrir mais os olhos para as convergências, para as conexóes, para as relações, diferentes papéis, tentando captar a essência por trás daqueles ensinamentos e tentando ver como aquilo de alguma forma poderia sinalizar sobre algo que estava dentro de mim e que precisava relembrar. Posso dizer que aprendi e aprendo muito ainda com o Budismo, com os yogues, com o Cristianismo, com o Judaísmo, com o Sufismo, com Kabbalah, com os Hassídicos, com grandes professores e mestres da humanidade, com muitas tradições esotéricas, filosóficas e também com a ciência. Independente da linguagem, em algum momento teremos que enfrentar nossas sombras, fazer nossas correções, transformar nossos hábitos, revelar nossa Essência Divina.

Posso citar alguns exemplos, entre vários na minha própria vida para ficar um pouco mais claro, mas isso não quer dizer que a tradição ou o mestre citados se resumem a este ou aquele ensinamento. Aprendi muito sobre o funcionamento da nossa mente com os budistas, sobre os processos mentais, sobre a natureza do nosso conteúdo mental. Aprendi sobre os pensamentos e crenças, condicionamentos individuais, sociais e culturais com Jiddu Krishnamurti. Aprendi a integração de conhecimentos do oriente e ocidente com Paramahansa Yogananda e Ken Wilber. Aprendi a devoção, o cuidado com o corpo, o esforço e o serviço divino como Yoga de Shrii Shrii Anandamurti. Aprendi a expandir meu entendimento do

Universo, ter uma perspectiva maior do nosso papel no cosmos e das diversas dimensões que existem com Helena Petrona Blavatsky. Aprendi sobre simplicidade com Chico Xavier. Aprendi a fazer a ponte da espiritualidade com a psicologia com Carl Gustav Jung. Aprendi mais sobre o funcionamento do meu corpo e de algumas leis do Universo com a ciência. Aprendi sobre escuta com Carl Rogers. Aprendi sobre missão divina com Arcanjo Miguel. Aprendi sobre a sexualidade com Freud. Aprendi sobre oração e intenção com os Cristãos. Aprendi sobre simplicidade, responsabilidade, profundidade, dedicação, entrega, inteligência, resiliência e transcendência com os judeus. Aprendi sobre o amor incondicional com Jesus. Aprendi que o Universo fala numa linguagem de energia com Peggy Phoenix Dubro. Aprendi sobre integração, abertura, tolerância, quebrar paradigmas e Unidade com Kryon. Aprendi sobre o silêncio com a natureza. Aprendi com a água sobre humildade, sem cor, sabor ou cheiro, no entanto essencial para vida. Mas acima de tudo, aprendi e aprendo sobre Deus/Amor com minha família, amigos, com todas pessoas. Tudo está dentro de mim! E Tudo também está dentro de você! Não posso fatiar uma parte dentro de mim e dizer que é isto ou aquilo que me causou certa reação, visto que há profundas relações entre todos os ensinamentos e experiências. Está tudo conectado! Honro a todos! Como posso separar dentro e fora de mim todos os ensinamentos da vida, os ensinamentos de Deus, do Infinito?

Porque não poderia aprender algo com alguém que não veste a camiseta do time que estou jogando? Por que teria que competir com algo ou alguém pela verdade ou pela "vitória"? Porque tenho que ter "razão" sobre o caminho espiritual? Para que competir se não é um jogo em que alguém ganha e o outro perde? Se estamos jogando um jogo cooperativo, em que o sucesso de uma pessoa resulta no sucesso de todo o grupo, por que se importar com a cor da camisa ou a linguagem que fala? Seria muita prepotência da parte do ser humano dizer que Deus só fala uma língua, que geralmente é a sua própria naquele momento e vida.

É como **D.B Ashuah fala em _Conversations with angels_:**

Um dos atributos da Nova Energia é que você deve aprender a honrar os sistemas de crença, tradições e palavras de cada um. Essas tradições são sobre intenção e sobre você. Não importa se você usa essa ou aquela oração. Não importa se você cantar esse mantra ou aquele mantra. É sobre você se conectar com você.

A humanidade desperdiça muita energia e tempo tentando provar ou convencer aos outros que alguém está certo ou tem razão. E onde isso nos levou até hoje no nível micro (família) e no nível macro (humanidade)? Será que não seria mais interessante, ao invés de discutirmos qual mestre ou qual filosofia é a "correta", utilizarmos toda essa energia para simplesmente tentarmos manifestar os atributos divinos de mestria que os grandes mestres da humanidade nos demonstraram? Seria tão bom se direcionássemos toda nossa energia pessoal para o sentido da manifestação dos nossos atributos divinos de maestria no nosso dia a dia, no máximo que conseguíssemos. Imaginemos se cada um de nós puder manifestar na nossa vida um pouco mais de positivo do estamos manifestando. Imagine se você conseguisse manifestar 50% do que seu grande mestre manifestou. Não faria uma grande diferença na sua vida e na humanidade? E não estou falando para seguirmos ou sermos exatamente como algum desses mestres, de sermos como Abraão, Jesus, Moisés, Buda ou Maomé. Por que assim não seríamos nós mesmos, uma manifestação única, original e divina.

Isso me faz lembrar de uma história judaica hassídica do Reb Zusha de Anipoli.

Reb Zusha disse a seus alunos: Quando eu for ao Céu e eles me perguntarem "Por que você não foi como Abraão, nosso antepassado?" Eu responderei: "porque eu não era Abraão". Se perguntam: "Por que você não igualou a grandeza de Moisés?" Posso responder que não era Moisés. Mesmo se eles tentassem me comparar com meu irmão Reb Elimelech, ainda posso dizer que não era Elimelech. No entanto, se eles me perguntarem por que eu não era do jeito que Zusha precisava ser... para isso não teria resposta.

Eu somente vou "prestar contas" sobre ser ou não ser tudo o que o Infinito queria que o Guilherme revelasse de si mesmo...e acredito que estou neste caminho, pois não acaba nunca, é Infinito!!! Eu não vou ser outra pessoa. Não vou ser meu pai, minha mãe, meu irmão, meu professor, meu iogue, meu rabino, minha família, minha cultura. Só posso ser Eu Mesmo. Aquilo que o Infinito quer que eu seja e como quer que O experiencie ou O viva. Aprendo e aprendi com todas as pessoas. Mas só eu mesmo posso saber o caminho da minha Alma... acessando internamente a parte do Infinito que me toca neste plano. Se o Infinito/Deus quiser que alguém O realize, ele vai ajudar independente de onde estiver e de que língua estiver comunicando. O que podemos é esforçar-nos para fazermos aquilo que nos toca, nossa parte, e continuarmos caminhando todo santo dia, toda santa hora e todo santo minuto.

E quando chegarmos a um ponto em que sentirmos que vamos além de qualquer coisa que nossa mente pode conceber, sem rótulos, sem definições, sem caixas, poderemos até mesmo passear dentro de qualquer antiga caixa, com uma profundidade e significados completamente diferentes. Não penso que seja necessário negarmos tudo que passamos, vivemos e experienciamos. São escolhas. Podemos até mesmo fazer as mesmas coisas que fazíamos, mas o significado agora é totalmente outro, a consciência e intenção por trás são outras. É bem provável que te sintas livre para aceitar todas as outras linguagens e caixas de crenças... pois todos vivemos alguma caixa de crenças enquanto passamos por esta experiência na Terra.

A pergunta que faço é a seguinte: O que estás fazendo diariamente para escutar o teu chamado? Para que e para Onde estás sendo chamado? Quais as mensagens que estás recebendo diariamente para viver o mais Puro Amor Divino? O que estás fazendo diariamente para descobrir mais sobre ti mesmo e teu papel na Criação do Infinito? Como alimentas o Amor diariamente? Começando por ti mesmo e pelas pessoas no teu entorno! Simplesmente busques o Infinito/Deus! Não importa a linha, tradição ou linguagem que tu utilizas para te comunicar com o Deus UM. Comunica-te! Busca-O! Aprofunda-te! Mergulha dentro de ti e encontra-O! Conecta-te com outras pessoas e veja-O! Conecta-te com a Natureza e sinta-O! Sinta a "mão" de Deus por trás da "luva" da criação!

"Pedi, e vos será concedido; buscai, e encontrareis; batei, e a porta será aberta para vós. Pois todo o que pede recebe; o que busca encontra; e a quem bate, se lhe abrirá."

(Novo Testamento – Evangelho de Mateus)

Cada pessoa tem os seus desafios, o seu karma, a sua lição de vida, a sua história evolutiva desta vida e de outras, deste plano e outros planos, desta galáxia ou de outras, sua origem de Alma, até mesmo partes diferentes da Alma para transformar! Na minha experiência e vivência pessoal foram muitas vidas vivendo diferentes tradições e caminhos. Tudo muito presente no aqui e agora do meu akasha, da minha história de Alma. Não foi a primeira vez e não será última. Inicialmente foi muito difícil aceitar e viver meu aprendizado desta vida, os novos paradigmas, a nova realidade espiritual e energética do planeta. Parecia que tinha que deixar para trás todas aquelas antigas formas de fazer as coisas, ligadas a todas as encarnações passadas. E na verdade percebi que não havia que deixar nada para trás, tudo era e é honrado, extremamente importante para o planeta. Passei a integrar mais de mim mesmo e respeitar o caminho novo que se apresentava nesta vida. Precisava viver novos paradigmas, como maior tolerância, Amor Infinito, conexão e união. A unificação do antigo com o novo, da ancestralidade com o futuro, dos ensinamentos básicos com os segredos místicos, da energia sutil com a matéria bruta, do Céu com a Terra. Enfim, um profundo aprendizado de maior diálogo, aceitação e respeito de todas as crenças. Mas primeiramente precisava aceitar minha nova forma de me relacionar com Deus. Escutá-lo profundamente dentro de mim, o que Ele queria de mim nesta encarnação de acordo com o Plano Divino da Criação.

Cada pessoa tem um papel e função, e todas são importantes. Não há ninguém que não seja importante e não seja divino para o Infinito. Não há hierarquias! Há uma miríade de missões e áreas para atuar como trabalhadores da Luz. A questão é encontrar o seu pedaço. Deus se manifesta por meio de diversas línguas, e escuta todos os corações que O buscam com genuinidade.

*Há centenas de anos – talvez desde o início da Criação – um pedaço do mundo espera que sua alma o purifique e restaure. E sua alma, desde o instante em que foi originada e concebida, aguardava nas alturas o momento de descer a este mundo e cumprir esta missão. Seus passos foram guiados para chegar a esse lugar. E aí você está agora. **(Rabi Tzi Freeman, baseado nos ensinamentos do Rebe Menachem Mendel Shneerson.)***

Apesar de cada um ter um pedaço do mundo para transformar, todos temos uma missão ou correção em conjunto para fazer, algo que nos une para além de nossa individualidade! O paradoxo divino de ao mesmo tempo sermos Um e vários!

Todo este universo foi feito para sua jornada. E todo este universo foi feito apenas para a jornada daquele outro sujeito. E para a minha também. Em nossa mente, isto é impossível. Somos finitos. Quando fixamos nosso pensamento numa ideia, não há espaço para outra. Se um ponto está no centro, não resta centro para nenhum outro.

Deus é Infinito. Ele pode ter tantos pontos focais quanto desejar, sem diminuir em nada a centralidade de nenhum deles. Cada um de nós é, de forma absoluta, a coisa mais importante do universo.

(Rabi Tzi Freeman com base nos ensinamentos do Rebe Menachen Mendel Shneerson.)

Todos nós temos o Criador dentro de nós! Todos nós podemos manifestar o mais profundo Amor Divino, onde quer que estejamos! Todos nós podemos levar a Unidade da Criação em tudo!

DIVERSOS TRABALHADORES DA LUZ, DIVERSAS FUNÇÕES

Não importa onde estejamos ou com o que estejamos trabalhando, sempre há uma oportunidade de manifestarmos a Luz, o Amor Infinito. Neste momento planetário há trabalhadores da Luz encarnados com diferentes papéis e funções na sociedade e no mundo. Para nos tornarmos espirituais não se faz necessário abandonarmos tudo, sairmos de onde estamos e vivermos retirados em algum lugar. Mas se esse for seu chamado de Alma, ótimo, siga seu coração. No entanto, nesta conjuntura atual planetária, precisamos dos trabalhadores da Luz exercendo diversas funções na nossa sociedade. Conscientes da divindade dentro de si e do propósito da Criação. Assim sendo, precisamos de mais médicos humanitários e que ajudem na transformação do paradigma da medicina; precisamos de juízes e advogados mais éticos com a consciência de coletividade; precisamos de cientistas que auxiliem do despertar da humanidade, e que desenvolvam tecnologias sustentáveis em harmonia com o planeta; precisamos de empresários com visão da coletividade e que auxiliem iniciativas humanitárias. E na minha opinião, é imprescindível que recuperemos o valor dos professores na nossa sociedade. Todos nós passamos por algum professor, é algo que todos temos em comum! A mudança na nossa sociedade acontecerá no momento em que o professor for a profissão mais valorizada no mercado. Precisamos de professores que ensinem a partir do exemplo, a partir de sua própria lapidação. Professores que tenham consciência de que ao mesmo tempo que ensinam também aprendem! Precisamos de mais de professores que ensinem valores, ética universal, atributos positivos, cooperação, compaixão e altruísmo. Precisamos sair do paradigma da competição e entrar no paradigma da cooperação! A evolução nunca disse e não diz respeito ao "mais forte sobrevive". A evolução em harmonia com o Plano da Criação diz respeito à cooperação, ou seja, os grupos que se unem e compartilham sobrevivem.

E de acordo com a missão pessoal intransferível, cada pessoa pode desenvolver algumas características ou atributos específicos ligado à sua própria função. Espiritualidade não diz respeito somente a "ver seres de luz" e "sentir energias". A pessoa não será mais ou menos espiritual se sente ou não energias. Algumas pessoas para realizarem as suas funções e papeis não desenvolvem a sensibilidade ou visão, pois necessitam de outras características para manifestarem os seus propósitos. A grande questão é percebermos se o nosso trabalho e dia a dia estão alinhados primeiramente com nosso propósito aqui. E vermos se o propósito de cada um de nós aqui está alinhado com o propósito da existência, está no fluxo do Dharma, de acordo com o Plano Divino da Criação. O que estás fazendo é somente para ti ou envolve um benefício para mais pessoas, um íntegro compartilhar? Se por um acaso não estiver, sugiro que repenses o que estás fazendo, seja o trabalho em si ou a forma como o estás fazendo, pois há grande possibilidade de não estares trilhando o caminho mais elevado para tua Alma, nem manifestando todo teu potencial divino. Há um potencial Infinito dentro de ti! Esperando por ti! E esta Luz Infinita deseja se manifestar com o teu cheiro, teu colorido, tuas características, teu sorriso, tuas ações, onde quer que estejas!!! E aí está a Plenitude!

Se passássemos menos tempo tentando tornar este mundo um lugar melhor para viver e mais tempo tentando nos tornarmos melhores pessoas com quem viver, o mundo seria um lugar melhor para viver.

Rabbi Shraga Silverstein

Sábias palavras de Rabbi Shraga Silverstein! Pisar na Terra, neste momento de transição e ascensão planetária é considerada a maior honra do Universo nestes tempos. Há filas e filas para encarnar aqui neste momento! Há uma excitação de todos os lados para poder viver experienciar e manifestar o Amor Infinito neste plano. Se tu estás aqui agora considere-te um privilegiado! Isto quer dizer que Deus confia muito em ti e que tu mereces! Tu és especial para o Plano da Criação! Tua és imprescindível para a manifestação da Paz planetária! Ilumina tua vida! Ilumina teu mundo!

Aproveito para compartilhar parte de uma canalização de Kryon que tive a oportunidade de presenciar em 6 de outubro de 2015 em Israel, na Cratera Makhtesh Ramon:

A definição de iluminação, como o Espírito dá, é esta: um ser humano iluminado é aquele que respeita e vê a iluminação de todos. É aquele que pode permanecer e ouvir o ortodoxo e ver Deus dentro dele, e ver que é real e perfeito para ele ou ela. É aquele que pode ver o muçulmano e entender a beleza do que ele acredita, e quem pode olhar a pessoa esotérica e entender o quão perto eles se sentem do Espírito, e quem pode olhar o banqueiro e ver o mesmo. Isso é iluminação. O Ser Humano iluminado é, portanto, aquele que emula os puros atributos de Deus, em vez de qualquer sistema ou de qualquer outro humano. Este é também o atributo do Espírito, que olhará para todos os Seres Humanos sem qualquer viés e sem condição predefinida, e só verá a família.

DIVERSOS GRUPOS, DIVERSAS FUNÇÕES, DIVERSAS NAÇÕES

Inicio esta parte com uma intenção ou oração. Se ela ressoar contigo, por favor, sinta-se a vontade de expressá-la com o mais profundo Amor de teu coração! Tua intenção tem muita força na atual energia planetária:

Ajuda-me, ó Pai, a reunir as crianças de Abraão, Isaías, João, Amem-P-tah, Buddha, Hare, Satyasena, Krishna, e inúmeros outros Mestres, no 'Ofício de Cristo' – para que todos os seres vivos divinos, que são eternos e associados a Ti em planos espirituais diversos, sejam unos na unidade Divina que permeará a Terra, de modo que nenhum homem no Oriente e no Ocidente ouse ignorar teu Reino assim na Terra como é no Céu. (**Chaves de Enoch – J. J. Hurtak.**)*

(*O Ofício Redentor da Luz Divina, reunindo o trabalho dos 144.000 Mestres Ascendidos trabalhando com YHVH, que trabalham para a libertação do homem em todo o mundo, em todos os eóns temporal.)

Assim como você é especial e imprescindível no plano da Criação, também são outros seres humanos, outros grupos espirituais e outras nações. O nosso Criador é tão benevolente que permitiu que O conhecêssemos por meio de diversas roupagens, diversas tradições e caminhos. De acordo com a Teoria das Cordas, vivemos numa grande e perfeita sinfonia de energias e vibrações. Cada planeta com uma função, cada reino (mineral, vegetal, animal e humano) com sua função, cada ser humano com sua função, cada órgão do corpo com sua função. Por que seria diferente com toda a humanidade? Somos todos partes de um grande organismo chamado Terra, que é parte de outro grande organismo chamado Universo. Nenhum grupo possui a única "verdade", a única correta prática espiritual no mundo, o único caminho que chega ao Infinito/Deus. Há infinitas formas de rezar, de meditar, de se conectar com o Deus UM dentro de si e em tudo. Dizer que alguém ou algum grupo é a única verdade seria dizer que no nosso corpo humano o nosso pulmão é mais importante que nosso estômago. Ao darmo-nos conta de que fazemos parte de um conjunto integrado, perde o sentido perguntar qual é o mais importante. Somos diversas partes "quebradas" e separadas do todo, e precisamos reconectar-nos, juntar-nos como partes diferentes do Corpo Divino da Criação. Quando se vive em um sistema inter-relacionado, em que se tem uma tarefa a realizar, todos são essenciais e importantes! E isto não quer dizer igualdade, mas sim que podemos evoluir em direção a um objetivo comum, a Paz na Terra. Perceba o número de tradições espirituais que existem e existiram no planeta, o número de nações, o número de grupos cármicos, o número de mestres com diferentes ensinamentos. Até mesmo dentro dos povos, das nações e dos grupos espirituais há funções diversas. E imagine neste momento planetário em que estamos entrando em contato com mais e mais informações, mais e mais aberturas no nosso akasha e no Universo. Novos papéis e funções surgem no Plano Divino da Criação. Inclusive os que Kryon chama de "Wild Cards" *("Coringa", uma carta imprevisível).* O trecho a seguir é extraído da canalização por meio de Lee Carrol, no dia 3 de outubro de 2015, no Monte Hermon, em Israel, e se chama "Into The Future".

Falamos sobre coisas como 'wild cards' (imprevisíveis), que é uma metáfora para a 'sincronicidade planejada'. Você não sabe o que não sabe. Em outras palavras, se você ainda não viu, você não pode facilmente concebê-lo. Falamos sobre 'Wild Cards' acontecendo no planeta. Um "wild card" é uma sincronicidade extrema que muda lugares, pessoas e planeta de maneiras que ninguém poderia conceber. Um verdadeiro 'Wild Card' ficaria fora da percepção daqueles que prevêem o futuro. Em outras palavras, nunca seria esperado ou mesmo pensado como realidade. Eles se apresentam normalmente como seres humanos singulares, em um evento inesperado. Às vezes, é um homem, uma mulher ou um líder extraordinário com idéias sábias. Às vezes, é um inventor, muitas vezes artista ou poeta, e outras vezes músico. Eles deixam sua marca tão fortemente e tão completamente, que o mundo os recorda para sempre.

Novos jogadores e funções se apresentam! A imprevisibilidade e desejo Divino estão acima de qualquer coisa! Portanto podemos esperar grandes surpresas e aberturas! Sempre pode surgir algum elemento "inesperado", mas que impacta fortemente o fluxo dos acontecimentos.

Todos nós carregamos um DNA multidimensional. Somos muito mais do que imaginamos, nosso akasha pode ser muito mais amplo! Podemos estar conectados a diferentes linhagens, até mesmo a outras famílias de Alma, outras galáxias, outros planetas, outros Universos. Podemos até mesmo estar dentro de alguma tradição ou grupo em específico trazendo nossa sabedoria de Alma e aprofundando dentro de nós mesmos por meio de diferentes formas e com diferentes funções. Isto sem falar na possibilidade de diversos anjos encarnados. Talvez você mesmo esteja limitando suas possibilidades.

Pense bem, o cérebro não tem a mesma função do coração, e mesmo assim são igualmente importantes. Eles precisam funcionar em harmonia e coerência para que o ser como um todo possa viver bem, feliz e em Paz.

E da mesma forma todas as nações e grupos espirituais do planeta. Precisamos de mais diálogo e tolerância, buscar as convergências, olhar para o que há de positivo. Já passamos do momento de matar ou morrer em nome de Deus. Já passamos do tempo de discutir qual tradição espiritual é a melhor, qual mestre foi o mais elevado. Até mesmo na Nova Energia algumas pessoas continuam com a dualidade dizendo que "sua ferramenta" ou "sua energia" é "a mais elevada no planeta neste momento". Como alguma coisa poderia ser considerada mais elevada do que outra quando cada uma tem uma função e papel na totalidade da evolução da humanidade? Como Kryon (por Lee Carroll) fala, chega um momento em que não precisamos mais procurar por novas portas e sim dissolver as paredes!

Paz não é homogeneidade. Paz não significa que todos pensem da mesma maneira. Há paz quando existe uma pluralidade que encontra uma Unicidade Superior. (**Rabi Tzi Freeman.**)

Compartilho partes de uma canalização de Kryon que vibrou forte em mim quando a escutei. Ela se chama "Cinco em um Círculo" e foi dada em Phoenix, no Arizona, no dia 16 de janeiro de 2016. Com certeza fará muito sentido para você também, pois carrega a energia da Unidade. Simplesmente deixe que toque sua Alma.

Saudações meus queridos, EU SOU Kryon do serviço magnético.

(...) eu quero que você pense por um momento que tudo o que eu vou lhe dar está em círculo; por um momento pense nisso como um anel, completo, inteiro; e ao redor do anel há atributos, números se você quiser; então, no anel, não importa onde você comece ou em que direção você vá, você tem todos os atributos; e o conhecimento estará no anel. Agora, em linearidade, em uma linha reta que você chama de tempo, eu vou ter que lhe dar essas coisas uma a uma, mas nenhuma é mais importante do que a próxima ou menos importante do que a anterior. Aqui, eu quero que você comece a entender que nada que estou prestes a lhe dar é mais importante do que outra, estão todas juntas.(...) Se você abrir seu coração e sua mente; e escutar e tomar todas, você perceberia que a verdade é maior do que uma, você seria uma pessoa espiritual mais sábia. Mas é essa tendência da Humanidade que singulariza uma coisa por vez por causa da sua linearidade, e atua apenas naquela ideia.(...)

Se você observar algum sistema complexo neste planeta, ou na galáxia, você encontrará partes que fazem muitas coisas diferentes para encaixar no mesmo objetivo. Se você olha a Física, há partes que fazem coisas diferentes, dedicadas a diferentes energias, mas trabalhando no mesmo sistema. Olhe para a Química: profundamente, as partes se unem para criar resultados elegantes, que são maiores que a soma das partes. Em qualquer parte da natureza que você observa você vê a mesma coisa: um sistema ajuda o outro. O mesmo sistema de vida, com oxigênio e dióxido de carbono, no seu planeta é um sistema cooperativo simbiótico que o mantém vivo. O fino relógio suíço pode somente operar se todas as várias rodas e engrenagens fizerem seu trabalho.(...)

*Você está aqui por um motivo e por um propósito. Muitos de vocês despertaram para uma verdade maior – uma verdade tão grande e tão bonita, que é como nada visto antes na Terra. É uma verdade que não faz ninguém errado. É uma verdade que melhora a Humanidade, não importando o que outros acreditam. A verdade é esta: **Deus está dentro de você!** Outra verdade: A energia neste planeta está mudando, permitindo uma sabedoria maior. Outra verdade: Aqueles que têm repetidamente nascido neste planeta por eons, carregam a maior sabedoria, especialmente para este momento. Elas são chamadas Velhas Almas. Outra verdade: As Velhas Almas estão despertando para tarefas diferentes, para suprir uma solução mais elegante para esta Nova Energia.*

OS TIPOS DE VELHAS ALMAS – CINCO EM UM CÍRCULO

Então eu quero falar sobre as vários "encaixes" que você ocupa – os papéis que você faz no círculo de cinco. Isto soa muito linear, e então você poderá se reconhecer. É complexo, mas eu farei simples. Então eu irei somente criar cinco "encaixes" hoje.(...)

É fácil de entender: Vocês todos têm diferentes tarefas espirituais agora, e o que impulsiona a todas, e que te coloca nestes papéis no círculo é o que queremos mostrar para você. É seu Akasha. A energia de quem vocês foram e do que vocês fizeram, cria quem você é agora. Cria seu propósito espiritual, e outros atributos da vida normal. No que você está interessado, seus talentos, e seus medos. Mas para esta discussão, estamos falando sobre Velhas Almas e propósito espiritual. Estamos falando sobre o que você está fazendo atualmente nesta mudança, e porque você esta aqui.

Como mencionei, classificar os seres humanos de qualquer forma é perigoso, por causa da singularidade de seu viés. Você automaticamente leva mais adiante. Você pode dizer: "Bem, eu estou nesta categoria ou papel chamado disto ou daquilo, e então eu não estou fazendo o suficiente, visto que as outras categorias são mais importantes.Eu peço para você que suspenda tudo isto e apenas escute. Quero falar sobre o que as Almas velhas fazem e como elas funcionam juntas no lindo círculo que é dourado. É um círculo de amor e criação, e as Velhas Almas e os Trabalhadores da Luz vêm a este planeta como uma solução perfeita, em números perfeitos, criando equilíbrio perfeito; e você nem sabe que existe um sistema (sorriso de Kryon)".

FUNÇÃO (PAPEL) NÚMERO UM – ENTRELAÇAMENTO AKÁSHICO

Quero começar com meu parceiro e com aqueles que são como ele. Vou usar uma expressão que eu não usei antes: entrelaçamento Akáshico. O que você sabe sobre a palavra "entralaçamento"? Realmente muito pouco. É uma palavra bastante nova criada por seus físicos, e basicamente significa realidade compartilhada. Na Física, se duas coisas estão entrelaçadas, ambas têm a mesma realidade, mesmo que sejam retiradas umas das outras e colocadas em diferentes lugares. É uma expressão quântica, uma realidade compartilhada que podem estar em diferentes lados da galáxia.

Alguém que se entrelaça com o seu próprio Akasha, está compartilhando a realidade de algo que o afasta do passado. E para essa pessoa é difícil distinguir a realidade que é da Terra, da realidade do passado Akáshico, ou a realidade que existe do outro lado do véu. Mas são conduzidos pelas suas percepções akáshicas.

Agora, há uma palavra que é usada na astrologia; é uma metáfora para esta pessoa. A palavra é Yod – Y – O – D. Na astrologia é um alinhamento de 3 coisas que são únicas e especiais, que não ocorre com muita freqüência. Para aqueles que nasceram nele, cria uma energia que foca o individual na forma específico (e difícil de entender). Eles vivem e respiram o que eles acreditam que precisam fazer; e isso vem do seu Akasha. Queridos, isso não acontece apenas por nascer com estes atributos. Como todas energias astrológicas, elas postulam potenciais, você deveria acordar neles. Em outras palavras, se você optar por não aceitar algumas dessas coisas, elas nunca ocorrerão para você. Mas uma vez que você começa a examiná-los, eles vão te capturar de uma forma positiva, e eles vão pressioná-lo tão forte que tudo o que você faz é apenas por uma coisa. Você se torna uma Velha Alma ultra-focada para Deus.

Esta categoria de Velhas Almas Akashicamente entrelaçadas, são aqueles que são constantemente empurrados para trabalhar. Alguns são canalizadores, alguns são autores, alguns escritores, alguns são palestrantes. Suas vidas parecem normais, mas não o são. Tudo o que eles fazem em suas horas de vigília é pensar sobre por que eles estão aqui. Eles irão se esforçar constantemente com a energia do Akasha até o dia que tomam a última respiração. É sobre uma singular, focada, esforçada coisa. É lindo, porque conseguem fazer muito. Mas há uma maneira de pensar naqueles que os olham e dizem: "Oh! Olhe para isso! Eu deveria fazê-lo. Eu realmente não estou fazendo nada comparado com aquilo!" ou "Olhe para aquilo! Eles nunca tem tempo para algo ou alguém, apenas para seu próprio trabalho." Então dentro desta discussão, eu quero falar sobre este pensamento enviesado entre Trabalhadores da Luz.

Meus queridos, nas cinco categorias, deve haver aqueles que têm um Akasha entrelaçado, para impulsionar essa Nova Energia para o acelerado, como eles fazem. Tem que ser assim. Meu parceiro sabe isto e ele se viu mudar. Ele agora percebe que isso é tudo o que ele vai fazer. Ele percebe que ele nunca vai se aposentar. De alguma forma, seria uma traição para o seu Akasha. Ele continuará empurrando até o fim, e ele conhece outros como ele. É tudo que eles querem fazer. Eles vêem a beleza e o esplendor do outro lado do véu; e tudo o que podem fazer é falar sobre isso, escrever sobre isso, ensinar isso e ser isso. Isto é entrelaçamento Akáshico. Meu parceiro está confortável com isto agora, e é só o que ele queer fazer. Este é o número um. Lembra o que é o número um em numerologia? Representa a energia de novos começos. Esse é o propósito daqueles que são empurrados pelo entrelaçamento Akáshico. Eles não terminam nada, e geralmente não olham para trás pra revisar qualquer coisa que fizeram. Nunca está completo. É sempre novo. Número um.

FUNÇÃO (PAPEL) NÚMERO DOIS – ENTRELAÇAMENTO AKÁSHICO PARCIAL

O número 2 é semelhante, entrelaçamento Akáshico Parcial. Estes são representados por aqueles que não têm tanto o empurrão, mas ainda sentem como se tivessem. Mas eles estão um pouco mais relaxados sobre isso. Está certo para se aposentar ou relaxar com a vida, mas eles sempre sentem que têm um propósito sólido no planeta.

Agora, aqueles do número 2, lidam com a dualidade em 3D. Eles lidam mais com o corpo humano. Eles são curadores e são aqueles que estavam procurando soluções que vão apoiar as do número 1. Porque aqueles do número 1 tendem a ser excedidos, eles precisam do número 2 para curá-los.

Frequentemente eles são trabalhadores de sistema, e eles conseguem resolvê-los. Eles resultam com sistemas que ajudam a humanidade. Eles também estão focados, eles têm um entrelaçamento Akashico parcial, eles podem lembrar-se de que já foram curadores. Eles lembram que já usaram os sistemas com os quais eles estão trabalhando. Eles têm muita certeza disso, eles querem escrever sobre isso, eles querem ensiná-lo. É muito óbvio. Eles servem novos sistemas, e amam unir coisas.

É um grupo de apoio para a Humanidade, e também para o número 1. Os do número 1 iriam se empurrar até ficarem sem comer, a menos que tenham alguém que diga-lhes para comer. O número 2 irá desenvolver um sistema do que comer. Há uma bonita simbiose aqui. É como um relógio suíço no qual cada engrenagem se encaixa com a outra. Mas o que une estes cinco juntos, e estou lhe falando mesmo antes de lhe dizer o resto, é a sincronicidade.

Quando eu terminar o ensinamento hoje, eu lhe darei cinco tipos e funções (papéis). Há uma tendência imediata de você dizer: "De que tipo sou eu?" Bem, querido humano linear, eu disse que você poderia ser 2 ou 3 deles? Eu lhe disse que há um cruzamento? Eu lhe disse que existem áreas cinzentas? Eu lhe disse que isso é quantum? Não tente se encaixar nisso. Apenas perceba que eles existem e você pode corresponder um deles completamente, ou pode corresponder em algum grau a todos. Mas entenda que você é parte do mecanismo deste lindo relógio que se move no seu próprio tempo e que se encaixa. Cada um se encaixa com os outros, porque todos apoiam um ao outro. Apenas espere até eu contar o número 3.

FUNÇÃO (PAPEL) NÚMERO TRÊS – OS MEDITADORES

O número 3 é a energia do catalítico. Move as coisas. A própria existência da função número três é catalítica. Um catalisador é algo que permanece o mesmo, mas muda o que entra em contato com ele. Eu direi quem são esses. São os meditadores do planeta; e seu Akasha...está muito confortável fazendo isto, porque eles podem sentar-se e meditar por dias, e eles sairão renovados. Eles irão frequentemente sentar em uma posição durante o tempo todo.

O quê estão realmente fazendo? Eu direi o que eles estão fazendo: eles estão segurando a energia de todos os outros juntos, porque sua consciência é estável. Não confunda isto com uma ancoramento, porque não é. Sustenta harmonia. É calma, é linda, estabelece um cenário que é sentido por todos os outros. Quero falar sobre esse relógio, esse círculo. Quando o número um está frustrado, o número três é parte dele. Ele sente o número 3 e satisfaz sua necessidade de relaxar. O aspecto meditativo não faz parte do número um: ele empurra, pressiona, vai. E então, o número 3 leva a outro nível, num sentido quântico, e compartilha com o número um e o número dois. Ambos se acalmam e relaxam, e sabem que tudo está bem – tudo isto porque o número três está aqui e fazendo seu trabalho. Você vê como isto trabalha junto?

O número 3 teve vidas sendo monges por todo o planeta, e ele aprendeu a sentar e apenas ser. Há muito poder aqui com o meditador quântico. Diga-me, como trabalhador da luz , você já olhou para o número três e você disse: "Como você pode fazer isso? Isso não é para mim. Você apenas senta-se lá – por horas e horas!" Agora você sabe. Eles apenas se sentam lá e estabilizam o Planeta. Eles estabilizam e harmonizam todos os outros números, porque eles os absorvem e lhes dão paz. Eles criam um semblante pacífico e qualquer coisa que vier em sua direção é mais pacífica por causa disto.

O número um e o número dois precisam desesperadamente do número três, mas o número três também precisa do número um e do número dois. Isto porque apenas "sentado" *lá não realiza o que o número um e dois podem fazer. Você está começando a entender o círculo? Faz sentido para você? Faz sentido que exista um sistema em que as Velhas Almas façam coisas diferentes neste Planeta para fazê-lo funcionar? Nem todos com o mesmo uniforme, nem todos do mesmo gênero, nem todos com a mesma doutrina ou sistema de crença, não fazem a mesma coisa, não cantam as mesmas músicas, mas totalmente, e completamente únicos e diferentes, e ainda, e se encaixam como um bom relógio suíço.*

FUNÇÃO (PAPEL) NÚMERO QUATRO – A ABRAÇADOR DE ÁRVORE

O que você acha que é o número quatro? Se você foi educado numerologicamente, você sabe que 4 é o número de Gaia. Você já me ouviu dizer que Gaia está conscientemente relacionada com a Consciência Humana? O planeta Terra está profundamente conectado com você. Se você perguntar aos antepassados, aos ancestrais sobre isto, eles dirão que é a primeira coisa que absolutamente sabiam a respeito. Não havia tecnologia. Gaia forneceu-lhes a comida, mostrou onde caçar e pescar, e deu-lhes bom tempo quando precisaram. Todas essas coisas, eram as mais importantes que eles tinham, e a mais espiritual. Gaia estava conectada com Deus.

Queridos, vocês perderam isto, e hoje que esta profunda conexão não é importante para você, mas pode ser novamente. Deixe-me falar sobre o número quatro: Alguns deles nem sabem que são Trabalhadores da Luz. Eles apenas sabem que estão conectados à Terra! Você não pode removê-los de uma árvore quando eles estão abraçando-a. Eles precisam fazer parte da Gaia o tempo todo.

Pergunta vinda da audiência (que está sendo intuída): "Querido Kryon, sobre estes cinco: Pode alguém mudar de tipo, e mudar para o próximo tipo em uma vida?" *Humanos, por que vocês fazem isso? Vocês estão intelectualizando a minúcia da mensagem, mesmo antes de completa. Sim, você pode fazer o que você quiser, já que você tem um Akasha muito rico. Pense a respeito disto: pode um número três tornar-se um número quatro? Um número cinco, que você nem mesmo ouviu falar, pode se tornar um número um? O sistema está em um círculo, é claro que você pode. Existem maneiras de capturar energias, aprender coisas, e mover-se pelo círculo. É dinâmico e bonito. Humanos pensam que assim que algo é aprendido, é colocado num lugar e fica lá para sempre. É como você entrar numa caixa e fechar a porta, e daí com ela. Queridos, vocês são parte deste círculo. Você se move com ele.*

O número 4 também é um encantador de animais, um amante de animais; alguém que literalmente pode falar com a consciência de animais ou entender eles. Alguém que até fala com plantas e realmente sente que as plantas têm algo a dizer. Eles amam o planeta. Este é o número 4.

Agora, se você é um número três e fica três dias contemplando o seu umbigo, você realmente não entenderá o jardineiro que se levanta muito cedo para plantar coisas e as ama, ele simplesmente as ama! Mas se você estiver em um círculo trabalhando juntos, e você está entrelaçado um pouco, então vocês estão se ajudando mutuamente, e você tem uma parte de sua especialidade. Você ouviu isto? Faz parte de um grandioso sistema.

O encantador de animais está encantando para os números um, dois e três. E talvez 3 não conheça ou ouça nem 2 nem 1, mas está acontecendo, deve ser assim. Porque a consciência humana está conectada de maneira quântica, não está isolada. Você acha que tem uma Alma que faz apenas uma coisa? Hoje, meu parceiro mostrou que a confluência da consciência é o que move as coisas. Não 1, nem 2, nem 3, mas uma confluência de muitas misturadas juntas.

Se eu estou lhe dizendo que há um círculo de trabalhadores que se ajudam, porque eles misturaram sua consciência, mas que têm especialidades. Mas quando estas especialidades são colocadas junto, elas criam equilíbrio. Isto te lembra da "mãe natureza"?

Assim, é um sistema quântico. Composto por muitas partes que são misturadas com as outras partes, e algumas partes nem sequer conhecem uma a outra, ou compreendem uma a outra. Você recebe ajuda daqueles que estão meditando, mesmo se você não é um meditador. Por causa disso, o todo é mais forte do que as partes. Este foi o número 4.

Oh, há tantos quatro! Isso os chama. Alguns seres humanos nunca se retiram do amor para o planeta Terra, e sequer chamam-se de Velhas Almas, eles são apenas Trabalhadores da Terra. Eles nem sabem sobre o seu Akasha. Eles só sabem que, por algum motivo, tudo o que eles querem fazer é estar na natureza e com os animais. Isso é tudo o que eles querem fazer, nunca percebendo o que eles compartilham com o número três e o número dois. O que está trabalhando com sistemas (número dois) também está abraçando a árvore por causa do número quatro. Aquela grande paz da Terra é gerada pelo número quatro e ajudada fortemente pelo número três, porque este está fazendo seu trabalho lá sentando-se pacificamente por horas, meditando em silêncio para todos os outros. *O número um ainda vai sair e empurrar e empurrar e empurrar. Isto é para mudar o Planeta para o resto deles. É um belo sistema!*

FUNÇÃO (PAPEL) NÚMERO CINCO – ÂNCORAS

O número cinco é o último por agora. Mudança é o significado do número cinco. Quem é o maior modificador do planeta? Alguns diriam que tem que ser o número um. Não é. O número 1 faz o seu trabalho de uma forma tão focada e apontada que levará anos para fazer a diferença. E até mesmo lá, será significativo apenas para algumas pessoas. Não, é o número cinco aquele que faz a maior diferença. O número 5 tem mais Velhas Almas no grupo do que qualquer outro departamento. Eu os chamo de "âncoras". Eles ancoram aos números um, dois, três e quatro.

Se você é um número quatro, que bem faz abraçar uma árvore sua vida inteira? Com quem você vai falar? Quem você vai ajudar? A resposta é: "todo o resto." Isto por causa do seu relacionamento com o planeta. Você vê como isso funciona? O número cinco vai ancorar no número quatro, e especialmente o número três, que sem uma âncora voaria. Número um não quer nem parar para cheirar as rosas.

O número cinco são as Velhas Almas que passam pela vida sem escrever um livro, sem estar no palco, não fazendo nada de "importante", de acordo com o que eles percebem o importante. Eles caminham dia após dia, não compreendendo que eles estão neste planeta espalhando ações compassivas. Compaixão, a palavra-chave que usamos seguidamente. É o que esse planeta precisa mudar, e ela ancora equilíbrio.

Todos os dias, a Velha Alma vai trabalhar, tem amigos, tem família, vai para escola, e todas as outras coisas que sua vida oferece. É realmente apenas o número cinco que entra em contato com outro no planeta. Mas é como eles tratam outros seres humanos que é a âncora. Como você age na estrada da vida, Velha Alma? É Compassivo? Você vê Deus nos outros? Número cinco é aquele que ancora, e faz mais para ajudar o planeta do que todos os outros juntos. A âncora espalha a compaixão que este planeta precisa, para que todos os outros números possam trabalhar suas especialidades.

Qual é você? Talvez você seja uma combinação de vários, e está bem, porque estas categorias não são singulares. Coloquei-os em cinco compartimentos, mas agora vou derrubar todas as paredes entre os compartimentos e misturá-los todos, de um a cinco, em um liquidificador. Este é quântico. Vocês podem realmente não entender, meus queridos, mas pelo menos agora sabem que existe um lindo sistema que honra as diferenças. É por isso que existem interesses tão variados na espiritualidade. Alguns podem perguntar: "Qual deles sou eu? Eu pareço não ser nenhum deles." O que você não entende é que você está fazendo tudo. Você está apoiando todos os outros, e são provavelmente um número cinco.

Número 5, eu quero que você ouça isso: o que você está fazendo simplesmente caminhando este planeta com compaixão é crítico para o sistema. Sem isto os números de um a quatro não conseguiriam realizar nada. O número um pode compor a mensagem da casa para uma Terra sem compaixão, e não terá significado algum, a menos que haja apoio. O número dois pode ter sistemas e dar para uma Terra sem compaixão, e ninguém vai ouvi-lo. O número três vai se sentar e ponderar tudo durante anos, e ainda não fará alguma coisa para ajudar uma Terra que não se importa. O número quatro pode abraçar quantas árvores quiser e estar conectado a Gaia, mas a menos que haja uma consciência compassiva sobre este planeta, nada mudará. Número cinco? Parece que estou dizendo que você é o mais importante, mas na verdade não. Sozinho, número cinco não consegue realizar muito, sem descanso tampouco. Número cinco pode ajudar a preparar o planeta, mas como um fazendeiro que prepara o solo, sem as sementes não há crescimento. Voltamos para o fino relógio suíço. Qual engrenagem é mais importante?(...)

Queridos, é assim as Velhas Almas e pessoas com mente espiritualizada trabalham nesta Nova Energia. É um sistema colocado junto por Velhas Almas e Trabalhadores da Luz, onde todos desempenham seu papel específico. Não é todos fazendo a mesma coisa, ou seguindo apenas uma regra de verdade. Há uma confluência de energia que resolve esse quebra-cabeça em um lindo círculo dourado. Vocês não têm que usar a mesma roupa, ou virar para mesma direção, ou falar a mesma língua, para mudar o planeta. Vocês também não tem que conhecer uns ao outros.

Isto é apenas o começo e haverá mais, mas a premissa é clara. Todos têm seu nicho, dependendo de quem são, e quantas vidas tiveram na Terra. As Velhas Almas são as mais experientes, e irão reconhecer esta mensagem primeiro. Este sistema começa a explicar porque alguns de vocês são chamados para fazer certas coisas, e outros não são. Queridos, não se machuquem mentalmente, porque você não pensa que está a altura de seu vizinho, que você sente que está fazendo algo mais importante que você. Deus vê vocês todos da mesma forma, trabalhando no quebra cabeças juntos.(...)

EU SOU Kryon, apaixonado por Humanidade.

E assim é.

Kryon

TODOS MEMBROS DE UM MESMO TIME

Como uma das minhas "primeiras vidas" dentro desta mesma vida foi ligada ao esporte, faço um paralelo do que Kryon falou com uma equipe de basquete, o Chicago Bulls, que foi campeão durante muitas temporadas da liga norte americana durante a década de 1990. Quando falamos dessa equipe, geralmente as pessoas lembram-se de Michael Jordan, a grande estrela do time. Larry Bird, um grande jogador do Boston Celtics, uma vez disse que quando Deus quis "descer" para o mundo e jogar basquete vestiu-Se de Michael Jordan, tamanho era o fenômeno nas quadras.

Michael Jordan era como o coração do time. Mas eu faço uma pergunta: de que serviria um coração sem um pulmão para oxigenar o sangue que é bombeado? O que seria do coração sem o próprio sangue? O que seria do coração sem o cérebro? O que seria do coração sem os rins para filtrarem o sangue? E da mesma forma, o que seria de Michael Jordan sem seus técnicos Phil Jackson e Tex Winter para ensiná-lo e preparar um esquema de jogo em que pudesse render da melhor forma para a equipe? O que seria de Michael Jordan sem seu preparador físico? O que seria de Michael Jordan sem seus companheiros de equipe Scottie Pippen, Denis Rodman, Steve Kerr, Horace Grant, Luc Longley e todos os reservas? O que seria dele se não houvesse alguém para passar a bola, para fazer uma jogada que o deixasse livre, alguém que o auxiliasse na defesa? E mais, o que seria dele sem um fisioterapeuta, um cozinheiro da equipe, um médico, um fisiologista, um manager, um funcionário do ginásio? Será que realmente fazemos e conseguimos nossos feitos sozinhos? Será que temos o direito de nos orgulharmos de que somente nós somos responsáveis por nosso sucesso, por nossa realização?

O que seria de Michael Jordan se não tivesse sido cortado de seu time de High School na Carolina do Norte? Será que se não tivesse passado por esse desafio teria sido o afamado Michael Jordan? E o que seria de Michael Jordan se não tivesse aprendido com seu técnico de Universidade na Carolina do Norte? O que seria de Michael Jordan se não houvesse um grande oponente como o Detroit Pistons de Isaiah Thomas ou o New York Knicks de Patrick Ewing? Será que Michael Jordan seria Michael Jordan se não viessem antes dele Magic Johnson, Pete Maravich, Wilt Chamberlaim, Oscar Robertson e Larry Bird?

Vamos um pouco além, Michael Jordan existiria sem seus pais e seus avós? Quem seria Michael Jordan sem seus irmãos, irmãs e amigos? O que seria dele sem sua família? Como alguém pode achar-se melhor ou mais importante que alguém neste plano Divino da Criação? Por que a arrogância? Por que diminuir os outros? Por que se achar melhor? Por que achar que a há uma única verdade?

Perfeito é claro que ele não é e nem foi. Mas quantos jovens se inspiraram em Michael Jordan, que só foi Michael Jordan em razão de toda a interexistência e outras pessoas? Serviu de inspiração para Lebron James, Stephen Curry, Kobe Bryant e até mesmo Ronaldinho Gaúcho do futebol. E quantos trabalhadores de outras áreas se inspiraram nos atributos que Michael Jordan apresentava em suas respectivas áreas de trabalho?

Cada pessoa, cada ser humano é parte integrante e imprescindível da magnífica engrenagem chamada Universo. Cada membro desta equipe universal tem uma história e desempenha uma posição diferente no "jogo cósmico", alguns são armadores, alguns pontuadores, alguns marcadores, outros técnicos etc. E como todas as equipes, alguns problemas podem fazer com que o time não saia vitorioso. Se um jogador da equipe acha que sua função é a única que existe ou a melhor de todas, e que todos devem agir igual a ele, isso pode causar uma quebra na equipe, um afastamento dos companheiros, e todo o time perde. Cuidar somente de si e não se preocupar com os outros, principalmente por achar que está acima dos outros. Achar que não precisa de tática ou plano de jogo, de alguma organização e disciplina para colocar em prática suas potencialidades. Não escutar os técnicos, assistentes e preparadores físicos. Achar que está acima das regras do jogo. Não ter consciência de cooperação e coletividade. Não ter respeito. Achar que não precisa treinar nem se esforçar. Muitos com vontade de "ganhar", no entanto não demonstram a vontade de preparar para ganhar. Muitos querem levantar o "troféu", no entanto não se dispõem a treinar nem se preparam para levantar o "troféu". Quantos outros atributos são necessários trabalhar para criar uma equipe harmônica e coesa? Será que uma equipe não renderia mais se cada um respeitasse a sua função e seu papel? E se descobríssemos que não estamos jogando contra alguém, mas sim que todo o jogo se dá dentro de nós?

O que seria de Michael Jordan sem o Criador do Jogo? O que seria dele sem o palco e sem as regras do jogo? O que seria dele se não escutasse o Grande Técnico? Michael Jordan seria alguém sem o Infinito/Deus? Como existiria Michael Jordan se não fosse pela constante Criação Divina, que acontece a todo instante e continua acontecendo? Sem a constante Criação do Infinito nenhuma parte da equipe existiria, nenhum jogador, nenhuma

Arena, nenhum espectador! Podemos e devemos adotar uma perspectiva dessa interconectividade e da importância de cada ser humano no planeta. Todos nós somos Michael Jordan em algum aspecto da nossa vida! Há algum pedaço da Criação que espera pela Luz de cada um de nós! Assim como Larry Bird falou que Deus desceu ao mundo e vestiu-Se de Michael Jordan para jogar basquete, **Deus também desceu ao mundo e vestiu-Se dos nossos corpos para irradiar Sua Luz por meio de cada um de nós!** E quando tomarmos consciência de que a Luz está dentro de nós e que é o próprio Infinito/Deus que nos anima e que nos cria a todo o instante, acessaremos a mesma Fonte que habita em todos os seres humanos e em todas as coisas que existem! Veremos que tudo que existe é animado e trazido à existência pelo Infinito! Veremos que tudo está infundido pela Luz Divina e que todos estamos conectados com e por Ela! A própria Essência de tudo que existe é o próprio Infinito! E a mais sublime manifestação emocional dessa Essência é o Puro Amor! E daí daremo-nos conta de que estamos aqui simplesmente para Amar, conectar e Ser! E então, dentro de nossos limites de entendimento e de percepção conseguiremos responder onde está Deus e o que é Deus.

*Deus Se encontra na natureza e no milagroso – mas Ele não é nem as leis da natureza nem o milagre. Ele Se encontra na matéria e no espírito – mas não é nem matéria nem espírito. Ele Se encontra no Céu e na Terra – mas não é o Céu nem a Terra. Ele Se encontra na alma e no corpo, na forma e na matéria, no justo e no perverso, na luz e nas trevas, na existência e na inexistência. Ele Se encontra em todas as coisas e em todos os opostos, porém não é nenhum deles. No ponto em que todos esses opostos convergem, procure Deus. É por isso que o nome de Deus é Paz. Quando cada um mantém sua singularidade, mas todos convergem pacificamente, aí reside Deus. **(Rebe Menachen Mendel Shneerson por Rabi Tzi Freeman.)***

A "BATALHA" CONTRA A ESCURIDÃO: O INÍCIO DO FIM DA ESCURIDÃO

Da perspectiva da Unidade, tudo é Deus, tudo contém a Presença Divina e o Amor é o pano de fundo de toda a Criação. No entanto, na perspectiva da dualidade, existe a luz e a escuridão, que no fundo também são parte do mesmo Deus/Infinito. Existe uma parábola do Zohar (livro sagrado cabalístico) que diz o seguinte:

Um certo rei contratou uma prostituta para tentar seduzir seu filho, o príncipe herdeiro, empregando vários meios, para ver se ele resistiria à tentação e seguiria a moral que herdara por meio da monarquia. A prostituta, que estava ciente da intenção do rei, realmente não desejava que o príncipe tropeçasse e se entregasse aos seus desejos. Ela queria que o príncipe vencesse suas tentações, o que agradaria o rei e, consequentemente, o rei ficaria satisfeito com ela também, pois tinha um papel em causar grande alegria ao rei. Se, no entanto, ela tivesse sucesso em sua sedução, não cumpriria o desejo oculto do rei e causaria grande dor.

O próprio propósito da escuridão é de revelar mais Luz. No fundo a escuridão quer virar Luz, é seu desejo último. Os grandes sábios e místicos judeus ressaltam que todo o mal e sofrimento que ocorrem neste mundo estão enraizados no bem. É este bem que cria e o vivifica, dando-lhe vida e existência. A razão pela qual mesmo o mal é submisso a Deus é porque recebe sua força de vitalidade e vida de Deus. A bondade que se encontra no mal trabalha de maneira semelhante à da prostituta; seu verdadeiro desejo é cumprir a vontade de Deus de desafiar o homem.

Na dualidade existe um objetivo e propósito, e algumas energias que devemos transformar, e mais luz revelar. Os sábios afirmam que, no entanto, após o mal descer do seu nível sublime de ser um servo divino que sente a gema do seu mestre (negando assim a capacidade de se rebelar), transforma-se em verdadeiro mal sem qualquer boa intenção ou qualquer reconhecimento de sua missão enviada por Deus. Isso se manifesta neste mundo como sofrimento espiritual e físico. As forças do mal abaixo, neste mundo, têm verdadeiras intenções malignas e não estão em uma missão divina em sua perspectiva. No entanto, sua origem e existência atual é realmente de um nível de bem em uma missão para cumprir a vontade de Deus para testar a pessoa e captá-la, portanto, gratificando a Deus e a origem do mal.

A escuridão neste planeta é como flores em um buquê. Ainda exalam um certo cheiro e colorido, no entanto estão fadadas a morrer e desaparecer num breve período de tempo. A escuridão não é uma energia ativa, é simplesmente uma energia passiva, é ausência de luz, e sua origem está nos pensamentos, palavras, emoções e ações dos próprios seres humanos. Apesar de estarmos observando nas mídias e jornais uma crise global e muita violência, isso diz respeito somente à uma pequena parte de tudo que está acontecendo no planeta. Muitos estão despertando e trazendo mais consciência para o mundo.

Sou extremamente otimista com relação ao nosso futuro! E como poderia ser diferente se o Infinito Amor pulsa em tudo que existe e só precisamos trocar nossos "óculos" para enxergá-Lo? Quanto mais transformamos e aumentamos nossa vibração, mais Ele se revela na nossa vida e no nosso entorno. Quanto mais brilhamos nossa Luz, menos somos afetados pela escuridão, menos abertura para que esta energia densa se manifeste. Estamos entrando numa era em que a energia da Luz é simplesmente muito forte, invencível, superior a qualquer grupo escuro ou intenção negativa. Se a Luz está presente e manifestando-se, a escuridão não tem poder nenhum sobre o humano. A diminuição de nossa sombra e escuridão individual é um sinônimo para diminuição da escuridão no planeta. E conseguimos isto iluminando nossas sombras, trazendo-as para a Luz e transformando-as, integrando-as e liberando-as como lição aprendida e evolução.

Combater o mal é uma atividade muito nobre quando deve ser feita, mas não é nossa missão na vida.
Nosso trabalho é trazer mais luz.
(Rabbi Tzvi Freeman)

Eu tenho certeza ABSOLUTA que estamos no caminho certo e que em breve os "sinais" de Luz ficarão mais claros e evidentes. Há algum tempo, em 2015, recebi da minha família espiritual uma informação sobre um potencial de meu passado que mobilizou bastante minha mente naquela época. O potencial era de que, se o planeta não caminhasse em direção ao status de ascensão e se direcionasse à autodestruição, eu teria desencarnado mesmo em 2012. Interessante que essa informação estava presente no meu akasha e quase aconteceu. Foi um momento de uma encruzilhada muito desafiante na minha vida. Mas por ter passado aquele momento difícil de "escuridão" da Alma, uma verdade mais profunda revelou-se e um novo potencial se manifestou. Um potencial baseado no Amor! Um potencial de Paz Profunda que vai além de qualquer compreensão! Somente o Amor traz a Luz, somente o Amor elimina a escuridão! Não precisamos eliminar a escuridão, simplesmente manifestar a cada dia um pouco mais de nossa Essência Amorosa! Só o Amor acaba com a escuridão. Amor é Luz!

Capítulo **8**

O INGREDIENTE MAIS IMPORTANTE

Amarás teu próximo como a ti mesmo. Porque todo ser humano tem uma raiz na Unidade e rejeitar a menor partícula da Unidade é rejeitar toda ela.
Baal Shem Tov

Um princípio espiritual que perpassa e está na raiz de todas as tradições espirituais íntegras do planeta diz respeito a "Amar o próximo como a si mesmo". Primeiramente diz respeito a amar o próximo, quem está perto de você no convívio. Pode ter certeza que é muito mais fácil amar a "humanidade" (lá longe) do que amar quem convive diariamente conosco, começando pela nossa família. Amar alguém COMO a si mesmo envolve um ponto de partida, ou seja, como você se ama, você amará o próximo. Tudo parte do amor por si mesmo, um estado de Ser de consciência da Divindade dentro de si, um amor do nível de Alma. Mas o amor verdadeiro, que é parte do nosso relacionamento com Deus, é altruísta. É um estado de conexão que vai além da mente fragmentada. E estamos aqui para reconectarmos todas as partes! Este tipo de amor não diz respeito a um amor para satisfazer as próprias paixões, instintos e necessidades. Este último é um amor egoísta, condicional, limitado e parte do ego, da falta. Muitas vezes voltamo-nos a formas de amor não saudáveis para substituir essa falta de interior de amor. As pessoas não são perfeitas e nunca suprirão suas vontades e desejos. O Amor é um componente imprescindível na vida humana. O Amor desinteressado, significa ir além das próprias necessidades. Significa sair de si mesmo, realmente conectar-se com a Alma de outra pessoa e, portanto, com Deus. Para alcançar o Amor "desinteressado" e incondicional, que não espera nada em troca, primeiro precisamos aprender a nos amarmos. Isso significa entender quem realmente Somos e porque estamos aqui.

A única linguagem ou ensinamento espiritual que poderá nos unir é o Amor Infinito. O Amor manifestado como bondade, compaixão e ação benevolente são as formas mais poderosas de espiritualidade neste momento planetário. O Amor é a corda vibracional que nos liga, é a cola que pode nos grudar novamente, é a energia que tudo conecta. Se você não encontrar uma maneira de amar a Deus, de amar Deus que reside em sua Alma, você estará na constante busca de amor.

Suba a montanha interior de sua Alma, silencie a sua mente e escute o Infinito/Deus, o além da compreensão, das formas ou definições. Moisés, Jesus, Enoch, Elias, Buda, todos escalaram suas montanhas e compartilharam o que "viram". Escutaram como poderiam servir à Criação. Suba a sua montanha interior, mergulhe na sua Essência! Busque mais de si mesmo, pois não há compaixão maior na vida do que a compaixão pela própria Alma, que deseja se manifestar em sua Totalidade neste plano!

Quando as Àguas Poderosas cobrirem sua cabeça, sufocando a alma e a chama que ardia em seu interior...

quando torrentes furiosas de confusão o arrastarem na correnteza, tirando-lhe o domínio da vida...

olhe mais fundo. Além da alma.

Pois a própria alma, assim como a chama que ela contém, está arraigada num sereno Mundo Divino de Emanação, um mundo de quietude e harmonia sublime.

Mas a turbulência deste mundo tem raízes ainda mais longínquas, originando-se num Mundo de Confusão, de luz ilimitada e indomada, anterior à emanação ordenada de existência definida: "e o mundo era confuso e vazio, e trevas cobriam a face do abismo."

Então você tem de cavar mais fundo, além dessas raízes, para encontrar o carvão do qual a chama surgiu e a rocha dura da qual a faísca foi lançada. Mais fundo, até atingir a essência primordial da alma, além da Emanação, além da Luz – ainda para lá da luz ilimitada da pré-criação. Onde não há nada, afora o pensamento seminal que inspirou tudo o que é, foi e será.

Que pensamento foi esse? O pensamento em você aqui e agora, em sua luta com este mundo, e o sabor delicioso da vitória.

Como nesse pensamento não há passado nem futuro, lá, nesse pensamento, você já venceu.

Agora você deve fazer isso acontecer.

(Rebe Menachem Mendel Schneerson.)

Neste momento encontro-me no topo de uma montanha interior que acabei de subir e percebo que na verdade estou no meio de um grande vale de diversas montanhas mais altas e coloridas, esperando para serem desbravadas, vividas e iluminadas. Neste ponto espero novos sinais, novas sincronicidades para poder servir o Infinito com todo meu corpo, com toda minha força, com todo meu coração e com toda minha Alma! Pois, no fundo, estamos servindo a Nós Mesmos. Tudo está só começando...

Então, me permita apresentar-me novamente.

Estou sendo criado neste exato momento e constantemente mudando!

Constantemente caindo e levantando!

Estou no caminho da vitória! Todos estamos!

Quem sou?

Uma nova criação a cada instante. Como você.

Sem definição, sem começo e sem fim.

Cada dia um sagrado presente.

E tentando ser um canal para fazer acontecer o Plano Divino.

Tudo está Pleno!

Mas sempre há mais. Há sempre o que lapidar e evoluir!

Sempre podemos aprender mais sobre o Amor Divino.

É magnífico! Somos magníficos!

É Infinito!

Somos Infinitos!

E tudo está dentro de você.

Você é O Infinito.

Você é imprescindível.

O Amor Infinito Incondicional é a ressonância original de quem você É.

Pratique falar a linguagem do Universo.

Você está pronto(a) para Nova Terra?

Você está pronto(a) para novos níveis de Iluminação?

No Amor, pelo Amor, com Amor, para o Amor,
Guilherme Barros da Luz

Ninguém é dono de Deus. Esta humanidade é uma família, uma Terra, cada uma com tarefas diferentes. Nenhuma tribo possui a essência de Deus. A compreensão disso é parte da grande solução para todos os desafios atualmente no planeta.

(Kryon canalizado por Lee Carrol.)

REFERÊNCIAS

ACARYA HIRANMAMAYANDA AVT. Cure Yourself with Yoga. Editora Komiz Dans ve Yayincilik Ltd, 2004

ARYEH KAPLAN. Meditação e Cabala. Editora & Livraria Sêfer 2005.

ARYEH KAPLAN. Meditação Judaica. Agora Editora, 2010.

AVADHUTIKA ANANDAMITRA ACHARYA. A Meditação e os Segredos da Mente. Editora Ananda Marga, 2008.

AVADHUTIKA ANANDAMITRA ACHARYA. Yoga para Saúde Integral. Editora Ananda Marga, 2012.

AVRAHAM GREENBAUM. Jardim das Almas. Editora & Livraria Sêfer, 2010.

BARBARA MARCINIAK. Mensageiros do Amanhecer. Editora Ground, 2008.

BRUCE H. LIPTON. The honeymoon effect: the science of creating heaven on earth. Editora Hay House, 2014.

C. G. JUNG. A Natureza da Psique. Editora Vozes, 1991.

C.G. JUNG & SONU SHAMDASANI. The Psychology of Kundalini Yoga. Princeton University Press, 1999.

C.G. JUNG. DESENVOLVIMENTO DA PERSONALIDADE. Editora Vozes, 2012.

CANDACE PERT. Conexão Mente Corpo Espírito. PróLíbera Editora, 2009.

CHAIM KRAMER. Anatomia da Alma. Editora & Livraria Sêfer, 2008.

CHUNGLIANG AL HUANG & JERRY LINCH. O Tao do Esporte. Best Seller, 1992.

CONNIE ZWIEG. Ao Encontro da Sombra. Editora Cultrix, 1994.

D.B. ASHUAH. Conversation With Angels Vol. 1. Epigraph Publishing, 2008.

D.B. ASHUAH. Conversation With Angels Vol. 2. Epigraph Publishing, 2009.

D.B. ASHUAH. Conversation With Angels Vol. 3. Epigraph Publishing, 2012.

DACHER KELTNER. Born to be good: the science of a meaningful life. Editora Norton, 2009.

DOVBER PINSON. Reencarnação e Judaísmo. Editora Maayanot, 2015.

DOVBER PINSON. The Garden of Paradox: The Essence of Non Dual Kabbalah. IYYUN, 2012.

ECKHART TOLLE. Um Novo Mundo: O Despertar de uma Nova Consciência. Editora Sextante, 2007.

ENTREVISTA MONJA COHEN: www.gluckproject.com.br/monja-coen -entrevista/

ERIC PEARL. A RECONEXÃO: CURE OS OUTROS, CURE A SI MESMO. Editora Pensamento, 2012.

GABRIEL COUSENS. Nutrição Evolutiva. Editora Alaúde, 2011.

GABRIEL COUSENS. Torah as a guide to enlightenment. North Atlantic Books, 2011.

GEORG FEURSTEIN. The Encyclopedia of Yoga and Tantra. Editora Shambala, 2011.

GEORG FEURSTEIN.Tantra: the path of ecstasy. Editora Shambala, 1998.

HELENA P. BLAVATSKY. Glossário Teosófico. Editora Ground, 2000.

HERMÓGENES. Autoperfeição com Hatha Yoga –. Editora Best Seller, 2014.

IAN MECLER. A Força: O Poder dos Anjos da Cabala. Editora Record, 2016.

IAN MECLER. O Poder de Realização da Cabala. Editora Viva Livros, 2012.

INGRID CAÑETE. ADULTOS ÍNDIGO. Editora Besourobox, 2012.

INGRID CAÑETE. Crianças Cristal. Editora Besourobox, 2012.

J. J. HURTAK. O Livro do Conhecimento: As Chaves de Enoch. Editora Academia para Ciência Futura, 2012.

KAREN BERG. Idas e Vindas: Reencarnação e nosso Propósito. Editora Kabbalah, 2013.

KEN WILBER. A Visão Integral. Editora Cultrix, 2009.

KEN WILBER. O Projeto Atman: Uma Visão Transpessoal do Desenvolvimento Humano. Editora Cultrix, 1999.

KEN WILBER. Transformações da Consciência - Editora Cultrix, 2011.

KRYON (LEE CARROL)- LIVRO 1 - OS TEMPOS FINAIS

KRYON (LEE CARROL)- LIVRO 10 - UMA NOVA ENTREGA

KRYON (LEE CARROL)- LIVRO 11 - LEVANTANDO O VÉU. Editora Vesica Piscis, 2012.

KRYON (LEE CARROL)- LIVRO 12 - AS DOZE CAMADAS DE ADN. Editora Vesica Piscis, 2012.

KRYON (LEE CARROL)- LIVRO 13 - A RECALIBRAÇÃO DA HUMANIDADE. Kryon Writings, 2013.

KRYON (LEE CARROL)- LIVRO 14 - THE NEW HUMAN. New Leaf Distributing Co Inc, 2017.

KRYON (LEE CARROL)- LIVRO 2- NÃO PENSE COMO UM HUMANO

KRYON (LEE CARROL)- LIVRO 3 - ALQUIMIA DO ESPÍRITO HUMANO

KRYON (LEE CARROL)- LIVRO 4 - AS PARÁBOLAS DE KRYON

KRYON (LEE CARROL)- LIVRO 5 - A VIAGEM PARA CASA. Editora Madras, 2011.

KRYON (LEE CARROL)- LIVRO 6 - EM SOCIEDADE COM DEUS

KRYON (LEE CARROL)- LIVRO 7 - CARTAS DE CASA

KRYON (LEE CARROL)- LIVRO 8 - PASSANDO O MARCADOR

KRYON (LEE CARROL)- LIVRO 9 - O NOVO COMEÇO

LEE CARROL & JAN TOBER. Crianças Índigo. Butterfly Editora, 2005.

LINDA HOWE. How to read the Akashic Records - Accessing the archive of the soul and its journey. Editora Sounds True, 2010.

LYNNE McTAGGART. O Campo. Editora Marcador, 2012.

MARIA TERESA EGLÉR MANTOAN. Inclusão Escolar: O que é? Por quê? Como fazer?. Editora Moderna, 2003.

MONIKA MURANYI & KRYON. The Gaia Effect. Ariane Books, 2013.

MONIKA MURANYI & KRYON. The human Akash. Editora Ariane Books, 2014.

MONIKA MURANYI & KRYON. The Human Soul Revealed. Ariane Books, 2015.

MOSHE WISNEFSKY. Chumash Bamidbar: Torah. Editora Bait, 2015.

NILTON BONDER. Exercícios d'Alma. Editora Rocco, 2010.

NOEMI PAYMAL. Pedagooogy 3000 - Education for the 3rd Millennium Children: A practical guide for teachers, parents and oneself. Editorial Autores de Argentina, 2013.

OWEN WATERS. A Mudança e o Efeito do Centésimo Macaco - 3 de agosto de 2014. Disponível em http://www.luzdegaia.net/ser/infinito/centesimo_macaco.html.

P.R. SARKAR. A Liberação da Mente através do Tantra Yoga. Editora Ananda Marga Yoga e Meditação, 2008.

P.R.SAKRAR. Os Pensamentos de P.R. Sarkar. Editora Ananda Marga.

PARAMAHANSA YOGANANDA. A Yoga de Jesus. Editora Self Realization Fellowship, 2010.

PARAMAHANSA YOGANANDA. Autobiografia de um Iogue. Editora Self Realization Fellowship, 2015.

PAULO COELHO. O Alquimista. Editora Sextante, 2011.

PAULO COELHO. O Monte Cinco. Editora Sextante, 2014.

PEGGY PHOENIX DUBRO E DAVID LAPIERRE. Evolução Elegante. Editora Madras, 2007.

PIERRE WEIL, ROBERTO CREMA & JEAN YVES LELOUP. Normose: A Patologia da Normalidade. Editora Vozes, 2014.

RABBI YITZCAK GINSBURGH. Body Mind and Soul: Kabbalah on Human Physiology, Disease and Healing. Editora Gal Einai Publications, 2004.

RABI TZI FREEMAN. Trazendo o Céu para Terra vol. 1. Editora Bait, 2014.

RABI TZI FREEMAN. Trazendo o Céu para Terra vol. 2. Editora Bait, 2013.

RABINO JACOB IMMANUEL SCHOCHET. Mystical Concepts in Chasidism. Editora Kehor Publication Society, 1988.

RABINO JOSEPH SALTOUN. Kabbalah e as Chaves Secretas de do Universo. Editora Meron, 2015.

RABINO NISSAN DOVID DUBOV. Jornada Interior: Guia para o Entendimento da Cabalá. Editora Bait, 2008.

RABINO PHILIP S. BERG. Milagres, Mistérios e a Oração. Editora Kabbalah Learning Center,1998.

RABINO YITZCHAK GINSBURGH. O que você precisa saber sobre Cabalá. Editora Gal Einai, 2015.

ROBERTO CREMA. Análise Transacional centrada na pessoa e mais além. Editora Ágora, 1985.

RUPERT SHELDRAKE. New Science of Life: The Hypothesis of Morphic Ressonance. Editora Park Streets Press, 1981.

SANDRA REGINA SANTOS. Jung - Um Caminhar pela Psicologia Analítica. Editora Wak, 2009.

SÉRIE FARÓIS DE SABEDORIA. Rabi Yitschac Luria. Editora Maayanot, 2013.

SHRII SHRII ANANDAMURTI. Psicologia do Yoga. Editora Ananda Marga, 2007

SITE DA NOVA ACRÓPOLE: www.nova-acropole.org.br

SITE DO INSTITUTO VISÃO FUTURO: www.visaofuturo.org.br

SITE INTERNACIONAL DE KRYON: www.kryon.com

SITE KRYON EM PORTUGUÊS: www.kryonportugues.com.br/

SITE MONIKA MURANYI: monikamuranyi.com

SITE RECONEXÃO: www.thereconnection.com

SITE RONNA HERMAN (ARCANJO MIGUEL): www.ronnastar.com

SITE STARGATE: www.thestargateexperienceacademy.com

SRI SWAMI SIVANADA. Kundalini Yoga. Editora Kier, 2006.

VÂNIA MARIA ABATTE. Bioeletrografia. Porto Alegre, 2012.

YEHUDA BERG. Angel Intelligence. Kabbalah Centre Publishing, 2013.

YEHUDA BERG. O Poder da Kabbalah. Editora Kabbalah, 2011.

Créditos das imagens: Shutterstock: 119 até 124.

Crédito da imagem: Energy Extension Inc. (Universal Calibration Lattice ®): 166

Crédito da imagem: Alan James Garner: 397

Saiba mais:

www.alinguagemdouniverso.com

www.guilhermebarrosdaluz.com.br

www.espacodeluz.com.br

www.programabemmaior.com.br

IMPRESSÃO:

PALLOTTI
GRÁFICA

Santa Maria - RS | Fone: (55) 3220.4500
www.graficapallotti.com.br